U0811439

DEMOCRACY IN AMERICA

论美国的民主（下）

[法] 托克维尔 著　江菲菲 译

北京时代华文书局

目录

【第二篇】

序言

美国人之所以拥有民主的社会情况，自然和他们的一部分法制与关心政治的民情有关。

这种民主的社会情况也让他们产生了很多欧洲旧贵族社会不了解的思想与观点。它损坏了或者改变了过去的各种关系，并且由此产生了新的关系。市民社会面貌的变化，一点也不亚于政界面目的变化。

我在5年之前出版的此书上卷中，探讨了美国民主的主要问题。该卷将研究它的次要问题。上下两卷相辅相成，合为一部著作的整体。

我应该提醒读者，请不要犯可能严重歪曲我原意的错误。

由于我将各种不同的结果均归因于平等，所以读者或许会觉得我将平等看作是如今发生的所有事情的唯一原因。这种观点就是认定我的见解太偏颇了。

在如今，人们的很多观点、情感以及本性，并非一定源自平等，或者彻底和平等相悖。所以，倘若以美国为例，我能很轻松地证明这个国家的性质、居民的起源、早期移民的宗教信仰，以及他们已有的知识与习惯，一直在对美国人民的思想、感情的活动产生巨大的影响，而和民主没有丝毫关系。欧洲发生的很多事情都有多种原因，而这些原因同样适用于在美国发生的绝大多数事情，但都和平等没有关系。

所有这些不同原因的存在与作用，我都清楚，但这并不是我要考察的对象，我不想研究我们所有倾向与思想的产生原因，只想在某些章节探讨平等对所有倾向与思想的改变所产生的影响。

人们或许会纳闷：既然你深信我们看到的民主革命是无法抗拒的，并觉得抵抗不仅没有任何希望，而且不明智，那么，你为何总在书中对这一革命所创造的民主社会严加指责呢？

我的回答很简单：恰恰由于我不反对民主，我才想认真地看待民主。

人们绝不可能从敌人那里获得真理，而从朋友那也极少得到真理。这就是我为何要这么做的原因。

我坚信，有很多人都乐意抛头露面，宣扬平等许诺给人们的新好处；而只有极少数人，敢于站出来指出平等可能给人们带来的坏处。所以，我的关注点主要在这些坏处上，而且在清晰明了地看到它们时，敢于揭露它们。

和在读此书上卷时一样，我期望读者也能从本书下卷中发现我的理论公正无私。面对将法国分裂成多种派别的相互对立的意见，我努力将我对这些意见所抱的同情或者厌恶暂时掩饰起来。如果读者发现书里有一字一句在讨好任何一个曾大闹法国的大党，或者在奉承任何一个目前正扰乱国家、削弱国力的小党，那就请读者无所顾忌地谴责我。

我要研究的问题极其广泛，因为世界新形势所产生的观念与思想，大多数都包括在其中。有些问题确实超出了我的能力范围，尽管我对它们进行了研究，但我却并不满意。

然而，即便我未实现预定的目标，读者至少也会觉得我怀着抛砖引玉的精神来规划、写作这部书的做法是正确的。[①]

① 我们在此书上卷所做的注释，大多数是对事实的解说或者纠正。在此书下卷，作者托克维尔对其仅看到初期情况的社会所进行的描述，是事实少但释义多，他本人也曾说过，1840 年时期的读者会碰到一些难以理解的地方。所以，他在 1840 年 12 月写给约·斯·穆勒的信中说道："《论美国的民主》下卷，在法国未获得像上卷那样的成功。我觉得现代的舆论对书刊的评论没有什么不妥。所以，我试图搞清楚自己犯了什么错误，结果发现一个巨大的失误，即让读者认为似是而非。我觉得，我的失误主要是：书中引用了一些广大读者不了解的名不见经传、仍存在疑问的材料。当我只谈美国的民主社会时，人们立刻就理解了。倘若我根据实际情况来讲法国的民主社会，读者也会完全明白。然而，当我要讲美国与法国的社会让我产生的认识时，我就必须描述还没有完整模式的民主社会的一般特征。……正是在这个方面，我未考虑一般读者的要求。只有热爱钻研一般真理与思辨真理的人，才乐意和我走一条道路。我觉得，我未能让本书产生应有的效果，这主要的责任在于我，尤其在于我讲述各部分时所使用的方法。"如今，"民主社会的一般特征"已得到全面发展。所以，现代读者阅读本书下卷不会碰到什么困难，这是不足为奇的。在 1840 年将此书看作是释义性著作的人，如今会彻底认为它是专门的研究性著作。托克维尔自认为下卷的价值比上卷价值高。他在 1840 年给本书英译者亨利·里夫的信中说道："我希望您能感觉到下卷比上卷好。这是我自身的判断。"后人也确认了作者这一判断。这里介绍几本研究美国文化、特点的现代著作，或许对读者有帮助：查尔斯·比尔德夫妇的《美国精神：对美国文明思想的研究》，纽约，1942 年（第 170 页及以后几页引用了托克维尔的观点）；M. 米德的《美国特点》，伦敦，1944 年；G. 戈勒的《美国人》，伦敦，1948 年（法译本，巴黎，1949 年）；M.J. 波恩的《美国文化》，柏林，1930 年；E.A. 莫勒的《美国世界》，伦敦，1928 年；J.D. 帕索斯的《民族国家》，伦敦，1945 年；D.W. 布肯的《美国特点》；H.S. 康马杰的《美国人的智慧》，伦敦，1950 年（这是一本巨著）。——法文版编者

【第一篇】

第01章　美国人的哲学方法

我认为，在文明世界里，美国是最不重视哲学的国家。

美国人没有属于自己的哲学学派，对欧洲那些彼此对立的学派也同样漠不关心，甚至连它们的名称也是一问三不知。[1]

然而，我们同时发现，绝大部分美国居民，都在用相同的方法和准则来运用他们的头脑。换言之，美国人虽然没有特别解说过自己的准则，但他们却有一个共通的哲学方法。

这个共通的哲学方法包括：摆脱传统的束缚、家庭的清规、阶级的看法以及民族的偏见；将传统看作一种已习得的知识，把当下的事实看作一种为创新服务的学习资料；依靠自己的力量和实践去探索事物；不拘泥于做事的手段；抛开形式，深入本质——这所有的一切就是美国人哲学方法的主要特征。

假如再深入一步，我们可以从这些特征中找出一个能够概括其余特征的最主要特征，即每个人在运用自己的头脑时，很大程度上只是依靠自己的理性力量。

---

① 参考施奈德的《美国哲学史》，1946 年，纽约；安德森、菲什的《美国哲学：从清教徒开始到詹姆斯》，1939 年，纽约；柯蒂的《美国思想的发展》，1943 年，纽约。——法文版编者

正因为如此，美国才成为世界上研究笛卡尔学说最少，但却实行得最好的国家。这自然不是什么值得惊讶的事情。

美国人之所以不读笛卡尔的作品，是因为他们的社会环境不需要进行思辨性的研究；而他们在生活中按照笛卡尔的理论做事，则是因为这个社会环境要求他们接受笛卡尔的理论。

在不断运动着的民主社会中，上一代和下一代的关系逐渐疏远乃至断绝，每个人都会毫无愧疚地忘记祖先的观点。

生活在这种社会里的人，将不再执着于其所属阶级的见解，因为阶级会逐渐消亡，而那些仍然存在的阶级，则是由一些游移分子构成的，这导致这些团体不具备控制其成员的真正能力。

说到一个人对另一个人的智力影响程度，在公民素质相当的国度里，必然极其有限，因为大家的能力都比较接近，很少有人会承认别人比自己强大，每个人都用自己的理性来判断，并且把它看作真理的源泉。他们不但不信任某一特定的人，而且也没有兴趣听任何人讲大道理。

基于以上原因，每个人都把自己封闭起来，试图从自己周围的小圈子里对世界作出判断。

美国人这种只依靠自身来确立价值观的习惯，让他们的头脑产生了一种特殊的思维习性。

美国人认为，现实中遇到的一切小困难自己都能独立解决，不需要别人插手，顺着这个思路，他们断言，世界上所有的事情都是能够解释的，没有什么事物为人的智力所不逮。

因此，美国人一般不承认世界上存在他们所不能理解的事物，也很少相信那些离奇反常的事物，而对于那些超自然的东西，更是到了厌恶的地步。

由于他们对自己找到的证据更有信心，所以习惯把自己研究的事物搞得一清二楚。基于此，他们必须尽力揭去事物的层层外皮，消除那些让他们和事物产生隔膜的一切阻碍，以便让事物显露于光天化日之下，利于观察。这种观察事物的方法，让他们对形式不以为然，在美国人眼中，形式是横亘在他们和真理之间的无用且令人厌烦的屏障。

因而，美国人往往不会去埋首故纸堆，从书本里汲取哲学方法，他们从自己身上就能找到这个方法。事实上，我认为欧洲也曾有过类似的情况。

在欧洲，随着人们身份的日趋平等，人和人之间的差异也越来越小，于是，这种方法就建立和普及起来了。

现在，让我们谈谈发生在欧洲的一些事件，看一看它们之间的时间联系。

在16世纪，宗教改革家们开始凭借个人的理性来论证古老信仰中的某些教义，但是对其余的教义却避而不谈。到了17世纪，培根在自然科学领域，笛卡尔在狭义哲学领域，都扬弃了一直被人们奉为真理的公式，打破了学术界的传统思维，推翻了巨擘们的权威。

18世纪的哲学家将上述原则普及推广，试图用每一个人的个人体会去论证人们所信仰的一切东西。

路德、笛卡尔和伏尔泰所用的是同一种方法，只是在运用的时候会有或多或少的差别，这是有目共睹的。

但是，这些宗教改革家们为什么单单只在狭窄的宗教观念里打转呢？笛卡尔既然能把他的方法应用到所有事物上，那他为何只想把它用于某些特定的领域呢？为何认定人们应当自行判断的只是哲学事物而不是政治事物呢？为何到了18世纪，这个方法突然就得到了笛卡尔等先驱者未曾料到的普遍应用呢？再者，为何在这一时期，这个方法突然走出学术界而渗入到社会，成为智力活动的共同准则，在法国推广后，又被欧洲所有国家公开采用或暗中施行呢？

我们所说的这个哲学方法虽然是在16世纪诞生，在17世纪变得更为精确，但它在这两个世纪均未得到真正的普及，究其原因，是因为当时的政治法令、社会状况乃至因此产生的思维习惯，都在阻挠着它的进一步推广。

这种哲学方法虽然出现于人们身份趋于平等的时期，但是直到人们差不多完全平等的时代，才真正被普及。

因此，18世纪的哲学方法并不是法国人的专利，而是具有广泛的民主性，这解释了它为什么能在欧洲盛行，并且使整个欧洲的面貌焕然一新。法国人之所以能让世界天翻地覆，不是因为他们改变了自己的古老信仰，革新了自己的风俗民情，而是因为他们率先提出并且普及了一种哲学方法，这种哲学方法能够让人主动地攻击一切陈旧的事物，并且为新的事物铺平道路。

如果现在有人问我：为什么法国人能比具有平等精神和平等传统的美国人更普遍地应用这个方法呢？我的答案是：有一半的原因来自下述两种情况，对于这一点，必须有一个清晰的认识。

首先，使英裔美国人的社会得以建立起来的，正是宗教。因此，在美国这片土地上，宗教是同整个民族的习惯和情感交织在一起的，这就让宗教具备了一种特殊的力量。

除了这个强有力的原因外，还有一个原因也不能小视。在美国，宗教只对宗教领域的事情负责，宗教事务和政治事务是完全分离的，所以人们可以轻易地改变旧的法制，而不去触动原有的信仰。

因此，基督教仍然对美国人的思想有着巨大的控制力。此外，我还想特别指出，基督教不只是一门经过论证而被接受的哲学，还是一种无需论证就被人们所信仰的宗教，它们都起着重要的支配作用。

在美国，基督教的门派众多，并且处在不断地变动之中，但是基督教本身却是一个不可撼动的存在，既没有人想要去攻击它，也没有人想去保卫它。

美国人不经论证就接受了基督教的基本教义，此后，他们也相应地承担起接受基督教所提出的道德真理的义务。正因为如此，个人的分析活动被限制在狭小的范围内，使得人们的主要观点不受个人分析的约束。

以上阐述了两种情况中的一种，另一种情况如下：

美国人虽然有民主的社会土壤和民主的宪法，但他们没有经历过民主革命。当年他们到达这片土地的时候，情况和我们今天在这片土地上所看到的差不多，这一点极其重要。

任何一种革命都会动摇旧的信仰，削弱现存政府的权威，触动原来的习惯和思想。因此，所有的革命都会或多或少地为人的自主精神开辟出活动空间。

当旧社会各阶级之间的长期斗争结束，人们的身份变得平等时，有可能会对他人产生嫉妒、轻蔑甚至憎恨的感情，还有可能让自己变得高傲和过分自信，当这些情绪涌上人们的心头，就会在一段时间内起到支配作用。这种和平等精神背道而驰的现象，在人们之间造成隔阂的同时，也在客观上鼓励了人们去自己获得知识，而不是依靠他人的判断。

于是，每个人都力求独立自主，并且以此为荣。人们之间的联系更多地来自趋利避害的本能，而不再依靠思想。可以这么说，人们的见解已经变成了一堆飘散于四方的智力尘埃，再也无法集结在一起。

因此，由平等而获得的精神独立感，在平等刚刚建立时以及为巩固平等而奋斗的过程中表现得尤为强烈。因此，必须要把平等带来的自由，同革命所造成的无政府状态区别开来。应当分别对两者进行研究，免得对未来期望过高或因恐惧心理而举步维艰。

我相信生活在新社会里的人会经常用到自己的个人理性，但要有一个度，决不能滥用自己的个人理性。

我之所以这样说是有原因的，这个原因能最广泛地适用于民主国家。久而久之，这个原因必然会把个人的思想独立性控制在一个固定甚至是狭小的范围内。

我将在下一个章节叙述这个原因。

第02章　民主国家的信仰

那些教条式的信仰，因时代不同而有多有少。这类信仰的产生方式不尽相同，它们的形式和对象也可能发生变化。然而，教条式信仰的一大特点就是人们不加论证就盲目接受，它们不会因外界的干涉而消失。如果我们每个人都努力形成自己的观点，并且沿着自己开辟的道路去寻求真理，那么就不会有多少人愿意团结在一个共同的信仰之下。

一个社会如果没有共同的信仰，就很难欣欣向荣地发展；甚至可以这样说，一个没有共同信仰的社会，根本就无法存在，因为没有了共同的思想，就不会有统一的行动，这样一来，即使有很多人存在，也无法构成一个社会。因此，为了让社会存在乃至欣欣向荣，就必须要用某种主流思想把全体公民的精神集中起来，并且保持它的整体性。但是，除非每一个公民从同一个根源来汲取自己的观点，并且同意接受一定数量的既有信仰，否则就无法做到这一点。

在当下，我们就某一个独立的人而论，不难发现：他无论是独自生活，还是和其他人一起行动，都离不开教条式的信仰。

如果每个人都要亲自去证明他们每天接触到的真理，那么他们将无休止地进行求证工作，或者被这些求证工作拖累得筋疲力尽，只能浅尝辄止。人生苦短，一个人不仅没有时间去这样做，由于智力有限，也没有能力去这样做。因此，他必须要相信很多他无法亲自考察验证，但是早已被天才们发现或被大众接受的事实与真理。他只有在这个基础上，去建筑自己的思想大厦，这并不是他自愿受别人指挥，而是限于他自身的条件，才不得不这样做。

世界上所有伟大的哲学家，都是通过相信别人的论断而认识了许多事物，并且接受了大量非他本人所发现的真理。

这不仅是必然的，也是他所愿意的。而那些事无巨细，都靠自己去认识的人，只会徒劳地浪费自己的时间和精力。这样的做事方法将让他的精神处于永无休止的忙乱状态，从而阻碍他深入研究任何一项真理或是坚定不移地信守任何一项业已确定的事实。虽然他的智力活动完全独立了，但却是软弱无力的。因此，必须不加论证地接受大多数早已被证明过的真理，然后再有选择性地深入研究那些留待考察的问题。

没错，凡是听信他人的言论而接受某一观点的人，都会使自己的精神受到奴役，但这却是一种能够让他正确利用自由的有益的奴役。

因此，不论到什么时候，在智力和道德的世界里，都需要有某种权威存在。权威的所在处可能变化不定，但必须有其存在的位置。个人的独立性也许有大有小，但它并不是散漫无限制的。由此，问题的关键不在于了解民主时代是不是有智力权威，而只在于知道这个权威的所在处和看清它究竟有多大的力量。

我在上一章谈到过，身份平等会让人们对那些超自然的东西产生不信任的态度，而对人的理性则会做出过高的评价。

因此，生活在这个平等时代的人，不会把他们所信服的智力权威捧到天上，或跑到地球以外的地方去寻找这个权威。他们一般都是从自己身上或自己的同伴那里汲取真理的源泉。这便足以证明，在这样的时代里，是无法建立一个新宗教的，而一切建立新宗教的企图，都会被看作是荒谬甚至是邪恶的。我们可以做出这样的预言，民主国家的人民不会轻易相信神的使者，并且敢于嘲笑新冒出来的先知，他们要从人类自身当中而不是人类之外寻找自己信仰的主宰。

当人们之间的身份出现差异时，就会出现一些智力高超、非常有见识和能力的个人，与此同时，也会出现一大批非常无知和能力有限的人。因此，那些生活在贵族制度下的人，自然会以某人或某阶级的高超理性作为自己的思想指南，并且不愿意承认大众是永远正确的。

而在人人平等的时代，情形则与此相反。

随着公民们越来越平等，盲目相信某一特定的人或某个特定阶级的倾向将大大减弱。相反，相信群众的趋势则会大大加强，并且逐渐成为支配整个社会的主流观点。

在民主国家，公众的意见不仅仅是个人理性的唯一向导，而且还拥有比在任何非民主国家都大的权力。在民主社会，由于人们彼此都差不多，所以谁也没必要依赖他人。然而，这种相似性却能让人们对公众的判断怀有无限的信任，在他们看来，公众做出的判断肯定和大多数人拥有的共同认知接近，否则人们是不会把它看作真理的。

当生活在民主国家的人和周围的人进行比较时，他们会自负地认为自己和每个人都一样平等；而当他拿自己和全体同胞做比较时，他又会立即感到羞愧，觉得自己并没有什么了不起。

这种原来让他感到在每一个同胞面前都能独立自主的平等精神，现在却把他孤立了起来，无法抗拒大多数人做出的决定。

因而，在民主国家，大众拥有强大的力量，这是以前生活在贵族制国家的人民所无法想象的。公众不是用说服的方式来压制个体，而是用集体精神来压服个人智力，将公众的意志渗入或强加在人们的头脑之中。

在美国，社会肩负着向个人提供大量的现成见解和减轻个人负担的义务。在哲学、道德及政治方面，有一整套关于个人应不加论证地接受公众信念的理论。如果再深入地观察一下，还会发现宗教在美国发生作用，主要是作为一种共同的见解，而不是作为一种神启的教条。

我知道，在美国人眼中，施行政治法令就是让多数人对社会实行绝对统治。这就使得多数对智力活动的支配力量大大增加，因为人们总是惯性地认为，压迫他们的人在智慧上高于自己。

由于多数在美国具有无限的政治权威，因此在舆论方面不断对每个人的精神施加影响，但是，它并非是这种影响的基础。应当到平等本身中寻找这种影响的根源，而不是到人们所建立和拥护的制度中寻找。一般可以这样认为，在由国王统治的民主国家里，大多数对智力的控制力，虽然不如纯粹的民主国家那样绝对，但也是非常可观的；在平等的时代，不论是何种政治法令统治人民，都可以做出这样的预言：由于人民对舆论的信赖，一种以多数为先知的宗教将会建立起来。

因此，智力的权威可能会不尽相同，但它绝不会式微。我认为，它不但不会消失，还会变得强大，它能将个人的理性限制在一个极小的范围内，这个范围和人类的伟大、幸福很不相称。我清晰地看到平等有两个趋势：一个是使人们的精神趋向新思想；另一个则是让人懒得去思想。我同样明白，在某些制度的治理下，民主社会所达成的智力活动自由，也有可能被民主制度消除，因而，智力活动自由在打破某些人加在它们身上的羁绊后，又会被大多数人的普遍意志紧紧束缚起来。

如果民主国家把曾经阻碍个人理性发展的强权推翻，而受一个多数的专制权力统治，那么这只是换汤不换药。人们仍然无法找到能独立自由的办法，而是发现自己在做一桩蠢事，并且重新沦入被奴役的状态。为此，我要在这里再次强调，凡是把智力活动自由当作神圣事业的人，凡是憎恨专制君主和专制制度的人，都应该三思而后行。对于我来说，当我觉得权力的手在我面前挥舞时，不管是谁在压迫我，我都要欣然听命，把自己的脑袋伸进枷锁，因为有千千万万只手在我面前举着枷锁。

第03章　为何美国人比其先祖英国人更喜好一般观念

上帝决不会用一般的方式来观察人类。它只需一眼，就能分清人性中包含的一切，从每个人身上看到促使人们接近的相似点和促使人们疏远的差异处。

正因为如此，上帝并不需要一般观念。也就是说，上帝从来没有想过将大量类似的东西置于同一个形式之下，以便于对其进行更为细致的思索。

人类和上帝不同。如果人的头脑想要对映入脑海的所有东西进行考察和判断，那么就立即会让自己陷入云雾之中，对这些东西的一切细节茫然而无所知。在这种尴尬的处境下，他只好去求助于一种不够完善而又非常必要的方法。这种方法既暴露了人的缺点，又对其进行了补救。

人们先是对一些事物进行表面的观察，等观察到它们的相似处后，就给它们冠上一个共同的名称，然后将其置之一旁，去考察其他的事物。

一般性观念的建立，并不能证明人类智力的强大，反而证明了其软弱无力，因为自然界中绝没有两个完全相同的东西，绝没有两个一模一样的事实，绝没有不加以区别就应用的规章， 也绝没有可以同时用于所有事物的同一方法。

一般观念也有它值得称赞的地方，它能够让人对大量的事物做出迅速的判断。然而在另一方面，它所提供的只是一些不完整的概念，无法让人足够精准地理解事物。

社会一方面在逐渐老化，另一方面又在不断产生新事物，几乎每天都能在不知不觉中获得某些个别的真理。

人了解到的真理越多，那么他得到的一般观念自然也就越丰富。人只有在无数个别事实中找出它们的共同点，才能分门别类地去观察它们。几个个体能够形成“种概念”，而几个“种概念”则可以引出“类概念”。因此，一个民族的历史文化越是源远流长，那么它对一般观念的喜好程度也就越大。

不过，还有一些别的原因促使人们能或不能把他们的观念一般化。

比较而言，美国人比英国人更注重一般观念，并且喜欢持久地使用它。如果你注意到这两个民族是同文同种，并且在同样的法规下生活了好几个世纪，至今在思想上和民间交流上都没有中断往来，那么，乍一看到这种情况，难免会觉得奇怪。如果我们把目光转移到欧洲，将它和居住在这里的两个最开化的民族进行对比，其鲜明的对照更让人感到吃惊。

我们可以看到，在英国人的思想中，只能极其勉强地放弃对个别事实的沉思，因为他们需要从这种沉思中寻求因果关系；此外，英国人虽然接受了一般观念，但并非出于自愿。

我们法国人恰恰相反。我们对于一般观念的喜爱，达到了凡事都要满足这种喜爱的地步。我每天早上起来，总能听到人们又发现了我闻所未闻的某个一般的、永久的规律。即使是一个名不见经传的小作家，他也会跃跃欲试，企图创造一些治国平天下的经纶；他要是不在一篇文章中把全人类都写进去，他是不会满意的。

这两个最开化民族表现出的这种差异，着实令我感到吃惊。如果我再把注意力转向英国，考察它近50年来发生的一切，我想我能够证明，英国人对于一般观念的喜好，正随着该国古老制度的式微而加强。

因此，如果只是根据文明进步程度的大小，还不足以解释人们为何喜欢或回避一般观念。

当人与人的身份极不平等，而且这种不平等的现象永久存在时，人和人就会越来越不同，以至于有多少种人，就会有多少种阶级。然而，人们一般只是同时注意到其中的一个阶级，往往忽略了把这些阶级聚集在广大人群中的一般联系，也就是说，人们只看到了个别的人，而忽略了一般的人。

因此，那些生活在贵族制社会里的人，从来不会产生一般观念，这又促使他们养成了不相信一般观念的思维习惯，并且本能地厌恶它。

相反，居住在民主国家的人，他们彼此都很接近，没有太大的差异，因此，他们不会专注于人类的某一部分，他们的视野开阔，胸怀全人类。在他们眼中，凡是可以用于自身的真理，都能以同样的方式作用于每一个同胞。一旦他们在感兴趣的研究工作中染上喜爱一般观念的习惯，那么就可能将这种习惯转移到其他工作中去。由此，找出事物的共同准则、将大量事物概括在同一形式下、只用一个原因来解释无数事实，这种需要逐渐变成人们思想中的一种盲目的激情。

古代人对于奴隶的观点，足以证明我上述的一切都是真理。

人和人是相似的，一出生就对自由拥有同等的权利，这是一个极其朴素的道理。但是，即使是罗马和希腊最聪慧博学的天才，也从未达到这样的思想境界。他们试图用种种方法证明，奴隶制度是顺应自然的，并且会永远存在下去的。而很多史料都有显示，古代的一些哲人在未获得解放之前也曾是奴隶，在他们中，有些人还有名著传世。他们虽然受奴役制度所累，但它们依然认为奴隶制度是合乎自然的。

古代那些大作家，要么是奴隶主贵族中的一分子，要么就是认为当时的贵族制度是无可厚非的。他们的思想虽然向四面八方扩展，却一直没有超出贵族思想的范畴。直到耶稣基督降临后，他才教导人们说：所有的人生下来都是一样的，也都是平等的。

在平等的时代，每个人都是各自独立的，但又处在孤立和软弱的状态。他们认为，大家的行动不应该受上级意志的控制。因此，在这样的时代，人类看上去就像在自行前进。为了解释世界上发生的一切现象，人们必须去寻找那些对每个人发生同样作用，并且促使人们走上同一条道路的重大原因。在这个寻找的过程中，又自然而然地让人们的头脑产生出一般观念，并且让人们喜欢应用它。

我在前面已经指出，身份平等会促使每个人亲自去找寻真理。不难看出，这种行为必然会导致人的精神趋向于一般观念。当我放弃自己的阶级、职业和家世，不受既有经验的左右而单凭自己的理性去找寻自己应该走的道路时，我当然会倾向于到人的本性中去汲取自己的观点。这样一来，我必然会在不知不觉中得到大量的一般概念。

上面所说的一切，足以说明为什么英国人不像他们的后裔美国人和他们的邻居法国人那样喜欢把概念一般化，还说明了为什么今天的英国人在这方面比他们的祖先走得更远。

长期以来，英国人一直表现得非常开明，但同时他们又固守着传统的贵族制度。开明文化促使他们不懈地追求一般的观念，而他们身上的贵族习惯，又使得他们对一些非常个别的观念墨守成规。因此，英国人的哲学呈现出既大胆又怯懦、既豁达又狭隘的特点。直到今天，这种哲学仍然掌控着英国人的思想，让他们受到限制甚至停滞不前。

几乎所有的民主国家都喜欢一般观念，甚至是热烈地追求一般观念。它们之所以如此，除了上述原因外，还有一些不很明显却又非常关键的原因。

我们必须对这些一般观念加以区别。有的一般观念是通过长期而细致的智力劳动的结果，人们认识的提高靠的正是这类观念。

而另一类一般观念，则是一触即发式的，诞生的比较容易。它们会导致人们形成既肤浅又不确切的概念。

那些生活在平等时代的人不缺好奇心，缺的是悠闲自得。他们的生活过于务实和活跃，以至于没有足够的时间去进行一些思维活动。民主时代的人都喜欢一般观念，这样他们就不必花费心机去研究个别的事物。我甚至能做出这种论断：民主时代能够用一个小容器收藏大量的东西，在短时间内获得巨大的收获。因而，这个时代的人在做了一次简陋的考察后，就会想当然地认为自己发现了某些事物之间的共同关系，不再去深入地研究这些事物，更不会去详细地考察这些纷杂的事物在哪些方面相似或有差别，而是匆匆地将它们归类，搁置一旁。

民主时代的显著特征，就是每个人都想要轻松地获取成功，贪图眼前的享乐。不只是在知识界，其他领域的人也是如此。生活在平等时代的人，大多数都会雄心勃勃，成功时会更加活跃，但一旦失败就会立即变得颓废。他们一方面希望自己能马到成功、大获全胜，另一方面又怕花费过多的精力。这种浮躁的本性，让他们直接去追求一般观念，并且夸下海口，说什么利用一般观念轻而易举地就能绘出大千世界的图景，能够在最短的时间里引起公众的注意。

然而，我不能断定他们这种想法是错误的，因为这些人的读者也和他们一样，害怕进行更为深入的研究和正常的思维活动，而是希望能不费力气地获得知识以及痛快地享乐。

如果说贵族制国家的人民没有充分应用一般观念，甚至鲁莽地蔑视一般观念，那么，民主国家的人民则正好相反，他们时刻都在准备着应用或滥用这种观念。

第04章　为何美国人不像法国人那样热烈追逐政治方面的一般观念

我在前面说到过，美国人没有法国人那样热爱一般观念。这种情况在政治领域表现得更为显著。

虽然美国人在立法领域采用的一般观念比英国人要多，在利用实践武装理论方面也比英国人做得多，但是，美国没有一个政治机构能像法国的制宪会议和国民公会那样注重一般观念；整个美利坚民族，从来没有像18世纪的法国人那样热烈追求一般观念，而且也从不盲目相信任何理论中绝对的善和绝对的真。

美国人和法国人之所以有这些差异，是多种因素作用下的结果，其主要原因如下：

美国人是一个民主的民族，一直以来都是由自己来管理公共事务；而我们法国人虽然也是一个民主的民族，但是长期以来，只是动动嘴皮子，单纯地在口头上议论如何更好地去管理公共事务。

我们的社会状况，早就促使我们想出了一些关于政府工作的一般观念，但是我们的政治制度，却仍然在阻碍我们通过实践来矫正一般观念，让我们只能慢慢去发现原有一般观念的欠缺。然而，在美国人那里，他们的一般观念和政治制度却处在一个互相适应的状态，可以自然而然地彼此修正。

乍一看，我现在所讲的，跟以前所说的民主国家能从现世生活中汲取热爱理论的力量的说法大相径庭。但是，只要你仔细琢磨一下，就会发现它们之间并不矛盾。

生活在民主国家的人都渴望一般观念，因为他们的时间有限，有了一般观念，就不用再浪费时间去考察个别的问题了。这虽然是事实，但只限于那些不是他们所常想或必想的问题。例如，商人渴望的是跟他密切相关的一般观念，包括哲学、政治、科学、艺术等领域，并且希望别人能为他提供，但他只有通过商业方面的考验，才能接受这些一般观念，否则就只能有保留地接受。

这同样适用于政治家，当涉及跟政治有关的一般观念时，情况也是如此。

因此，当民主国家的人民在一个敏感的问题上盲目和过度地追求一般观念时，他们能够采用的最佳办法，就是每天在实践中对这个问题进行考察。这样一来，他们就必须要深入到问题的细节中去，而问题的细节则会促使他们发现理论的缺陷所在。

虽然这种解救办法常常让人感到苦恼，但是它的效果却是毋庸置疑的。

因此，强迫每一个公民参加政府管理工作的民主制度，能够节制人们对于政治方面一般理论的过分追求。

第05章　美国的宗教是怎样得以利用民主本能的

我在上面的一章里已经证明，如果人没有教条性的信仰，那么是无法生活下去的，同时，人们也非常渴望有这样的信仰。我现在再补充一句：在所有教条式的信仰中，宗教方面的教条式信仰是人们最渴望的。即使你只想重视现世的物质利益，也不难得出这个结论。

人的任何行动，都是来源于他对上帝、对他跟人类之间的关系、对自己灵魂的本性、对自己同类应承担的义务的一般观念。不论人认为自己的行为有多特殊，都无法阻止这种一般观念成为其余一切事物的共同源泉。

因此，人们对上帝、对自己的灵魂、对自己的同类所担负的一般义务，都希望能形成一种确定无疑的信念，如果对这些基本问题持怀疑态度，那么就等于让自己的行动听凭偶然因素的支配，从而变得混乱和无力。

由此可见，我们每个人都应当有一种确定不移的观念，这一点非常重要；但遗憾的是，我们每个人都是单枪匹马，只能通过自己的理性努力去获取这种观念，这又让问题变得难以解决。

唯有那些完全摆脱日常生活的琐事、明察秋毫和训练有素的人，经过长期的思索之后，才有可能发现这些不可缺少的真理。

我们还能看到，这类哲学家本身也是满腹疑团，每前进一步，启迪他们智慧的自然之光便会暗淡一些，甚至会有熄灭的危险；虽然他们尽了自己的最大努力，但是他们所发现的仍然可能是一些为数不多甚至是互相矛盾的概念，无法牢固地掌握真理，也无法发现新的错误。类似这样的研究远非一般人的能力所及，即使那些有能力做这些研究的人，他们也未必有这种闲心和余暇。

关于上帝和人性的确定不移的观念，虽然是人们日常生活中所不可缺少的，但它却在妨碍人们去掌握这种观念。

我认为，在一切科学之中，有些知识是对每个人都有用的，而且也非常好学；还有一些知识只有少数人能够理解，大多数人会对它望而却步。对于大多数人来说，只能间接地利用后一种知识。虽然他们无力研究这些知识，但这些知识对于他们日常生活的指导意义又是不可缺少的。

因而，关于上帝和人性的一般观念，是所有观念中最能让个人理性摆脱习惯性影响的观念。对于个人理性来说，承认某个权威的存在，好处多于坏处。

宗教有一个很重要的作用，那就是对重要问题中的每一个细枝末节，都能提供一个清楚而通俗的永久性解决方案。

当然，有些宗教的教义是非常荒谬的，但是可以这么说，凡是在我所说范围之内的宗教，只要它不脱离这个范围，而且不试图从各方面压制人们的思想自由，那么就能使智力活动得到有益的规范。我们应当承认，即便宗教不能让人们在来世得到福报，至少它能在现世为人们的幸福添砖加瓦。

这对于那些生活在自由国家的人民来说，绝对是个真理。

当一个国家的宗教遭到破坏的时候，智力高的那部分人会陷入迟疑，感到不知所措，而其余的人则会处在一个麻木不仁的状态。一般人面对那些对自己和同胞有利害关系的事物时，只能习以为常地抱有混乱和多变的概念。他们要么坚守不住自己的正确观点，要么就主动地把它放弃。于是，他们经常因为无法独立解决人生的一些重大问题而陷入绝望，甚至自暴自弃，干脆将这些问题抛诸脑后。

这种状态只会让人们的精神萎靡不振，失去坚定的意志，最终成为被奴役的那一部分。

当一个民族都沦落为这种状态后，不但会听任自己的自由被夺走，往往还会主动献出自由。

如果宗教领域也像政治领域那样不存在权威，人们就会对这种无限独立的情景感到恐慌。所有的事物都处在一个动荡的状态，这让人们感到心神不安和筋疲力尽。由于精神世界中的一切已经发生了动摇，所以人们想要力争在物质世界建立坚固的秩序。然而，他们已经无法再恢复旧日的信仰，只能把自己交给一个人去统治。

我不相信人们能既保持宗教的完全独立，又享有政治上的充分自由。我向来认为，如果人没有信仰，就必然会受到奴役；而要想拥有自由，就必须信奉宗教。

因此，宗教的这种巨大功能，在那些人民身份平等的国家里表现得更为明显一些。

应该承认，平等虽然给人们带来了很大的好处，但也使人养成了一些非常危险的禀性。平等促使人们彼此独立，也让每个人变得自私，只顾自己。

平等还为人的心灵敞开了追求物质享受的大门。

宗教的最大功能，就是唤发出与此相反的禀性。

所有的宗教都是把人的追求目标定位于现世的幸福之外，从而让人的灵魂借势升到更为高远的天国。所有的宗教都教化个人要独自承担某些义务或和他人共同承担某些义务，要求人们分出一定的时间去照顾他人，而不是只顾着自己。即使是那些最虚伪和最危险的宗教，也是如此。

因此，笃信宗教的国家的长处，也正是民主国家的短处。这清晰地表明，人们在拥有平等的同时必须要维护宗教，这一点非常重要。

上帝利用超自然的手段将宗教的信仰注入人们的心灵。我既没有权利考察这种手段，也不想要考察它。我纯粹是从人的观点来考察宗教的。我想探讨的是，当我们即将进入民主时代时，宗教要用什么方法才能轻而易举地保持其影响力。

我曾说过，在文明平等的时代，教条式的信仰只有经过一番努力才能深入到人的精神中，而让人们迫切感到需要这种信仰的，不是别的什么，正是宗教。这首先表明，宗教在这样的时代要更加慎重自持才行，不能越出其自身固有的范围，如果宗教一意孤行地把自己的权力扩展到宗教以外的事务，那么就有失信于人的危险。因此，宗教应当掌握好自己活动的界限，在这个范围内对人们施加精神影响，而在这个范围之外，则让其完全自由。

穆罕默德自称从天上来，他不但把宗教的教义写进了《古兰经》，还一股脑儿地把政治原则、民法、刑罚以及科学理论都塞了进去。与此相反，基督教的《福音书》谈的只是人与上帝和人与人的一般关系，除此之外，它没有其他说教的内容，也不强迫人们必须信仰什么。抛开别的理由不谈，单是这一点就足以说明前者无法在文明民主的时代长期起到统治作用，而后者不论是在文明民主的时代还是其他时代，都能起到支配作用。

如果我们对此做进一步的研究，可以发现：站在人类的立场来看，宗教要想在民主时代维持下去，只是如履薄冰地将自身的活动局限在宗教事务的范围内，是远远不够的；宗教的力量，在很大程度上取决于它所遵奉信仰的性质、它的外在形式以及它给信徒们规定的义务。

我在前面所论述的平等，会让人们产生出非常一般和非常广泛的观念问题，对此，应当从宗教方面来加以理解。那些彼此平等的人，很容易产生关于单一神的概念，认为这个单一的神为所有的人规定了相同的准则，给予每个人在来世同等的幸福。这种一致性的特点，引导人们产生出造物主也是一致的观念。相反，当人们彼此隔绝或差异较大时，有多少个民族、阶级和宗教，就有多少个人为创造出来的神灵，就有多少条各自通向天国的道路。

毋庸置言，基督教本身也在某些方面受到来自社会和政治领域的影响。

当基督教刚问世时，上帝就为它的出现做好了准备：将大部分人集结在一起，让他们像一支庞大的部队那样活动在罗马皇帝的麾下。这一大群人虽然各有特点，但他们都遵守着同样的法制。和皇帝的伟大相比，他们个人是软弱和微不足道的；但作为一个整体，他们和皇帝又是完全平等的。

应该承认，当人类处在这种特殊的境况时，必然会去接受基督宣讲的一般真理，而基督教之所以在当时能迅速地深入人心，也正是因为这个原因。

而罗马帝国崩溃后，却出现了与此相反的情景。

当时，罗马帝国陷入了四分五裂的状态，原先受它统治的民族都恢复了往日的独立。过了没多久，这些民族内部的某些阶层无限壮大，逐渐出现了种族差异，而等级又让每个民族分化成若干集团。各民族所共有的这个征兆，好像在不遗余力地把人类社会分化成无数个小块。即使在这种环境下，基督教也没有放弃向人们所宣扬的一般观念，并且积极主动地适应人类分化后出现的新趋势。虽然人们继续崇拜着创造万物的上帝，但每个民族、每个城市乃至每个人，又相信自己能获得某些特权，让至高无上的上帝成为自己的守护者。由于不能把一个神分成多个，所以人们只能增加神的使者的数量，并且提高使者的权力。由此，很多基督徒把对天使或圣徒的崇敬，几乎上升到了偶像崇拜的地步，这曾让人们一度感到担忧：基督教会不会也要沦为被它打败的那些宗教。

很明显，随着人类各民族之间和民族内部各公民之间壁垒的消除，人们自然会接受关于存在的单一而且万能的观念，认为这个存在能够以平等的方式将法律施于每一个人。因此，在这样的民主时代，最重要的事情是不准将人对造物主的崇拜和对神的使者的崇拜相混淆。

在我眼中，另一个真理也非常明晰：在民主时代，应当让宗教的表面仪式给信徒带来的负担轻于其他任何时代。

我在论述美国人的哲学方法时曾提到过，在平等的时代，人们最厌恶的就是让自己的观念服从于形式。生活在这个时代的人，反对用图像指代事物，他们认为象征的手法不过是一种儿戏，其目的是为了掩盖真相，不让其赤裸裸地暴露于光天化日之下。他们不看重宗教的仪式，认为做礼拜时的一些细枝末节并不占据主要意义。

那些在民主时代规定宗教外在形式的人，必须要懂得审慎地考虑人们的这种心理，以免发生不必要的冲突。

毫无疑问，形式是必要的。我认为，形式可以让人的精神沉浸在对抽象真理的思考中，帮助其更为坚定地追求真理，更为热烈地相信真理。我不相信一种宗教能在完全没有外在仪式的前提下维持下去。然而，另一方面，我又觉得：在民主时代，过于讲究宗教的外在仪式是极其危险的；虽然一定的仪式是必要的，但必须要以延续教义本身的绝对需要为限，因为礼拜只是宗教的形式，教义才是它的本质①。在越来越平等的时代，那些拘泥于细节、食古不化、迫使信徒遵守清规戒律的宗教，将很快只剩下一群狂热的信徒，因为大多数人都将放弃对它的信仰。

我知道一定会有人这样反驳我：宗教都是以永恒的真理作为其追求目标，所以它决不能随波逐流，随着时代的变化而改变自己的初衷，唯有如此，它才不会在人们面前失去其可信性。对于这个问题，我的回答是：必须要把一种信仰或神学家们所说的信条得以成立的主要观点，和从这些观点派生出来的从属概念严格区别开来。不管在什么样的时代，宗教都要坚持前者；但当人们的思想已经随着时代的变化而不愿意墨守成规时，宗教也要审慎地考量自己和后者的联系。我觉得，表面事物和次要事物的不变性，只有在世俗社会本身停滞不前的时候，才有可能维持下去。在其他任何场合，这种不变性都是一种危险。

我们能够看到，在由平等所带来的一切激情中，有一种特别强烈并且让人感到振奋的激情，这就是人们追求喜乐安定的感情。爱好安乐，是民主时代的一大特征。

可以这么认为，凡是试图消灭这种激情的宗教，最后都会被这种激情所消灭。如果宗教要求人们完全放弃现世的幸福，让人们一心只追求来世的幸福，那么，人们将会摆脱宗教的束缚，为了追求眼前的物质享受，而躲宗教远远的。

宗教的主要任务，是净化和节制人们在平等时代过分地追求喜爱安乐的情感。我认为，宗教如果试图完全压制或破坏人们的这种情感，那

---

① 在任何一个宗教中，仪式都和信仰的本质有密切关联，最好不要对它进行任何改变。在形式和内容联系得像一个整体的天主教中，尤其是这样。

就大错特错了。宗教无法让人完全放弃爱财之心，只能说服人们用正当的手段来致富。

现在，我将来进行最后一项分析。这项分析从某种意义上来说，就是对上述各项考察做一个概括。随着人们变得越来越相似和平等，与人们的世俗生活保持一定距离的宗教，愈加不能抵触那些大众都接受的观念和起支配作用的利益，因为公众的意志将逐渐成为最无法抵抗的力量，而在这种力量之外，宗教是无法获得长期而强大的支持的。无论是在有君主的民主国家，还是在共和制的民主国家，概莫能外。在平等的时代，君主虽然在很多方面能使人服从他，但真正让人信服的却是人民中的多数。因此，凡是遵从自己信仰的人，都倾向于赞成多数的意见。

我在本书的上卷曾提到过，美国的神职人员为什么不去过问政治。这是美国人谨慎自持的明显例子，但却不是唯一的例子。在美国，宗教是一个专门由神职人员负责的独立王国，而且神职人员从来都不想走出这个天地；他们在这个独立的领域指导人们的精神，而在这个领域之外，则任凭人们独立自主，让他们根据自己的本性和时代的需要去发挥他们所蕴含的能动精神。我从来没有见过哪个国家的基督教像美国那样不讲究形式和轻视繁文缛节，却能对人的精神有着最清晰、最简明和最一般的了解。虽然美国的基督徒有很多个宗派，但是他们对各个宗派都一视同仁，无论是天主教，还是其他教派。任何国家的天主教神职人员，都不会像美国天主教神职人员那样不去过问信徒们的礼拜琐事，不采用额外的和特殊的礼拜方式，不拘泥于教义的字面意思而重视教义的精神。天主教中关于只对天主礼拜而禁止对圣徒礼拜的教义，讲述得最为清晰、遵行得最好的是美国的神职人员，而美国的天主教徒则是最为驯服和虔诚的。

美国神职人员的另一个特点是：美国的神职人员绝不把人的视线引

向来世，而是让人更多地注重现世。在他们眼中，现世的幸福虽然在宗教上处于次要地位，但仍然具有重要的意义。虽然他们不直接从事实业活动，但他们至少发自内心地关心和赞扬实业的进步。他们在向信徒描绘来世的因果报应时，并不禁止信徒用正当的方式去追求现世的幸福。他们不会过多地去讲述来世和现世的差异，而是细致地去研究用什么样的方法能使二者兼顾。

美国所有的神职人员都承认多数对人们思想的支配作用，并且尊重这种作用。如果不是出于必要，他们绝对不会反对多数。他们从不参加党派斗争，但是随时准备着接受全国的共同意见，跟着时代的潮流前进，而不加以抵制。他们致力于引导同时代的人向善，而不是和同时代的人搞对立。正因为如此，舆论从不把他们当作敌人，而是进行支持和庇护。他们布道时讲述的关于信仰的内容，通过多数的力量以及他们自身的努力共同发挥作用。

因此，宗教通过尊重那些不与它对立的民主本能，并且利用其中的一部分，就能顺利地抵制它最危险的敌人——个人的独立意志。

第06章　天主教在美国的发展

根据一些可信的报告，美国既是世界上最民主的国家，同时又是天主教最发达的国家。乍一听，人们可能会感到诧异。

有两个问题应当予以区分：平等一方面增强了人的独立判断能力，另一方面则让人们向往能有一个统一的、单一的以及对大家都能一视同仁的权力。因此，生活在民主时代的人们，都力图让自己不受一切宗教的约束。然而，一旦他们想服从某个宗教权威，那么，他们就要确保这个权威是单一的。凡是不指向同一个中心的宗教权力，都会让他们感到不快，并且会促使他们做出这样的判断：与其有好几个宗教，不如没有宗教。

在我们这个时代，天主教徒变得比以往任何时候都更加不虔诚，但吊诡的是，很多新教教徒却纷纷改信了天主教。从天主教内部来看，它像是衰退了；而从它的外部来看，它又仿佛是前进的。这个现象其实不难理解。

活在当下时代的人，自然很少有虔诚的信仰，但他们一旦决定要皈依宗教，就会觉得有一种内在的本能在不知不觉地将他们推向天主教。罗马教会的一些教义和教规让他们感到吃惊，但在内心深处，他们却对它的纪律表示钦佩，与此同时，罗马教会的牢固和团结也在吸引着他们。

如果天主教最终能将它所引起的政治恩怨置之度外，那么，我将毫不怀疑，这个看似和它抵触的时代精神，不但不会对它造成不利，反而会让它在短时间内获得巨大的成就。

人们智力活动最常见的弱点之一，就是愿意互相妥协，不惜以牺牲逻辑为代价而求得和解。因此，不论是在过去还是现在，总是有人在服从一个权威后，又想要放弃这个权威而另寻其他权威，任凭自己的精神在服从和自由之间摇荡。尽管如此，我仍然相信这类人在民主时代不会多于其他时代，而我们的后代在将来必然会日益分化，最后会分为两大类：一类完全脱离基督教，另一类则皈依罗马教会。

第07章　民主国家人民的思想缘何倾向于泛神论

民主国家对于最一般观念的突出爱好是如何表现在政治层面的？这个问题我准备以后再谈，现在我要谈的是这种爱好对哲学的重要影响。

毋庸置疑，泛神论在我们这个时代得到了很大的发展。欧洲一些国家的著作，就明显带有泛神论色彩。德国人把它带入哲学，而法国人则把它带进文学。法国出版的一些虚构类作品，大部分都包含着有泛神论色彩的观点或论调，让人们觉得它们的作者具有泛神论的倾向。我认为这并非偶然现象，而是有其深远的原因。

随着身份的日益平等，人们之间的差异越来越小，个人也变得越发渺小无力，人们将习惯于不再重视单个的公民而只重视全体人民，忘记了个体的存在而只考虑人类整体。

在这样一个时代，人们的精神既包罗万象，又希望把无数个不同的结果归结为一个单一的原因。

统一的观念纠缠着人的精神，同时人的精神也在到处寻找统一的观念。当人们找到这一观念时，就会自愿地把它放在心里，这样一来，人们不只是认为世界包括天地万物，还相信世上只有一个造物主。然而，对万物进行的这种简单分类并没有使他们满意，于是他们又设法拔高和简化自己的想法，也就是把神和宇宙汇集成一个单一的整体。如果有这样一个哲学体系，它能把世界上的万事万物都看作一个巨大存在的不同组成部分，不管是物质的还是非物质的，不管是可见的还是不可见的，不论那些组成部分如何变幻，这个巨大的存在都能永远存在下去，那么，我就可以轻松地断定：这个哲学体系虽然破坏了人的个性，却对生活在民主制度下的人具有一种神秘的魅力，而这种魅力的产生也许正是因为它破坏了人的个性。人们的所有智力活动和习惯都在引导人们去理解这一哲学体系，并且走上接受这一体系的道路。这一哲学体系理所应当地会加强人们的想象力，并且会提高人们的自豪感以及满足人们的精神愉悦感。

在寻找能帮助哲学解释世界的各种体系中，我认为泛神论是比较适于笼络民主时代人心的体系之一。凡是坚信人类是最伟大的人，都应当团结起来反对泛神论。

第08章　平等是如何唤起美国人产生人可无限完善的理念的

平等为人们的思想带来了崭新的观念，同时也在改变着所有业已存在的观念。我现在之所以用人可以完善这个观念为例，是因为它是人的智力所能想出的主要观念之一，而且作为一大哲学理论，它每时每刻都在实际生活中验证着自己的论据。

人和动物虽然有相似的地方，但人有一个特点是动物所不具备的。这就是人能够自我完善，而动物则不能。自人类诞生以来，他们就发现了自己与动物之间的这种差别。因此，人可以自我完善这个观念，古老得就像世界本身。平等本身并没有创造这个观念，但它却赋予了这个观念新的特点。

当公民按照等级、职业以及出身而分类时，每个人都不得不沿着因偶然而进入的轨道前进，人人都会认为自己有一个力所不逮的极限，因此谁也不会去对抗不可抗拒的命运。贵族制国家的人们，并非完全没有自我完善的能力，只是没有意识到这种完善是有着无限的进步空间的。他们只想着改进，而不想变革。他们关注的只是让自己的社会地位越来越高，除此外别无他求。他们虽然承认人类已经取得了长足的进步，并且以后仍然有进步空间，却又事先把人类限定在一个不可逾越的范畴之内。

因此，他们不会认为自己已经达到至善的境界和已经获得绝对真理（说实话，没有哪个人或哪个民族曾这样妄想过），但是他们愿意让自己相信，他们距离人类所能达到的智力极限已经不远了。同时，他们看到周围的一切依然如旧，没有什么变动，就很容易觉得所有的一切都已各得其所。由此，立法者们喜欢制定一些永久性的法律，人民和国王倾向于建造耐久的建筑物，当代人为后代人定好了一成不变的既定路线。

随着等级的消亡、各阶层的接近以及人们的日益交流，原有的习惯、礼仪和法律也在不断变化；随着新事物的出现和新真理的发现，那些旧观点逐渐被新观点所取代，一个理想却又总是不够完善的形象，就会出现在人们的脑海。

于是，那些转瞬即逝的变化，时时刻刻都呈现在每个人的眼前。有些人的处境变得恶劣，于是他们开始清醒地认识到，不论是一个人还是一个民族，不管怎么有智慧，都无法保证永远不犯错误。而那些受到命运之神眷顾的人，则由此断言：一般来说，人具备无限完善自己的能力。因失败而受挫的人认为，任何人都不能吹嘘自己能够找到绝对的善；成功的人在兴奋之余，会继续追求新的成功。因此，人们都在不断地追求，即使跌倒，也会再爬起来，虽然经常感到失望，但又不会轻易绝望，人们无休止地沿着漫长的人生道路，走向他们只能渺茫地看到终点的伟大目标。

这种认为人可以无限自我完善的哲学理论，一度让人们心甘情愿地做出了很多实事，很多人虽然在思想上与它并无交涉，在现实活动中却又和它相吻合，这说明它对人们施加了令人难以置信的奇妙影响。

我曾问过一位美国船员：为什么你们美国的船都造得不太耐用？他毫不迟疑地回答道：航海技术一日千里，再好的船用上几年后也无法再用了。

从这个大老粗脱口而出的答话中，我看到了这个民族的伟大之处，那就是凡事都遵循一般观念和有体系的观念。

贵族制国家会过分限制人们自我完善的范围，而民主国家则扩大了这个范围。

第09章　美国人的例子

应该承认，在当代的文明国家里，美国在高级科学方面没有多大的进步，而且也没有几个大艺术家、著名诗人以及卓越作家。

一些欧洲人对此表示诧异，认为这是由平等所造成的不可避免的结果。他们甚至认为，如果民主制度席卷全球，引领人类走向开化的光芒就会逐渐黯淡下去，人类将重回黑暗时代。

我认为，这些人之所以做出这种推论，是因为他们把一些本应分开并加以单独考察的观念混淆了起来。他们在无意之中将民主的东西与美国人所独有的东西混在了一起。

美国初期移民所信奉并传承的宗教，在仪式上是比较简单，而在教义上却非常严肃，甚至可以说是苛刻。它反对繁文缛节和外在的浮夸，这样的宗教，自然不利于美术的发展，只会青睐于消遣性文学。

美国人是一个既古老又开化的民族，后来他们又迁徙到一个让他们能任意开发的广袤而肥沃的新国土上。这在世界上是史无前例的。因此，在美国的每个人都有其他地方所不具备的发财致富的条件。美国人的贪欲非常强烈，他们既喜欢幻想又富于理性，并且被追求财富的目标所吸引。美国不仅有像其他国家那样的工商业者阶级，还有一种其他国家所没有的现象，即全民皆商。

我敢打包票，如果全世界只剩下了美国人，而且他们仍然保留着祖传的自由和激情，那么，他们会很快发现：不研究理论，科学的实用性是无法取得长足进展的，同理，所有的艺术都应当相辅相成地去完善。不论美国人如何绞尽脑汁地为其所追求的目标而努力，他们终须要承认，为了顺利达到目标，有时需要离目标远一点。

喜欢精神享受，是文明人的普遍心理，那些高度文明的民族都无法抵抗这种爱好，甚至还有一批人在专门研究它。这种精神上的需求一旦出现，就能很快得到满足。

然而，当美国人在只注重科学的实用意义和追求舒适的生活时，重视学术和文艺的欧洲已经开始致力于探索真理的共同源泉，当然，他们同时也在完善人们可以享有的一切享乐和需求。

美国的居民认为，在所有旧大陆的开化民族中，有一个位于榜首、最为突出的民族。他们和这个民族同源同俗，两者之间具有极为密切的关系。他们认为，这个民族有著名的科学家，有才华横溢的艺术家和伟大的作家；他们可以直接从这个民族里汲取知识的财富，而不必为了积累这种财富付出艰辛的劳动。

虽然美国和欧洲远隔重洋，但我认为它们二者是不可分的。我把美国人民看作英国人的一部分，他们以开发新大陆为己任，而留在英国的那部分，则乐得清闲自在，很少为了获取生活物资而操劳，正因为如此，他们能把自己的精力用在深化思想上，并且从各个方面发展人的精神。

由此来看，美国人的际遇完全是一个意外，我认为今后不会再有一个民主的民族能碰到这种际遇。他们原本都是清教徒，他们有从事商业的习惯，他们居住的国家不鼓励他们去钻研科学，而他们的欧洲邻居则保证了即使他们不去研究科学，也不会重返野蛮状态。这些原因必然使得美国人更注重于物质方面的事物。人们的激情、需求、教育以及环境，实际上都在驱使美国人去注重现世生活。而宗教只能让他们偶尔抬起头来，漫不经心地望一望天堂。

因此，我们不应根据美国人的外在表现去推及所有的民主国家，而要根据每个民族的特点去研究它们。

假如有这样一个民族，它的内部没有门第、等级和阶级之分，它的法律不承认任何特权，并且规定遗产由继承人平分，但是它却没有让人民享有知识和自由。这不是一个没有任何根据的设想，因为一个独裁者可以将恩惠平等地施与臣民，同时又让他们愚昧无知，从而更轻松地奴役他们。

具备这类民主特点的民族，不但无法在科学、文艺等领域表现其才华和爱好，还会让人相信它永远不会有这种表现。

它的继承法就是将财产代代相传，谁也不会去创造新的财富。那些没有知识和自由的穷人，甚至不会产生致富的想法；而富人则只能听任自己沦落到贫困的境地，根本不知道如何自救。这样的民族很快就会在这两类公民之间建立起完全的平等，这样一来，谁也没有时间和兴趣去从事智力活动。在这种境况下，所有的人都将麻木不仁，沦落到愚昧无知以及受奴役的状态。

我一想到这样的民主社会，就立即觉得自己像被抛入了一间低矮、昏暗的小屋子里，虽然有时能从外面射进一点光线，但很快就会变得微弱乃至最终消失。这让我感到心情沉重，闷得喘不过气来；我在黑暗中不停摸索，希望能找到一个出口，好去外面呼吸点新鲜空气。然而，这里所作出的一切猜想，并不适用于那些民智已开的民族，这类民族在废除了财产永久归于某些人或某些团体的特殊法令后，依然保有自由。

当生活在民主社会里的人们民智开启时，他们会明白没有什么能够限制或强迫他们安于现状。

在这种情况下，每个人都会想方设法去改变现状；如果他们都是自由的，那么每个人都有大显身手的机会，当然，他们不一定会获得同样的成果。而立法机构将不会再给予人们特权，给予人们这种特权的是每个人的天赋。天赋的差异是很大的，所以财富也会因每个人运用其聪明才智去致富的情况不同而出现不平等。

继承法会阻碍那些大富之家世世代代富裕下去，但同时它也认可富人的存在。一方面继承法在不断使公民趋于相同的水平，另一方面，公民们在努力让自己避开这个水平。随着公民们的知识日益提高和自由日益扩大，他们的财富也变得愈加不平等。

在我们这个时代，有一个由恃才傲物的人士组成的学派[①]，他们主张先将所有的财富集中在一个中央当局之手，然后再按照每个人的贡献多少将财富分配给所有的人。他们认为，通过这种方法，能够避开那些威胁民主社会的完全而永恒的平等。

还有一种相对简单安全的救治办法。即不让任何人享有特权，给予每个人同等的知识和同等的独立地位，让每个人自己主动去寻找自身应占的地位。然而，天赋的差异会很快显现出来，财富自然也是由能者占有。

因此，在民主自由的社会里，经常会出现一批富裕的人。这些富人彼此之间的联系，不会像从前贵族阶级成员间那样密切。他们有着不同于贵族阶级的本性，比如没有那么多充裕的时间去享乐，但是他们在人数上要远远超过过去任何一个贵族阶级。这批人不会整天为了物质生活

---

① 毫无疑问，托克维尔所指的流派是圣西门学派。参看曼纽尔：《圣西门的新世界》（马萨诸塞州之剑桥，哈佛，1956 年）；夏尔勒蒂：《圣西门主义史（1825—1864）》

奔波，他们时不时地也会进行一些智力活动和享受精神生活的快乐，但在程度上不如以往的贵族。他们这样去支配自己的时间是合乎情理的，因为作为一个人，一方面需要有一个有限的目标，即物质和实用的目标，另一方面还需要有一个无限目标，即非物质的美的目标。物质需求让人的精神倾向于现世，但是当人们不再为物质需求所吸引时，人的精神就要自我崛起。

在民主时代，不仅懂得鉴赏精神产品的人会大大增加，而且人们对于智力活动的爱好也会逐步提高，甚至会超过贵族时代的水平，毕竟在那个时候，很多人没有时间也没有能力从事这些智力活动。

当世袭制度、阶级特权、门第优越感不复存在时，每个人只有靠自己的努力来前进，那么财富方面的高下之分，显然将取决于人的智力。凡是能够激发智力的东西，都会立即身价倍增。

知识的功效将会极其明显地呈现在人们眼前。即使那些没有察觉到知识魅力的人，也会尊重知识的成果，并且必须为享有这种成果付出一定的努力。

在民主开放的时代，没有任何一种力量能把人与人分隔开来，或是把人限制在原来的位置。人人都可能突然发迹，也可能立即变穷。各个阶级每天相互见面，因为他们相处得甚为紧密。他们通过频繁地交往来彼此模仿、互相敬慕。由此，人民就会产生一些在等级森严的时代所没有的观念和思想。在这样的环境里，仆人能够与主人共同劳动和享乐，穷人与富人之间也是如此；乡下人将会向城里人看齐，地方将会向首都看齐。

由此，谁也不会过于专注生活的物质方面，即使是那些最朴素的手艺人也会偷偷地看一看高级的智力活动世界。人们不会用贵族制国家所采用的观点和方式来读书，但是，读书人的范围将不断扩大，最后甚至会扩展到全体公民。

当人们开始注重精神劳动后，他们就会逐渐发现取得权力和财富的关键，在于自己在某些方面胜过他人。由平等所造成的跃跃欲试的野心，立即会从别的领域转移到这个方面来。到时候，研究科学和文艺的人，将会剧增。一种不可思议的积极性，将会出现在知识界。每个人都需要设法为自己开辟一条道路，并尽量吸引着他人跟着自己走。这种状况，同美国政治界的现状有些类似。美国人所做的工作虽然不够完美，但是其数量却是巨大的。虽然个人努力的单个成果是渺小的，但是合起来的总成果却是巨大的。

因此，不能说生活在民主时代的人天生就不关心科学和艺术，应该承认，他们是用自己的方法来研究科学、文学及艺术的，他们在这方面有着自己固有的特点和不足之处。

第10章　为何美国人在科学方面偏重实践忽视理论

民主制度既然没有抑制人们的精神发展，那么毫无疑问，它在一定程度上推动了人们的精神发展。虽然它的作用有限，但却是非常强大的。请允许我暂停一会，先来谈一谈它的作用。

我们在论述美国人哲学方法时提出的那几个论点，也同样适用于这里。

平等让每个人都激发出凡事自行做主的愿望，一方面轻视传统和形式，另一方面对所有事物都怀有明显而切实的爱好。民主的这种一般本性，就是本章要单独探讨的主要内容。

在民主国家研究科学的人，总是担心自己陷入空想而迷失方向。他们敢于向那些已有的权威挑战，喜欢紧紧抓住事实和亲自研究事实。他们既不会因为某个同行成名而轻信，也不会盲目遵从某个权威的论断。与此相反，他们会不断去寻找名人或权威的理论弱点。传统学术对他们影响不大，他们从不长期拘泥于某个学派的烦琐议论，也很少被某人的豪言壮语所蒙骗。他们会尽自己所能深入到研究对象的各主要部分，并且喜欢用通俗易懂的方式来表达它们。这样一来，科学虽然比以前更加自由和确切了，却也不像以前那么高大了。

我认为，按人们的精神追求，可将科学分为三个部分。

第一部分，以那些尚未得到应用的最纯理论和抽象概念为内容。

第二部分，由那些尚属于纯理论范围但是通过一些直接便捷的途径可以加以应用的一般真理构成。

第三部分，理论的具体应用程序和执行方式。

对于科学的这三个不同部分，每一部分都能单独对其进行研究，但是人们的理性和经验证明，如果他们三个中有一个和其余两个完全隔离，那么它就不可能长期地繁衍下去。

在美国，人们习惯于研究科学的纯应用部分，而在理论方面，则只注重研究对应用有直接帮助的那一部分，在这一部分，他们经常表现出自由、求真、创新的精神。然而，几乎没有一个美国人专心研究人类知识中那些务虚的部分。从这方面来说，美国人有一种倾向尤为突出，这种倾向其他民主国家也有，但是都表现得不像美国这么强烈。

高级科学的研究需要沉思，而在民主社会的内部，却很少有什么东西适合沉思。在民主社会，既没有贵族制国家的那种人数众多的因为自己有的是钱而高枕无忧的阶级，也没有那种因为无望改善处境而停止进取的阶级。每个人都在积极地行动，有的希望掌权，有的希望致富。在这种熙熙攘攘、皆为利往的环境下，怎么会有足够的安静以供人们进行深刻的构思呢？当你周围的一切都在积极地活动，而你自身已经被裹挟进万物的激流里时，你如何才能停下来思考高级科学呢？

必须把民主社会中存在已久并且安全无事的经常性运动，和那些伴随着民主社会诞生而产生的骚乱性运动区别开来。

当一个高度文明的国家发生暴力革命时，人们的情感和思想必然会受到强烈刺激。

特别是在发生民主革命时，情况尤甚。因为民主革命把所有的阶级都发动了起来，并且在每个公民的心中种下巨大的野心。

如果说法国人在横扫封建社会势力的同时，使得精密科学一下子飞跃到一个惊人的地步，那么，这个突如其来的成果并不是民主造成的，而应当把它归功于迅速发展的革命。然而，这种由革命带来的成果只是一个偶然现象，如果把它视作一般规律，显然是欠妥的。

民主国家发生大革命的现象不会比其他国家更多，我甚至认为它只会比其他国家更少。但是，在民主国家里，倒是经常会出现让人感到不快的不和谐运动，也就是说，人们之间经常会互相排斥。显然，这种现象只会让人们精神涣散，而不能振奋人心。

生活在民主社会的人不仅很难沉思，而且对这种思维活动也不够重视。民主社会的制度，使得大部分人经常处于运动的状态。但是，因这种状态而产生的习惯，并不总是适合思维活动。用这种习惯进行活动的人，常常满足于不求甚解，如果他们让每一个细节都做得十全十美，那么就很难达到预期的目标。他们必须经常依靠那些无暇深入研究的思想，因为恰到好处地利用这个思想，比这个思想本身的严密正确更有意义；他们认为，与其浪费时间去证明一切原理的真实性，不如投机去利用某些错误的原理。更何况整个世界也不是根据长期不变和确凿无疑的论点运动的。世界上的所有事物，都是通过一些特殊现象和大众变化多端的激情为人们掌握的，要想做到这一点，必须要随机应变地抓住发生的事实。

因此，在这个人人都处于活动状态的时代，往往过于重视智力的快速成果和满足于肤浅的论据，而轻视那些深刻的需要缓步推进的智力劳动。

有这样几种研究科学的方法。很多人功利性地把智力活动得出的发明创造，用在工商业上。我们不应该将这种做法和少数人追求真理的无私热情混为一谈，前者是希望利用知识获得物质上的利益，后者则完全出于对真理的渴望。我毫不怀疑，随着时间的推移，越来越多的人会对真理产生无限的热爱。这种热爱随着自己的成长而不断壮大，并且不会因为自满而故步自封。正是对真理的这种无私的热爱，才能使得人们得到真理的抽象源泉，并且从那里汲取最根本的观念。

如果帕斯卡尔的眼中只有名利，或他只是单纯为了名利而活动的话[1]，那么，我相信他绝对不会竭其全部智力去揭开造物主的奥秘。为了让自己完全专注于这项研究，帕斯卡尔让自己摆脱了一切精神上的杂念，以至于过早地耗尽了自己的心力，不到40岁就撒手人寰，让人忍不住生出敬佩之情。我认为，寻常的功利原因绝对不能使他付出如此非凡的努力。

在贵族制社会出现过的这种求知热情，将来或许也会出现在民主社会。但是坦白说，我现在还很难相信这一点。

在贵族制社会，那些掌握舆论和政务的阶级能够世世代代居于群众之上，因此它自然而然地会怀有一种优越感。这个阶级会想方设法让自身享有盛誉，并且为自己的设想制定出一个宏伟的目标。虽然贵族常有残暴和不人道的行为，但鲜有低级龌龊的想法。他们虽然也爱好一些小型娱乐，但同时对它们也抱有某种看不起的心理。他们的这种行为表现，也在客观上提高了一般人的精神境界。在贵族时代，关于人的尊严和力量，都有一种非常崇高的看法。这种看法对当时所有的人都发生着影响：促使人们的精神境界向更高层次迈进，并且让人们对真理的崇高产生由衷的神圣热爱。

因此，这个时代，学者都醉心于理论研究，并且对理论的应用持有

① 在这里，托克维尔大概是以《思想录》的作者帕斯卡尔的范例自律。——法文版编者

一种不屑一顾的态度。普鲁塔克曾说过："阿基米德崇高的治学精神，让他不肯自贬身价去撰写一部制造兵器的著作。在他看来，那些关于发明创造和组装机器的一切科学，以及有某种实利意义的一切技艺，都是毫无价值、卑贱并且市侩的。他把自己的全部精力都用在撰写那些美妙但没有实际用处的著作方面。"[①]这就是贵族阶级在科学上的追求。

在民主国家，就不会出现这种情况。

民主国家里的人民，大多数都对物质享受有着强烈的兴趣。由于他们总是不满意自己的处境，并且总有努力摆脱这个处境的自由，所以他们满脑子想的只是改变自己的处境和增加自己的财富。对于持有这种想法的人来说，所有能够成为发财致富捷径的新方法，所有可以节省人工劳力的机器，所有可以降低生产成本的工具，所有能增加享乐的新发明，都是人类智力的最优秀成果。民主国家的人民正是从这些角度去钻研科学和尊重知识的。在贵族制度下，人们从科学中汲取的，主要是精神上的享受；而在民主制度下，人们追求的更多的是物质上的享乐。

不妨这样设想一下，一个国家越是民主开明，对科学达人进行这种评价的人就越多，那些能直接用于工业生产的发明也就越能使发明者得名得利，甚至获得权力，因为在民主制度下，从事劳动的阶级能够参加政务，而政府也需要从那里获得荣誉和金钱。

不难想象，在这样的社会里，人的精神不仅会在不知不觉中忽视理论，还会以充沛的精力去追求科学的实际应用，或者去追求对于应用不可缺少的那一部分理论。

即使本能的求知欲促使人的精神上升到最高的智力领域，同样会一

---

① 参看普鲁塔克《名人传》中的《克劳迪乌斯·马尔塞鲁斯传》，博恩编，第2卷47页，伦敦，1887。

无所成，因为现实中的利益会驱使人们甘于徘徊在中等的智力领域，唯有如此，人的精神才能发挥出它的力量和持久的积极性，并且创造出最好的成果。例如，有个连力学中一个普通定理都搞不懂的美国人，却为航海业创造出了一部使得整个海运世界面貌为之一变的新机器。

当然，我并不是说当代的民主国家要眼睁睁地看着人类的精神之光逐渐熄火，更不是说它们不能焕发出新的光芒。世界发展到今天，有很多开化的国家都在兢兢业业地发展工商业，因此那些将科学中不同部门联系起来的各种关系，必然会引起人们的注意；那些合理的关于应用的爱好，也一定会促使人们重视理论。在众多实验反复进行的过程中，人们必然会不时地发现一些最一般的规律。即使伟大的发明家不会出现太多，伟大的发明也必然会层出不穷。

此外，我相信科学的崇高使命。民主制度虽然不会引导人们为了科学而研究科学，但是，它却会使得研究科学的人大大增加。在如此庞大的科学研究人员中，随时会出现热爱真理的天才。我们能够肯定，这类天才，不管他所在的国家和时代受什么精神所支配，都会竭尽全力去揭示大自然神秘而深邃的奥秘。他们不需要别人的帮助就能独自前行，只要不人为地给他们设置障碍，他们就会很知足了。我在这里想要说的是：如果身份恒久不平等，就会对抽象真理的研究造成阻碍，而且这种研究属于高屋建瓴，很难在现实中得到实惠；而在民主的社会制度下，会促使人们追求科学中最直接最有利的那部分应用。

这种趋势既是自然的，又是不可避免的。了解这种趋势是一件有意思的事情，而点明这种趋势又是必需的。

那些负责领导现代国家的人，如果能清晰而长远地认识到这种不可抗拒的特性，就会明白生活在民主时代的人在有了知识和自由后，必然会去改进科学中的工业应用部分，而作为政府，应当对人们从事高级科学研究的激情加以鼓励。

在这个时代，应该让人们重视理论，然后使其自然地应用到实践中，而不是让他们总是追求那些实用性的详细研究。最好让人的精神暂时放弃这类研究，把它提高到沉思初始原因的境界。

由于罗马文明是随着蛮族的入侵而灭亡的，所以我们过分相信，只要不再发生这类事件，我们的文明就能长存不灭。

如果照耀我们前进的光芒注定要熄灭，那也只能是用逐渐暗淡下去和自消自灭的方式。强迫人的精神只注重实用，就会忽略原理；而一旦完全忘却原理，那么从原理产生出来的方法论也不会太多。这样一来，人们就无法发现新的方法，只能死板地使用那些他们并不理解其原理的工作方法。

300年前，欧洲人刚到中国的时候，发现中国的一切工艺都几乎达到了一种完善的阶段，对此他们感到大为惊异，认为再没有别的国家比它先进。过了一段时间，他们才发现中国人的一些高级知识已经失传，只留下了一些蛛丝马迹。虽然这个国家的实业发达，大部分科学方法还在那里保留了下来，但是科学本身已经不复存在了。这足以说明，这个民族的精神已经陷入停滞状态，中国人只是盲目地跟着祖先的足迹走，而忘记了那些曾经引导他们祖先前进的原理。他们继续沿用祖传的科学公式，却不究其原理。他们还使用着过去的生产工具，而不去想办法改进它们。因此，中国人还未能进行任何变革，也必然会放弃维新的念头。他们为了防止陷入歧途，一刻也不偏离祖先所走过的道路，在一切方面都竭力效仿祖先。在他们身上，作为人的知识源泉几乎干涸。因此，虽然河水仍然在流动，但已无法再卷起狂澜或改变河道。

尽管如此，中国还是安然无恙地生存了很多个世纪。那些征服中国的外族沿用了它的习俗，使得那里依旧秩序井然，物质上的繁荣随处可见。在中国，革命是极其罕见的，战争更是闻所未闻。

因此，绝不能因为蛮族离我们尚远而感到高枕无忧，有的民族曾任凭异族从自己手中夺走文明的火把，也有的民族曾用双脚把自己文明的火把踏灭。

第11章　美国人以何种精神对待艺术

每个人的财富都大致相等，谁也没有过多的剩余，人们都希望能生活得舒适一点，并且不断努力追求享乐，这会使人们注重实用而缺乏爱美之心。我不想对这一切再一一赘述，以免浪费读者和我自己的时间。一般来说，民主国家都有这种现象，因此，它们首先需要发展的，是让生活变得舒适的艺术，而不是点缀生活的艺术。在习惯上他们以实用为主，而美居于次要的地位。它们希望美的东西同时也是实用的。

尽管如此，我想要更进一步，在指出这一特点后，再描述一些其他的特点。

一般来说，在承认特权的时代，所有的艺术几乎都属于从业者的特权，而每一种职业都是不准其他行业涉足的独立世界。甚至在各行各业已经自由的时候，贵族制国家由来已久的停滞性，仍然会让从事同一行业的那批人形成一个独特的阶级，而且这个阶级的成员将永远是固定的那几个家族。这些家族之间彼此非常熟悉，用不了多久就产生了同行业的公认原则和自尊。在这种实业阶级的内部，手艺人不只是为了获得金钱而工作，还要为了自己的荣誉而努力。他们的行业准则所依据的既不是他们自身的利益，也不是他们雇主的利益，而是他们整个团体的利益。在这种团体利益之下，每个手艺人都要制造出杰出的作品。因此，在贵族时代，艺术所追求的目标是尽善尽美，而不是加快制作速度，更不是为了获得最大利润而降低成本。

反之，当每一种职业都对所有人开放，人们可以随时进入或离开某一行业，同一行业的成员将彼此视为外人时，行业的社会联系便会不复存在，全靠每个从业者自己的努力，这样一来，他们将会追求用最少的成本赚取尽可能多的钱。以抑制消费者的意志为目标。同时，消费者也会对他们采取相应的对策。

当财富也像权力那样集中在少数人之手并且永远为他们所占有时，那么这个社会的大部分财富将会被一小撮人所享受；而其余所有人则会因为贫困、习俗以及自我节制而被排除在这种享受之外。

贵族阶级位于荣誉的顶点保持不动，既不扩大也不缩小，这样一来，他们会感到自己有着永恒不变的需求，而且将永远以同样的方式享用。贵族阶级的成员，因为拥有高人一等的世袭地位，所以爱好那些最精致和最耐用的物品。

这种情况对全国人民看待工艺品的态度产生了普遍影响。

在这样的国度里，即使是农民，也喜欢购买一些绝佳的物品，否则他宁可不买。

因此，在贵族制社会里，手艺人只为那些人数有限而且非常挑剔的顾客服务。他们之所以能赚到钱，全仗着他们手艺高超。

等到所有的特权都被取消，等级的界限完全消失，每个人都能在社会的阶梯上浮浮沉沉时，上述情况就不复存在了。

人们经常能看到，在民主国家里，很多人的家产变得越来越分散。他们在家业兴旺时培养起来的某些需求，在他们无力满足时仍然存在。于是，他们会急切地寻找一些间接方法来满足这些需求。

另一方面，我们在民主国家里，也经常见到大批人的财产不断增加，但是他们的贪婪比财富增长得更快。他们在尚未得到财富之前，就已经把贪婪的目光聚焦在他们预计可以获得的财富之上了。即使是对于那些即将到手的财富，这些人也要千方百计地寻找捷径，以便让自己能尽快享用。这两种因素结合在一起，便让民主国家产生了如下现象：大量奢侈的需求已非他们能力所及，但是他们宁可勉强地满足自己的愿望，也不肯放弃自己所期求的目标。

手艺人比较能理解这些人的感情，因为他们自己也具有这种感情。在贵族制社会，他们向少数人高价抛售自己的作品；而在民主社会，他们发现了更便利的发财方法，那就是向大众出售廉价商品。

然而，要想降低商品的价格，无非有两种方法。

第一种方法是找出最好、最快和最妙的生产方式。第二种方法是批量生产品质相似但价格较低的制品。在民主国家，从业者的聪明才智几乎全都用在了这两个方面。

他们努力去发明一些使产品制作得更快、更好并且成本更低廉的工艺。如果做不到这一点，那么他们就会设法降低产品的质量，但又要保证产品的用途不受影响。在只有富人戴得起表的时代，表珍贵得要命。而如今，表已经不再是什么稀罕的东西了，几乎人人都有。因此，民主制度并没有只让人的精神专注于实用工艺，它同时还让手艺人们短平快地制造大量不够完美的制品，而一般的消费者们也满足于这样的制品。

当然，这并不是说在民主制度下，不能制造出更为精美的制品。当买主肯出钱让手艺人得到更好的报酬时，也能经常制造出品质优良的产品。在各行各业参加的这场活动中，通过广泛的竞争和大量的实验，自然会产生出一些手艺达到行业高峰的匠人，但是他们显示自己技艺的机会并不多，并且对自己的手艺吝惜到了极点。他们谨小慎微，拒绝大显身手。虽然他们完全有能力做得更好，但却只满足于完成任务。相反，在贵族制度下，手艺人总是人尽其才，不达到本行业的高峰就不肯罢休。

当我到达一个国家，并且看到该国的一些令人惊叹的工艺作品时，还不能让我就此推论出该国的社会状况和政治制度。然而，只要我发现该国的工艺品整体上不够完美，但数量众多而且价格便宜时，我就可以肯定：处在这种状态的国家，特权正在逐渐消失，各阶级在不久后就会融合在一起。

那些生活在民主时代的匠人，不但要将具有实用价值的产品出售给全体公民，还要设法让这些制品具备它们本身所不具备的光彩。

在各阶级鱼龙混杂的社会里，人人都会有伪饰，并且为如何装得更像而大费苦心。民主制度并不是这种感情形成的成因，因为这种感情完全发自人类的内心。但是，民主制度却让人把这种感情用于物质领域。道德方面的伪饰是任何时代都有的，但奢侈方面的伪饰却为民主时代所特有。

为了满足人的这种虚荣心，匠人们便在工艺上进行种种欺骗，有时甚至做过了头，使得工艺本身蒙受损失。如今，已经出现了足以以假乱真的假钻石。等发明出十全十美的制造方法，让人们无法辨别出钻石的真假时，人们就会对这二者都失去兴趣，只是把它们看作普通的小石子。

说到这里，我想聊一聊美术这门艺术。

我不认为民主制度会让从事美术的人越来越少。但是，这种制度会对美术工作者产生巨大的影响。一方面，大部分美术资深爱好者会变得穷困潦倒；另一方面，很多尚未富裕起来的人，也会附庸风雅，开始喜欢美术。这些会使得美术品的总顾客人数有所增加，但真正识货的和特别有钱的买家却不多。由此，在美术领域也会出现我前面说到过的那类现象，即美术品的数量大大增加，但单个艺术品的价值却下降了。

人们不再追求伟大，而只是注重优美和养目，只看外表而不重实质。

在贵族时代，产生了很多伟大的绘画；而在民主时代，却出现了大量庸俗的绘画。在贵族时代热衷于建造青铜像，民主时代则更喜欢塑造石膏像。

当我从大西洋进入伊斯特河首次抵达纽约的时候，遥望离市区不远的地方，看见河的两岸建有一些用白色大理石制作的小型宫殿，其中有几处看起来古色古香，让我感到吃惊。第二天，我去最引起我注意的一处就近观察，发现那里的墙是用砖砌的，只是在表面上涂了一层白粉，而在它的木制柱廊上，则涂上了带色的油漆。让我感到钦佩不已的那些“伟大建筑”，竟然全是这样的货色。

民主制度下的社会状况，还能让一切模仿性艺术具有一眼便能看透的独特倾向。这种倾向使得艺术只专注于描绘外在形象，而忽视刻画灵魂，用动作和感触的描写代替了情感和思想的描写，使得现实的部分霸占了理想应当占据的位置。

我猜，拉斐尔没有像现代画家那样细致入微地研究过人体的结构。在这一点上，拉斐尔认为不必过于苛求画得分毫不差，毕竟他追求的不是形似而是神似。他一方面要把人画得像人，另一方面又要画得超人。他要将美本身画得更美。

相反，大卫和他的弟子们，不仅仅是著名的画家，还是赫赫有名的解剖学家。他们虽然能够极为真实地再现他们面前的模特儿，却很少把想象的成分注入其中。他们一丝不苟地模仿自然，而拉斐尔则是在追求比自然更美的东西。民主时代的画家虽然给人们留下了很多精细入微的肖像画，但拉斐尔却能让我们从他的作品中窥见天才的神韵。

以上关于绘画的论述，也同样适用于文艺题材的选择。

文艺复兴时期的画家所选择的伟大题材，一般都能超越他们自身所处的时代，并且能发挥出巨大的想象力。而当代画家，则经常把自己的天才用于丝毫不差地再现他们个人生活中的细节，并且只按照自然界随处可见的原物来复制一切平凡无奇的题材。

第12章　美国建筑的复杂性

我之前说过，在民主时代，艺术制品会越来越多，但也会越来越平庸。我现在应立即指出，这方面也有例外。

在民主国家，个人是非常软弱的，但代表众人的国家，却是非常强大的。任何国家的公民都不会像民主国家的公民那样看起来渺小，任何国家都不会像民主国家那样显得强大，任何国家的精神都不会像民主国家的精神那样具有辽阔的视野。在民主社会，人们一想到自己，他们的想象力就会立即变小；但当他们想到国家时，想象力却能无限放大。因此，那些住在小房子里过惯平凡生活的人，要建造某种公共建筑物时，总想着将它建造得更为宏伟一些。

美国人在他们准备建立首都的地方规划一座巨大的城市。如今，这个地方的人口还没有法国的蓬图瓦兹多，但是按照他们的规划，居民数量将会达到一百万。他们已经把方圆十里以内的树木砍伐殆尽，以便给这一未来首都的居民创造便利条件。他们还准备在这个城市的中心建一座供国会使用的雄伟大厦，并且给它起了一个非常好听的名字——国会大厦。

美国的各个州郡也在筹建或正在建设一些庞大的项目，其工程之庞大，就连欧洲大国的一些工程师也叹为观止。

因此，民主制度不但能引导人们去生产无数微不足道的产品，同时也会促使他们去兴建少数极为宏伟的建筑物。但是在这两个极端之间，却是一片空白。因此，仅仅只凭着散见于各地的几座庞大建筑，还不足以显示出制造这些建筑物的民族的社会状况和制度。

我再补充一句看似有点离题的话：这样的建筑物并不能让人准确地理解这个民族的伟大、文明以及繁荣。

但凡是一个政权，在任何情况下，都能驱使全民去专门建设一项大工程。即使这个国家科学水平不高，而且要花很多时间，它也会不遗余力地去搞某种宏伟的面子工程。但是这种做法，并不足以断定这个民族是最幸福、最文明乃至最强大的。西班牙人当年兵临墨西哥城下时，发现那里到处都是宏伟的庙宇和巨大的宫殿。但这并不妨碍西班牙只用600步兵和16匹马就征服了墨西哥帝国。

如果罗马人稍稍懂得一些水力学的原理，就不会在如今已变成废墟的城市周围构建那么多水道，而是更为科学地利用他们的人力和物力。如果他们那时发明了蒸汽机，也许就不会修建从四面八方通向帝国的石头大道，即所谓的“条条大道通罗马”。

这些只能供后人凭吊的宏伟工程，既证明了罗马人的无知，又证明了他们的伟大。

一个除了在地下安装几条铅管和在地上建起几座铁架之外，再没有留下任何宏伟建筑的民族，或许比罗马人更能成为自然的主人。

第13章　民主时代文学的特性

随便走进一家美国的书店，浏览一下书架上摆着的图书，你就会觉得书籍的数量倒是很多，但知名作家的书却少得可怜。

你首先看到的是一大堆介绍生活基本知识的初级读物，而且绝大部分都是已经率先在欧洲出版，后来经过美国人翻印而出售的。其次，是多的不可计量的宗教书籍，例如圣经、布道集、醒世故事集、教义辩论书以及慈善团体报告等。最后，就是那些数量也不在少数的政治小册子。在美国，各党派之间并不出版互相论战的专门著作，但却用难以置信的速度印发小册子，这种小册子大多在出版当天就被人们遗忘了。

在这样一堆乱七八糟的精神产品之中，偶尔也会看见少数几个为人称道的欧洲知名作家的杰作。

虽然在当代的文明国家之中，美国算得上是最不关心文学的国家，但那里也有相当一部分人关注精神方面的事物。他们虽然不是终生致力于这方面的研究，但至少把自己的所有业余时间都用在这上面了。然而，这些人所需要的书籍，大部分都靠英国来供应。英国的一些重要著作，在美国几乎都有翻印。大不列颠的文学天才们，将他们的光辉射进了新大陆的森林深处，在一些拓荒者的小木屋里，几乎都有莎士比亚的作品。我记得，我头一回阅读史剧《亨利五世》的时候，就是在一间用圆木构筑的小房子里。

美国人不仅从英国文学宝藏中吸收精华，他们还在自己的国土上发展了英国文学。在美国从事文学创作的人并不多，其中的大部分原本就是英国人，他们在文学的表现手法上也往往是英式的。因此，他们将已成为经典的贵族制国家流行的文学思潮移入到自己的民主制中。他们借助外来的情调渲染自己的作品，因此几乎无法完整地再现自己所在国土的现实，以至于很难受到人们的欢迎。

美国人本身也觉得美国作家的作品不是为他们而写的，只有当某位作家在英国有了名声后，他们才开始高度评价这名作家。这就好像迫使画的原作者放弃判断自己作品真伪的权利。

因此，严格来说，美国还没有文学[①]。在我看来，在美国称得上作家的，只有新闻记者而已。这些新闻记者虽然算不上什么大作家，但是他们所说的是美国人民的语言，而且是说给美国人民听的。至于其他作家，我一直都把他们看作外国人。美国人对这类作家的看法，和我们对文艺复兴时期模仿希腊文学的作家的看法一致，只是觉得他们不可思议，而没有引起普遍的共鸣。这些作家虽然快慰了人们的精神，但并没有达到移风易俗的效果。

我说过，之所以出现这种状况，不能全部归因于民主，还要到与民主无关的某些独特环境中寻找原因。

如果处于目前制度下的美国人另有来源，并且移民到另一片土地

---

① 关于美国人有没有文学的问题，赛斯特尔在《托克维尔是美国文学的证人与法官》一文的第 13 节《美国人的精神：智力活动》（刊载于《学术会议与报告集》，第一类，第 35 年度，第 282 页，巴黎，1934）中有所论述。还可参看赛斯特尔的《美国文学》（巴黎，1948）；曼茨的《法国人对 1850 年之前美国文学的评论》（纽约，1917），第 85 页及以下几页摘录了托克维尔的评语。——法文版编者

上，那我毫不怀疑，他们也终将会拥有自己的文学。不过，这种文学在本质上和当代美国书刊上所表现出的不同，它们更具有自己的特点。预先给这个特点定出一个轮廓，是有可能的。

如果有这样一个贵族制国家，它在文学上的智力劳动和政务工作一样，都被统治阶级所掌握；它的文学活动和政治活动全部集中于这个阶级或与它最密切相关的几个阶级之手。那么，我就能找到解决其余一切问题的钥匙。

当少数几个人在一起固定地进行某种工作时，容易互相了解，并且会共同制定出每个人都必须遵守的若干准则。如果这几个人从事的是文学活动，那么这种精神劳动也同样会被他们置于明确的守则之下，谁也不能违背。

如果这批人在国内享有世袭的权利，那么，他们不仅会给自己定出一定数量的固定准则，还会遵守祖先留下来的规章制度。这些规则既是严格的，又是世代相传的。

由于这些人不必为物质操劳，实际上他们也从未因此操劳，而他们的祖先更是如此，因此他们能够一连几代人都专注于精神劳动。他们向来懂文艺，始终为了艺术而艺术，并因自己博闻强识、适于文艺工作而感到快慰。

这还不是所有的情况。因为我上面说的这些人，从摇篮到坟墓都过着安逸富裕的生活，所以他们自然会从享乐中精选出最好的精神享受，爱好那些精美和高雅的消遣。

此外，这种长期的安乐享受逐渐形成了某种温吞的心理，使得他们不喜欢过于激烈的享乐。他们需要的是安乐，而不是激动。他们渴望从享乐中得到趣味，但不会因享乐而变得癫狂。

不妨设想一下，假如刚才我说的这类人写了大量的文学著作，你就会发现这些文学著作都是同一个调子，而且他们不敢逾越前人定下的规范。即使是一部微不足道的作品，也会在最小的细节上努力推敲。这种文学要求作者在很多方面显示自己的技巧和功力。它的每一种体裁都有其不能随便僭越的独特章法，并且不能和别的体裁混淆。

在这种文学中，人们认为文体和思想同样重要，形式和内容同样重要，而且语言必须文雅、简练和高洁。写作时永远是一副绅士派头，很少会有轻狂的表现。作家所向往和追求的，是完美而不是丰产。

文学圈的人完全活在自己的小圈子里，只是为了自己和志同道合的人写作，因此有时会浑然忘我，甚至陷入过分考究的泥潭。他们被自己烦琐的写作规则所限制，因此可能会不知不觉地违背常识，最后导致自己跟现实脱离。

他们尽量避免使用通俗的语言，而是使用那些跟大众语言相去甚远的贵族用语。

这些便是贵族制社会给文学的发展设置的障碍。

那些同人民群众完全隔离的贵族，必然都是软弱无力的：不但在政治方面是如此，文学方面也不例外。①

现在，让我们将图画翻转，看一看它的背面。

我的意思是，让我们来考察一下民主社会。在这个社会里，无论是它的悠久传统还是它的现代文明，都能让人获得精神方面的快乐。在这里，各等级混在一起，形成一个整体：知识和权利都已经被无限分割，按照我的观点，它们已经四散到了各个角落。

---

① 对于那些长期臣服于一个王权统治的贵族制国家来说，情况更为明显。

当自由在贵族社会中位于统治地位时，上层阶级会不断施恩于下层阶级，并且通过为下层阶级服务来接近他们。这样一来，民主精神的一些精髓便会不断地进入上层阶级。之后，在占据统治地位的特权集团之中，便养成了坚韧进取的习惯以及对热闹活动的喜好，而这一切又影响着整个文学活动。

在这里，各行各业，三教九流，都要求满足自己智力活动方面的需求。这批追求精神享乐的“新贵”，并没有受过整齐划一的教育；他们的文化水平有很大差异；他们不但和自己的父辈或祖辈不同，而且随着他们住所、财富和情感的变动，还在时刻变化。因此，在精神上，他们彼此之间并没有被传统和共同习惯联系起来，而且他们也没有彼此交换意见的耐性、期望和时间。

作家就是从这群貌不惊人而且容易激动的人中产生的，同时他们也是依靠这些人发迹和成名的。

无须花工夫研究，我就明白，要想在民主社会的文学中寻找贵族时代的作者和读者都一致秉承的那些严格规则，是不可能的事情。即使这样的民族在某个时期同意采用这些规则中的某几个，也不能保证以后一直如此。因为在民主制国家里，每一代新人都像是一个新的民族，很难让文学服从一些狭隘的规则，而且这类规则也不可能持久地存在下去。

在民主制度下，从事文学创作的人不一定受过文学教育，那些搞所谓纯文学的人，大部分也从事着其他职业，只是偶尔抽时间在文学上体验精神上的乐趣。正因为如此，他们从未将这种享乐看作生活中最重要的乐趣，而是把它看成一种暂时的和必要的消遣。这种人对于文艺的理解，决不会深刻到能够欣赏文艺之美的境界。他们体会不到文笔的微妙差异，用于写作的时间也很少，因此都想着最大限度地利用写作时间。他们喜欢那些定价低廉和浅显好读的图书，他们所追求的美，是那种让他们一看就能入迷的浅薄之美。他们所需要的，是那种让他们感到新鲜和出乎意料的东西。由于他们已经习惯了既艰难又单调的现实生活，所以他们迫切需要的是让人能立即冲动起来的感情，是使人惊异的生花妙笔，是冲突明显、令人感动并且驱使他们马上动笔的故事情节。

我还需要再赘言吗？不，我无须解释，谁都能猜到我下面将要说些什么。

总而言之，民主时代的文学不像贵族时代的文学那样喜欢描写秩序规律以及科学艺术，它非但不重视形式，甚至有时轻视形式。它的文体既杂乱无章，又热情奔放。作者们只求速度，而不愿意花心思进行细节描写。短小作品多于长篇巨制，凭借才气而不依靠实学，想象丰富却又缺乏深度。在这种文学中，有一种粗粝蛮横的力量在统治着思想，作品多种多样，产量也大得惊人。作家们的目标，与其说是让人获得美的享受，不如说是让人获得兴奋激动的精神体验。

当然，有时也会出现一些另类的作家，如果他们才华横溢，也很容易赢得一批读者。但是，这种例外毕竟是屈指可数的，从作品的总体情况来看，这些看似脱离了常态的作家，在面对细节问题时，又总是会回到正常的轨道上。

上面我谈了两个极端的状况。但是，任何一个民族都不能瞬间由一个极端转入第二个极端，而是要经过一个漫长的逐渐过渡时期。在引导一个注重文学的民族从一个极端向另一个极端的转移过程中，几乎总是要经历一段特殊的时期，在这个特殊时期里，民主的文学天才会和贵族的文学天才相遇，并且二者会达成一致，愿意去共同影响人们的精神世界。

这段时期虽然只是一个过渡，但却会大放异彩：作品丰富而又不滥竽充数，活动积极而又不陷入紊乱。例如18世纪的法国文学。

我并不是说一个民族的文学要永远取决于它的社会状况和政治制度。我明白，除了这两个决定性因素外，还有其他一些让文学作品产生某种特点的原因。但是我认为，起着决定性作用的，仍然是社会状况和政治制度。

一个国家的政治制度和社会情况，和这个国家的文学天才有千丝万缕的关联：只有了解前者，才能完全弄懂后者。

第14章　文学的商业性

民主制度一方面让实业阶级染上了文学爱好，另一方面也把商业精神引进了文学界。

在贵族制度下，读者人数不多，却总是吹毛求疵；而在民主制度下，读者人数众多，并且很容易迎合他们的心意。因此，在贵族制国家里，作家要想获得成功，就必须要付出巨大的努力，这种努力有可能让他们获得极高的荣誉，但绝对不会使他们赚取大量物质财富；而在民主制国家，一个作家却能通过推销廉价作品获得巨大的财富和小小的名气。为了达到这个目标，他们不需要得到人们发自内心的钦佩，只需受到人们的欢迎即可。

由于读者群庞大以及阅读需求的不断变化，所以那些没有什么价值的书也能畅销。

在民主时期，读者对作家的态度，就像国王对待他的宫廷侍臣。大众虽然使作家发了财，但却看不起他们。试想一下：对待那些出生于宫廷并且在宫廷里生活的御用文人，除了如此又能怎么样呢?

民主时代的文学界，总有一大批视文学为商业的作家，在这里出现的某些大作家，其个人的价值胜过几千名思想小贩。

第15章　为何在民主社会研究希腊和拉丁文尤其管用

那些古代最民主的共和国所说的人民，和我们今天所说的人民并不是同一个意思。在雅典城邦，全体公民都能加入到公共事务的管理中来，但是，在它的35万居民中，只有2万人是公民。其余的人全部都是奴隶，他们所做的大部分工作，在当代，都是由人们所说的人民和中产阶级完成的。

虽然雅典人实行的是普选制度，但是他们的城邦仍然是一个贵族共和国，要想享有平等的参政权，必须要有贵族的身份。

古罗马贵族和庶民之间的斗争，也要用这种观点进行剖析，只能把这种斗争看作是同一家族中长辈与晚辈之间的内讧。实际上，古罗马的庶民也应该划为贵族阶级，因为他们具有贵族阶级的精神。

还应当看到，在整个古代，书籍既稀少又昂贵，出版和发行都存在着巨大的困难。这种情况使得对文学的爱好和享用集中在少数人身上，一个大的贵族政治集团中往往会形成一个较小的贵族文学集团。因而，没有任何证据能表明古希腊人和古罗马人曾把写作当成一种实业。

古希腊和古罗马的人民，不仅仅是他们国家里的贵族，同时还是最文明和最自由的民族，因此，他们的文学创作必然会同时具备贵族时代文学的优缺点。

事实上，我们只要浏览一下那些传世的古代作品，就不难发现，那些作者虽然在文章体裁上的变化不大，在思想上也不够大胆和精炼，但是他们在情节的描写上却有令人叹服的技巧和匠心。他们的作品绝不会留下随意或匆匆下笔的痕迹，所有的作品都是写给行家看的，字里行间充满了对纯美的追求。后来的任何文学都没能像古代文学这样有如此突出的特点，当然，民主时代的作家自然也不会有这些特点。因此，在民主时代必须要用心地钻研古代文学，否则就不会产生真正的文学。这种研究能够克服民主时代文学的缺点。此外，文学的自然特点，是完全自发产生的，用不着学习就可以得到。

这一点必须要认识清楚。

这类研究也许对一个民族的文学管用，但是对它的社会和政治需求却于事无补。

在人们都习惯用暴力去增加或维护自己财富的社会里，如果只是对人民进行纯文学的教育，那么将会造就出既文雅又极端危险的公民，因为社会情况和政治制度会让他们不断产生新的需求，而这些需求又是他们所受教育无法满足的。在这种情况下，他们将会以希腊人或罗马人的名义来扰乱国家秩序，使得国家无法在实业方面得到发展。

非常明显，在民主社会，出于对个人利益和社会安全的考量，都要求首先对大多数人进行科学、商业以及工业方面的教育，其次才是文学教育。

各级学校一般都不会讲授拉丁文和希腊文，但是对那些由于出身或际遇而注定要学习文学的人，也应当开设一些让他们能够掌握古代文学的学校。为了达到这个目的，开设几所优质的大学胜于办一大批劣质的专科学校，因为后者所提供的质量不高的肤浅教育，会影响到日后必要的深造。

在民主国家里，但凡想在文学方面有所造诣的人，都需要经常从古代作品中吸收营养。这是一个事半功倍的办法。

当然，我之所以这么说并不是因为古代作品都是完美无缺的。我只是认为在古代作品中，有一些特殊优点能够有效抵消当代文学中的特有缺点。也就是说，古代作品能够引领我们从歧途走向正路。

第16章　美国的民主是怎样改变英语的

如果读者完全弄懂了我上面论述的关于文学的一切，那么就不难明白民主制作为思想的主要表达手段，会对语言本身产生哪些影响。

美国作家都在不断研究英国作家的作品，并且以英国著名作家为楷模，可以这么说，美国作家是生活在英国的环境下，而不是生活在他们自己的国土上。然而，人民大众则恰恰相反，因为美国的本土情况，对他们有着最直接的影响。因此，我们要想了解贵族惯用语在变成大众语言时所发生的变化，就必须更关注口语，而不是关注书面语。

有教养的英国人以及那些立即能辨别出语言细微差别的人，都一再让我确信：美国的有教养阶级和大不列颠的有教养阶级在语言上有着显著的差异。

这些人不但指责美国人滥用大量新词（英美两国的差异和距离，是造成这种现象的原因），而且认为这些新词主要是从各政党和各行业的专业术语中借用来的。他们还认为，英语中的某些旧词，往往被美国人赋予新的含义而加以利用。美国的居民经常在说话的时候加进一些让你感到莫名其妙的词语，有时甚至把他们母国中不能混用的词当作同义词来使用。

很多靠谱的人多次向我反映这类问题，促使我本人对它进行了一番思考。我通过思考所得出的结论，和他们根据实际观察所得出的结论是一致的。

在贵族制社会，语言和所有事物一样，都处于停滞状态。贵族社会创造的新词有限，因为它的新事物不多，即使偶尔出现新事物，人们也会尽量用那些含义早已固定的通用词来描述。

即使贵族制社会中人的精神自发振作了起来，或是被外部射进的理性之光惊醒，那么它所创造的新词也必然会具有一种学究气和哲学味，和产生自民主社会的新词语大相径庭。君士坦丁的沦陷使得科学和文学的中心移向西方，此后，法语中出现了一些能够在希腊语和拉丁语中找到根源的新词。于是，法国出现了流行新词的风气，但是那些使用新词的人都属于有教养阶级，而且流行的程度并不显著，在经过了很长一段时期后才普及到一般民众。

所有的欧洲国家，都先后出现过类似的现象。光米尔顿一个人，就给英语增添了600多个新词，而这些新词几乎全部都来自拉丁语、希腊语以及希伯来语。

与此相反，民主社会内部发生的连续性运动，也在不断改变着语言和事物的面貌。在瞬息万变的过程中，很多新观念相继出现，而一些旧观念则逐渐消失，即使消失后又重现，也只是发生极其微小的变化。

因此，这种现象频繁出现：一些词变成了废词，另一些词又要被拿来使用。

此外，民主国家自身就喜欢不断运动。这种情况既见之于语言，也见之于政治。因此，即使在没有必要改用新词的时候，他们也会产生改用新词的念头。

民主国家的语言天才，不仅表现在他们大量使用新词上，还表现在这些新词所代表的观念和性质上。

在一切法律均由多数制定的国家里，语言规则也必然由多数规定。无论是在语言方面，还是别的方面，多数人的意志都是起决定作用的。而且，从事政务和实业的人要多于从事学术研究的人，比起哲学或纯文学的思辨，他们更重视政治和商业利益。因此，多数所创造出的新词语，都跟这些方面有关。这些新词语主要是为表达商业的需要、政党的热情以及公共事务的细节而服务的。这些方面的语言将来还会继续发展，而那些形而上学和神学方面的语言则会被逐渐抛弃。

至于民主国家里新词语的来源和构造方式，它们显然是不难解答的。

生活在民主国家里的人，大多对罗马人和雅典人所使用的语言一无所知。他们无须去古代语言中寻找他们所缺乏的词汇。即使他们有时求助于那些艰深晦涩的词源学，一般也是为了显示自己也能对那些已经死去的语言进行细微地探索，而不是源自他们天生的博学多才。因此，那些最爱刨根揭底、探求词源的人，反而有时会表现出最大的无知。想要拔高自己的渴望，让他们习惯用一个希腊或拉丁名称来称呼自己并不高贵的职业。在他们看来，职业越是低微，就表明自己越没有学问，而名称越是动听，则越可以显得自己学识渊博。例如，法国的走钢丝演员，就喜欢用希腊语的Acrobate和拉丁文funambale来称呼自己。

虽然民主国家的人民对已经死去的语言一无所知，但他们随时可以去活着的语言中借用新词，因为各国人民之间在不断往来和互相接触中可以随时效仿对方。

然而，民主国家的人民主要还是从本国的语言中寻求革新手段。他们有时会将那些早被人们遗忘的用语拿过来使用，或者把某个阶级专有的用语引申为大众语言。很多一开始只属于某一派别或某一职业的专用语，就这样成了一般性用语。

民主国家改革语言的最常规办法，就是对那些流行已久的词语赋予新的含义。这种方法非常简单易行，不需要掌握什么学识就能自主运用，甚至没有学识的人更能应用自如。不过，它会对语言带来极大的危害。民主国家的人民在一个词上每增加一个新义时，有可能会使原来的词义和新增的词义发生混淆。

一个作家先是把某个通用词汇解释得稍稍偏离原意，然后从这方面入手去修改词义，使得那个词汇的意思更符合自己的目的。也许这时会出现另外一个作家，从另一个方面来解释这个词的词义，依此类推，不同的作家对这个词汇可能有不同的解释。这样一来，由于既没有一个公断人，又没有一个具有公信力的法庭能够最后确定该词的意义，从而使得这个词处于游移不定的状态。由此看来，作家们所表达的思想往往不止一个解释，而是仿佛有一大堆解释，使得读者不断去猜测作家们的原意。

这是民主导致的一个令人感到遗憾的结果。我宁肯让我们的语言充满中国语、鞑靼语或休伦语的单词，也不希望看到法语的单词语义变得模糊不清。谐声和押韵，属于语言的次要美，在这方面，可以大而化之，但如果没有明确清晰的词义，那么就算不上一种好的语言。

平等也会让语言发生一些变化。

在贵族时期，每一个民族都闭关自守，老死不相往来，他们喜欢保持自己的特点，以至于几个原本是同源的民族，却彼此视为陌路人，从而无法团结在一起。到最后，他们的语言也不再相同了。

在这样的时代，每一个民族的内部都分为若干阶级，各阶级之间很少互通往来以及融合。每个阶级都养成了自己所固有的智力活动习惯，并且选用一定数量的单词和用语，像传承遗产那样将它们代代相传下去。因此，在同一个通行的语言中，又被细分为穷人用语和富人用语、通俗用语和文人用语。阶级之间的界限越深，阶级之间的壁垒就越厚。在语言领域，也必然会如此。我敢断言，在印度的不同姓氏之间，语言的差异也是天上地下，那些不可接触者的语言和婆罗门的语言差异之大，就像他们身上穿的服装的差异。

反过来，当人们不再受等级限制而能够经常交往，也就是在种姓制度消亡和阶级界限取消的时候，语言中的所有词汇便可以通用了。凡是不能为大多数人所使用的词汇，必然面临被淘汰的命运；而那些保存下来的词汇，则进入了公用的词汇总库，每个人都能随意从中选取自己需要的词汇。所有让欧洲出现数种通行语的方言，几乎都已明显式微。在新大陆，已经不再有方言土语，而旧大陆上的方言土语也会逐渐消失。

社会的这种变化发展，不只影响了语言，还影响了文体。

这样一来，所有的人不但要使用同样的词汇，还需要对每个单词有同样的理解。而在文体方面所做的规定，几乎会全部废除。词语将不会再有粗俗和文雅之分。各行各业的人无论来到什么地方，都将使用大家约定俗成的语言和词汇。词的来源就像人的出身一样，将被人们完全忘记。语言的浑然一体和社会的浑然一体交相辉映。

我明白，词的好坏之分，并不是取决于社会的形式，而是取决于一些别的因素，但这种因素必定是来源于事物的同一性。有些词语和句子之所以粗野不堪，是因为它们所表示的意思过于低级和下流；而另外一些词语和句子之所以文雅，是因为它们所描述的对象具有崇高的品质。

当等级之间的界限日渐模糊乃至消失时，并不能完全取消这种差异。然而，平等必须要破除思想方式中那些纯属任意和硬性规定的内容。我甚至认为，民主国家不会像其他国家那样重视词义的好坏之别，因为在民主国家，没有人能独立考察这些规律并使它们受到重视，也没有人完全具备能使自己长期研究语言自然规律的条件，这些条件包括教育、知识以及时间。

我下面要论述的是民主国家和其他国家语言的最后一个不同特征。

我在前面提到过，民主国家的人民更为热爱一般观念。这既来自他们固有的优点，也来自他们自身的缺点。对一般观念的这种喜好，表现在民主国家的语言上面，它是通过长期使用普遍的词语和抽象的观念来发生作用的。这既是民主国家语言的一大优势，同时又是它的一大劣势。

民主国家的人之所以热爱普遍的语言和抽象的观念，是因为用这种方式表达自己的看法能够提高思想，并且能把大量的对象涵盖在一个小范围之内，有助于智力活动。

一个民主的作家，只会用“才干”一词抽象地形容那些有才能的人，而无法深入到这种才干的具体应用细节。他会用“当下”一词一笔带过目前发生的一切，用“偶然性”一词去概括当他说话时世界上可能出现的一切。

民主时代的作家在不断创造着这类抽象名词，或者让语言中抽象名词的含义越来越抽象。

此外，为了写作方便，他们还喜欢把抽象名词所代表的事物人格化，让它看起来就像是一个真人在活动。例如，他们曾这样说过：物力喜欢人才来支配它。

以我自身为例来说明这个想法，是再好不过了：

我习惯从“平等”一词的绝对意义来使用这个词，我也曾在许多场合将“平等”这个词人格化。例如，我有时候说平等会令某事如何如何，有时又说平等不会让某事如何如何。我们可以断言，如果是在路易十四时期，人们绝对不会说出这样的话。因为他们没有亲自感受过平等，所以他们的头脑里也不会想到享用平等。与其说他们没有使用过平等这个词，倒不如说他们从来没有体验过平等。

在民主国家的语言里，像平等这样的抽象名词比比皆是，而且每个人在使用这类词的时候，都不必跟特定的事实联系起来。这样一方面扩大了思想，另一方面又让思想变得模糊不清。它们虽然使得语言的表达方式变得简洁，同时也让语言的含义变得不够明确。然而，从语言实际运用的角度来说，民主国家的人们更喜欢模糊不清，而懒得花工夫进行推敲。

或许这种模糊的语言有着某种隐秘的吸引力，不断吸引着用它讲话和写作的民主国家的人民。

生活在民主国家里的人，因为经常需要依靠个人的智力活动进行判断，所以他们的活动总是处在一个迟疑状态。此外，由于他们所处的环境在不断变化，即使他们的物质财产没有任何变动，他们的思想也不会永远停于一点。

正因为如此，那些生活在民主国家的人，几乎都有一种游移不定的思想，并且需要用平实的语言来概括这种思想。既然他们无法确定今天的思想是否能表达明天遇到的新情况，那么自然就会爱好比较抽象的词句。抽象的名词就像一个有两层底的箱子，不论你往里面放什么观念，把它取出来的时候都不会被人们所发觉。

笼统和抽象的词语，是所有民族语言的基础。因此，我并不认为这类词语是民主国家的专利，我只是说，在民主制度下，人们更加喜欢创造这类词语，常常孤立地使用那些最抽象的词义，而且不管在什么场合都能即拿即用，甚至是在那些没有必要使用抽象字眼的场合，他们仍然照用不误。

第17章　论民主国家的诗的部分源泉

人们对诗这个词下过形形色色的定义。要是对这些不同的定义逐个讲解，再从中选择一个最恰当的定义，那么只会让读者感到厌倦。因此，我宁可开门见山，立即解释我所选择的定义。

在我眼中，诗就是对理想的探索和描绘。

所谓的诗人，就是那些在描写的过程中剔除一部分现实的内容，加进一些想象，融入若干真实技巧让语言显得壮丽自然的人。因此，诗的目的并不是再现真实，而是美化真实，并且为人的精神提供一个优美动人的形象。

我认为，韵文虽然具备语言之美，而且非常诗意，但是只有韵律还不能称其为诗。

我要探索的是，在民主国家人们的行动、情感以及观念中，有哪些可以成为合适的想象对象，也就是说，有哪些能被视为诗歌的源泉。

首先必须承认，民主国家中的人民对于想象力的爱好以及从玩味想象力中得到的快乐，绝对不像贵族制国家人民那样深刻和宽广。

在贵族制国家里，肉体的活动有时看上去就像出于自然本能，而精神的活动则不能缺少恬静。贵族制国家的人们，经常会追求一种诗意，他们的意境往往比自己周围的一切更为高远。

然而在民主国家，陶醉于物质上的享受、渴望改善自身处境、热衷于彼此竞争、力求马到成功等心理，就像一根根锥子一样，刺激着人们始终朝向自己所坚持的事业迈进，而且不容许自己的注意力离开这一事业片刻。人们的主要精力都用到了这方面，虽然他们的想象力并未泯灭，但是他们想象出的几乎都是实用的东西，而他们所能再现出的东西也几乎全部是现实的东西。

平等不但让人们轻视对理想的描绘，而且也缩小了对这类对象的规划范围。

贵族制度在维护静止社会的过程中，既能维护正统宗教的安定长久，又有利于政治体制的稳定。

它不但让人的精神对一种信仰坚信不疑，还会使人的精神在接受一种信仰后，不再去皈依另一种信仰。此外，贵族制国家的人们还总是喜欢在神和人之间设置一些中间权力。

贵族制度的特点非常有利于诗歌创作。当宇宙中的一切都无法为感官感知，唯有精神能发现超自然的存在时，想象力的翅膀就能自由翱翔，诗人描写的对象遍布世界，而能够欣赏诗人作品的读者也不可计量。

相反，在民主时代，人们在信仰上有时就像在法律上那样游移不定。怀疑将诗人的想象力拉回到眼前的世界，并且将他们禁锢在这个可见的现实空间。

平等虽然无法动摇宗教的根本，却能让宗教变得简化，使得信徒的注意力从次要偶像那里离开，去崇拜最高的上帝。

贵族制度自然会引导人们沉思过去，并且将其固定在这种沉思之中。民主制度恰恰相反，它让人对古老的东西产生一种本能上的反感。从这方面来看，贵族制度比民主制度更有利于诗歌的创作，因为事物越久远，就越能让人感到宏伟和壮丽，在这种古朴幽情的牵引下，让它成为理想的描写对象。

平等不但剥夺了诗歌描写过去的权利，还或多或少地抢走了它描写现在的权利。

在贵族制国家里，有一部分人享有特权，他们的生存状态比一般人要优越。他们享有权势、财富、荣誉、文雅、智慧、高尚等美好事物，这些东西仿佛是他们的专利似的。大众无法走近贵族去详细观察他们，但是用诗意的方式描述这些人却是毫不费力的。

另一方面，贵族国家也有一些无知而温顺的人。这些人由于自身的粗粝和悲惨，也常被纳入诗歌的创造对象；这和那些因为自身的文雅高尚而被纳入诗歌创造体系的人一样。此外，贵族制国家的各个阶级彼此有着隔阂，用诗的想象力去再现他们的时候，难免要增添或放弃一些东西，这样一来，和实际情况就有了出入。

在民主社会中，每个人都是平凡的，彼此的状况都极为相似，人们只要看一看自己，就立刻能知道别人的情况。因此，那些民主时代的诗人，决不能专门把某个具体的个人当作描写对象，因为一个既平凡又毫无神秘感的个人，是无法成为诗人抒发情感的理想题材的。

因此，当平等出现在这个世界上时，就使得诗歌的古老源泉大部分干涸了。

接下来，让我们来看看平等是如何开发诗歌的新源泉的。

当怀疑让人们不再向往天堂，平等让人们变得越来越相似和越来越渺小的时候，诗人就会将目光转向没有神灵的自然界，因为他们一时想不出有什么东西能替代那些和贵族时代一起消亡的大题材。当诗人眼中没有了英雄和诸神，他们便去描写山川河流。

由此，在十八世纪，产生了一种崭新的诗歌题材，它被人们称为

“山水诗”。

有人认为，这种描写大自然中没有灵性的物体的诗，是民主时代所特有的，我却不这么看。我认为这类诗的诞生只是过渡时期出现的暂时现象。

我相信，经过一段时期，民主必然会让诗人的想象力从那些身外之物转向人本身，并且最终让想象力专注于人。

民主时代的人民也许会出于一时的兴趣而向往大自然，但他们真正的兴趣所在却是认识自身。民主国家的诗人只能从这个方面去挖掘诗歌的自然源泉，我敢断定，凡是不从这个角度挖掘源泉的诗人，就无法打动人们的心灵，当人们看到他的大作后，只能表现得无动于衷。

我在前面提到过，人类希望不断进步以及无限完善自我的思想，是民主时代所固有的。

民主时代的人民不喜欢留恋过去，而更愿意畅想未来。只要一想到未来，他们的想象力就会如江河奔流般一发不可收拾，并且会逐步扩大和提高。

这就给诗人的想象力提供了广阔的空间，并且拓宽了诗人的眼界。民主为诗歌关闭了回归过去的大门，同时也为诗歌敞开了面向未来的大道。

由于民主社会的公民彼此是相似而平等的，所以诗歌不会去专门描写社会中的某个人，却能描写民族本身。个人的彼此类似，使得单个人不宜独立入诗，却允许诗人将所有的个人提炼成一个同一的形象，通过这个形象对整个民族进行描绘。民主的民族对于自己容貌的认识，比任何其他民族都更为清晰，而这个伟大的容貌则为诗歌的塑造提供了最好的素材。

我可以同意美国没有诗人的说法，但我不能接受美国人没有诗意的论断。

虽然欧洲人认为美国一片荒凉，但美国人自己却没有这种感觉。那些没有生命的自然奇观，并没有打动他们；直到他们周围的森林被砍伐殆尽时，他们才会体会到其壮丽。美国人的注意力完全被另一方面的事物吸引了。当时，美国人一心要横越这片荒野：他们排干沼泽、休整河道、开垦荒地，克服了各种自然困难。他们自己绘制出的这幅壮丽景象，不仅逐步进入了美国人的想象世界，还在每个人的一举一动上留下了烙印，并且成为引导他们智力活动前进的旗帜。

美国人的生活可以说是最渺小、最枯燥、最乏味的，完全没有诗意可言，无法激发人们的想象力。但是在他们指引生活前进的思想中，却有一种饱含诗意的意念，这种意念就好像潜藏在体内支配人们一切活动的神经。

在贵族时代，个人和民族都处在静止不动的状态，和其他的个人或民族隔离开来。

在民主时代，人们积极好动的强烈愿望，促使他们不停地改变住所，让那些不同地方的居民，在杂居相处中彼此取长补短。不仅那些已经成为同胞的同一民族成员是这样，就连那些不同的民族也如此。由此，乍看上去，这些在各方面都保持一致的人，仿佛形成了一个包括每一个公民在内的民主大集团。这是有史以来第一次将人体的本真面貌显示出来。

凡是和全人类的生存繁衍以及未来走向有关的一切事物，都能成为诗歌最丰富的源泉。

生活在贵族时代的诗人，能把单个民族或个人的事迹描写得让人叹为观止，但他们中没有人曾将人类的命运作为自己的创作题材；而活在民主时代的诗人，却有可能进行这种尝试。

在所有人都能放眼看世界并且开始认识自身的时代，神便能越来越充分地将它的威严反映在人们的精神之中。如果说民主时代的人们对正统宗教的信仰时常动摇，对他们任意命名的一些此等权威的信任已渐渐消失；从另一个方面来看，这个时代的人们对神本身的认识却会变得日益宽广和深刻，在他们眼中，神意对世俗的干预将会越来越大。

因为他们把人类看作一个整体，所以他们很容易相信人类的命运是由同一个神支配的，并且从每个人的行动上都能看到神指导人类总计划的影响。

这种认识，可以被看作是这个时代为诗歌开辟的一个充沛的源泉。

如果民主时代的诗人试图赋予魔鬼或天使以肉体，并且将他们从天上拉到人间看他们互相斗法，那么，这种诗人必然会显得软弱无力。

相反，如果他们能把自己所描写的重大事件和神的总旨意联系起来，并且隐藏起神那至高无上的手，只是给人们揭示神的思想，那么，他们必然会受到赞扬和取得共鸣，因为和他们同时代的人的想象力也是顺着这个方向发展的。

我们也可以这样推测，民主时代的诗人所描述的，是人物的激情和思想，而不是人物的行动以及他们自身。

民主时代人们的语言、服装和日常生活行为，无法激发人们对理想的向往。因为这些东西本身就没多少诗意，而且很难入诗，毕竟诗人想要感动的那些人，对这些东西都很熟悉。这就使得诗人不断深入感官的表层，到那里去探索灵魂。那些最能进入自己灵魂深处的人，同时也最能塑造理想。

我不必刨根究底，去寻找那些充满冲突、兼有伟大和渺小、黑暗和光明，又能让人产生赞美、怜悯、恐怖之心的动人题材。只需考察一下自己，就能发现人是从“无”中诞生出来的，经过一段时间后就会消失重新回到上帝的怀抱。人生在世，从出生到死亡，不过是眨眼间的事情。

如果一个人浑浑噩噩，对自己没有足够的认识，那么他永远不会有诗意，因为他不能描写出自己所无法想象的东西。相反，如果他对自己认识得过于透彻，那么他的想象力也会没有用武之地，无法给自己的描述增添任何新鲜的东西。幸运的是，人既有聪明的一面，又有糊涂的一面；聪明的一面让人们能够在某种程度上认识自己，而糊涂的一面又能让他容忍自己在某些方面处于不可测的黑暗之中，让自己永远在黑暗中摸索，却又无法完全搞清其真意。

因此，不要指望民主国家的诗歌会用传奇的方式引人入胜，将古代和传统的逸事作为养料，使得作者和读者都不再相信的超自然存在再现于现实世界，更加不会将本身就能让人看清楚的善与恶人格化。这所有的一切都不是诗人取材的源泉。但是，人依然存在着，而且对于诗歌来说，单单是人就足够它取材了。不论任何国度和时代的人，他呈现在大自然和神面前的命运以及他自身的激情、疑虑、得志以及难以想象的悲戚，都将成为民主国家诗歌的主要甚至唯一的源泉。我们只需看一看民主时代以来出现的那些伟大诗人的作品，就会发现此言不缪。

当代作家在惟妙惟肖地刻画恰尔德·哈罗德、勒内、若斯兰[①]等人物的形象时，并没有刻意描绘个人的行为，而是试图让深藏在人心中的某些方面重见天日。

这就是民主时代的诗歌。

因此，平等并没有损害诗的所有题材，它一方面减少了题材的数目，另一方面又使得题材的范围变得更加广泛了。

---

① 见拜伦长诗《恰尔德·哈罗德游记》，夏多勃里昂长诗《勒内》，马拉的长诗《若斯兰》。

第18章　为何美国的作家和演讲家喜欢夸大其辞

我注意到，美国人在平时生活中说话极为简单明了，不添加任何修饰，直率到近乎粗俗，但一旦他们要发表富有诗意的言论时，立刻就会夸大其词。因此，美国人的讲稿从头到尾都堆砌着华丽的辞藻，当你听到他们极尽渲染他们的一切想象时，你会认为美国人说话向来就不是直率的。

英国人很少有美国人的这种毛病。

用不着花费力气，我们就能找到这方面的原因。

在民主社会，每个人都习惯于为了自己的一件小事而煞费苦心。但他们拓展自己的视野，向远处看时，就能看到整个社会的宏观面貌或全人类更为高大的形象。因此，人们的观点不是极其特殊和明确，就是非常一般和模糊，而在这两个极端之间，存在着空档。

当人们的视野逐渐扩大，超出自己的小圈子时，他们总希望人们能提供一些奇异的事物以供他们考察；必须以此为条件，他们才会同意暂时不考虑那些激励人们生活的微小而琐碎的事物。

我认为，单是这一点就能解释那些只注意一己私事的民主国家的人民，既然如此，何必要求民主时代的诗人进行那些广泛的观察和夸张的描写呢?

另一方面，民主时代的作家本身也具备这种夸张的本性，自然乐于唯命是从。由此，作家们不断让自己的想象力膨胀，甚至过度膨胀，以至于让自己言过其实，矫饰所谓的伟大，而这种行为往往使得伟大失真。

诗人们渴望以这种方式在最短时间内吸引广大读者的视线，并且顺理成章地让读者的视线集中到他们身上。这类希望往往能够得以实现，因为读者只求诗能写得好看、写得海阔天空，他们既没有时间去考察诗中所写的是否符合实际，又没有足够的欣赏能力指出哪些地方不符合实际。这样一来，作家害了读者，读者也害了作家。

尽管如此，我们仍认为民主国家诗歌的源泉是非常不错的，只是不够丰富而已。这点源泉用不了多久就会被吸干。诗人们由于不能再从真实中找到塑造理想的素材，因此可能会完全离开真实，创造出一些怪诞的作品。

我既不害怕民主国家的诗歌羞于表现，也不担心它太贴近世俗。我担心的，是这种诗歌时时刻刻都有堕入云里雾里的危险，并且因为描写纯想象的世界而寿终正寝。我不希望看到民主国家诗人的作品中满篇都是空洞而抽象的说教，充斥着华丽的辞藻和怪诞的描写。同时我也担心这些诗人的奇谈怪论，可能会配不上现实世界。

第19章　略论民主国家的戏剧

当改变了贵族制国家社会和政治状况的民主革命波及文艺界的时候，最先受到影响的一般是戏剧，而且戏剧受到的影响非常显而易见。

戏剧的观众，大多都会情不自禁地随着剧情的发展而起伏。在观看戏剧的时候，这些观众既没有时间仔细玩味剧情，也没有时间和那些比自己高明的人探讨剧情。他们根本不想抑制自己身上产生的新的文学兴趣，他们在没有弄清这种新兴趣之前，就已经向它低头了。

作家们很容易就能发现大众的爱好所在。于是，他们也在暗中让自己的作品迎合观众，很多剧本的内容预示着革命行将来临，这些剧本在上演之前，就已经起到了推动革命的作用。如果你想预测一个步入民主制度的国家的文学发展，你只需研究一下它的戏剧就行了。

此外，剧本还是贵族制国家文学中最富含民主精神的那一部分。在所有的文艺享乐中，看戏剧最能使观众得到满足。无须经过事先准备和研究，人们就可以欣赏戏剧。无论你持有什么偏见，也不管你有多么无知，戏剧都能紧紧抓住你的心。当一种雅俗共赏的精神娱乐开始在公民中发展壮大的时候，用不了多久就能将他们推向剧院。那些经常出入贵族制国家剧院的观众，大多都不属于贵族阶级。在贵族制国家里，能够让上层阶级和中下层阶级接触，并且容许中下层阶级发表意见的场所，唯有剧院。而让那些有教养的人、博学之士以及大众有共同爱好的地方，也正是剧院。因此，贵族阶级往往在剧院里订包厢。

既然贵族阶级无力阻止人民群众进入剧院观看戏剧，那么，我们就不难猜到，一旦民主的原则被民间和法律所承认，所有的阶级都混为一体，人们在财产和智力上都不相上下，那些贵族阶级连同他们的世袭权势、财产以及安逸生活不复存在时，人民群众就必然会在剧院中占据统治地位。

因此，民主国家的大众对于文艺的爱好和从事文艺活动的热情，将首先表现在戏剧方面；而且我们还能做出预测，这种爱好和热情，将极为有力地浸入戏剧。贵族制度给文学写作制订的清规戒律将会逐渐改变，而且很有可能是通过合法的手续来实现，而它给戏剧订立的规矩戒条，则会被大众大张旗鼓地推翻。

戏剧能够彰显出民主文艺内部的大部分优点以及几乎全部的缺点。

民主国家的群众，对于真才实学并不十分重视，他们根本没有把古罗马和古希腊的光辉岁月放在眼里，只是要求作家只描述当下，讲述他们自己的故事。

如果古代的英雄和传说经常出现在舞台上，而且人们又都忠实于古代传统的表现形式，那么就可以断言民主阶级尚未对戏剧产生支配作用。

拉辛在他的著作《布里塔尼居斯》的序言里，将儒尼叶艺术加工成了女灶神维斯塔的一名贞女，为此，他曾进行过一番十分谦逊的辩解。他根据格利乌斯的记述说："那里绝对不收未满6岁和超过10岁的女孩。"我坚信，如果他这个剧本是在现在写的，那么绝对不会因为这种错误而愧疚和辩解。[1]

---

① 拉辛(Jean Baptiste Racine:1639—1699)，法国诗人兼剧作家。格利乌斯，公元二世纪拉丁文作家，其代表作《雅典之夜》收有大量古代文史资料，他在这部书中写道：古罗马女灶神维斯塔的侍女是6名6—10岁的处女。见《拉辛全集》第1卷第386页，普列伊阿德版，巴黎，1950年。

这个事实不但让我获悉了那个时代的文艺状况，还能让我了解那个时代的社会情况。民主戏剧存在于当下的现实中，并不能证明一个民族已经处在民主制度之下，正如我在上面指出的那样，即使是在贵族制度下，人民的民主倾向也会影响到舞台。然而，当贵族的精神完全贯穿戏剧时，则必然说明整个社会是贵族制度的；并且可以大胆断言，那个引导着作家的有学识和有教养的阶级，同时也在政务方面发号施令。

当贵族阶级控制了戏剧的创作和表演时，他们往往会根据自己的高雅爱好和高傲气质来判断人性。他们对那些有一定社会地位的人物更感兴趣，并且希望这类人物出现在舞台上。在他们眼中，一定的善和一定的恶都值得在戏剧中再现。至于其他的一切，他们都不屑一顾。他们走进剧院，就像到其他地方一样，只和大领主们进行交流，在演出中，只有当他们看到王公贵族的悲欢离合时才能被打动。对于剧本的体裁，他们同样秉持这种态度。他们任意地给剧作家限制某些台词，希望一切都能对他们的胃口。

因此，戏剧往往只描写人性的一个侧面，有时甚至表现出了人性中根本不存在的东西，也就是说，戏剧中的有些东西超越了人的本性和不符合人的本性。

在民主社会中，观众并没有这样的偏好，也很少有像贵族那样对他们不认可的事物不屑一顾的态度。人们喜欢在舞台上再现老百姓喜闻乐见的人间百态：各种出身的人物、各种各样的思想和感情。因此，民主社会的戏剧比贵族时代更动人、更真实以及更通俗易懂。

没错，民主社会的剧作家有时也会偏离人类的本性，但是他们这样做的目的和贵族时代的剧作家前辈们不同。因为他们太想惟妙惟肖地再现当下的小人物、小风波以及某些人的特点，难免会忽略对人类一般特征的描写。

在民主阶级掌控戏剧的时候，不论是对题材的选择，还是对题材的处理，都是由剧作家自由做主的。

在民主国家公民的所有文艺爱好里，对戏剧的爱好是最顺应人类的本性的，因此，在民主国家，戏剧的作者、观众以及演出与日俱增。由于作者和观众的人数过多，而且又都四散在各地，要想制定同样的办法，让他们服从统一的规则，是行不通的。首先，评论戏剧的人太多，他们彼此互不相识，都有一套自己的观点，让他们做出一致的评论是不可能的。如果说民主制度的践行，只是让文学领域的规则和章法变得松弛了，那么在戏剧领域，可以说民主制度将这些清规戒律连根拔起，听凭每个作家和每个观众各行其是了。

我在前面的章节里就民主文艺的体裁和技巧做出的那些论述，也非常适合戏剧。当我们在阅读路易十四时期剧评家对当时的戏剧作品做出的评论时，有些地方会让我们感到惊奇。即观众对于戏剧情节的真实性极为重视，要求剧中人物的举手投足都要符合他本身的性格，不能做出让观众难以理解和无法解释的行为。此外，当时的人们对语言的表达形式非常重视，台词上有一丁点毛病，剧作家就有可能受到责难。

由此看来，路易十四时期的人们，对于那些在舞台上无法表现出来，而在书斋里细品剧本时让人玩味的细节，有些过分重视了。其实，戏剧作品的主要目的在于演出，而它的主要功效则在于感动观众。然而在路易十四时期，戏剧的观众和剧本的读者都是同一拨人，他们在看完演出后，就会把剧作家请到家里，当面进行评论。

在民主时代，人们没有了阅读剧本的习惯，只是到剧院去听戏。那些坐在剧院里看戏的人，大部分不是来追求精神享乐的，而是追求情感的刺激。他们不在乎在看戏的过程中能否听到美丽的台词，只是希望戏剧能演得热闹。只要剧作家能够得体地运用本国语言，让人人都能听懂，剧中的角色能引起观众的共鸣，那么观众就很满足了。观众知道戏剧是虚构的，在看完戏剧后，他们会立即回到现实之中。因此，戏剧的文体不再那么重要，因为在演出的过程中，你很难发现它是否遵守了这方面的规定。

而至于剧情的真实性问题，他们是这样看的，如果让剧情完全符合事实，那么往往就不会有新奇和戏剧性了。因此，剧作家并不看重真实，观众对此也并不介意。只要你写出的戏剧能够打动观众的心，他们是不会在乎你使用了什么方法的。即使剧作家违背了戏剧的一些规则，但只要能感动观众，那么观众就不会去责怪他。

美国人只要一走进剧院，就会把我刚才所论述的种种特点清晰地表现出来。但是，应当指明，在美国去剧院看戏的人，至今仍然有限。40多年来，虽然美国的戏剧观众人数和演出场数均大为增加，但是大众对于这种娱乐仍然怀着一种审慎的态度。

造成这种现象的特殊原因，我在前面已经向读者交代过了。但是为了让读者理解得更为透彻，我要再补充几句。

创建美国最初那几个州的清教徒，不但反对各种娱乐，还对戏剧怀有一种特殊的恐怖感。[①]他们把戏剧看作一种可诅咒的消遣，因此，只要清教徒在精神上占有支配地位，戏剧就无法上演。早期移民的这种偏见，给他们后代打上了深深的精神烙印。

此外，美国人规规矩矩的生活习惯和死板严肃的民族性格，至今还在对戏剧艺术的发展产生着不利影响。

---

① 对于这个问题，请参考杰里米·科利尔的《概观英国戏剧中所反映的不道德和渎神行为》，第4版，伦敦，1699年；沃德及沃勒编的《剑桥英国文学史》第4卷第2编第408页及以下各页，剑桥，1910。——法文版编者

在没有发生巨大的政治变动，恋爱中的男女可以不经波折顺利地走进婚姻殿堂的国度，是没有什么戏剧题材的。那些从周一到周六天天忙于赚钱，而在周日去礼拜上帝的人，是不会获得戏剧女神的青睐的。

只需举一个事实，就能证明戏剧在美国是不大受欢迎的。

美国的法律承认公民在所有方面都有言论自由，甚至有胡说八道的自由，但是却对剧作家实行检查制度：不经过市镇行政官员的许可，不得进行戏剧演出。这个事实证明，全体公民和个人对戏剧的态度是一致的。他们对于自己所关心的事情都充满热情，而对于他们讨厌的对象则千方百计地排斥。

在所有文艺中，唯有戏剧和社会现实的关系最为密切。

如果在新旧时代的交替中，有一场重大的革命导致民情和法制发生了变化，那么旧时代的戏剧绝对不会适用于新时代。

人们可能会阅读旧时代伟大剧作家的作品，但不会去观看旧时代作家所写的戏剧。过去的剧作家只能靠他们的著作来流传后世。

一部分人的传统爱好，人们身上的好奇心和好胜心，以及某些演员的天赋，可能会使得贵族时代的戏剧在民主时代上演和复兴，但用不了多久，它们便会自行消亡。这不是因为被人推翻，而是因为被人抛弃。

第20章　论民主时代历史学家的某些特有倾向

贵族时代的历史学家，往往会将一切史实和某些个人的独特意志联系起来，喜欢把重大革命的发生归结于一些不是很重要的偶然事件。他们能够凭借卓越的见识找出一些细微的原因，同时也经常忽略一些较为重大的原因。

而民主时代的历史学家，则和他们全然相反。

民主时代的历史学家认为，个人对整个人类的命运几乎不发生任何影响，少数公民也无法影响全民的命运。然而，他们却能用一些普遍的重大原因去揭示所有微小事实。这种对立的现象，是非常好理解的。

当贵族制度下的历史学家纵观整个世界舞台时，首先映入他们眼帘的是为数不多的几个正在舞台上表演的主要演员。这几个舞台前的主要人物吸引了他们的视线，让他们目不转睛地盯着这几个人。历史学家们只是专心研究这几个人一言一行的隐秘动机，而忽略了剩下的一切。因为他们过于重视个人的重要性，所以就会尽量夸大个人的影响力，于是自然而然地用某些人的个别行动去说明群众的普遍运动。

相反，在人们各自独立，并且每个公民都软弱无力的民主社会，谁也不会拥有强大而持久的权力。乍一看，在这样的社会里，个人对社会是不发生任何作用的，甚至可以说社会是在全体成员自发的竞争中前进的。

在这种条件下，自然会促使人们去探索那些既能启发智力又能让所有人的智力指向同一方向的一般原理。

我坚信，在民主时代，某些个人的天才、品德和劣行会加速或延缓整个国家命运的自然进程，但这些偶然且次要的原因隐藏得比较隐秘、容易发生变化而且力量非常有限，因此，在平等时代去发现和研究这些原因要比在贵族时代困难。在贵族时代，历史学家只是在无数个一般事实中挑选出某个单独的个人或某几个人的个别活动进行分析研究。

历史学家在进行这种研究后，用不了多久就会感到厌倦。他们就像走进了迷宫一样，让自己晕头转向，无法对个人影响力做出一个令人满意的解释，最后只得否认这种影响力。我们主张历史学家应当从研究种族的特征、国家的自然环境和人民的精神面貌入手，这样一来就能事半功倍，而且能够让读者感到满足。

拉法夷特先生曾在其著作《回忆录》中说过，过分强调一般原因的研究方法，会让那些二流政治家得到极大的安慰。我在这里补充一句：这也会让二流历史学家得到安慰。他们可以借着那些冠冕堂皇的借口巧妙地回避著作中那些最难处理的问题，掩盖自身的无能和懒惰，而坐享研究深刻的美誉。

从我个人的角度来说，不论在任何一个时代，世界上发生的所有事件，都有一部分是因为非常一般的事实，而另一部分则源自个别的影响。这两种原因经常交织在一处，只是它们各自占有的比例不同而已。在民主时代，用一般原因可以解释的事实多于贵族时代，而受个别影响造成的事实则少于贵族时代。而在贵族时代，个别影响的作用则大于一般原因，甚至很少有人承认身份不平等这个事实是由于少数人压制其他人的天赋意愿的结果。[①]

因此，那些试图描述民主社会发生的一切事情的历史学家，有理由和依据去用一般原因解释大部分问题，并且将自己的主要精力用来探索一般原因。然而，如果他们因为不能确定或查明个人的个别作用而否认个人的影响，那也是不对的。

生活在民主时代的历史学家，不仅喜欢给每一个事实都找出一般原因，还致力于将各种事实联系起来，给它们制订出一个系统。

在贵族时代，由于历史学家的注意力自始至终都着眼于个人的作用上，所以他们对时间之间的联系视而不见，甚至可以说他们根本不相信事件之间有联系。在他们眼中，历史的进程随时都有可能因为某个重要人物的逝世而中断。

相反，在民主时代，历史学家不怎么重视演员，他们更重视演出本身，因此他们很容易就能在各种演出之间建立联系和秩序。

古代文学给我们留下了美丽的史诗，却没有给我们描绘出一个伟大的历史系统；而简陋的现代文学，却为我们提供了这种系统。由此看来，古代的历史学家没有充分利用那些被今天的历史学家所熟谙的一般理论。

民主时代的历史学家，还有一个十分危险的倾向。

个人对国家的影响变得微不足道时，往往会让人感到世界虽然在运动，却看不见隐藏其中的原动力。由于很难认识那些对全体公民分别发生作用，并且最终引起全民运动的原因，因此人们只得认为这个运动不是随意的，社会必然受到一个最高权力的无形支配。

---

① 这一段话，对于理解托克维尔的历史观非常重要。——法文版编者

即使人们发现了世界上确实存在着支配所有个人意志的一般原因，也无法拯救人类的自由。一个广泛得可以同时适用于千百万人，并且强大得足以控制同一个阵营的全体成员的原因，也许是最无法抗拒的。人们一旦服从这个原因，就只能放弃抵抗。

那些生活在民主时代的历史学家，不仅不承认某些公民有支配全民命运的能力，而且认为全民本身也没有改善自己境遇的能力。他们有时候认为人民受不仁天地的摆布，有时候又认为人民受到无常宿命的支配。在他们眼中，每个民族都因为它的地理位置、历史起源、性格特点等因素，确定了自己某种无力改变的命运。他们按顺序考察每一代人，由一个年代到另一个年代，由一个必然事件到另一个必然事件，依此类推，一直上溯到世界的起源，然后铸造出一条环环相扣的大锁链，将整个人类发生过的一切事件对号入座地放进去，让它们彼此联系起来。

他们不满足于仅仅指明事件是如何发生的，还喜欢让人们知道事件将来的发展方向。他们在研究了一个发展到一定阶段的民族后，便会去论证这个民族是不得不按这条路线前进的。这种研究方法，对于指导这个民族将来如何选择更好的道路有很大帮助。

当我们在阅读贵族时代历史学家的著作时，总觉得那时候的人只要把自己管理好，就能成为自己命运的主人以及管理好自己的同胞。相反，当我们在阅读现代人写的历史著作时，就会觉得人们无论是对自己，还是对自己周围的人，都有一种深深的无力感。古代的历史学家教导人们要自主，现代的历史学家则教导人们学习服从。在现代的一些著作中，作者总是让自己显得伟大，而将其他人类视为草芥。

如果这个让现代历史学家陶醉的有害学说从作者传到读者，并且深入到全体公民的思想里并且控制了舆论，那么，我们就可以预言：用不了多久，这个学说就会让新社会运动瘫痪，让基督徒变成土耳其人。

我还要道明，这种学说对于我们现在所处的时代非常危险。当代人对意志自由充满了怀疑，因为每个人都觉得自己在各方面都是软弱无力的；然而，他们仍然承认人们在结成团体时是具备力量和自主的。这种思想需要得到发扬，因为现在最重要的是振奋人们的信心，而不是压抑人们的精神。

第21章　美国的议会

在贵族时代，人与人彼此牵连彼此依靠，等级制度可以让人们各司其职并且安分守己。在贵族制国家内部的政治团体中，也有类似的情况。贵族制国家的政党，自然需要一些首脑来领导，而党员对首脑的服从，却是出于一种习惯成自然的天性。他们将大社会里的习惯照搬到了自己的小社会里。

从表面上来看，民主国家的大多数公民都朝着同一目标迈进，但是每个公民却是独自前行的，至少他们自认为是独自前行。由于他们习惯于自己做主，所以在行动的时候不喜欢别人来指手画脚。这种独立自主的习惯，也被带进了他们的议会里。就算一个人同意和别人联合起来推行相同的计划，至少也要保留他的主导地位，按照他的办法来取得共同成果。

由此可以看出，民主制下的政党，除非国家遇到了严重的危机，否则是不会受制于人的。在这种境况下，国家首脑虽然有权力命令政党如何行动和怎样来发表意见，但它的权威还远没有达到让政党闭口不言的地步。

在贵族制国家里，所有政治性会议的代表都来自于贵族，每个代表都具有很高的地位和官职。在他们眼中，他们在议会中的地位远远不如他们在国家机关中的地位。这就是让他们不肯在议会中积极讨论议案，也不想在议会中热烈争辩一般问题的原因。

在美国，议员出面做某项工作的时候，必须要依据他在议会中的地位。因此，他需要想方设法在议会中占据重要地位，并且急切地希望自己的建议能够付诸实施。

他这么做的目的，不仅仅是为了自己的荣誉，同时也是为了自己的选民，以及能够继续得到选民的支持。

在贵族制国家，立法机构的成员往往被选民们视为理所当然的代表，他们很少依附于选民，相反，有时候选民还会完全依附于他们。即使本区的选民不推选他，他还可以轻而易举地被其他选区选出来；就算他脱离公职不再当议员，也能照样享受清闲而舒适的生活。

在美国这种民主国家里，议员无法长期左右选民的思想。不论一个选区有多么小，民主的不稳定性也会促使它不断地改变面貌。于是，议员唯有时刻讨好选民。但要想做到这点，并不是那么容易。如果选民不再选他，他就会立即失势，因为他的地位本来就没有高到人人皆知的地步。更何况在公民完全自主的情况下，他无法任意地去不熟悉的选区参选。由此，他必须在其所代表的地区种下能让他飞黄腾达的善因。如果他想青云直上，对人民发号施令，进而影响世界的命运，他就必须要从这个不起眼的小角落开始。

因此，民主国家政治性会议的代表在考虑问题的时候，往往会把选民置于其所在党派之上，而贵族制国家议会代表则是把政党置于选民之上，这是非常自然的现象。

然而，为讨好选民而发表的言论，不一定就是对自己政党有利的言论。

一个政党为了维护本党派的利益，往往不会让他的议员探讨那些他们还没有了解透彻的重大政治问题，尽量少谈那些可能影响大问题的小问题，甚至干脆什么都不说。三缄其口，是一个平庸的小议员对国家大事所做出的最有益的贡献。

但是，选民们却持有不同的看法。

一个地区的民众选出一名公民去参与国政，是因为他们对这名代表的长处有极为清醒的认识。当周围的人越是碌碌无为时，他就越显得高大，对当选代表的能力要求越高，就越难找到适合的人选，如果人们选了一个庸才当代表，就必须要求他付出相称的努力，配得上他所享有的荣誉和地位。

议员不只是国家的立法者，还是他所代表的选民在立法方面的天然保护人。每一个投票给他的选民，也不仅仅把他看作是自己的代理人，而且会衷心地相信他会以维护国家利益的热忱来维护好本地区的利益。

为此，选民们早就设想周全，他们所选的议员首先应当是一个能说会道的演说家，一逮到机会就发言；在被限制发言的时间段里，也要力争用最简洁的语言就人们所关注的国家大事提出质询，并且在质询中加上本区民众所抱怨的不平之事；当他不能发表长篇大论的时候，就得抓紧时间将所有的问题言简意赅地说出来，代表选民提出卓越而完整的见解。唯有如此，他才能再次当选。

这些条件使得那些有自知之明以及不喜欢表现自己的人，不再考虑去当议员了。如果这种人当上议员，他也许能在朋友面前侃侃而谈，但是要让他跑到全是演说家的议员中发言，就必然会把辩论搞得一塌糊涂，让在场的人感到厌倦。

凡是让议员越来越依附于选民的法律，不仅会改变议员的行动，还会改变他们的语言。这样的法律不但影响了国务工作，还影响了议员质询国务工作的方式。

可以这么说，没有一个告老还乡的美国国会议员不事先备好一份讲稿，好让他在国会上慷慨陈词，陈述他为联邦的24个州，特别是他所代表的地区做过哪些好事。这样一来，他向大众发表的长篇大论，要么是连他自己都不知所云的大道理，要么是一些鸡毛蒜皮的琐事。这样一来，在这个大机关里进行辩论的时候，往往会显得空洞和杂乱无章，仿佛他在故意拖延时间，不想去接近自己所指向的目标。

我认为，凡是民主国家的议会都会有类似的现象。

一个良好的政治环境和健全的法制，或许能把比美国现任国会议员更优秀的大批人才吸引到一个民主国家的立法机构里去，但是你却无法禁止庸才们在议会里到处高谈阔论和招摇过市。

在我看来，这种现象在美国已经病入膏肓，无药可医。因为它不仅是由国会组织导致，还来因于宪法，甚至是国家的制度。

就连美国人自己也是这样认为的。他们对国会的活动习以为常，遇到那些拙劣的发言也能耐心地听下去。他们之所以甘心忍受这种病痛，是因为经验告诉他们，这种现象是无法根除的。

我们上面所讲的只是民主国家议会政治辩论的细枝末节，现在让我们来谈谈它的主要问题。

英国下院150多年来的议事过程中，从来没有引起过国际轰动，发言人所表达的思想和感情，即使是最靠近大不列颠的那些邻国也没有引起过共鸣。而美洲殖民地在革命时期召开的那几次小型会议辩论，却轰动了整个欧洲。

之所以出现这种情况，除了那些特殊和偶然的原因，还有其必然的因素。

我认为，能在民主制国家的议会里辩论国家大事的演说家都是值得敬佩和富有力量的。因为没有能够为自身利益而辩护的阶级，所以议员们总是以全国人民的名义而发言。这就大大增强了思想的作用，并且加重了发言的分量。

在这里，特权已不再和固定的财产挂钩，世袭权力也不再与集团或个人相关联，因此人们只能依靠合乎人性的一般原理去处理他们的个别问题。因此，民主国家进行的政治辩论，不论它的规模多么小，都具有关系到人类命运的普遍意义。这跟全世界的人类都有关系，因为辩论涉及人本身，而世界各地的人在本质上都是一样的。

相反，在那些贵族制国家，一些重大问题都是根据当时的习惯和一个阶级的权力所规定的某些特殊理由来处理的。只有相关的阶级或这个阶级所在的民族对这些问题感兴趣。

法兰西民族的政治辩论时常引起全球的巨大共鸣，正是基于这一点。当然，法兰西民族自身的伟大以及其他国家愿意侧耳倾听，也是一部分原因。

我国的演说家在对本国公民发言的同时，其实也就是在面对全世界人民发言。

【第二篇】

第01章　为何民主国家爱平等甚过爱自由[1]

由身份平等所造成的最强烈的激情，就是对于平等本身的热爱。因此，我在这里先把它拎出来讨论，自然是顺理成章的事。

所有人都已看到，在我们的这个时代，特别是在法兰西，这种对平等的热爱之情，在人们的心中日益高涨。人们不断地指出，当代人对平等的热爱更甚于对自由的向往。然而，我尚未见到有人能充分地探讨其原因。现在，我想尝试一下。

首先设想有这样一个终极点，它能让自由和平等汇合成为一体。

假定所有的公民都参加政府的管理工作，并且每个人在这方面都享有平等的权利。

这样一来，人与人之间就没有差别了，谁也不能要求享有压制他人的专权；因为人们彼此之间完全平等，所以人们也将完全自由；反过来说，正因为人们将完全自由，所以人与人之间也将完全平等。民主国家的人民所追求和向往的，就是要达到这个理想的境地。

这是平等在地球上的最好形式，其他林林总总的形式，虽然不如它

---

① 这一章主要讲的是自由和平等之间的辩证关系，这对理解托克维尔的政治哲学具有重要意义。——法文版编者

完美，但同样为民主国家的人民所珍惜。

平等虽然可以在世俗社会中建立，却无法在政治界推行。人们虽然不能在政府里享有相同的地位，却有权在社会上享受同样的快乐，参与同一个行业，到同一个地区居住。一言以蔽之，他们有选择同样生活方式的自由以及用同样的手段去追求财富的权利。

有一种平等能够在政治界建立起来，但是那里却没有政治自由。所有人都是平等的，只有一个人例外，而那唯一的一个人，是全体公民的共同主宰，并且以同样的标准在所有人中选拔他的代理人。

我们还能另外做一些假设。例如，一种高度的平等，可能会和那些多少有点自由的制度或完全没有自由的制度结合在一起。

虽然没有完全的自由，就没有绝对的平等，当平等达到极限时又会和自由相融合，但我们还是有理由将二者区分开来。

人们对自由的爱好和对平等的爱好是两回事。我甚至敢这么说：在民主国家，平等和自由还是两件不可调和的事情。

我们只需仔细观察一下，就能发现在任何时代都有一个占支配地位并且制约其他事实的独特事实。那个时代的基本思潮几乎都是由这个事实造成的。这就好比一条将两岸的小溪汇聚起来的大河一样。

自由曾以各种各样的形式，在不同的时代出现于人们的面前。它并不是只出现于民主时代，在民主国家之外的地方也会出现。也就是说，自由并不是民主社会的独有特点。

彰显出民主时代特点并且占有支配地位的独特事实是身份平等。而在民主时代鼓励人们前进的主要激情，就是对这种平等的热爱。

我们没必要去追问是什么特殊的魅力使得民主时代的人愿意在平等中生活，也不必去深究是什么特殊的原因使得他们宁可不要社会提供的其他福利也要抱着平等不放，因为平等是他们所生活时代的最基本的特点。单单是这一点，就足以说明他们爱好平等甚于其他一切。

除了这个理由外，还有几项理由让人们爱平等甚于爱自由。

就算一个民族能亲自将他们内部的平等破坏或缩小，也必须要经过长期艰苦卓绝的斗争。这要求它要改变原有社会的情况，废除原来的法律，放弃原有的观念，改变陈旧的习惯，改造原有的民情。相比这些，要想废除政治自由，只需不去实行它就可以了。这样一来，政治自由就会自生自灭。

因此，人们不仅仅是认为平等可贵而维护平等，他们还坚信平等必定会永世长存，从而对它产生依恋。

如果把政治自由做得太过，就可能危害个人的财产安全和生命，即使是那些认识能力有限和肤浅得看不到这个问题的人也会承认。相反，对于平等给人类带来的危险，只有那些头脑清楚、观察力强的人才能发现，但这些人总是对这种危险避而不谈。他们认为这种危险暂时还成不了气候，只在遥远的未来才能造成灾难，说这是后几代人应当操心的事情，现代的人不必杞人忧天。然而，自由偶然造成的灾难则是简单直接的，谁都能一目了然，并且每个人或多或少都会身受其害。极端平等所造成的灾难，会慢慢地显示出来，逐渐侵害社会机体。只有在经过一段时间之后，人们才能发现它，而且在它即将成为灾难性危害的时候，由于人们已经习以为常，并不会有所察觉，就像温水煮青蛙一样。

自由所带来的好处，必须经过很长一段时间才能显现出来，而且这种好处的缘由，又很难让人辨认出来。

平等带来的好处是立竿见影的，人们在享受这些好处的同时，立刻就能知道它们的来源。

政治自由能够让人们享有最大的安慰，但它不是经常性的，而且只能使一部分人享有。

平等可以每时每刻向每个人提供大量而细小的慰藉。它的美好随时都能让人感受到，并且会普及到每一个人：高贵的人不会无动于衷，普通人则皆大欢喜。因而，平等所造成的激情既是强烈的，又是普遍的。

不付出一定的代价，人们是无法享受到政治自由的；而要想获得政治自由，必须进行巨大的努力。与此相比，平等带来的欢乐是自然产生的，在人们生活中的每一个细节上都能感受到，只要人们活着，这种快乐就会存在。

民主国家的人们在任何时候都热爱平等，但是在某个时期，他们对平等的追求可能会达到狂热的地步。在这个关头，摇摇欲坠的旧社会等级制度，在经过一次内部的决斗后，最终将被推翻，而那些让公民隔离开来的障碍也将完全消失。这样一来，人们就会像猎取战利品那样去争取平等，像对待稀世珍宝那样抱着平等不放。当追求平等的激情完全控制了人们的心灵时，你不能警告他们这样盲目地追求平等会失去最宝贵的权益，因为他们根本听不进去；你也不能为他们指明，如果只顾平等就会失去自由，因为在他们的眼中只剩下了平等，或者说他们认为天地间最值得羡慕和拥有的东西就是平等。

上面所说的一切，是针对所有的民主国家而言。下面我要专门来谈谈法国。

在大多数现代国家特别是在欧洲的所有国家里，对于自由的喜好和认识，只是在人们的身份趋于平等的时候才开始发展起来的，并且是作为平等的结果而出现的。而正是那些专制的君主，最致力于拉平自己国家臣民的等级。在这样的国度里，平等是先于自由而存在的。也就是说，当自由还是新鲜事物的时候，平等已经是存在已久的事实了。当前者刚刚冒头的时候，后者已经拥有了自己固有的观念、习惯以及法律。因此，当自由还只是人们的一种爱好和想法时，平等已经深入人心，并且让人们生活的每一个细节都有了追求平等的倾向。那么，我们这个时代的人将平等置于自由之上，又有什么值得大惊小怪的呢?

我相信，民主国家的人民天生就爱自由，一失去自由就会感到痛苦，你不用去怎么管他们，他们就会自发地寻找自由。但是，他们追求平等的激情比追求自由更为猛烈，更没有止境，更旷日持久，更难以遏制。他们渴望在自由中享受平等，如果不能这样，他们甚至也愿意在奴役中享受平等。他们可以忍受贫困、隶属和野蛮，却不能忍受不平等的贵族制度。

这种情况在任何时代都会出现，而在今天尤为突出。人们追求平等的激情是一种不可抵抗的力量，凡是想与它相抗衡的人或组织，必然被它摧毁。在我们的这个时代，没有平等的支持，就不可能实现自由，即使是专制制度本身，也需要平等来维护它的统治。

第02章　民主国家中的个人主义

我在之前说过，平等时代的人是怎样依靠自己确定其信念的。现在我要说明的是，在这样的时代，每个人是怎样让所有的感情以自己为中心的。

个人主义（Individualisme）是按照新观念创造出来的新词。我们的祖先所说的是利己主义（Egoisme）。

利己主义就是人们对自己的一种偏激而过分的爱，它使得人们不关心外界和他人，爱自己甚于其他一切。

个人主义是一种只顾着自己却又心安理得的感情，它让每个人都和自己的同胞隔离，和亲朋好友疏远。因此，当每个公民都建立起属于自己的小社会后，他们就会对大社会放任自流。

利己主义源自一种盲目的本能，而与其说个人主义是一种不良的感情，不如说他来自错误的判断。个人主义的根源有两方面，第一是理性欠缺，第二是心地不良。

利己主义会让所有美德的幼苗枯死，而个人主义首先会让公德的源泉干涸。久而久之，个人主义同样会破坏其他一切美德，最后沦为利己主义。

利己主义的恶习和这个世界一样古老，它的出现和社会形态无关。

而个人主义则是民主时代的产物，并且随着身份平等范围的扩大而不断发展。

在贵族时代，家庭的情况可能几百年都不会变，而且一个家庭往往总是在同一个地方定居，几世同堂。这种状况代代相传没有走样，几乎每个人都知道自己祖先的身世，并且不约而同地对祖先表示尊崇。他们还在世的时候，就能亲眼看到曾孙的出世，并且对这些后代极为疼爱。他们愿意彼此承担义务，并且为那些已经死去的人或尚未出生的人而牺牲自己的安乐，这种现象屡见不鲜。

贵族制度还能起到将每个个体同其他多数同胞紧密联系起来的作用。

在贵族制国家里，阶级之间的差别非常明显，一个人属于哪一个阶级就永远属于那个阶级，由此，每一个阶级都会自发地变成一个小国，并且认为自己的这个小国比那些大国还要值得亲近和爱护。

在贵族时代，等级层次分明，每个公民都有自己固定不变的位置，因此每个公民都会经常意识到在自己上面有一个庇护他的人，而在自己之下又有一个他有义务去扶助的人。

因此，那些生活在贵族时代的人，往往跟自身之外的某些事物有紧密联系，并经常会为了这些事物而做出自我牺牲。没错，在这样的时代，同胞这个一般概念是模糊的，更没有人想到为了全人类的事业而去献身。但是，那些为了某个人或组织而牺牲自己的事件，却时有发生。

相反，在民主时代，每个人对全体的义务越来越明确，而为某个人尽忠的事情却极少发生，因为人们之间互相爱护的情谊虽然变得广泛了，但同时也变得稀薄了。

在民主制国家里，新的家庭层出不穷，而另一些家庭又不断没落，所有的家庭都处于兴衰不定的状态；时代的联系随时都有可能被割断，旧时代的事迹逐渐被淹没；对于古人，他们容易遗忘，对于后人，他们也不会多想，他们最关心的，只是自己现在最亲近的人。

然而，当各个阶级互相接近而融为一体后，大家便彼此漠不关心，互相把对方视为外人。贵族制度将所有公民结成了一条长长的锁链，不论是农民还是国王；而民主制度，则打断了这条锁链，并让它环环脱落。

随着身份的日益平等，大量的独立个人就会出现。虽然这些人的财富和权力不足以对其他同胞的命运发生重大影响，但是他们拥有的知识和财富，却能够满足自己的需要。这些人习惯于独立思考，对别人无所求，认为自己的命运操纵在自己的手里。

因此，民主主义不但让每个人忘记了祖先，而且让他们不顾自己的后代，并且与同时代的人日益疏远。它让每个人在遇到事情的时候只想到自己，直到完全陷入自己内心的孤寂。

第03章　个人主义为何在民主革命完成后比在其他时期来得强烈

当民主社会在贵族制度废墟上刚刚建立起来的时候，人们彼此孤立的状态以及随之而来的个人主义特别容易引起人们的关注。民主社会除了有大批早已独立的公民，还有一些刚刚获得独立并陶醉于此的人充实进来。这些新人都比较自负，过于相信自己的力量，以为自己今后将无求于人。这些人的一言一行证明，他们的眼中只有自己。

只有经过长期的斗争之后，贵族阶级才肯屈服。在这个过程之中，各个阶级之间互相仇恨。即使在民主革命获得胜利后，这种仇恨也不会立即消失，仍然可能趁着接下来的民主混乱时期而兴风作浪。

公民中那些原本高高在上的贵族，不会立即忘记他们昔日的荣光。他们会长期把自己看作新社会的局外人。在他们眼中，民主社会中所有的平等的人，都是命运未卜而且不值得同情的压迫者。他们不去管那些昔日同他们地位相当的人，也不想通过共同利益和这些人的命运挂钩。他们个个偏安一隅，认为过好自己的日子最重要，用不着去管别人。相反，那些过去地位卑微而因为民主革命变得跟众人平等的人，虽然他们享受到了独立和平等，但在他们的内心深处，却总是有一种不安的感觉。当他们遇到以前的某位老上司时，他们会投以既得志又畏惧的目光，然后远远地躲开。

因此，在民主社会刚刚建立的时候，公民们往往选择独善其身，不和别人接触。

民主制度并没有让同胞们彼此接近，而民主革命则使得人们日益生疏，并且把原来因不平等所造成的仇恨永久地保留在新建立的平等社会的内部。

美国人占的最大便宜，就是他们没有经历民主革命就建立了民主制度，他们一生下来就是平等的，而不是后来才变得平等。

第04章　美国人是如何以自由制度对付个人主义的

专制制度在本质上是害怕被统治者的，它认为人与人的隔绝是让其基业长青的最可靠保障，因此它总是竭尽全力造成人们之间的隔绝。在人心的种种阴暗面里，专制最欢迎利己主义。如果被统治者不互相爱护，那么专制者也不介意被统治者不爱他。专制者不会主动请被统治者来协助他一起治理国家，只要被统治者不想参与国家的领导工作，他就感到心满意足了。于是专制者颠倒黑白，把联合众人创造社会繁荣的人称为乱民贼子，把只顾自己的人则称为善良公民。

因此，专制制度下的恶，其实就是平等所助长的恶。专制和平等这两个东西相辅相成地结合起来时，是极为有害的。

平等让人们独立，让他们失去了结合起来的共同联系。专制则在人们之间筑起壁垒，将他们隔离开来。平等让人们变得只顾自己，而不去考虑别人的感受。专制则让人们把互不关心看作一种公德。

因此，专制在任何时代都是危险之物，在民主时代尤其如此。

我们不难看出，在这样的时代里，人们最需要的是自由。

当公民全都参加治理国家的工作时，他们必然会走出个人利益的小圈子，有时甚至会放弃自己的观点。

一旦人们都去参加公共事务，他们会发现自己无法像最初认为的那样可以离开他人而遗世独立，为了得到别人的帮助，他们自己就要时刻准备着帮助别人。

当国家由公众治理时，每个人都会感到大家互相照顾的好处，为了博得那些和自己一起去治理国家的人们的尊敬，每个人都会致力于彼此照顾。

这样一来，人们必然要将那些让人感到心灰意冷并且产生隔阂的感情收敛起来。不再轻易流露出傲慢之情和轻蔑之意，就连利己主义本身也会感到恐惧。

在自由的政体下，大部分公职都是由选举产生的，这样一来，那些志高才疏把自己封闭于个人生活的小圈子里的人，将会感到没有周围同胞的支援自己是无法生存下去的。

于是，这些人为了自己的野心而为别人着想，并且逐渐发现忘记自己有时会给自己带来一定的好处。我知道，也许有人会提出反对意见，说选举是钩心斗角的游戏，候选人总是使用卑劣的手段互相中伤。在选举的过程中确实存在敌对的情况，而且选举的次数越多，敌对的程度就越强烈。

当然，这些都是很大的弊端，但是这些弊端都是暂时的，而选举带来的好处却是永久的。

渴望当选的迫切心情，有时会让某些人采取战斗的姿态，但是这种迫切心情也会逐渐让人们采取彼此支援的立场。就算在某次选举中，两位原本是朋友的人可能不幸反目成仇，但是选举制度本身却能促使原本互不相识的大量公民长期地接近下去。自由制造个别的仇恨，专制却催生出普遍的冷漠。

美国人用自由来抵制平等所造成的个人主义，并且战胜了它。

美国的立法者们认为，只是在全国实行代议制，还不足以治愈民主时期社会机体自然产生的且危害极大的痼疾。他们还认为，让国内的各阶层人民享有自己独立的政治生活权利，从而无限增加公民们共同行动、彼此信赖的机会，是非常有必要的。

这个办法被美国人明智地实施了。

全国的重大公共事务，只是由一些主要公民来操持。而这些公民也只是每隔一段时间共聚一堂开开会而已，而且在会议结束后彼此就很少见面了，所以他们之间并没有永久性的联系。但是，当地方上的事务由当地居民主管时，这些居民自然要常常接触，不止如此，他们还不得不彼此认识和互相讨好。

很难让一个人放弃自我而去关心整个国家的命运，因为他不是很明白国家命运会对他个人的境遇产生何种影响。但是，如果要修建一条通往他家园的公路，他立即就会知道这件公共事务和他个人私事之间的利害关系，而且不用告诉他，他就能发现个人利益和集体利益之间存在着的紧密联系。

在这种情况下，如果让公民们多专注小事而少操心大事，他们反而会更关心公益，并且感到必须要通过互相协作来实现公益。

一个人也许会因一次光明磊落的行为而获得人民的好感，但他要想得到周围人的长期敬爱，就必须长期不断地做不为人注意的好事，并且养成始终向善的习惯，经常被人们誉为廉洁奉公。

地方上的自由会使得大多数公民重视邻里邻居和亲友的情谊，它会抵制那种让人们互相隔离的本能，并且不断促进人们恢复彼此合作的本性。

在美国，即使是最富裕的公民也会注意让自己不脱离群众，并且倾听他们的意见，不断地和他们接近。因为他们知道，在民主制度下，富人经常会需要穷人的协助，而在民主时代，获得穷人之心的最有效手段不是给他们小恩小惠，而是用友好的态度对待他们。给穷人的恩惠越大，越会显出贫富之间的差距，让受惠者的心里产生反感的情绪。但是亲切待人却具有无法抵抗的魅力，因为和蔼能够打动人，态度粗暴却会伤害人。

富人并不能一下子领悟这个真理。在民主革命正在进行时，他们一般都会反对这个真理，甚至在民主革命完成之后，他们也不会立即接受。虽然他们甘愿为大众做些好事，但同时又想要继续和大众保持一定距离。他们以为这样做就足够了，而事实并不是这样。就算他们散尽家财，也不会重新温暖大众的心。大众所要求的，并不是让他们牺牲金钱，而是让他们放弃自己的骄傲。

在美国，人们的全部想象力可以说都被用来发明致富之道以及满足公众需要了。每个地方最有学识的公民，都竭力用自己的知识去挖掘一些新方法，以促进本地区的繁荣；一旦他们找到某个合适的方法，就会立即将其共享，让大家一起享用。

当你仔细观察美国从政者身上那些常见的缺点和弱点时，会让人对美国的日益繁荣感到吃惊。但是，事实并非如此。让美国的民主制度繁荣昌盛的，并不是这些被选举出来的行政和立法官员，而是因为选举本身。

如果认为美国人的爱国热情和他们所表现出的对同胞福利的热心并非出自真诚，那么未免太过武断。虽然美国和其他国家一样，人的大部分行动都是受个人利益的支配，但是在美国，个人利益无法支配人的全部行动。

必须指出，我一而再再而三地看到美国人为公共事业所作出的巨大而真诚的牺牲，并且多次发现，他们在关键时刻几乎都能忠实地互相帮助。

美国居民所享有的自由制度以及让他们能充分行使的政治权利，让每个人无时无刻不感到自己是社会中的一分子。这种制度和权利，让他们的头脑经常意识到，为同胞出力不仅是自己的义务，而且对自己也非常有好处。同时，他们没有任何私人的理由去憎恨自己的同胞，因为他们既不是别人的主人，也不是别人的奴隶，这使得人们更容易同情别人。他们热衷于公益最开始是出于必要，后来又转变为自己的本意。当初靠心计完成的行为逐渐变成了习性，而为同胞的幸福所进行的努力，最后则成了一种习惯和爱好。

很多法国人把身份平等看作第一大恶，把政治自由视为第二大恶。当他们不得不接受前者时，至少会想尽办法避免后者。而对于我来说，要和平等所产生的诸种恶行做斗争，只有一个有效的方法：它就是政治自由。

第05章　美国人在市民生活中对结社的运用

在这一章里，我不想谈论人们为了抵御多数专制和反对王权侵犯所进行的政治结社。关于政治结社的问题，我已经在别处讲过了。很显然，如果每个公民随着自身的日益软弱无力无法保住自己的自由，也无法联合自己的同胞去保护它，那么，暴政必然会随着平等范围的扩大而加强。现在，我只想说一说那些在市民生活中自发形成并且全无政治目的的结社。

美国的政治结社，不过是美国五花八门结社中的一个分支。

美国人不论年龄和地位，也不论志向和趣味，都在时时刻刻组织社团。在美利坚，不仅有人人都能组织的工商团体，还有成千上万的其他团体。既有宗教团体，又有道德团体；既有非常认真的团体，又有极端无聊的团体；既有一般的团体，又有特殊的团体；既有规模庞大的团体，又有规模较小的团体。为了举办庆典，创立神学院，开设旅店，建立教堂，发售图书，向偏远地区派遣牧师，美国人都需要组织社团。同时，他们也用这种方法来设立医院、监狱以及学校。有时为了传播某一真理或者用示范的方式感化公众，他们也需要组织一个社团。在法国，创办新事物都是由政府出面；在英国，则是由当地的权贵领头；而在美国，必然是由社团牵头。

在美国，我曾遇到过一些我完全不了解的社团，并且为它们能巧妙地动员美国居民的力量共赴一个目标而赞叹不已。

后来，我去英国游历[①]。虽然美国人的一些法律和很多习惯都来自于英国，但是我觉得英国人在运用结社自由上，远远不如美国人做得那样彻底和熟练。

哪怕是做一点点小事，美国人也要成立一个社团，英国人却不是这样，他们往往习惯单枪匹马去做一番大事业。很显然，英国人只把结社看作强大的行动手段，而美国人则把它视为行动的唯一手段。

因此，世界上最民主的国家，就是这个能够动员全体人民共赴同一目标，并且将这种新方法用在最多数对象的国家。这究竟是偶然的结果？还是结社与平等之间的内在必然联系在中间发生了作用呢？

在贵族制社会，大多数群众都没什么作为，而少数的几个人却异常强大和富有，他们每个人都能独自做出一番伟业。

贵族时代的人，无须为采取行动而联合，因为他们本身就是紧密联合在一起的。

在贵族社会里，每一个有钱有权的贵族，都像是一个永恒存在以及强制成立的社团的首脑，而这个社团的成员则是那些供他驱使执行他的命令的大众。

相反，在民主国家里，所有的公民都是既独立又软弱的。他们几乎不能只靠自己的力量去做出一番事业，而且任何人都不能强迫别人为自己做事。因此，如果他们不学会互助，就会全部陷入无能为力的状态。

如果民主国家的人没有权利和兴趣为政治目的而结社，那么，他

---

① 参看梅耶编《托克维尔旅游英格兰和爱尔兰日记》，纽黑文，耶鲁，1958 年。

们的知识和财富虽然能长期保全，但他们的独立却会陷入巨大的危险之中。如果他们压根就没有在日常生活中养成结社的习惯，那么文明本身就会受到威胁。如果一个民族中的成员失去了凭借自己的力量做一番大事业的能力，又没有养成共同做大事的习惯，那么过不了多久，它就会回到野蛮状态。

不幸的是，促使民主国家的公民必须结社的社会状况，同时又让他们比其他国家的人民更难于结社。

在贵族之间，只要有几个人想牵头结社，他们就能轻而易举地办到。由于这些人在社会上都拥有庞大的势力，所以他们的团体只需要有少数几个成员就足够了。而当社团里成员人数较少时，也方便他们彼此认识、互相了解，从而建立稳定的规章制度。

而在民主国家，就很难做到这一点，因为民主国家的社团要想具备一定的势力，就必须要有大批社团成员。

我知道，很多当代人都没有注意到这一点。在他们眼中，公民越是软弱无能，政府就越要积极能干，使其能够创办个人所无法做到的事业。他们坚信并且声称一切困难都能够得到解决，但是我认为，他们的算盘打错了。

或许政府可以替代美国的某些大社团，事实上在联邦内部有几个州已经这样做了。但是，美国人在日常生活中所进行的那些数量庞大却规模甚小的事业，有哪个政府机构能替他们办理呢？

不难发现，人们无法独自生产那些最常用的生活物资的时代即将来临。因此，政府机关的任务量将不断增加，而政府当局的活动又在促使这项任务日益扩大。政府越是想取代社团的地位，人们就越不想联合，寄希望于政府当局的援助。这种因果将不断循环下去，这样一来，凡是一个公民不能独立经营的事业，都要由负责公共事务的行政当局来管理。再说，如果土地过度分散，分割得无法再分，以至于只能由耕作者组织社团来耕作时，那么，那些政府首脑岂不是要亲自下田务农么?

如果一个民主国家的政府处处都要替代社团，那么，这个国家在道德和知识方面就会出现极大的危险，其危险程度不亚于它在工商业方面发生的危险。

人们只有相互影响，才能让自己的思想和情感焕然一新，然后开阔自己的胸怀，发挥出自己的聪明才智。

我在前面已经说过，这种相互影响，在民主国家中几乎不存在。如果民主国家要人为地创造这种作用，那么唯有结社这个方法。

贵族集团的成员在接受一种新思想或新感情时，几乎都要把这种思想和感情放在自己活动的主要舞台上去体会，并且让其他成员都看见，从而让这种思想和感情顺利地进入围观者的头脑和内心。

在民主国家，从属性上看似乎只有政府当局才能这样做。但是不难看出，政府当局的这种作用往往是不充分的，而且是有危险的。

在一个大国，政府不能只靠自己的力量去带动人们的思想和感情交流，就像它不能只靠自己的力量去管理所有实业部门一样。对于一个政府来说，只要它试图走出政治活动的范畴而步入这些新领域，就会在不知不觉中实行一种令人难以忍受的暴政，因为政府会颁布严格的规章制度，只支持和它沆瀣一气的感情和思想，而且人们总是难以辨别这种表示是忠告还是命令。

一旦政府认为自己的真正利益所在需要禁止公众发表意见，那么，情况会变得更加糟糕。这时候，政府不但会无所作为，还会因为处在酣睡中而任由自己迟钝下去。

要想避免这种情况的发生，就不能让政府对民间活动大包大揽。

在民主国家，能够替代因为身份平等而被消灭的个别能人的东西，正是结社。

当美国居民中有人提出一个想法打算向大众推广时，他就会立即出发寻找同道；而一旦找到了同道中人，他们就会组织社团。社团成立后，他们就不再是孤立的个人，而是一个即使身在远方也会被人们知道和效仿的力量。当这个力量发表意见时，人们也会愿意倾听它的意见。

我刚听到美国有10万人公开宣誓禁喝烈性酒时，还以为这只是个玩笑。我完全无法理解为什么这些有节制的公民甘愿坐在家里喝白开水。

到了后来，我才了解到，这10万美国人是发现他们周围的酒鬼越来越多，才决心戒酒的。他们的行动就好像一个大人物身穿朴素的衣服，从而引导普通公民戒除奢侈。如果这10万个人是法国居民，我相信，他们只需分别向政府提出申请，要求政府向王国境内的所有酒馆下达禁酒令就可以了。

我认为，最应该引起我们重视的，莫过于美国社会在智力活动和道德方面的社团。美国人在政治和实业上的结社，最容易被我们关注；而其他方面的结社，则常常被我们忽略。即便这些社团进入了我们的视线，我们也很难理解它们，因为在法国几乎没有类似的结社。然而，我们必须承认，这类结社对于美国人来说是非常必要的，它的重要性并不亚于政治结社和实业结社，甚至有过之而无不及。

在民主国家，如何结社是一门大学问。其他学问的进展，都取决于结社学问的进展。

在人类社会的所有法规中，有一条法规似乎是最正确和最清晰的。它就是：如果人类打算长久地文明下去或走向文明，那就必须要让结社的艺术随着人们身份的平等而发展完善。

第06章　结社与报刊的关系[①]

当人们之间不再存在永久和坚固的联系时，除非说服每一个必要的协作者，让他们相信为了自己的个人利益，有必要将自己的力量和其他人的力量自愿地联合起来，否则是无法让大批人携起手来共同行动的。

唯有利用报纸，才能顺利做到这一点；也只有利用报纸，才能在同一时间将同一个思想灌注到人们的脑海中。

一份报纸就像一位不请自到的顾问，它能够每天向你简明扼要地报道国家大事而又不至于扰乱你的私事。

因此，随着人们身份的日趋平等和个人主义的日益强烈，报刊也就成为人们生活中必不可少的东西。如果认为报刊的功效只在于维护自由，那未免小看了它的作用，报刊还能维护文明。

我承认，在民主国家，报刊经常会误导公民做出一些欠妥的行动。但要没有报刊，就几乎不能做出任何共同行动。因此，报刊所带来的好处远远大于它的坏处。

---

① 参看拉斯基著作《美国的民主》，第615页；A.麦克朗.李《美国的日报：一种社会手段的发展》，纽约，1937年；莫特的《美国报刊：美国报业二百五十年发展史（1690—1940）》，纽约，1941。——法文版编者

报刊的作用不仅仅在于向公众提出共同计划，还在于向公众提供共同计划的具体执行方法。

贵族制国家的一些有权势的公民彼此都很熟悉，如果他们想要联合起来，只需吸引一批人追随他们，就能够共同前进。

相反，在民主国家，往往是大多数人都有联合起来的愿望和需求，但是却很难做到，因为他们每个人都很微不足道，而且分散在各地，彼此互不相识，不知道到哪里才能找到志同道合的同志。然而，有了报纸后，就能让每一个人了解到在同一个时期大家的想法和感受。于是，人们立即会向这个曙光靠近，那些长期以来自己在黑暗中摸索苦于找不到志同道合的伙伴的人，也终于有机会团结在一起了。

报纸让人们结合起来，但是为了让这个结合更牢固和长久，人们就只得继续需要报纸。

在民主国家，一个社团要想获得力量，就必须拥有一定数量的成员。如果社团成员人数过多，那么他们就只能分散在广大地区，每个人依旧需要留在原来的地方，去过他们那种比上不足比下有余的日子，每天为成千上万的小事操心。为此，他们必须要找到一种能让他们不用见面就能彼此谈话，不用开会就能得出一致意见的方法。这个方法就是报刊，因此，没有一个民主社会的社团能够离开报刊。

由此可见，在社团和报刊之间，存在着一种必然的联系：一方面报刊在制造社团，另一方面，社团也在促进报刊的发展与繁荣。如果说社团的数目必然会随着身份的日益平等而增加，那么，报刊的种类和数量也将随着社团数目的增加而增长。

这样一来，美国也就成了世界上社团和报刊数量最多的国家。

报刊的种类与社团数目之间的关系，又促使我们发现期刊的发行情况和行政组织形式之间的联系，并且让我们知道，在民主国家，报刊的种数和行政集权的程度是成反比的，也就是说，行政集权度越高报刊的种数就越少，反之，行政集权度越低，报刊的种数就越多。因为在民主国家，人民不会像在贵族制国家那样，把地方权力委托给有限的几个公民去执行。他们要求取消这种少数人的权力，而由当地的绝大多数人去行使。他们可以依法组织一个拥有实权的常设机构，专门用来管理本地的行政事务。这样一来，他们就需要这样一份报纸，能够让他们知道本地每天发生的小事和全国范围内发生的大事。地方权力机构越多，依法行使地方权力的公民就越多，也就越需要更多的报刊，让人们随时知道本地和全国发生的事情。

美国的报刊种类之所以多得惊人，最主要的是基于行政权的过于分散，而不是政治的广泛自由和出版的绝对自由。如果美国的全体居民都是选民，而且实行的是由选民选举全国立法机构的办法，那么，美国只需要几份报纸就足够了，因为在这种环境下，选民们只拥有少数几次重要的共同行动机会。然而在美国，除了这些全国性的大规模集会外，法律还规定在选举州、镇乃至乡村行政官员时也要进行规模较小的集会。立法者用这种方法让每一个美国公民通过彼此协作都参与到共同的事业中来，而单个的美国公民要想知道其他公民的所作所为，就必须要阅读报纸杂志。

在我看来，一个民主国家①如果没有全国性的会议，而是有大量的地方性权力机关，那么它的报刊种数必然会超过那些行政集中并且通过选举产生全国性立法机构的另一个民主国家。我认为，美国每天出版的报

① 我所说的是“民主国家”。在一个贵族国家，可以用分割行政权的方式而不必发行报刊，因为在他们那里，权力机关是由少数几个人控制的，这几个人虽然各自为政，但他们彼此熟悉，并且能够经常见面并且听取对方意见。

刊种数之所以如此之多，是因为美国人既享有广泛的全国性自由，又享有花样繁多的地方性自由。

英国人和法国人普遍认为，只要取消当下对报刊的课税，报刊的种数就会无限量增加。这种说法未免太夸张了。报刊种数的增加与否不仅和销路好坏相关联，而且和绝大多数人是否需要借助报刊互通信息和共同行动有关。

我同样认为，日报的影响力之所以在不断增强，主要不是因为人们经常提到的那些原因，而是由一些最普遍的原因引起的。

一种报刊，只有反映了多数人的共同思想和情感才能生存下去。因此，一种报刊经常会成为它长期读户所在社团的代言人。

这个社团的纲领可高可低，范围可宽可窄，甚至人数也可多可少。然而，只要有一种报纸持续出版，就足以证明它所代言的社团至少已经以萌芽的形式存在于人们的思想之中。

接下来，我们要进行最后一次反思，作为本章的结束。

身份越平等，个体的力量就越薄弱，人们也就越容易随大流，越难以坚持被多数人所反对的意见。

一类报刊就代表一个社团。可以这么说：报纸是在以全体读者的名义向每一个读者发言，读者的个人能力越弱，它就越能吸引读者。

因此，报刊的影响力必然会随着人们的日益平等而逐步增强。

第07章　一般结社与政治结社的关系

世界上只有一个国家能够让人们每天都能行使政治结社的无限自由。在世界范围内，也只有这个国家会让公民们产生在社会生活中不断行使结社权的想法，并且由此享受到民主文明所提供的一切好处。

凡是不容许进行政治结社的国家，一般性结社的情况也极少。

决不能武断地认为这只是偶然的结果，而应当承认在这两种结社之间存在着某种必然的关系。

由于偶尔的原因，几个人可能在某一事业上有共同的利害关系。例如，他们可能都要去经营商业，或者都要去从事工业。在这种因缘巧合下，他们相识和合作了，并且逐渐认识到结社的好处。

协作这种小事情的次数越多，人们就会在不知不觉中获得协作大事业的能力。

因此，一般性结社有助于政治结社。然而，在另一方面，政治结社反过来又会促进一般结社得到发展和完善。①

在个人生活中，严格地说，每个人都会觉得自己的要求能够自我满足。

① 参看奥迪加德和赫尔姆斯的合著作品《政治动力学研究》，第2版，纽约，1947年。尤其应该阅读该书的第770页以及以下几页。——法文版编者

但是在政治生活中，他就不会这样认为。因此，当人们参与公共生活的时候，任意一个公民每天都在脑海中浮现结社的想法和愿望：就算某个人对采取共同行动有些反感，但是为了党派的利益他也要让自己学会共同行动。

由此，政治生活将结社的喜好和习惯普及了，使得一些从来不过问政治总是喜欢单独行动的人，希望跟其他人联合并且学习结社的技巧。

政治不但创造了数量庞大的社团，同时也制造了规模巨大的社团。

在私人生活中，共同利益自发地引起大批人采取共同行动的情况极少；只有掌握了一定的技巧，人们才能进行共同行动。

从政治方面来说，结社的机会在政治生活中层出不穷。然而，结社的重要作用只能在那些规模巨大的社团中体现出来。个人力量相对薄弱的市民，不会一开始就对结社的力量有明确概念；要想让他们明白这点，就需要向他们示范。但是，当人们为了一个共同的目标而结社时，人数越多越能起到示范作用。例如，一千个人联合起来未必能看到利益，但是一万个人联合起来就有可能看到。在政治方面，人们彼此联合起来能够做大事，而那些在重大事情上因结社而带来的好处，又会通过实践让人们知道在小事上也应该互相协作。

政治结社可以在同一时间把很多人拉到自己身边，让他们摆脱因年龄、思想、贫富所造成的隔离状态，进行相互往来和接触。只要他们相会过一次，就会想法子再次相会。

在大多数的一般结社中，人们都是拿出自己财产的一部分去参加。正如所有的工业公司和商业公司做的那样。当人们尚不了解结社的方法和结社的基本原则时，他们难免会为自己可能付出的重大代价感到担忧。这个时候，他们宁可放弃达到成功的有力手段，也不愿冒共同协作的风险。然而，让他们去参加那些表面上看来没有任何危险的政治结社，他们就不会感到犹豫不决，因为他们不用拿自己的金钱去冒险。不过，在加入这类社团后不久，他们就会知道自己在社团中应当遵循什么秩序采取哪些步骤，才能使所有成员步调一致地向共同目标迈进。在这个政治社团里，他们要学会让自己的意志服从集体的意志，让个人的努力配合大家的共同行动。这些事情，无论是在政治结社，还是一般结社，都是每个成员所必须知道的。

因此，我们不妨把政治结社看作是一所免费的大学，每个公民都能进去学习结社的一般原理。

虽然政治结社无法直接推动一般结社的发展，但是如果前者被查禁，也会殃及后者。

当公民只能在极少数情况下结社的时候，他们就会把结社看作一种特殊和例外的办法，不会将其放在心上。

然而，当公民们在一切事情上都能自由结社时，他们会最终发现结社是实现自己各种目的的通用方式，甚至是唯一方式。只要出现一种新的需求，人们就会立马想到结社，这样一来，结社的技巧就会成为一种基本常识。所有的公民都要学习它，而且都要在生活中应用它。

如果一些社团被查，而另一些社团仍然被允许存在，那么将很难去预测存在的社团会何日被查禁。在这种不明朗的情况下，人们会对所有的社团都敬而远之，同时社会上会出现一种大众舆论，认为不论什么社团都是一种胡作非为甚至是违法的活动。①

① 当行政当局能够随意查禁或允许结社活动时，情况尤为如此。

如果立法部门制定法律，规定那类结社活动为非法行为，违法者将受到制裁，那么弊端就会少得多。因为在有法律的明文规定下，每个公民在行动之前可以像法官那样先进行判定，避免让自己参加那些法律禁止的结社，而尽量去参加法律所允许的结社活动。正因为如此，所有的自由国家一般都承认结社权是可以受到限制的。然而，如果立法机关指定由某人负责结社方面的事务，并且允许他有权任意将一切社团消灭于萌芽状态或让它们继续发展，那么，任何人都无法事先知道何时能够结社以及何时应该对社团敬而远之，那么结社的精神就会因此而枯萎。前一种法制只是针对某些结社，而后一种法制则针对整个社会，让全社会的人受到伤害。我认为，一个讲法制的政府应当采取第一种做法，而任何一个政府都无权实行第二种做法。

因此，不要以为结社的精神在某一点上受到限制后，不会影响到它在其他方面的发展，也不要以为只要允许人们在某些事情上进行共同行动，人们就会迫不及待地进行共同活动，这些全都是空想。当公民们在所有事情上都具备结社的能力和习惯时，无论是大事还是小事，他们都会自愿地结合起来。不过，如果只允许他们在小事上结社，他们的热情和才干都会打折。你允许他们在商业领域自由联合，你也不会达到目的；你让他们行使已经赋予他们的权力，他们也会不屑一顾；当你费了九牛二虎之力劝他们不要组织违禁的社团时，你又会惊讶地发现你根本不能说服他们去成立法律所允许的社团。

我不是说一个禁止政治结社的国家就不能有其他一般结社，毕竟人们生活在社会里必须让自己委身于某些共同的事业。但是我坚决认为，在这样的国家里，一般结社的数量也寥寥无几，它们既缺乏想象力又没有熟练的运营能力，就算他们有一些宏伟的计划也难以实现。

这让我自然地联想到，政治方面的结社自由并不会给社会带来人们幻想中的那种大危险，相反，在国家出现一段动荡时期的时候，它还能起到巩固的作用。

在民主国家，政治社团实际上就是一些企图统治国家的强大个体。因此，当今的各国政府看政治社团，就如同中世纪的国王看他们国内的那些大诸侯，会从本能上对政治社团产生一种恐惧感，这使得它们一有机会，就会打击政治社团。

与政治社团的情况相反，各国政府对一般社团都有一种天生的好感，因为它们很容易就能发现，一般社团不是指引公民去关心国家大事，而是将公民的注意力从这方面转移走，使公民埋头于那些全靠国家安定才能实现的活动，达到阻止公民发动革命的目的。但是，当今各国政府并没有察觉到，政治结社能够促进一般结社的发展，因此，它们在防止了一种弊端的同时，也丧失了一种可以有效矫正弊端的手段。当你看到美国人为了宣传一种政治见解，推举一位政治家加入政府，或是从另一个政治家手里夺取权力而每天都能自由结社时，你会感到困惑：为什么如此独立不羁的一群人没有变得恣意妄为?

然而，从另一方面来看，当你想到美国有数不清的实业被人们共同经营，有很多宏伟的计划都被美国人孜孜不倦地推行，而这些计划只要遇到一场小革命就会前功尽弃的时候，你又会明白为什么这么多忙忙碌碌的人没有给国家制造麻烦，也没有破坏社会的稳定。

我们能够对这些事实只进行独立观察，而不去寻找它们的内在联系么？让美国人逐渐养成不论出身、思想和年龄而进行结社的普遍爱好和习惯的，正是政治结社。通过政治结社，人们可以彼此认识、交换意见并且倾听对方意见，共同去做各种事业。之后，他们又把因此而获得的观念带入日常生活中，并且在各方面加以运用。也就是说，美国人由于享有了一种带有危险性的自由，才学会了如何尽量减少自由所带来的危害。

如果我们只选取一个民族的某个特定历史时期来考察，不难发现政治结社是让国家动乱和实业瘫痪的重要因素。然而，当我们就这个民族的整个历史来考察时，却发现政治结社不但有利于公民的福祉，而且有利于他们的安居乐业。

我在本书的上卷曾说过：“政治结社的无限自由和出版自由是两回事：前者的必要性不如后者，而危险性却比后者大。一个国家能够把结社自由限制起来，并且使其永远处在国家的掌控之下；但是，国家为了实现结社自由，有时也需要耍些手腕。”在隔了几段后，我又这样写道：“不可否认，政治结社的无限自由是所有自由中最后才获得民众支持的自由。即便这种自由没有使人民陷入彻底无政府的状态，那它每时每刻也在让群众接近这种状态。”

因而，我认为一个国家永远都不会让公民享有政治结社的无限自由；我甚至怀疑，在任何国家任何时代，都需要对结社自由加以限制。

有人认为，如果不把结社自由限制在一个狭小的范围内，国家就没法保证内部的安定，也没有希望维护法律的尊严，更建立不起持久的政府。毫无疑问，内部的安稳，法律的尊严以及长治久安的政府，都是极为珍贵的。我还认为，一个民族为了得到和长期持有这些珍贵的东西，就必须自愿地暂时给自己带上沉重的枷锁。如果一个民族能清醒地认识到要获得这些珍贵的东西，必须付出一定的代价，那就更好了。

为了拯救一个人的生命而锯掉他的一只胳膊，这是我可以理解的。但是，我绝对不敢担保他在断臂后仍然能像从前那样灵活。

第08章　美国人是如何以“正确理解的利益”的原则同个人主义斗争的

当社会由少数几个有权势的人统治时，他们倾向于培养人们多尽义务的崇高思想，不遗余力地宣传忘我精神的光荣，认为人类应该像上帝那样行善而不求回报。这就是那时的政府提倡的道德原则。

我怀疑在贵族时代，人们会比在其他时代更有道德，但我又确信那个时代的人会不断地讨论德行之美；而至于德行的功能究竟是什么，他们只能在私下里议论。但是，随着人们想象力的逐渐衰竭，每个人都开始只顾自己，那些热衷于谈论道德的人们也在自我牺牲精神面前退而却步，不再敢向人们宣传这种精神。这样一来，他们就只能去研究公民的个人利益是否能和全体人类的福祉结合起来的问题；一旦他们发现个人利益和全体利益的相通之处，就会急于去阐明。随着这些发现的与日俱增，原来那些孤立的观察就变成了普遍的原理。人们最终会发现，为他人服务也就是为自己服务，个人的利益在于与人为善。

我在本书很多地方都提到，美国的居民是怎样将个人的幸福和同胞的幸福结合起来的。我在这里即将阐明的，是促使他们做到这一点的一般原理。

在美国，没有人会谈论德行之美。他们只把德行看作一件实用的东西，并且每天都按着这个信念行事。美国也有道德家，但他们绝不会劝别人为了表现自己的崇高而去牺牲自己。但是他们却敢于宣称，这种牺牲的精神无论对于受益者还是牺牲者本人都是同样必要的。

他们明白，在他们的这个时代，有一种无法抗拒的力量让人们变得越来越关注自己；在他们觉得无望改变人们这一特点后，便只能想办法因势利导了。

因此，他们一点都不反对人们追求自己的个人利益，但是又要极力证明获得个人利益的来路要正直。正所谓君子爱财取之有道。

我不想在这里赘述他们提出理由的细节问题，因为这很容易离题。我只需指出他们的同胞已经接受了他们的理论就足够了。

在很早以前，蒙坦就曾说过：“我之所以走上这条捷径，并不是因为它最笔直，而是我的经验告诉我，它是一条最方便于我也最适合于我达到所定目的的道路。”[①]

由此可见，“正确理解的利益”的原则，并不是什么新东西。但是，只有当下的美国人才普遍地承认了这个原则。在美国，这个原则还在继续推广，并且深入到了人们的所有活动中去，并且从人们的一切言论中体现出来。不论是穷人还是富人，都张口不离这个原则。

在欧洲，“正确理解的利益”的原则没有在美国那么完善，而且它的应用范围十分有限，几乎很少有人会公开主张这个原则。虽然欧洲人每天都装出一副非常具有献身精神的样子，但是他们的心中早已没了这个念头。

美国人恰恰相反，他们习惯用“正确理解的利益”的原则去解释自

① 参看普列伊阿德版：《蒙坦文集》268 页。托克维尔的这段引文译自该书第 44 章第 1 节。

己的一切行动，并且常常自鸣得意地说明他们光明磊落的自爱是如何使他们团结互助的，以及为了国家的利益而牺牲掉自己的一部分时间和财富。我认为，单就这一点来说，美国人对自己的评价也并不一定全对，因为美国人同其他国家的公民一样，同样具有发自本性的无私激情。但是，美国人绝对不会承认他们也会被这种感情冲动所左右，他们宁可让自己的哲学生辉，也不愿让自己本身发光。

我完全可以就此搁笔，不对我刚才所论述的一切进行任何评价。我可以把问题太过于困难作为托词。但是，我不会以此为借口，我宁愿让读者看清我的目的后而不跟我走，也不愿意任由他们悬在那里。

其实，“正确理解的利益”的原则并没有那么高深，而是非常通俗易懂的。这个原则不以达到伟大目标为主旨，而是希望不用费多大力气就能实现所追求的一切。这是任何文化程度的人都能理解的，因此所有人都能轻易地将它掌握。由于它切中了人的弱点，所以很容易对人产生巨大影响。而且，这种影响也会持久地保持下去，它用个人利益来对抗个人本身，并且在引导个人的激情时能产生促进作用。

“正确理解的利益”的原则不强求人们发挥崇高的献身精神，只是敦促人们每天做出一些小小的付出。单靠这个原则虽然不足以培养出有德之人，但是它却能让大批公民循规蹈矩和温和稳健。虽然它不能直接让人们依靠意志去修德，却能让人们凭借习惯走上修德之路。

一旦“正确理解的利益”的原则完全支配道德世界，自然不会出现太多感天动地的德行。但我同时认为，到了那个时候，十恶不赦的恶行也会变得极为稀少。这个原则也许会妨碍一些人远远超过一般水平，但对于那些处在一般水平之下的人来说，一定会抓住这个原则不放。从某个小范围来看，这个原则让人们的素质下降了；但是就整体来说，它却使人们的素质提高了。

我实话实说：我认为，“正确理解的利益”的原则是所有哲学中最契合当代人需要的理论；此外，我还从这里面发现了当代人能自我修正的最有力保证。因此，当代道德家最应该注意的，就是这个理论。即使在他们眼中这个理论还不够完善，但仍然要接纳它。

我不认为法国人比美国人更利己主义，但是我们和美国人有一点不同，即美国人公开主张利己主义，而法国人口头上不说但在实际中奉行利己主义。每一个美国人都明白，牺牲一部分个人利益能保全其余的部分，而法国人往往是为了保住全部利益，最后却竹篮打水一场空。

既然周围的人好像天天都用自己的言传身教来告诉大众：追求功利绝对不是不正派的行为，那么，难道我就不能从中发现有人会教导当代人正派的行为也可能是追求功利的行为么？

随着公民身份的日益平等，没有任何力量能阻挡人们追求功利以及每个人都囿于自己的小天地里。

因而，必须承认，即使个人利益不是当代人行动的唯一利益，至少也是主要动力。当然，还要知道每个人是如何理解自己的个人利益的。

如果公民得到平等后仍然处于粗野无知的状态，那么在利己主义的影响下，很容易做出一些愚蠢的行为；如果他们舍不得牺牲自己的一些个人福利去造福他人，那么他们自己也很可能陷入可悲的境地。

我不认为美国人所提倡的“正确理解的利益”的原则，在所有方面都已经明明白白。但是，它所包含的大多数真理都是清晰的，只要接受一定的启发和教育，每个人都能理解。由此可见，只要对人们进行不断的启发和教育就行了，盲目献身的时代已经成为遥远的过去，通过启蒙教育实现公共安宁的时代即将到来。

第09章　美国人在宗教上如何应用“正确理解的利益”的原则

“正确理解的利益”的原则不能只考虑现世，因为有很多牺牲要等到来世才能得到补偿。不管你花多少心血去证明德行的功用，你也很难让一个不想死的人去为善。

因此，一定要弄清楚“正确理解的利益”的原则是否能够和宗教信仰调和。

提倡这个原则的哲学家对大众说：要想获得幸福，就要控制自己的激情，把它时刻控制在一个适度的范围内；要想获得更为持久的幸福，就必须要放弃那些转瞬即逝且种类繁多的享乐；为了更好地关心自己，就要永远克制自己。

几乎所有的宗教创始人，都是这么对人们说教的。他们并没有向世人指出新式的从善方法，而是把目标向后推移了。也就是说，他们把人们因为做出牺牲而获得的报酬放在了来世，而不是放在现世。

尽管如此，我决不认为那些依靠宗教精神修德行善的人都是为了来世的回报。

我见过很多虔诚的基督徒，他们终其一生都在忘我地为人们造福；我也曾听到他们说，只要这样做，就能让自己在来世得到善报。但是，我又觉得他们这样是在自欺。由于我对他们非常尊敬，所以只好选择相信他们。

虽然基督教向世人宣称，要想进入天堂，就要委屈自己成全别人。但同时，基督教又向世人宣称，人们是因为爱上帝而施惠于他人的。我比较喜欢后一种说法。这说明人们是靠着自己的智慧而体会到上帝的旨意是让万物有序，并且参与到上帝的这一伟大计划中来。而且，在为了实现万物有序而牺牲自己的个人利益时，除了因为信仰这一计划而感到愉快外，绝对不奢望任何其他的报偿。

因此，我不相信利益是宗教人士唯一的动力。但是，我相信利益是宗教用来指导人们行动的主要手段，宗教之所以能够抓住人心和广为流传全赖于此。

并没有可靠的根据说“正确理解的利益”的原则会让人们远离宗教信仰。恰恰相反，我倒认为有明确的理由证明这个原则会让人们接近宗教信仰。

假如有这么一个人，他为了得到现世的幸福，经常和自己的本能做斗争，冷静地思考日常生活中的细枝末节，不盲从于一时的感情冲动，并且养成了愿意牺牲暂时利益而获得长久利益的习惯。

这样的人一旦皈依了宗教，就不会为服从这一宗教的戒律而感到痛苦。除了理智本身会劝导他服从戒律，他的习惯也为忍受戒律做好了铺垫。

即使后来他对自己当初所期望的目标感到怀疑，他也不会轻易地选择放弃，而是认为牺牲现世的一些财富去换来来世的幸福是明智的。

帕斯卡尔曾说过：“误信基督教是真的，损失不会很大；而误信基督教是假的，就会损失惨重！”[1]

美国人既不会装作对来世漠不关心，也不会对他们需要躲避的危险采取满不在乎的态度。

正因为如此，他们在进行宗教活动的时候，既不会觉得可耻，又不会觉得自己懦弱。然而，在他们的虔诚中，通常有一种不可言说的坦然，这使得人们认为引导他们走进教堂的并不是信仰，而是理智。美国人信奉宗教不仅仅是基于利益，而且他们往往把可能从宗教当中获得的利益放在当世。中世纪的神职人员张嘴闭嘴都是来世，从来不考虑一个虔诚的基督徒在现世的幸福。

然而，美国的传教士却不断地提醒信徒们专注于现世的幸福，他们必须经过一番巨大的努力，才能让信徒们的视线离开现世。为了打动听众的心，他总是向公众宣传宗教信仰如何有助于自由和公共秩序。当他们在布道传教的时候，常常让听众难以辨别宗教的主旨是求来世的幸福还是求现世的安乐。

---

① 见帕斯卡尔著作《思想录》第233节。托克维尔并没有按照原文照录。

第10章　美国人对物质福利的爱好

美国人对物质利益的热爱不是个别的，而是普遍的。虽然不是每个人都用同样的方式去热爱，但至少每个人都有这种热爱。在美国，满足身体微不足道的需求，为生活创造一些小小的方便，也成了人们普遍关心的事情。

类似这样的现象也出现于欧洲，并且越发明显。

欧洲和美洲之所以出现同样的现象有很多原因，其中几个原因和我讨论的问题接近，我应当对其加以阐述。

当财富被几个世代相传的家族所垄断时，虽然会有一大帮人享受物质利益，但是他们并没有意识到只有他们在独享这种好处。

人们最容易激动的时候，不是在他们顺利无阻地得到某种贵重物品时，而是在他们取得了部分满足但未能完全如愿、患得患失的时刻。

在贵族时代，富人们从来不知道还有和他们每天所过的日子不同的生活，他们根本不会担心自己的生活会有所变动。因此，与其说他们把物质福利当作生活的目的，不如说这只是他们的生活方式。他们将这种优越的物质生活当作理所当然的事情，身在福中不知福。

因为他们的物质要求能够如此轻易地得到满足，他们就自然而然地把自己的精力用在别处，专心致志于那些更伟大的工作，并且被这种工作所吸引。

正因为这样，虽然有些贵族活在纸醉金迷的环境中，但又对这种物质享乐表现出一种傲慢和轻视的态度，并且在不得不放弃享乐的时候能展现出惊人的毅力。历史上推翻贵族制度的历次革命都曾证明，那些过惯了安逸日子的人能够忍受清贫；而那些经过千辛万苦才过上好日子的人，在失去幸福后，反而会难以生活下去。

当我们的目光从上层阶级转移到下层阶级时，也能发现类似的现象，但是它们产生的原因却各不相同。

当社会被贵族阶级统治并且保持稳定的时候，一方面是老百姓安贫乐道，另一方面则是富人习惯摆阔。富人之所以不必为了物质享乐而费心，是因为他们对这些东西唾手可得；而穷人之所以断了物质享乐的念头，是因为他们没有希望获得这些物质享受以及享乐的欲望很弱。

在这种社会里，穷人把自己的想象力都用在了来世。现实生活中的艰难虽然束缚着他们的想象力，但他们完全可以逃出这个限制，幻想天上的安乐。

相反，当等级的界限被取消后，特权也不复存在，随着财产的日益分散，教育和自由观念得到普及，穷人们也会很容易滋生出享乐的念头，而富人则唯恐自己失去享乐。这样一来，就出现了很多小康之家。享有小康生活水平的人们虽然能体验到物质享乐的好处，但还远不能让他们觉得这种爱好已经得到充分的满足。只有经过努力，他们才能获得这种享乐，而且在尽情享乐的同时他们还会怀有一种战战兢兢的心情。

因而，民主时代的人总是在竭力追求一种自己非常心爱，却又无法充分满足以及不能确定是否能成功获得的享乐。

如果有人问我什么样的激情最受地位低下和家业不丰的制约，我会回答说是人们对物质享乐的追求。这种对物质享乐的激情，从本质上说是中产阶级的激情。它随着中产阶级的发展而发展，随中产阶级的强大而强大，并且随中产阶级获得优势而获得优势。这种激情源自中产阶级，然后向社会上层和一般老百姓扩散。

我在美国遇到的贫民，几乎不约而同地对富人的享乐表示向往和羡慕，他们的想象力从未离开过他们所不具备的物质享受上。

另一方面，我在美国见到的富人，没有哪一个对物质享乐表示出傲慢或轻视。而在那些最富裕和最放荡不羁的个别贵族身上，却经常会出现这种状况。

美国的富人大多都曾是穷人。他们长期同困境斗争，饱尝心酸，现在刚刚取得胜利，当初奋斗的热情仍然存在，仿佛还沉醉于40多年来所追求的小小享乐之中。

当然，这并不是说美国和其他国家不同，美国也有相当一部分富人是依靠遗产继承毫不费力就过上富裕生活的。然而，就算是这些世家子弟，他们对物质生活的享受也是充满兴趣。追求物质生活的享乐，正在变成全国性的爱好。这股巨大的激流，将把所有人都卷进它的滚滚波涛之中。

第11章　物质享受在民主时代产生的特效

读到这里，有些读者可能会认为，对于物质生活享乐的热爱，将不断把美国人引向道德败坏、扰乱家庭、最终危害社会的道路。

然而，现实并非如此，因为在民主制度中，人们追求物质享乐的激情，不会产生它在贵族制国家出现的那种效果。

有时候，因为失去信仰、厌倦政务、过度贪财、国家衰落等因素，会让贵族们沉溺于物质上的享乐。王权的强大和民众的软弱，则会导致贵族失去权力而只保留财产，飞黄腾达的道路被堵死后，贵族们难免会牢骚满腹。这时，他们就回到自己的小圈子里，只寻求物质上的享乐，把曾经的辉煌置之脑后。

当一个贵族组织的全部成员都沉溺于物质享乐的时候，他们通常都会把因长期掌权而积攒下的能量全部用在享乐上。

这些人绝不会只满足于一般的享乐。他们还会追求奢侈荒淫，甚至达到腐败透顶的地步。他们对物质无限崇拜，仿佛在彼此攀比谁更加堕落。

一个贵族当初越是强大和自由，它堕落起来就越是没有底线。虽然它的德行曾经光芒万丈，但我敢预言它终究会被邪恶之光所压倒。

物质上的享乐，绝对不会把民主国家推向极端。在民主制国家，对物质享乐的追求虽然是一种强烈而普遍的激情，却又是可控的。在民主时代，不会为了满足某个独夫的穷奢极欲，而修建金碧辉煌的宫殿和巧夺天工的花园，并由此耗尽天下的财富。人们所向往的，只是多置几亩良田，经营一个果园，建造一所住宅，让生活变得舒适和安康，尽量避免惹是生非，在不铺张浪费的原则下满足一些微小的需要。虽然这些需求都是小事情，但却让人人梦寐以求。人们时时刻刻都在想着它们，以至于忘却了世界上其余的一切。有时候，在人们的心目中，它甚至成了仅次于上帝的存在。

也许有人会说，这种观点只适用于那些小富即安的小康之家，而大富之家仍然会有贵族时代的那些爱好。我不赞同这个意见。

在物质享受方面，民主社会最富裕的公民和那些一般公民没有太大区别，因为他们也是从一般公民发迹的，其爱好和一般公民一样，并且他们认为自己应当服从一般公民的爱好。在民主时代，大众的享受欲望，是以一种有节制的方式表现出来的，而且任何公民都必须用这种方式表示自己的愿望。在民主时代，一个人想背离共同的准则去做坏事，和想背离共同的准则去做好事一样困难。

因此，生活在民主国家的富人，其主要目标在于满足日常生活的各种细微需求，而不在于过度享乐。他们只希望自己那些小小愿望得到满足，而不是放纵享乐。于是，他们也许会即兴玩乐，却不至于纸醉金迷。

民主时代的公民对物质生活的特殊爱好，并不会同社会秩序对立。恰恰相反，为了满足人们的这种爱好，经常需要秩序的维持。对于物质的追求也不会妨碍政府整饬民情，因为良好的民情不但有利于社会的安定，还有助于实业的发展。它甚至能和宗教的道德感结合，因为人们既希望在现世尽量得到满足，又不会放弃在来世寻找幸福的机会。

当然，有些物质上的享乐是犯罪行为，人们必须时刻提醒自己注意。还有一些物质享乐是在宗教和道德所允许的范围内的，对于这类合情合理的享受，人们自然毫无例外地去梦想和追求，但是当他们在努力追求这些享乐的过程中，也难免忽略那些能让人类变得光荣和伟大的享乐。

我对平等的非议，并不是因为它引诱人们去追求查禁的享乐，而是因为它让人们完全沉浸在那些准许而又平庸的享乐里。

这样发展下去，世界上总有一天会出现温存的唯物主义。这种唯物主义非但不会腐蚀人们的灵魂，还会净化人们的灵魂，最后在春风化雨中让所有的精神上的紧张得到缓解。

第12章　为何有些美国人醉心于唯灵主义

虽然获得现世幸福的渴望是美国人的最主要激情，但有时他们也会暂时中止这个渴望。在这时，他们的心灵仿佛在瞬间粉碎了束缚心灵的物质枷锁而直奔天堂。

有时候，你会在美国各地，特别是那些荒凉的西部各州，看到巡回传教士到处向人们宣讲上帝的福音。

有的家庭不分男女老少，不惜跋山涉水，去很远的地方聆听巡回教士的布道。他们见到教士后，往往一听就是好几个通宵，不但放下了日常工作，甚至忘记了吃喝和睡眠。

在美国的社会里，你很容易见到一些醉心于唯灵主义的人。这些人对于唯灵主义的追求，几乎达到了疯狂的地步，这种情况在欧洲是绝无仅有的。有些标新立异的教派，幻想开辟一条直达永恒乐境的道路，并且随时都可能掀起这种狂热。换句话说，宗教狂在美国是极为普遍的现象。

我们无须对此感到惊讶。

人们追求永生不死并不是后天养成的。这种崇高的本能绝非人力能随意制造的。它们的根基深深地扎在人性中，并且不依人的努力而存在。人们虽然可以抑制它们的发展和改变它们的形式，但却无法消灭它们。

心灵的有些需求必须予以满足。即使你能设法分散心灵的注意力，它也会经常受到感官活动的影响，立即滋生出烦恼、不安和激动等反应。

如果大多数人都去追求物质的享乐，那么，一部分人的心灵也可能出现某种奇特的反应。这部分人将驰骋于精神世界，害怕自己会再次堕入物质享乐带给他们的陷阱。

因此，在大多数人追求物质享受的尘世里，出现少数几个一心奔往天堂的人并不奇怪。让我觉得惊讶的是，神秘主义是如何在一个只顾自己利益的民族中销声匿迹的。

有人认为，这是大屠杀造成的结果，就像罗马皇帝将他们在圆形大剧场进行的大屠杀带到埃及的底比斯沙漠一样。而我却认为，这更类似于罗马的奢华生活和希腊的伊壁鸠鲁哲学等因素造成的结果。

如果不是因为社会状况、地理位置以及法制观念将美国人的精神紧紧束缚起来，让他们忙于追求物质生活的享受，那么我相信，一旦他们去从事精神性的活动，他们就会不断积累知识和经验，并且善于自我改进。然而，美国人现在虽然已经感觉到了自己精神上的束缚，但他们似乎并不想冲破这种束缚。因此，当他们摆脱这种束缚时，就会显得不知所措，四处乱撞，甚至干出一些违背常识的事情。

第13章　为何美国人身处幸福之中还心神不宁

如今，在旧大陆的一些偏僻地区，有时仍然可以看到在时代的动荡中似乎被遗忘了的小村镇。这些村镇依旧保持着原汁原味，而它们周遭的一切却在不断前进。这些村镇的居民，大部分都愚昧而贫困。虽然他们不关心国家大事，却经常受到政府的压迫，即便如此，他们也能保持怡然自得的心态。

我在美国见过一些最自由和最文明的人，他们的生活条件在全世界算得上最好的。但我却发现他们的脸上经常乌云密布，即使在他们最快乐的时候，也会让人觉得他们心事重重，似有某种隐忧。

造成以上两种不同情况的主因在于：欧洲偏僻小镇的居民根本没有意识到自己处境的不幸，而美国人则总是盘算着如何把自己没有的东西弄到手。

看着美国人那种疯狂逐利的模样，以及他们唯恐自己找不到致富的捷径而皱起的眉头，实在是让人称奇。

美国公民希望自己能得到世上一切美好的东西。他们有时候觉得自己似乎能长生不老，有时候又表现得很急切，恨不得一下子就把自己心仪的东西弄到手，以至于在外人看来，他们似乎唯恐此生过于短促，没有福分享受幸福。他们什么都想要抓住，却没有一件能抓得牢。当抓到一件东西后，他们很快就会将它丢掉，然后去寻找新的寄托。

在美国，一个人盖一所房子准备养老，但是屋顶还没封好，他就把房子卖了出去；紧接着，他又去开辟一个果园，但是果树还没结果，他就把果园租了出去；他还可能将丰收在望的庄稼，转交给别人去收割。一个人原本有很好的职业，但他随时可能将这个铁饭碗丢掉。一个人选了一个地方居住，但不久后他的想法发生了改变，又迁移到了另一个地方。在私事之余，一个人还能涉足政界。如果在忙碌了一年后还有几天闲暇，他一定会在好奇心的驱使下游历全国各地，在短短几天内横跨数千里让自己大饱眼福。

当死亡降临时，他不得不眼睁睁看着追求完美幸福这一未竟事业而辞别人世。

乍一看到这些幸福的人们在如此富足的环境中竟然表现得如此惴惴不安，实在让人摸不着头脑。虽然这种情况自人类诞生时就已经存在，但整个民族都参与进来却属首次。

我们可以把美国人对物质享乐的爱好，看作他们在行动上暴露出的这种内心忐忑的主要来因。

那些一心追求现世幸福的人往往会显得迫不及待，因为他们追求和享用幸福的时间是有限的。一想到岁月如梭、人生无常，他们就会快马加鞭。就算他们手里已经拥有了一些美好事物，他们也会吃着碗里瞧着锅里，时时刻刻惦念着其他数以千计的美好事物，唯恐死神降临，让他们来不及享用。这种想法让他们感到焦躁和恐惧，让他们的神经永远处在紧张状态，以至于经常改变自己的计划和住所。

对物质享乐的追求一旦和任何人都能自由地改变自己的地位而不受法律和习惯的制约相结合，那么人心的这种浮躁状态将更为严重。在这种情况下，每个人都会不时地改变他们的前进路线，唯恐找不到让他们获得幸福的最佳途径。

不难想象，如果热心追求物质享乐的人期望过高，那么必然会产生失望。既然最终的目的是享乐，那么达到享乐目的的手段就要简易一些，否则，追求享乐所付出的成本将超过享乐本身。因此，民主时代大部分人的心情是既狂热又萎靡，既紧张又消极的。有的时候不惧死亡，但却害怕继续挑战自己向往的目标。

平等会通过更为简单直接的途径造成我以上所说的各项效果。

随着出身和财产的特权被取消，所有职业都将对公民平等开放，谁都能够依靠自己的努力登上本行业的高峰，那些怀有雄心壮志的人就会认为自己的前程不可限量，觉得自己命中注定会干出一番大事业。然而，这是一个凭借经验就能立即矫正的错误观点。让每个公民都觉得自己前程远大的这种平等，实际上把全体公民都变成了软弱无力的个人。这种平等一方面限制着人的力量，另一方面又扩展着人的欲望。

他们不只是自身软弱无力，而且每前进一步，都可能遇到以前不曾预料到的强大障碍。

他们虽然推翻了某些人拥有的特权，但却不得不面对同所有人进行竞争的局面。对人们的种种限制依然存在，不过是改变了形式。当所有人都走着同一条道路时，任何人都无法快速行进，从拥挤的人群中穿梭过去。

平等虽然让人们产生了追求享乐的欲望，但却没有给人们提供满足欲望的方法，这二者之间的背离状态，经常会让人们感到烦恼丛生。

可以想象，人们能够达到一定的自由程度，从而自得其乐地享用自己的独立自主。但是，没有人能获得使他感到满足的平等。

一个民族无论怎样努力，都无法在其内部建立起绝对平等。如果有一天真的出现了这种绝对平等的局面，那么智力的不平等仍然会存在，因为这种不平等是天生的，人间的任何法律都对它无可奈何。

即使一个民族的社会情况和政治制度都是民主的，每个独立的公民也会经常觉得自己在某些方面受制于人，并且会将自己的视线聚焦在这方面。当不平等成为社会普遍的规则时，最明显的不平等也不会为人注意；而当所有公民都处在一个近乎相等的水平时，即使是一丁点的不平等也会让人难以容忍。因此，人们越是平等，追求平等的愿望就越是难以满足。

在民主国家里，人们很容易得到一定程度的平等，但是他们永远不能得到他们所期望的平等。这种理想化的平等在他们即将抓住它时就溜走了，但是又跑得不太远，在人们的视力范围内。于是它一边跑，人们一边在后面追。人们总以为自己能够抓住它，却总是功亏一篑。它就在人们的眼前，人们已经能够感受到它的芳香，却就是无法把它弄到手，而当人们即将真正尝到它的甜头时，却匆匆辞世。

民主国家的人民在富裕生活中，往往会表现出一种奇异的忧郁感和厌世感，这些都应归因于此。

有人在抱怨法国的自杀人数逐渐增加，美国的自杀者却非常少；但是也应该看到，美国的精神失常者多于任何一个国家。

法国人和美国人患着同一种病，但症状却大不一样。

美国人不论心情如何糟糕，都不会选择自杀，因为他们的宗教不允许他们这么做。虽然绝大多数美国人都在追求物质享乐，但他们却没有唯物主义思想。

美国人意志坚强，但在理性方面往往比较薄弱。

在民主时代，享乐的机会要远远多于贵族时代，追求享乐的人数也比从前大大增加。但是另一方面，在民主时代，人们的希望也更容易落空，更容易感到紧张和不安，忧郁感也更为深重。

第14章 美国人在生活中的融合性

当一个民主国家成为专制独裁的君主国时，人们以前在公私两方面表现出的积极性将会集中在私的方面。这样一来，在最开始的一段时期，将会出现巨大的物质繁荣，但用不了多久，速度就会逐渐放慢，生产的进步也会处在停滞状态。

我不知道是否能从都灵人、佛罗伦萨人以及英国人那里找到一个例子，证明凡是从事工商业的民族都不是自由的民族。在自由和实业这两个事物间，必然存在着紧密和必然的联系。

所有国家都有这种情况，而民主国家尤为如此。

我在前面已经提到过，生活在平等时代的人们只有通过结社才能获得他们所希望的一切福利。另一方面，我也曾说过，广泛的政治自由可以完善和普及结社方面的技术。因而，在平等时代，自由有助于物质财富的生产。相反，专制非常不利于物质财富的创造。

在民主时代，专制权力并不代表暴虐和凶残，而是代表烦琐和干扰。这种专制虽然不会践踏人性，却会直接压制那些经商的天才和他们开办工厂的能力。

因此，民主时代的人必须拥有自由，才能获得他们长期梦寐以求的物质享乐。

然而，人们对于享乐的过分喜好，有时会让他们一遇到强权就会屈服。这样一来，追求福利的激情就会被一种相反的激情所取代，使他们忘记最初所企求的目标。

事实上，民主国家的生活中有一个非常危险的转变过程。

当民主国家物质享乐的发展快于其文化和自由习惯发展时，就会出现一个让人们激动得无法自拔的时期，只要人们一看到新奇的物质享乐，就会想把它弄到手。由于人们一心一意梦想着发财，所以再不会理会那些把个人幸福和全体繁荣联系起来的纽带。你不用去剥夺他们已经享有的权利，因为他们会自动地把它交出来。在他们眼中，履行公民的政治义务是一种讨厌的阻碍，使得他们无法专心于自己的实业活动。如果你让他们去选举代表，或承担一些公共工作，他们就会说自己没有时间，因为他们不愿将自己的宝贵时间浪费在那些没有收益的工作上。在他们看来，这些事情都是一些无聊勾当，应当摒弃它们，去追求生活中的重大利益。他们相信正确的个人利益原则，但他们对于这个原则的认识还比较肤浅；他们由于过于重视个人利益，而忽略了一件重要的事情：做自己的主人。

由于人们只顾着自己的私事，不愿意关心公共事务，而像从前那样把自己的时间全部投入到公共事务里的阶级已不复存在，因此政府中仿佛出现了无人管理的空缺。

如果在这个节骨眼上，有一个精明强势的野心家想要执政，那么他就会发现，篡夺各项大权的大门都在向他敞开着。

只要这个野心家在一段时期内专注于搞好各项物质利益，人们就很容易听任他去做其他的事情，而不管对错是非。这个野心家最主要的事情，就是确保良好的秩序。醉心于物质享乐的人，往往在没有看到自由如何有利于他们追求物质利益之前，先发现对自由的滥用以及它如何破坏物质福利。只要公众的激情稍微影响到他们私人生活的小小安乐时，他们就会立即警惕起来，变得坐卧不安。而害怕无政府状态的心理，又会让他们经常如履薄冰，只要一看到出现骚乱就准备放弃自己的自由。

我完全承认社会安宁是一件大好事，但我也无法忘记，国家在出现暴政之前，往往会经历一段秩序良好的时期。当然，这并不是说让人们轻视社会安宁；但也要明白，一个国家只有社会安宁是不够的。如果一个民族只要求他们的政府维护社会秩序，那么在他们的内心深处已经把自己认作奴隶了，即自己财富的奴隶，这样一来，将要奴役他们的人不久后就会出现了。

这样的民族不只要提防个人专制，还要提防党派的专制。

当所有的公民都只埋头于自己的私事时，即使是一些小党也不会放弃自己主宰公务的渴望。

因此，不论是在我们国家的政治舞台上还是在全世界的政治舞台上，由少数几个人代表大多数人行使权利的现象并不罕见。他们以那些未出席或不关心政治的群众的名义发言，在舞台上活跃的只有他们几个，其余的人都没有加入。他们任意规定一切事物，随意改变法律，肆无忌惮地践踏民意。当你看到一个伟大的民族竟然会被一小撮无耻之徒所控制时，不能不感到震惊。

从古到今，唯有幸运的美国人避开了我在上面所指出的暗礁，从这一点来看，他们确实是值得人们羡慕的。

在这个世界上，没有一个国家的人民能像美国人那样厌恶游手好闲。在美国，但凡有劳动能力的人，都会热火朝天地去追求财富。美国人追求物质财富的欲望虽然非常强烈，但是他们却很少胡来。虽然理性不能抑制他们的热情，但是却能指引它们。

一个美国人在只顾自己利益的时候，仿佛整个世界上只有他自己；

而当他在为公共事务而活动的时候，又好像把自己全部的个人利益都抛诸脑后。有时他仿佛受到强烈利己主义私心的驱使，有时又像是受到崇高爱国主义热情的推动。按常理说，人的心灵是无法这样一心二用的。但美国人却能交替地利用这两种热情去追求财富和自由，以至于让人觉得他们将两方面的热情合二为一，统一在了心灵的某个地方。在现实中，美国人一方面把自由看作获得幸福的最佳工具，另一方面又把它视为幸福最大的保障。由于他们既追求自由，又热爱幸福。因此，他们从来不把参加公共事务当作自己分外的事情。恰恰相反，他们觉得自己的活动需要有一个政府来保护，这个政府既能让他们得到所渴求的财富，又不至于妨碍他们怡然自得地享用自己得到的财富。

第15章　宗教信仰是如何时时使美国人的心灵转向非物质享受的

在美国的星期天，全国的一切工商业活动仿佛都完全停顿了下来，所有的喧闹声都归于沉寂。人们获得了安静的休息，或者说是获得了一种庄重的沉思时刻。灵魂又占据了自主地位，并且进行自我反省。

在礼拜日，市场上门可罗雀，每个公民都带着自己的子女去了教堂，在那里倾听平常很少关注的布道演讲。他们听到了因为高傲和贪婪所造成的无数危害。牧师对他们说：人应当克制自己的欲望，只有美德才能让人获得高尚的享乐，人们活着应该去追求真正的幸福。

从教堂回到家里后，美国人并不去看他们的商业账簿，而是翻开《圣经》，从里面寻找造物主的伟大和善良，寻找那些关于人们的最后归宿、责任以及追求永生的动人描写。

美国人通过这种方式挤出时间来净化自己，暂时放弃他生活中的那些小小的欲望和转瞬即逝的利益，让自己进入纯洁而永恒的理想世界。

我在本书的上卷探讨过美国人的政治制度得以持久的原因，并且把宗教列为主要原因之一。现在，我要探讨的是宗教对个人的影响，我认为这种影响对每个公民的作用，并不亚于它对整个国家的影响。

美国人用他们的实际行动证明：唯有依靠宗教，才能让民主制度具备德化的性质。美国人对于这个问题的观点，同时也是所有民主国家的公民应当理解的真理。

我丝毫不怀疑，一个国家的社会状况和政治制度，必然会使得这个国家的公民产生一定的信念和喜好，而且在产生之后还会不断地自我充实。与此同时，这些因素还会促使这个国家在不知不觉中放弃某些观念和倾向。

立法者的厉害之处在于他们能够事先识别人类社会的这些趋势，从而明白哪些地方需要公民的配合，哪些地方最好减少公民的参与。要知道，公民的义务是随着时代的变化而变化的。人类所追求的目标并不是永远固定的，而达到目的的手段也是不断变化着的。

如果我出生在贵族时代的一个贫富差距很大的国家，而且在这个国家里，那些累世享受荣华富贵和世代一贫如洗的人都放弃了改变自己处境的念头，只是将希望寄托在来世，那么，我真希望自己能挺身而出唤醒他们，我要设法寻找一种最迅速、最简捷的方法去满足他们被唤醒了的新欲望，我还要引导他们付出全部精力去进行物理学研究，鼓励他们创造财富。

如果有一天，一些人不顾一切地去追求物质财富，并且对物质享受表现出过分的热爱，我也丝毫不会感到不安，因为这只是个别的例外，等到整个社会都去追求财富的时候，它也就不再是例外了。

民主国家的立法者需要注意以下几点。

当民主国家的公民享有教育和自由的权利后，你就应该放手让他们去做。他们会轻而易举地从这个世界获得一切美好的事物，并且不断完善每一项有用的技术，每天过着安逸舒适的生活，而整个社会情况也会把他们推到这方面去。我不担心他们会停滞不前。

然而，如果一个人用这种诚实并且合法的办法过度追求幸福，就有可能让自己的非凡才能失去用武之地；如果他只是忙于改善自己身边的环境，最终会让自己的人格变得低下。这就是民主社会的危险所在，除此之外，再无其他危险。

为此，民主国家的立法者和所有的有德之士，应当积极地提高人们的灵魂境界，将人们的灵魂引向天堂。所有关心民主社会未来的人都应该团结起来，齐心协力让永恒的爱好和崇高的情感充溢整个民主社会。

如果有人在民主国家的舆论界散布有害的理论，说一切都将随着肉体的消亡而覆灭，那么就应当把持这种理论的人当作民主国家的大敌。

唯物主义者在很多方面都让我反感。我认为他们的学说是有害的，他们的自命不凡让我感到恶心。如果说唯物主义的体系里还有什么东西对人有用处，那也许就是它让人对自己有了一个朴素的认识。然而，那些唯物主义者却不这么认为，当他们自以为是地证明自己不过是兽类的时候，他们表现得异常高傲，仿佛自己就是神明。

在任何国家，唯物主义都是人类精神的危急病症。但是在民主国家里，唯物主义尤其可怕，因为它会和民主国家人们心中邪恶的部分巧妙地结合起来。

民主鼓励人们追求物质享受。这种追求如果过了头，就会让人们相信一切都只是物质；而唯物主义又会让人疯狂地追求物质享受，这便是民主国家很难摆脱的宿命循环。如果人们能认识到危险，并加以自我节制，那就很好了。

大多数宗教都是宣扬灵魂不灭最通用和最实用的工具。一个民主国家拥有信仰，主要应归功于宗教；而且，民主国家比任何其他政体的国家更需要信仰。

因此，当宗教在一个民主国家深深扎根时，你最好不要去干预它，而是要把它当作贵族时代的宝贵遗产加以保护；你也不要试图用一种新的宗教观来替代人们的旧宗教观，否则在一种信仰皈依另一种信仰的过渡阶段，人们的心灵会出现信仰真空时期，人们对物质享乐的追求就会乘虚而入，并且日益扩大，直到将人们的心灵完全占领。

当然，轮回说并不比唯物主义强到哪儿去。但是，当一个民主国家必须要从二者中选其一时，我肯定它会毫不犹豫地选择后者，毕竟，让公民们想到自己的灵魂在来世会托生为猪，总比让他们确信根本就没有灵魂要强。

信仰和物质暂时结合的永恒原则，是让人们高尚化所不可缺少的，当人们不相信因果报应，只相信灵魂神赐时，这种信仰依然会发生良好的作用。

就算是这种信仰，也将人的肉体看作人生次要和低级的部分。由此，它一方面承认肉体的影响，另一方面又蔑视肉体；一方面对人的精神部分表示由衷的赞美，另一方面又时常拒绝来自非物质部分的命令。但就这一点来说，就能让它的观点和爱好具有某种高大的形象，让它自动地去接近那些纯洁的感情和崇高的思想，而不是出于某种利害关系。

苏格拉底及其学派认为人死后会有来世的思想，这并不正确，但是他们所立足的信念却向柏拉图哲学提供了强大而富有特色的动力，即认为灵魂和肉体毫无共同之处以及人们死后灵魂依然存在的信念。

我们在阅读柏拉图的著作时得知，在柏拉图之前，有很多鼓吹唯物主义的作家。这些作家的著作要么没有传世，要么就是只有一鳞半爪流传下来。这在任何时代都是一样，那些能够传世的名著大多数都是主张唯心主义的。因为人类的本性促使他们维护这种学说，而且往往是不以个人意志为转移地将它从危难中拯救出来，同时使得倡导它的人能够名垂不朽。因此，千万不要相信这种论调：无论在什么时代，无论实行的是什么政体，追求物质享受的激情都能够让所有人满意。心灵比人们想象得还要宽广许多，它能同时容纳人们对现世利益的追求以及对天国幸福的向往。有时它仿佛疯狂地热衷于其中的一个，但用不了多久，它就会去追求另一个。

指明民主时代应让唯心主义的观点占据统治地位并不难，但要道清民主国家的统治者应如何让这种观点占据统治地位就比较困难了。

我从不相信那些官方的哲学能够长盛不衰。至于国教，就算它暂时有利于政权的统治，迟早也会给教会带来危害。

有的人认为，为了提高宗教在人民心目中的地位，让人们发自内心地尊重宗教所提倡的唯心主义，最好的办法是间接地赋予教士一定的政治影响力。我对于这种观点却不敢苟同。

我敢说，解说宗教信仰的人一旦参与政治，信仰就会出现不可避免的危机；我认为，现代的民主国家应不惜一切代价来维护基督教。因此，我宁可把神职人员锁在教堂里面，也不想让他们迈出教堂半步。

那么，政府要用什么办法让民众相信唯心主义或皈依唯心主义的宗教呢？

我下面要叙述的答案也许会为政治家们所反对。我认为，政府让民众尊重灵魂不灭的唯一有效办法，就是政府要用实际行动证明它也坚信灵魂不灭论；我同时认为，政府唯有在大事上认真贯彻宗教道德，才能以身作则地让公民在小事情上承认并尊重宗教道德。

第16章　为何过分钟情福利可能损害福利[①]

在提高心灵境界和满足肉体享受之间，有着人们意想不到的密切联系。人们可以凭着自己的喜好对这两种不同的事情轮流加以重视，但不能把它们完全分开，否则哪一个都做不好。

禽兽的官能和人类一样，它们的贪欲也和人类接近。禽兽需要满足它们身体需要的激情，这和我们人类没有什么不同，这种激情的萌芽既能在狗身上找到，也能在人身上找到。

然而，为什么动物只能满足它们最低层次的需要，而人却可以无限地改变和提高自己的需求呢?

人类在这方面优于动物的，就在于我们是用心灵来探求物质福利的，而动物则只能依靠自己的本能去寻求。在人类社会，会有老师传授学生满足自己需求的技能。正因为人类能够超越肉体的享受，甚至轻生死重大义，而动物根本不懂得何为生命，所以人们才能加倍提高肉体享受，而且提高的程度是动物所无法企及的。

凡是能够充实和扩大心灵的东西，都能激发心灵去完成那些和心灵本身无关的事情。

---

① 这一章对于理解托克维尔的政治哲学是极为重要的。——法文版编者

反之，所有能够削弱和贬低心灵的东西，都足以破坏心灵处理大小事务的能力，让它一事无成。因此，必须让自己的心灵处在强而有力的状态，并随时准备着以这种状态去为肉体服务。

如果有人只以追求物质财富为全部目的，那我们可以确信：他会逐渐丧失制造物质财富的能力，最终变得跟动物一样，既丧失了对物质财富的鉴别能力又阻碍了物质财富的生产发展。

第17章　为何在平等和怀疑盛行时期人应当把行动目标放长远一些

在宗教的全盛时期，人们都把自己的最终目标放在来世。

这个时期的人们心甘情愿地习惯于连续多年凝视着一个固定不变的目标，并且不停地为它努力；他们在实现这个目标的过程中，学会了如何抑制那些数量繁多而又转瞬即逝的小欲望，而满足于自己心中那个宏伟而永恒的志愿。当他们为了俗世的事情操劳时，这种习惯也在指导着他们的行动。他们习惯给自己在现世的一切行动制订出一个明确的总目标，并且尽自己最大的努力来奔向这个目标。他们不会经常见异思迁，动不动就追求新的志趣；相反，他们有总体的规划，并且用自己的一生执着地去追求。

笃信宗教的人之所以能够完成一些目标远大的事业，正是基于这一点。人们可以一方面追求来世的幸福，一方面掌握获得现世幸福的重要秘密。

宗教让人们在待人接物的时候养成了考虑来世的习惯。就这一点来说，宗教对于现世幸福的促进作用并不亚于其对来世幸福的向往。这同时也是宗教的主要政治作用之一。

但是，随着信仰之光的暗淡，人们的眼光逐渐变得短浅起来，甚至让人们觉得自己每天要做的就是眼前的这些生活琐事。

当人们一旦习惯不再考虑来世的事情时，就很容易对未来采取满不在乎的态度，而这种态度又契合了人类的某些本性。一旦人们不再习惯于制订长远的目标，他们自然就会把精力集中在实现眼前的一些小欲望上；对永生不死感到失望后，他们就会急于追求现世的幸福，仿佛他们是朝生暮死的蜉蝣一般。

因此，在盛行怀疑精神的时代，最可怕的是人们不断受日常的小欲望影响，抛弃那些必须经过长期努力才能达成的目标，不肯去做那些源远流长的事业。

对于处于这种状态的民族来说，如果有一天社会变得民主，那么上述的危险就会更为严重。

当每个人都在设法改善自己的地位，普遍的竞争为所有公民敞开了大门，财富在民主动乱中只需一昼夜就能积聚或失散时，人们的头脑就自然会想到一夜暴富以及得失无常的巨额财富，并由此产生出各种各样的幻想。而社会的不稳定性，又让人们的欲望不断变化。在这种变化莫测的环境下，人们就只能顾着当下的事儿了。于是，人们将未来掩盖起来，再也不去考虑明天。

有时因为某种不幸的巧合，使得怀疑宗教的思想和民主制度同时在一个国家流行，哲学家和掌权者的重中之重，就是不断让人们用长远的眼光来对待自己的行动目标。

道德家们应当在埋头研究自己所处时代和国家精神时保护这种思潮。他们应不断努力，向处在同时代的人们指出，就算是在动荡的环境下，人们也能实践一些长期的事业，而且这种实践并没有想象的那么困难。他们应该叫同胞们明白，人类的生活方式虽然有所改变，但人们用来促进现世繁荣昌盛的方法仍和以前一样，不论是民主国家还是其他政体的国家，人们只有抑制眼前许许多多个小欲望，才能让渴望幸福的激情得到满足。

执政者的任务是十分明确的。

不论在什么时代，国家领导人都应当高瞻远瞩；特别是在盛行民主和怀疑的时代，尤其应当如此。民主国家的领导人这么做以后，不但会让国运昌盛，还能通过自身的模范作用让人们学会处理私事的方法。

最最重要的是，执政者必须尽自己的一切力量排除不做长远打算的侥幸心理。

在贵族时代，大臣的得宠和无功受禄只能产生短暂的影响，因为那时的整个制度和舆论环境导致人们积久成习，只能循规蹈矩地前进。

然而，在民主国家，如果出现类似的事情，就会产生极大的恶果，因为民主国家的大众根本不会关心这类事，他们都在忙于自己的私事。因此，当怀疑主义和平等同时存在的时候，首先应当警惕的是统治者或人民的随心所欲，使得人尽其才。不能让某些野心家轻而易举就能登上高位，要让人们的每一次晋升都是本人努力的成果，使得任何目标都必须经过长期奋斗后才能达到。

政府要致力于恢复人们对未来的憧憬，当然，也要用实际行动来带动公民，让他们明白财富、名誉和权力都需要付出劳动的代价，只有那些定出长远目标的人才能获得巨大的成就，而凡是经过艰苦奋斗获得的东西都是可以长久的。

当人们习惯于预测当前自己从事事业的长远发展以及细心地规划工作的时候，就永远不会让自己的思想受到来自现实生活的束缚，而且能随时迈出狭小的天地，向往更辽阔的未来。

因此，如果公民们都习惯在现世就考虑来世的问题，那么不必过多地指示他们，他们自己就会主动去接近宗教信仰。

由此来看，让人不通过宗教就能达到指定目的的方法，也许就是我们今天仅有的这种通过漫长和曲折的道路让人类建立信念的办法。

第18章　为何美国人认为一切正当职业都是高尚的

在消灭了世袭制的民主国家里，每个人都要通过劳动生活，或依靠劳动的积蓄以及父母的积蓄生活。劳动是人生必要且正常的条件，所以认同劳动的观点会从四面八方进入人们的头脑。

在这样的国度里，劳动不但不低贱，反而是光荣的。所有的舆论都不反对劳动，而是赞成劳动。在美国，所有富人都认为，正是因为有了舆论的支持，他们才能利用自己的闲暇时间去尽某些公共义务。如果他只是为了自己而度过一生，死后就会声名狼藉。很多美国富人为了逃避这种劳动的义务，而迁移到了欧洲。在欧洲，他们臭味相投地找到了贵族社会的遗老遗少，这些遗老遗少仍然把清闲视为自己的光荣所在。

平等不但恢复了劳动的地位，而且提出了靠劳动来致富的观点。

贵族社会并不轻视所有的劳动，他们轻视的只是牟利的劳动。当劳动是为了实现个人的理想或是为了增进自己的道德时，劳动依然是高尚的。实际上在贵族社会，那些口口声声说为了自己的荣誉而劳动的人，往往也是逐利的，只是他们不向外表露，将这两种愿望深藏在自己的内心而已。这些人伪装的非常好，让别人看不出这两种愿望是纠缠在一起的。他们也必须隐瞒。在贵族时代，每一个官员都被要求在为国家服务时要表示放弃自己的利益。在他们眼里，俸禄只是小事一桩。他们并不对此斤斤计较，并且经常摆出一副压根没有去考虑这个问题的姿态。

因此，牟利的观念和劳动的观念会有所区别。这两个观念虽然在事实上经常结合在一起，但是在人们的思想上，还是要把它们区分开来。

相反，在民主时代，这两个观念总是紧密联系在一起的。由于大家都有追逐财富的欲望，每个人的财富都数量有限并且时时刻刻在变动，人们都需要增加自己的财富以及为子孙后代多积蓄一些财富，所以每个人都很清楚：自己之所以选择劳动，即使不是全部为了牟利，至少也是部分为了牟利。那些主要为了自己的名誉而工作的人，也不得不承认自己劳动并非只是图名，同时也是图利，他们往往会把谋生的愿望和求名的愿望结合起来。

一旦所有的公民都认为劳动是人生辉煌的必然条件，而贵族由于接受薪俸也承认劳动在某种程度上就是为了获取利益，那么贵族时代存在的职业鸿沟就会消失。各行各业虽然不是完全相同，但至少有一点是一致的。

这个相同点就是：没有哪个行业不是为了赚钱而付出劳动的。每个人都需要领取工资或报酬，这让大家具有了一样的外貌。

这一点就足以说明美国人对各种职业的观点。

在美国，那些从事服务行业的人绝对不会认为自己低人一等，因为他们知道自己是在劳动，和周围的人一样。他们不会因为自己领取工资而觉得下贱，因为就连美国总统也是为了领取薪酬而劳动的。总统因为发布命令而得到报酬，同他们因为服从命令而得到报酬是完全一样的。

在美国，所有的职业都是需要付出辛苦劳动的，也都是很容易赚到钱的，但它们从无高低贵贱之别。所有的正当职业都是高尚的。

第19章　什么东西在驱使几乎所有的美国人钟情实业

我觉得，在所有民主国家里，农业大概是进步得最慢的实用技术。甚至有人这样说，农业总是处于停滞不前的状态，因为相比较而言，其他一些行业就像是在跑步前进。

然而，平等所带来的一切爱好和习惯，都在自然而然地引导人们从事工商实业。

假设有这么一个能干聪明并且充满希望的人。从富足安逸的角度来看，他还很穷；而从温饱的角度来看，他又是足够富裕的。他总是在想方设法地改善自己的生活环境。这个人已经初步尝到物质享受的妙处，而其他种种美好享受的好处又都摆在他眼前。于是他开始追求这些爱好，并且努力让自己获得满足这些爱好的必要手段。然而，人生短促，时间不多，他应该何去何从呢？

下田种地，肯定能让他的劳动得到一定的成果，但是钱来得太慢，而且只有付出艰辛的劳动，才能逐渐富裕起来。农业只适合那些已经家财万贯的富人或只求糊口的穷人。我们假设之前虚构的那个人做出了自己的选择：他变卖了自己的土地，离开了家乡，另谋了一份虽然有一定风险但能够赚钱的职业。

在民主社会里，这类人非常多，并且随着身份的日益平等，人数还在不断增加。

因此，民主制度一方面增加了劳动者的人数，另一方面又促使人们选择自己感兴趣的工作。与此同时，民主制度也让人们远离农业，从事到工商业的大潮中来。[①]

这种现象甚至也见于那些最富有的公民身上。

在民主国家，一个人不论看上去如何富有，都很难满足自己现有的财富，因为他觉得自己仍然不如祖辈富，而且害怕子孙无法继承他的衣钵。由此，民主国家的大多数富人都不断做着发财梦，自然而然地将自己的注意力转移到工商业上，因为他们认为这是致富的不二法门。从这个角度来看，他们的本能和那些一贫如洗的穷人的本能一样，说得更明确一些，他们也受着自己最迫切需求的支配，当然，这种需求并不是穷人那种渴望温饱的需求。

在贵族时代，富人同时也是统治者。他们总是专注于重大的公共事务，因此无暇顾及工商业。就算他们当中有人产生经商的念头，他们的阶级意志也会立即封住他们的道路。他们虽然想撼动本阶级多数的统治地位，但却无法完全摆脱多数对他的限制，而在贵族集团的内部，就存在着一个坚决不承认人民权利并且专门进行统治的多数。（A）

在民主国家，大量的金钱未必能让有钱人掌权，甚至往往会促使他

---

① 有人屡次指明工商业者过于追求物质享受，并以此来谴责他们。我认为，在这个问题上，他们是倒果为因了。

并不是工商业让人们追求物质享受，而是为了追求物质享受，人们纷纷参与到工商业中来，因为他们指望能在工商业中让自己的要求得到更加充分的满足。

如果说工商业加强了人们追求财富的欲望，那是因为人们从事工商业的时间越久，他们的欲望也就越强，他们越是努力满足自己的欲望，欲望也就越像一个无底洞。让人们乐于在现世享福的所有原因，都可能促进工商业的发展。而平等就是原因之一。平等促进商业发展，并不是通过让人们直接产生从商爱好的方法，而是通过间接地培养人们追求世俗的幸福生活来达到这一目的。

们远离政界，因此，民主国家的富人都不知道怎样去消磨他们的余暇。他们远大的希望，他们巨额的财富，以及富人常有的异常爱好，都在激励他们行动。然而，却只有经商这一条路是向他们敞开着的。在民主国家，没有比从事商业更伟大的事情了。它吸引了所有人的注意力，成为人民向往的目标，人们身上最热烈的激情都集中到了那里。没有什么东西能够阻挡人们经商的步伐，即使他自己或周围的人对经商有偏见，也同样无法抵挡。民主国家的富人，从不去组织拥有自己独特规章制度的团体。他们所在阶级的特有观点，对他们并没有束缚力；而来自全国的一般观点，却能对他们产生推动作用。民主国家里出现的大亨，几乎全部靠经商起家，并且会一代一代地经营下去，直到财富的持有人完全丧失了经商的习惯。

由于民主国家的富人往往对从政不感兴趣，所以他们将自己的全部精力都投入到了商业中。在商业领域，他们能够专心致志地发挥自己得天独厚的优势。这应当归功于他们勇于创办实业的伟大精神，如果他们生在贵族时代，则很难想象他们拥有创办实业的机会和条件。

不过，在民主社会，不论是穷人还是富人，都有如下相同的表现。

民主社会的生活变幻无常，人们眼前总是会浮现出变幻莫测的偶然因素的影子，因此，民主时代的人都比较喜欢从事具有投机因素的事业。

为此，他们都跑去经商，而他们经商的目的不仅仅是为了牟利，还因为喜好商业给他们带来的冲动。

美国从英国的殖民地中解放出来，到现在才半个世纪左右，因此美国的大富家族没有几个，资本也非常有限。然而，世界上却没有一个民族能像美国人那样在商业上获得如此迅速的发展。如今，美国已经是世界上第二大海运国家，虽然它的制造业还需要克服一些天然障碍，但仍然每天都在进步。

在美国，经营那些大规模的项目没有多少困难，因为全国人民都在参与工业活动，穷人和富人都愿意在工业方面将他们的力量联合起来。因此，当你看到这个并不十分富强的国家所创办的大型工程时，必然会感到惊讶不已。虽然美国人才刚刚踏上美洲这片土地，但他们已经让自然界改变并且为他们服务了。美国人连通了赫德森河和密西西比河，并且在陆地上修建了500多里约的道路，使大西洋和墨西哥湾连接起来。有好几条大铁路已经在美国建成。

然而，美国最让我感到惊讶的，并不是它的那几个规模庞大的工商企业，而是它无数的中小企业。

在美国的农业经营者，实行的几乎都是商业和农业联营。这些人大部分都是亦农亦商。

美国从事种植业的人，很少死守着自己的田园。特别是西部的一些新建州，那里的人开垦出一片土地，并不是为了在那里种地，而是为了出售；他之所以建设一个农场，是预见到了居民增加后，当地的形势会立即发生变化，能让他将农场高价卖出。

每年都会有成批的北方居民蜂拥到南方，在这些生产棉花和甘蔗的地区定居下来。这些人跑到南方种地，用不了几年就会让自己发家致富。他们刚一来到这里，就已经预测到了总有一天自己会衣锦还乡。这样一来，美国人就把商业精神带进了农业，让他们在经营实业方面的激情同时也在农业方面显露出来。

美国人让工业获得了巨大发展，因为所有的美国人都在搞工业。正是因为这个原因，他们会经常成为突如其来并且极具危害性的经济危机的袭击对象。

既然美国人都在从事商业，那么他们的商业活动就必然要受到很多复杂因素的影响，以至于很难预测可能出现的障碍。既然美国的每个公民都或多或少地参与工业活动，那么一旦工商业受到冲击，不仅个人的财产会遭受损失，整个国家的经济也会为之震撼。

我认为，周而复始的经济危机是现代民主国家无法根除的顽疾。民主国家的执政者只能尽量减轻它的危害，却无法根治，因为经济危机并不是出于偶然的因素，而是民主国家的本性使然。

第20章　实业为什么可能产生贵族制[1]

我已经指明民主制度为何会促进实业的发展以及实业家人数的暴增。现在，让我们来探索一下实业会怎样通过一种迂回的道路让人们重回贵族社会。

我们已经了解，当一个工人每天加工同一个零件时，由这个零件所组装起来的产品的生产就会更加方便和迅捷，同时也更加省钱。

我们同样看到，一个企业做得越大，资本越厚，信誉越高，它的产品也就越廉价。

这两项真理早已被人们所察觉，而真正把它们明确指出的，却是在民主时代。今天，人们已经将这两项真理应用在一些最重要的工业领域，而那些小一些的工业部门，也逐渐会受到它们的支配。

我认为，在政治领域，立法者最应该重视工业科学方面的这两项新原理。

当一个手艺人自始至终只制作一种产品时，他的手艺必然会达到炉火纯青的地步。但是，他也会丧失用精神全面指导自己工作的能力。虽然他越做越熟练，却也越来越不动脑筋。可以这么说，他作为一个工人

---

① 这一章的内容能看出托克维尔的政治哲学与马克思主义的关系。——法文版编者

在技术上不断进步，但作为一个有血有肉的人在本质上却每况愈下。

一个做了一辈子别针帽的人，你还能期待他会有什么大的作为呢？人的智慧往往能让他做出惊天动地的事业，但这个人除了把智力用在研究制造别针帽的最佳方法外，还能把自己的智力应用在什么地方呢？

当一个工人这样利用毕生的绝大部分时间时，他的注意力就永远无法离开他每天所做的那种商品上，而他自身也就养成了一些永远摆脱不了的习惯。一言以蔽之，他已经不再属于自己的内心，而是属于他所选择的职业。在这种情况下，法制和民情虽然在想方设法拆除他周围的壁垒，为他另辟无数条致富之路，却只能是徒劳的；实业的原理比民情和法制更有威力，将他绑在某个行业上，并且让他固定在一个地方无法离开。实业的原理还决定了他在社会中的地位，使他不能自由改换。虽然整个世界在不停地运动，但实业的原理却让他变成了静止的人。

随着分工原则的普及，工人就会日益变得软弱无力，并且缩小自己的活动范围，从而处于一种从属地位。手艺是进步了，但手艺人的精神却退化了。另一方面，当一种工业产品随着该生产链条的扩大和资本增加而大量增长时，那些非常有钱和有知识的人，也会去经营那些生活不富裕并且缺乏知识的手艺人所从事的行业。巨大的市场需求和可观的收益，都在吸引着那些最有钱和最有知识的人。

这样一来，实业科学在不断贬低工人阶级的同时，也抬高了老板阶级。

当工人每天运用自己的智力去研究一些细微的事情时，老板却时刻注视着全盘工作。于是，老板的眼界越来越广，工人的眼界则越来越窄。用不了多久，工人就只用体力而不动用脑力，而老板却需要借助科学甚至是天才取得更大的成功。老板越来越像一个大帝国的统治者，而工人则越来越像牲口。

因此，老板和工人如今已毫无共同之处，并且每天都在拉大差距。他们就像一条长链两端的环，各自在专为他们规定的位置上待着，谁也不能离开。一方对另一方必须永远处于严格的从属位置，仿佛一方是为了服从而生，而另一方则是为了发号施令而生一样。

这难道不就是一种贵族制度么?

当一个国家的人民越来越平等后，他们对于工业产品的需求也会越来越强烈，而如何廉价地将产品输送到老百姓家门口，则是事业成功的最大因素。

因此，每天我们都能看到，那些最富裕和最有知识的人将自己的资本和聪明才智用在经营工业上，并且通过开设大工厂以及实行严密分工的方式去满足社会上不断产生的新需求。

长此以往，随着民主制度的深入，那些专门经营工业的阶级便会日益贵族化。人和人之间一方面越来越相似，另一方面又越来越产生差距。最后，在大多数人中，不平等的现象虽然大大减少了，但是少数人和多数人之间的不平等现象却反而加剧了。

正因为如此，当你追本溯源的时候，你会感觉一个贵族集团好像自然而然地从民主社会里诞生出来了。

不过，民主社会的贵族和从前的贵族完全不同。

你会发现，这批民主时代的贵族只是专注于实业，或只从事某些实业部门，在整个社会里他们显得非常另类，就像一批怪物。

这些实业界商人在现代的民主社会里所建立的贵族小社会，就像古代的贵族大社会一样，也包括两类人：少数非常富足的人以及大量相对贫困的人。

这些穷人很少有机会脱贫致富，而富人却可能随时变穷，或是在致富后而放弃商业。因此，贫穷阶级的成员几乎是固定的，而富裕阶级的成员则极不稳定。老实说，如今虽然有富人，但未必有富人阶级，因为这些富人既没有共同的精神，也没有共同的目标，既没有一致的传统，也没有一致的愿望。因而，他们只能算是一伙人，而不能算是一个团体。

不但富人彼此之间没有强有力的团结精神，穷人和富人之间也没有可靠的联系。

穷人和富人之间的联系不是永久的，时时刻刻都随着利害关系而离离合合。工人虽然是依靠老板的，但他并不总是依靠一个老板。工人和老板只是在工厂里认识，一旦离开工厂，他们就会形同陌路。他们只是在某个点上接触，在这个点之外，他们则分道扬镳。工厂主只需要工人给他做工，而工人则希望工厂主按时发给他工钱。工人无须工厂主保护，工厂主也不需工人保卫。无论是从习惯上，还是从权利义务上，他们之间都没有永久性的联系。

实业形成的贵族，几乎永远不会在它所指挥的实业大军中扎根，因为他的目的不是为了统治这批人，而是利用他们。

通过这种形式产生的贵族，并不想要控制大批的雇佣者，即使他有时由于现实需要雇用了大量的工人，但不久后就会解雇一批。他们一般没有这种想法，也不能这么去做。

旧时代的地方贵族，在习俗上和法律上都对自己的下属负有救济和减轻他们疾苦的义务。但是，民主时代的实业贵族，在将他们所雇佣的人变得愚蠢和贫穷后，一遇到严重的经济危机，就会把他们推出工厂的大门，让社会和政府去救济他们。这是事情发展的必然规律，工人和老板虽然时常发生关系，但彼此之间并没有真正的融合。

总而言之，我们目睹其成长的这些实业贵族，是世界上有史以来最冷血的贵族。但他们同时又是最受限制和危害性最小的贵族。

然而，民主的朋友还是会怀着不安的心情将视线聚焦到这个方面，如果贵族制度和身份的永久不平等一旦再侵入现代文明，那么可以做出预言，它们一定是从这扇大门中溜进来的。

【第三篇】

第01章　民情怎样随着身份的平等而日渐温和了

我们目睹，几个世纪以来，人们的身份变得越来越平等；与此同时，我们还发现，民情也随之变得日益温和。这两个现象仅仅只是发生在同一时间，还是二者之间有某种内在的联系，以至于没有其中一个的发展，就没有另外一个的前进？能够让一个国家的民情由粗野变得温情的原因有很多，但是在这些原因之中，我认为最主要的原因是身份的平等。因此，在我眼中，身份的平等和民情的温和不只是两个同时发生的现象，而是彼此密切关联着的事实。

有些寓言作家想借助动物的故事来开导人们的时候，便将人类的思想感情加在动物身上。同样，诗人们在描述鬼神和天使的时候，也是如此。如若他们不用借喻的修辞手法来再现人们的本质，就不会让我们产生震撼心灵的幸福感和痛苦感。

这一点也完全适用于我们接下来所要讨论的问题。

在贵族社会内部，所有的人都按照职业、财产以及身份被划分到不同的阶级里，在每个阶级内部的成员都把彼此视为同一家族的子女，成员之间往往会有一种民主社会公民所不具备的亲切感情。

然而，在不同的阶级之间却没有这样的同情。

在贵族制国家里，每个阶级都有不同的感情、观点、习惯以及生活方式。因此，贵族们和普通平民没有任何相同之处，他们之间没有能够引起共鸣的思想和感情，以至于很难让人相信他们是同一个国家的人。

为此，贵族阶级的成员很难理解他人的所思所想，更不会将心比心地去考虑他人。

这种贵族制度虽然让同一个国家的人分为不同的等级，但同时又用非常紧密的政治纽带将这些阶级联合起来。

虽然奴隶天生就不关心贵族的命运，但是他认为自己有对主人效忠的义务；而贵族虽然认为自己和奴隶是两个世界的人，但他的责任感和荣誉感又促使他不顾性命危险去保护那些住在他领地上的人。

很明显，这种不同阶级之间的义务并非来自天赋的权利，而是来自政治权利，在这种情况下，社会获得的好处要比个人获得的大得多。这种义务不是同级之间的互相帮助，而是主人对家奴尽的或家奴对主人尽的。封建制度所造成的痛苦只是针对某一部分人，而不是全人类。它带来了慷慨侠义的民情风气，而不是温文尔雅；它的目的是让人们无限忠诚，而不是表现出真诚的同情心，因为只有彼此相似或相同的人之间才会有真诚的同情，而在贵族时代，那些处在同一阶级的人们才会认为彼此是相同的。

那些中世纪的编年史专家们，从他们的出身和习惯来看，都属于贵族阶级，所以他们在描写一个贵族衰落乃至惨死的场景时，都显得极为哀伤。但他们在描写老百姓惨遭屠杀和拷打时，却往往轻描淡写、不痛不痒。

这些并不能表明这些史学家对老百姓一向仇恨或轻视，当时国内的不同阶级之间尚未宣战，促使他们这样做的主要是本能使然，而不是感情。由于他们对穷人的苦难没有感同身受的体会，所以对穷人的命运也就漠不关心。

一旦封建制度破裂，普通老百姓也会产生变化。在奴隶对主人表现得看似无限忠诚的时代，也偶然会出现来自下层阶级的暴动，在这些暴动中，他们对上层阶级施加了骇人听闻的暴行。

我们不要认为这种彼此漠不关心的现象只是源于缺少秩序和文化，因为在此后的几个秩序井然、文化发达的时代，同样有这种现象。

1675年，居住在布列塔尼的下层阶级，曾为了反对新税聚众闹事。这次骚动被当局血腥地镇压下去了。这一恐怖事件的目击者，赛文涅夫人在给她女儿的信中这样写道：

“我亲爱的闺女：你从埃克斯寄过来的信，写得太可笑了！下回记住，在把信寄出去之前，至少要再回顾一遍。你为你写了那么多的过誉之词感到吃惊，但又因为自己不厌其烦地写了这么多而感到安慰。由此可见，你已经吻遍了普罗旺斯所有的人，是真的么？不过，如果你不学着适应葡萄酒的香味，就算你吻遍了布列塔尼所有的人，他们也不会感到满意。你想要听雷恩地方的消息吗？当地的政府下令征税10万枚银币，如果人们没有在24小时内交出，就要把税额翻倍，并且派士兵去强行征收。当局已经下令将一整条大街的居民撵出他们的家，而且不准任何人收留，违令者斩。因此，包括孕妇、老人和小孩在内的一大群倒霉蛋在被迫离开时号啕大哭；他们不知道自己要何去何从，既没有食物，又没有歇脚的地方。就在前天，一个开舞厅的小提琴师，因为偷印花税被处以车裂之刑，被五马分尸后，他的四肢被挂在城市的四个角上示众。目前为止，已有60名市民被捕，明天就要给他们治罪。这为其他地方树立了良好的榜样，使得其他地方的人也懂得尊重总督及其夫人，不能随便往他们的花园里扔石头。[1]昨天天气很好，塔朗特夫人来到林园小憩。这自然要给她预备下榻的地方和饮食。她从柴扉走进来后，又从原路返回了。”

在另一封信里，她继续补充说：

“你总是向我臧否我们这里的悲惨事件。说实话，我们这里现在已经够宽容的了，不再实行车裂，为了维护正义，每周只杀一个人。我现在认为对那些人判处绞刑已经够宽大了。自从到了这里后，我对于正义的观点已经完全改变了。在我眼中，你的那些纤夫奴隶，真是一群不问世事、安贫乐道的好人。”

看了以上这些，你也许认为塞文涅夫人是个残酷的女人，其实，塞文涅夫人热爱自己的子女，对朋友的不幸遭遇也非常同情。当你阅读他的信件时，甚至会发现她对家臣和手下还很宽大仁慈。但是，她对贵族圈子以外的艰辛和困难却一无所知。

在今天，即使是最残暴的人，也不能在信中泰然自若地说出上述那些话，就算他个人的品质使得他这么做，全国的民情舆论也会禁止他。

为什么会出现这种情况呢？是我们比自己的祖先更有感情了么？我不清楚。但有一点我敢肯定，那就是我们的感情已经扩展到了更多的事物上去。

当一个国家的人们在地位上接近平等，在感情和思想上也大致相同时，每个人都很容易判断出其他人的所思所想。换句话说，只要他省察一下自己，就能推己及人。由此，他很容易发觉其他人的苦难，一种发自内在的本能促使他在面对陌生人或敌人的时候，都不加以歧视。这种

① 为了让读者明白信中最后一句话的含义，应当指出格里娘就是普罗旺斯当地的总督夫人。

自省和怜悯心相结合，让他在同伴受苦的时候也能感同身受。

在民主时代，很少出现一部分人对另一部分人尽忠的现象。尽管如此，每个人都有着共通的同情心。谁也不会让他人无故受苦，在对自己没有太大损害的时候，还会主动帮助他人减轻痛苦。民主时代的人们虽然不慷慨，但却很温和。

虽然从某种程度上来说，美国人已经把利己主义融入社会和哲学理论，但他们并没有因此而减少怜悯心。

没有一个国家的刑法像美国那样从轻发落。当英国人还想在他们的刑法中保存中世纪的残酷遗风时，美国人却几乎在他们的刑法中废除了死刑。

我想美国大概是50年来世界上唯一没有对政治犯处以死刑的国家。

美国人的这种温和态度主要源自他们的社会情况，这从他们对待奴隶的态度上就可以证明。

总体来说，在欧洲殖民者的新大陆上，没有一个地方的黑人的物质生活条件优于美国。但是，美国的黑人仍然承受着可怕的苦难，受到残酷的折磨。

我们很容易看出，这些人可怜的命运，并没有让他们的主人心生怜悯，奴隶主不仅认为蓄奴是一本万利的生意，还认为它算不上什么罪恶，根本不会危害到自己。因此，一个人对和他平等的同类极为人道，但是当这些人的地位不再和他平等时，他就会对他们的痛苦感到无关痛痒。由此可以看出，人们的温和态度应当归因于平等，而不是文明和受教育程度。

我针对个人所论述的这一切，在一定程度上也适用于国家。

一个国家一旦有了自己独特的观点、法律、信仰以及习惯，它就会以整个人类自居，只关心本国的利益，对于其他国家一概无动于衷。如果两个持这种观点的国家开战，那么战况肯定极为残酷。

罗马人在文化最灿烂的时期，赢得战争后，要先把被俘敌人的将领拖在战车会炫耀胜利，然后才将他们处死；这个时期的罗马人，还热衷于将囚犯投进斗兽场，让犯人和猛兽近身格斗，以供大众娱乐。西塞罗一说到某个公民被钉在十字架上时，就会义愤填膺、慷慨陈词；但是对于罗马人在战争胜利后对战俘所做的那些暴行却缄口不语。显而易见，在他眼中，一个罗马人和一个外国人不属于同一类人。

相反，随着全世界人民日益接近，彼此越来越相似，他们就会越加同情对方遭遇的不幸，国际公法也会变得越来越宽容。

第02章　民主怎样使美国社会的人际关系简单化了

民主不能让人们之间的关系变得紧密，但却能促使人们的人际关系变得更为简易。

如果两个英国人在西半球巧遇，他们将表现得像两个语言不通和民情不同的外国人一样。

首先，这两个人会用好奇的眼光打量对方，心里暗自觉得不安；紧接着就各自走开；如果他们邂逅后交谈起来，也会表现得极为拘束，非常不自然，而且只会谈一些鸡毛蒜皮的小事。

然而，这两个人之间并没有任何敌意，虽然他们素未谋面，但都认为对方是正直的人。那么，这两个人为什么要表现得这么小心翼翼呢?

为了搞清这个问题，就需要谈一谈英国这个国家。

当人们只根据家庭出身而不依靠财产来划分等级时，每个人都能清楚地知道自己在社会阶梯中所居的地位。他既不想往上爬，也不想向下落。在这样的社会里，不同等级之间的人很少来往；但是，当偶然的事情使他们互相接触时，他们却能够随意地交谈，而不会担心彼此的界限模糊。他们之间的关系虽然不是建立在平等之上，但也不是强制的。

然而，当一个以家庭出身为基础的贵族被一个以财产为基础的贵族所取代时，情况就会发生改变了。

虽然某些人还有很大的特权，但取得特权的通道却对每个人都放开了。因此，那些拥有特权的人经常提心吊胆，唯恐自己的特权被别人抢走；而那些尚未取得特权的人，则会不惜任何代价去争取；即使他暂时得不到特权，也不代表他日后永远无法得到。因为人的社会价值不再因为血统而一成不变，而是随着财产的增减而不断变动，虽然等级依旧存在，但却无法一眼看出人们属于哪个阶级。

民主社会的公民展开了一场暗斗。一些人千方百计地要进入上流社会，而另一些人则绷紧神经，准备时刻击退想要夺取他们权利的人。或者说这是一个人在两线作战：一方面要设法爬到最高层，另一方面又要不断抵御下面的人往上钻。

英国目前的情况就是这样。我认为，我在之前叙述的一切，基本上都是由这一情况造成的。

在英国人的土地上，虽然贵族的傲气还比较强大，但是贵族的界限已经不那么分明了，这样一来，人人都会时刻提防着别人，唯恐别人从自己的和蔼态度中得到好处。英国人因为不能马上判断出他们所邂逅的人属于哪个阶层，所以总是小心谨慎，避免同那个人接触。他们害怕因为接受别人的小恩小惠而授人以柄，并且对别人的礼貌态度感到怀疑。他们既不接受陌生人的恭维，也极力避免招惹别人的怨气。

有些人完全用民族性格来解释英国人这种洁身自好和沉默寡言的习惯。我承认英国人确实有些独特的气质，但我认为这更多的是由社会风气使然。美国人的例子就能证明这一点。

在美国，家庭出身从来不会创造特权，财富也不会让他的持有人享有任何独享的权利；那些互不相识的人可以任意在某个地点相聚，他们互相交换思想既不是为了谋得利益，也不畏惧由此带来的危险。一旦他们在某处邂逅，既不会主动攀谈，也不会刻意回避对话。因此，美国人的待人态度是自然坦率的。我们还能发现，美国人既不打算从对方那里得到什么利益，也不会担心对方会加害自己；他们既不想要向对方炫耀自己的地位，也不设法去掩饰自己的处境。尽管他们的态度往往是冷淡和严肃的，但这并不表示他们是高傲和拘谨的。他们在与人打交道时偶尔也会一言不发，这是因为他们当时心情不好或不想说话，而不是认为保持沉默对自己比较有利。

如果两个美国人在异乡相遇，立即就会成为无话不说的朋友，因为他们都是美国人。他们彼此没有互相排斥的成见，他们的共同祖国将他们吸引到一起。而两个英国人要想彼此亲近，光是同种同国还不够，他们还要是同一阶级才行。

美国人和我们法国人都对英国人的冷淡态度习以为常。但是，美国人在血统、信仰、语言等方面和英国人是大致相同的，他们之间的差别来自社会情况。因此，我们可以认为英国人的小心谨慎来自于他们的国家制度，而不是来自公民自身所具备的气质。

第03章　美国人为何在本国不太激动而在欧洲又表现得过于激动

美国人和所有严肃死板的民族一样，也会有记仇的心理。他们几乎都会牢记人们对他们的冒犯。虽然美国人的怒火爆发得缓慢，但消失得也同样缓慢，所以，最好不要轻易冒犯美国人。

在贵族当权的社会里，所有的事务都由少数几个人掌管，人们之间的交际有固定的常规。因此，每个人都知道如何向他人表示尊敬和好意，并且认为别人也会对自己礼尚往来。

统治阶级的这种习惯，后来逐渐成为全社会所有阶级的典范。此外，其他阶级也相应地制定出能够让本阶级遵守的规矩。

这样一来，那些礼节规矩就形成了一套让人头疼的繁文缛节，一般人很难将其掌握，稍有违反，就可能造成一定损失。于是，人们每天都在无意识中残暴地侮辱别人或受到别人的侮辱。

然而，随着阶级差别的逐渐消失，教育背景和出身差异较大的人常在同一个地方相处和厮混，就不可能再制订出那些繁文缛节的规则。由于规矩没有明确，那么稍稍违反常情也算不上什么过失，就是那些注重世俗礼节的人也这么认为。于是，比起行为的形式，人们更重视行为的实质，他们变得不再彬彬有礼，但也很少发生争执。

一个美国人绝对不会被连续不断的小殷勤所打动。他要么认为自己不该得到这些小小的殷勤，要么装作自己不知道应当享受它们。因此，他不会因为别人没给他献殷勤而感到不满，相反，他往往会原谅他人。但就这方面来说，美国人的态度是不拘小节，美国人的性格则更为直爽和富于男子气概。

美国人所表现出的这种交际宽容以及硬朗态度，正是来自于一个最一般也最深刻的原因。

关于这个原因，我在上一章已经做过论述。

在美国，市民社会的等级差异较少，在政治界甚至根本没有等级差异。因此，一个美国人不会认为自己应当特别照顾任何一位同胞，他也不会要求别人对他这么做。因为他不认为自己的利益得益于跟别人套近乎，所以他也坚信自己跟别人套近乎时不会受到欢迎。他既不会因出身而轻视任何一个人，同时也不相信有人会以这种理由轻视他。在没有确认别人对他的侮辱前，他绝不会断定别人是成心的。

美国的社会状况，使得美国人不会为一点鸡毛蒜皮的事情而动怒。此外，他们所享有的民主自由，又将他们的这种宽容风气带入美国的民情之中。

美国的政治制度使得美国各阶级的公民互相接触，并且敦促他们以合作的方式去进行伟大的实业。而那些投入到伟大事业中的人，根本没有时间去考虑繁文缛节，同时他们为了保持和睦相处而不拘礼节。习惯成自然后，美国人在待人接物时更注重思想和感情，而不是外表，他们也绝不会因为一点陈谷子烂芝麻的小事而大动肝火。

我在美国曾多次发现，让一个人意识到自己的讲话不受欢迎，是非常困难的事情。为了将这个人打发走，美国人往往会采取一些拐弯抹角的客气方法，但往往会无济于事。

我曾经对某个美国人的讲话一一作了反驳，以表示我对他的讲话感到厌烦。但是每次反驳后，他又会不遗余力地用新的论点来说服我。我没办法，只好保持沉默，可他又以为我在思索他讲的道理。最后，在他喋喋不休的攻势下，我只有远远走开，但他却认为我是有急事需要马上处理。除非我向他说明，否则我将无法让他明白我快被他腻烦死了。

如果这个美国人来到欧洲，他立即会变得敏感和易怒，以至于让我认为，要想在欧洲不得罪他，和在美国让他生气同样的困难。乍一看，这点让人感到奇怪，实际上，这两种完全相反的表现，源自同一个原因。

民主制度通常会让人自我感觉良好。

一个美国人在出国时，都怀着高傲的心态。但当他到达欧洲后，立刻会发现欧洲人并不觉得美国有多么伟大，这让他很难接受。

美国人早就听说，在欧洲人们的身份并不平等。现在他又亲眼看到，欧洲各国的等级痕迹还没有完全消失；很多人在财产和出身方面仍然享有一些他无法理解的特权。这个情景会让他感到惊奇和不安，因为他从来没有见过这种景象，而他的国家里又没有类似的现象可以帮助他去理解。于是，他完全不知道如何在这个即将垮台的等级制度中定位自己。他一方面怕别人把他抬得太高，另一方面又怕别人把他降得过低。这两种可能时常萦绕在他的脑海，不断地干扰着他的一言一行。

他了解欧洲人的传统，并且知道欧洲人的礼仪由于等级因素而和他们有很大不同。这些昔日的风气让他感到困惑不解，并且害怕自己得不到应有的尊敬，尽管他并不真正清楚什么是尊敬。因此，他的一举一动都变得非常呆板，就像一个套子里的人。对于他来说，交际已经不是愉快的体验，而是一项吃力的工作。他会琢磨你的一言一行，观察你的神色表情，分析你的话语，唯恐里面含有侮辱性的隐喻。我不确定以前曾有过比他还感到拘泥的乡绅。他宁可一丝不苟地遵守那些繁文缛节，也不能容忍别人对他有一星半点的失礼。他一方面表现得谨小慎微，另一方面又显得妄自尊大。他想让自己做得恰到好处，又害怕太过高调，而且由于他分不清二者的界限，往往会展示出一副既高傲又忸怩的神态。

这还远不是全部。下面请看人心的另外一种乔装。

一个美国人必然会经常称赞自己国家的平等自由，并为此感到无限自豪。但他又会感到内疚，总是向人们表示他自己做得还很不够，并且把自己说成是一个例外。

每一个美国人都想要把自己的家世同那些第一代移民扯上点关系，我认为，所有的美国人都能看作是英国大家庭的后裔。

一个美国大亨来到欧洲后，他关心的头等大事，就是用奢侈的行为来炫耀自己的财富，唯恐别人把他看作一个民主国家的普通公民。在这种心态下，他会千方百计地摆阔，让人们每天都见识到他挥金如土的新花样。他会住在城市中最豪华的地方，让大批仆人前呼后拥。

我曾听到一个美国人这样抱怨，巴黎的那些所谓大沙龙也不过是中档的交际场所。在他眼中，人们在这些沙龙里的活动算不上高尚。按照他的观念，人们在沙龙里的仪表也不够优雅。实际上，他并没有真正了解我们的文化，看不到在这种俗艳外表下蕴藏的精华。

对于这种截然不同的看法，我们大可不必感到奇怪。

如果不是旧贵族在美国已经荡然无存，在美国国内生活的美国公民就不会表现得那么淳朴，而来欧洲度假的美国人也就不会表现得那样妄自尊大和矫揉造作。

第04章　前三章的总结

当人们对彼此的不幸有着恻隐之心，频繁的交际让他们每天接触，任何冲动都无法让他们分离时，就很容易理解他们在必要时为什么会团结互助。当一个美国人请求同胞帮助时，很少会遭到拒绝，我就经常看到他们满怀热情地向别人伸出援助之手。

如果公路上突发车祸事故，人们将会从四面八方赶来救护罹难的人。如果某个家庭突遭横祸，那些素昧平生的人也会慷慨解囊；一个人的捐助虽然不多，但是集腋成裘，便能让这个不幸的家庭得到拯救。

在世界上某些文明国家里，一个不幸弱小的人在人群中往往会感到孤立无援，就像一个野人在丛林中的遭遇。而在美国，就不会出现这种现象。虽然美国人的态度冷淡而粗野，但他们却不会有冷酷无情的表现。就算他们没有在第一时间伸出援手，也不代表他们拒绝助人。

这些现象和我之前论述的个人主义并不矛盾。我甚至认为它们彼此协调，绝对不会对立。

身份的平等让人们感到独立和自由的同时，也让人们感到自身的脆弱。他们确实自由了，但却面临着无数威胁。经验告诉他们，虽然他们并不是每时每刻都需要别人的帮助，但是发生意外的时候，必须要借助别人的力量。

我们在欧洲经常会发现，拥有同样职业的人会随时互助。他们所遇到的困难相同，必然会互相寻求帮助，即使在其他领域他们是如何铁石心肠。因此，在这些人之中，如果有人遇到危难，他们就会奋力支援，而绝不会袖手旁观，毕竟他们只需暂时牺牲一下自己的时间或利益就能挽救别人。当然，这并不表明他们对那个人的命运格外关心，因为他们的努力一旦被证明无效，他们就会将其置之脑后，去忙自己的事情。不过，他们之间仿佛有一种不由自主的默契。这个默契让所有人都有暂时支援他人的义务，因为这样一来，当他们自己有困难的时候，也有权要求他人的支援。

如果我把针对一个阶级的论述推而广之，用在一个民族身上，大家就能透彻地了解我的思想。

事实上，在民主国家的全体公民之中，也有一种契约类似我上文所说的默契。他们认为每个人都有共同的弱点和危险，他们的共同利益和同情心，让他们产生了在关键的时刻进行彼此援助的信念。

身份越是平等，人们就越懂得互相支持的义务。在民主国家里，没有人会成为大善人，但却可以经常帮助自己的同胞。作为每一个公民，很少有效忠精神，却都乐于助人。

第05章　民主是怎样改变主仆关系的

一位曾在欧洲长时间游历的美国人，有一次对我说："英国人对待奴仆时所表现出的高傲和蛮横态度，让我们感到不可思议。然而，法国人对待下人有时却过于亲昵，或者说他们在仆人面前表现得非常客气，好像法国人害怕支使仆人似的，上下级之间的关系不够明确。"

这位美国人的观察是正确的，我也曾多次说过类似的话。

我一向认为，在当下这个时代，英国是世界上主仆关系最严谨的国家，而法国则是主仆关系最松弛的国家。我从未见过哪个国家的主人地位像英国和法国那样悬殊。

而美国的情况则位于这两种极端之间。

上面所说的，只是表面和外在的事实。为了探究这个事实的发生原因，还要对其进行更为深入的研究。

从古到今，还尚未出现过身份平等到没有贫富之分和主仆之分的社会。

民主制度并不妨碍这两个阶级的存在，但是，它在不断改变着这两个阶级的思想意识，并且不断调整着这二者之间的关系。

在贵族时代，仆人会形成一个单独的阶级，这个阶级和主人阶级一样，向来不会发生变化。于是，一种稳固的秩序，很快就会在这样的国家建立起来。在仆人阶级里，也会出现等级、集团以及显赫的人物，并且世世代代相传，地位保持不变。主人和仆人是上下分明的两个社会，虽然永远保持着差别，但却遵守着同样的原则。

这种贵族制度对仆人思想和习惯的影响绝不亚于对主人的影响。虽然它们产生的结果不同，但很容易就能看出它们的原因是相同的。

主人和仆人在一个大环境下各自形成一个小环境，使其对公正和不公都有自己的一套观点。他们在人生中的种种行为，同样来源于他们各自的独特观点。在仆人社会里，人们彼此之间也会发生巨大的影响。他们承认约定成俗的规范，虽然这些规范不一定有明文的法律规定，但是却有着指导他们行为的舆论影响。那些长期形成的习惯，就像严厉的法律制度一样在支配着他们。

命中注定受这些条条框框支使的仆人，自然不会对名誉、美德、光荣这些概念有和主人同样的理解。然而，他们却自有一种仆人的名誉观和正直观；一言以蔽之，他们有一种身为仆人却自觉光荣的心态。[①]

尽管这个阶级的地位是低下的，但是不要想当然地认为这个阶级的所有成员都是胸无大志的。如果你真的这样认为，那就大错特错了。虽然这个阶级是低下的，但是在阶级内部却有一些出类拔萃并且梦想伟大惊人的人物，他们处于类似贵族的地位。这个地位让他们变得趾高气扬、自以为是，觉得自己也有大德大智，也能做出一番事业。

在贵族时代，经常会有一些品格高尚并且聪明能干的小人物。虽然他们身为奴仆，但他们自己并没有意识到这一点；他们服从主人的意

① 如果你仔细观察一下指导这些人行为的主要观点，你会发现它们的相似性非常明显，而且你还会惊奇地发现，在奴仆之间，也和封建等级中的最高层成员一样，一样有家庭出身的优越感，一样尊敬祖先和爱护后代，一样轻视下层阶级并且害怕和它们接触，一样讲究礼仪传统，一样重视古风。

志，但也从不惧怕惹怒主人。

然而，在仆人阶级的下层，情况就完全不是这样了。可想而知，那些位于仆人阶级最下层的人，地位是最低的。

法国人专门创造了一个词语来称呼那些为贵族服务的仆人，即称呼这些人为奴才。

奴才是一个很难听的词，当人们想骂一个人最为下贱不堪时，就会用这个词来称呼他。在旧君主时代，当人们想要辱骂一个卑鄙无耻的小人时，就经常说他有奴才的劣根性。这句话言简意赅，所有人都能理解它的含义。

身份的永远不平等不但让仆人养成了特别的德行和恶习，而且使得他们在主人面前处在一个特殊的位置。

在贵族制国家里，穷人打小就接受了任人摆布的思想。无论他们把眼光投向何处，他们所看见的都只是等级森严的社会组织和下级无条件服从上级的景象。

于是，在那些身份永远不平等的国家里，主人能够轻易让仆人百依百顺，因为仆人尊重主人不仅是出于服从主人，而是出于服从整个阶级。主人阶级把贵族制度的所有利剑都悬于仆人的头上。

主人不但支配仆人的行动，还在一定程度上左右他们的思想。在贵族制度中，主人对仆人的思想、习惯乃至情绪，都在不知不觉中起着巨大的影响，其影响之大甚至远远大于他们权威的影响。

在贵族时代，不仅有世袭的主人家族和世袭的仆人家族。而且一个仆人家族往往一连几代为同一个主人家族服务（这仿佛两条既不相交，又不分离的平行线）。这种情况促使这两类人彼此之间关系发生了巨大的变化。

在这种贵族体制下，虽然主仆之间没有天生的共同性，而且财产、教育、观点等方面的差异又让他们的处境有天壤之别，但是随着时间的累积，岁月最终会让他们结为一体。对于往事的共同记忆，让他们彼此眷恋。尽管他们在许多方面有着这样那样的不同，但他们却能相互融合。民主社会正好相反，那里的主仆虽然没有什么差别，却彼此冷漠相待，就像陌生人一样。

因此，在贵族制国家里，主人总是把自己的仆人视为自己的家人及下属，并且在利己主义的推动下关注仆人的命运。

对于仆人来说，他们有时会有这种想法，认为自己属于主人的集团，因而他们也会像贵族那样，认为自己是主人的附属物。

在贵族制度下，仆人位于无法摆脱的从属地位，在这之上，则是那些高高在上的人。一个是贫穷、愚昧以及终生听人使唤，一个则是荣华富贵和一辈子使唤别人。这两个阶级虽然天差地别，但却经常彼此接近，而将它们结合起来的链条，只要这两个阶级存在，就会继续下去。

在这种处境悬殊的条件下，仆人会逐渐忘记自己，或者说放弃自己，甚至可以说把自己的一切都交给了主人，并且以此确立了自己的人格。他们以主人的财富来炫耀自己，以主人的荣耀来为自己增辉，以主人的高贵来抬高自己的地位，并且一直陶醉于这种因为仰仗他人给自己带来的光荣。他们将这种光荣看得甚至比权利的拥有者看得还要重。

这两种不同的生活景象一旦奇妙地结合在一起，既有让人感动的地方，又有让人感到可笑的地方。

转移到仆人身上的主人情感，自然会在某种程度上缩小和降低，从而变得偏狭和低级。原本在主人身上显得高尚的东西，转移到仆人身上后就变成了无聊的虚荣和矫饰。那些大人物的仆人经常会摆出其主子的派头，并且比他的主子还要计较一丝一毫的特权。

在我们法国人之中，现在还能时常看到这样的贵族老仆。他们是这类人最后的遗老，用不了多久这个阶级就会随着这些遗老的过世而消亡。

我在美国从来没有碰到过这类人。美国人不但不知道我所说的这种人，就是让他们理解这种人的存在也非常困难。让美国人想象这类人的存在，就像让我们想象古罗马的奴隶或是中世纪的农奴一样困难。虽然奴隶有高低之分，但他们都是同一原因的产物。作为一个整体而言，奴隶正从我们的视野中消失，并且随着他们自身社会地位的变化，而结束其以往的艰难岁月。

身份的平等造就了新式的仆人和主人，并且在他们之间建立起了新型的关系。

当身份完全平等时，人们可以通过努力来不断改善自己的处境。虽然尚有仆人阶级和主人阶级，但阶级的成员并不是一成不变的。不论是发号施令的主人，还是看人脸色的仆人，都不是永远不变的。

仆人并不是孤立于大众之外的人，因此，他们并没有自己所固有的习惯、偏见以及风俗。在他们身上，既看不到特有的精神面貌，也看不到独特的感情表达方式。他们不知道什么是因地位不同而造成的善和恶，但他们与自己同时代的人具有一样的常识、思想、感情以及善恶。他们就和各自的主人一样，既有正人君子，也有卑劣小人。

仆人之间和主人之间一样，没有任何的身份不平等现象。

在仆人中，既没有高人一等的等级，也没有一成不变的等级制度。因此，你不可能在民主社会看到贵族时代所特有的那种尊卑之分。

我在美国从来没有见过一个人，能够让我回想起欧洲人尚未忘记的那些赫赫有名的忠实的仆人；然而，也没有一个人能让我想起那些奴才。在美国，忠仆和奴才的痕迹都消失不见了。

在民主制度下，不但仆人们彼此之间互相平等，甚至可以说他们和自己的主人之间也是平等的。

为了能充分理解这一点，还需要对此进行说明。

仆人随时都可以变成主人，并且大多数仆人都具有这种雄心壮志。因此，仆人和主人并没有本质上的区别。

那么，在民主社会，主人为何有权支配仆人，仆人又为何不得不服从主人呢？这是因为双方都是出于自愿，暂时签订了随时都可以解除的契约。当然，主人和仆人之间并没有高低之分，只是根据契约暂时绑在一起。在契约所规定的范围内，定约的一方为仆人，而另一方则是主人。在契约的范围之外，他们则是两个完全平等的公民。

我希望读者能特别留意，这不仅仅是仆人对于自己地位的看法。雇主和被雇的人对命令和服从的界限都有清醒的认识。

当绝大多数公民都长期处于相同的生活环境，而平等又早已成为公认的事实时，不受特殊力量影响的公众意识，就会给人的价值观制定出一定的界限。无论哪个人，要想长期超出这个界限或是长期达不到这个界限，都是非常困难的。

贫穷和富贵，命令和服从，虽然偶尔会在两个人之间造成巨大差距，但并不会带来什么危险，因为以常规事实为基础的舆论会引导他们趋向相同的水平，并且在他们之间创造出一种假想的平等。

这种力量强大的舆论，最终会触动那些因为自身利益而反对它的人们。它在抑制这些人的意志的同时，就改变了他们的判断。

无论是主人还是仆人，在他们的心灵深处都不再感到彼此之间存在着根深蒂固的差别。他们一旦暂时结成主仆关系而表现出差别时，做主人的也不会太趾高气扬，做仆人的也不会过于担惊受怕。因此，主人一般不会轻视仆人，仆人也不会怀恨主人，在日常的接触中，前者不会表现得高傲无理，后者也不会卑躬屈膝。

在主人眼中，他权力的唯一根源只是那份契约；在仆人眼中，他服从的唯一原因也只是那一纸契约。他们之间绝不会为了契约所规定的双方地位而发生争执，双方都非常清楚自己所处的地位，并且坚守自己的岗位。

在法国军队里，士兵的出身和军官是一样的，而且士兵也可能被晋升为军官。除了军衔之外，士兵们都认为自己和长官完全平等，事实上也确实如此。但是在军队中，士兵必须对长官绝对服从，而且这种服从是有明文规定的，所以在执行命令的时候非常简单高效。

这个军队中的例子可以让我们联想到民主社会中的主仆关系。

如果有人认为贵族时代那种家臣对主人表现出的那种无私热爱和绝对忠诚的献身精神也能见于民主社会的主仆之间，那么这个看法绝对是愚蠢的。

在贵族制度下，主仆之间只能偶然见面，平时有事都是靠第三者传达。但是他们二者之间的关系通常是比较稳固的。

在民主国家，主仆之间非常容易接近，经常进行直接接触，但他们并不进行思想交流。虽然他们的工作是相同的，但他们的利益绝不一致。

在这样的国家里，仆人总以为自己是主人家里的过客。他们既不知道主人的祖先是谁，也不关心主人的后代，并且对主人不抱任何长期的希望。既然如此，那么他们为何要让自己的生存依附在主人身上呢？他们的那种忘我劳动精神又是如何产生的呢？这主要是因为他们彼此的地位发生了变化，这样一来，他们的关系也必然会发生变化。

我可以举出美国人的实例来支持我上面的论述。但为了达到这个目的，我必须注意人物和地点的选定。

在联邦的南部，蓄奴制度依然存在。因此，我所说的一切并不适用于那里。

在联邦北部做仆人的，大多数是那些已经得到解放的奴隶以及他们的子女。在大众的眼中，这些人的地位还没有得到确定。法律虽然让他们达到了自己当家做主的水平，但是习惯势力还在顽固地进行抵制。他们自己也没有完全认清自己的地位，因此，他们经常表现出粗鲁无礼或过分自卑的态度。

然而，同样是在北方各州，特别是在新英格兰，也有相当数目的白人为了糊口而暂时受雇于自己的同胞，并且听从他们的指使。我听说，这些白人仆人一般都会恪守自己的职责，他们并不觉得自己天生就比雇主低下，并且在听从雇主指使的时候也不会觉得难堪。

这让我感觉，他们仿佛把独立平等所造成的刚毅之气，或多或少地带进了自己的工作里。他们一旦选择了这种劳累的生活道路，就不会想着去逃避艰苦。他们都比较尊重自己的人格，从来不会拒绝履行契约中所规定的义务。

作为主人，也只是要求自己的仆人能忠实地履行劳动契约。他们不要求仆人对自己毕恭毕敬，更不会强迫仆人们对他忠心耿耿或关怀备至。只要做仆人的勤勤恳恳，完成每天的工作，他们就感到满意了。

因此，不能说民主制度下的主仆关系是杂乱无章的，他们的关系是用另一种方式规定的。这些民主时代的主仆规矩，和以前所制订的规章制度有很大的区别。

我并不是说现在的这种新规矩不如从前，我只是想说这种新规则已经有章可循地固定下来了，因为人们之间最重要的东西不在于遵守某个特定的规矩，而在于有秩序可循。

然而，对于那个在平等革命的暴风骤雨中所经历的动乱时代，我又该说些什么呢?

不但法律有明文规定，一部分舆论也主张仆人和主人之间并不存在天生的优劣之分。然而，这个新的思想还没有完全深入主人的头脑中，或者说主人仍然从心里反对这个看法。在主人的内心深处，仍然认为自己高人一等，不属于一般人。但是，他们并不敢坦白说出来，而是不情愿地偏安于一般水平。他们对仆人发号施令的时候，既有胆怯的表现，又有着苛刻的威严。他们对于自己的仆人，已经不再有保护和施惠的感情，他们自己有时也感到奇怪：不但他们自己变了，就连仆人也变了。他们对仆人不再有过高的要求，只希望他们能规规矩矩地认真工作，暂时满足于这份他们早晚必定会辞掉的职务，对一个既不能保护他也不能损害他的人效力。最后，他们还会通过长期联系，对那些和自己处境相似的人表示关心。

在贵族制国家里，仆人并不因为受到主人的支使而感到自卑，因为他们只懂得做仆人，想不到还有其他工作可干，他们把自己和主人之间的不平等归因于上帝的某项神秘法律，是不可避免的。

在民主制度下，做仆人的不会在人前低三下四，因为这是他自主选择的临时性职业；舆论也不会轻视他，主仆之间没有永恒的不平等关系。

不过，当一种社会制度向另一种社会制度过渡的时候，人们的思想往往会在贵族的臣服观念和民主的服从观念之间摇摆。

这样一来，在服从者眼中，服从二字渐渐失去了其道德意义，他们不再把服从看成是某种神圣的义务，并且会从自己尚未过上优越生活的观点去看待服从。在他们看来，服从既不是神圣的，也不是符合正义的。在他们眼中，服从是一种虽然不光彩，但能够获利的行为。

在这一时期，仆人们的脑海中会浮现出一种模糊而且不完整的平等观念。在一开始，他们还不太懂得他们享有的平等是在做仆人时就能获得，还是必须要等到摆脱仆人这个头衔后才能获得，并且从内心深处对自己受人指使但能获得一定收入的地位表示反感。他们虽然认同自己受雇于人，但是在听人指使时又会感到愧疚。他们喜欢仆役工作给自己带来的利益，但是对主人本身却并不喜欢。或者可以这么说，他们因为还没有成为主人，所以总把支使他们的人看作非法剥夺他们权利的人。

这时候，每一个公民的家里都会呈现出和政治领域中某些可悲情景类似的现象。也就是说，在公民家庭里，所有彼此怀疑的敌对力量不断进行着明争暗斗；做主人的心怀敌意，但外表上和蔼可亲，做仆人的也会感到不爽，但有时会隐瞒自己的反抗；主人企图通过种种不公正的限制来推脱自己付酬的义务，另一方则想尽办法试图推脱自己服从的义务。管理家务的权杖在二者之间漂浮，谁都想要把它据为己有。他们无法分清专横和自由、权利和本分的界限，弄不清自己是干什么的，自己能够干些什么以及自己应该干些什么。

这种状态不是民主状态而是革命状态。

第06章　民主制和民情的关系

我对仆人和主人之间的关系所做的论述，在一定程度上也适用于地主和佃户。不过，关于这个题目，需要在这里单独讨论。

美国并没有严格意义上的佃户，人人都是自己所耕作土地上的持有者。

应该承认，民主有一种促使地主人数增加以及让佃户人数减少的倾向。但是，美国当下所发生的一切变化，还是主要归因于它的国土环境，而不是归因于它的制度。在美国，土地的价格非常便宜，每个人都能轻易地成为地主。土地的收益不大，产品只能勉强支撑地主和佃户的投资。

美国的这方面和其他领域一样，都是非常特殊的，如果把土地制度作为美国的典型制度，那么无疑是错误的。

在我看来，无论是在民主国家还是在贵族国家，都会产生地主和佃户。不过，在民主国家里，地主和佃户之间的关系有些不一样。

在贵族制国家，租种土地不但需要定期支付租金，还要对地主表示尊重，并且为地主服劳役。在民主国家，佃户则只需定期支付租金就可以了。当一个家庭的地产被分割给数个子女或卖掉后，这个家庭和土地之间的关系就会随之消失；而地主和佃户之间的关系，只是凭借契约所建立的暂时关系。他们为了商议契约的条款而定期见面，定好契约后便各奔东西。他们原本只是互不相识的人，是利益关系让他们结合在了一起。他们之所以在一起讨价还价地做交易，唯一的目的就是为了赚钱。

随着地产的日益缩小和财富的日益分散，经常能看到一些家道式微的破落户以及欲壑难填的暴发户。对于这些人来说，任何一点进账都是一件大事，谁也不想放弃一丁点的好处以及让自己蒙受一丁点损失。

随着各等级逐渐交融，富可敌国的人和一文不名的人会越来越少，地主和佃户在社会条件方面的差距也会一天天地缩小，地主不再天生就比佃户占据绝对的优势。不过，在两个地位平等并且都想摆脱困难的人之间，除了金钱之外，又有什么能成为他们订立租赁契约的基础呢?

一个坐拥万亩良田的人明白，他必须要赢得大众的心。在他眼中，为此下一番苦功是值得的。为了达到这个目的，他会考虑做出一些牺牲。

而那些只有几亩土地的人，就不会做出这样的考量，他不必想方设法地争取佃户的好感。

贵族制度不会像一个人那样自然死亡，只有等到它的原则逐渐被人们所抵制后，才能从法律上对其进行打击。因此，远在废除贵族制度之前，使得上层阶级和下层阶级链接起来的那条锁链就已经开始断裂了。前者会对后者漠不关心并且表示轻视，后者则对前者心怀妒忌和仇恨。穷人和富人之间的接触越少，双方的关系就越坏，地租也就随之日益提高。这一切还远远不是民主革命的终结，而只是它即将来临的预兆。自挖坟墓并且最终失去民心的贵族制度，就像一棵根部已经枯死的大树，它长得越高，就越容易被狂风折断。

这50年来，地租飞涨的现象不仅仅见于法国，而且遍布欧洲的大部分地区。在我看来，工农业在这期间虽然取得了惊人的发展，但并不足以解释这个现象。为了清晰地解释这个现象，必须求助于另一个更为隐秘也更有说服力的原因。我认为，应该去那些欧洲国家已经采用了的民主制度中以及各国人民的民主热情中去寻找这个原因。

我经常听到一些英国大地主夸夸其谈地说：我们现在所收的地租比我们的父辈多得多。

也许这些人的自鸣得意有其道理，但说到底，他们并不知道其内部原因。他们以为自己获得了一笔纯收入，实质上这只是一项交易。他们获得了现金，却丢失了权势；他们在钱财上获得了好处，但是过不了多久就会在权力上有所损失。

还有一个迹象现在很容易被人们感知到，一场民主大革命正在进行或即将来临。

在中世纪，所有的土地都是永久出租或是长期出租的。我们研究中世纪的家庭经济时会发现，那时候为期99年的租期比现在为期12年的租期还要普遍。

在贵族时代，人们认为家族是永不灭亡的，人们的身份同样是固定不变的，整个社会固若金汤，人们认为绝对不会发生任何动乱。

然而在平等时代，人们的思想产生了变化。他们很容易形成一种观念，认为没有什么事情是永恒不变的。世事无常的观念控制了人类的思想。

在这种思想的支配下，地主以及佃户就会对长期的义务产生出一种本能的厌恶感。他们双方都不希望被眼前的租约长期束缚下去，虽然这个租约对他们双方都有利。他们忐忑不安，不知道何时会有变故发生在自己的身上。他们唯恐自己的现有生活方式被干扰，一旦他们所拥有的旧秩序被打乱，他们就可能因为放弃了往日习以为常的东西而感到伤心。他们的这种担忧并不是空穴来风，因为在民主时代所有变化着的事物中，最容易起变化的就是人心。

第07章 民主对工资的影响[①]

我上面关于仆人和主人的论述，绝大部分也能用在雇主和工人身上。

随着社会等级的界限越来越模糊，从前的大人物不断没落，小人物则不断上升，人们的贫富状况不再世代不变，工人和雇主在观念上的差距也在逐渐缩小。

工人对他们自身的前途、权利以及自身的认识越来越明晰，由此产生出新的雄心和新的希望，不断提出新的要求。他们时常用贪婪的目光关注他们雇主的收益。为了能同雇主分享利益，他们会努力争取更多的劳动报酬，而且经常能达到目的。

民主国家和其他国家一样，大部分的实业都是由那些在财富和教育上高于所雇工人一般水平的人经营的，而且都非常赚钱。这些实业家的数量众多，而且他们的利益各有不同，因而很难进行亲密合作。

① 应当承认，托克维尔对于美国工人阶级社会状况的分析是非常概括的。如果读者有兴趣研究这个问题，不妨参考以下著作：康芒斯等人所著《美国劳工史》，共4卷，纽约，1926–1935；哈里斯所著《美国劳工》，耶鲁，1938年；米特拉尼：《美国概览》，伦敦，1946；帕斯克所著《美国人民政治和社会史》（大部头），巴黎，1924–1931年；弗兰克所著《1919至1949年美国经济和社会史》，巴黎，1950年。——法文版编者

而对于工人来说，当他们意识到自己的劳动报酬不公平时，似乎很容易就能下定决心拒绝为雇主服务。

在这两个阶级从不间断的斗争之中，工资一直是矛盾的焦点。可以说双方势均力敌、互有胜负。

然而，可以断言，工人的利益会越来越占上风，因为他们已经争取到的高额工资将会让他们逐渐减少对雇主的依赖性，并且随着他们的日益独立，争取到更为优厚的待遇。

现在，让我们以当下在法国和世界各地都还很兴盛的种植业为例，对这个问题加以说明。

在法国，给他人做雇工种地的人，大多数也都拥有自己的一小块土地。依靠这块土地，他们即使不去当雇工也能勉强糊口。当这些人向大地主或一般农户提供劳动力时，如果对方开出的价钱太低，他们就会留在家里耕种自己的那块地，并且等待更好的雇佣机会。

在我看来，就现在农业工人的整体情况来说，工资的缓慢递增是民主社会的一般规律之一。随着人们身份的越来越平等，其工资也会越来越高；而工资越来越高，又会反过来促进他们身份的平等。

但是，在当下这个时代，却出现了一个非常不幸的例外。

我在之前的某一章已经指明，那些被挤出统治阶级的贵族是如何涉足某些实业部门的，并通过另外一种方式建立起他们的统治地位的。

这种现象，对工资水平产生了极大影响。

只有那些富裕的有钱人，才能创办我所说的大型实业，因此，能够创办这种实业的人数非常少。由于人数少，他们就很容易彼此勾结起来，随意制订工资的标准。

相反，这些雇主的工人为数众多，并且还在不断增加。有的时候生意兴隆，此期间的工资就会特别高，从而将附近的人吸收到工厂中来。

然而，人们一旦进入工厂出卖自己的劳动力，我们就会看到他们将很难摆脱这种劳动，因为他们在工厂中会很快养成某些身心方面的习惯，这让他们不再适合从事其他性质的劳动。一般来说，这帮人文化低、手艺差、积蓄也少。因此，他们将受到雇主的摆布。当竞争因素或其他意外情况使得雇主的利润减少的时候，雇主几乎可以随意降低他们的工资待遇，并且不费吹灰之力把自己的损失从雇工身上弥补回来。

即使工人一致罢工，只要雇主有钱，不至于破产，他就可以坐等着贫困让工人就范；而工人为了生存下去，就要天天劳动，因为他们除了自己的廉价劳动力外，几乎一无所有。雇主的压迫让他们长期拮据，并且越来越容易受到压迫。这是一个令他们无从逃脱的恶性循环。

因此，一个行业的工资有时会突然上涨，然后长期跌落，而另一个行业的劳动报酬虽然只是缓慢上升，但却长期稳定增加，对于这种现象，不必大惊小怪。

我们当下这个时代的从业人员所处的可悲地位，是一个例外现象，和他们周围的人形成了鲜明对比。但是，正是因为这个原因，任何别的情况都没有这个情况严重以及更值得立法者们注意。当整个社会都处在大变动时期，很难有一个阶级能保持不变，同样，当大多数人在不断开拓生财之道时，也很难让某些人心安理得地去满足他们的私欲。

第08章　民主对家庭的影响

在上面，我观察了身份的平等在民主国家尤其是在美国，是怎样改变公民之间的关系的。

现在，我想进一步深入到家庭内部。我这么做的目的不是寻找新的真理，而是阐明那些已知的事实和我的题目之间的关系。

众所周知，在我们这个时代，家庭各成员之间已经建立起了新的关系，父子间曾经的差距已经在逐渐缩小，长辈们的权威即使没有完全消失，至少也在不断减弱。

这种类似的情况也见于美国，并且更为引人注目。

在美国，从来就不存在罗马人和贵族眼中的“家庭”。美国人只是在出生几年后才具有了家庭意识。在童年时期，父亲在家庭中实行专政，子女无条件服从。因为子女的年幼无知，因此这种专政是必要的；而为了维护子女们的利益，以及考虑到父亲毋庸置疑的优势，又使得这种专政成为合法合理的。

不过，当美国人成年后，父母对子女的束缚就会日渐松弛。他们先是拥有了自己的独立思想，然后再在行动上自主。严格来说，美国人并没有所谓的青年时期。少年时代刚结束，人们便会自己闯天下，走上自己的人生道路。

如果你把这看作是一场家庭斗争，儿子通过违反道德的方法取得了父亲拒绝给予的自由，那么你就大错特错了。促使儿子独立自主的那些原则，也在敦促父亲承认儿子享有自主权。

因此，儿子绝对不会像某些人在摆脱了压制他们的权威后仍然长期怀恨在心，父亲也绝不会因为失去了权势而感到痛苦遗憾。也就是说，父亲一开始就知道他的权威总有一天会到头，当这一天来临时，他就会自愿地放弃权力；同样，儿子也事先知道，他独立自主的日子必然会到来，自己可以十拿九稳地获得自由，就像一份划归到他名下的财产，谁也不会想着来抢。①

试着论述一下家庭方面的这种变化是如何和眼前即将完成的政治变革密切相关的，也许很有必要。

有些重大的社会原则，要么被一个国家普遍推行，要么不允许它们在各地生根发芽。

在等级制度森严的贵族时代，政府当局从来不向其统治下的全体臣民呼吁和求助，因为每个人都受到一定关系的束缚，因此只要上层人物一发号施令，其余的人就会紧紧追随。这种情况也见之于家庭或社团。在贵族时代，社会只承认作为一家之长的父亲的权威，做子女的只有通过父亲才能跟社会发生关系。社会约束父亲，父亲则管束子女。因此，

---

① 然而，美国人从来没有想过，像我们法国人所做的那样，当父亲死亡后就会被剥夺其处理遗产的自由，从而丧失很大一部分权力。在美国，遗嘱的设立效力是无限的。

和其他方面一样，不难看出，美国的政治立法远比法国来得民主，而在民事立法方面，法国则比美国民主，这一点是非常容易理解的。

法国的民事立法是由个人一手炮制的，他认为，只要不直接或间接地反对他的权力，那么在所有事物方面满足同时代人的民主激情，是符合自己的利益的。只要人民不试图用某些通行的原则去干预国政，他就允许人民用这些原则去管理财产和治理家庭。当民主激流冲击民法时，他也有把握借助政治法令得到保护。这种做法是巧妙而自私的，然而，这种妥协注定不能长久，因为随着时间的积累，政治社会必然会成为世俗社会的表现和形象，而且从这个意义上来说，在一个国家中，没有什么比民事立法更具有政治色彩的了。

父亲不仅有天生的管教子女的权力，而且被政府赋予了对子女发号施令的政治权力。父亲既是家庭的创造者，又是家庭生计的保障者，同时也是家庭里的最高行政长官。

在民主时代，政府权力遍及大众中的每一个人，以同样的法律法规对每一个人直接治理，根本不需要父亲这个中间人。从法律上来看，父亲只不过是一个比子女们年龄更大并且更有钱的公民而已。

当大多数人的身份不平等并且这种不平等又是永久性的时候，关于首长的观念就会在人们的脑中形成；就算法律没有给予这个首长以特权，习惯和舆论也会让他享有这些权力。反过来，当人们彼此之间没有太大差别，并且不再有永恒的高低之分时，关于首长的概念就会一天天模糊；就算立法者按照自己的意志硬把一个人任命到首长的位置上，让他对一个下属发号施令，也是无济于事的，因为民主在让这两个人彼此日益接近，并且逐渐趋于同一个水平。

因此，就算我从未亲眼见过一个贵族制国家的立法机构曾授予家长独享特权，我也能确定贵族制国家家长的权力要比民主制国家家长的权力更受人尊重和更广泛，因为不论法律规定与否，首长在贵族制国家总比在民主制国家地位高，而下属的地位则相反。

当人们在生活中喜欢缅怀过去甚于重视现在，考虑祖先的想法甚于研究自己的想法时，父亲便成为连接过去和现在、上一代和下一代的天然桥梁。因而，在贵族时代，父亲不仅是家庭中的政治首长，还是传统的继承者和传承者，是习惯的解释者，是民情的仲裁者。他说话时，所有的家庭成员都要洗耳恭听，毕恭毕敬地对待他，并且要始终有诚惶诚恐的感觉。

当社会逐渐民主，人们以自己的标准作为判断一切事物的基本原则，只将祖传的信念作为参考而不是看作规范时，父亲的观念对于子女的影响力，就像他的合法权力一样，会大大降低。

民主制度导致的分家，其最为显著的后果也许就是父子关系的变化。

当作为一家之主的父亲财产不多时，他就可能和儿子长期住在一起，并且共同参加劳动。习惯和需要使得他们紧密结合在一起，不时地进行交谈。这样一来，他们之间就会建立起一种不拘泥于形式的亲密关系。这种亲密关系让父亲的权威不再具有绝对性，并且很少讲究尊敬的表面功夫。

不过，在民主国家，这些拥有少量财产的阶级，正是促使思想产生力量以及让民情发生改变的阶级。这个阶级的意见和意志逐渐占据统治地位，甚至那些最排斥它们的人，最后也只能选择仿效它的做法。我就曾看到那些激烈反对民主的人，竟然容忍自己的子女用“你”而不用“您”来称呼他们。

这样一来，随着贵族权势的丧失，父母身上那种约定成俗的合法权威也不见了，家庭之中建立起了一种平等的关系。

总体来说，我不确定社会是否因为这种变化而受到了损失，但我坚信个人由此得到了好处。在我看来，随着民情和法制的日益民主化，父子之间的关系也会变得更加亲密温和，而不像从前那样讲究规矩和权威；他们之间的信任和感情也往往是坚定的。由此看来，父子之间的天然联系变得紧密了，但是他们的社会联系却变得越来越松弛了。

在民主家庭里，父亲除了尊老爱幼以及向他们传授经验外，并没有其他任何权力。虽然他的命令可能没有人遵从，但是他的忠告一般都会发生作用。虽然子女们不会对他毕恭毕敬，但至少对他表示信任。子女和家长交谈的时候没有固定的礼节，而是随时能自由谈话，向家长请教。在这时候，家长和政治长官的身份消失了，但是父亲的身份依然存在。

为了辨别两种社会在这方面的差异，只需看一看贵族时代留下的家书就可以了。书信的文体往往是端庄而死板的，甚至有时文字冰冷得让人感觉不到一丝亲人间的温情。

相反，在民主国家儿子写给父亲的信件中，字里行间总能流露出一些随意、依恋的情绪，一眼就能看出家庭中建立了新的关系。

这样的革新也在改变着兄弟姐妹之间的关系。

贵族家庭和贵族社会一样，每个人的地位都是早已规定好了的。不单单是父亲在家庭里拥有广泛的特权，就连子女之间也不是完全平等的。子女的性别和年龄决定着他们在家里的地位，并且决定着他们是否享有一定的特权。而民主制度则把这些壁垒中的大部分都废除了。

在贵族制家庭中，长子继承了大部分家产和几乎所有的权利，所以他以后一定能成为一家之长，并且在某种程度上成为他兄弟的主人。长子尊贵而有权，其他兄弟只能平庸地依附于他。然而，不要以为在贵族制度中，长子的身份只会给他一个人带来好处，它同时也会引发其他兄弟对长子的嫉妒和愤恨。

一般来说，长子都会竭力帮助自己的兄弟们发财致富以及取得权势，因为这能显示出一个家族的显赫。作为弟弟，同样也会设法帮助自己的兄长达成事业，因为当族长获得显赫的权势后，他就能更好地去扶植家族的分支。

由此，贵族家庭成员彼此间联系得非常紧密，他们的利益是互相关联的，自然想法也颇为一致，但他们却很少有相通的感情和心意。

民主制度同样会使兄弟之间互相依仗，但依仗的方式和贵族不同。

根据民主时代的法律规定，家庭中的子女地位是完全平等的。没有什么东西能强制他们彼此接近，也没有什么东西能迫使他们彼此疏远。因为他们有着同样的血统，在同一个家庭里成长，并且受到同等的关怀，没有任何特权能将他们分成等级，因此，他们之间很容易就能从小养成亲密无间的手足之情。成年后所形成的关系，也不会让他们不睦，因为兄弟的情谊会促使他们日益亲近，而不是反目成仇。

因此，在民主时代，让兄弟们彼此接近的不是利害关系，而是对往昔的共同回忆，以及在思想和爱好上的共鸣。民主制度虽然使得他们分家分产，却能让他们的心灵变得融洽。

民主社会的这种民情魅力非常强大，以至于让那些拥护贵族制度的人也不愿意继续遵守贵族制度了，他们在体验过民主时代的亲情后，便会同意放弃贵族家庭那种冷漠刻板的规矩。只要他们肯放弃旧的社会法制和人情，随时都可以接受民主制度下的家庭习惯。然而，这项工作还牵扯到另一个问题，那就是如果忍受不了民主社会的法制和社会民俗，就无法享用民主社会的家庭习惯。

我针对父子之情和手足之情所论述的一切，从人性自发产生的一切感情来看，可以说是合情合理的。

当人的思想或感情是由他们所处的一种特殊环境所培养出来的时候，一旦环境发生变化，它们便不复存在。因此，虽然法律能够将两个公民紧密地联系在一起，但是当这个法律废除后，这两个公民也随之彼此分离了。没有什么比封建社会主仆之间的那种情愫更具有联结作用的了。然而在今天，这两种人已经各奔东西，互不相识了。从前让他们结成主仆关系的那些感情，早已荡然无存，并且没有留下一点痕迹。

但是，人类的天性却无法做到这点。就算法律妄图以某种方式驾驭这种感情，也很难将其制服；此外，法律在试图加剧这种感情时，也很难从中取得什么好处。这种感情只需依靠它自身的力量，就能永远强大。

民主制度几乎让所有的旧社会习惯变得式微，它鼓励人们接受新的习惯，也就让旧社会的习惯所产生的大部分感情消失。但是，民主制度对于很多习惯只是加以改进，并且赋予了它们原来所不具备的活力和温和。

在我看来，要想用一句话来概括这一章和前面几章传达的思想，并非不可能的事情。这句话就是：民主制度松弛了人们的社会联系，却让人们的天然联系变得更加紧密；它在让亲族亲近的同时，也让公民彼此疏远。

第09章　美国年轻女性的教育

所有自由的社会都具备自己独特的民情，正如我在本书的上卷所说，社会的民情是由妇女创造出来的。因此，但凡影响妇女地位、习惯以及思想的东西，在我看来都具有重要的政治影响。

在绝大多数信奉新教的国家里，年轻女性的行动自由都比在信奉天主教的国家里的妇女大得多。在英国那种拥有自治权的新教国家中，这种自主性表现得更为突出。因此，在这类国家里，自由就会通过政治惯例和宗教信仰来进入每个家庭。

在美国，新教的教义、自由的政体、民主的社会三者之间互为补充，使得没有一个地方的女性能像美国的年轻女性那样独立自主。

美国的女青年在到达结婚年龄以前，就开始逐渐不受父母的监护；他们还没完全走出童年时期，就能独立思考，自由地发表自己的意见，甚至单独行动；人生的各种宏大场面不断展现在他们面前，父母不但不会干预她们去看这个场面，还会引导她们细致地去观察它，让她们学会用冷静的视角来正视它。由此，社会上的危险和罪恶很早就呈现在她们眼前，她们看透了这些危险，所以在进行抉择的时候能够不抱任何幻想，敢于正面它们，相信自己有足够的力量来对付，并且认为周围的人也在这样想。

因此，不要指望在美国女青年身上感受到情窦初开时所展现出的那种稚气，更不要指望她们具备像欧洲女青年在成长的过程中展现出来的那种天真无邪的风韵。一个美国妇女，不论年纪多大，都很少表现出孩子气以及怯懦无知。和欧洲女青年一样，她们也想取悦于人，但她们却清醒地知道自己应该付出什么代价。就算她们没有投身邪恶，至少明白邪恶的存在。因此，与其说她们有高尚的精神，不如说她们有纯洁的情操。

当我发现美国女青年在与人发生意见分歧时能够巧妙而泰然自若地表述自己的观点时，让我为之倾倒。一位哲学家在一条窄路上也许会跌倒上百次，而美国女青年却能轻松地走过去，不发生任何意外。

其实，人们很容易发现，美国妇女在很早的时候就已经成为自己的主人；她们会尽情享受一切被允许的快乐，却不沉溺于任何一种享乐；虽然她们看起来好像很随意轻佻，但她们却有着深沉的理智。

在法国，我们的观点和爱好中掺杂着历史的糟粕，这让我们采用贵族时代的手段对待妇女，让她们隐居深闺，进行修道院式的教育，而当民主社会建立后，又立即将她们丢在一片价值观的混乱之中，不去进行指导和支援。

而美国人对他们自己的做法是非常满意的。

美国人认为，在民主社会里，个人独立是不可或缺的重大原则，年轻人应该早熟，趣味不要持久，习惯可以改变，父权应当削弱，夫权必须否决，而舆论则通常是不确定和无力的。

在这个大环境下，他们自然会认为，压抑妇女发自内心的强烈感情是于事无补的，最好的办法是教会他们控制这种感情的技能。因为他们无法完全杜绝妇女的贞操常被破坏的风险，所以他们希望妇女能自己守卫贞操，依靠妇女的自由意志，而不是依靠那些摇摇欲坠的腐朽观念。

由于他们不希望女孩子长期处于蒙昧无知的状态，所以他们会提早授予女孩子们处理各种事务的基本知识。他们不会向女孩隐瞒人世间腐败的真相，反而会让她们看个清楚，从而养成抵制腐败的能力。在他们看来，与其特别重视女孩子的贞洁，不如培养她们的品质。

虽然美国人大多都笃信宗教，但他们并不是只靠宗教来保卫妇女的贞操，而是用理智来武装妇女。他们在这方面所采用的方法，和其他方面有很多异曲同工之妙。首先，他们通过努力让妇女在运用独立自主时有所节制；其次，当人为的力量用到极限的时候，他们才会求助于宗教。

我明白这样的教育是有后遗症的，它提高了妇女的判断力却抑制了她们的想象力，妇女们虽然有了理智，而感情却变得冷淡，因此很难成为男性的亲密伴侣。这样的社会虽然安定而有秩序，家庭生活却缺乏温暖。然而，这些还不是最主要的缺陷，和那些真正的缺陷相比，这些甚至可以忽略不计。现在已经到了必须实行民主教育的时候，这样才能让妇女免于民主制度给她们带来的危害。

第10章　年轻女性如何习得为妻之道

美国妇女在结婚会，就永远失去了她的独立自主。年轻的未婚女性虽然没有受到像其他国家妇女受到的严厉管束，但在成为人妻后，就需要承担沉重的义务。年轻的未婚女性，在嫁人之前可以享受充分的自由和乐趣，但在出嫁后，就像进入了修道院。

这两种截然不同的情况，其实并不像人们想象得那样分裂。事实上，美国妇女从未婚女性过渡到人妻是非常自然的。

笃信宗教和看重实业的民族，对婚姻有一种极为严肃的观点。前者认为妇女在生活中安守本分是民情淳朴最可靠的保证和标志，后者则把这看作家庭安定和事业发达的最有力保障。

美国人一方面是清教徒，另一方面又是商业民族。由此，他们的宗教信仰和商业习惯，都要求妇女必须具备自我牺牲的精神，让自己的乐趣永远服从于事业需要，而在欧洲，则很少要求妇女这样做。这样一来，在美国占有统治地位的舆论，就会将妇女封闭在家庭责任和家庭利益的狭小圈子里，不许她们越雷池一步。

美国女青年一进入社会，就会发现这些观念早已根深蒂固，在这些观念推衍出来的规矩的包围下，她们确信只要自己和当时通行的教条背道而驰，那么自己的名誉和社会地位就有遭到破坏的危险。由于美国女性有坚定的理智，从小受到的教育又让她们养成了刚毅的习惯，因此她们有着顺应社会的能力。

可以这么说，正因为美国女性享有独立权，才能让她们在需要献身的时候鼓足勇气忍受牺牲，并且没有丝毫的怨言。

此外，美国妇女在结婚后所受到的束缚，绝不是因为她们自己的单纯无知而落入预先设下的陷阱。她们在婚前接受的教育，已经让她们预见到了自己将来的光景，更何况结婚这个枷锁是她们自己给自己套在脖子上的。她们之所以能勇敢接受新生活的种种苛刻条件，因为这是她们自己的选择。

在美国，来自父母的约束是松弛的，而来自丈夫的约束则是严厉的，因此，一个青年女性只有在经过再三考量之后才会结婚。美国一般没有早婚现象，美国妇女只有在理智完全成熟的时候，才决定结婚；而其他国家的大部分妇女，大多是在结婚后才开始锻炼自己的理智。

同理，我不认为美国妇女结婚后发生的巨大改变是出于舆论的压力。在大多数时候，她们完全是依靠自己的意志力来承受这个巨变的。

择偶的日子一到，民主社会所培养出的那种冷静而严肃的理智就会告诉美国妇女：未婚女青年的娱乐将无法成为已婚妇女的消遣，已婚妇女幸福的源泉来自于她的夫家。因为她们事先就已经看透，通向家庭幸福的道路只有一条，所以她们打一开始就准备沿着这条路走下去，虽九死而不悔。

美国女青年所表现出的这种意志力，除了反映在面对新环境的严格义务而不诉苦上，也反映在生活中的一切重大考验上。

世界上没有一个国家的个人命运像美国人那般起伏不定。在美国，一个人在人生旅途中可能多次浮沉，由富变穷再由穷至富的现象非常常见。

美国女性总是以这种冷静而坚定的理智来面对生活中的巨大变化。可以这么说，她们的欲望是随着环境的变化而能伸能缩的。

正如我在本书上卷所说的那样，那些不断往西部荒凉地区移民的冒险家，大多是曾定居在美国北部的英裔美国人。他们中的大部分人在故乡养尊处优，仍然冒险来到西部做发财梦。这些人带着自己的妻子通行，让她们在事业的初期尝尽了艰难困苦的滋味。我甚至在西部荒漠的边缘地带，都经常遇到这些从大城市的舒适环境中成长起来的少妇，她们刚结婚不久就离开了父母的豪宅，来到西部森林中的简陋茅屋。孤独和疾病都没有让她们丧失勇气，虽然她们的面容时常显得憔悴，但她们的神色却是刚毅的。她们兼有忧郁的神情和果断的气概。(B)

我丝毫不怀疑，这些美国少妇在她们的童年教育中就已经养成了日后所表现出来的非凡气概。

因而，美国妇女早在年轻时就已经懂得为妻之道。虽然她们在生活中担当的角色改变了，日常的生活习惯也起了变化，但她们内在的精神却始终如一。

第11章　身份平等在美国对维护良好的民情有何功用

一些哲学家和历史学家曾这样说过，妇女的情操是随着她们的居住地离赤道的远近而不断变化的，离赤道越远就越端庄，离赤道越近就越轻佻。这类说法是回避难题的捷径，按照这种观点，只需用地球仪和圆规，就能立即解决人性方面的难题。

我不认同这个唯物主义理论是在事实的基础上建立起来的。

一个民族在不同的历史时期会有不同的表现，一个时期可能重视贞洁，另一个时期则显得淫荡。因此，一个国家的民风是正派还是放荡不羁，取决于一些可变的因素，而不是该国的地理位置。

我承认，在一定的气候下，异性间的相互吸引激起的情欲是极其强烈的。但我同样认为，社会情况和政治制度往往能激发或抑制这种天生的情欲。

虽然访问过美国的旅客们在若干问题上和我意见并不一致，但他们全都承认那里的民风比其他任何地方都端庄。

很显然，美国人在这方面比他们的祖先英国人要优越得多。只要对这两个国家进行粗浅的观察分析，就能证明这一点。

在英国，就像在欧洲的其他国家一样，人们总是怀着一种恶意来品评妇女的弱点。人们总能听到哲学家和政治家感叹人心不古，而文学家也在天天以这种方式虚构他们的作品。

而在美国，几乎所有的书刊杂志和长篇小说，都将妇女描述得冰清玉洁，没有人会在书中讲述男女的风流韵事。

美国这种正派的民风，无疑来源于它的国土、种族以及宗教。但是，在其他国家也拥有这一切的情况下，这并不足以说明问题。因此，为了解决这一问题，还必须求助于某个特殊理由。

在我看来，这个特殊的理由就是平等以及由平等带来的各项制度。（C）

身份的平等并不能直接使民风变得正派，但却能对民风的正派起到加速和促进作用。

在贵族时代，门第不同的男女往往是不能结婚的。也许情欲会让他们自发结合，但社会状况以及由此产生的舆论却阻止他们结成白头偕老的夫妇。因此，必然会出现很多露水夫妻。这是大自然在暗中报复法律强加在它身上的限制。

当身份平等把男女间的所有现实的和非现实的障碍推倒后，情形就会大大改变。这时候，任何一个少女都相信她能成为自己所中意的男人的妻子，婚前伤风败俗的行为也很难实现，虽然情欲能让人产生冲动，但你无法让一个姑娘相信，在你拥有婚姻自主权的情况下，你爱着她却不愿和她结婚。

这个因素在婚后同样发挥着作用，只不过表现得不那么明显而已。

在那些正在搞婚外恋或想要搞婚外恋的人看来，没有什么比强迫婚姻或随机结合更能让婚外恋合理化了。[①]

当女性能够自由择偶，并且她所受的教育能让她做出最佳选择时，舆论对她们的过错是决不宽容的。

美国人严肃刻板的精神，有一部分就是来源于此。在他们眼中，婚姻是一种责任很重的契约，但又必须严格执行契约中的一切条款，因为他们事先就了解这些条款，并且享有拒绝缔约的自由。

要求夫妇在婚后必须彼此忠贞的契约条款，也让他们更加容易对彼此忠贞。

在贵族时代，结婚的目的与其说是让两个人结合，不如说是让双方的财产联合。因此，当一对男女订婚时，男方可能已经入学读书，女方却还在襁褓之中。以联合双方财产为目的而结合的夫妇，双方很容易同床异梦，这是不足为奇的。这是由契约的本质使然。

相反，当任何人都能不受外来干预而自主择偶时，那么让男女彼此接近的，往往就只有思想和爱好上的共鸣。这种共鸣会促使他们相依为命，并且能起到巩固夫妻关系的作用。

我们的父辈对婚姻有一种古怪的见解。

他们因为目睹了自由恋爱所造成的悲剧，所以断定这种任凭青年男女自愿结合的方式是危险的。在他们看来，萍水相逢要胜过精挑细选。

然而，要指出他们的看法是偏颇的，并不是一件非常困难的事情。

---

① 只要读一读欧洲文学，就很容易确认这的确是个真理。

当一位欧洲作家想要在小说中描写婚姻悲剧的时候，他必然会先向读者交代这是一对很不般配或被强制结成的夫妻，从而引起读者的同情。虽然我们长期以来养成的宽容态度至今仍在松弛着民风，但如果作家不先把书中人物的缺点描述得情有可原，他就很难让读者对书中人物的不幸遭遇表示关心。这种写法能确保作家获得成功。我们每天所见的一切，也在潜移默化地影响着我们用宽容态度对待生活中的琐事。

美国的作家则不会暗示读者书中的人物是可以获得原谅的，他们的法律和习俗不允许他们这样。

我首先要指出：民主国家在赋予妇女自由择偶权利的同时，要先让妇女头脑中具备这种自主选择的知识，使他们的意志能够产生进行选择时所需的力量；而贵族时代的少女，她们不顾父母的权威和情人私奔，将自己委身于一个她不甚了解的男子，就会缺乏保障。这样一来，她们第一次运用自由意志就会失误，她们在没有受过民主教育的情况下效仿民主的习惯，于是犯下了惨痛的错误，这都是不足为奇的。

然而，事情还没这么简单。

当一对男女想要突破贵族社会的不平等而结合时，他们还有很多障碍需要跨过。在打破父母之命媒妁之言的束缚后，他们还要努力战胜旧习俗的偏见和舆论的专横。就算他们在费尽九牛二虎之力达成心愿后，也会遭到亲戚的白眼，由于他们无视世俗的教条，使得亲友对他们疏远了。这种现象用不了多久就会挫伤他们的勇气，让他们内心痛苦不堪。

然而，就算以这种方式结合的夫妻一开始就注定了不幸，甚至还会引发犯罪行为，那也不应归咎于他们的自由选择，而是因为他们活在一个不允许恋爱自由的社会里。

不要忘记：粗暴地阻止一个人不去犯一般性错误，几乎就等于让他失去理智；一个人要想合法地向他所处时代的通行观念宣战，就要在精神上做好受到暴力打击和冒险的准备，凡是具有这种反叛性格的人，无论他走到哪里，都很少会得到幸福。顺带提一下，在那些最必要以及最神圣的革命中，之所以很少见到温和而稳健的革命家，其原因就在于此。

因此，在贵族时代，当一对男女萍水相逢后一见钟情，不考虑家庭背景，只是以个人的喜好而仓促地结为夫妻，婚后就很容易出现见异思迁以及乱搞的悲剧，这是不足为奇的。然而，如果这种结合能按照当时的常规和秩序进行，得到社会舆论的支持，承认父母的权威，那么毫无疑问，这个家庭内部将会更为和睦，夫妻间也更容易彼此忠贞。

在民主国家，由于所有的男人都参与政治生活，从事某一种职业；另一方面，由于家庭财产有限，做妻子的就只能终日留在家里，做全职太太，以便于精心管理一切家务的细节。

男女双方都必须承担性质不同的劳动，这就仿佛一道阻碍夫妻生活的屏障，让男方的性冲动日益减少，让女方的抵制也变得更加容易。

当然，这并不是说身份的平等一定能让男人忠贞不贰，但它确实能减少男人伤风败俗的几率。由于在民主时代谁也没有闲暇去评论某人是否想要保持贞操，所以既有大量的娼妇，又有大批的贞洁妇女。

这种现象虽然造成了个人的不幸，但并不妨碍整个社会保持活力和坚韧。它一方面不会破坏家庭的纽带，另一方面也不会让民风颓靡。让整个社会陷入危险的并不是某几个人的腐败，而是全体人民的普遍堕落。在立法者眼中，卖淫远没有通奸可怕。

平等给人们带来的这种忙乱和四处奔波的生活，不仅让人们没时间沉溺于谈情说爱，而且还会通过一个既隐秘又可靠的方法让人们远离儿女私情。

生活在民主时代的人，多少都有些工商阶级的思维习惯；他们思维缜密，工于心计，可以随时跳出理想的桎梏追求眼前的现实目标，并且把这一目标看作自己的向往对象。也就是说，平等并没有毁掉人们的想象力，只是限制了它的活动，让它远离高空，在离地面不远处盘旋。

民主时代的公民排斥不切实际的幻想，也不喜欢在事前进行心潮起伏的孤独冥想。

没错，他们非常看重那些能够让生活安定与细水长流的美好情感，却不愿追求那些导致生命缩短的强烈激情。

我明白，以上所说的只适用于美国，现在还不能将其普及到欧洲。

半个世纪以来，法律和社会习俗虽然以空前的力量推动欧洲国家走向民主，但这些国家的男女关系却非常正派和纯洁。在某些国度，情况却恰恰相反。一些阶级在这个问题上是很严肃的，但纵观整个国家，这方面的道德却是在下滑的。我之所以敢于指出这一点，是因为我发自内心地想要美化同时代的同胞，而不是想非难他们。

这个局面当然会让人感到伤心，但也没必要害怕。

民主对社会风俗的积极作用，只有经过一段时间后才能显示出来。如果说身份的平等有利于形成良好的民风，那么，社会在这种过渡时期产生的阵痛，则会有损于良好的民风。

这50年来，法国不断地改变着自己的面貌，我们并没有获得多少自由，而动乱却时有发生。在这一时期，思想混乱，舆论摇摆不定，是非真假扑朔迷离，社会的公德遭到怀疑，个人的私德也处于崩溃的边缘。

然而，我国发生的一切革命行动，不管其目的何在也不管它是由什么人推行的，最初都引发了同样的后果。甚至那些促进了道德观念的革命，在最开始的时候，也是以瓦解道德观念的方式进行的。

我不认为这些屡见不鲜的动乱会长期持续下去，一些奇妙的征兆已经在彰显这一点。

最为腐败的，是那些在失去了权力后仍然持有大量财富的贵族，因为他们在享尽了庸俗的消遣后，仍然有大把的时间和银子去花天酒地。他们丧失了曾经的热烈激情和伟大思想，而余下了一堆看似很小但腐蚀性极大的恶习，就像苍蝇叮在腐烂的尸体上一样，这些恶习紧紧地附在他们身上。

谁都不能否认，十八世纪的法国贵族是非常放荡的。然而，那些传统的习惯和信仰，仍能约束其他阶级注重道德。

没有人能否认，在我们的这个时代，贵族的遗老遗少还能在一定程度上维护旧秩序的严肃性，而社会的中下层却在日益破坏着道德体系。

于是，半世纪前最为放荡的家族，如今却成了最守规矩的模范家庭，让人感觉好像在民主社会里，贵族阶级让道德上了一个台阶。

法国大革命虽然瓜分掉了贵族的财产，让他们把精力集中于自己的私事和家庭上，但同时也让他们的头脑变得更清晰和严肃了。因此，法国大革命让贵族在不知不觉中懂得了尊重宗教信仰、热爱秩序、热衷于平凡的娱乐、享受天伦之乐和家庭幸福，但原本持有这些爱好的其他阶层，却借着革命的余威，走上了破坏秩序的道路。

法国的旧贵族承受了大革命所造成的全部后果，但他们却没有因此产生革命的激情，以及革命前通常会萌发的无政府主义的念头。可以这样设想：他们早就预测到了这场革命给自己的生活方式所造成的积极影响，甚至比那些从事革命的人还早。

由此，虽然听上去有些耸人听闻，但我仍然要说：今天在民主时代的道德方面表现最好的，恰恰是那些曾经最反对民主的阶级。

我必须承认，在我们享有民主革命的全部成果后，只需消除了革命所带来的混乱，那些现在只被少数人当作真理的东西，就会逐渐地被所有人接受。

第12章　美国人如何理解男女平等

我在前面叙述了民主是如何消灭及改变各种不平等现象的。那么，民主的清道夫作用会仅仅停步于此么？它是否能对以人性为基础的男女不平等发生重大影响呢？

在我看来，让父子和主仆处于平等地位的社会运动，同时也在不断提高着妇女的地位，并且会逐渐让男女处于同等地位。

然而，我觉得非常有必要在这里详细地说明我的见解，因为当代人很容易借题发挥，在这个问题上信口雌黄。

在欧洲，有些人在极力抹杀男女的性别特点，他们不但认为男和女都是平等的人，而且还是完全相同的人。他们授予男女同样的职位，给予男女同等的义务，赋予男女同样的权利，也就是说，他们在劳动、职业、娱乐等方面刻意抹杀男女的差别。不难想到，强制性执行两性平等，反而会损害双方的利益。硬让男人去从事妇女的工作，或者硬让妇女从事男人的工作，就必然会出现柔弱的男人和粗野的妇女。

因此，这并不是美国人眼中男女间需要建立起来的民主和平等。美国人认为，既然上帝让男女在身心方面存在着如此大的差异，那它显然是要让男和女发挥其各自不同的特点。美国人相信，男女平等并不是让男和女做同样的工作，而是让男女各尽所能。美国人将指导工业的政治经济学原则应用到了两性问题上，即细分男性和女性的职责，从而让社会劳动产生最佳的效果。

美国是世界上最主张在两性之间划清行动界限的国家。美国人虽然希望两性能共同进步，但他们各自走的道路却是不同的。你不会看到美国妇女去插手家务以外的事情，她们既不会做买卖也不会进入政界；而且也没有人会强迫妇女下田干粗活，或是做一些劳动力强的工作。没有一个家庭会破败到如此不讲究的地步。

从另一方面来看，既然美国妇女无法走出家务劳动的小圈子，也就不会有人强行将她们从中拉扯出来。

虽然美国妇女经常表现出男子般的理智和刚毅，但仍然保持着其娇柔的风度，即使她们的头脑和胸怀不让须眉，但在行为举止上却永远是巾帼。

在美国人看来，实行民主原则并不会导致夫权被推翻，也不会影响到家庭内部的权威。他们一向认为，无论什么团体，要想有效率地活动，就必须有一个首领，在夫妻这个小团体中，丈夫就是天然的首领。因此，美国人决不会反对丈夫的主导权，并且认为夫妻的小家庭就像是广阔的政治界，民主的目的在于规定一些必需的权利并且使它们合法化，而不是破坏它们。

这种观念并非男性所独有，很多女性也对此欣然接受。

没有哪个美国妇女会认为丈夫行使权利就是侵犯她们的利益，至少我没有看见过，更没有哪个美国妇女把这当作屈辱的服从。恰恰相反，我发现有很多美国妇女心甘情愿地放弃自己的主见，并且把这看作一种光荣，将她们的伟大表现在自动就范而不加反抗上。这至少是那些妇德高尚的美国妇女的意见，而其他美国妇女并没有对此公开发表意见。此外，你根本不会听到一个淫乱的美国妻子在践踏完自己最神圣的义务时大吵大闹，标榜自己的女权。

经常有人这么说：在欧洲，就算一个男人对女人极尽奉承之能事，也往往含有轻视的成分；尽管欧洲男人经常表现得像女人的奴隶，但你不难看出，他们并没有发自内心地认为女性和他们是平等的。

在美国，男人们很少赞美女性，但他们每天的日常表现，却证明了自己对女性的尊重。

美国男人经常会让人们感到他们十分相信自己配偶的智力，并且非常尊重配偶的自由。他们认定配偶的头脑也能像自己一样去发现纯正的真理，配偶的心灵也能坚定地去追随这些真理。他们从来不会从成见出发，拿妇女的愚昧无知和胆小怕事来说事儿，以此显示自己比配偶高明。

但是，在男人容易被妇女控制的欧洲，男人却在刻意否认妇女具有人类的某些属性，在他们眼里，妇女虽然迷人，却不是一个完整的人；尤其让人惊讶的是，那儿的妇女竟然也持这种观点，她们在日常生活中喜欢表现得软弱和怯懦，并且把这当成她们的特权。而美国妇女则绝不会要求这种权利。

另一方面，我们也可以这样说，我们的民风实际上让男人获得了一种奇异的豁免权，仿佛有一套道德规范是专门为男性规定的，而女性则有另一套道德规范；按照舆论的看法，同一种行为发生在女性身上就是犯罪，而发生在男性身上则只是不起眼的过错。

美国男人绝对不会认同这种权利和义务的不公平分配，在他们眼中，诱奸者和出轨者是同样不光彩的。

没错，美国男人很少会像欧洲男人那样对女性百般殷勤，他们只是用行动来表示对妇女贞洁和贤惠的敬爱。他们非常尊重妇女的精神自由，当有妇女在场时，每个人在谈话中都显得特别谨慎，唯恐让妇女听到让她们感到不快的言语。在美国，一个年轻妇女可以单独去长途旅游而不感到害怕。

美国的立法者虽然减轻了刑法中的几乎所有惩罚条款，但仍然对强奸罪判处死刑，此外，舆论对这种罪行的口诛笔伐也最为凌厉。这种现象是可以理解的，因为美国人把妇女的贞节当作最珍贵的东西，而把妇女的自由看作最应当尊重的东西，自然会认为那些强迫妇女失去贞节和自由的人是最应该受到严惩的。

而在法国，对强奸罪却判得很轻，甚至很难看见一个陪审团对强奸罪做出有罪判决。这究竟是轻视贞节还是轻视妇女呢？我不得不认为，这种行为二者兼有。

美国人虽然不认为男人和女人有同样的权利和义务，但却一视同仁地看待男女的作用。在他们看来，男女的命运虽然不同，但作为一个人来说价值却是相等的。他们虽然不要求女人像男人那样刚毅，也从不要求女人像男人那样使用自己的勇气，但是他们决不怀疑妇女身上具备的勇气。他们虽然同意夫妇不应以同等的方式运用自己的理解力和理智，但他们至少承认妇女的理智和男人的理智一样清晰，妇女的理解力和男性的理解力一样可靠。①

于是，让妇女处于社会下层的美国人，却在智力和道德领域竭力将女性提高到和男人同等的水平。在这方面，美国人对于民主进步的真正含义有令人钦佩的理解。

我要毫不犹豫地声明：虽然美国妇女中很少有人能走出家庭的小圈子，在某种程度上还有着很大的从属性，但在我看来，她们的地位还是

---

① 参阅福尔索姆：《妇女和民主社会》第613页以及以下几页。——法文版编者

很高的。现在，在我即将完成这本讲述美国人做了如此多重大事情的时候，如果有人问我这个国家的惊人繁荣应当归功于谁，我会毫不犹豫地说：应当归功于优秀的美国妇女。

第13章　平等怎样自然而然地将美国人分为诸多私人社团

人们也许会认为，民主制度的最终效果，就是让全体公民在私人生活方面也像在政治生活方面那样融合起来，并且强制他们过同样的生活。

这种看法，是对民主所产生的平等进行极其粗浅和蛮横的解释。

不论处在什么类型的社会，都不可能让人们在教育、财产以及爱好方面完全没有差别；即使有时不同的人会齐心协力去做一件对他们都有利的事情，但你必须承认，他们绝不会发现其中的乐趣。因此，他们无论如何都要逃避立法者规定的限制，并且在这个过程中建立起一些因兴趣、条件或品德相似而结成的私人小团体，这些私人小团体将和庞大的政治团体并存。

在美国，所有公民都是平等的，谁也不会比谁高一头；他们既不需要彼此臣服，也不需要互相敬畏；他们联合执法，共同治国，总之，就是集思广益地一起去处理关系着他们共同命运的事务。然而，我从来没有听说过有人主张所有的人都用同样的方式消遣，或是让男女混杂在同一个场所娱乐。

在政治集会和司法审判大厅中经常混在一起的美国人，在私人生活方面却谨慎地将自己划归到很多不同的小团体中，以便在这些地方享受到私人生活的乐趣。每个公民都会乐于承认全体公民一律平等，但只把他们中的极少数人看作自己的朋友和客人。

我认为这种现象是非常自然的。当公共生活的圈子不断扩大，私人关系的范围就会越来越小。在我看来，新社会的公民不但不会在生活上一模一样，反而会自发地形成许多个小圈子。

在贵族时代，每个阶级都仿佛一座大城市，本阶级的成员出不来，其他阶级的成员也进不去。各阶级之间不会互相往来，但是在一个阶级内部，人们则交往甚频。即使他们天性迥异，但基本一致的身份却使他们彼此接近。

当法律和习惯都没有强制规定让某些人建立频繁的关系时，观点和思想的偶然一致，则可能对建立这种关系起到关键作用。因此，那些私人组成的团体往往各有各的特点。

在民主时代，公民们都相差无几，自然会觉得彼此随时都能融为一体，于是就会人为地建立起很多小圈子，而每个人都试图通过进入这种小圈子将自己和其他人区别开来，唯恐自己泯然众人。

这种情况会永远存在下去，因为人们可以改变制度，却无法改变自身。无论社会在怎样竭力使公民彼此相似，来自个人的自傲总是会阻止人们走上同一水平，渴望在某一方面能鹤立鸡群。

在贵族时代，人们被那些不可逾越的壁垒所隔绝；在民主时代，人们则被许多看不见的线所隔开，人们虽然可以随时斩断这些线，但这些线也能通过不断移动位置的方式重新联结起来。

因此，不论平等发展到什么地步，民主国家总会形成大量的私人小团体，这些小团体分布在大政治社会的汪洋大海中。尽管如此，这些小团体中的成员，没有一个人在仪表上和贵族国家的上层阶级相同。

第14章　对美国人仪表的若干考察

乍看上去，似乎没有什么比人的外表更不重要的了，但人们重视外表却胜过其他一切东西。只有当人们生活在一个不讲究仪表的社会里，在待人接物的时候才不会产生一定的举止习惯。因此，社会和政治情况对于仪表的影响，是非常值得研究的。

一般来说，外在的仪表主要受到民情的影响，此外，它有时也是一些人之间约定俗成的结果。因此，仪表既是先天具有的，又是后天获得的。

一些人认为自己轻而易举就能出人头地，觉得每一天都有重大的工作摆在眼前。由于他们生活在别人创造的财富之中并且也不怕失去这些财富，就会高傲地轻视物质享受，并且有一种流露于言表的伟大感。

在民主国家里，人们一般都不会有威严的仪表，因为几乎每个人在私人生活上都没有高大之处。人们的仪表往往显得不拘小节，因为民主时代的人们每天都忙于家务，很少有机会讲究仪表。

其实，真正的注重仪表在于什么时候都能表现得适得其所，既不唱高调也不显得卑微。对于这一点，农民和贵族都能做到。在民主国家，人们的地位并不是一成不变的，因此人们的仪表往往是傲慢无礼的，很少表现出尊严和尊贵。除此之外，民主国家人们的仪表既没有严格的规范，也不需要经过特殊的训练。

生活在民主制度下的人往往过于好动，具有极大的流动性，以至于让人们很难拥有彬彬有礼的仪表，就算具有也不能长期遵守。这样一来，每个人差不多都能任意行动，在仪表上会产生一种互不连贯的表现，毕竟每个人的仪表都是源自个人的思想和习惯，而不是根据人们热衷于模仿的某个理想典范而形成的。

而且，这一点在贵族制度刚被推翻的时候表现得最为明显。

于是，新的政治和新的民风，就会把那些教育程度和生活习惯相差很大的人聚集在同一个地点，并且强迫这些人共同生活，从而使得世俗生活斑驳得像个万花筒。人们还能依稀记起从前的严肃礼仪，但却忘了它们的内容和出处。人们虽然失去了共有的仪表习俗，但还不想彻底抛弃它，而是试图用旧规矩的残章来建立某种可以任意改变的准则。这样一来，仪表既不像贵族时代的人们那样经常表现得彬彬有礼和威严端庄，也不像民主时代的人们那样表现得朴素大方。这时候的仪表处在受约束和不受约束的中间地带。

这当然不是一种正常状态。

当平等全面而持久地深入人心，所有的公民都有着相同的思想和相似的工作，不需要经过互相协商就能在言语和行动上保持一致时，人们就会不断地发现他们在仪表上的细小差别，但总体来看，他们并没有本质性的区别。仪表任何时候都不会完全一样，因为它没有固定的模式。人们的仪表也永远不会变得天差地别，因为他们都处在同一个社会条件下。刚到美国时，你可能会认为所有的美国人都有着一样的仪表，只有通过仔细观察，你才会发现他们的细微差别。

英国人总喜欢嘲笑美国人的仪表，但是很奇怪，那些向我们做出此类可笑描述的作家，大多数是自己身上也存在这些可笑举止的英国中产阶级。[1]也就是说，这些热衷于挖苦美国人举止的身体力行者，其实是在自己嘲弄自己，这让他们本国的贵族觉得可笑。

没有什么比不当的仪表更有损于民主的了。很多人宁可迁就民主制度的缺陷，也不肯采取民主时代应有的仪表。

然而，我并不是认为民主国家人们的仪表一无是处。

在贵族时代，凡是在生活上接近上层阶级的土财主，一般都力图把自己打扮得像上层阶级一样，所以会出现种种东施效颦的模仿行径。民主国家的人则没有这些可供模仿的威严仪表做榜样，所以他们就不用去模仿那些让人生厌的仪表。在民主国家里，人们的仪表既不会像贵族时代那么讲究，也不会显得过于粗暴。在民间，既听不到底层人那种粗野村言，也听不到贵族式的口吐莲花。民主国家的习俗经常显得平淡无奇但绝不至于粗野低贱。

我曾说过，民主国家不会制订那些彬彬有礼的行为准则。这既有其不便之处，又有它的优势。在贵族制国家里，名目繁多的礼节规矩使得人们的举止趋于一致。这些规矩不顾个人的性格特点，生硬地把同一阶级的全体成员塑造成外表相同的人。它们装饰每个人的个性，并且隐藏起它们的真面目。在民主时代，人们的外表往往是诚恳的，既不像贵族时代那样文质彬彬，也不像贵族时代那样丝毫离不开规矩。民主时代人们的仪表仿佛一层织造得并不太好的薄纱，透过这层薄纱可以轻易看到每个人的真正感情和个性化思想。因此，人们的外表和内在往往高度一致，它所反映出的人的品质虽然不够完美，但却非常真实。从某种意义上来说，民主的目的并不是让人们具有特定的仪表，而是防止人们具有

---

① 参阅弗朗西斯·特罗洛普所著《美国人的家庭礼节》一书，1927 年，伦敦，新版本。托克维尔引用的可能是本书的第一版，它于 1832 年刊行于伦敦。——法文编者

特定的仪表。

有时候，你在一个民主国家里能够看到贵族的观念、激情、美德以及恶行，但你绝对看不见贵族的仪表。当民主革命彻底完成后，贵族的仪表便永远消失了。

乍看上去，似乎没有什么东西比贵族阶级的仪表更能长久存在下去，因为贵族阶级在丧失财产和权势后，其仪表还能续存一个时期；但是，又似乎没有任何东西比贵族的仪表更为脆弱的了，因为它在消失后便了无痕迹了，以至于很难说它曾真正存在过。社会的变迁，造就了这个需要几代人的努力才能完成的奇迹。

贵族制度的很多特点，在贵族制度消亡后还可能成为历史遗迹；而贵族们高雅的行为举止，则会随着贵族制度的崩溃而被人遗忘。人们一旦见不到贵族的举手投足，也就不会再想起它们了。这些习俗的消逝既没有被人看到，也没有被人感受到，因为人们唯有事先在习惯和教育上有思想准备，才能感受到从选择仪表的过程中获得的美好感觉，而且这种美好感觉会随着选定仪表的停用而消失。

因此，民主时代的人民不但不会有贵族的仪表，而且也不会去幻想自己拥有贵族的仪表。他们想象不出贵族时代的仪表是个什么样子，对于他们来说，仿佛那样的仪表从来不曾存在过。

对于这样的损失虽然不用太过重视，却也颇有些遗憾。

在生活中，往往会看到某个人举止非常高雅，但内在的思想却庸俗不堪；在法庭等特殊情境下也能清晰地看到，那些道貌岸然的外表下往往隐藏着最为卑鄙的心肠。贵族的仪表虽然不能算是一种美德，但有时却能起到粉饰美德的作用。而一个人数众多、力量强大的阶级却恰恰相反，他们时刻都以生活上的外在表现来彰显他们内在精神的高尚、爱好的高雅以及举止的得体。

贵族的外在仪表让人们对人性产生了美丽的错觉。尽管贵族的仪表往往是虚伪的，却在视觉上给人以高尚的感觉。

第15章　论美国人的严谨精神中的不严谨方面

生活在民主时代的人，不会喜欢贵族制度下的老百姓热衷的那些淳朴而粗俗的消遣，在他们眼中，这些消遣是幼稚和无聊的。然而，他们对于贵族阶级的文娱活动也不喜欢，他们希望在享乐中能得到某些具有生产价值和实际利益的东西，最好能一箭双雕：既得到实际利益，又能获得乐趣。

在贵族制社会里，老百姓们容易沉溺于热闹的狂欢氛围中，从而暂时忘却现实生活中的困难。民主社会的居民却不大喜欢这种忘形的狂欢，他们在失控后，总是会感到后悔。他们抵触这种轻浮的狂欢，而喜欢那些严肃而安静的享乐，因为这种享乐不会让他们把工作抛到九霄云外。

在大部分欧洲国家里，人们在闲暇的时候一般都会去公共场所跳舞娱乐，而与欧洲人职业相同的美国人却不会如此，他们总是把自己关在房子里独酌。美国人将两种享乐结为一体：一边考虑自己的生意，一边享受微醺。

我原以为英国人是世界上最严肃的民族，但当我看到美国人后，就改变了这个看法。

我并不是说民族气质没有对美国人的性格产生重大作用，我只是认为政治制度对他们的性格影响更大。

我认为美国人的严谨精神，有一部分源自于他们的自尊心。在民主国家里，即使是一个穷人，也十分重视人格的价值。他并不觉得自己比别人差，并且一厢情愿地认为别人也会这么看待他。在这种心态的支配下，他的一言一行都非常谨慎，绝不会显得得意忘形，以免暴露出自己的缺点。他觉得，要想让别人看得起，就要懂得自尊和严肃。

但我同时认为，美国人之所以有这种让人震惊的严谨精神，还有一个更为重要的原因。

在专制制度下，普通老百姓虽然有时会忘乎所以，沉溺在狂欢里。但是一般来说，他们在大多数时间还是郁郁不乐和沉默寡言的，因为他们对专制制度感到恐惧。

在王权受到习惯和大众所节制的君主国家里，老百姓往往会显得心平气和以及精神愉快，因为他们享有一定的自由并且不用担心自己的安全，对于生活也乐天知命。然而，但凡享有自由的人民都是做事严谨的，他们会不断提醒自己事业之路不会是一帆风顺的，而是充满艰险的。

对于那些获得了民主自由的人们来说，情况尤甚。在民主国家里，各个阶级都有很多人经常参与国家大事，而那些不想参与公共管理的人，则会致力于增加自己的个人财富，为此，谨小慎微的精神在民主时代不只为个别人所特有，而是一种民族习性。

现在人们经常会谈到古代的一些小共和国，说那时候的公民每天戴着玫瑰花环在公共场所聚会，几乎把所有的时间都消磨在跳舞和观看戏剧上。我宁可相信柏拉图共和国也不相信这种共和国。[①]如果事实真如他

---

① 对于我们来说，最重要的是要理解托克维尔的社会学方法，而不是考究他到底信不信柏拉图所描绘的共和国。托克维尔既没有柏拉图式的乌托邦理想，也没有他同时代人的乌托邦观点。可参阅路易·雷博《关于现代改革家或社会主义者的研究》（第3版，总共两卷，1842年，巴黎）；卢·冯·斯坦因《法国社会主义运动史》（共3卷，新版本，1921年，慕尼黑）。——法文版编者

们所说，我也敢断言，他们设想中的共和国的构成要素和我们眼中的共和国构成要素是大相径庭的，除了名称一样，二者毫无共同之处。

此外，我们也不要认为活在民主制度下的人会觉得辛苦和可悲。恰恰相反，没有一个时代的人能像他们那样安于现状。如果没有让他们操劳的事情，他们反而会觉得人生是乏味的，他们热衷于操劳甚于贵族热衷于享乐。

我忍不住寻思，如此严谨的民主国家民众为什么有时候做事会那样欠考虑。

那些经常保持冷静态度和举止稳重的美国人，却往往不懂得自我克制，在心血来潮的时候，他们很容易越出理性的界限，做出一些荒唐的事情，并且做得极其认真。

对于这种矛盾的现象，其实不用感到吃惊。

有一种无知是因为知道的太多而造成的。在贵族制国家里，人们之所以不知道该如何行事，是因为没有人对他们进行指导；而在民主国家里，人们之所以会贸然行事，却是因为他们知道的东西过多。前者是一无所知，后者则是把知道得东西都忘了。这二者的主要特点就像是一幅画，只有大概的轮廓而没有景物的细腻描绘。

让人感到奇怪的是，在民主自由的国度，公职人员有时候出言不逊或举止轻率，这样做并不会危害到他们的地位；而在君主专制的国家，公职人员随便说几句不合适的话，就有可能被革掉官职。

过去的很多事件都在证明着这一点。当你在面对乱糟糟的一大群人讲话时，很多话都不会被人听见，就算听见了一些只言片语，也会很快被遗忘；然而，当别人在洗耳恭听时，哪怕你的声音再低，也能被人听见。

在民主时代，人们从来不会死守在一个地方不动，有很多很多的机会让他们不断地迁居，他们的生活总是被一种不知名的力量所支配。在这种即兴力量的支配下，他们往往会做一些没有学会的事情，去说一些他们根本不理解的话，去从事一些他们觉得生疏的工作。

在贵族制度下，每个人一生中只有一个终生追求的目标；而在民主国家里，人们的生活则是纷繁复杂的，一个人往往会同时怀有几个目标，而且这些目标之间往往没有联系。正是由于他们不能对每个目标都有清晰的认识，所以也容易满足于一知半解。

民主国家的公民即使不受贫困的逼迫，也会受到欲望的唆使，因为他们很容易发现自己周围的财富和福利，没有一件不是他们触手可及的。因此，他们急着去追求一切东西，去做一切事情，而且只要干得差不多就心满意足了，他们从不花时间去探究自己的每个行动。

民主时代人们的好奇心既没有止境又非常容易得到满足，因为他们渴望尽快知道更多的东西，而不是深入地了解它们。

人们没有时间也没有兴趣去深入探究事物的本源。

总而言之，民主国家的公民之所以谨小慎微，是因为他们所在社会情况和政治情况迫使他们去从事一些必须认真对待的工作；而他们之所以偶尔行为轻浮，则是因为他们只有不多的时间和精力去完成其中的每一项工作。

注意力不集中的普遍习惯，应当被视作民主精神的最大缺陷。

第16章　美国人的民族自负心为何比英国人的轻浮

所有获得自由的人民都会感到自豪，但民族自豪感的表现形式却是多种多样的。（D）

当美国人和外国人交谈的时候，往往一丁点批评都忍受不了，而对别人的赞美之词却是来者不拒。一句微不足道的褒奖，都会让他们觉得耳顺；无论你把他们捧得有多高，他们都不会觉得满足。他们总是纠缠着你，好让你再多赞美他几句；如果你置之不理，他们就会自我吹嘘一番。有人这么认为，因为他们自己都怀疑自身的优点，所以才总想着让别人赞美他们。他们的自负中不但有贪婪的成分，还混杂着轻浮和妒忌。这种自负心让美国人总想着受人关注和沽名钓誉。

我曾对一个美国人说他们的国家很好，这个美国人立即回应道："没错，世界上没有一个国家能比得上它！"我接着又赞美他们所享有的自由，这个美国人回答说："自由确实是珍贵的礼品，但没有几个国家有资格享用它！"我指出美国民情非常淳朴，他接着说道："我能够想象，一个曾在其他国家目睹过贪污腐化现象的外国人，看到美国这种淳朴的民情必然会大吃一惊。"后来，我让他评价一下他自己做得如何，但是他却让我回到原来的话题上，非让我再重复一遍刚才的话才肯罢休。这种偏执而令人厌倦的爱国精神简直令人难以理解，就连真心称赞这种精神的人也会感到厌烦。

英国人却不是这样。他们并不大肆宣扬自己国家的优点，只是在心里顾盼自雄。他们既不称赞别的国家，也不要求别人来称赞自己的国家。听到来自外国人的贬责，他们不会发火；听到外国人的赞颂，他们也不会感到受宠若惊。他们对全世界都怀有一种既傲慢又无知的态度，他们的自豪感不是由别人来培养的，他们自己就能提供养料。

两个族人基本相同的民族，在言谈和举止上却显得大相径庭，这实在是让人惊奇。

在贵族制国家里，达官贵族们自有其高傲的资本，他们不用以历数本国优点的方式去培养这种感情。这些特权是他们从祖辈继承下来的，所以被他们视为自身的一种不可或缺的东西，或者是生来就有的天赋权利。因而，他们对于自己的优越性有种坦然自若的感觉，绝不会想要在人们面前显摆他们那些人所共知的特权。他们并不觉得这些特权有什么了不得，以至于可以构成供人们吹牛的话题。这些人稳如泰山，坐享荣华，深知自己不必炫耀也会引起人们的注意，并且确信不会有人试图推翻他们。

当贵族们处理国务的时候，他们的民族自豪感自然会采取这种自视甚高并且旁若无人的方式，而国内的其他阶级也会纷纷效仿。

相反，当身份的差别很小时，一丁点优势也会具有重大意义。当人们看见周围有成千上万的人有跟自己相同或相似的优势后，他们的自豪感就会掺杂进贪婪和嫉妒的成分；即使是一些微不足道的利益，他们也会力争，争到手之后，就会抓住不放。

在民主国家，人们的条件是经常转换的，所以他们拥有的优势会随时更新。这样一来，他们就会无止境地显示自己的优势，以便让其他人看到并且让自己确信自己确实有优势。但是这种优势随时都有可能失去，因此，他们总是显得惶惶不安，并且极力显示自己的优势。民主国家的公民，爱他们的国家就像爱他们自己，并且会将个人的自负心转化成民族的自负心。

民主国家人们所具有的轻浮之心，源于他们的身份平等和经常变动，即使是那些最高尚的人，当他们的生活出现变动时，也会表现出自己的爱憎。

贵族阶级由于特权范围大和持续时间长，从而显得与其他阶级大为不同。至于贵族成员出现的差异性，则是由于失去或获得的那些可变利益而造成的。

但是，一个强大的贵族阶级成员，有时会为了争夺主子随意赐予的一些小特权而聚集在宫廷彼此争吵。这时候，他们必然会互相攻击，这种行径让民主制度下的公民感到可笑，为了一点蝇头小利而互不相让，并且寻章摘句地证明自己享有这种利益。

一旦阿谀奉承的人具备了民族自豪感，我相信，他们也一定会像民主国家里的这号人一样显示出自豪感。

第17章　美国的社会面貌为何既变化万千又步调一致

也许，美国的社会面貌比任何东西都适于激发人们的惊异感。在美国，不论是人们的命运思想，还是国家的法律，都处在不断的变化之中。可以这么说，由于人们每天都在努力改造自然，大自然必然会随之运动起来。

然而，只要经过长期观察，这个看似千变万化的社会就会显得单调；而且观察者对这个变动无常的景象观察一段时间后，还会心生厌烦。

在贵族时代，每个人几乎都永久性地固定在自己的活动领域，但人和人之间却有着极大的差别，每个人的情感、思想、习惯以及兴趣都有本质上的不同。也就是说，乍一看什么都一样，细看却样样都不同。

相反，在民主时代，每个人都是相同的，并且做着大同小异的工作。没错，他们会随着社会的不断变化而浮沉，但成功和失败往往是循环反复的，改变的只是演员的名字，但剧情并没有任何变化。美国的社会面貌是千变万化的，因为身处其中的人和物都在不断地变化；但它又是单调乏味的，因为民主社会的所有变化都是千篇一律的。

民主时代的人们有着充沛的热情，但是大部分的热情都是源自金钱。这不是因为他们的精神境界太低，而是因为金钱在民主社会的作用实在太大。

当全体公民都独立自主并且没有任何差别时，唯有依靠金钱才能得到他人的合作。这使得金钱的作用无限扩大，让财富的价值不断飙升。

当贵族时代的权威基础不复存在，出身、地位以及职业就不再是区分三六九等的标准，唯有金钱能让人们之间产生出显著的差别。于是，这种建立在财富上的差别，就会随着其他差别的缩小而扩大。

在贵族制国家里，金钱只会把人们引领到庞大欲望圈的某几个点上；而在民主国家，金钱却仿佛能将人们引领到这个圈的所有点上。

因此，我们随处都能发现，热爱金钱是美国人行动的主要动机或次要动机。这让美国人对所有事情的热爱都蒙上了一层金钱的色彩，以至于让人看到这种情况便感到厌恶。

同样的热情随之相继出现，就会让人觉得单调；而满足这种热情的每一个具体过程，也同样让人觉得单调。

在美国这个秩序稳定的民主国家里，人们不能依靠战争、贪污或政治手段来致富，因此，爱财之心让人们大多都献身于工商业。由于工商业经常会导致严重的混乱和失败，因此，如果没有训练有素的经营方法和长期积累的经验，是无法让工商业获得繁荣的。经营工商业的热情越高，人员越训练有素，活动也就越容易取得成功。可以这么说，让美国人能如此有条不紊地进行商业活动的，正是他们强烈的事业心。这种事业心虽然干扰了他们的心灵，却让他们的生活得到安顿。

我描述的关于美国的一切，也适用于当代人。生活的多样性正在逐渐从人类社会中消失，同样的行为、同样的思想以及同样的感情正在进入世界的每一个角落。这不仅仅是因为各国往来日益密切，还因为每个国家的人都逐渐放弃了本阶级和本家族所固有的思想感情，彼此越来越接近。因此，他们不用互相模仿，就能变得一致。他们就像遍布在森林里的旅游者，森林中所有的道路都通向同一个地点。如果他们一起确定一个集中地，并且向这一地点走去，那么，就算他们不去相互寻找，也不认识对方，还是能逐渐地彼此接近，当他们在某一地点相会时，往往会感到吃惊。那些不以特定的人为模仿对象，而是以人本身作为学习标本的国家，必然会像在森林中汇合的旅游者一样，在民情方面达到一致。

第18章　关于美国和民主社会中的荣誉感[1]

人们在评断他人的行为时，似乎有着两种截然不同的标准：有时是按照普世的是非观念去判断；有时则是根据一个国家和一个时代所特有的是非观念去判断。这两种标准有着很大区别，有时甚至会互相抵触；然而，它们永远不会互相混杂，也永远不会彼此抵消。

当荣誉最受人们重视的时候，它比信仰更能支配人们的意志；当人们毫不犹豫并且没有任何怨言地服从信仰的指挥时，也会感到有一个更为普遍、更为古老以及更为神圣的规范的存在，这往往基于一种模糊但很强大的本能。有的行为，既可以说它是体面的，也可以说它是不体面的。例如，拒绝决斗的行为，就是如此。

我认为，人们可以用某些个人和某些国家的任性而为的性格来解释这种现象，事实上，大家也都是这么做的。

人类需要制定出一套让任何人在任何地方、任何时候都不敢违反的

---

① 荣誉这个词在法语中有两层意思。当我在使用这个词的时候，并不总是采用它的全部含义。

首先，荣誉表示获得他人的尊重以及赞美。在使用这个词义的时候，人们往往会说某人“赢得了荣誉”。

其次，荣誉表示人们赖以获得这种尊重和赞美的整个行为规范。在使用这个词义的时候，人们经常会说：“一个人必须要严格地遵守荣誉对于他的要求”。我在本章使用这个词的时候，采用的是它后一个含义。

道德规范，一旦有人违反了它，就会遭到斥责和耻笑。违反道德规范的行为，被称为作恶；遵守道德规范的行为，则被称之为行善。

人们还会在整个人类大团体中建立一些范围比较小的团体，并且把这种团体称作国家或民族；在这个小团体内，又会建立起一些范围更小的团体，即阶级或等级。

每一个这样的团体，都会各自成为人类社会中的一个特殊群体；虽然它们与整个人类群体并没有本质上的区别，但是在一定范围内又是独立存在的，并且各有其自身的需要。这些特殊的需要，又以一定的方式对不同国家人们的行为进行观察，并且根据这些行为做出各自的评价。

人类最普遍和最永恒的利益，在于不互相残杀。但是，某个国家或阶级又会有特殊的和暂时的利益，站在这个暂时利益的角度，杀戮人类在某些情况下又是值得原谅的，甚至是值得表扬的。

荣誉其实就是根据一种特殊情况而建立，供一个国家或一个阶级进行褒贬的特殊标准。

那些抽象的解释对于启迪人们的思想并没有多大用处，所以我要求助于事实。接下来，用一个例子来说明我的看法。

我选择了一种最为奇特的荣誉来做例子。这就是曾经风靡世界并且为我们所熟悉的贵族荣誉。我一方面要用上述的观点来说明这个例子，另一方面又要用这个例子来阐述我的观点。

我在这里不准备探究中世纪的贵族是何时产生的，也不想去讨论它为何与民族的其余部分有了深深的鸿沟。我将这些都看作既成事实，并且试着说明它为什么要用极为特殊的眼光去看待人们的大部分行为。

最先让我感到吃惊的是，在贵族时代，人们的行为不是受到固有的价值影响而受到褒贬的，有时候完全是根据行为的主体和客体来评定其好坏，以至于评定的结果和人类的共同良心相抵触。因此，有些行为在老百姓眼中并无不妥，却会让一个贵族感到有失体面；还有一些行为，则会因为受害者不是贵族而改变其性质。

这种差别观一经产生，贵族阶级就会成为和人民隔离的独立团体，他们稳稳地坐在上方，俯视这下层阶级的人们。这种特殊的地位是贵族阶级的力量所在。贵族阶级为了保住自己的地位，不仅需要拥有政治特权，还需要按照它的标准来判断善恶。

有些行为发生在贵族身上是善，发生在老百姓身上则是恶，反之亦然。当一种行为加之在平民身上时，就算有罪也不会受到追究；而当它施加在一个贵族身上时，即使无罪也有可能受到追究，并且往往是随意惩治。不过，根据一个人所处的地位来判断其荣辱，是贵族社会内部造成的结果。凡是曾出现过贵族阶级的国家，都出现过这种情况。只要贵族制度的残余依然存在，这种怪现象还会不断发生。例如，诱奸一个有色人种的姑娘不会让美国成年男性名誉扫地，而他要是娶这个姑娘为妻，就会使他没脸见人。

在某些特殊的情况下，贵族主义主张复仇，瞧不起委曲求全的人；但是另一方面，它又严格要求人们自我克制，达到一种忘我的境界。它虽然不要求仁慈和温存，却歌颂宽宏大量。它重视仁政甚于重视布施，它允许人们依靠赌博和战争致富，却不允许人们凭借劳动发家。它宁肯让人们犯下滔天大罪，也不允许他们追求微不足道的蝇头小利。它讨厌吝啬甚于讨厌贪婪。它经常鼓吹暴力，却始终鄙视狡诈和背叛。

然而，这些稀奇古怪的思想，并不是源自某些人的异想天开。

对于一个已经取得领导地位并且竭力保持这个地位的阶级来说，必然会让它显得伟大和显赫，并且会将它的高傲感和权势结合起来。为了在其他阶级面前显示自己的优势，它甚至会违反天理和良心。我们甚至可以想象，这个阶级能够随意颠倒是非，把厚颜无耻的恶行当作温和淳朴的德行。这个阶级如果在社会上确立自己的主导地位，就很有可能倒行逆施。

中世纪的贵族把尚武精神视为最高美德，并且认为它能代替一切美德。

这也是一种源自社会环境的独特观点。

封建贵族是靠战争起家的，也是为了战争而存在的。它将权势作为自己的武器，并且用武器来捍卫自己的权势。因此，对于它来说，最重要的莫过于尚武精神。它自然会将尚武精神捧上神座，认为它比什么都光荣。因此，凡是彰显尚武精神的行动，都会得到它的认可，即使这种行动是违反理性和人道的。然而，人们那些稀奇古怪的念头，只能作用在个别行动上。

一个人在挨了一耳光后，把这当成奇耻大辱，并且和打他的那个人决斗，将自身性命置身脑后，是出于他自己的判断；而一个贵族在挨了一拳后，如果不去还手就会立即名誉扫地，这是出于军事贵族原则的需要。

因此，说荣誉具有任意性是有一定道理的。但是，荣誉的任意性必须要有一个必要的界限。在我看来，被我们祖先视为荣誉的那些行为绝不是出于自我的判断，所以我们很容易将贵族时代那些稀奇古怪的规定，和贵族时代为数不多而又固定不变的需要联系起来。

如果我从政治方面去观察封建社会的荣誉，我就能轻易地解释它的各种政治措施。

中世纪社会领域和政治领域的特点，就是国家政权从来不去直接管理公民。可以这么说，公民根本就不知道有什么国家政权，每个人只知道自己必须服从于某人，并且通过这种形式和那些素未谋面的人发生联系。因此，在贵族时代，整个国家制度都是建立在属民对他们主人的忠心上的。如果这种局面有一天消失，整个国家就会立即陷入无政府的状态。

对政治首领的忠贞不贰，也是所有贵族成员价值判断的标准，因为这些人既是领主又是家臣，既可以发号施令又必须遵从主人的使唤。

永远忠于自己的领主，平时与他同甘共苦，必要时候敢于牺牲，无论他做什么都要尽心辅助他：这就是贵族阶级的荣誉在政治方面的主要准则。舆论对于那些背叛的臣属极尽口诛笔伐之能事。人们给这种行为起了一个极具侮辱性的名字：变节。

然而，爱国心作为古代社会的一种生命激情，在中世纪里只能看见一些残留的痕迹了。

封建制度让人们看不清祖国的轮廓，认为爱国没有太大的必要。封建制度鼓励人们去爱具体的人，这导致人们忘记了国家。因此，封建时代的荣誉并没有把对祖国的忠诚囊括进去。

当然，这并不是说我们的祖先不爱国，他们对国家的爱只是源自一种微弱而模糊的直觉。随着封建阶级的没落以及中央集权的确立，人们对国家的爱才逐渐明确和加强。

这种现象，在欧洲各国因为所处时代不同而对史实做出截然相反的评价方面，表现得最为清晰。在处在波旁王朝时代的人们看来，波旁王朝的元帅们率领自己的军队攻打国王，是最为可耻的行径；而在当代人看来，这些人最可耻的行径，却是同自己的国家作战。虽然我们和祖先都在批判他们，但批判的原因却大不相同。

我之所以选用封建时代的荣誉来说明我的思想，是因为那时候的荣誉的特征比其他时代都更为明显，这样也就更能说明问题。我还能举出其他的例子，并且用其他的方法达到同样的目的。

虽然我们对罗马人的了解不如对我们祖先的了解，但我们可以确定他们的荣辱观并非来自关于善恶的一般观念。他们的许多行为，由于实施行为的对象不同（公民或外国人或自由人或奴隶），而被赋予不同的评价。他们不仅表扬恶行，还认为某些个别德行高于其他所有德行。

普鲁塔克在他的著作《克里奥拉努斯传》中说过："在那个时代，勇敢是罗马最高尚的美德。他们将勇敢称为美德，让美德这个普通的名词具有专门的含义，就在证明着这一点。这样一来，在拉丁语中，美德这个词同时也有勇敢的意思。"任何一个人都能从这里看出罗马为了征服世界而在道德上耍的小聪明。

每一个国家都会出现这种类似现象，正如我前面所说，一旦人们组成特殊团体，就会产生荣誉的观念，即他们对于那些或褒或贬的事物所持有的一套看法。这些特别规定源自他们所在团体的特殊习惯和特殊利益。

在特定的范围内，这一点对于民主社会和其他社会都是适用的。我们现在就以美国人为例来说明这一情况。

在美国人的思维里，还能依稀地看到欧洲旧贵族对于荣誉的一些观念。这些传统观念为数不多，在美国既没有深入扎根又没有太大的力量。它们就像那些空荡的庙宇，已经失去了人们的信仰。

在这些具有异国情调、晦明晦暗的观念中，诞生出一些新思想，它们逐渐构成了美国人的荣誉观。

我之前提到过美国人是如何走上工商业道路的。它们的家庭出身、社会情况、政治制度甚至是居住地区，都在促使他们无可抗拒地朝着这个方向走去。就当下的情况来看，他们正在广袤的国土上建立起一个只以工商业开发为目的的社会。这是美国人和其他各国人之间出现种种差别的原因。

因此，凡是那些能够促使工商业发展和社会稳定的德行，都会在这个国家受到特别尊重，而忽略这些德行的人则会受到公众的鄙视。

而那些慷慨激昂的德行，虽然会令人为之目眩，却又经常给社会带来动荡不安，因此它们反而会被这个国家的人民等而下之。人们可以选择忽略这些德行，并且不会失去来自同胞的尊重，那些硬要表现这些德行的人，往往会得不偿失。

美国人还会根据自己的判断对丑行区别对待。

有些喜好似乎不符合人们的天理良心，但却迎合了美国社会的暂时需求。对此，美国人只是轻微地指责，有时甚至予以鼓励。最明显的例子，就是美国人对于拜金主义的看法。为了开垦和耕耘他们所占有的这片广袤大陆，美国人必须有坚忍不拔的精神作为支撑。而这种精神只能表现为拜金主义。因此，拜金主义在美国并不失体面，只要不超过国家机关给它规定的界限，还可能是光彩的。美国人把我们中世纪祖先所不齿的东西称作高尚的雄心，而把中世纪祖先勇猛作战的扩张精神称之为野蛮的嗜好。

在美国，千金散尽还复来。它的国土无比辽阔，蕴藏着取之不尽用之不竭的资源。每一个美国人都拥有活人的一切欲望，并且有一股用不完的力量，周围到处都是他们尚未开发的财富。这样的民族担心的不是个别人的倾家荡产，而是全体民众的游手好闲。在发展工商业上表现出的大胆精神，是他们迅速强大、威名远扬的主要原因。对于他们而言，创办工商业就像购买国家发行的彩票一样，虽然少数人总是不断输钱，但国家却永远赚钱。由此，经营工商业的冒险开拓精神，就受到这个国家的普遍青睐和尊重。然而，那些冒险经营的企业，又可能损害到这些人的利益和财产。因此，将冒险经商视为一种美德的美国人，不会瞧不起那些喜欢冒险的人。

因此，美国对于那些破产倒闭的商人非常宽容，他们的荣誉不会因为这样的意外而受到损害。在这方面，美国人不但和欧洲人不一样，而且和当代其他一切商业国家的人民不同，以至于他们在地位和需要上也显得独树一帜。

在美国，人们很难容忍破坏民风的淳朴性和破坏婚姻的劣行，在这方面要严于其他一切国家。乍一看，这似乎和他们在其他方面显示出的宽容背道而驰。一个民族的道德既放纵又严肃，也确实让人感到吃惊。

然而，这一切又不像人们所认为的那样毫无联系。在美国，舆论对于有利于工业发展和国家繁荣的拜金主义只是轻轻地鞭笞，而对于家庭内部那些伤风败俗的行为却毫不留情，因为这些行为可能会涣散人们追求财富的决心。于是，美国人不得不服从于他们的通行习惯。从这个意义上说，他们的荣誉在于做一个纯洁无瑕之人。

美国人的荣誉观与欧洲人的荣誉观有一个相同点，即都把勇敢作为美德之首，是做人最必要的美德，但二者看待勇敢的角度却大不一样。

在美国，勇猛斗狠的勇气并不受到过高的赞扬。美国人眼中最值得称赞的勇敢，是敢于穿过海洋的惊涛骇浪早日抵达港口，毫无怨言地忍受荒漠中的艰苦以及比艰苦更难于忍受的孤寂。这种勇敢可能导致他们辛辛苦苦积攒的财产，在不知不觉中荡然无存，然后又促使他们去积累新的财富。这种勇敢对于繁荣美国社会是极其必要的，因此备受美国社会的尊重和推崇。当个人一流露出缺乏勇气的表现时，就会被人瞧不起。

现在我来说最后一个特点，以突出本章的中心思想。

在美国式的民主社会里，财产并不是生活的可靠保证。在美国，每个公民都劳动，劳动让人们可以获得一切。这使得荣誉观发生了巨大的转变，这个转变后的荣誉观是反对游手好闲的。

我有时在美国见到一些有钱的年轻人，他们虽然打心眼不愿干苦活，但也不得不操持一份职业。他们的家庭出身和资产本来能够让他们乐得无为自在，但舆论却坚决反对他们这么做，而他们也必须要服从舆论。在贵族还没有完全消失的欧洲，我却经常见到一些因为游手好闲而穷困潦倒的人，这些人为了保有自己的尊贵感而无所事事，他们宁可忍受清贫也不愿劳动。

从这两种截然相反的劳动观里，能够发现它们都是受各自的荣誉观影响。

贵族时代所标榜的荣誉，其实只是众多荣誉中的一种。因此，虽然民主时代和贵族时代都有荣誉观，但在民主时代，荣誉观有另外一种表现形式。

民主时代的荣誉观不仅和以前不同，而且我们还能发现，这方面的规定虽然数量不多也不够明确，但人们却更能遵从它。

等级在一个民族中始终处于非常特殊的地位。全世界没有一个国家是例外，到处都有由同一家族组成的小团体，例如中世纪的贵族。这类小团体的目的，就是将文化、财富以及权势都集中在自己手里，并且永久地世袭下去。

然而，一个团体的地位越高，它的需求也就越大，而适应它需要的荣誉观点也就会越多。

因此，那些没有等级制度的国家对于荣誉的规定总是少于其他国家。如果有一个让任何阶级都难以生存的国家，那么有关荣誉的规定就会减少到为数不多的几条公约，而且这几条公约也会越来越接近绝大多数人所采用的道德准则。

这样一来，在一个民主国家里，关于荣誉的规定就不会像在贵族国家中那么多，也不会像贵族国家那么离奇。

但是，民主国家的荣誉比较混沌，这是上述原因所造成的必然结果。

由于荣誉的标志变得越来越少，并且越来越不明显，所以必然会导致难于区分。

除此外，还有一些其他原因。

在中世纪的贵族国家，人们只是一代一代地机械相传，上一代人并没有给下一代人留下什么新东西；每个家族都像是一个虽然死不了却又一动不能动的植物人；虽然条件在变，思想却永远不变。

在这样的国家里，每个人眼中所见到的都是老一套，头脑中也形成了一套固定思维；他们的眼光逐渐深入到那些最细微的地方，他们的理解力也就越来越清晰明确。因此，封建时代的人们不但有自己判断荣辱的独特观点，还能把每个观点清晰明确地印在自己的脑子里。

美国等民主国家永远不会出现这种状况，因为那里的全体公民都在不断流动，社会在不断改变自己面貌的同时也在改变着自己的观念和需要。在这样的国家里，人们对荣誉的规则只能略知一二，而很少有时间去仔细钻研它。

就算社会是静止不动的，仍然难于界定荣誉一词应有的含义。

在中世纪，因为每个阶级都有自己的荣誉观，所以从来没有一个同时被绝大多数人都接受的荣誉观，这就使得各个阶级的荣誉观都有一个稳定而明确的形式；由于具有同样荣誉观的阶级成员立场一致，自然就愿意接受专门为他们规定的法律条款，从而导致一个阶级的荣誉观具有稳定而明确的形式。

这样一来，有关荣誉的规定就会变成一部将所有细节都事先考虑周全的详尽法典，并且成为衡量人们行为的规范守则。在美国这样的民主国家里，因为等级的界限已经消失，整个社会已经形成了一个统一的整体，社会成员虽然不是完全相同但也非常类似，因此无法事先规定出哪些行为是荣誉的哪些行为是耻辱的。

没错，这个国家内部存在着的某些全国性需要让他们对荣誉产生了一致的观点，但这些观点并不是同时产生的，产生的方式各有千秋，对每个公民的思想影响也不尽相同。他们虽然有关于荣誉的法律，但这些法律往往没有注释。

在我们法国，这方面的状况要混乱得多。首先是因为在我们这里，旧社会遗留下来的阶级在不具备混合条件的情况下就开始混合起来，彼此时时刻刻都将自己的荣誉观带到对方成员那里，这些荣誉观不但不一致，往往还会互相抵触；其次，每个法国人都会凭自己的喜好任意丢弃祖先的一部分观点以及保存另一部分观点；最后，在如此多的任意判断下，就无法建立起关于荣誉的共同规范。也就是说，要想事先规定哪些行为是光荣的哪些行为是耻辱的，几乎是不可能的事情。这当然是一个令人痛苦的时期，但并不会持续太久。

在民主国家里，荣誉是一个比较模糊的概念，其影响力也没有多强，因此，很难实施一项可以得到公认的规范。舆论虽然是荣誉规范最有权威的解释者，但它却不知道根据什么去进行褒贬，因此在进行判断的时候往往显得迟疑。有时舆论还会自相矛盾，而更多的时候是放任不理以及听之任之。

在民主时代，荣誉的影响力之所以显得相对软弱，还有另外一些原因。

在贵族制国家，只有少数人持有同样的荣誉观，这些人往往会自发地形成一个集团，和其他人永远隔离开来。因此，他们的荣誉观很容易和自身所特有的思想混合为一体。在他们眼中，荣誉是他们在大众面前显示身份的标志。他们积极地运用有关荣誉的各种规定来为自己的利益服务，并且让自己的激情服从这些规定的支配。

当我们发现中世纪的法律中，有以决斗来断定是非的条款时，就会觉得我所说的这个情况更为真实。在这项条款中写道，贵族在发生利益或口角纠纷时，以长矛或剑作为决斗武器，而平民则只能用棍棒决斗。习惯法还补充说："鉴于平民没有荣誉"。它的意思并不是说平民是卑贱的，只是表示在判断贵族行为和平民行为时，不能使用同样的标准。

还有一点非常让人吃惊，当荣誉的影响力最大的时候，有关荣誉的规定也最为怪异，以至于让人们觉得这些规定越背离常理就越能被人遵守。有时候人们甚至认定，荣誉的影响力之所以强大，正是因为关于荣誉的规定足够荒谬。

事实上，强大和荒谬有着共同的来源，而不是前者脱胎于后者。

需要越特殊越为少数人欢迎，荣誉观也就越稀奇古怪，而荣誉的影响力之所以如此强大，正是因为出现了这种特殊的并且为少数人所欢迎的需要。因此，荣誉的强大影响力并不是来自荣誉观的稀奇古怪，事实上，它们都源于同一个原因。

我可以为此再作一点说明。

在贵族制国家里，所有的等级都各不相同，并且固定不变；每个人都有着自己的责任所在，不能离开自己居住的地区，同与自己相似的人生活在一起。因此，在这样的国家里，谁也不会担心自己会生活不下去，不论地位多低都能有口饭吃，谁也不会因为聪明或愚笨而受到褒贬。

而在民主国家里，情况就大大不同了。在这里，全体公民混杂在一起，彼此不断往来；舆论抓不住它的把柄，它所谴责的对象可以随时隐藏起来，以躲避它的指控。因此，荣誉在民主国家不太让人觉得自豪，也很少有人当众拿它炫耀。和纯洁的德行不同，荣誉只是做给人看的，而德行却是依靠自身而存在，并且满足于自我认证。

如果读者完全理解了上述的一切，就会发现身份平等和荣誉之间有着密切的关系。如果我没有说错，这种关系到现在为止都没有人明确指出过。因此，我要进行最后的努力，让其昭然若揭。

就算一个民族与人类相隔绝，放弃人类所固有的某些一般需要，那么它也会有自己的特别利益和特别需要，并且很快会在自己的内部形成有关荣辱的一整套观念。

如果在这个民族内部形成了一个同周围所有阶级隔绝，并有着自己特别利益的阶级，那么，这些特别利益又会促使它形成特别的观点。这个阶级的荣誉观是由本民族的特别观点和本阶级更加特别的观点混合而成的，与人类的一般观点千差万别。我的论述即将完结，现在回过头来总结一下。

由于特权已被取消，各阶级正在互相混合。民族的全体成员恢复成彼此平等的人，他们的利益与观念在不断融合，这样一来，每个阶级原来关于荣辱的所有稀奇古怪的观点就会逐渐消失。荣誉观源自民族本身的需要，而没有其他来源。每个民族的荣誉观都有自己独特的个性。

如果所有的种族融合为一体，那么世界上所有国家的人民的利益和需要都会变得一致，彼此之间不会在任何标志上有所区别，这样一来，也就不用按照各自不同的标准来品评人们的行为了，而是按照整齐划一的标准平等相待，并且将人类的一般需要作为共同标准。于是，这个世界上就会出现最简单最普遍的带有褒贬思想的荣辱观。

可以用一句简单的话来概括我的全部思想，这句话就是：人们之间的差异和不平等让人们产生了荣辱观，随着差异和不平等的消逝，荣辱观也会越来越淡，直到最后和它们一起消失。

第19章　为什么美国人多怀进取之心却少有大志

在美国，让你注意的第一件事情，是试图改善自己环境的人多得不计其数；引起你注意的第二件事情，则是在这些积极上进的人中，鲜有胸怀大志和出类拔萃者。没有哪个美国人自甘落后，但壮志凌云者也极为罕见。人人都希望自己拥有名望和财富，但很少有人致力于更伟大的事业。乍一看，这让人感到奇怪，因为美国的民情和法制中没有什么能限制人们的欲望以及阻止人们向各方面发展。

很难将这种奇怪的现象归咎于身份的平等，因为法国人在实现了平等后，立即让一部分人产生了无止境的野心。我认为，还是要深入到美国的民主制度和民情状况中去寻找上述情况的主要成因。

所有的革命都在扩大人们的野心，尤其是推翻贵族制度的革命。

阻碍广大群众掌权的陈旧规矩一旦被废除，人们就会争先恐后地参与到这种令他们垂涎已久的追求名利的普遍运动中来。在这场运动取得初步胜利的情况下，让人们觉得没有什么事情是自己不能办到的。不但人的欲望没有止境，用来满足欲望的权力也几乎是无穷无尽的。在这场改变了所有的人和所有的制度的大变动中，有的公民立即飞黄腾达，有的公民则被打入深渊，权力就像走马灯一般从一些人转移到另一些人手里，以至于人人都会认为有一天会轮到自己掌权。

但是也不要忘记，那些推翻贵族制度的人都曾经生活在贵族法制之下，目睹过它的盛况，并且在不知不觉中沾染了贵族的思想和情感。因此，当贵族制度瓦解的时候，它的幽灵还会在群众头上飘浮，即使当它被完全推倒后，它的残余影响依然会长期保存下去。

因此，民主革命能持续多久，人们争名夺利的野心就会持续多久；甚至当民主革命完成后，这种野心仍然会存在一个时期。

当人们开始回忆，他们曾目睹过的那些惊天动地的事件就会立即涌上他们的心头。革命所激发的热情，并不会随着革命的完成而消失。对于秩序缺少一种稳定感，觉得成功能手到擒来的思想，在动乱平息后依然存在。欲望虽然依旧强大，但满足欲望的手段却越来越少。每个人几乎都有发大财的欲望，但是能实现它的却寥寥无几。于是，各式各样的野心极度膨胀，失败的痛苦隐藏在这些野心家的心中。

然而，随着斗争余威的消失，贵族制度的残余也就逐渐不见了。人们忘记了那些自消自灭的重大事件，和平代替了战争，秩序被重新建立起来，欲望有了新的实现手段，思想、需要和感情互相联系起来，人们终于达到了彼此平等。于是，民主社会被建立了起来。

假设有一个民主国家达到了这种状态，并且能永远维持下去，那么，我们就会看到与我刚才所描述的情景完全不同的状况；我们很容易推断，当人们怀有远大的奋进心，但他们的身份在日趋平等，那么在实现平等之后，奋进之心前进的脚步就会逐渐慢下来。

由于巨大的财产已经分散到大众的手里，科学也越来越普及，因此，谁也不能独占知识和财产。一些阶级享有特权而另一些阶级没资格享有特权的现象将会消失，人们打破了曾约束他们的壁垒，于是奋进的思想萦绕在每个人的脑际，平步青云的念头也在人们心里蠢蠢欲动，让每个人都想要从原有的地位爬上去。这样一来，奋进之心就成了每个人都具备的情感。

然而，如果身份的平等只会让每个公民拥有数量有限的财产，那么，这就会阻碍每个公民获得巨额财产。这种情况会将人们的欲望限制在一个狭小的空间里。因此，在民主时代，奋进之心既是热烈的也是持久的，但一般都没有过高的目标；人们终其一生只是在追求那些容易达成的小目标。

让民主国家的人们没有远大理想的主要原因，不是他们的财力有限，而是因为他们每天忙于致富的努力太过于激烈。他们将全部精力都用在那些平凡的事情上了，这就必然会限制他们的视野和能力。他们也许会变穷，但奋进之心不会减弱。

即使是民主国家那些少数富裕公民，也无法成为这个规律的例外。一个逐步积累起财产和权势的人，在长期的辛苦中必然会养成办事谨慎并且自我节制的习惯，而且以后也不会将这个习惯丢掉。人们不能像扩建房屋一样随心所欲地扩大自己的胸怀。

对于这类人的后代可以这么说。没错，他们生下来时家境就很富裕，但是他们的父母曾经体会过贫困。他们从小受到父母的影响，长大后的很长一段时间里也难以摆脱这种影响。因此，我认为这些年轻人在继承了父辈财产的同时，也继承了他们的思想和习惯。

相反，那些显赫一时的贵族后代在贫困后，倒是有可能表现出极大的雄心壮志，因为贵族的传统观念和阶级的共同精神使得他们无法长期忍受现实的处境。

让民主时代的人难以具有雄心壮志的另一个原因，是他们在完成这项事业之前，已经到了耄耋之年。帕斯卡尔曾说过："出身名门的一大好处，是让一个人在20来岁的时候能达到普通人在50岁才能达到的地步，从而使得他们少奋斗了30年。”[1]民主国家的人一般没有30年的时间来实现他们的远大宏图。平等敦促每个人凭借自己的能力取得一些平凡无奇的东西，从而妨碍了他们追求那些伟大事物。

民主社会和其他制度的社会一样，只有少数人能够富甲天下；虽然致富的大门是向所有公民平等地敞开的，但全体公民的平均前进速度必然是缓慢的。因为那些有志于这些竞赛的人看上去都是一个模样，很难在不违反民主平等的原则下从中选定某些人，因此，人们首先想出的解决办法，就是让所有人同步前进。

于是，随着人们越来越没有差别，平等的原则日益稳步地深入到整个民主制度和民情中，向上攀升的规定也就制订得越来越死。这样一来，想要迅速升到某一显赫地位的难度也就越来越大了。

由于大家都憎恨特权以及不愿意参加竞选，因此，不论人们能力如何，都不得不在同一个筛子上竞争，都要留出大把精力来对付许许多多的训练和实习，从而浪费了自己的青春，并且让自己的想象力消失殆尽。所以，他们不再认为自己有能力享受到理想中的好处，而当他们终于有能力做一番大事业的时候，往往已经没了当初的兴致。

在中国，人们的身份是非常平等的，这种平等有着悠久的历史；一个人只要通过科举考试，就能从一个官职升迁到另一个官职。这种考试是和官位升迁息息相关的，关于科举考试的思想，已经深深扎根到中国的民情中。我曾读过一本中国小说，小说中的男主人公屡经失败，最后终于因金榜题名而打动了女主人公的芳心。在这样的环境下，人们很难怀有巨大的野心。

---

① 帕斯卡尔所著《思想录》，布伦士维格编，第322节。

我就政治问题所探讨的这一切，也适用于其他领域的问题。平等无论在什么地方都能显示出相同的效果。凡是不依照法律规定来确定官职晋升的国家，在实行考试制度后也会出现这样的结果。

因此，在一个制度严密的民主社会里，迅速而有力的晋升是罕见的。这样的晋升只能是超出常规的个案。它的这一特点，甚至让人们忘记了它是一种罕见的现象。

民主时代的人早晚会了解这一切。久而久之，他们会发现立法者给他们规定了一个不受限制的活动范围，在这个范围里他们可以轻松地向前走，但没有人能奢望让自己飞速晋升。他们能够看到，在他们和最终目标之间，有许许多多小障碍，必须要一个一个地将它们克服。这个前景让他们望而生畏，挫败了他们的勇气。于是，他们放弃了这种虚无缥缈的希望，转而去追求那些让他们能立即获得享受的小目标。也就是说，法律并没有限制他们的前途，是他们自己把目标缩小了。

我曾说过，在民主时代胸怀大志的人，远远少于贵族时期。我现在再补充一点：如果民主时代有人不顾这些障碍怀有远大理想，那么他们的表现是各有不同的。

在贵族时代，人们的志向往往是远大的，但是它的范围是早已规定好的。而在民主国家，志向的范围就相对比较狭小，但却可以突破，而且一旦突破，将是不受任何限制的。由于民主国家的人们力量薄弱、各自为政并且经常变动，再加上民主国家的法律容易改变，所以它对于新鲜事物的抵制力非常薄弱。因此，当国家权力被一些野心家控制时，他们就会为所欲为；而当他们失去权力的时候，他们就会想方设法把国家搞乱，从而让自己重新掌权。

于是，政治方面的雄心壮志，往往会具有暴力和革命的性质，而在贵族时代则很少会出现这种情况。

在民主国家里，往往一个人最初会有许多非常合理的小志向，然后由此衍生出一种强大但不够明智的野心。民主国家中的人很少会有一些和自己的现实条件相匹配的志向。

我曾在本书的某处指出，平等以某种隐蔽的力量让人们被追求物质享受的激情所控制。这种激情混合了某种渴望上进的情感，甚至可以说让渴望上进的情感染上了它们的色彩。

我认为，民主社会怀有进取之心的人，远不如其他社会的人关心未来的利益和规划，因为他们只专注于眼前的现实，现实几乎耗尽了他们所有的精力。他们宁可迅速地完成数量众多的小事情，也不愿做那些能让自己名垂青史的大事业。他们喜爱成功甚于喜爱荣誉。他们给别人提出的最严重的要求是服从，他们最喜欢的则是统治。他们的行为举止总是不符合他们高雅的社会地位，这让他们在拥有巨额财富的同时，表现出非常低级的趣味。以至于让人们觉得，他们握有最高权力的目的只是为了便于享受那些粗鄙的乐趣。

我觉得，在我们的这个时代，必须对人们的奋进之心加以引导；败坏和过分抑制人们的奋进之心都是极其危险的。应当事先给它规定出一个不可逾越的界限，但也不能过于限制它在所允许范围内的发展。

我承认，比起民主社会人们欲望的膨胀，我更担心这种欲望过于平凡。因此，我觉得最可怕的是：当人们不断为了琐碎小事而奔波时，使得进取之心失去其动力以及崇高目标；人们的激情既没有昂扬也没有低落，结果导致社会一天天走向看似安宁富足实则平庸的状态。

我认为，当代社会的领袖们要想让公民们躺在既单调又平静的幸福上睡大觉，是非常错误的做法；他们应当让公民们不时地做一些艰险的事业，从而激发他们的进取之心以及提供让他们大显身手的舞台。

道德家们经常会这么抱怨，说现代人最大的恶习就是骄傲。

从某种程度上来说，这个说法是正确的，因为在现实中没有一个人不认为自己比别人好，也没有一个人愿意服从他的上司；然而，从另一方面来看，这种说法又是非常错误的，因为对于同一个人来说，他可能既不愿意忍受从属地位，又不愿意享受平等地位，他只是觉得自卑，认为自己支配享有那些通俗的快乐。他甘愿止步于平凡的欲求，而不敢涉及伟大的事业，甚至连想都不去想。

因此，我不认为应该让同时代的人学习谦逊，而是希望他们能用更高的标准要求自己和别人。谦逊对人们是没用的，骄傲却能激发人们的进取心。我宁可让出若干小小的美德来交换这个恶习。

第20章　关于某些民主国家中的求官谋禄问题

一个美国公民在有了一些知识和财源后，就跑去经营工商业以求致富，或者买下一片林地开垦。他向政府所要求的，无非是不要干扰他的辛勤劳动，以保证他能获得成果。

在大多数欧洲国家里，一个人觉得有能力实现自己的愿望时，他最先想到的往往是找一个官当。由同一个原因所产生的这两个不同结果，值得我们在此停下片刻加以思考。

当公职数量不多、薪水不高并且经常变动，而经营工商业的门路很多且能赚到钱时，平等思想给人们带来的急于成功的欲望，就会鼓励人们去经营工商业，而不是去政府当官。

然而，当等级已经平等，人们的知识还没有完备时，已经接近饱和的工商业只能给人们提供困难而缓慢的生财之道，这时候，公民们就不想依靠自身的力量来改善处境，而是纷纷跑到政府首长那里去求助。用国库的钱让自己的生活变得舒适，在他们看来，这即使不是唯一的办法，至少也是让他们摆脱困境的最简易和最可靠的办法。于是，求官谋禄就成了人们最常用的歪门邪道。

在实行集权制的君主专制国家里，情况尤其如此，在这样的国度里，公务员人数极多，他们的生活有着充分的保障。在这种大环境的影响下，以至于每个人都想要谋得一官半职，并且要像享用父母的遗产那样，安安稳稳地把官做下去。

不用我多费口舌，这种普遍的求官热是社会的一大弊端，它不但腐蚀了公民的独立精神，还让腐败和钻营在全国大行其道，不断毁坏正大光明的美德；我更无须指出，这种歪门邪道只会产生有害的结果，对于国家没有任何裨益，这一切都是不言而喻的。

然而，我要指出，鼓励这种不良倾向的政府会让自己陷入危险，甚至遭到生存的厄运。

我明白，在我们的这个时代，人们曾有的那种对国家政权的尊重和爱戴正在慢慢消失，当权者从自身利益出发，加紧控制每一个公民，认为最方便的办法就是利用人们的激情让他们遵纪守法和保持沉默；然而，这种局面是无法长久的，那些在一定时期出现的力量源泉，久而久之，就会变成助长动乱的主要力量。

民主国家和其他国家一样，公职人员的数量必须要有个限度，然而追求官职的人数却没有止境，并且随着身份的日益平等而逐步增加。除非在没有人的时候，它才可能有止境。

因此，当公职成为人们出人头地的唯一渠道时，政府必然会遭到长期反对，因为它无法用有限的资源和手段去满足人们无限增加的需要。必须承认，在全世界的范围内，最难控制和驾驭的就是那些待业求职的人。无论政府官员如何努力，也无法满足这些人的要求。这些人仅仅只是为了让官位空缺，就会弄乱政府的组织和改变国家的面貌。

因此，我相信那些全神贯注于平等所激发出的各种新欲望，并且设法让它们得到满足的现代统治者们，最后必然会为采用这种不当的方法感到后悔。他们总有一天发现自己的轻率，最稳妥可靠的方法应当是让每一个公民具有自力更生的能力。

第21章　为何大规模革命越来越少

几个世纪以来，那些生活在等级制度下的人们，只有经过一系列大大小小的改革并且借助于暴力，才能让财产、权力以及观点领域出现巨变，最终达到民主的社会情况。

当民主革命完成之后，它所造成的革命习惯还将长期存在下去，一些深重的动乱也会随之而来。

因为所有的这一切都是在身份逐渐平等的时候发生的，因此人们可以得出结论：在平等和革命之间存在着一种隐秘的联系，使得前者必须依靠后者的产生才能存在。

对于这一点，推理貌似是和经验相符合的。

在人们逐渐平等的国家里，没有一种外在的联系能将人们结合起来并且固定于所在的地位。不论是谁，都没有永久的权利，以及发号施令的资格，也没有被人支配的遭遇。然而，每个人都会发现，只要自己有一些文化和财产，就能自主选择道路，并且同其他人分道扬镳。

让公民能独立自主的这个原因，也在不断地鞭策他们产生新的欲望。

因此，人们似乎可以想当然地认为：在民主社会，思想、人以及物质必然会不断地改变其外貌和地位，民主时代其实就是一个不断变化的时代。

情况真的是这样么？身份平等真的能够让人们将革命当成家常便饭么？身份平等中的某种动乱根源是否在妨碍着社会安定？是否在不断驱使公民改变他们的法律和民情？我认为并非如此。这个问题非常关键，我请读者注意一下我的论述。

凡是让一个国家改变了面貌的革命，要么是为了让不平等神圣化，要么就是为了破坏不平等。撇开那些造成人类社会大动乱的次要原因不说，你几乎每次都能看到不平等在作祟。也就是说，不是穷人想夺富人的财产，就是富人要约束穷人。因此，如果你能让社会中人人有恒产，不必去别人那里夺取某些东西，那么你就会对世界和平做出巨大的贡献。

我了解，在一个幅员辽阔的民主国家里，总会有一些公民极其富有，而另外一些公民则非常贫困。但是，民主社会中的穷人绝不会像贵族社会中那样占绝大多数，相反，民主社会中的穷人很少，法律也没有规定这些人要祖祖辈辈永远贫困下去。

民主社会的富人则是一盘散沙，而且没有强大的力量。他们没有让人看着眼红的特权，他们的财产也不再和土地结合，而只是一些不太引人注目甚至是看不到的东西。如同不再有穷人世家一样，富人世家也将不复存在，在芸芸众生里，每天都可能有富人诞生，而且也不断有富人变成穷人。因此，富人并没有形成一个固定和容易识别的阶级。此外，由于富人和自己的大众同胞有着千丝万缕的联系，大众要想攻击他们就不能不危害到自己。在民主社会的这两个极端之间，还有很多中庸之人，这些人既不贫穷也不富有；他们所持有的财产，只能达到让人们看见之后不会起嫉妒之心的程度。

这些人当然反对剧烈的变动。他们的保守性使得富人和穷人都处于安静状态，并且保证着社会机体的稳定。

当然，这并不是说这些人已经满足于自己现有的财产，对能让他们分得一杯羹的革命有天生的反感。恰恰相反，他们极度渴望发财致富，但让他们感到为难的是，他们知道这么做会侵犯到某些人。民主社会让这些人不断产生新欲望，但同时也将这些欲望控制在必要的范围内。它增加了改革的自由，却也减少了人们对改革的兴趣。

生活在民主制度下的人们，不但不希望改革，而且打心眼里害怕革命。

任何形式的革命都会或多或少地威胁到既得利益。那些生活在民主国家的人们，大部分都有自己的财产；他们不但自己持有财产的所有权，而且生活在一个人人都尊重财产私有权的环境中。

如果我们对社会上的每一个阶级都进行仔细观察，就不难发现所有权所带来的激情在中产阶级的身上表现得最为活跃。

穷人往往不关心他们手中握有的财产，他们认为，与其享有那么一丁点财物，不如啥都没有。富人除了爱财外，还有很多其他的激情需要得到满足，然而经过长期经营巨额财产后，反而对财产产生审美疲劳了。

那些既不富裕也不贫困的人对自己的财产最为重视，因为他们离贫苦不远，深知贫穷的痛苦，并且对此怀有深深的恐惧。让他们贫困的，只是那小小的家产，他们将自己的希望都寄托在这点家产上。他们时刻都希望自己的家产能更丰厚一些，因此对它非常上心；他们通过不断努力来增加自己的财产，对财产产生无限的依恋。在他们眼中，将一小部分家产让给别人的思想，是不可想象的。他们将破产视为人生最大的灾难。然而，让这些热心维护家产的小市民数量不断增加的，正是身份的平等。

因此，在民主社会里，大多数公民看不清革命会给他们带来什么好处，而是时刻觉得革命会从各个方面给他们造成损失。

我在本书中曾提到过，身份的平等会驱使人们从事工商业，并且让地产不断增加而地块日益缩小。我还指出，身份的平等时时刻刻都在鼓励人们追求世俗幸福，再没有什么比这更能抵制革命的激情了。

革命的最终结果也许会对工商业有利，但是它最初的效果几乎无一例外地是让工商业者倾家荡产，因为革命会改变消费的一般状态，会暂时让生产和需求之间的关系失常。

此外，商业道德和革命道德是对立的。商业是所有狂热激情的敌人。商业需要温和，喜欢妥协，要尽全力避免激怒别人。它忍耐而又柔韧，不到万不得已的时候，绝对不会采取极端的手段。商业让人们各自独立并且重视个人的价值，使得人们渴望自己独立完成工作，教导人们学会成功之道。因此，商业倾向自由而远离革命。

在革命的过程中，拥有动产的人比其他人都感到害怕，因为他们的财产既容易被查封，又随时有可能完全丧失。而土地所有者就不会如此担惊受怕，虽然他们暂时失去了土地的收益，但是在动荡过后，至少有希望保住土地本身。因此，在面临革命风暴的时候，前者要比后者胆怯得多。

可以由此看出，一个国家动产数量越大，其种类就越多，发生革命的概率也就越小。

此外，不论人们操持什么职业，拥有什么类型的财产，有一个特点是人人共有的。

这个特点就是没有人能完全满足于现有的财产，人们都在努力通过各式各样的方法来增加财富。对这些人的任何一段人生加以考察，就会发现每个人都在制订一些以增进自己财富为目的的新计划，对这些人谈整个人类的利益和权利纯粹是枉费工夫，因为他们将自己目前的全部精力都放在了私人琐事上，所以没有时间去考虑那些公共事务。

这不但阻止了他们发动革命行动，甚至打消了他们的革命念头。狂热的政治激情，很难打动那些以同样的激情追求幸福的人。他们对小事情的热衷，让他们对大事情变得冷漠。

没错，在民主社会中也会出现一些怀有野心的人，他们的巨大欲望让他们不甘于按照常规的步骤前进。这些人喜欢谈论革命，并且会付诸行动；但是，如果没有一些意外事件助他一臂之力，他们是很难成功的。

谁也无法在反对他的时代和国家的精神斗争中捞到好处。一个人不论有多强大，也难以让他同时代的人接受那些他们所厌恶的感情和思想。因此，不要以为只要平等成了永久的事实，并且给民情打上了它的烙印，人们就会冒失地跟着一个激进的革新家走上改革之路。

然而，人们也无法通过深谋远虑的筹划，或是事先安排好的抵抗计划，来公开反对这种革新领袖。人们不但不会同他们进行你死我活的斗争，有时甚至还会恭维他们几句，但绝对不会跟着他们走。在私下里，人们用自己的惰性来抵制他们的狂热，用自己的保守态度来抵制他们的革命热情，以自己的日常嗜好来抵制他们的冒险情绪，以自己的良知来抵制他们的机灵，以自己的散文来抵制他们的诗歌。这样的革命家，也许在经过千辛万苦后能一呼百应，但用不了多久，人们就会离开他，让他颓然倒地。革命家用尽自己的浑身解数试图唤起这群冷漠的群众，却最终发现自己无能为力，这并不是他们自己甘心认输，而是因为他们已成了孤家寡人。

我决不认为生活在民主时代的人天生就是懒惰的；相反，我认为在民主社会，有一种永恒的运动在起着支配作用，人们在这种运动中乐而不疲；但是我同样相信，人们在活动中总有一些不可逾越的界限。对于那些次要的东西，人们每天都在对其更新换代；而对于主要的东西，人们则小心谨慎，不敢随便触动。他们倾向改革，而害怕革命。

虽然美国人在不断修改或废除他们的法律，但是他们很少表现出革命的狂热激情。当公众的骚动构成威胁时，甚至在公众骚动刚露出端倪的时候，他们就会立即停步并冷静下来。从人们的这种灵敏反应中就能发现，他们害怕革命，甚至将革命视为最大的灾难，每个人都暗暗下决心，为了防止革命，他们可以做出重大的牺牲。世界上没有一个国家像美国那样热爱私有权而又怕私有权丢失，也没有一个国家像美国那样，全国的绝大多数人都反对以任何一种方式来威胁私有权制度。

我曾一再指出，那些具有革命性质的理论，只有通过彻底或突然改变财产制度时才能实现，这样一来，这些理论在美国就不会像在欧洲的一些大君主国家那样受到热烈欢迎。就算有人提出这个理论，群众也会产生出本能的反感来抵制它。

我认为，在法国被认为反映了民主真理的那些名言，大部分都会被美国的民主所取消。这一点非常容易理解。美国人民具有的是民主的思想和激情，而法国人还具有革命的激情。

如果美国有一天爆发了大规模革命，那么也是由美国土地上的黑人所引起的。也就是说，造成革命的原因不是身份的平等，而是身份的不平等。

当身份平等的时候，每个人都喜欢闭关自守，将他人置之脑后。如果民主国家的立法者们不去制止这个有害的倾向，甚至觉得它能让公民远离革命，那么就会作法自毙、自食恶果。很可能在未来的某一天，个别人的破坏性激情，在大众愚昧的利己主义和胆怯心理的帮助下，让整个社会产生异常的变故。

在民主时代，不存在希望革命的少数，但少数却能够制造革命。

我的意思不是说民主国家能够避免革命，只是说民主国家的社会状况不会导致革命，或者说那里的民情让人们远离革命。民主国家的人们凡事靠自己，不会轻易投入到重大的冒险中。他们只是在来不及防备时，被席卷进革命的洪流中。他们可能经历过革命，但绝不会制造革命。我再补充一句：民主国家的人民一旦获得知识和经验，就不会放任革命出现。

我深深知道，一个国家的各种制度在这方面会发生巨大的影响，它们对世俗的各种习性，起着促进或抑制的作用。由此，我再重复一遍，我不认为一个国家只有在国内实行身份平等才能避免革命；但是我敢确定，不管这种国家实行的是什么制度，人们发动的革命和使用的暴力，总是比想象中要小得多、少得多。由此，我很容易推断出，这种政治情况一旦与平等相结合，就会让社会达到未曾有过的稳定。

我刚才就事实所论述的一切，部分也适用于思想和观点方面。

美国有两件事让人惊奇：人们的大部分活动具有很大的流动性；一些原则具有很强的固定性。人们看似在不断流动，但是他们的精神却好像静如止水。

一旦某个观点在美国的土地上扎下根，并流行开来，就可以说在这块土地上没有任何力量能将它根除。在美国，来自宗教、哲学、道德、政治等领域的通行学说一直都没有变化，至少可以说它们是通过某种隐秘的、让人们无从察觉的方法改变的。在人事漂浮不定的环境里，就连那些最粗鄙的偏见也只能以慢得让人无法想象的速度去清除。

我曾听说，思想和感情无时无刻不在变化是民主的本性和习惯。对于古代那些能够将全体公民集合在一个公共场所，然后由一个政治演说家任意鼓动的小国寡民来说，情况也许如此。然而，我在位于大洋彼岸的这个伟大民主共和国里，却没有见到过这种现象。在美国，让我感到惊奇的是，很难让多数人放弃他们所认定的观点或抛弃他们所认定的人。无论是写文章还是发表演说，都无济于事。只有来自自己的亲身经验才能促使他们改变初衷，有时甚至要经过反反复复多次亲身经验。

这种情况乍看上去让人觉得吃惊，但是在深入研究后，便能知道它的缘由。

我觉得，让一个民主国家放弃自己的偏见，在宗教、哲学、政治、道德等领域用一套新原则取代原有的旧原则，是很困难的事情，并不像一般人想象得那么容易。当然，这并不是说民主国家里的人精神懒惰。人们的精神在不断地活动，但是其目的不是为了探求新原则，而是在无止境地改变自己旧原则的成果。它们不是义无反顾地向前冲去，而是轻盈地围绕着自己打转。它们以连续不断的小动作来扩大自己的活动范围，但绝不会突然变换自己的活动范围。

那些在身份、教育、权利以及财产方面平等的人，必然有着相差无几的习惯和爱好。由于他们都从同一个角度来观察事物，所以他们的思想自然会趋于相同。虽然每个人都有可能和他同时代的人产生差异，并且形成自己独特的信仰，但是到最后，他们将会不知不觉地在一定数量的共同意见上重新汇合。

我越是仔细地考察平等对智力活动的影响，就越是深信当今智力活动的混乱并非是民主社会的自然状态。我觉得，还不如将这种混乱看作民主国家青年时期所特有的偶然现象，在这个过渡时期，人们已经冲破了以前将他们彼此联系在一起的旧关系，但是他们在出身、教育以及习惯方面仍然有很大的不同。因此，在过渡时期，人们只要有着各自不同的思想、性格以及爱好，就不得不将它们表现出来。然而，随着人们身份的日趋平等，人们的主要观点都会达到一致。我认为，这才是普遍而永久的事实，而其余的一切都是偶然和过渡的东西。

在民主时代，一个人很难一下子就想出一个和同时代的人所接受的思想体系相差十万八千里的思想体系。如果真的出现了这样一位革新家，那么在一开始，他几乎无法让人们听从于他的思想体系，而让人们在后来听信他的思想体系时难度会更大。

当人们的身份近乎相等的时候，一个人是不会轻易相信别人的。由于人们彼此都很相似，在一起学着同样的知识，过着同样的生活，自然不会想从自己的同类中选出一个人来做自己的领导，并且盲目地跟随他。事实上，人们不会随便听信与自己地位平等的人的话。

因此，不仅是民主国家中某些个人对于知识的信任程度降低了，还如我在本书的另一处所说，在智力上可能优越于大众的某种个人观念，用不了多久也会失去光彩。

随着人们身份的日趋相同，主张智力平等的想法便逐步渗入了人们的信念中。这样一来，不管是什么样的革新家，都很难从精神思想上对全国人民施加重大影响。在这种社会中，突如其来的智力革命是非常少见的，我们只需浏览一下世界史就能发现，让人们的见解发生迅速而巨大的转变的，主要靠的不是理论的力量，而是名望的权威。

此外，还要注意一点，在民主社会中没有任何束缚能将大家捆在一起，所以必须要对每个人一一说服。但是在贵族社会，只需对某些人的精神施加一定程度的影响，其余的人就会随着大流走。如果路德生活在民主时代，他的听众中也没有王公贵族，那么他在改变欧洲面貌的活动中就可能会遭遇到更大的困难。

这并不是因为民主时代的人天生就认为自己的观点是正确的，并且一根筋地坚持自己的信念。他们往往会产生一些怀疑，这些怀疑在他们看来是无法解决的。在这样的时代，人们的精神偶尔也想要改变思路，但苦于没有力量推动和指导，所以总是在原地徘徊，静止不动。[1]

在赢得一个民主国家的公众信任后，还需要做一系列艰苦的工作让他们来尊重你。如果你跟活在民主制度下的人谈话时不谈到他们自身，那么很难让他们倾听你的想法。他们不会去注意别人说的话，是因为他们总是忙于做自己的工作。

事实上，民主国家中游手好闲的人极少。在那里，人们的生活陷入忙乱而喧闹的环境之中，有时因为工作紧张连思考问题的时间都没有。我特别想指出的是，他们不仅仅是在机械地应付工作，还工作得非常用心。他们永远处在行动状态，并且对每一个行动都专心致志；他们将全部热忱都用在事业上，妨害了他们的思想之光。

在我看来，让民主国家的人们热爱和他们的日常生活实践没有直接关系的某个理论是极其困难的。人们不会轻易地放弃他们的原有信念，因为让人们的精神脱离老套路以及完成智力大革命和政治大革命的正是狂热。

因此，民主国家的人们既没有闲暇也没有兴趣去寻找新的见解。即使他们对原有的见解产生怀疑，也会固守一段时间，因为他们必须要经过长时间和反反复复的考察，才能改变自己原来的看法。他们之所以捍卫原来的见解，不是因为这些见解是牢不可破的，而是因为它们是早已确立的。

---

① 在等级森严的贵族制度下，人们世代相传而不改变原有地位，无论是贵族还是平民，一般都没有更多的希望和更好的期望。在这种万马齐喑的状态下，人们的想象力沉睡了，甚至那些关于运动的思想，也不再出现在人们的脑海。

当阶级不再存在，人们的身份趋于平等时，所有人都会处于不断活动的状态，同时，每个人又都是孤立而软弱的。这种状态跟前一种状态有很大不同，但它们有一点是相似的，那就是不论是前者还是后者，人们在精神上的大革命都是很少出现的。

然而，在这两个极端之间，有一个既能让国家名扬四海又让国家动荡不安的中间地带。在这个过渡时期，身份还没有固定，人们的智力也没有处于沉睡状态，强大的改革家和新思想喷薄待发。

民主国家人们的旧主张之所以很难发生重大变化，还有其他几个比较重要的原因。我在本书的绪言中已经点明了这些原因。

在民主国家的内部，个人影响力是极其薄弱的，但大众作为一个整体对每个人的精神影响力却是巨大的。对于其产生原因，我已经在本书其他地方谈过。我现在要指出的是，不要以为这完全取决于政府的组织形式，不要以为多数一旦失去政权，它的精神影响力就会随之消失。

在贵族制度下，人们往往拥有高贵的性格和力量。当他们发现自己和大多数人有矛盾时，就会退避三舍，待在家里自省或自慰。而在民主国家则不会出现这种情况。在民主国家里，受到公众爱戴的必要性就像呼吸空气一样，而一个人一旦和公众背道相驰，那么几乎无法作为一个正常人而生活下去。大众无须去借助法律惩罚那些异见分子，只需对他们进行道德上的谴责就可以了。因此而产生的孤独感和落魄感，会很快让他们感到抑郁和失望。

只要人们身份趋于平等，大众的意见就会对每个人的精神产生巨大压力，并且对其进行包围、指挥和控制。这主要是来自社会组织本身，很少是因为政治法令。随着人们越来越彼此相似，每个人也就越来越觉得自己在大众面前是软弱的。由于他看不出自己有什么与众不同的地方，所以当和众人产生对立观点的时候，他会立即觉得是自己不对。这样一来，他不仅会怀疑自己的力量，还会怀疑自己的权利，当大多数人说他错了的时候，他很可能会立即认错。作为多数，无需对他采取强制措施，只需对他进行说服。

因此，在民主社会中，不论各种权力是如何保持平衡的，人们都很难接受大众所反对的东西和宣扬大众所谴责的东西。

这一点，对于安定人们的信念有很大的促进作用。

当一种见解在民主社会中扎根，并且深深地印在大多数人的脑海中时，它就会依靠自己的力量存在下去，并且可以不费吹灰之力地长久存在下去。那些在一开始谴责它荒谬的人，最终也会因为附和大众而接受；而那些在内心深处坚持反对它的人，也不敢公然站出来声明，因为他们不想进行一场危险而又对自己无益的斗争。

没错，当民主国家中的多数改变其观点时，他们可能随意地在精神世界领域掀起一场让人感到惊异的革命。不过，多数的见解是很难改变的，同时，确认这些见解已经改变，同样也是困难的。

有时候，时间的累积和一些事件的发生，或者是个人的独立思考活动，会逐渐动摇和破坏一种信念，但是从表面上却很难看出来。人们既无法同这种变化做斗争，也无法为了斗争而积聚力量。于是，这个信念的追随者一个接一个地离开了它，甚至还有些人公开表示将它抛弃。最后，只有为数不多的几个人信奉它。

即使是在这种情况下，它仍然起着作用。

这个观念的反对者们继续保持沉默，或是在私底下交流，因此在很长一段时期内，他们还不能确信一场大变革正在到来，仍然因迟疑而保持静止。这些人在暗暗观察，悄不作声。大众虽然已经抛弃了它，但仍然装出一副信任它的样子；公众思想上的这种假象，足以让那些致力于革新的人感到心灰意冷并且保持沉默，被人们敬而远之。

我们生活的这个时代，人们的精神正发生着急剧的变化。但是在不久后，人们的基本观点将会比历史上任何时代都要稳定得多。这个时候虽然还没有到来，但是它正在逐步接近我们。

我越是深入地研究民主国家人们的自然需要和本性，就越是确信：一旦平等在世界范围内全面而永久地建立起来，思想领域和政治领域的大革命出现的概率将会变得非常小。

由于民主国家的人们看上去好像一直在变动和忙活，并且时刻准备改变自己的计划和地位，以至于让人们觉得他们仿佛要随时废除自己的法律，立即接受新的信仰和新的习惯。但人们忽略了一点，那就是平等在让人们发生变化的同时，还让人们明白了要想满足自己的利益和爱好，就必须有安定的环境。平等在推动人们前进的同时，又控制着他前进；平等在激励人们奋起的同时，又让他们脚踏实地；平等在点燃人们雄心的同时，又限制着人们的能力。

这种情况不是立即就能看清的，因为让民主国家的公民各自为政的激情是非常明显的，而促使他们团结合作的力量则是隐藏着的。

我对今后几代人的最大担心并不是发生革命。但现在我周围都是革命所造成的废墟，我确实不敢这么肯定。

如果公民们继续满足于越来越狭窄的家庭利益的小圈子，并且在其中无休止地追求利益，我们就会发现，他们始终不会产生那种可能导致人民动乱，同时也能促使社会前进和革新的伟大无私的情操。当我看到财产如此容易变动，而爱财之心又如此旺盛的时候，我不得不担心人们会将一切新理论视为灾害，将一切改革行为视为轻举妄动，把一切社会进步都看作革命的肇始，并且因为害怕自己被席卷进去而一动不动。我的心在发抖，我承认这是出于害怕，因为人们不顾一切地追求物质享乐，忘却了未来的利益和子孙后代的利益，人们喜欢轻松自在地走在命运安排的道路上，而不肯在必要的时候做出改弦更张的努力。

人们认为新社会每天都在改变着自己的面貌。而我则害怕新社会会固守旧制度、旧偏见、旧习俗，让自己无所作为。这样一来，人类就会停止进步，自己把自己束缚起来；人类的精神日渐萎缩，并且创造不出新思想；每个人都将自己的精力用在一些小而无益的独立活动之上，看上去所有的人都在不断地活动，但整个人类却驻足不前了。

第22章　民主国家的和平和战争

让民主国家的公民反对革命的那些因素，也促使他们厌恶战争。可以这么说，尚武精神和革命精神是由于同一个原因被削弱的。

随着爱好和平的不动产拥有者人数的不断增加，可能迅速毁于炮火的动产的增多，淳朴的民情，温存的人心，以及由平等所激发出的怜悯心态以及人们的冷静理智——当这一切联合起来，就足以抑制尚武精神。

我觉得，随着身份的日益平等，文明国家中好战的激情将越来越式微，可以把这看作一个普遍的常规。

战争是所有国家都可能被卷入的不幸事件，不论是民主国家还是其他国家。无论一个国家多么热爱和平，都必须时刻做好迎敌的准备，也就是说，需要有一支军队。

美国置身于没有邻国的广漠土地之上，这种地理环境是得天独厚的，为生活在这片土地上的居民提供了独有的条件。在这种条件下，美国只需拥有少量士兵就够了，然而，这只是美国的特点，并不是民主的特点。

身份平等以及基于民情所建立的各项制度，并没有解除民主国家建立军队的义务，更何况军队还经常对民主国家的命运有着巨大影响。因此，研究军队成员的自然本质是极为重要的。

在贵族制国家，特别是在那些仅凭出身来定等级的国家里，军队中的不平等和民族中的不平等一样。军官属于贵族，而士兵则来自农奴。前者应征是为了发号施令，后者应征却是为了服从指挥。于是，在贵族制国家的军队中，士兵的上进之心被限制在一个极小的范围内。

军官的野心也并不是没有止境的。

贵族是全国等级阶梯中的一环，在它内部又有着自己的等级阶梯。阶梯上的等级论资排辈，而且永远保持不变。根据出身的不同，一个人去应征可能指挥一个团，另一个人应征则可能指挥一个连。他们达到自己所渴求的这个极限后便会偃旗息鼓，安于自己的命运。

除此之外，还有一个重大的原因抑制了贵族制国家军官们的晋升欲望。

在贵族时代，军官除了拥有军队里的军阶外，在社会上也属于上层阶级。在他们眼中，前者不过是后者的依附。贵族加入军官之列，主要为的还不是晋升，而是为了完成家庭出身加在他们身上的一种义务。他们之所以参军，是为了光荣地度过他们的青春，并且把军队生活中的一些光荣回忆带到家人朋友那里。这些贵族的主要目的并不是发财、出名或者掌权，因为他们本来就已经拥有了这些东西，不用走出家门就能享受到。

而在民主国家的军队里，每一个士兵都可能升为军官，这就使得每个人都产生了晋升的念头，并且让自己的军事野心膨胀到了没有止境的地步。

对于军官来说，他们认为没有什么东西能够强迫他们停留在某一军阶而不上进。在他们看来，每升一个军阶都具有很大的意义，因为他们在社会上的位置主要就是取决于他们的军阶。

在民主社会，军官除了固定的薪水外再没有其他收入，除了军功荣誉外也不会享受其他荣誉。由于他们经常会改变职业，因此境遇也在不断转变，以至于看上去好像变成了另外一个人。贵族制国家军队中作为充任军官的附带结果，在民主国家中则成了主要的东西，变成了对军官本人至关重要的东西。

在法国旧君主时代，人们称呼军官的时候无须称呼他们的军衔，只需称呼他们的爵位即可。而在现代，就只能称呼他们的军衔了。这看上去只是语言表达形式的改变，实际上却是社会制度和军事制度中的巨大革命。

在民主国家的军队里，人们普遍具有炽烈的晋升欲望，这种欲望随着其他一切欲望的上升而上升，直到人们死去。然而，也不难发现，在全世界所有国家的军队里，民主国家的军队在和平时期军阶晋升得最慢。由于军职席位有限，竞争者不可胜数，而平等的原则适用于所有人，所以谁也无法迅速晋升，相反，有很多人无法晋升。因此，民主国家人们对晋升的渴望大大高于其他国家，但晋升的容易程度却远远不如其他国家。

因此，民主国家中那些想要在军队中晋升的人，都渴望发生战争，因为战争会增加军官职位的需求量，还可能跳过常规的晋升制度而一步登天。

我们据此可以做出如下让人感到惊异的结论：在所有国家的军队中，最希望发生战争的军队是民主国家的军队；而在所有国家的人民中，最热爱和平的是民主国家的人民。这种吊诡的成因，源自平等。

当公民处在平等地位的时候，就会经常觉得自己有希望并且觉得能够改变自己的处境和增进自己的福利。这种心态让他们热爱和平，因为和平能够促进工商业发展，能够让每个人达到自己发家致富的小小目标。另一方面，这种平等让那些从事戎马生涯的人更加重视军事荣誉，并且让所有的官兵都有可能争取到这种荣誉，甚至一些士兵在做梦的时候都在驰骋疆场。在这两种不同作用的影响下，人们渴望建功立业的想法是相似的，追求享受的欲望和野心是相等的，只是满足野心的手段有所不同。

人民和军队这种背道而驰的不同倾向，使得民主社会走上了一条非常危险的道路。

当人们失去了尚武精神时，担任军职便不再是光荣的了，而军人也会沦为最低级的公务员。人们既不尊重他们，也不想去了解他们。于是，便出现了和贵族时代完全相反的情况。那些从军的公民不再是地位举足轻重的公民，而是一些微不足道的公民。一个人只有在万般无奈之下才去从军，这就形成了一个无法摆脱的恶性循环。民族的精英分子不再从军，因为这一行不光荣；而军职之所以不光荣，却是因为那些精英分子不再参加军队。

因此，当你看到民主国家的军队在装备和物质条件上比其他军队要优越，军纪也不如其他军队那么严格，但士兵们往往会情绪低落、满腹牢骚时，不用感到惊讶。士兵们低下的地位以及被挫伤的自尊心，让他们爱上了能让他们大显身手的战争，在战争中，他们有希望凭借手中的武器获得人们原来拒绝给予的政治权利和个人尊严。

民主国家的军队成分，让引发革命的危险变得更为可怕。

在民主时代，几乎所有的公民都有需要保护的财产；然而，民主国家的军队通常都是由那些无产者领导的。大多数无产者在国家内乱的时候不会遭到重大损失。在民主时代，人民大众自然要比在贵族时代害怕革命，但是那些军队的首脑却不怎么害怕革命。

此外，正如我之前所说的，民主国家中那些最有钱、最有教养以及最有才干的公民，是不会去担任军职的，所以整个军队最后会成为一个独立王国。在这个独立王国里，官兵的平均知识水平低于全国，但是他们却有着更为粗野的习惯。然而，这个野蛮的小独立王国却掌握着枪杆子，而且只有它懂得如何运用武器。

军人好战的天性和渴望动乱的精神给民主国家所带来的危险，被民主国家公民爱好和平的情绪加剧了。在一个爱好和平的国家里，没有什么比军队更危险的了；由于所有公民都过分地热爱安宁，这使得他们将整个社会都交给士兵去支配。

因此，一般可以这样认为：如果民主国家出于自己的利益和性质而爱好和平，那么它就会被军队一步步拖向战争和革命。

贵族制国家从来不担心军人发动革命，而民主国家却时常有这种隐患。在阻碍民主国家前进的所有可怕危险中，这种危险将会表现得最为突出。作为政治家，必须时时刻刻将自己的注意力放在寻找针对这种危险的解决之道上。

当一个国家因为军队的野心而感到内部不安时，它最先想到的就是如何为这个令人讨厌的野心提供战争借口。

我不想去诽谤战争。因为战争经常能提高一个民族的意志，并且开阔他的心胸。甚至有时候，只有战争才能遏制由平等造成的某些过分发展的倾向，这时我们就会把战争视作医治民主社会某些顽症的不可或缺的良药。

虽然战争有一些明显的好处，但也决不能将它捧得太高，认为它能根除我刚才所列举的所有危险。战争只能暂时阻止这种危险，战争过后这种危险还会变本加厉，因为军队在尝到战争的甜头后，就更加无法忍受和平了。战争只是那些永远渴望光明和平的民族解决困难的非常规方法。

我敢这样预言，那些在民主大国中涌现出来的军事首脑们，会发现他们在战争时期东征西战是容易的事情，而在和平时期安分地活下去却非常困难。有两件事让民主国家觉得很棘手：第一件事是进行战争，第二件事是结束战争。

除此之外，如果战争没有给民主国家带来特殊的好处，那么它就会给民主国家带来某些潜在的危险，昔日的贵族制国家同样没有将这种危险放在心上。现在，我只想来谈一谈其中的两种危险。

战争虽然满足了军队的需要，但是却限制了占绝大多数的公民，让他们在和平时期的需求很难得到满足。因此，战争有可能从另一方面导致那些它原本应该防止的危险。

在民主国家里，任何一场旷日持久的战争都会给自由带来巨大危害。这并不是完全因为在每次战争结束后，军事强人都会像克拉苏或恺撒那样用武力夺取最高政权。危险来自另一个方面。战争虽然不一定会带来军统政府，但是它却会使得民主国家文官政府的职权无限增加。它几乎必然要将日理万机的大权集中到这个政府手中。它不是依靠武力突然建立专制，而是依赖习惯势力慢慢地走向专制。

凡是企图消灭民主国家的人，必然知道要想达到这个目的，最可靠和最简单的办法就是进行战争。这算得上他们的第一条科学定理。

当军官的野心引起人们恐惧的时候，一个貌似可以自救的办法，就是增加整个军队的人数，也就是扩大军队的编制。然而，这只能暂解燃眉之急，却会给未来埋伏下更大的危险。

在贵族时代，扩充军队可以起到稳定统治的效果，因为在贵族社会中，只有一类人有军事野心，而且这种野心可以控制在一定范围之内，让那些怀有野心的人都大致能得到满足。

然而在民主国家，扩大军队的编制没有任何好处，因为军队的人数越多，想往上爬的人也就越多。那些有野心的人上位后，不久又会出现新的一批，而已经上任的那批人在不久后也会变得牢骚满腹，因为让民主国家的公民奋进的那种激情也会反映到军队中来。人们想获得的不是一定的军阶，而是不断向上晋升。他们的欲望虽然不算很大，却是源源不断、接踵而来。民主国家的扩军只会让军人的野心得到暂时的满足，但用不了多久，他们的野心会变得更为可怕，因为想往上爬的人必然会越来越多。

我认为不安分的思绪是民主国家的军队中很难根除的弊端。民主国家的立法者们，千万不要认为自己能找到一种依靠自己的力量就能控制军人情绪的军事制度，不论他们付出多大的功夫都是白费。

能够治愈军队弊端的不是军队自身，而是国家。

民主国家担心动乱和专制是非常自然的。只要让军队中的那些带有野心的情绪变成一种审慎而理智的爱好，问题就可以迎刃而解了。当公民们懂得如何平和地运用自由，并且体会到自由的好处时；当他们像热爱自己的女朋友那样热爱秩序，并且自愿地服从纪律时，他们在入伍从军后就会将这些习惯和品质带入军队之中。全民族共有的精神一旦渗进军队，就会节制在军队生活中形成的观念和欲望，或者是依靠强大的舆论力量将这些欲望压制下去。也就是说，有了有知识、守纪律、意志坚定而且爱好自由的公民，才能出现纪律严明和服从命令的士兵。

不论哪种法律，只要它在镇压军队的反叛精神的同时，还在全国范围内压制公民的自由意志，并且让法律所规定的权利观念黯然失色，就必然会适得其反。这种方法不但没有消灭军人暴政，反而会大大推动军人暴政的建立。

不论采用何种预防措施，民主国家中存在一支庞大的军队都是一大祸根，消除这个祸根最釜底抽薪的办法就是裁军，但这又是所有国家都无法采用的一项解救办法。[1]

---

① 托克维尔的这段叙述，在今天看来，仍然有其重要的意义。——法文版编者

第23章 民主国家的军队中哪些人最好战、最革命

民主国家军队的特点，是源自提供士兵的人口数以及实际士兵人数之间的比例，这个数字是非常庞大的。对于这一点，我准备以后再论述它。

对于那些生活在民主时代的人来说，可供选择的军职并不多。

因此，民主国家用不了多久就会不得不放弃自愿入伍的募兵制，而是采取强制性的征兵制。由于本国条件的限制，迫使它采用了后一种制度，这样一来，每个人都要被征入伍。

由于服兵役是强迫性的，因此服兵役的义务就会由全体公民无区别地平等分担。这也是由于民主国家的环境和思想所产生的必然结果。这些国家的政府，只需向全体公民提出呼吁，往往就能进行自己想做的事情。一般来说，引起人们反抗的是负担轻重的不平等，而不是负担本身。

由于所有的公民都要服役，所以必然会出现大多数人只需在军队里服役几年的结果。

于是，大多数士兵只是军队中的过客，这一点成了常规。而在大部分贵族制国家里，士兵却是一种主动选择或被迫接受的终生职业。

这种差异造成了不同的后果。在民主国家的军队中，有的士兵很热爱军人生活，但大多数人却是被迫站在军旗下的，他们时刻梦想着返回家园，从来没把从军看成严肃的任务，只想着早一天离开军队。这些人没有什么过高的要求，也没有在军队中青云直上的奢望。他们当兵只是为了应付差事，心里经常惦记着公民生活中的利益和欲望。所以，这些人不但没有尚武精神，反而会将社会上的公民精神带进军队。在民主国家的军队中，这些淳朴的士兵依然保持着公民的本色，公众的习惯和舆论对他们有着最大的影响。士兵们觉得自豪的，正是他们将公民社会中的自由和尊重带进了民主国家的军队中。贵族制国家的情形与此相反，那里的士兵和自己的同胞毫无共同之处，与同胞们形同路人，有时甚至形同敌人。

在贵族时代的军队里，军官大多都是保守分子，因为他们和市民社会有着紧密的联系，并且认为自己早晚要回到市民社会恢复自己的名望和地位。在民主国家的军队中，拥有这种联系并且怀有这种愿望的人则是士兵，此外，促使士兵这么做的原因也大致相同。

然而，在民主国家军队的内部，军官们的爱好往往同全国人民大相径庭。这种现象是自然而然的。

在民主国家，一个人只要当了军官，就彻底告别了市民生活。一旦离开，就等于永别，而且他自己也没有想要回去的兴趣。军官真正的祖国是军队，因为他今后的一切都决定于他的军阶。于是，他必须跟着军队共进退，将自己未来的希望全部寄托在军队上。由于军官的诉求和国家的诉求不同，因此，他们可能在全国最渴望稳定和安宁的时候蓄意制造战争或革命。

不过，有些因素能约束军官们好战和喜欢滋事的情绪。如果民主国家军队中的这种野心是每一个军官都长期持有的，那么这种野心往往成不了气候。那些出身低下的人经过在军队内部的几次晋升成为军官后，就已经够扬眉吐气的了。他们现在的地位比在市民社会时高得多。[①]经过如此大的努力之后，他愿意暂时歇一歇，享用自己业已获得的一切。由于他唯恐失去自己已经获得的东西，因此渴望尚未获得之物的心情便不那么强烈了。在攻克阻碍他晋升的最大障碍后，他就对以后的晋升之路不那么上心了。而且随着军阶的逐步升高，他会发现危险也越来越大，他的野心便会逐渐缩小。我认为，民主国家中最不好战以及最没有革命精神的，永远是那些高级指挥官。

我刚才就军官和士兵所论述的一切，并不适用于军士阶级，也就是介乎于军官和士兵之间的那批人。

军士阶级在本世纪之前还没有崭露头角，但是我认为它会在今后的历史上发生作用。

和军官一样，军士在思想上已经和市民社会断绝联系，并且将军职视为自己的终身职业，或者比军官更为专注，将自己的全部希望都寄托在这上面。然而，他们还没有像军官那样取得较高的稳定职位，也就不能在爬到最高职位之前让自己暂时停下来歇歇脚，长舒一口气。

由于军士的职务性质是固定的，所以他们注定要过一种碌碌无名、备受约束以及生死难料的生活。在他们眼中，当兵是一种危险的行当。他们必须忍受艰苦和时刻服从，这比身处险境更加难以忍受。他们之所以能够忍受眼前的种种痛苦，是因为他们知道军事制度可能会让他们将来告别这些痛苦。事实上，在经过长期奋斗后，他们往往也真能如愿以偿地当上军官。到了这个时候，他们就可以发号施令了，并且得到属于

---

① 事实上，军官的地位在民主国家远比在其他国家有保证。少数军官主张随着军阶的提高，待遇也应越来越高；多数立法者也认为，保障军官的舒适生活既是合理的也是必要的。

自己的荣誉、地位、权利及享受；他们渴望的东西虽然经常出现在他们眼前，但是在真正得手之前，他们从来不敢确定自己一定能拿到手。他们的军阶也不是固定不变的，他们每一天都要听任上司的摆布，遵守军队的每一条纪律。即使是一点小小的越轨行为，也有可能让他们失去耗费多年心血才得到的果实。在他们熬到自己所向往的军阶之前，他们并没有什么成就。只有在取得军阶后，他们才算是正式进入了仕途。像他们这种不断受到旺盛精力、迫切渴望以及时代精神鼓舞的人，必然会燃起铤而走险的野心。

因此，军士们都渴望战争，而且是那种持久而迫不及待的渴望。如果大众反对战争，他们就希望发生让典章制度失去权威的革命，从而在革命的混乱局势里浑水摸鱼，取代自己的顶头上司。他们完全有可能做到这一点，虽然他们的感情和诉求跟士兵有很大差异，但是他们的家庭出身和习惯却同士兵一样，因此能对士兵产生极大影响。

如果你以为军官、军士以及士兵的这些不同态度只出现在某个时代或某个国家，那就大错特错了。这种现象见之于一切时代和一切民主国家。

在所有民主国家的军队中，军士永远是国家和平及秩序风气的最坏代表，而士兵则是最好代表。士兵会将国家民情方面的优点和缺点带进军队，将本民族的面貌忠实地反映在军队中。如果一个士兵是愚昧和软弱的，他就有可能不知不觉地被他的长官当枪使。如果他是有知识和坚定的，那么他就会迫使他的长官遵守秩序。

第24章　民主国家军队的复杂性

凡是在经过长期的和平年代后参加战争的军队，都有被击败的危险；而那些长期作战的军队却有很大的获胜概率。这一现象尤其适用于民主国家的军队。

在贵族制国家里，军官是享有特权的职业，因此在和平年代也受到尊重。那些有真才实学的野心家们纷纷涌向军界。军官在各方面都不低于全民族的平均水准，甚至往往高于这个平均水准。

而在民主国家却呈现出另一幅情形。在那里，民族的精英都渐渐离开军队，以便让自己通过其他途径更快地谋求权力和财富。在长期的和平之后，民主国家军队的水平就会经常低于全国平均水平。参战的军队处在这个状态，不论对于国家还是军队都是一大危险，直到战争让这种状态终结，否则危险始终存在。

我曾说过，在民主国家的和平年代，资历是军队晋升的最高准则。正如我之前所指出的那样，这不只是因为军队的制度，还因为民主国家本身的制度。因此，这种现象会长期存在下去。

此外，由于民主国家的军官在国内的一切待遇都取决于他们在军队的地位，而且他们所享有的荣华富贵也全部来自这个地位，于是他们只有到死才肯离开或退出军界。

这两个原因给民主国家的军队带来的后果是，经过一个长期的和平年代后，那些军队中的指挥人员都已老迈。我所说的指挥人员不只是将军，还包括那些长期得不到晋升或者在一步一步往上爬的大部分下级军官。当你去考察民主国家的军队时，你会惊讶地发现，所有的士兵都是毛孩子，而所有的长官都已经垂垂老矣。由此，民主国家的士兵缺乏经验，而长官则缺乏精力。

这是军队败北的主要原因，因为战争获胜的首要条件，是要有年轻人。如果不是近代一位最伟大的统帅曾指出这一点，我自己是不敢这样说的。

在贵族制国家的军队里，晋升的最主要依据是家庭出身而不是资历，因此，在每个军阶中都有一些年轻人，他们将自己最充沛的体力和精力都带入了战争。

此外，在贵族国家谋求军事荣誉的人，都在市民社会拥有吃喝不愁的地位，所以很少会有人等到老朽的时候才离开军队。他们将自己精力最充沛的年华献给军事生涯后便会自动退休，回到市民社会安享晚年。

长久的和平不仅让民主国家的军队里充斥着年老的军官，还让所有的军官在身心两方面养成了不适于作战的习惯。那些长期生活在民主社会温文尔雅的气氛中的人，很难适应战争时的艰苦工作和严峻义务。如果他还没有丧失担任军职的兴趣，那他至少会养成阻碍战争取得胜利的生活方式。

在贵族制国家，市民生活的散漫作风对军队没有太大影响，因为在贵族制国家，指挥军队的都是贵族。一个贵族虽然在过着荣华富贵的生活，但除了荣华富贵，他还有一些别的追求，为了满足这些追求，他甘愿做出一些暂时的牺牲。（E）

我曾指出，当民主国家处在和平时期，军阶的晋升是非常缓慢的。刚一开始，军官们无法容忍这种情况，他们要么寻衅闹事，要么牢骚满腹。然而，在经过一段时间的适应后，大部分人就会迁就下来。那些有野心和有手段的人离开了军队，剩下的人则让自己的爱好和欲求适应了这个比上不足比下有余的命运，以小市民的眼光来看待自己的军职。在他们眼中，军职最宝贵的地方，就是能给他们带来舒适和安稳。他们将未来的希望都寄托在这一点有保障的收入上，只求能平安喜乐地度过一生。

于是，长期的和平不但让民主国家充斥着年老的军官，还经常把老年人的风气传染到年轻的军官那里。

我还曾指出，当民主国家处在和平时期时，军职并不能给人们带来多大的荣誉，因此没有多少人去追求它。

公众对军职的轻视态度，是压在军人头上的一块大石头。军人的士气看起来被它所压扁了，但是当战争爆发的时候，士气又会立即恢复自身的弹力和活力。

挫败民主国家军队士气的这种原因，却不会出现在贵族制国家的军队里。无论是贵族国家的军官还是他们的同胞，都没有人认为军官是低下的，伟大的不只是他们的军队，他们自身也是伟大的。

就算和平对贵族时代的军队和对民主时代的军队产生同样的影响，其结果也是不同的。

当贵族制国家的军官丧失战斗意志或不愿意再靠军职发达的时候，他们仍然会尊重本阶级的荣誉感和冲锋陷阵的古老传统。然而，一旦民主国家里的军官不再渴望战争或不再希望利用军职往上爬，他们就不会有什么好东西保存下来。

因此，我觉得民主国家在度过了长期和平的岁月后贸然参战，其战败的危险要远远大于其他国家。不过，民主国家不会因为败北而气馁，因为战争持续越久，它获胜的几率就越大。

当因为战争拖长而让全体公民无法从事自己的小事业时，他们就会将自己珍爱和平的热情转移到支持战争上。战争将所有事业破坏殆尽后，它本身就变成了一个独一无二的巨大事业。这样一来，平等所带来的一切奋进的激情，就会全部集中到战争中来。这就解释了为什么在很难发动人民奔赴战场的民主国家，一旦人民决定拿起武器，就会在战场上取得惊人的战绩。

当战争将所有人的视线吸引到军队上，以及军队在短期内创造出巨大财富，全国各地的精英们就会纷纷入伍。这时候，被军队所吸引进去的那些天生具有进取心和好斗的人，已经不只是像贵族国家那样只来自于贵族，而是来自全国。

由于竞争军事荣誉的人足够多，而战争又在迫使每个人发挥出自己的聪明才智，所以会不断涌现出伟大的将领。旷日持久的战争对民主国家军队发生的作用，就像革命对民主国家的人民发生的作用。它将打破常规，让那些出类拔萃的人得以脱颖而出。那些在和平年代就已经年老体衰的军官们相继离开军队，要么退休，要么死去，而一大批在战争中成长起来的青年人接替了他们的位置。这些年轻人激情饱满，坚持要将战争进行到底。他们不惜一切代价求得晋升，事实上他们也确实在不断晋升。在他们的身后，还有着一批和他们怀有同样渴望的年轻人。而在这批年轻人后面，还有着另外一批。除非军队出现限制，这些人将会前仆后继地涌现。平等让每个人产生上进之心，而死亡又在为各种奋进之心提供机会。死亡促使各级军官的职位空缺出来，既开启了晋升之门，同时也关闭了晋升之门。

在军人习性和民主国家人民的习性中间，还存在着一种只有在战争时期才显露出来的隐秘关系。

民主时代的人，有一种渴望快速得到所需之物，然后痛痛快快地享受的本性。其中的大部分人都崇尚冒险，不怕死只怕穷。他们就是在这种观念的支配下从事工商业的。同样，他们也将这种观念照搬到了战场中，甘愿冒生命危险，取得瞬间的胜利。最能满足民主国家人民幻想的，就是在战场上大放异彩，就是“只需”冒生命危险就能得到的伟大。

因此，民主国家人们的利益和爱好促使他们远离战争，但他们的思想和习惯却能让他们打好战争；只要将他们从舒适生活的圈子里拉出来，他们就可以轻易地成为优秀的士兵。

如果说民主国家的军队在和平中变得萎靡不振，那么，战争却能保证它得到其他任何军队都不曾得到过的好处。虽然这种好处刚开始不太显眼，但随着战争的旷日持久，就会由此取得胜利。

当一个贵族制国家同一个民主国家作战时，如果它不在最初的那几个回合摧毁对方，就很可能被对方打败。

第25章　民主国家军队的纪律

有这样一个非常流行的观点，民主国家中占据统治地位的社会平等，会逐渐让士兵不听命于军官的指挥，并且由此破坏军队的纪律。在贵族制国家，持这种观点的人非常多。

这种观点其实是不正确的。事实上有两种纪律，绝对不能将其混淆。

当军官来自贵族，士兵来自农奴时，也就是说当前者比后者富裕，前者的聪明才干远在后者之上时，他们之间很容易建立严格的服从关系。可以这么说，贵族时代的士兵在入伍之前就已经服从军纪了，或者说军队纪律不过是社会奴役的一种完善。在贵族制国家的军队中，士兵很快就会成为除了听长官的命令外，对其他的事情都茫然无知的人。他虽然在行动但是却毫无思想，取得胜利也不显得高兴，被敌人打死也毫无怨言。在这种状态下，他已经不再是一个人，而是一个为打仗而活着的最可怕的动物。

民主国家一旦看到它的士兵们染上贵族制国家士兵的盲从习惯，一定会觉得失望。民主国家的社会状况不允许士兵这样，而一旦民主国家人为地培养士兵的这种习惯时，就有丧失其优越性的危险。在民主国家中，军队纪律不应当试图取消自由精神的发展，而只能去引导它们。军队纪律中规定的服从细则并不周密，却很粗野和简约。这种服从以服从者的意志为基础，它不只是取决于服从者的本能，还取决于它的理智。因此，当危险状况使服从成为必要时，服从者往往会自觉地遵守纪律。贵族制国家的军纪在战争时容易变得松弛，因为这种纪律是以习惯为基础的，而战争则会打乱这些习惯。相反，民主国家的军纪在大敌当前时却能够自动加强，因为每一个士兵心里都非常明白，要想取得胜利，他就要严格服从军纪。

那些依靠战争来完成宏伟事业的国家，只知道我所讲的军纪。在古时候，军队只征收自由人和公民入伍，他们之间没有太大的差别，习惯平等对待彼此。从这方面来说，古代国家的军队是民主的，尽管军队的成员都是来自贵族内部。于是，在古代的军队里，官兵之间情同手足。当你读完普鲁塔克[1]的《名人传》后，自然会相信这一点。士兵们经常向他们的长官提意见，而且可以无话不谈；长官们也乐于倾听士兵的意见，而且是有问必答。将军们通过谈话和示范来管理士兵，要比利用规则和惩罚好得多。可以这么说，将军既是士兵的伙伴，又是士兵的上司。

我不知道希腊和罗马的士兵是否也像现在的俄国士兵那样遵守军纪，但我知道这并不妨碍亚历山大征服世界。

① 普鲁塔克为罗马帝国时代的希腊作家，其代表作为《希腊罗马英豪列传》。他的作品在文艺复兴时期受到追捧，蒙田和莎士比亚等人都对他推崇备至，莎士比亚的很多戏剧都取材于他的记载。

第26章　略述民主社会里的战争

当平等的原则超越国界，就像当今的欧洲这样，在相邻的几个国家里同时发展时，那么居住在这些不同国家的人们，虽然在语言、习惯和法制上有种种不同，但是在惧怕战争和热爱和平这一点上是一致的。[1]用野心和愤怒来武装没有任何用处，人们普遍具备的那种漠不关心和袖手旁观的态度，使得君主们无可奈何地泄气，丢掉自己手中的宝剑。于是，战争就会越来越少。

随着平等在这几个国家同时发展，这些国家的居民都一股脑地涌向工商业，他们的爱好日趋一致，他们的利益也彼此交融。因此，任何一个国家对其他国家的戕害都会弹回到自己身上，从而让人们认识到，不论是战胜国还是战败国，战争都是一场灾难。

在民主时代，一方面很难将所有的国家都拉进战争的泥沼，另一方面，两个国家一旦交战，就必然会牵扯到其他国家。各国间的利益相互交织，它们的思想和需要也大同小异，所以一个国家一旦有什么风吹草

---

① 我觉得不必向读者指出，欧洲各国对战争所表现出的恐惧心理，并不完全是因为平等在这些国家得到了有力发展。除了这个经常性的原因外，还有几个比较强大的偶然因素，例如法国大革命和拿破仑战争所留下的烂摊子。

动，其他国家就无法保持安宁。因此，虽然战争会越来越少，但一旦爆发战争，战场必然会越来越大。

那些相邻的民主国家，不仅如我所说在某些方面变得相似，而且会在几乎所有的方面达到天下大同。[1]

而且，国家之间的这种相似性，对于战争有着重大影响。

当我探求为何15世纪的瑞士联邦曾经让欧洲一些列强发抖，而现在瑞士的国力完全和它的人口数成正比时，我发现瑞士人已经变得和他们的邻国人一样。瑞士现在与邻国的差别只是人口上的多寡，能掌握更多兵力的国家必然会胜利。因此，欧洲民主革命的后果之一，就是人们更为重视战场上的兵力优势，迫使所有的小国合并于大国，起码要加入大国的势力范围。

由于战争胜利的决定性因素是兵力，因此每个国家都会竭尽全力让尽可能多的兵力奔赴战场。

当部队里具有瑞士步兵或16世纪法国骑兵那样的精锐兵种时，人们认为没有必要去征集大量的士兵。然而，到了每个士兵的力量都相差无几

① 这不只是因为各国有了相似的社会情况，还因为这种社会情况会自然地让人们互相模仿和互相融合。

当公民们被分割成几个等级或阶级时，公民不但彼此不同，而且也不愿意彼此相似；每个公民都会想方设法地保持自己的观点和习惯，精神上的个性显得异常强韧。

当一个国家具备民主的社会形态时，也就是说，这个国家内部没有了等级和阶级之分，全体公民在文化和财产上越来越接近，人们的精神就会朝着相反的方向发展。人们将会越来越相似，如果自己和别人不同，他们就会感到痛苦。人们不再想保存那些产生差异性的东西，而是主动要求放弃这些东西，从而让自己融入共同的集体中。在他们眼中，只有这个集体能够代表力量和权利，个性的精神几乎消失殆尽。

在贵族时代，即使是那些原本相同的人也想要在彼此之间建立起幻想中的差别。而在民主时代，即使那些本来不同的人也希望能变得彼此一致，因为每一个人的精神都非常容易被全人类的共同前进步伐所吸引。

这种类似的现象还适用于国家之间。两个贵族制国家，可能会有着比较明显的差异，因为贵族制的精神在于挥洒个性；然而，两个相邻的民主国家，却很快就会具有相同的观点和习俗，因为民主的精神要求人们同化。

的时候，情况就大大不同了。

这种新需要产生的原因，正好也为满足这种需要提供了手段，正如我所指出的那样，当人人都一致的时候，每个人也都成了弱者。在民主制国家，社会权力自然会比其他国家强。因此在召集成年男子入伍时，也比其他国家有优势。也就是说，平等时代人们的尚武精神虽然已经大不如前，但军队的规模却在扩大。

在这样的时代，作战的方法也因为同样的原因而发生了变化。

马基雅维利在其著作《君主论》中写道："征服一个以君主及其诸侯为领袖的国家，要比征服一个由君主及其奴隶组成的国家难得多。"[①]为了不至于侮辱人，我们不妨将"奴隶"二字改为"公仆"。这样一来，我们就能得到一个伟大的真理。

对于一个贵族制大国来说，征服它的邻国或者被其征服，都是极其困难的。它之所以无法征服邻国，是由于它无法集结全国的力量，即使集结了起来也无法长期保持下去；它之所以不会被邻国所征服，是因为敌人会遇到无数的小防御据点，阻止它们前进。在贵族制国家作战就像在山地里作战，战败的人随时可以转入新阵地固守。

而在民主国家，情况却恰恰相反。

民主国家能够轻易地将可用的全部兵力投入战场，如果这个国家人多地富，就很容易成为一个征服者。但是它一旦遭到侵略，敌人深入到它的国土中，它的御敌方法就不会太多了。如果敌人攻占了它的首都，整个国家就会灭亡。这个道理是显而易见的：在民主国家里，每个公民都是各自孤立的，他们非常软弱，谁也无力自卫，更不能支援他人。在

---

① 这是马基雅维利话里的一段节译。可参阅马基雅维利的《君主论》，第78页，万人文库版。

民主国家里，只有国家具有强大的力量。国家的军事力量一旦因为战败而消失，行政的力量一旦因为首都被攻占而瘫痪，那么剩下的就只是一群既没有组织也没有力量的群众，他们将很难抗击有组织的侵略力量。我明白，让地方享有一定自由，并且建立地方政权，也许会减少这种危险，但这个办法往往也是杯水车薪。

这个时候，人民不但不会继续战斗，甚至他们连这个想法都没有了。

根据国际法的规定，战争的目的不是为了掠夺私人财产，而是为了占有政治权力。有时为了达到占有政治权力的目的，才会偶然地破坏私人财产。

当贵族制国家因为战争失败而被敌军入侵时，贵族虽然有大量的财富，但他们也宁愿选择继续抵抗而不是投降，因为入侵者一旦成了国家的主宰，就会将他们所有的政治权力夺走，而他们重视政治权力更甚于重视钱财。于是，他们宁可继续战斗，也不接受异族的征服，因为在他们眼中，这是最大的不幸。此外，他们轻易就能将人民组织起来，毕竟人民长期以来已经养成了跟随和服侍他们的习惯，在战争中普通人几乎没有什么可损失的。

相反，在平等的国家，每个公民只有一丁点政治权力，有时甚至一点都没有；另一方面，每个人都是独立的，并且都有自己的私人财产，一旦战争打响，这些财产随时都可能受到损失。因此，他们不像贵族制国家的人民那样害怕被征服，他们更惧怕的是战争本身。当战火蔓延到民主国家的土地上时，很难判断那里的人民是否会拿起武器抵抗侵略。因此，必须要给予民主国家的人以政治权力和政治意识，从而让每个公民都觉得自己也享有那些曾鼓舞过贵族阶级的某些权益。

民主国家的君主和首领们必须时刻提醒自己：只有用热爱自由的激情才能最有效地抵制追求享受的激情。在我看来，那些不以自由为基础的民主国家，在战败后是最容易投降的了。

从前，战场上双方的兵力都不是很多，交战的时候也是小规模作战，或是进行长时间的围攻。而现在，双方一交战就是大规模的战斗，只要前进的道路畅通无阻，他们就能一直打到敌方的首都，以期一举结束战争。

据传闻，是拿破仑发明了这套新战术。单纯依靠一个人的力量是无法创造出这种发明的，不论他是谁。拿破仑所采用的战术，是当时的社会情况给他带来的启发。他之所以能用这种战术取得成功，是因为这个战术非常适合当时的社会环境，还因为他首次将这种战术应用到战争上。拿破仑是历史上第一个由一个国家的首都打到另一个首都的人，但是，为他打通这条道路的，实际上是封建社会的崩溃。我们不妨这样设想，如果这位伟大的人物诞生在300年前，他的战术是不会产生这种效果的，或者说他将会采取另一种战术。

我下面就内战问题简短地说几句，因为我担心读者会感到不耐烦。

我针对对外战争所论述的一切，大部分也适用于内战，而且理由非常充分。那些生活在民主国家的人们，天生就没有什么尚武精神。他们在被迫走上战场时，有时也会产生这种精神。但是，顺遂自己的意志和大家一起奔赴战场，并且自愿忍受战争风险，尤其是内战的风险，绝对不是民主国家的人们希望采取的行动。只有那些酷爱冒险的人，才会心甘情愿地去冒这种危险，而民主国家的大部分民众是不会采取任何行动的。

就是在人们愿意行动的时候，也很难轻易行动起来，因为他们在国内已经无法找到他们准备服从的权威，没有公认的领袖来指挥那些想要行动起来的人，也没有国家政权领导下的政治力量有效地坚持抵抗。

在民主国家里，多数的精神力量和物质力量都是巨大的，是其他力量所无法比拟的。因此，那些坐在多数的位置上，借助多数的名义和利用多数的权力发言的党派，能够毫不费力地击败所有的个别抵抗。这些党派甚至不允许个别抵抗诞生，在孕育阶段就将它们扼杀。

因此，在这种国家里，凡是想依靠武力进行革命的人，除了攻其不备地占领政府的全部机关，没有其他什么办法。为了达成这个目的，最好的办法是政变，而不是发动战争，一旦打响正规战争，胜利者必然是代表政府的党派。

只有当军队分成两派，一派宣布反叛，另一派继续效忠政府的时候，才有发生内战的可能。军队本来就是一个组织严密的小社会，具有强大的生命力，可以在一定的时期内自给自足。战争也许会有流血牺牲，但不会进行太久。有可能叛军刚一显示武力，或经过首战的胜利后就能控制政府，然后战争随之结束；或者是战争刚开始不久，没有得到政府支持的那一派军队很快就自行瓦解或被消灭。

总而言之，内战在民主时代是非常稀少和非常短促的，可以把这视作一个普遍的真理。[1]

---

① 当然，我这里指的是单一的民主国家，而不是联邦制民主国家。在联邦中，虽然有相关的法律，但主要权力总是掌控在成员政府手里，而不是联邦政府，因此，这里的内战不过是变相的对外战争。

【第四篇】

民主的思想感情对政治社会的影响

在阐述了平等所激发的思想和感情后，如果不去讲清这些思想和感情对人类社会的政治管理会产生哪些影响，那么我就没有很好地完成这本书的任务。

为了达到这一目的，我就必须要不时地回到已经走过的路上去。我希望读者在沿着某条熟悉的道路走向某一真理的时候，请继续跟着我走。

第01章　平等使人爱好自由

让人们获得独立的平等，也让每个人养成了只按照自己意志行事的习惯和爱好。人们一方面不断和自己平等的人往来，另一方面，独立作为个人的生活习惯，使得人们对一切权威投以不满的眼光，并且迅速地激起他们对政治自由的爱好。于是，生活在民主时代的人，都在沿着一条引导他们走向自由制度的道路前进。你可以随便找个人问一问，你会发现，在各种各样的政府中，他评价最高的是由他选举首脑并且由他监督首脑行动的政府。

在由身份平等所带来的一切政治效果中，最先引起人们注意和恐惧的就是对独立的这种热爱。这种恐惧并不是完全没有道理，因为当无政府状态出现在民主国家时比出现在其他国家更令人害怕。由于公民彼此之间没有任何直接影响，所以，一旦让公民们各得其所的国家政权不复存在，混乱状态就必然会迅速达到顶峰，公民们各奔东西，社会组织也立即烟消云散。

然而，我深深相信无政府状态并不是民主时代应当害怕的隐患，而是最不值得害怕的隐患。

事实上，平等能够产生两种倾向：第一种倾向是人们各自独立，并且立即陷入无政府状态；第二种倾向是人们沿着一条漫长而隐蔽的小径走上被奴役的道路。

人们很容易看清第一种倾向，并且加以抵制；但对于第二种倾向，人们往往因为发现不了而误入歧途。因此，提醒人们不要误入歧途是非常重要的。

对于我来说，绝不会因为平等鼓吹不服从而非难它，而是称赞它。我之所以要赞美平等，是因为它将政治独立的模糊观念和本能的冲动植入每个人的内心深处，并且提供了纠错机制。正是出于这一点，我才如此爱慕平等。

第02章　民主国家关于政府的观点利于中央集权

关于在君主和子民之间存在次级权力的看法，自然会浮现在贵族制国家人民的脑海，因为这种权力是某些人认为自己的家庭出身、智力、财产等因素要高于他人而应当拥有的，这类人甚至认为自己生来就是指挥他人的。平等时代人们的头脑中，出于与这相反的理由，自然不会产生这种观点。必须人为地将这种观点引入平等时代，而且只有在付出极大的努力后才能使其延续下去；然而，民主时代的人不需要经过深思熟虑就能产生让政府直接领导全体公民的观念。

此外，政治领域也和哲学宗教领域一样，民主国家的人民喜欢接受简单明了的一般观念。他们讨厌复杂的制度，认为一个国家最好的政治模式就是由平等的公民组成以及由一个中央集权领导。

在民主时代，人们的思想在产生单一的中央权力观念后，自然又会产生关于统一立法的观念。由于每个人都认为自己和其他人没有多大差别，所以很难理解能适用于一个人的法规，为什么不能适用于其他所有人。因此，即使是最微不足道的特权，他们都会觉得厌恶；同类国家政治制度上的最微小的差异，也让他们感到不快；在他们眼中，立法的统一是一个好政府的首要条件。

相反，在贵族时代，人们却认为对全体社会成员实行统一的法制的观念是不可思议的，人们要么对它拒绝接受，要么干脆将它抛弃。

这两种彼此对立的思想倾向，最终都会成为盲目的本能和不能克服的习惯，除了一些个别现象，它们至今仍在支配人们的行动。虽然中世纪时候各个国家的情况悬殊，这些国家里有时也会出现一些完全相同的个人，但这并没有妨碍各国的立法者对人们规定不同的义务和权利。相反，在如今这个时代，某些国家的政府却在竭尽全力将同样的法律和习惯强加在那些还没有变得完全相同的居民身上。

随着身份平等的逐步实现，个人就越发显得弱小，而社会却日益强大。或者可以这么说，公民之间越来越相似，以至于每个人都会淹没在人群中，除了人民自身的高大形象外，其他什么也见不到了。

这自然会使得民主时代的人们认为，社会的特权是极其高尚的，而个人的特权则是极其卑微的。他们容易承认社会的利益是至关重要的，而个人的利益则是不足挂齿的。他们也非常愿意承认，社会作为一个整体比单个社会成员要高明得多，社会就是要亲自引领每个公民，这是它的义务也是它的权利。

只要对我们同时代的人研究得稍微仔细一点，并且探求他们政治见解的根源，就会发现他们有我之前所叙述观念中的某几个观念，还会因为那些见解不同的人竟然有如此的一致性而感到吃惊。

在美国人看来，无论是在哪个州，社会的权力都应该直接来自人民；然而，一旦这项权力依法设定，没有人会怀疑它的权威，每个人都会心甘情愿地承认它有权力去做一切。

至于赋予城市、家庭或个人特权的问题，他们已经忘却了这个观念。他们从来没想过可以不将同样的法律用于全体居民。

类似的见解正在欧洲逐渐传播，甚至渗入了那些强烈反对人民主权学说的国家。这些国家的权力来源和美国不同，但对权力的看法却和美国并无二致。关于中间权力的观念已经在全球范围内逐渐淡漠。而关于天赋人权的思想，也迅速从人们的头脑中消失，并且会被社会中唯一的权威思想所取代。后一种思想正随着人们的身份日益平等而生根发芽，平等导致了这种思想的诞生，这种思想又反过来加速了平等的发展。

法国的革命比欧洲其他任何国家都更先进，所以这种思想已经完全烙在了人们的头脑中。如果我们仔细地听一听法国各政党的主张，就会发现所有的政党都接受这种思想。虽然大部分政党都在指责政府，说它工作没有做好；但所有的政党又都认为政府应该继续工作下去，并且要参与一切活动。即使是那些激烈反对政府的人，在这一点上也是意见一致的。社会权力的单一性、普遍性以及全能性，是我们这个时代的各种政治制度的显著特点。在林林总总的无政府主义思想的深处，也能够发现这些特点。人们在做梦的时候，也都在幻想着这些东西。

如果说一般人的头脑中都能自发地浮现出这种想法，那么，它就更容易出现在君主们的想象之中。

欧洲旧社会的情况正在逐渐变化和消失，君主们对于他们的权力和责任也有了新的认识。他们第一次知道，他们所代表的中央权力应该按照一定的计划来管理国家的一切事物。我敢说这种观点在以往的欧洲是从来不曾出现过的，现在它们却日益深入这些君王的脑海。其他所有的见解都随风飘摇，只有它固若金汤。

因此，这个时代的人并不像人们想象得那样在意见上有很大分歧。他们虽然经常就主权应当归谁的问题发生争论，但是对于主权的权利和责任却很容易达成一致。所有的人都将政府想象成一个独一无二的、具有创造力的权力机构。

政治领域所有的次要思想都是变化无常的，只有上述思想才是固定不变和长久存在的。不论是政论家还是政治家，他们都会接受这个思想，群众也会对其积极拥护。统治者和被统治者都以同样的热情追求它，虽然它才刚出现不久，却像是由来已久的事情。

因此，这种思想不是由人的精神任意形成的，而是人类所处的客观环境的自然要求。(F)

第03章　民主国家人民的感情和思想一致引领他们走向中央集权

如果说平等时代的人们容易接受建立强大政权的思想，那么就可以确定，他们的感情和习惯已经事先承认了这样的政权。现在只需只言片语就能说明这一点，因为大部分理由在前面已经讲过了。

那些民主国家的居民没有高低之分，也没有什么不可或缺的伙伴，所以他们喜欢自我反省，并且进行独立思考。我在谈论个人主义的时候，曾经详细地论述过这一点。

因此，他们从来不让自己的注意力离开个人事业而去操心公共事业。他们将公共事业交给那些代表集体利益的机构去管理，这个机构就是国家。

他们不仅天生不喜欢管理公共事务，而且往往也没有时间去管理。民主时代的个人生活极其忙碌，既有很多欲求，又有很多工作，以至于每个公民几乎没有精力和闲暇去从事政治活动。

我认为这种倾向是可以克服的，我写此书的主要目的就是同这种倾向进行斗争。在我们这个时代，有一种隐蔽的力量在不断促使这种倾向在人们的心中潜滋暗长，如果不人为地加以阻止，就会将人心占据。

我曾经指出，追求享受的喜好和不动产的增多，会让民主国家的人民害怕自己的财物受到损失。爱好社会稳定，是民主国家人民唯一保存的政治激情，这种激情会随着其他激情的减弱或消失而变得更为强大。这自然会使公民们把一些权利出让给中央政权，他们认为只有中央政权才有能力和义务来保卫自己，让他们免受无政府状态的侵害。

在平等时代，每个人都没有援助他人的义务，同理，每个人也没有要求他人援助的权利，人们既是独立的又是孤立无援的。这两种既联系又有区别的情况，导致民主国家的公民具有一种十分矛盾的性格。他们身上的独立性，让他们在和自己平等的人交往时充满了自豪感；而他们的软弱无力，又让他们不时地觉得需要他人的帮助，但他们却无法指望任何人给予他们帮助，因为所有人都是软弱和冷漠的。面对这种困境，他们自然会将视线转向那个在普遍软弱的情况下唯一能屹立不倒的伟大存在。他们的需要和欲求都在不断地将他们引向这个伟大存在；到最后，他们必然会将这个存在视作补救个人弱点的必要靠山。[1]

这样就能理解民主国家经常发生的现象：人们一边反抗官方权威，一边又忍受着他们的支使，既傲慢又屈服。

随着特权的逐渐萎缩，人们对于特权的憎恶却与日俱增，可以这么说，民主激情在动因最小的时候反而更加激烈。我在前面已经解释过

---

① 在民主国家，只有中央政权是地位比较稳定的存在。全体公民都在不断改变自己的处境和活动场所，而所有的政府都有不断扩大自己活动范围的本性。因此，政府必然会最终获得成功，因为它用其固定的思想和坚定的意志影响着那些处在变动中的人民。

民主时代是一个实验、冒险和改革的时代，经常会有成千上万的人独立地进行一些既艰巨又新颖的事业，而不接受他人的干涉。这些人认为，作为一种普遍的原则，国家权力不该干预私人事业；但是，他们都希望政府例外地对他们所从事的事业给予援助或指导，与此同时，他们又要限制政府对他们进行其他干预。

成千上万的公民对自己进行的事业都怀有这种看法，虽然他们每个人都想要限制中央政府的活动，但中央政权的活动范围却越来越大。因此，民主政府获得了旷日持久的优势，扩大了自己的职权。时间对它有利，每一件事都在促进它的成长，个人的激情也在不知不觉间成全了它。因此，民主社会存在的时间越长，政府的中央集权化就越彻底。

这种现象的成因。当身份极不平等的时候，最大的不公平也不碍眼；而当人人都整齐划一的时候，一丁点小差异也会引起极大的不快；随着人们之间越来越平等，这种不快感将越发让人们难以忍受。由此，对平等的热情将会不断加强，而这种热情得到满足时又促进了平等的进一步发展，这种现象是非常自然的。

民主国家人民反对一切特权的热情，会导致政治权力逐步集中在国家的唯一代表手里。那些地位远远高于全体公民的国家元首不会引起公民的嫉妒，因为每个公民都认为和他平等的人能够取消他们从国家元首那里得到的任何特权。

民主时代的公民非常讨厌和自己地位平等的邻人的指点，他们不承认邻人在智力上比自己高，不相信邻人的正直，嫉妒邻人的权力，既对邻人心怀畏惧又看不起他们，他们希望让邻人时时刻刻都感觉到他们双方是隶属于同一个主人的。

各项中央权力都顺应这些自然的本性，它们热爱平等同时也鼓励平等，因为平等能够扩大和巩固中央权力。或者可以说所有的中央政府都崇拜整齐划一，整齐划一可以让政府不用为制订数不清的细则而操劳；如果不对所有的人实行同样的制度，而是区别对待，就必须要规定这些细则。这样一来，政府必然会爱公民之所爱，恨公民之所恨。这种感情上的一致，必然会将每一个公民和国家元首结合在同一个思想之下，并且在二者之间建立起隐秘而久远的同情。由于公民和政府的爱好相同，公民会经常原谅政府的缺点；只有当政府做得太过分时，公民才对其失去信任；但是，只要政府能改正其错误，公民就会恢复对它的信任。民主国家的人民虽然憎恶中央政权的专制，但他们对于这个政权本身却是爱护有加的。

于是，我便从两条不同的道路达到了同一个目的地。我之前指出，平等让人们产生了关于建立整齐划一的强大政府的想法，现在我又让读者看到，平等让人们爱上了这种政府，以至于当今的各个国家都力图建立起这样的政府。思想和感情上的自然倾向，都在引导人们朝着这个方向前进。只要不去对它加以阻挡，人们就会顺利地到达目的地。

我认为，在当下这个民主时代，个人独立和地方自由是永恒的艺术品，而中央集权则是政府的自然趋势。(G)

第04章　民主国家的中央集权

即使所有的民主国家都本能地趋向中央集权，它们也会采取不同的方式。这取决于该国的客观条件是促进还是阻止社会情况的自然发展。这类客观条件为数众多，我只想挑一两种来叙述。

在那些长期生活在自由之中的人民获得身份平等之前，自由所赋予的本性和平等所导致的倾向之间有一定的矛盾。虽然中央政权在人民之中提高了自己的特权地位，但是作为个人来说，他们是永远不会放弃独立的。

然而，当平等在一个人们从来不知自由为何物的国家（例如人们在欧洲大陆所见到的那样）发展起来的时候，这个民族古老的传统习惯就会通过某种自然的吸引力和民主所造成的新习惯结合起来，使得所有的权力都自动地趋向中央。当这些权力以惊人的速度聚集到中央政权时，国家会立即达到自己强大的极限，而个人则会被逼退到软弱的最后界限。

二百多年以前，那些到新大陆建立民主社会的英国人，在他们自己的母国已经养成参与公共事务的习惯。他们了解陪审制度，也享有过言论自由、出版自由以及人身自由，他们还具有权利观念和行使权利的习惯。他们将这些自由制度和开放的民情带到了美洲，并且运用这些东西来抵制政府对他们的侵犯。

因此，在美国人眼中，自由是早就存在的，而平等则是新鲜货。欧洲的情形和这相反。在欧洲，平等是由专职王权造成的，在国王看来，早在自由进入人民的思想之前，平等就已经深入人心了。①

我之前说过，在民主国家，人们认为中央政府是统一政权的自然代表，他们不懂得什么是中间权力。这对于通过暴力革命使平等原则深入人心的民主国家尤其适用。革命的风暴将那些管理地方事务的阶级一扫而光，这样一来，剩下的那些芸芸众生既没有自己的组织，也没有管理事务的习惯，他们认为只有国家才能担负起管理一切政务工作的重任。于是，中央集权成了一种必需的事实。

拿破仑独揽一切行政大权的行为既不应当受到褒扬，也不应该受到贬斥，因为贵族和大资产阶级突然被消灭后，这些权力自然而然地落在了他的手中。他拒绝这些权力和接受这些权力，都是同样困难的。而美国人就不曾这样左右为难过，因为他们没有经历过革命，从一开始就是自己治理自己，根本不需要请国家作为他们的临时监护人。

因此，中央集权在民主国家发展壮大时，不仅会以平等的进展作为转移，还要看这种平等是以何种方式建立起来的。

在民主革命刚刚开始的时候，或是在不同阶级之间刚刚展开斗争的时候，人民都渴望将全国的行政权集中到中央政府的手里，从而将地方事务的领导权从贵族手中夺过来。而在民主革命接近尾声时，失败了的贵族一般都愿意将所有事务的领导权都交给国家，因为他们恐惧那些变得与他们平等或成为他们主人的人民对他们实行小规模的暴政。

---

① 这两段从社会学上对法国、美国和英国社会结构的各个方面进行了比较。——法文版编者

由此可见，那些试图加强政府特权的往往不是同一个公民阶级，但只要民主革命持续进行下去，国内最终会出现一个在人数和财富上都占绝对优势的阶级，这个阶级出于自身的心理和利益，极度渴望将管理国家的大权集中到中央。我们能够看到，现在英国的下层阶级正竭尽全力取消地方独立，并且将各地的行政权转归中央，而上层阶级却在试图让地方的行政权保留在原来的主管人手里。我预言，总有一天会出现完全相反的现象。

以上的论述让人们可以系统地了解：关于一个国家的社会权力，为什么那些经过长期艰苦奋斗后获得平等的民主国家比那些一开始就获得平等的民主国家要强大，而个人的权利却正好相反，前者总是要比后者软弱。美国人就是这方面最好的例子。

美国的居民里从没有等级和特权，他们也从来不知道主人和仆人的依赖关系。正因为他们彼此之间没有恐惧和憎恨，所以从来不认为有必要请求最高权力机构来指导他们活动的细则。美国人的命运是特别的：他们从英国贵族那里继承了关于个人权利的思想和对自由的热爱，并且能将这二者保全下来，毕竟他们用不着同贵族进行斗争。

如果说教育在任何时代都是人们维护自己独立的有力工具，那么，在民主时代，这个说法更像是一个真理。当人们全部相同的时候，就很容易建立起一个既单一又全能的政府，而且只需凭着人们的本能就能做到这一点。然而，人们必须具备丰富的知识和技能，才能在这种环境下维持次级权力，才能在公民们都处于独立却又软弱的条件下建立起既能反抗暴政又能维持秩序的自由社团。

因此，在民主国家中，中央集权和个人服从不仅会随着平等的普及而增强，还会随着公民的开化而增强。

没错，在不够开化的时代，政府往往缺乏完善其专制统治的知识，而人民也缺乏摆脱专制的知识。不过，这二者所造成的后果却不相同。

无论民主国家的人们有多么无知，统治他们的中央政权也不会没有一点知识，因为它很容易从全国各地汲取它所发现的少量知识，如果有必要的话，它还可以去外国寻找知识。因此，在一个既民主又愚昧的国家里，国家首脑和公民之间的巨大智力差距，就会立即暴露出来。这就很容易导致所有的权力都集中到国家首脑手中。国家的行政权力会不断扩大，因为只有它才能胜任行政管理的工作。

对于一个贵族制国家来说，不论它有多么不开化，也永远不会出现这种情况，因为贵族国家不只是君主受过教育，一些主要的贵族公民也受过教育。

现在统治埃及的帕夏，他发现自己的臣民极为愚昧和极为平等，于是就借鉴了欧洲统治人民的知识和经验。当君主的个人学识和臣民愚昧民主的弱点相结合，中央集权就会无限加强，这样一来，君主就可以把整个国家变成他的工厂，把臣民变成他的工人。

我认为极端的中央集权会导致社会丧失活力，久而久之，还会让政府变得软弱无能。然而，我承认集权的力量在一定时期和特定地点能够轻而易举地实现巨大的事业。这点在战争上表现得尤为明显，因为战争胜负的关键在于是否能迅速调动全国的资源投入预定的目的，其次才取决于资源占有的多寡。因此，只有在战争时期，人们才感到有必要扩大中央政府的特权。每一个军事天才都喜欢中央集权，因为中央集权能够加强他们的权力；同样，所有的中央集权天才都喜欢战争，因为战争会迫使国家将全部权力都集中到中央政府的手里。因此，在那些经常发动大规模战争以及生存经常受到威胁的民主国家，让人们不断扩大国家特权而限制个人权利的民主倾向，要比在其他一切国家来得迅速和持久。

我曾说过，恐惧动乱和喜好安乐的心理会不知不觉地让民主国家扩展中央政府的职能，以至于让中央政府以为自己是防止国家陷入无政府状态的唯一力量。我无须赘言大家就能知道，导致民主国家出现动荡不安的特殊条件加强了中央集权的这种倾向，并且使得个人为了社会安定牺牲自己越来越多的权利。

因此，当一个国家在刚刚结束一场流血革命的时候，绝不会去扩大中央政府的职能，更何况暴力革命将大量财产从原来的持有人手中夺了下来，动摇了全国的人心，让人们产生了疯狂的仇恨心理，并且将国家拖入了利害冲突和党派斗争的泥潭。这样一来，爱好社会安定的心理就发展成了一种盲目的激情，而公民则对秩序产生了一种强烈而反常的热爱。

我上面只是讲了几个推动中央集权的次要偶然原因，而对主要的偶然原因我还没有讲到。

在民主国家中，可能导致国家元首总揽一切领导权的第一个主要偶然原因，是国家元首本人的出身和爱好。

那些生活在民主时代的人自然会欢迎中央政权，并且心甘情愿地扩大它的特权；如果这个中央政权忠实地代表了人们的利益，并且准确地反映了人们的意愿，那么人们对于它的信任就几乎是无限的，并且随时准备将自己能够付出的一切奉献给它。

和旧贵族制度仍然保持联系的国王实行行政集权，不如那些沐浴着平等运动白手起家的国王来得有效率。当然，我并不是说那些出身贵族而活在民主时代的国王们不想实行中央特权，我认为他们致力于中央集权的心情和其他君王一样积极。对于他们来说，平等的好处就是能够实行中央集权，然而，他们成功的几率并不大，因为公民们不会听话地服从他们的旨意，往往只能勉强地接受他们的要求。在民主时代，国家元首的贵族特点越少，中央集权的可能性就越大。这是一条客观规律。

当某个王朝领导贵族制国家时，君主的天然成见必然会和贵族的天然成见一致，而贵族社会的内在矛盾将会自由发展，并且没有救治的办法。当贵族的后裔成为民主国家的领导人时，情况却恰恰相反。君主由于受到自己贵族习惯和贵族传统的影响，更偏向于因为身份不平等所造就的情感；而人民出于对自己的社会情况的考虑，时刻都在追求平等。这个时候，公民们往往会试图抑制中央政权，将它看作贵族的政权，甚至视为暴政。他们之所以坚决维护自己的独立，不仅仅是因为他们要成为自由人，更主要的原因是他们要继续做平等的人。

那些推翻旧王朝使得新贵出任民主国家元首的革命，也许会暂时削弱中央政权。但是，鉴于看到革命之初所出现的某种无政府状态，我可以果断地预言，这个革命的最终目的以及必然结果是扩大和保护这个政权的特权。

使得民主社会政治权力集中的第一个必要条件，就是它必须喜爱平等并且让人们相信它喜爱平等。因此，原本非常复杂的专政之道，现在已经变得简单，甚至可以说它已经简化为一项单一的原则。

第05章　欧洲国家统治者最高权力的变迁

如果读者回味一下上述内容，就会对欧洲的现状感到奇怪和吃惊。在欧洲，所有的事物仿佛都在促使中央政府无限地增加特权，使得个人处于依附的位置，越来越岌岌可危。

促使美国人走向中央集权的所有倾向和趋势，在欧洲的民主国家都能找到。此外，欧洲的民主国家还有很多美国人所不知道的次要因素，也在促使它们走向中央集权的道路。可以说它们每向平等迈进一步，就同时也向专制迈进了一步。

只要环顾一下我们的四周以及看看我们自身，就会相信情况确实如此。

在从前的贵族时代，欧洲的一些君主相继被剥夺或主动放弃了他们权力中所固有的若干职能。在一个世纪前，大多数欧洲国家中的私人团体还是相当独立的，他们可以自行处理案件，自己招募士兵，自己收税，甚至自己订立和解释法律。如今，各国都已经收回了这些原本属于国家主权的权限；在管理国家事务方面，国家不再允许有夹在它和公民之间的代表，而是亲自对公民进行全面领导。我不是在谴责这种中央集权，而是指出这个事实。

与此同时，欧洲各地都存在着许多代表地方利益和管理地方事务的次级政权。如今，这些地方政权大多都不复存在，剩余的那些要么正在迅速消失之中，要么就是完全听命于中央。在整个欧洲，地方领主的特权、城市的自主权，不是业已消失，就是即将消失。

半个世纪以来，欧洲经历了很多场革命和反革命。这些运动有一个共同点，即它们都动摇或破坏了地方的次级政权。在法国所征服的地区里，那些没有被法国消灭的地方特权，后来被战胜法国的君主们消灭了。这些君主将革命所创造的全部新鲜事物都抛弃了，唯独把中央集权留给自己享用；这是他们唯一愿意接受的革命成果。

我想要说明的是，在如今这个时代，我们从某些阶级、团体或个人手中夺过来的权利并没有用来建立新的民主次级政权，而是全部集中到国家元首的手里。各国中央政权甚至对最为低级的公民也实行直接领导，甚至亲自管理每个人的琐事。[①]

在古时候的欧洲，几乎所有的慈善事业都由私人或团体掌控，而在今天，所有的慈善事业都或多或少地依赖国家，在某些国家甚至全部由国家管理。国家负责向饥饿者发放面包，救济和收容老弱病残，安排无业者就业，国家几乎成了所有灾难的唯一救济者。

在如今的大多数欧洲国家里，教育事业也和慈善事业一样，由国家全权办理。国家先是从母亲的怀抱里把孩子要过来，然后交给由它设立的经办机构，再由这些机构负责对每一代人进行感情塑造和思想教育。

---

① 个人在社会面前这种日益疲软的现象，表现在很多方面。我现在举一个立遗嘱的例子来说明这种现象。在贵族制国家里，人们对死者的遗愿非常尊重。在欧洲某些古老民族中间甚至会成为迷信，例如，社会权力就连死者的一些奇怪要求都不加以限制，它至少会让其中的某些要求生效，以保证死者享有一种永久性的权利。

当所有活着的人都是弱者的时候，对于死者的遗愿就不会太尊重。人们给死者的遗愿划定了极小的范围，一旦超过这个范围，国家的最高权力就要介入，宣布它无效或者监督它的执行。在中世纪，对立遗嘱没有任何限制。而在如今的法国，如果没有经过国家的干预，一个人就不能将财产分给子女。国家在统治了一个人的一生后，还要限制他弥留之际的活动。

和其他制度一样，教育制度也是相对统一的。它的差异就好像自由一样，在逐渐消失。

可以这么说，在现在所有的基督教国家里，不论是天主教还是新教，都有被政府控制的隐患。这不是说统治者嫉妒教会自行决定教义的权利，而是指它们会加强控制教义宣讲者的意志，剥夺教士的财产并且向他们支付薪酬，和他们联手让宗教深入到每个人的灵魂深处。①

然而，这还只是冰山一角。

正如我们所见到的那样，当下统治者的权力不但扩大到了原有权力的每一个领域，而且它并不满足于此，除了要行使现有的一切职权外，它还要更进一步，将自己的统治扩展到个人独立至今还未被染指的领域。那些以前完全不受政府约束的行动，现在大多已被政府控制，而且，被控制的行动还在不断地增加。

在贵族时代，政府往往只是在与国家利益有直接关系的事务上领导和监督公民，在其他事务上则听任公民自己处理。这些国家的政府往往忽略了一个问题，即个人的错误和苦难会危害到整个国家的幸福，国家有时也应当担起防止个人破产的义务。

当代民主国家往往会趋向另一个极端。

很显然，当代的大部分统治者都不满足于治理整个国家，他们认为应当对自己统治下的所有公民负责，把指导每个人该如何度过一生的责任全都包揽在自己身上。在必要的时候，不管人们愿意与否，它还会教导每个人如何获得幸福。

---

① 随着中央政权职能的扩大，代表中央政权的官僚人数也在增加。这些官员形成了一个国中之国，由于他们分担了保障政府稳定的责任，所以逐渐取代了贵族的地位。

欧洲各国统治者不约而同地使用了两种统治方法：第一种是采取让公民对官员畏惧的办法统治一部分公民；第二种是采用让公民对官员抱有希望的办法统治另一部分公民。

另一方面，老百姓也越来越依赖政府，一遇到事情就去寻求政府的援助，并且时刻将政府看作自己的导师和向导。

我认为，所有欧洲国家政府都越来越中央集权，并且事无巨细地管理一切，越来越严格。各国政府日益深入到私人活动领域，对个人行动的控制也越来越直接，即使是那些微不足道的行为也要加以控制。他们整天站在每个公民的身边协助或引导他们，或者是高高在上地发号施令。

从前，君主靠地产和税收生活。而现在，他的需求和权力都大大增加了，因此不能再依靠上述的收入生活了。从前，如果有需要，一个君主可以制订一种新税，现在他则会选择举债。于是，国家渐渐成为大多数富人的债务人，将大笔资金集中到自己手里。

对于那些小额资金，它使用的则是另外一种吸收办法。

随着人们身份的日益平等，穷人也逐渐有了一部分财产，受到一定的教育，从而产生出一些欲求。他们渴望改善自己的境遇，并且试着用储蓄的方式来达到这个目的。这样一来，每一天的储蓄都会产生出无数小额资金，这就是穷人慢慢积累起来的劳动果实，其数额处在不断增加的状态。然而，如果这些钱分散到个人手里，就不会产生任何收益。在这种情况下，便出现了一种慈善组织，如果我估计正确的话，这个组织用不了多久就会成为我们的一个重要政治机构。一些怀着慈善念头的人想出了一个办法，即将穷人的储蓄集中到一起，使其产生收益。在某些国家里，这种慈善团体和国家毫不相干，但是在大多数国家，这种团体有跟政府合并的趋势，甚至在个别国家里，这些团体已经被政府取而代之。政府亲自将几百万劳动者的日常储蓄集中在一起，并且独立经营业务庞大的生息工作。

这样一来，国家一方面可以通过举债的方式吸收富人的资金，另一方面又能通过银行储蓄任意使用穷人的存款。于是，国家的财富由政府支配并且不断循环，并且随着身份的日益平等而相应增加，因为在一个民主国家里，只有政府才能取得个人的信任，而公民之所以相信政府，是因为他们觉得只有政府具有恒久的力量。①

因此，统治者不但掌握着公共财产，同时还在干预着私人财产。他是每一个公民的上司，也是他们的主人，此外，他还是公民的大管家和财务会计。

如今的中央政权不但包揽了原来政权的全部工作，甚至还扩大了它的工作范围。它比以前更灵活、更有力量、更具独立性。

在我们这个时代，所有欧洲国家的政府都已大大提高了行政技巧。它们能做的事情比以前更多了，而且每件事情都做得更为迅速和有条理。他们坚持用从私人那里学来的一切知识来武装自己。欧洲君主派代表在他们所管辖的地区进行严格管理，并且发明了一些新方法来领导和监督这些代表。他们对此并不满足，于是直接向代表所管理的所有事务插手。这不但导致公共行政事务依附于同一权力，还导致它们越来越集中于同一个地方以及控制在少数人手中。政府除了集中活动外，还加强了自己的特权。这两个因素都促进了政府力量的强大。

当我们在考察大多数欧洲国家曾实行过的司法制度时，有两件让我们感到吃惊的事情，第一件事情是司法权力的独立，第二件事情是司法权限的程度之大。

法院不仅审理私人之间的几乎所有纠纷，在大多数情况下，它还是

① 首先，人民对物质享受的兴趣不断增加；其次，政府对物质享受所用资源的控制越来越强。由此，人们通过两条不同的道路走向奴役。对物质享受的喜好使得他们必须参与政府，而对物质享受的追求又让他们越来越依赖政府。

私人与国家之间的仲裁人。

我这里不谈某些国家的法院所篡夺的政治权限和行政权限，只谈各国法院所拥有的司法权限。在所有的欧洲国家里，过去和现在都有很多和一般财产权相关的私人权利。这项权利受法院保护，在未经法院许可的情况下，国家不能剥夺其权利。

这是一种让欧洲国家的法院和其他国家的法院有所区别的半政治性权力，因为其他的国家虽然也设有法官，却都没有授予法官这种特权。

如果我们对人们所说的欧洲民主国家的司法史做一个考察，就会发现这些国家除了普通法院外，还另设了专门审理国家和公民之间纠纷的法院。原来的法院虽然还保持其独立性，但是它们的审判权却缩小了，而且人们越来越倾向于让它们只充当私人利益冲突的仲裁者。

这类法院的数目在不断增长，它们的职权也在扩展。因此，政府无须让另一个权力机关来审核它的计划和要求了。政府虽然无法绕过法官，但是它至少能够选择法官，并且永久地控制住他们。换句话说，这就是在政府和私人之间设立了一个名义上是主持正义，实际上却是偏袒政府的司法机构。

可以看出，国家并不满足于总揽一切事务，它还想要自行决定一切而不受到控诉或上诉。①

在当代的欧洲各国中，除了我以上所论述的各项原因外，还有一个重大因素在促使它们不断扩大最高当局的活动范围和增加它的特权，但人们并未对它予以足够的注意。这个原因就是平等所带来的工业发展。

工业往往会将很多人集聚在同一个地方，并且在这些人之间建立起

---

① 对于这个问题，法国有一种奇怪的诡辩。当政府和个人发生诉讼时，普通法院的法官无权审理，这是为了不让行政权和司法权混淆。实际上是因为这样的混淆不能让政府兼有审判权和行政权。

一种新颖而复杂的关系。工业让他们时而平步青云，时而不名一文。这种穷富之间的剧烈变化，必然会危害到社会的稳定。工业劳动最后还会损害到企业主和劳工的健康，甚至威胁到他们的生命。因此，工商业阶级比其他阶级更需要制度和监控，当这个阶级的队伍不断扩大，政府的权限也自然会随之增加。

这是一个普遍真理，但我下面要讲的，是和欧洲各国特别有关系的部分。

在从前的很多个世纪里，只有贵族有资格拥有土地，当然，他们也有保住其土地的能力。因此，那时候的地产有很多保障，土地所有者享有极大的独立权。于是，就产生了一些在土地被分割以及贵族没落之后仍然有效的法律和习惯。然而，即使在今天，地主和农户依然是最容易逃脱中央政权控制的公民。

我们可以从贵族时代中找到我们历史的一切根源，那时候不动产不很重要，其拥有者也遭人轻视，并且力量薄弱。从事工商业的人是贵族社会的一个特殊阶级，毕竟他们既没有后台老板，也不能自保。

因此，人们习以为常地将工业财产看作一种特别的财产，它不像其他财产那样受到重视和保护。从事工商业的人被看作社会中一个另类的小阶级，他们虽然独立却不受人尊重，只要君主一不高兴，就可能将他们一脚踢开。如果你翻阅一下中世纪的法典，就会为在那样一个独立的时代，国王竟然不断限制工业的细枝末节而感到吃惊。从这方面来看，中央集权确实达到了它所要求的细致程度。

此后，在世界范围内爆发了一场大革命，刚刚出现的工商业财产如雨后春笋般遍布全欧，工业阶级不断扩大并且利用其他阶级的残余不断壮大自己的队伍。工业阶级不论在人数上还是在财富上都大大增加，并且会继续增加下去。原先那些和它没有任何关系的人，现在都在向它靠拢，至少是在某些方面向它靠拢。这个原先被人看作特例的阶级，现在却有了变为主要阶级甚至唯一阶级的趋势。然而，它所形成的政治思想和政治习惯却没有任何变动。这些思想和习惯之所以没有改变，最开始是因为它们自身的陈旧，后来则是因为这些思想习惯变得和现代人完全合拍。

因此，工业财产的权利并没有随着其自身地位的提高而扩大。虽然工业阶级的人数增加了，但是它对企业主的依赖并没有减少。情况恰恰相反，它将专制引入了企业的内部，并且随着自身的发展让专制化自然而然地加强。[1]

国家工业化的程度越高，就越需要有方便致富的道路、运河、港口以及其他半公用性工程；而国家的民主程度越高，私人就越是难以进行这类工程，从而将人民限制在一个非常小的活动范围之内。

另外，随着国家力量的增强和需求的增长，它自身消耗的工业品也在日益增加。这些工业品大多都由国家下属的兵工厂或工厂所制造。于是，每个国家的国王就成了最大的工业家。他吸收了一大批工程师、建筑师、技师和工人为他劳作。

他不但是最大的工业家，而且越来越想将所有产业控制在自己手中。

---

① 我现在列举几个以资佐证的事实。矿藏属于工业财富的自然资源。随着欧洲工业的日益发展，矿业利润成了最普遍的追逐对象，但由于平等所造成的财产分散，无法对矿山进行有效率的开发，于是大部分国家就直接宣布自己有权占有矿山资源并且对其开发过程进行监督。这种情况在其他财产上是闻所未闻的。

矿山作为工业财产受到监督和保护后，就被政府控制了起来。国家对矿山进行开发或出租，原来矿山的所有人变成了矿山的使用人，他们只能从政府那里获得使用权。此外，政府还要掌握对矿业的领导权，为了达到这个目的，它给矿业规定了章程，拟定了管理方法，并且进行监督；如果经营者不服从命令，行政法院就会取消他们的使用权，再由政府指定其他人来经营。由此可见，政府不但控制着矿山，还控制着矿山的经营者。随着工业的不断发展，老矿继续开发，新矿也层出不穷。于是国家的控制范围就越来越大，在这个范围里的居民都是它的奴隶。

公民们因为平等而变得越来越无能，以至于他们不联合起来就无法在工业方面做出任何成绩。然而，政府却想要将他们的组织置于自己的掌控之下。

必须承认，被称作合伙组织的这种集体，比个人的力量要强大得多，但对自己行为所承担的责任却比个人小。因此，让他们依附于政府，似乎是合理的。

统治者们同样有这种倾向，因为他们发自内心地喜欢这样。在民主国家中，公民只有联合起来才能对中央政权进行有效抵制，所以中央政府历来不欢迎那些不受它控制的结社。然而，特别需要指出的是，在民主国家里，公民们往往发自内心地恐惧和嫉妒那些他们本来很需要的结社，这样一来，就阻碍了他们对社团的保卫活动。这些私人小团体的反抗能力以及长久的存在，让公民们感到紧张和不安，他们认为让每一个社团自由地应用它们的能力是危险的事情。

此外，我们这个时代所出现的社团，都是由那些新式法人建立的。它们诞生在个人权利观念薄弱而国家权力无法无天的时代，而且这个时代并没有赋予他们结社的权利。因此，他们在出生后就没有了自由，这点是不足为奇的。

在欧洲，有一些社团不经过国家审查和批准是不允许成立的。个别国家正努力将这套办法应用于所有种类的社团，这种方法一旦成功，其后果是可以预见的。

一旦统治者拥有给社团成立设定门槛的权力，他很快就会得寸进尺，要求拥有监督和领导社团的权力，从而让社团符合它所制定的规则。于是，国家让那些申请成立社团的人从属于自己后，还要把那些已经成立的社团置于自己的控制之下。

各国统治者用这样的方法逐渐将工业所创造出来的新力量占为己

有。也就是说，工业在引导我们，他们则在引导工业。

我非常重视刚才所论述的一切，唯恐无法表达清楚自己的观点。

假如读者认为我举的例子不够充足或不够恰当，认为我对中央集权的论述过于夸张，而把个人的活动范围说得过小，那就请读者暂时放下手中的书，再好好玩味一下我前面所讲述的内容。去仔细观察一下国内外每天发生的一切吧，去同周围的人们交谈交谈吧，去深思一下吧。如果读者没有受到我的引导或是通过其他途径而无法达到既定的目的地，那我就大错特错了。

在过去的50年间，中央集权以千百种不同的方式扩大了。战争、征服以及革命都促进了它的发展，所有人都为中央权力的扩大出了力。在这期间，城头变幻大王旗，很多人走马灯似的相继主持大权，他们的思想、利益以及感情都各不相同，但他们有一个共同点，那就是都想以某种方式实现中央集权。中央集权的本质就仿佛他们多变的生活和思想中的那个唯一不动的点。

当读者观察完世间的这些情况后再纵观一下全景，必然会大吃一惊。

一方面，那些看似牢固的王朝纷纷垮台，各国人民用暴力推翻国王的统治，人民不断破坏或限制他们君主的权威，每个人都受到造反精神的鼓舞，那些尚未发生革命的国家也会感到胆战心惊。另一方面，在这种无政府状态之下，在拥有如此不驯服的人民的国度里，社会权力却不断地扩大着自己的特权，越来越中央集权，越来越胆大妄为，也越来越专制。而公民却每时每刻都处在国家权力的监督之下，每一天都在不知不觉中把自己的独立一点一滴地出让给国家，这些曾经把国王踩在脚下的人们，现在却对新政权中的一个小办事员俯首听命，不敢有丝毫的违背。

在如今这个时代，似乎在进行着两种迥然不同的革命：一种革命在不断削弱国家政权，另一种革命却在继续巩固政权。纵观历史上的所有时期，政权从没有像现在这样软弱，同时也没有像现在这样强大。

然而，当我们用心地观察全世界的局势时，就会发现这两种革命在思想上如出一辙，虽然它们的路线不同，最后却都将人们引向同一个地点。

我要不厌其烦地再次重复我在本书很多地方已经指出的观点：千万不要将平等的事实和促进平等的革命混为一谈，人们之所以对自己所见的一切感到惊讶，正是因为他们将二者混淆了起来。

欧洲那些古老政权，不论是最强大的还是最弱小的，都是在贵族时代建立的，它们都曾不同程度地代表或维护过特权原则。为了让日益扩大的平等所带来的新利益在政府中占据优势，人们就必须要推翻旧的政权。这就促使人们去进行革命，让大多数人产生普遍的闹事情绪和独立激情。

在我看来，无论是哪一个欧洲国家，都是在经过财产和人权剧烈变化后，才让平等发展起来的，而且这一系列变化都伴随着严重的无政府状态。因为这些变化是由国内那些没有教养的人造成的。

这样一来，就产生了我刚才所指出的那两个背道而驰的倾向。只要民主革命的激情依然存在，那些消灭了贵族政权的人，就会表现出极大的独立精神。随着平等的推进，他们会慢慢服从平等所产生的自然本性，并且努力加强中央的集权。他们原本希望在成为自由人后实现平等，然而，当平等在自由的帮助下得到进一步发展时，他们反而难以享受到自由了。

这两种情况有可能会同时发生。上一代法国人就曾指出，一个民族在打击贵族权威的同时，能够在国内建立起暴虐的统治，这就向全世界传授了在得到独立的同时又将独立丢失的方法。

在我们这代人眼中，旧政权和旧势力正逐渐消失，所有阻碍新事物的障碍也正在崩塌。这种现象让一些知识广博的人也感到困惑不解。他们只能注意到眼前的革命，以为人类会由此永远陷入无政府状态，如果他们再联想到这场革命导致的最终后果，就会更加恐惧了。

而对于我来说，我并不相信那种貌似在鼓舞当代人的自由精神。我确实目睹了当代国家的激烈变动，但我并不认为它们获得了真正的自由，而是担心在让王位动摇的那些动乱完结后，统治者们会获得比以前更为强大的权力。

第06章　民主国家害怕何种类型的专制

我在美国逗留期间发现，美国这样的民主社会会为建立专制提供极为便利的条件；我回到欧洲后则发现，欧洲的大部分君主已经在利用这种社会状况产生的思想、感情以及需要去扩张他们的权力范围。

这让我觉得，基督教国家最终也会承受类似古代某些国家所经受过的那种压力。

我对这个问题进行了长达五年的细致研究和反复思考，但这些并没有减轻我的担心，而是改变了我所担心的对象。

在过往的时代，从来没有一位君主的专制能强大到不用次级政权的帮助就能独自管理一个大帝国的全部领土；也从来没有一位君主试图整齐划一地让全体臣民遵守制度的所有细节；更没有一个君主亲自走到一个臣民的身旁手把手地教导他们。人们的脑子里从来没有出现过这个念头，即使有人萌生了这个想法，知识上的不足，治理方法上的欠缺以及身份不平等所带来的障碍，也会很快阻止他们实施如此庞大的计划。

在罗马帝国的鼎盛时期，那些居住在罗马帝国的不同民族仍然保持着各自的风俗和习惯；虽然被同一个君主管辖，但是大部分地区都能实行自治，拥有大批享有实权的自治城市；虽然整个帝国的统治权集中在皇帝一人手中，在必要时皇帝能够独断一切，但世俗的生活细节和个人的日常活动却并不受皇帝的控制。

没错，罗马皇帝确实拥有巨大的权力，而且没有什么能约束这种权利，他可以随兴所至地为所欲为，甚至可以动用全国的力量来满足自己的一时任性。这种现状往往会导致他滥用权力，粗暴地夺取某个公民的财产或生命。对于一部分人来说，他的暴政是一种沉重的压迫，但这种压迫并没有扩展到大多数人身上。它只是以几个重大的人物为对象，并没有施及他人，也就是说，暴政是残酷的，但有着一定的范围。

由此看来，假如现在的民主国家出现了专制，它就会呈现出另一种面貌：它的范围极大，方式却很温和；它只会让人们的精神变得消沉，却不会直接折磨人们的肉体。

在今天这个文明平等的时代，我毫不怀疑统治者们能够轻易地将所有公权集中到自己一人手中，让它无孔不入地深入到每个人的私人领域。然而，导致专制出现的平等，又能缓和专制的残酷性。我之前说过，随着人们的日益相似，民情就会越来越有人情味；当任何一个公民都不具备巨大的权利和财富时，专制就几乎没有出现的机会和赖以活动的舞台。如果大多数人的家境都处在小康水平，人们就自然会节制自己的激情，其想象力也不会超出常规，享受那些简朴的享乐。这种普遍的克制习惯同时也在制约着统治者本人，给他那无节制的欲求划定了一个界限。

除了这些来自社会民情的原因外，我还能够举出很多不属于本书讨论范围的原因。不过，我还是不要超出自己所规定的范围吧。

民主政府在群情激愤或出现重大危机时可能会变得暴虐和残忍，但这种现象是少见而短暂的。

现代人的激情没那么炽烈。由于他们有着温顺的性格、广博的知识、虔诚的宗教信仰、良好的道德、勤奋而得体的习惯、明辨善恶的是

非观，所以我不担心他们会受到暴君的统治，而是害怕他们的监护人会变成他们的首领。（H）

我认为，威胁到民主国家的那种压迫，和以往世界上出现的任何一种压迫都不相同，当代人在记忆中也找不到对这种压迫的印象。我曾试着用一个词语来精确地表达我对这种压迫的完整观念，但却徒劳无功。诸如专制或暴政这类古老的词汇一概不适用。由于这个事物是崭新的，所以在无法命名之前，需要努力说明它的特点。

我想要描述的是：这种专制可能会以哪些新特点再现于世界。我认为，到时候会出现无数既相似又平等的人，每天为追逐他们所痴迷的庸俗享乐而奔波。每个人都变得离群索居，并且对他人的命运漠不关心。在他们眼中，他们的子女和亲友就是整个人类。至于其余的同类，就算站在他们的身旁，他们也会对其不屑一顾。他们虽然和这些人有接触，却当他们不存在。每个人都独立生活，并且只是为了自己而生存。他们有家庭意识，却没有祖国意识。

在这群人之上，矗立着一个负责他们享乐以及照顾他们一生的国家机器。这个国家机器的权威是绝对强大的，无微不至的，富有远见的，而且是非常和善的。有人说它像一种父权，教导人们如何成长，然而它并非如此，它的目的是永远把人看作孩子。它喜欢看到公民们醉心于享乐，而且认为只需设法享乐就能解决问题。它不介意为公民造福，但它必须要充当公民幸福的唯一代理人及仲裁人。它还要保障公民的安全，满足公民的日常需要，为公民娱乐提供方便，指挥公民进行各项活动，领导公民参与工商业，规定公民的遗产继承方式……这岂不是完全不让公民发挥自己的聪明才智么？

这样一来，就会导致公民终日无所事事，很少运用自己的自由意志，并且将他们的意志活动限制在极小的范围内，从而使得每个公民都逐渐失去自行活动的能力。平等让人们养成了坦然接受这一切的习惯，也就是强迫人们忍受这一切，甚至将这一切视为一种恩惠。

统治者像这样将每个人都置于自己的掌控之下，并且按照自己的想法把他们塑造成型，然后就把手伸向全社会。他用一张精细的密网盖住整个社会，即使是那些最有独创精神和最具坚强意志的人也无法冲破这张大网而成为出类拔萃的人物。他并没有践踏人们的意志，但他用驯服和软化的方式指挥人们的意志。他不强迫人们行动，却不断阻碍人们行动。他什么都不去破坏，而是组织新事物的诞生。他不推行暴政，只是限制和压制每个人，让人们变得精神颓废、意志消沉以及麻木不仁，到最后，全体人民都会变成一群胆怯而只会干活的牲畜，而政府则是最大的牧人。

我一向认为，刚才所描述的这种严明而温和的奴役方式，可能比某些人想象得更具有自由的外貌，甚至有可能在人民主权的幌子下建立起来。

现代人往往会受到两种相互对立的激情所驱使：一方面他们觉得需要有人对自己做出指导，另一方面又渴望保持自由。这两个相反的本能诉求哪一个他们都不能放弃，所以他们试图让二者同时得到满足。他们琢磨出一种具有无所不能的监护性质的权力结构，但这种机构必须要由公民选举产生。通过这种方式，他们将中央集权和人民主权结合了起来，这使得他们得到了某种缓解和安慰。他们觉得既然监护人是自己选出来的，就要心甘情愿地被监护。每个人都能忍受捆在他们身上的链子，因为他们看到另一端握着链子的不是一个人，也不是一个阶级，而是人民自己。

在这个制度之下，公民才刚刚摆脱了从属地位，就为自己指定了一个主人，于是他们又回到了原来的位置。

现在有很多人能够轻易地接受行政专制与人民主权之间的这种妥协，认为自己将个人自由托付给全国政权，自己的自由就有了充分的保障。在我看来，这种保障并不充分，因为主人的性格远不如服从的事实重要。

但我承认，这种政体比那种将所有权力集中后交给一个不负责任的团体或个人要好得多。在民主的专制所采取的各种形式中，后一种政体无疑是最坏的。

当国家元首是由选举产生或受到由选举产生的立法机构监督的时候，人们受到的压迫有时是很大的，但是这种压迫却很少使人难堪，因为每个人在受到压制后，都认为自己服从的不是别人，而是自己。他之所以肯主动做出牺牲，正是他自己意志的一种表现。

我同样理解，当国家元首代表整个国家和依靠全体人民时，削减公民的个人力量和权利不仅有利于国家元首，还有利于国家本身，更何况个人在因公牺牲自己的独立时也会得到一些补偿。

因此，在一个高度集权的国家里建立人民代表制度，能够减少中央集权所造成的弊端，但无法根除其弊端。

我完全明白，这种方法可以保障个人参与国家大事，却很难对小事和私人施加影响。人们忘记了防微杜渐，这些小事很可能导致他们受到奴役。至于我，既然看到这二者不能兼顾，就只能认为小事比大事更需要自由。

小事上的服从每天都能够看到，并且所有的公民都感同身受。这种服从并不会让公民觉得屈辱，但它却一直限制着公民的行动，直到公民选择放弃自己的独立意志。他让公民的精神之火逐渐熄灭，心灵之光渐渐暗淡；那些必须服从的条例虽然非常严格，但毕竟极为稀少，而且绝不等同于奴役，它只是让某些特定的人受苦。让公民们依附中央政权后又让他们去选举政权代表，这种做法是徒劳无功的。让公民们如此隆重而仓促地行使自己的自由意志，不但无法阻止他们逐渐失去独立思考和自主行动的能力，还会让他们下降到人类的一般水平之下。

我要补充一句：他们用不了多久就会无法行使他们这个仅存的重大特权。民主国家在把自由引进政治领域的同时，加强了行政领域的专制程度，这必然会产生出一些离奇的现象。有些只需凭借常识就能处理的小事，它却认定公民没有能力处理，必须亲自兜揽起来；然而在关系到全国政务的大问题上，它又赋予了公民无限的特权。于是，它有时将主权视作玩具，有时又成为主权的主人；国家元首的权力有时比贵族时代的国王还大，有时又不如一个普通老百姓。它在各种选举制度中没有挑选到合适的后感到吃惊，于是又接着去寻找，仿佛它所看到的弊端不是来自政治制度，而是来自选举制度。

很难想象那些完全丧失自治习惯的人，能够通过开会的形式选出最适合治理他们的人；也很难想象处于奴隶状态的人民有一天会选出一个自由而干练的政府。

不论什么时候，我都认为上层为共和制而其余部分为君主独裁制的政体是一个短命的怪物。统治者的腐败以及被统治者的弱智，早晚会促使这个怪物倒台。而那些对自己和自己的代表都感到厌烦的人民，要么创造出更为自由的制度，要么在不久后再次拜倒在一个独夫的脚下。(I)

第07章　以上各章的延续

我认为，在身份平等的国家比在其他国家更容易建立极端专制的政府；一旦这样的政府建立起来，它不仅会压迫人民，还会让人类的一些主要属性从人民身上消失。

由此，我认为专制是民主时代最让人害怕的东西。

我无论在什么时候都是热爱自由的，而在我们这个时代，我甚至想要崇拜它。

此外，我相信在我们即将进入的这个时代，凡是试图以特权和贵族树立权威基础的人必然遭到失败。在我们这个时代，没有一个主权能强大到重新建立起臣民之间的永久差距；也没有一个议员能高明到在不以平等为第一原则的条件下，维护好以自由为基础的制度。因此，对于所有的当代人来说，如果想让自己的同类得到独立和尊严，就必须表明自己是和他平等的友人，而证明自己是平等友人的唯一办法，就是平等地对待他人。他们这项神圣事业是成是败，完全取决于这一点。

因此，问题的关键不在于是否重建贵族社会，而是在于从上帝所创造的民主社会的内部挖掘自由。

在我眼中，这两项重要的真理是简明扼要的，而且往往是卓有成效的。它们自然会敦促我去考察哪种自由政府能够建立身份平等的国家。

在民主国家，国家的最高主权比其他国家更为集中和强大，这既是出于民主国家制度本身的性质也是出于国家的需要。它使得社会变得活跃和强盛，而个人则变得软弱和顺从。换句话说，就是社会做的事情多，个人做的事情少。这种现象是不可避免的。

因此，千万不要指望个人的独立范围会像贵族制国家中那么大，而且这也不是人们所希望的，因为在贵族制国家里，大多数人往往会为了某些人的荣华富贵而牺牲自己的利益。

让领导民主国家的中央政权变得积极和强大，既是必需的，也是人们希望看到的。其目的是防止中央政权变得软弱和懒惰，同时也要防止它滥用权力。

贵族时代之所以要保障个人独立，其最大原因是君主不直接治理公民。他将这项任务分散地交给贵族成员，因此，贵族时代的中央政权总是采取分权而治的形式，从来不整齐划一地管理每个公民。

君主不仅不直接管理人民，而且给他做代理的大部分官员也不总是听命于君主，因为他们的权力不是来源于君主，而是来自他们的家庭出身。君主在任何时候都不能随心所欲地设置或废除这些官职，也无法强迫他们听从自己的支配。这对维护个人的独立起到了一定作用。

我明白在如今这个时代不能依靠这样的办法，因此我想出了一些能够取代这种办法的民主措施。

将那些从各种自治团体或贵族手中收回的管理权不完全地交给主权者，再将部分权力交给由普通公民临时组成的次级团体。这样一来，个人的自由就会更有保证，而他们享有的平等也不会被削弱。

美国人在用词方面不如我们法国人那么考究，他们依然用county（县）这个词来称呼州以下的最大行政单位，但是它的一部分职权却由州议会代为施行。

我承认在一个平等时代，设立世袭的官员是有失公正的，但是不妨在一定的范围内用选举的方式来任用官员。选举是一种民主方式，它能够像贵族国家的世袭官员那样，保证选举出的官员具有一定的独立性，其独立性甚至可能超过那些世袭官员。

贵族时代有很多有钱有势之人，他们生活宽裕，受到压迫时会奋起反抗。这些人能够让政府在态度上变得温和与谨慎。

虽然民主国家不会自然出现这样的人，但却能够人为地创造出类似的人物。

我确信，世界上不会再重新建立起贵族制度；但我相信，那些普通公民联合起来，也能够建立起富强而有影响的大社团，简单点说，就是建立贵族性质的法人。

这样一来，他们就能够获得若干类似于贵族性质的重大政治好处，而又不会造成贵族制度下的不公正和危险。那些政治和商业方面的社团，甚至科学和文艺类的社团，都像是一个不能任意限制以及加以迫害的公民，它们既有知识又有力量，它们为了维护自己的权益而反对政府的无理要求时，也就保护了全体公民的自由。

在贵族时代，每个人都和自己的部分同胞有紧密联系，一旦他们受到攻击，这些人就会来援助他。而在民主时代，每个人天生都是孤立无援的。他们既没有世代相传的可以雪中送炭的朋友，又没有同情他们的阶级。他们很容易被置之不理，并且受到无缘无故的轻视。因此，在民主时代，公民只有一个手段可以确保自己不受伤害，那就是向全国呼吁，如果自己的同胞充耳不闻，那就去向全人类呼吁。他们进行呼吁的唯一手段就是报刊媒体。因此，出版自由在民主国家里比在其他国家更显得珍贵，唯有它能救治平等所带来的大部分弊端。平等虽然让人们变得孤立和失去力量，而报刊却是每个人都能阅览并且可供那些最软弱和最孤立的人利用的强大武器。平等让每个人失去亲戚朋友的支援，而报刊却能让他们向本国公民和全人类求救。印刷术加速了平等的发展，同时它又是平等的最好缓和剂之一。

我认为，活在贵族时代的人民，实际上不需要拥有出版自由，而生活在民主时代的人们却必须拥有它。我不相信大规模的政治集会、议会特权以及人民主权宣言能够完全保障民主国家人民的人身自由。

它们在一定程度上可以缓解对个人的奴役，而一旦出版是自由的，这种奴役就无法任意妄为。报刊是维护自由的最佳民主手段。

我接下来谈一谈司法权的类似作用。

处理私人利益纠纷以及细致地研究所处理的每一件小事，是司法权的本质；对受压迫的人不主动进行援助，却对其中的最卑贱者不断救助，也是司法权的本质。虽然这些人软弱无能，也永远能够让法官听取他们的控诉并且要求其做出相应的答复。这是司法权制度本身所造成的。

在民主时代，统治者随时会干预个人最微不足道的行为，而个人又因软弱无力而无法自我保护，同时也不能指望得到那些与自己同样孤立软弱之人的帮助。在这种情况下，司法权尤其适用于人们对自由的需要。法院在任何时代都能向个人的独立提供最强大的保障，在民主时代尤其如此。在民主时代，如果司法权不随着身份的日益平等而加强，个人的利益就会永远处在危险状态。

平等让人们产生了一些非常不利于平等的怪癖，立法者应该注意到这一点。我现在来谈一谈其中的几个主要偏好。

在民主时代生活的人，很难了解规章或程序的作用，并且对规章制度有一种发自本能的轻视。我已经在本书其他地方论述过其原因。规章不只引起他们的反感，往往还引起他们的憎恨。由于他们一般只渴望眼前的享乐，经常会急不可耐地冲向他们所追求的每一个享乐对象，受到一点点挫折就会感到失望。当他们将这种性格带进政治生活后，就会对那些阻碍他们实现自己某些计划的规章制度产生敌对情绪。

不过，民主时代人们在规章制度上感到的这种不便，恰恰是它有利于自由的地方，因为规章制度的主要功能就是在强者和弱者之间、统治者和被统治者之间树立一道屏障，以阻止强者或统治者任意妄为，同时也让弱者或被统治者获得足够的时间想一想对策。随着统治者越来越强大，个人意志日益消沉，规章制度更显出其必要性。由此，民主国家的人民本应比其他国家的人更需要规章制度，但他们却又天然地不尊重这些规章制度。这是一个应该注意的问题。

大部分当代人对规章制度都很轻视，再没有什么事情比这更可悲的了，因为现在一些最不起眼的规章制度问题也具有了以往不曾有过的重要性。人类有很多重大的利益，都和规章制度有紧密的联系。

在我看来，虽然贵族时代的政治家有时可以蔑视规章制度，而且经常不受其约束，但是今天的各国领导人应该尊重它们，只有在万不得已的时候才能稍微疏忽一下。贵族时代曾有过迷信规章制度的现象，我们则应当对它采取审慎的崇拜态度。

民主国家中的另一个自然而又危险的本能，就是让人们轻视和无视个人权利。

一般来说，人们之所以热爱和尊重一种权利，要么是因为这项权利非常重要，要么是因为这项权利被他们长期享用。由于民主国家中的个人权利一般都不很重要，而且是最近出现的，处在一个非常不稳定的状态。因此，它往往会被人们主动放弃，在自己受到侵犯的时候也不记仇。

然而，在这个人们天生就轻视个人权利的时代，社会权力却有不断扩大的倾向。也就是说，在人们最需要维护仅剩的个人权利时，反而越来越不重视它了。

特别是在现在这个民主时代，那些热爱自由和光荣的人们，应当前仆后继地挺身而出，想办法阻止国家集权为推行某计划而随意牺牲个人权利。在这样一个时代，任何一个默默无闻的公民都有可能遭到极大的压迫，任何微不足道的个人权利都可能被专横的政府掠走。其原因很简单：在个人的特殊权利被视为神圣不可侵犯的时代，侵犯这种权利只会危害到那个被侵犯的人；而在今天，侵犯个人权利就会严重败坏国家的民情，危害到整个社会，此外，还会导致这些权利观念在我们脑中逐渐变质，直至消失。

不论革命的性质如何，目的是什么，活动舞动在哪里，革命自身所固有的一些习惯、思想以及弊病，必然会在一个旷日持久的革命中暴露出来，并且会在全国范围内推广。

不论是哪个国家，如果它在短期内频繁更换元首，不断改变舆论和法制，那么这个国家的人民早晚会染上酷爱变动的爱好，并且对以暴力推进的一切变动习以为常。由此，他们自然会轻视那些朝令夕改的规章制度，只是迫于无奈才去遵守这些失去权威性的法规。

正因为关于正义和道德的通行观念不足以解释革命所创造的新鲜事物，人们才去追求社会效益的原则，创造政治必要性的理论，并且心安理得地习惯于牺牲个人特殊权利和践踏个人的利益，以期能用最快速度完成他们所设想的一般目的。

我将这些思想和习惯称为革命的思想习惯，因为在所有的革命里都会出现这种习惯和思想。它们既出现在贵族制国家，也出现在民主国家，但前者的力量往往有限，而且永远不能持久，因为贵族制国家原有的思想习惯以及缺陷障碍会不断抵制它们。由此，一旦革命完成，它们就会自行灭亡，而国家也会恢复到原来的政治状态。在民主国家情况却不总是这样，因为人们惧怕革命的本能虽然会受到节制，却不会消失，于是他们逐渐改头换面让自己适应政府的统治作风和行政习惯。我不认为有哪个国家的革命比民主国家的革命还要危险，因为民主国家的革命除了会造成一些偶然和短暂的灾难外，还经常会制造一些长期的甚至是永久性的灾难。

我认为以后将会出现正义的抵抗和正当的造反。因此，我无法斩钉截铁地断言民主时代的人们永远不会革命；但是我认为他们比其他时代的人更应该在发动革命的时候三思而后行，他们会觉得与其借助如此危险的救治手段，不如忍受眼前的诸多不便。

最后，我用一个一般观点来做总结。这个一般观点除了包括本章所述的个别观点外，还包括本书想要发挥的大部分个别观点。

在贵族时代，个人权力是非常强大的，而社会的权威则相对薄弱，就连社会的形象也是模糊不清的，经常被统治公民的各种权力所替代。因此，贵族时代人们应该增强和扩大社会权力，并且要确保它的特权得以实施；另一方面，还要将个人独立限制在一个极小的范围内，让个别利益服从于一般利益。

而民主时代的人们，则面临着另一种危险和顾虑。

在大多数现代国家里，不论统治者是何种出身，身体是否健康，名称叫作什么，他们几乎都拥有主宰一切的大权，而个人却逐渐变成最软弱和最有依赖性的存在。

在以往的社会中情况完全不是这样。在那时候，任何地方都没有整齐划一的现象。而在现代社会里，所有的一切都在迫使人们变得彼此相似，以至于每个人的个性形象变得模糊，甚至千人一面，彼此之间没有差别。我们的祖先总是滥用个人权利，而我们则喜欢强调个人利益应当服从多数人利益的观点。

政治世界是不断变化的，日后必须去寻找新的方法来救治新的缺陷。

我认为，在我们即将进入的这个时代，立法者的主要目标有：给社会权力规定一个广泛而明确的界限，赋予个人一定的权利并保证他能畅通无阻地行使这些权利，为个人保留一定程度的独立性、影响力以及独创精神，让个人同社会平起平坐。

现代的那些统治者们仿佛只想带领人民去创造伟大的事业。我希望他们能多花一点功夫去造就伟大的人物，重视工作的人胜过重视工作本身。要永远记住，当一个国家的居民都软弱不堪的时候，就不会永远地强大下去，也绝不会找到一种社会形式或政治组织，能够使一群怯懦的公民组成的国家变成精力充沛的强盛国家。

我发现现代人有两种既互相对立又都有害处的观念。

有些人看到了平等所产生的无政府主义倾向，于是害怕起自己身上所具备的自由意志，也就是自己害怕自己。

而那些有智慧有知识的少数人，却持有另一种看法。他们从平等出发，在走向无政府状态的大路旁，终于发现了一条让人们不可避免地走向奴役的小道。他们很早就让自己的灵魂屈从于这种必然的奴役，由于他们对保存自由持绝望态度，很早就开始发自内心地崇拜那个即将出现的主人。

前一种人之所以放弃自由，是因为他们认为自由很危险，后一种人之所以放弃自由，则是因为他们断定自由不可能实现。

如果我持有的是后一种人的观点，就不会创作读者正在阅读的这部著作了，而只是在心里默默地为人类的命运叹息。

我之所以要将平等所造成的危险大白于天下，是因为我确信它是未来隐患中最可怕的，也是最难预测的，但我并不认为它是完全不可克服的。

那些即将进入民主时代的人，自然喜欢独立。他们也自然会忍受各种无可奈何的限制，并且会因为自己选定的社会处在长久不变的状态而感到厌烦。他们热爱权力，却轻视甚至憎恨权力的行使人，并且因为他们自身的渺小和很强的流动性而摆脱权力的控制。

这些现象将会反复出现，因为它们来自一种长期存在的社会情况。在一个相当长的时期内，它们会阻止任何一种专制的确立，并且自愿为那些爱好自由的每一代新人提供合适的武器。

因此，让我们保持那种能够提高警惕和进行战斗的有益担心吧，而不要因为恐惧而丧失信心和毅力！

第08章　主题总括

在结束我的研究之前，我想最后一次综述一下能够显示新世界面貌的各种特点，并且对平等给人们命运带来的一般影响下一个判断。然而，这项工作的艰巨性让我觉得犹豫；在如此重大的命题面前，我感到自己的视野不够开阔，自己的智力也无法胜任。

我试图描绘和品评的新社会才刚刚诞生。时间还没有让它定型，导致它产生的大革命还在继续，从我们今天的所见所闻中，还无法判断哪些东西会随着革命本身的结束而消亡，哪些东西在革命结束后还会长存下去。

这个新兴的世界，还有一半正陷在旧世界的残垣断壁之中，在这个巨大混乱的世界里，谁也说不好哪些古老的制度和习俗能够劫后余生或完全消失。

虽然发生在社会面貌、法制、人们的思想感情等领域的革命还远远没有结束，但它所造成的影响却比世界上迄今为止发生过的任何事情都要大。我一个时代接一个时代地往上回溯，一直追溯到古时候，也没有发现任何一个变化能跟现在的剧变相提并论。过去已经无法再为未来提供借鉴，精神正在逐渐坠入黑暗的深渊。

然而，在这个如此繁杂的图景中，我已经目睹了一些初具轮廓的主要特征。我接下来就要谈一谈它们。

在我眼中，善与恶在世界上是平等分布的，双方各占一半。巨富已经消失，小康之家却在不断增加。欲望和享受都在成倍增加，但是既不会出现巨大的繁荣也不会出现惨绝人寰的悲惨。每个人都有奋进之心，但胸怀大志的人却不多。每一个人都是孤立而软弱的，而整个社会却是活跃而强大的。个人做小事，国家做大事。

精神将会失去力量，但民情却很温和，立法也非常仁慈。虽然不再出现伟大的献身精神，以及最高尚、最光辉的德行，但人们的日常习惯是淳朴的，暴力现象极少出现，残酷手段更是闻所未闻。人类的寿命越来越长，人类的财富也越来越有保障。生活虽然不再光鲜华丽，却也非常安逸和舒适。人们的享乐既谈不上高雅，却也不粗鄙。不再讲究繁文缛节，也没有低级趣味的喜好。既没有学识渊博的大师，也没有愚昧无知的平民。天才会越来越少，知识却被日益普及。人们理性的进步是由众人的微小努力积少成多的，而不是由某几个强人推动的结果。文学作品中的旷世杰作虽然不会太多，但作品的数量和种类却会大大增加。来自种族、阶级、国家等领域的各种束缚将会消失，人类的大团结会越来越明显。

如果让我从这些特征中找出一些最普遍和最显著的特点，我将会指出这个特点就是财产具有千百种不同的形式。极端现象会日趋减少直至消失；最高的东西将会逐渐下降，并且被中等的东西所取代；这些中等的东西比起世界上存在过的那些类似物品，显得既不太高也不过低，既不光彩也不逊色。

我环顾一下这些中庸的众生，就会为这种整齐划一的情景感到悲哀，并且为这里已经不复在的社会感到遗憾。

这个世界上最伟大的人和最卑贱的人并存，最富有的人和最贫穷的人并存，最聪明的人和最愚昧的人并存，我总是习惯将视线从后者身上离开而只看前者，而且前者让我感到欢喜。然而，我知道这种欢喜来自我的弱点，当我在同时观察周围所有的一切时，只能从如此多的对象中挑选出最符合我心意的对象。而全能的上帝却不会如此，他的目光会触及全体事物，并且能同时将整个人类和每一个个人都看得清清楚楚。

我们自然会相信，让这位造物主感到赏心悦目的，并不是个别人的穷奢极欲，而是整个人类的巨大幸福。因此，那些我认为是衰退的东西，在上帝眼中却是进步的；让我感到不快的事物，他却非常喜爱。平等也许算不上崇高，但它却是非常正义的，正是因为它的正义性才让它变得美丽和伟大。

我希望自己能努力达到上帝的这个观点，并且试着用这个观点去考察和评判世上的事物。

世界上没有一个人能够断言新的社会情况在所有领域都优于旧的社会情况，但很容易能看到它们是不同的。

贵族时代所固有的一些弊端和美德，和现代人的个性格格不入，因此无法在他们之间流传。一些正当的爱好和恶劣的本性，在前者眼中是邪恶的，在后者眼中却是合情合理的。有的思想是从一方的想象中自然而然地产生出来的，却被另一方的精神所排斥。这就好像两个迥然不同的人，有着各自独特的善恶和优缺点。

因此，一定要特别注意，不能用已经作古的社会留下的观点来评判新诞生的社会。这种做法是有失公正的，因为这两种社会截然不同，毫无可比性。

要求现代人具有他们祖先所拥有的美德，也不是合乎常理的，因为祖先所在的社会状况已经是过去式了，而它所衍生出的一切善恶观点，也随着它的崩塌而陷入混乱，以至于难以辨识。

然而，现在还无法充分了解这些情况。

我已然看见，大多数当代人正从贵族时代所产生的章程、观点和思想中进行选择。他们会放弃其中的一部分而保留另一部分，并想要将保留的那部分带进新世界。

在我看来，他们的第二种想法，只是一个吃力不讨好的工作，会浪费大量的时间和精力。

其实，不应再保有身份不平等给人们带来的那些特殊优待，而是要确保平等给人们提供的新好处。我们不需要让自己和祖先相同，而是应当努力获得自己所应有的幸福。

当我的论述抵达终点时，我全面地回顾了一下我曾深入研究的所有不同对象，这让我既感到恐惧又怀有希望。我目睹了一些严重的危险，但它们是可以排除的；我目睹了一些重大的弊端，但我们可以对其进行避免或抵制。因此，我越来越相信，只要民主国家肯做，还是可以创造一个高尚而繁荣的社会的。

我知道，在一些当代人眼中，人民生活在这个世界里从来无法自己做主，必然会受到种族、土地、气候等因素的影响，以及受到难以克服和无法理解的力量的支配。

这种消极错误的观点，会导致人们软弱不堪和国家畏缩不前。上帝既没有创造出完全独立的人类，也没有创造出全部是奴隶的人类。没错，上帝在每个人周围都画了一个他无法逾越的命运之圈，但是在这个广袤的范围里，人们还是可以变得强大和自由的。这同样适用于一个国家或一个民族。

平等是大势所趋，已非各国的人力可以阻止。然而，平等是导致自由还是导致奴役，是导致野蛮还是导致文明，是导致贫困还是导致繁荣，这都取决于各国自己了。

原著者注

（A）

然而，有的贵族曾经热情饱满地经营商业，并且在工业领域获得了很大成就。世界历史为此提供了很多光辉的范例。不过从整体来看，贵族是一向不关心工商业发展的。那些金钱贵族只是这一规律的例外。

金钱贵族无时无刻都想着用财富来满足自己的需要。对金钱的爱好，可以说是人类最大的激情，其他所有的激情都以它为终点或与它交织。

如果爱财的欲望和争名夺权的欲望集中在一个人身上，那么将很难辨别出这是出于贪婪所造成的野心还是出于野心所带来的贪婪。英国就是这个情况。英国人希望自己在发财之后能获得荣誉，并且把荣誉看作是财富的标志。因此，人们的精神完全被工商业吸引了过去，并且把工商业看作最好的致富捷径。

不过，我同时也认为这是一种暂时的现象，因为当财富只是贵族的标志时，让贵族掌握权力，而权力的执行却由其他人实施，这是极其困难的。

世袭的贵族制和纯正的民主制是国家和社会政治领域的两个极端现象，而金钱贵族就是处在这两个极端之间。这个贵族有如下特点：与世袭贵族相似，但允许少数公民享有某些重大特权；主张实施民主制，但前提是人人都可以继承特权。这个阶级往往成为世袭贵族和纯正民主之间的天然桥梁，而且人们很难评判它是在结束贵族的等级制还是在开辟民主的新纪元。

（B）

我在我的旅行日记里找到以下几段记录。这些记录可以让读者了解，那些跟随自己的丈夫前往荒凉西部定居的美国妇女都经受了哪些考验。之所以向读者介绍这几段记录，是因为它们是完全真实的。

“……我们经常会遇到一些新开垦的土地。这里所有的新居民都大同小异。我下面描述的是我们今晚留宿的这个居民点，它是一个典型，能让我想起其他一切居民点。”

“为了能在森林中找回自己的家畜，垦荒者们故意在自己家畜的脖子上拴上一个小铃铛。在我们离居民点还很远时，就听到了这种铃声。没多久，我们又听到森林中传来斧头伐木的声音。当我们看到伐木的痕迹时，我们就确定有文明人在这里劳动。被斧子砍掉的枝丫布满了道路，那些被火烧毁的残余树干还立在我们所走的道路上。我们继续前进，来到另一片森林附近，这里所有的树仿佛都因为一场暴病而枯死了。时逢盛夏，这里的景象却像严冬。我走入森林仔细观察这些树，发现被刮光树皮的树干上有一圈深痕。由于树里的汁液循环被人为地切断了，所以树木很快就枯死了。我们这才知道，这是开垦者按照惯例必须要做的一件事。第一年，他们还无法将所有的树木砍倒，让它们变成自己的私人财产，而是在留下的树木之间播种玉米。如果将树木全部砍光，农作物就会失去树荫的庇护。文明在荒野中起步，当你走进这片初具规模的田地，就会立刻看到田地主人的房舍。它坐落在田地中央，地理位置要比那些正处于滥砍滥伐中的林地好得多。在乱砍滥伐的林地上，很多树木已经被砍倒，却还没有分类码起来，一些树墩还杂陈在昔日绿荫遮盖的土地上。在这片纷杂的荒地周边，有的地方种植小麦，有的地方则簇拥着初长的柞树；各式各样的多年生植物和野草混杂在这片尚未被人们驯服的半荒地上，竞相生长。开垦者的房子，被当地人称为'圆木小屋'（log house），就掩映在这片由各种植物所织成的树荫中间。这个简陋的房屋也和它周围的田野一样，刚刚建成不久。据我观察，它的长超不过30英尺，高则在15英尺之内。房屋的四壁和顶盖，都是由未破开的原木构建的，在缝隙中填满碎干草，再敷上泥土，用来防寒和防雨。

夜幕降临后，我们商定好去找圆木小屋的主人借宿。一听见我们的脚步声，几个在残破的小树林里玩闹的孩子，立即爬了起来，慌慌张张地向家门跑去，好像不敢见生人似的。这时候，有两条野性未驯的大狗，竖起耳朵伸长脖子，从狗窝里窜了出来。它们一边跑，一边低声狂吠，赶过来保护它们的小主人。主人站在门前，他先是向我们扫了一眼，随后又低头沉思了一番。他打了个手势，将狗召回狗窝里，并且用自己的实际行动向狗表明，我们的光临并没有引起他的惶恐和不安。

我们走进圆木小屋一看，屋里的陈设和欧洲农民的完全不一样，摆满了多余的东西，而必要的东西却非常少。

屋里只有一个挂着细布窗帘的窗户；有一盏大灯安置在土坯砌成的壁炉炉台上，灯光照亮了整个屋子；在炉台的上方，悬挂着一支膛内有来福线的华丽火枪，一张鹿皮，一串老鹰羽毛；壁炉的右侧墙，则挂着一幅美国地图，地图在风的吹动下晃来晃去；在地图之下，架着一个粗糙的隔板，上面陈列着几本书；我走近一看，发现其中一部书是《圣经》，还有米尔顿最早的六篇长诗，莎士比亚的两个剧本；沿墙放着几个木柜，而没有一个皮箱；在屋中央，有一张做工粗糙的桌子，桌子的四条腿是用刚刚砍下的小树干制成的，树干上未剥掉的树皮已经发绿，仿佛是就地生长出来的；我还看见桌子上有一把产自英国的灰色瓷茶壶，几把银质的匙子，几个有缺口的茶杯以及几份报纸。

这栋房子的主人有着很高的颧骨，以及修长的四肢，这表明他原本是新英格兰的居民。很显然，他不是出生在这个荒凉的地区，因为他的举手投足说明了他早年是在知识界度过的。他是一个活泼喜动、有理想和敢去冒险的人，能够理智地处理由热情发动起来的事物。他之所以要在这个蛮荒之地体验一段野蛮生活，是为了以后能更好地改造荒野，使其文明开化。

当这位开垦者发现我们想跨进他房屋的门槛时，就走过来和我们对话，并且按照他的习惯和我们握手，但他脸上的表情却是冷冰冰的。他向我们打听最近世界上发生的时事，在好奇心被满足后，他就沉默不语了。我们认为，他早已经对那些令人厌烦和目眩的事情感到反感，所以就不想多问了。我们跟他说了我们这次旅行的目的，他给我们提供了我们需要的资料。紧接着，他又有点心不在焉了，但依然诚恳地满足我们的需要。当我们看到他如此热情地待客时，为什么会觉得他的热情中夹杂着冷淡呢？这是因为他的热情待客是出于命运的安排，是他现在所处地位给予他的义务，而不是一件赏心乐事。

在壁炉的另一边，一位妇女抱着一个小男孩在双膝上摇晃。她没有加入我们的谈话，只是频频点头。和那位开垦者一样，这位妇女也处在年富力强的时候。从她的举止中能看出当初的高雅，她的服饰则说明她对打扮的热爱丝毫未减。然而，她的四肢已经不如往日纤细，她的面容显得略有疲惫，她的目光温柔而严肃。她的外表显示出她有一颗因笃信宗教而安身立命的心，以及热烈而淡定的感情。我不知道这种泰然自若的毅力源自何处，能让她正视生活的所有艰难困苦，同时又不感到恐惧和得意。

围绕在她身旁的几个孩子，个个都身体健康、性格活泼，甚至还很淘气。这些孩子都是在这片土地上土生土长的，他们的母亲不时地向他们投去忧郁而又欣慰的目光。这些孩子既是年幼的，又是强壮的，她为抚育他们费尽了心血，并且对自己所付出的代价毫不感到惋惜。”

“移民们居住的房子既没有内室也没有隔断，全家都住在一个大房间里，晚上一起在里面休息。这个房屋就是一个小世界，是漂浮在林海中的一叶文明方舟。在它的百步之外，就是漫无边际的茂密森林，并且没有任何人烟。”

（C）

让人失去道德和不相信宗教的，并不是身份的平等。然而，当人们失去道德和不信宗教，而人们的身份又是平等的时候，道德败坏和无信仰的行为就会表现出来，因为人们彼此之间少了制约关系，社会中只剩下一个能够维持治安的阶级。身份的平等并没有让民情变坏，只是让很多社会问题变得表面化。

（D）

即使将那些什么都不想的人以及不敢表明自己想法的人排除在外，你也会发现大多数美国人对现状是满意的。我认为，舆论表现出的这种倾向，是美国法制较为良好的标志，而不是它的证明。民族自豪感、立法对某些激情的放纵，尤其是能够封住反对派之口的多数利益，会长期给整个民族及每一个公民造成一种错觉。

让我们来看一看18世纪的英国。在那时，这个民族酷爱自我吹嘘，每一个英国人对自己都很满意，由此他们认为自己的制度样样都好，没有任何可以谴责的地方，甚至觉得制度中的一些明显欠缺也是好的。然而在今天，大多数英国人都认为自己国家的制度在很多地方是有欠缺的。到底是18世纪的英国人对呢？还是现在的英国人正确呢？

法国同样是这样。当然，在路易十四统治时期，议会中的多数曾热烈地支持当时的政府，并且认为政府并没有贬低法国人的人格，持这种观点的人是不对的。而在如今这个时代，却有人认为虽然法国受到了奴役，但奴役思想并不一定存在。那时候的作家在歌颂王权高于一切时表现出了高度的热情，但那些住在茅屋里的农民并没有受到皇帝的恩泽，活着时高喊‘国王万岁！’死时也没有感到光荣。到底是路易十四时期的法国人错了，还是如今的法国人错了？

因此，不能只根据舆论倾向来评定一个国家的法制，还要借鉴一下最主要的动机和最普遍的经验，毕竟当一个时代过渡到另一个时代的时候，舆论倾向难免会有所变化。

当一个国家的人民对法制表示拥护时只说明了一件事，那就是他们希望不要轻易改变已经制定的法律。

（E）

我刚才在这个注释所在的章节里只提到了一种危险。而现在，我要指出另一种极为罕见又让人感到非常恐惧的危险。

平等让人们产生了爱好物质享受和追求舒适生活的心态，当这种心态侵蚀民主国家人民的精神时，这个国家的军队却可能会爱好和平，反对国家基于自身的利益将它拖进战争。处在这种舒适环境下的士兵，宁可在和平的环境里一步一步地晋升，也不愿意以战场上的冒险为代价换取快速晋升。在这种精神状态下，军队虽然拥有武器却没有士气，在使用武器的时候也是消极的。与其说军队没有迎击敌人，不如说它在引狼入室。

不要认为军队在这种和平气氛中会与革命绝缘。军队发动的革命一般都非常迅速，虽然不必付出艰苦的劳动，但往往要冒重大的危险。在消耗量方面，革命比战争更顺遂野心家的心愿，因为革命只需冒生命危险即可，民主国家的人们对于舒适生活的重视要高于对生命的重视。

惧怕战争的军队是一个国家自由和安定的最大威胁，当这种军队不想在战场上展现其伟大和力量时，就要到其他领域去展现。因此，民主国家军队里的官兵可能会不顾公民利益而失去军人情操，军队则会变得战斗力低下并且经常发生哗变。

我再重复一遍我之前说过的一句话：消除这种威胁的方法不在军队，而在于国家。保有英勇气概的民主国家，永远能在必要的时候从士兵身上看到英勇善战的气质。

（F）

人类认为单一性观点的伟大之处在于手段，而神灵却认为目的比手段更重要。于是，这种伟大观使得我们只会注意无数的小事。强迫人们步调一致地走向同一个目标，这是人的观点；引导无数人开始行动，并且将他们殊途同归的行动纳入一个自成体系的伟大计划之中，则是神的观点。

人们对于单一性的观点往往是贫乏而缺少活力的，而神对于单一性的观点则是丰富而有活力的。人们以为通过简化手段的方式可以彰显出自己的伟大；而神的目标非常简单，那就是让手段千变万化。

（G）

民主国家不仅仅是因为它自身的爱好而走向中央集权，而且它的领导者也在不断把它推向中央集权。

不难预见，那些野心勃勃、才能出众并且被局限在民主国家里的人，将会竭尽全力地扩大社会权力的职能，因为他们都盼着有朝一日能够领导社会权力。如果想向他们证明过分中央集权会损害国家利益，这无疑是浪费时间，因为他们集权的目的是为了自己的利益。

在民主国家，除了那些大公无私或平庸无奇的官员外，几乎没有人主张地方分权。主张地方分权的官员，要么是人少，要么就是无力。

（H）

我经常扪心自问，如果民主国家的民情越来越温顺，那么当军队中出现不安情绪，甚至出现军人政府，其结果会怎样？

在我看来，政府自身不会出现我在注释所在的章节里所描述的那种现象，也不会再出现军事寡头的蛮横作风。

不过我深信，在这种状况下，文官的习惯和士兵的习惯会产生某种融合。在行政方面吸收某些军人精神，在军队方面则采纳某些文官的做事习惯。这种融合会让官民变得纪律严明，绝对服从上级指挥，人民成了军队的影子，社会则变成一座营房。

（I）

当代最大的危险是胡作非为还是暴政，是无政府状态还是专制，对此我无法笼统地断言。它们都是令人恐惧的，而且很容易都来源于同一个原因。这个原因就是个人主义所带来的普遍冷漠。今天能让行政权总揽大权实行压迫的，正是这种普遍冷漠；而今后能让一个政党动员30个人进行战斗的，同样是这种普遍冷漠。然而，不论是前者还是后者，都无法长期存在下去，让它们能够轻易取得成功的那些因素也在妨碍它们保持胜利果实。它们之所以最终会垮台，是因为没有任何力量支持它们。

因此，最应当警惕的是普遍冷漠，而不是无政府状态或专制，因为导致无政府和专制出现的，正是普遍冷漠。

图书在版编目（CIP）数据

论美国的民主 /（法）托克维尔著 ；江菲菲译 . --
北京 ：北京时代华文书局，2018.3
ISBN 978-7-5699-2244-8

Ⅰ . ①论… Ⅱ . ①托… ②江… Ⅲ . ①民主－研究－
美国 Ⅳ . ① D771.209

中国版本图书馆 CIP 数据核字（2018）第 003756 号

论美国的民主

LUN MEIGUO DE MINZHU

著　　者 |［法］托克维尔
译　　者 | 江菲菲

出 版 人 | 王训海
丛书策划 | 梁明德
责任编辑 | 周连杰
特约编辑 | 廖　丹
封面设计 | 格林文化
责任印制 | 刘　银

出版发行 | 北京时代华文书局　http://www.bjsdsj.com.cn
北京市东城区安定门外大街 136 号皇城国际大厦 A 座 8 楼
邮编：100011　电话：010－64267955　64267677
印　　刷 | 三河市祥达印刷包装有限公司　联系电话 | 0316-3656589
（如发现印装质量问题，请与印刷厂联系调换）
开　　本 | 880mm×1230mm　1/32　印　　张 | 27.75　字　　数 | 790 千字
版　　次 | 2018 年 7 月第 1 版　印　　次 | 2018 年 7 月第 1 次印刷
书　　号 | ISBN 978-7-5699-2244-8
定　　价 | 120.00 元（上、下册）

版权所有，侵权必究

DEMOCRACY IN AMERICA

论美国的民主（上）

[法]托克维尔 著　江菲菲 译

北京时代华文书局

目录

绪论

我在美国逗留期间，看到了一些新鲜事物，其中最吸引我注意的，就是身份平等。我很快就发现这件大事对社会进展所产生的重大影响。它给予舆论一定的方向，赋予法律一定的方针，提供给执政者新的箴言，赋予被治者特有的习惯。

没过多久，我又发现这件大事所产生的影响远甚于政治措施与法律，而且它对政府的限制作用绝不逊于对公民社会的限制作用。它既在制造言论，激发情感，破旧立新，又在改变非它所产生的一切。

所以，研究美国社会越深入，我就越觉得身份平等是一件根本大事，而一切个别事物似乎都是由它产生的，因此我一直将它看作我整个考察的集中点。

当我将目光转向法国所在的半球时，我觉得这里的情况和我在新大陆看到的情况差不多。我发现，在法国所在的半球，尽管身份平等未达到美国那样的程度，但是却在不断接近它，而且，主导美国社会的民主，似乎也正在欧洲迅速发展。

从这时开始，我就有了撰写此书的念头。

一场伟大的民主革命正在我们中间开展。每个人都感觉到了它，但观点却各不相同。一些人觉得，它属于一种新现象，出自偶然，有希望将其遏制；而另外一些人则断言，这是一场无法抗拒的革命，因为他们认为这是历史上已知的最古老、最频繁、最持久的现象。

在此，我回顾一下七百年前的法国。那时，法国被一小部分拥有土地、统治居民的家族所占据，统治权随着遗产的继承而代代相传，权力成为人对付人的唯一手段，而地产则成为强权唯一的源泉。

然而在法国，僧侣阶级的政治权力开始建立，并且迅速扩大。僧侣阶级的大门向所有人敞开：穷人与富人，属民与领主，都能加入僧侣阶级的行列。通过教会这一渠道，平等渐渐渗入政治领域。原先那些被终身奴役的农奴，现在能以神甫的身份和贵族平起平坐，而且常常是国王的座上客。

随着时间的不断推进，社会变得越来越文明、安定，人与人之间的各种关系也越来越复杂和多样化。人们开始渴望一种能调整这种关系的民法。于是，法学家便应运而生。他们从阴森肃穆的法庭大堂走出来，离开狭小的、布满灰尘的办公室，出没于王公大人的宅邸，坐在穿貂披甲的封建男爵身边。

当国王们由于好高骛远而破产，贵族们由于钩心斗角而倾尽家产时，平民们却由于经商而变得富有起来。金钱的影响开始波及国务。商业成为迈进权力大门的新阶梯，金融家们结成一个既受人鄙视又被人奉承的政治权力集团。

民智慢慢开化，人们对文学与艺术的兴趣越来越浓。这样一来，知识便成为事业成功的必备要素，科学变成了为政的手段，智慧也成为一种社会力量，文人涉足政界。

随着通向权力大门的途径越来越多，人们也越来越不看重家庭出身。十一世纪时，贵族这一头衔还是无价之宝，但到了十三世纪，这一头衔用钱就能买到了。1270年，贵族头衔开始允许出售，结果，平等也被贵族阶级带进政府。

这七百年来，贵族有时会反对王权，有时则为了和对手夺权，而将政治大权交给人民。

更为多见的是，为了贬低和压制贵族，国王让国内的下层阶级也加入了政府。

法国国王总是以最积极、最彻底的平等主义者自居。当他们野心满满、力量强大时，会想方设法将民众提升到贵族的水平；当他们庸碌无能时，则容许民众提高到比他们自身还要高的地位。有些国王凭借自己的才能促进了民主，而另外一些国王则因无道而促进了民主。路易十一与路易十四，一直要求全体臣民在他们的王位之下保持平等，而路易十五则最终让自己与王室一起走向毁灭。

当公民们不再依赖封建土地所有制占有土地，动产已被看作财富以及可以产生影响、制造权势时，工艺的每一次发现，工商业的每一个改进，都迅速在人们中间创造出与其相适应的、新的平等因素。此后，所有新发现的工艺手段，所有新产生的需求，所有满足新需求的想法，都是在走向普遍平等。奢靡、好斗、赶时髦，以及人们最肤浅的情欲、最高尚的激情，似乎都在让富人变穷、穷人变富。

自从脑力劳动成为力量与财富的源泉后，每一个科学发明，每一种新知识，每一种新思想，都应当被看作是人民即将掌握的权力的胚芽。诗才、口才、记忆力、内心美、想象力、思考力——所有这些上天随意降下来的资质，都在促进民主的发展；即便它们落到民主的敌人手里，也会因为显示了人类伟大的天性，而能继续为民主服务。所以，被民主征服的领域，将随着被文明与教育征服的领域的扩大而不断扩大，而文学则成为对所有人都开放的武库，弱者与穷人每天都能从里面取用武器。

回顾一下法国的历史，可以说在过去的七百年里，法国每一件大事都在推动着平等。

十字军东征以及数次对英战争，毁灭了十分之一的贵族，分散了他们的土地。地方自治制度，将民主的自由带进封建的君主政体中。枪炮的问世，让平民与贵族在战场上居于平等的地位。印刷术平等地为他们提供精神食粮。邮政不仅将知识送到穷人的茅舍门口，而且将它送到王宫的大门。基督教新教宣布所有人都可以同等地找到通向天堂的道路。美洲新大陆的发现，开辟出很多条致富的新路，让一些不知名的冒险家致富得势。

倘若从十一世纪开始研究法国每五十年的变化，我们将发现在每五十年末，法国的社会体制都会发生一次双重革命；在社会这一阶梯上，贵族在下降，平民在上升。一个从上面降下来，一个从下面升上来。如此一来，每过半个世纪，他们相互间的距离就会缩短一些，最终将汇聚在一起。

而且，这种现象并不是法国特有的。不管面向哪个地方，我们都能目睹相同的革命在整个基督教世界进行。

人民生活中所发生的各类事件，都在促进民主的发展。所有人，不论他是自愿帮助民主取得成功，还是在无意中推动了民主；不论他们是主动为民主而奋斗，还是视民主为敌人，他们都为民主尽了自己的一份力。所有人都汇聚在一起，在同一道路上为共同的目标而行动。有的人不由自主，有的人不知不觉，但他们都成为上帝的驯服工具。

所以，身份平等的逐步发展，是天意所定，必然的事情。这一发展的主要特点是：它是普遍的、持久的，它随时能摆脱人力的阻挠，一切事和人都在帮它前进。

有些人认为一代人的努力能阻止一个历史悠久的社会运动，这种想法是非常愚蠢的！有些人认为已推翻封建制度、打倒国王的民主会在资产者、富人面前退缩，这种观点简直就是异想天开！在民主已然发展得这么强大，而它的敌对者已变得非常软弱的今天，民主不可能停滞不前！

那么，我们目前正在往哪个地方走呢？没有人能回答得了，因为已无法用对比的方法来回答。也就是说，如今在基督徒中，身份平等已扩大到过去任何时候、任何地方都未曾达到的程度，因此那些已经完成的庞大工作让我们难以预测还有什么工作可做。

我在写这本书时，一直怀着一种生怕上帝惩罚的心情。之所以会产生这种心情，是因为我知道这场无法抗拒的革命已冲破所有障碍进行了很多个世纪，而且现在仍在它所造成的废墟上前进。

无须上帝亲口说，我们就可以发现其意志的某些征兆。我们只要观察一下自然界一年又一年的正常运行以及事件持续发展的趋势就可以了。我未听到创世主的启示，就已清楚天上的星辰是按照其画出的轨道运行的。

倘若说今人通过长时间的观察以及深入的思考，发现平等的逐步发展既是人类历史的过去，又是人类历史的未来，那么，单是这一发现本身，就会让这种发展具有至高无上的上帝的神启性质。所以，阻挠民主就意味着抗拒上帝的意志，各民族只有顺应上天为他们安排的社会情况。

依我看，在我们这一代，信奉基督教的国家出现了可怕的局面。席卷它们的革命运动已强大到不可遏止，但其速度并未快到难以引导。也就是说，这些国家的命运仍掌控在自己手中，但也很快会失去控制。

管理社会的人在我们这代所担负的首要任务是：引导民主；若有机会，重新唤起民主的宗教信仰；净化民主的风尚；规范民主的行动；逐渐用治世的科学来取代民情的经验，用对民主真正利益的认识来替代其盲目的本能；让民主的政策符合时间与地点，并按照环境与人事修正政策。

一个面貌全新的社会，要拥有一门全新的政治科学。

但是，我们却极少这么想。我们被抛于一条大江的急流处，伸着头望向岸上隐约可见的断壁残垣，但巨浪又将我们卷了进去，推至深渊。

我刚才讲述的伟大社会革命，在法国比在欧洲其他国家都更猛烈激进。而且在法国，这一革命往往都是任意进行的。

国家的首领从未考虑过为革命事先做些准备工作，革命是在违背他们的意愿或者在他们不知不觉间进行的。国内最有势力、最富有知识、最有道德的阶级，压根没有去寻找控制革命以便对它进行领导的办法。所以，任民主被其狂野的本能领导，让民主像一个没有父母照顾、流浪街头、只看到社会的弊端与悲惨、自力更生的孩子那样，独自成长壮大起来。在它忽然掌权之前，人们貌似还未感觉到它的存在。然而在它掌权之后，人们对其每一个要求都千随百顺、言听计从，将其视为力量的象征。然而到后来，当它因为举止过分而削弱时，立法者便制定出轻率的法案去消灭它，而不是想方设法去引导、纠正它；立法者不想让它学会治国的方法，因而处心积虑地要将它排挤出政府。

这样一来，尽管民主革命在社会的实体内发生了，但在法律、思想、民情以及道德方面，却未发生让这场革命变得有益而必不可少的相应变化。所以，尽管我们有了民主，但却缺少能减轻其弊端以及发扬其固有优势的东西；我们仅看到了它带来的坏处，却没有获得它可能提供的益处。

当王权在贵族阶级的扶持下安然无事地统治欧洲各国时，人们在不幸之中还能感受到一些我们这代人难以想象与理解的幸福。

某些臣子享有的权力，为皇亲国戚的暴政设置了不可逾越的障碍；而在国王方面，因为他认为自己在民众面前就像神一般，所以当民众如待神般尊敬他时，他绝不会滥用自己的权力。

在人民之上的贵族对待人民的命运，就如牧人对待自己的牲口一样，仅有同情却关心不足。他们并不觉得穷人和他们平等，他们关心穷人的际遇，就相当于关心上帝托付给他们的任务。

人民从来没有奢想拥有非分的社会地位，也从未想过自己可以和首领平等，他们认为自己直接受首领的恩惠，压根没想过去争取自己的权利。当首领宽宏公正时，他们爱戴首领，并且毫无怨言地服从首领的严苛统治，不觉得卑微，似乎是在承受来自上帝的不可违抗的惩罚。另外，习惯与民情也给暴政划定了界限，给暴力的行使做了某些限制。

因为贵族压根未想过谁会剥夺他们自以为合法的特权，而奴隶又觉得他们卑微的地位是无法更改的自然秩序，所以人们觉得在命运这么悬殊的两个阶级之间，可以形成某种彼此照顾的关系。所以，尽管社会上存在不平等与苦难，但是双方的灵魂都未堕落。

人们之所以会变坏，绝不是因为当政者行使权力或者被治者习惯于顺从，而是因为当政者行使了被视为非法的暴力以及被治者被迫服从于他们认为是侵夺、压迫的强权。

一方面，是一些人集财富、权势以及闲适于一身，因而可以奢华地生活，追求享乐，讲究高雅，品味艺术；另一方面，则是一些人终生劳作、粗俗、野蛮、无知。

然而，在这群粗蛮、无知的民众中，你也可能发现炽烈的激情、高尚的情操、笃定的信仰以及淳朴的德行。

如此组建起来的社会，可能具备稳定性与强大性，还可能有其光荣之处。

然而就在此，各阶级开始混合起来，一些隔离人们的屏障不断倒塌，财产渐渐分散，归多数人所有，权力也慢慢由多数人来分享，教育日趋普及，智力逐渐相等，社会情况也越来越民主。最终，民主平稳地实现了它对法治与民情的控制。

于是，我想象出这样一个社会，每个人都将法律看作是自己的创造，他们爱护法律，并且心甘情愿地服从法律；人们尊敬政府的权威，是由于必要，而不是由于它神圣不可侵犯；人们对国家首长的爱戴尽管不是很浓烈，但确实是源自内心真实的情感。因为每个人都有权利，而且他们的权利都得到了保障，所以在人们之间，将形成牢固的信赖关系以及一种不卑不亢的彼此尊重的关系。

人民清楚自身的真正利益后，自然会明白：要想享受到社会的公益，就必须尽到自己的义务。如此一来，公民的自由联合将取代贵族的个人权威，国家也不会出现暴政与专横。

我觉得，依据这种方式建立的国家，社会不会止步不前，而社会本身的运动也可能循序渐进。虽然民主社会没有贵族社会那么华丽辉煌，但其苦难也不会很多。在民主社会，不会有过度的享乐，但福利将大大普及；不会出现特别突出的科学，但无知将大大减少；尽管仍存在不良行为，但是犯罪率却将大大降低。

即便不存在狂热的激情与笃定的信仰，教育与经验偶尔也会激励公民英勇献身、付出巨大的牺牲。由于每个人都一样弱小，因此每个人都觉得自身的需要和其他同胞的需要一样。因为他们清楚只有帮助同胞才能获得同胞的支持，所以他们很快就会发现自身利益和社会的公益是一致的。

总体来说，国家将不再那么辉煌、荣光，也可能不似从前那般强大，但是大部分公民会获得更大的幸福，而且人民也不再寻衅闹事；然而这并不是由于他们不期望过得再好一些，而是由于他们很满足自己现在的生活。

尽管在这种秩序下，并不是所有事物都能尽善尽美，但社会至少具备能让事物变得更善更美的全部条件，而且人们只要永远不接受贵族制度兴办的社会公益，就将在民主制度下享有这一制度带来的所有好处。

然而，在摒弃祖传的社会情况，并且不顾一切地将先辈的所有制度、观念与民情全都抛弃之后，我们又用什么来取代它们呢？

王权的威严丧失了，但是并没有用法律的尊严来取代。在当代，人民轻视权威，同时又惧怕它，而且和过去尊重权威给他们造成的损失相比，这种惧怕给他们带来的损失要大得多。

我认为我们损害了原能独自抵抗暴政的个人的存在。然而，我又看到政府独占了从家庭、团体与个人手中夺来的所有特权。如此一来，尽管说由少数几位公民掌控的权力，偶尔具有压迫性、常常具有保守性，但它却让全体公民成了弱者，从而屈服于它。

财产的细分缩短了贫富差距。然而，随着贫富差距的不断缩短，贫富双方又似乎发现了相互仇恨的新依据。他们向对方投去充满恐惧与嫉妒的眼神，都在琢磨着将对方拉下权力的宝座。不管是穷人还是富人，都不具有权利的观念，双方都觉得权势是目前唯一可以信托的以及未来的不二保障。

穷人保留了祖先大部分的偏见，却未保留祖先的信仰；他们保留了祖先的无知，却未保留祖先的德行；他们将获利主义作为自身的行为准则，却不清楚有关这一主义的科学，而且和他们过去的献身精神一样，他们现在的利己主义也是源自愚昧。

社会之所以稳定安宁，绝不是由于它认为自己繁盛强大，而是由于它承认自己衰弱落魄，担心自己禁受不住折腾而崩塌。所以，每个人都目睹了恶，但没有谁有勇气与毅力去为善；人们怀抱过希望，发过牢骚，感受过悲伤，表达过喜悦，但都像老年人软弱无力的冲动一般，未获得任何突出、持久、满意的结果。

如此一来，我们在放弃过往体制所能提供的好东西的同时，并未得到现行体制可能提供的好东西；尽管我们亲手摧毁了贵族社会，但在环顾四周的残垣断壁时，又有些眷恋不舍，好像想永远留在那里似的。

知识界所出现的局面，其可叹之处并不比这逊色。

在前进过程中备受阻挠，却又敢于尽情发展的法国民主，清除了所有障碍：可以打倒的统统打倒，不可以打倒的则想尽办法动摇其基础。它完全不是逐步占领社会，以和平方式统治整个社会的，而是在战乱中不断前进。凡是被斗争的热情所激发，在反对敌人的观点、暴行时让自己的观点超过其自然极限的人，都忘掉了自己追求的目标，发表了不太切合自身情感与笃厚天性的言说。

于是，发生了我们本不愿看到的异常动乱。

我反复回忆，还是没有找到过去有什么事情比现在的情景更可悲更可怜。在我们这代，人的观点与趣味、行动与信仰联系起来的天然纽带似乎已被割断，在过去任何一个时代都能看到的人的感情与思想之间的和谐，仿佛正在一点一点地瓦解，甚至可以说，有关道德方面的所有规范都成了一堆废品。

在我们中间，还存在一些虔诚的基督徒以相信来世的宗教精神来指导自己的生活。这些基督徒的确正在奋起，为人类的自由，也就是为所有高尚行为的基础而奋斗。认为上帝面前人人平等的基督教，不会反对所有公民在法律面前一律平等。然而，在异常事件同时发生的情况下，宗教加入了民主所要推翻的阵营，并屡次压制它所提倡的平等，视自由为敌人；而倘若和自由联手，它能让自由变得神圣不可侵犯。

在这些信教者身边，我发现有些人与其说是期盼天堂，不如说是面对今世。他们之所以拥护自由，既因为他们觉得自由是所有高尚品德的基础，又因为他们将自由看作所有福利的源泉。他们真心期望自由获得权威，期望人们受到自由的恩泽；而且我清楚这些人之所以这么迫切地求助于宗教，是因为他们一定了解：没有民情的权威就无法建立起自由的权威，而没有信仰也无法形成民情。他们看到宗教加入敌人的阵营后，便停滞不前了。于是，有些人开始攻击宗教，而有些人则不再拥护它了。

在过去几个世纪里，一些身份低微和出卖自己的人大肆颂扬奴性，而一些独立思考、品行高尚的人则为拯救人类自由进行着毫无胜利希望的斗争。然而在我们这代，却又时常看到一些出身高贵的人，持有与其高贵身份完全不符的观点，他们反倒颂扬起奴颜婢膝来。与此相反的是，另外一些人将自由描述得天花乱坠，似乎他们已亲身体验到自由的神圣与伟大，并且大声呼吁，为人类争取他们自己都尚未弄清楚的一些权利。

不可否认，一些品行高尚、爱好和平的人，因为正派、沉稳、富有、博学，而被身边的人推为领袖。他们对祖国满怀真切的爱意，时刻准备为它做出巨大的牺牲。然而后来，文明时常遭到他们的敌视，他们未分清楚文明带来的坏处与好处；在他们的意识中，只要是和“恶”有关联的观点，都同和“新”有关联的观点纠缠在一起。

在这些人身旁，我又发现另外一种人。他们利用进步的名义设法将人物化，一心追求不顾正义的利益、脱离信仰的知识以及没有道德的幸福。他们自诩为现代文明的卫士，自视甚高地担负起现代文明领头人的重任，窃据他们不配担当却又落于他们手中的职位。

那么，我们目前处在什么状态呢？

信教者在和自由斗争，自由的友人在打击宗教；高贵大度的人在赞扬奴性，卑躬屈膝的人呼吁独立；城市开明的公民反对任何进步，而不爱国、无气节的人却自诩为文明与开化的使徒。

难道过去所有世纪都和我们这个世纪一样吗？难道人们看到的一直就是我们现在这样的世界吗？在如今这个世界，没有什么关系是正常的，有德者没有才，有才者没有名，将爱好秩序和忠于暴君混为一谈，将热爱自由和轻视法律看成是一件事，良心投射到人们行为上的光并不耀目，所有事情，不论是荣辱还是真假，似乎都无所谓可或不可了。

我可以认为造物主造人就是为了让人永远在当今这种知识贫困中挣扎吗？不可以这么认为，因为上帝已为欧洲社会安排了一个较为安稳、平静的未来。我太了解上帝的意图，但是我不可因为自己无法深入了解而质疑它，我宁愿怀疑自己的智慧也不愿质疑上帝的公正。

我所讲的这场社会革命，世界上似乎有一个国家几近它的自然极限。在这个国家，这一革命是以简单的方法实现的；也可以说，这个国家未发生我们所进行的民主革命，就已获得了这场革命的成果。

十七世纪初在美洲定居的移民，从他们在欧洲旧社会所反对的所有原则中总结出民主原则，随后将它移植到新大陆的海岸。在此，民主原则得到了自由发展，并且在和民情齐头并进中平稳地发展成为法律。

我相信，我们早晚会像美国人一样，让身份几乎完全平等。但是我并不能由此断定，我们终究会依据相同的社会情况获得美国人所取得的政治成果。我也绝不认为，美国人的统治形式是民主可能提供的唯一一种形式。然而，既然两国产生法制与民情的原因相同，那么搞清楚这个原因在每个国家可能带来的结果，就成为我们最关心的问题了。

可见，我之所以研究美国，并不仅仅是因为满足自身的好奇心，虽然好奇心有时也非常重要。我的期望，是从美国找到我们可借鉴的经验。如果认为我想写一篇颂词，那是大错特错的。不管谁读完这本书，都会相信我绝未抱有这种想法。赞扬美国的统治形式，并不是我的全部目的，因为我觉得没有哪种法制可以体现绝对的善，我甚至没打算评论这场我觉得无法抗拒的社会革命对人类是有利还是有害。我觉得这场革命是已完成或者即将完成的事实，并打算从经历过这场革命的国家中找出一个革命发展得最完满、最和平的国家，从而分析出革命自然产生的结果；倘若有可能，再深入研究让革命有益于人类的方法。我毫不怀疑，我在美国看到的远多于美国自身持有的。我要考察的，除了民主本身的形象外，还有它的意向、特点、偏见以及激情。我想弄清民主的底细，以便我们了解应期望它怎样以及害怕它什么。

所以，我在本卷第一篇，试图阐明已在美国依据自身意向发展以及几乎不受限制地任凭本能行动的民主最终为法制指明了什么道路，在政府的工作中留下了什么痕迹，对国家事务施加了何种压力。我设法研究了它所带来的好处与坏处。我考察了美国人为了指导民主都采用了哪些预防措施以及他们遗漏了哪些措施。我也想方设法研究了让民主得以统治社会的因素。

本卷第二篇的目的，则是探讨身份平等与民主政府在美国对市民社会、习惯、思想以及民情产生的影响。然而，我已对实行这一计划没有太大热心了。在我能完成我为自己制定的任务之前，我的工作将没有任何意义，这是由于另一位作者不久后将为读者讲述美国人主要的性格特点，而且他可以给一幅严酷的画面披上一层薄而微妙的纱幕，以我不具备的动人笔触讲出事实的真相[①]。

我不清楚我是否已很好地传达给读者我在美国的所见所闻，但是我

① 在该书第一版发行期间，和我一起去美国旅行的古斯塔夫·德·博蒙先生正在写一本名为《玛丽或美国的蓄奴制》的小说。这部小说后来出版了。博蒙先生写作的主要目的，是深刻地描述以及让人们了解黑人在英裔美国人社会的境遇。他的小说将让人们对蓄奴制问题有一个真实、全新的认识。这个问题对已建成统一共和国的国家来说，恰恰是生死攸关的问题。我不清楚我说的正不正确，但我认为博蒙先生的小说不仅能引起那些想从书中读到动人场面、感人情节的读者强烈的兴趣，而且一定可以在首先想得到正确认识以及深刻真理的读者中获得一致好评。

能保证，我发自内心地期望做到这一点，并未强迫事实迁就我的观点，而是让我的观点以事实为依据。

只要是能依靠文字资料立论的地方，我都一一核对了原文，参阅了最有权威与名气的著作[1]。材料来源都有标注，任何人都能核对。在涉及舆论、政治习惯、民情研究的问题时，我都请教了博闻强识的人。倘若在事关紧要又不明真相时，我并不仅限于一个人的证言，而是汇总数个人的证言后再做结论。

请读者务必相信我的话。我本可以频繁引用知名的权威或者至少称得上权威的人士的话来支持我的论点，但我并未这么做。一名外国人，常常能在接待他的主人那儿，听到一些重要的内情。关于这些内情，主人通常都保持必要的沉默，甚至从来没有透露给他的亲朋好友；但他不怕告诉外国人，因为外国人很快就会离开。听到这样的秘闻，我都会马上记录下来，但我绝不会将笔记本从卷柜里抽出来，因为我宁肯让自己的作品失掉光彩，也不愿在我离开后让好客的主人感到后悔与尴尬。

我清楚，虽然我煞费苦心，但若有人想批判这本书，是非常容易的一件事情。

我觉得，打算仔细阅读这本书的读者，将发现通篇有一个能将各部分联系起来的中心思想。然而，我所讨论的对象之间存在巨大的差异，因此要想用一个孤立的事实来反驳我所引证的成组事实，或者用一个孤立的观点来反驳我的成组观点，是非常简单的。所以，我希望读者可以同样怀着指导我写作此书的精神来阅读此书，并凭据通观全书所获得的

---

① 有关方面赠予我立法与行政方面的资料，在此表示感谢。在热情帮助我研究的美国官员中，首先应说到爱德华·利文斯顿先生。当时，他是美国国务卿，现在是美国驻巴黎特命全权大使。在我访问美国国会期间，利文斯顿先生赠予我有关联邦政府的文件，其中大多数我到现在还保留着。在未和利文斯顿先生结识前，我就因读其书而非常尊敬他。我很庆幸有这次知遇。

总印象来评论此书，因为我本人就不是依据孤证，而是依据大量的论证来立论的。

请记住，作者希望读者理解他必须对自己的每个观点进行理论上的总结，而且常常会总结得失真，因为尽管人们有时在行动上需要偏离逻辑规律，但是在议论时却不可以这样，而且人们想在言语中前后不符，差不多和想在行动上保持前后一致一样困难。

最后，我指出本书一个可能很多读者都已发现的缺点，即该书完全不是为了讨好某些人而写的。我在写这本书时，既没有想着为哪个政党服务，也没有想着去攻击它们；我并不想标新立异，只是想比各政党看得远一些；当各政党只为眼下忙碌时，我已着眼于未来。

【第一篇】

第01章　北美的面貌

北美包括两大地区，一个朝向北极，一个伸向赤道——密西西比河大河谷——此流域的地貌变迁——英国殖民地在大西洋沿岸建立——南美和北美的地貌差异——北美森林——大草原——四处流浪的土著部落——这些土著部落的外貌、习俗和语言——一个消亡民族的遗迹

从地貌上看，北美有一个非常明显的特点：陆地、水系、山岳和河谷都分布得井井有条。这种分布使北美的外貌不致过于单调，既有丰富的景物，又有多变的景色。

在面积上，两大地区平分秋色。

其中一个地区北到北极，东西各临大洋，南至加拿大五大湖区。

另一个地区始于上一个地区的终点，包括大陆的剩余部分。

这两个地区，一个微微向北极倾斜，另一个则微微斜向赤道。

第一个地区可以说是一片平原，其海拔高度向北逐渐降低，但变化并不明显。在这片平原上，既没有高山，也没有深谷。

这个地区的河流弯弯曲曲、畅通无阻。江河之间时而并行，时而汇合；时而流入沼泽地带，消失在错综复杂的水乡迷宫中；如此千回百转后，最终流进北极的各大海。和旧大陆的大部分湖泊不同，这个地区南

端的各大湖周围并没有群山峭壁，相反，湖岸都比较平坦，只比水平面高出几英尺。所以，每个湖都像盛满水的大碗：倘若地球的构造稍微发生变动，湖水就可能涌向北极一侧，或者流入热带的海洋。

相较来说，第二个地区有些凹凸不平，但是更适合人们居住。两条大山脉在这里各据一方：一条是阿勒格尼山脉，沿着大西洋沿岸延伸；另外一条是落基山脉，与太平洋平行。

两条山脉之间有228843平方里约[①]，约为法国面积的六倍[②]。

在这个广袤的区域内形成了一条大河谷，这条大河谷源自阿勒格尼山脉的圆形峰顶，一直延伸，遍布落基山脉的各个山巅。

在大河谷的底部有一条巨川，从群山而下的条条河流，自四面八方汇入其中。

从前，来到这里的法国人为了纪念远方的祖国，把这条巨川命名为圣路易河；而当地的印第安人则称其为“诸水之父”：密西西比河。

密西西比河发源于北美两大地区的交界处，源头就在分界处最高点的附近。

在这最高点的不远处，还流出另一条河流[③]。它几经回转，最终流进北极的海洋。有一段时期，密西西比河的河道流向并不稳定。它曾多次改道，只在流出湖区和沼泽地带之后才稳定下来，最后向南流去。

密西西比河“阴晴不定”，有时在大自然给它挖凿出的粘土质河床中静静流淌，有时则因暴雨而变成洪流，流程有1000多里约[④]。

---

① 1341649英里。见达比《美国概览》449页，费城，1828年。本书作者引用的是沃登法译本。按每里约2000图瓦兹换算。1里约等于4千米，1图瓦兹相当于1949米，两个都是法国的旧长度单位。

② 法国的面积是35181平方里约。

③ 名为鲁日河，又称红河。

④ 2500英里，合1032里约。见沃登译《美国概览》第一卷166页。

在离河口大概600里约处[①]，平均水深已达15英尺。载重300吨的船舶，可以由河口上溯200里约左右。

据统计，共有57条可通航大河向密西西比河供水。在其诸多支流中，有一条长1300里约[②]，一条长900里约[③]，一条长600里约[④]，一条长500里约[⑤]，还有四条有200里约长[⑥]。至于那些从四面八方汇入其中的无数小河，就不多赘述了。

密西西比河流经的河谷，似乎是专门为它而设计的。这条大河有时温顺柔善，有时又作恶多端，就像神一样。在临近河流的地方，是一片用之不竭的沃野；离河越远，植物便越来越稀疏，土地也越来越贫瘠，万物景象也随之越来越萧条衰败。在密西西比河河谷，地壳变动留下的痕迹清晰可辨。流域内的所有景象，都是在水的作用下形成的。歉收或者丰年，都是水的“杰作”。古代大洋的海水，在河谷谷底沉积了一层厚厚的适合植被生长的沃土，并将其冲刷得平平坦坦。在河的右岸，有一片一望无垠的平原，平坦得就像被农民用磙子碾过一样。距离山愈近，土地就变得愈坎坷崎岖，也越发贫瘠。这里岩石嶙峋，就像一架一架骷髅，筋肉早已被时间吞噬掉。地表则是一层由花岗岩风化而成的沙子，一些形状不规则的岩石直立其间。鲜有植被在这里生长，只有那些生命力极为旺盛的植物才能排除重重障碍冒出幼芽。曾有人说，这是一片到处是残垣断壁的沃野。通过考察，可以知道这些岩石和沙子，在成分上

① 1364 英里，合 563 里约。见沃登译《美国概览》第一卷 169 页。
② 指密苏里河。见沃登译《美国概览》第一卷 132 页（1278 里约）。
③ 指阿肯色河。见沃登译《美国概览》第一卷 188 页（877 里约）。
④ 指鲁日河。见沃登译《美国概览》第一卷 190 页（598 里约）。
⑤ 指俄亥俄河。见沃登译《美国概览》第一卷 192 页（490 里约）。
⑥ 包括伊利诺伊河、圣皮尔河、圣弗兰西斯河、得梅因河。以上河流的长度，都是按照标准英里和每里约相当于 2000 图瓦兹换算的。

与落基山山顶的沙石毫无区别。谷底沉积出土地之后，洪水又会把山上的一些岩石冲下来。这些岩石从陡峭的山坡上滚下来，相互推挤碰撞，最后堆积在山脚下。（A）[①]

总之，密西西比河大河谷是只有上帝才能赐予人类的最好住所。但是目前为止，它还仅仅是一片大荒漠。

在阿勒格尼山东面，位于此山脉的山麓和大西洋之间的，是一条由岩石和沙子组成的长冈，是海水退潮时留下来的痕迹，这个长岗的平均宽度只有48里约[②]，但是它的长度却有390里约[③]。开垦这一地区的土地，存在一定的难度。这里的植被稀疏，而且种类单调。

然而，披荆斩棘的开拓者仍旧不畏艰险地来到了这荒凉无人的海岸地带。正是这一毛不拔的荒漠地带，成了今后的英国殖民地，并诞生了实力的中心美利坚合众国。而在它的西面，即将掌控这个大陆的积极力量正在不断增强。

欧洲人第一次登上安的列斯（西印度）群岛的海岸和南美大陆时，以为自己到了诗人们所吟咏的仙境。海面闪烁着热带地区特有的磷光，海水清澈见底[④]。小岛星罗云布，好像一个个花篮漂浮在静静的海面上。在如此令人陶醉的地方，一切都好像是为了满足人的需要而安排的，或者说是特意供人来享受的。树梢上挂满了营养丰富的果实；而那些不能食用的果实也因其绚丽缤纷的色彩而让人赏心悦目。在汇聚着芬芳的柠

① 原作者注，见本卷卷末。

② 相当于100英里。

③ 大概900英里。

④ 马尔梯·布伦在其《世界各洲地理概要》（1817年）第三卷[第五卷]726页上提到，安的列斯群岛的海水清澈得可以看到水下60米的珊瑚和鱼类。船舶好像飘浮在空中。航海者透过清澈的海水俯视海底世界，会感到眼花缭乱。在这个海底世界里，五颜六色的贝类和鱼类，在黑角藻簇和海带丛里熠熠生光。

檬树、野生的无花果树、圆叶的桃金娘树、带刺的金合欢树和夹竹桃树的丛林里，一条条长满鲜花的美洲野藤将所有的树木都连接在一起，一群群当地特有的飞禽展示着自己深红色或天蓝色的华丽羽衣，同时配以鸣声大合唱，与充满活力和生命力的大自然融为一体。(B)

在这种欣欣向荣的外在景象下隐藏着死亡，但是当时人们并没有察觉，继续沉醉其中。这种环境的消极影响是巨大的，人们变得鼠目寸光，只顾眼前而不管将来。

北美的情形与此不同。在北美，一切都是严肃的、庄重的。可以说这里是为了让人类智慧有用武之地而创造的，而南美则是为了满足人类感官享受而存在的。

澎湃多雾的海洋冲刷着海岸，大自然用花岗岩的石块和沙粒为海岸系上了一条腰带。岸边绿树成荫，红松、落叶松、常绿栎、野橄榄和桂树都长得非常茂密粗壮。

横穿过这第一条腰带之后，便进入中央森林。在这里，分别产于东西两半球的植物并肩生长，法国梧桐、梓树、糖枫、弗吉尼亚白杨与栎树、山毛榉、椴树枝叶交缠。

和人工管理的森林一样，这些森林中的植物也存在被砍伐的现象，但是并没有人去收拾砍伐后的现场。所以，弃枝和残木堆积在一起，日积月累，以致占据了新树木的生长之地。然而，在这些弃枝和残木的底部，植物繁殖的活动并未停止。最终，蔓生植物和杂草突破重重围阻，爬上枯树和倒木吸取养分，顶起并穿破掩埋其上的干瘪树皮，为自己闯出一条新生之路。由此来看，老树木的死亡又帮助了新树木的生长。生与死既相互对峙，又互为统一。

森林深处阴暗不明，未经人工疏导的千百条小溪使森林愈发潮湿。在林荫里，很少能看到鲜花、野果和飞禽。

一棵老树的倒地声，一条河流的流淌声，一头野牛的叫声，一阵风声，是打破森林沉寂的唯一声响。

大河以东，森林已经消失了一部分；森林消失的地方，是一片一望无垠的大草地。到底是大自然不愿意在这片草地上撒下树种，还是曾覆盖这片草地的森林遭到了破坏？这是一个未解之谜。

这片看似荒凉的土地，并不是完全没有人烟。在过去许多个世纪里，森林的树荫下或大草地的绿野上都曾分布有一些游牧部落。由圣劳伦斯河河口到密西西比河三角洲，自大西洋到南海（太平洋），分布其间的野人都有相同之处，这足以说明他们出于同源。然而，他们又与目前已知的人种有所区别。[①]他们既没有欧洲人那样白皙的皮肤，又不像大部分亚洲人那样黄，也不如黑人那么黑。他们的皮肤微微泛红，头发又长又亮，嘴唇很薄，颧骨极高。美洲各野蛮部落所说的语言，都服从于相同的语法规则，但在词汇方面各有不同。这些语法规则，与如今规范人们语言结构的语法规则有所区别。

美洲土著的方言貌似掺进了新的元素；这说明进来了外族人，其智力是现代印第安人所无法企及的。(C)

这些部族的社会情况，在很多方面都与旧大陆的不一样。他们一直都是在自己的内部圈子里繁殖生长，从来没有和比自己文化高的部族接触过。所以，他们不像那些曾一度文明随后又衰败堕落至野蛮状态的民族一样是非不明、善恶不分，更不会像后者那样因为无知败俗而腐朽堕

---

① 后来发现，北美的印第安人在体形、语言和生活习惯上，与通古斯人、满洲人、蒙古人、塔塔尔人以及亚洲其他游牧部落，存在某些相似之处。可能亚洲的这些游牧部族漂泊到白令海峡附近后，于某一时期辗转到了荒凉的美洲大陆。然而，事实究竟如何现在仍然没有明确的答案。关于这个问题，读者可参考：马尔梯·布伦著作第五卷；亚历山大·冯·洪堡的著作；费舍《美洲大陆起源的推测》以及《美洲大陆的起源》，彼得堡，1771 年；阿戴尔《美洲印第安人史》，伦敦，1775 年。

落。印第安人向来都是自生自长的：他们的德行，他们的恶习，他们的成见，都是他们自身的产物。他们是在完全天然、独立的状态下成长起来的民族。

在文明开放的国家，有些人之所以会变得粗鲁野蛮，不仅是因为他们自身的无知和贫困，还因为他们经常和文明人、富人打交道。

他们无时无刻不拿着自己苦难贫困的生活与他人的幸福、权势进行比较，这种不平衡激起了他们内心的愤怒和恐惧；而由此产生的自卑感和依附感使他们更加愤怒屈辱。这种内心活动同时也反映在他们的言行举止上，使他们既傲慢又卑鄙。

通过观察，这种情况便不难证明。有些人身处贵族制度的国家时，比在其他任何地方都粗鲁野蛮；在繁华都市生活的人，比农村人更粗野。

在财势者聚集的地方，贫困、软弱的人因为地位低下而受压榨。由于难以翻身获得平等，他们几近绝望，自甘放弃做人的尊严。

这种因为身份地位悬殊而造成的恶果，不会在野蛮人的社会发生。印第安人虽然贫穷无知，但相互之间都是平等自由的。

欧洲人刚来到北美的时候，当地的土著居民还不知道财富的价值，对欧洲人利用财富所获得的享受也不感兴趣。然而，他们的举止一点也不粗野，反而表现得彬彬有礼、谦让持重，很有绅士风度。

印第安人素来温和、热情，但是在战争中表现出来的残忍、凶狠却又令人惊愕咋舌。他们愿意冒着被饿死的危险来帮助一个深夜敲门求宿的陌生人。同时，他们又可能在战时亲手撕碎俘虏颤抖的四肢。即使是古代那些非常有名的共和国，也从来没有表现出印第安人那么大的勇气，那么高傲的精神以及那么坚定的自尊心[①]。欧洲人最开始在北美登陆时，当地人并没有大惊小怪。外地人的出现既没有引起他们的嫉妒，也没有引起他们的恐惧。他们怎么会和自己的同类互相残杀呢？印第安人比较容易满足，就算生活艰苦也毫无怨言[②]。和世界各地的人一样，这些野蛮人也相信美好世界的存在，他们崇拜创造宇宙的上帝，并用不同的名称称呼上帝。他们的世界观简单而富有哲理。（D）

除了原始的印第安民族外，还有一个更开化、更进步的民族曾在这个地区繁衍生活。

传说这个民族的一些部族原住在密西西比河以西，这种说法并不确凿，但广泛流传于大西洋沿岸大多数印第安部落。在俄亥俄河两岸以及整个中央盆地，还经常能看到一些人造的土丘。挖至人造土丘的内部，可以发现人骨、奇形怪状的器皿、武器、金属制造的用具或现存种族已不知道用途的各种工具。

现代的印第安人，没有任何关于这个已消失民族的历史资料。300年前，生活在这里的人也没有说过一个能提供假说的故事。那些仍在流传的传说，那些容易遭到破坏而又不断被发现的遗迹，也未能提供任何线索。然而，毋庸置疑的是，确实有千千万万的人类曾在这里生活。那么，他们是什么时候来到这个地区的呢？他们的起源、命运以及历史又是怎样？他们是在何时和怎样消亡的呢？没有一个人能够给出明确的答案。

---

① 杰斐逊总统在他的著作《弗吉尼亚纪要》第148页中写道：“当易洛魁人受到强敌进攻时，老人们羞于逃命或去保卫自己的小家园，就像当初古罗马人抵抗高卢人围攻罗马城时那样坚决。”随后，杰斐逊总统又在第150页写道：“目前为止，没有一个印第安人在成为俘虏后求饶活命。而且事实恰恰相反，被俘的印第安人都是百般侮辱和嘲笑敌人，对死亡毫无畏惧。”（这两段可见于1823年波士顿版第213页）

② 可参考：勒帕杰·杜·普拉茨的《路易斯安那史》；夏尔瓦的《新法兰西的历史》；《美国哲学学会报告》第一卷所记载的赫克韦尔德来信；杰斐逊《弗吉尼亚纪要》第135—190页。杰斐逊的话非常有分量，因为他品行高尚，地位显赫，写作时正是美国蒸蒸日上、快速发展的时期。

说来真奇怪！原本生存得好好的民族，竟然会从地球上消失得无影无踪，以致他们的族名都未曾在人类历史中出现，就连他们的语言也已失传，他们的荣誉像没有回响的声音一般消失在深远辽阔的宇宙中。尽管如此，还是有那么一样东西可以向人类印证他们的存在，那就是他们自己留下的可以纪念他们的坟墓。由此看来，能够长久纪念人类劳作的事物，还是最能再现人生空虚和苦难的坟墓！

尽管早期有许多土著部族在北美居住，但是在未被发现之前，北美地区仍是一片荒凉。印第安人虽然在这里生活，但是并没有拥有它。人类需要凭借农业来占有土地，而北美的原住民却以狩猎为生。他们深入骨髓的成见，他们不可遏止的激情，他们的种种恶习，或许还有他们野蛮人的品德，使他们不可避免地走向了毁灭之路。自欧洲人登上北美这片土地起，这些部族便开始走向灭亡，到今天几近分崩离析。上帝把他们安置在这片富饶的土地上时，似乎只赐予他们暂时的使用权。他们居住在这个地区，似乎只是在等待他人的到来。那些适宜经商和开工厂的海岸，那些深水河流，那个用之不竭的密西西比河大河谷，总之，整个北美大陆在早期就像一个空摇篮，等待着一个伟大民族的诞生。

就是在这里，文明人尝试建立一个全新的社会，并在实践过程中使用了当时人们尚不知道或是人们认为行不通的理论，最终使世界呈现出从未有过的壮观景象。

第02章　英裔美国人的来源及其对未来的重大影响

追溯民族的来源，有助于理解其社会情况和法律——美洲是唯一一个能够查明一个伟大民族源流的地区——早期移居英属美洲的人有哪些相似之处——他们又有哪些不同之处——对于早期定居在新大陆海岸的欧洲人的评论——弗吉尼亚殖民地——新英格兰殖民地——新英格兰首批居民的性格——他们抵达新英格兰——他们的首批法律——社会契约——借鉴摩西立法的刑法典——宗教热情——共和精神——宗教精神和自由精神的严格一致

一个人来到这个世上，他的童年是在无忧无虑中悄无声息地度过的；随着时间的推移，他逐渐长大并开始步入成年；最后，世界的大门才正式向他敞开，他开始和成年人打交道。直到这个时候，他才首次被人关注，被人注意到他在成年后才冒出的恶习以及德行的萌芽。

如果我没有搞错的话，我认为以上这种看法是个非常大的错误。

应该了解他的过去，应该追溯他的婴儿时期，应该考察他在懵懂时期所接触的外部世界，应该考虑他最先目击的事物，应该听一听启动其思维能力的母语，最后，还应该看一看他在奋斗初期的表现。只有这样做，才能理解他的偏见、习惯以及激情的来源。可以说，人的一切始于

他的襁褓时期。

一个民族也是如此。任何一个民族都留有他们起源的痕迹。他们最初所处的环境，有助于他们的发展，影响着他们的一切。

倘若我们可以查明社会成员的来历，考察他们最初的历史，我确定我们能够从中找到他们的偏见、习惯、主要情感以及民族性的形成主因。如此一来，我们便可以解释为什么早先约定俗成的惯例与现今的流行风尚相抵触，为什么有些法律与公认的原则相对立，为什么社会上会存在一些不相连贯的见解。这些见解就像勉强吊在旧建筑物窟窿下的破链子，因为禁不住重量而断成数段，怎么也连接不到一起了。由此也不难知道，一些民族为什么会被一种似乎不可知的力量推向他们本身也意想不到的结局。可惜的是，现实中一直缺乏这方面的研究。直至民族衰败的时候，人们才会用分析的眼光去研究这个民族；而当民族终于想要反省和回顾时，时间已然将过往的岁月蒙上一层乌云，而无知和傲慢又会用一些离奇传说将其包装起来，让人无法见到它的本来面目。

美国是唯一一个可以让人看清其来龙去脉的国家。在这里，也能够清楚地看到各州的起源对各州的影响。

当欧洲各族人民抵达新大陆时，他们的民族特点已经非常明显，各个民族都有不同的相貌；而且因为他们的文明程度已经达到了可以研究自己的地步，所以能够给我们后人留下关于其观点和法律的真实记录。如此一来，我们对生活在15世纪的人的了解，几乎和我们对同时代人的了解一样清楚。所以，我们可以清楚地看到美国的起源，而不被无知和愚昧所制造的假象蒙蔽。

美国社会还没有建立多久，这为我们详细了解它的各项因素提供了方便，虽然短期内还不能够判断这些因素的发展结果，但我们这一代人好像注定要比前人更能看清人世的沧桑。上帝赐予我们一束我们祖先不曾拥有的火炬，用它照亮我们的智慧之路，使我们得以找到决定各族人民命运的基本原因，而这，是我们祖先因为愚昧而无法得知的。

仔细研究美国历史之后，再深入了解它的政治和社会情况，便能够肯定：在美国，每一种见解，每一种习惯，每一项法律，甚至每一个事件，都可以从这个国家的起源中找到解释。所以，本书的读者将在这一章看到此后所要叙述的一切的萌芽，找到可以开启全书的钥匙。

于不同时期迁居现今美国境内的人们，有很多不同之处；他们各有各的目的，并且用不同的原则治理自己。

当然，这些人之间也有某些共同的特点，他们发现大家都有相似的遭遇。

语言，或许是能够将人们联合起来的最有力且最持久的纽带。当时，全体移民都说着同一种语言，他们都是同一个民族的儿女。许多世纪以来，他们的祖国一直鼓动教派斗争。在这样一个国家，各个教派不得不把自己安置在法律的保护伞下，它们的教徒在激烈的宗派斗争中接受了政治教育，他们比当时绝大多数欧洲人更了解权力观念和真正自由的原则。在移民初期，自由制度的蓬勃兴起（也就是地方自治），已然深深扎根于英国人的习惯之中，而人民主权原则的思想也跟着地方自治进入都铎王朝的核心。

那时，宗教纷争正在如火如荼地进行，基督教世界动荡不安。英国也几近狂热地参加了这一新的角逐。英国人的性格原本审慎持重，但是现在却变得苛刻严厉且喜好争论。人们的知识在这一智力竞赛中大大增加，头脑也受到了深刻的训练。在争论宗教问题的这段时间，他们的民情变得越来越好。英国民族的这些一般特点，也或多或少地体现在那些登陆大西洋彼岸开拓新未来的英国移民身上。

此外，我们以后还会谈到的一个特点，不但适用于英国人，而且也同样适用于法国人、西班牙人以及陆续移居新大陆的所有欧洲人。如果说欧洲人新建的殖民地未能使刚刚萌芽的完全民主得以发展，但至少没有抑制这种萌芽。造成这一结果的原因有两个：移民在背井离乡的时候，一般都没有谁比谁优越的想法，他们觉得幸福的人或有权有势的人都不会移民，贫穷和灾难是平等的最佳保障；然而，也有一部分富人和大领主由于政治或者宗教纷争而流亡到美洲，他们在那里制定了一些等级分明、贵贱有别的法律，但没过多久他们就发现这种领主贵族制度难以在美洲的土壤上生存。人们认为，要想开发这块不易开发的土地，只能依赖土地所有者的不懈努力和持续投入。尽管有了土地，但土地的出产并没有多到可以使地主和农民实现共同富裕。因此，土地被细分成了很多小块，由土地所有者自己耕种。然而，土地又恰恰是贵族制度的基础，贵族只有依靠土地才能生存，而这个地方既没有贵族赖以生存的特权，又没有贵族赖以存在的身份制度。一旦土地依赖继承制度相传下去，那么就不可避免地会出现贵族。一个民族可能同时存在大量富人和很多穷人，但如果这种穷富差距不是因为土地造成的，则只能说这个民族贫富不均，而且严格地说，这个民族内部不存在贵族阶级。

因此，在建立初期，所有的英国殖民地之间都很像一个大家族。从它们所坚持的原则来看，它们似乎注定要去发展自由，但这种自由不是它们祖国贵族阶级的自由，而是世界历史上从来没有出现过的平民的、民主的自由。

即使在这样的清一色中，也能够看到一些必须加以说明的细微差别。

可以将英裔美国人这个大家族分为两大支：一支在南，一支在北，到现在，这两大支仍是各自发展，并没有完全混合在一起。

弗吉尼亚是第一个英国殖民地。1607年，移民到达这里。当时，欧洲痴迷地认为开采金银可以使国家致富。这是一个非常致命的想法，它曾给醉心于此的欧洲各国带来了巨大的贫困，这种破坏是战争和全部坏法律加在一起也无法企及的；而在美国，这种错误思想夺去了无数人的生命。一些怀有此种想法寻找黄金的人，都被送到了弗吉尼亚①。这些人既没有才干，又缺乏素养；他们暴躁喜欢闹事，在初建的殖民地制造了不少混乱②，这使得殖民地发展时缓时快。这之后，工农业者才到来。他们虽然性情温和，比较讲究道德，但是综合来讲并没有比英国的下等阶级③强到哪儿去。他们既没有高尚的观点，也没有详细周全的设想来指导建立新制度。殖民地建立后不久，又引进了蓄奴制④，这对整个南方的性格、法律以及未来产生了巨大的影响。

正如我们此后要说的，蓄奴制是对劳动的侮辱；它让好逸恶劳的恶习在社会滋生，而紧随这种恶习而来的，是无知、高傲、浮夸和奢侈。它使人们思想消沉、行为懒散。通过考察蓄奴制的影响以及英国人的性格，我们不难解释南方的民情和社会情况的由来。

同样来自英国，但北方却出现了完全不一样的情景。在这里，请容我对此略作详细说明。

在北方的几个英国殖民地，也就是人们通常所说的新英格兰的诸

---

① 1609年，英王颁布的特许状，附带移民要向国王交纳所采金银五分之一的条款。参考马歇尔：《华盛顿生平》第一卷18—66页。（作者引用的是1807年巴黎法文版）

② 威·斯蒂思在其著作《弗吉尼亚史》中说，绝大多数新移民都是家庭有劣迹的青年；他们的父母为了不让自己的孩子受到牵连羞辱，便将他们送往新大陆。其余的移民多是家里的老年人，坑蒙拐骗的破产者，游手好闲的无业游民等诸如此类的人。从本质上看，这些人擅长掠夺和破坏，而不擅于建家立业。他们很容易被那些扰乱治安的头目唆使，去干各种作奸犯科的勾当。若想了解弗吉尼亚的历史，可以阅读下列著作：斯密斯的《1624年定居以来弗吉尼亚史》；威廉·斯蒂恩的《弗吉尼亚史》；贝弗利的《弗吉尼亚最初发现与定居史》，此书于1807年被译成法语出版。

③ 过了很久，才有一部分有钱的英国人来殖民地定居。

④ 蓄奴制是1620年由一只荷兰船引入的。这只荷兰船运载了20名黑人到詹姆斯河岸。可参考乔治·查默斯的《对于美国独立以来发生的若干事件的看法》，伦敦，1785年；或者他的《殖民地起义史导论》，伦敦，1782年。

州[1]，产生了几个主要思想，它们是当今美国社会学说的基础。

这些主要思想首先传到了相邻的各州，随后又扩散到比较远的州县，最后覆盖了整个联邦。如今，这些思想的影响已经超出国界，遍及美洲世界。新英格兰的文明，就像高地燃起的熊熊烈火，不仅照亮了周围地区，而且还照亮了遥远的天边。

新英格兰的建立，呈现出一片新的气象。这里发生的一切，都是见所未见、闻所未闻的。

通常来说，殖民地的早期居民，不是那些未受过教育、没有家业、因为贫穷或行为不端而被赶出家乡的人，就是那些贪得无厌的投机家和包工头。有些殖民地的居民还没有这样的出身。比如圣多明各这一殖民地的早期居民就是海盗。而在当今，英国的刑事法庭也在为澳大利亚提供人口。

相较之下，定居在新英格兰海岸的移民，在祖国时都是一些自由自在、无拘无束的人。这些人汇聚在美洲的土地上之后，立即使当地社会呈现出独特的景象。在这个社会里，既没有大领主，也没有属民；甚至可以说，既没有穷人，也没有富人。按百分比来说，他们中，文明程度高的人，多于当今欧洲的任何一个国家。这些人，几乎毫无例外地受到过良好的教育，而且有许多人因为才识出众而闻名于欧洲。其他的殖民地，都是由没有携带家眷的冒险家们建立的；而在新英格兰定居的移民，则带着良好的秩序和道德因素，与妻儿一起来到荒芜凄凉的土地。

尽管如此，能明显将他们与其他所有移民区分开来的，还是因为他们自身具有创业的目的。他们并不是被迫离开故乡的，而是主动放弃了

① 新英格兰诸州位于赫德森河以东，包括以下六州：康涅狄格州、罗德岛州、佛蒙特州、缅因州、新罕布什尔州、马萨诸塞州。

在祖国的显赫地位和优渥生活。他们之所以要远渡重洋来到新大陆，绝不是为了改善境遇或发财致富；他们之所以离开舒适安逸的家园，是为了满足单纯的求知需要；他们甘愿忍受流亡生活的种种苦楚，去实现心中的理想。

这些移民喜欢称自己为朝圣者，他们属于英国一支名为清教的教派。清教的教义严格，它不但是一种宗教学说，而且还在很多方面包含有非常绝对的民主与共和理论。所以，该教派给自己树立了一些极为危险的敌人。清教徒在国内受到政府的迫害，觉得自己所处社会的日常生活破坏了清教教义的严格性，因而决定背井离乡，去寻找世界上人迹罕至之处，以便在那里严格执行教义，按原来的方式生活，自由崇拜上帝。

摘录几段引文，这比我的叙述更能说明这些虔诚的朝圣者的精神。

研究新英格兰早期历史的纳撒尼尔·莫尔顿曾直截了当地说[①]："我一直觉得，用文字记录下我们祖先在建立这块殖民地时所受到的上帝周到而仁慈的关怀，让后代永远记住上帝的仁慈，是我们神圣的职责。凡是我们所见，凡是我们从祖先那里听到的，都应该让我们的儿女知道，以使他们懂得赞颂上帝，让上帝的仆人亚伯拉罕的后代以及上帝的选民雅各的子孙永远记住上帝的所作所为（《诗篇》第105篇第5、6节）。应让他们知道上帝是怎样将葡萄带到荒野，怎样栽种上葡萄，怎样撵走异教徒，怎样整理出种葡萄的土地并把秧苗深植于土壤内，最后又怎样让葡萄爬蔓生长（《诗篇》第80篇第13、15节）。除此之外，还应让他们知道上帝是怎样引导他的子民走向他的圣所，并定居在他赏赐的山间（《出埃

---

① 见《新英格兰回忆录》，波士顿，1826年；另见哈钦森的《马萨诸塞殖民地史》，波士顿，第二卷440页。（页码有误）

及记》第15章13节）。一定要让他们知道这些事实，以使上帝获得他应有的荣誉，让他的荣光得以普及，使‘上帝’二字成为圣徒们心目中可亲可敬的名字。”

看完这段开场白，心中会留下一种宗教的庄严印象，似乎从中感受到了一种古风和嗅到了一种来自《圣经》的馨香。

这不仅更加坚定了这位作者的信念，同时也加强了他语言的分量。如今，和作者一样，在读者的心目中，这些人已然不是为了撞大运而漂洋过海的冒险家，而是上帝亲自撒在特定地点上的伟大民族的种子。

这位作者紧接着又以这样的方式描述了头几批移民离开祖国故乡的情景[1]：

“于是，他们离开了自己所生活成长的城市（德尔夫特—哈勒夫特），但他们是心甘情愿、问心无愧的，因为他们深知自己这辈子注定要扮演朝圣者和异乡人的角色。他们不留恋世间的一切人事，而是眼望上苍，觉得那里才是他们可亲可爱的故乡，上帝早已在那里为他们安排了神圣的城市。他们终于抵达停靠船只的港口。很多不能与他们同行的亲朋好友，也陪同他们来到这里。大家一夜无眠，互相倾吐友情，诚恳地交心，表达作为基督徒的真正慈爱。第二天，他们登上了远行的船，亲友们依依不舍，还想在船上陪伴他们一会。离别的时刻，大家都深深叹息，泪如雨下，那些深长的拥抱和虔诚的祈祷，让陌生人都为之感动。即将起航的时候，他们双腿跪地，他们的牧师热泪盈眶，仰望天空，祈求上帝赐以福泽。最后，他们互相道别，而这次离别对于他们中间的大部分人来说都是永别。”

---

① 见《新英格兰回忆录》第22页。

这一批移民大概有150人，其中还包括一些妇女和儿童。他们此去的目的是在赫德森河岸建立一个殖民地。然而，他们在浩瀚的大西洋漂泊了很长一段时间后，最终被迫停靠在新英格兰的不毛海岸，也就是今天普利茅斯镇的所在地。当年朝圣者们上岸时登上的那块巨石，直到今天也仍然能看见[①]。

我上面提到的这位历史家曾说："在我们展开长篇大论之前，我们要简略叙述下这群苦命人上岸后的情景，也借此赞美下上帝拯救他们的恩德。"

"他们已经渡过广阔的大西洋，抵达他们的目的地。但是，这里既没有亲朋好友来热情地迎接他们，也没有房屋供他们居住。当时正是冬天，寒冷凛冽，经常有狂风侵袭。在这种气候下，去熟悉的地方旅行都是困难，更别提在一无所知的海岸上安家了。他们眼前的景象，荒芜凄凉，到处都能碰到野兽和野人。他们不清楚有多少野人，也不知道这些野人有多凶狠。大地已然封冻，树林和灌木丛遍布其上。四处都是没有开化的野蛮景象。他们回过头看，眼前只有将他们与文明世界隔离开来的大西洋。为了得到一些慰藉和希望，他们只能仰头求天。"[②]（后面一段是对莫尔顿原文的释义）

不要以为清教徒的虔诚只是嘴上说说而已，也不要认为他们不谙世事。就像我在前面说过的，清教的教义不仅是宗教学说，也是政治理论。所以，移民们登上纳撒尼尔·莫尔顿所描述的不毛海岸后，首要关

---

① 这块巨石已经成为合众国引以为豪的物品。我曾在美国的一些城镇看到这块巨石的碎块，被当地人精心保存。这充分表明，人的力量和伟大完全存在于他们的内心。这是一块曾被一些苦命人踩踏过的石头，它应该永垂不朽，它被一个伟大民族所留念。人们仰慕它的碎块，就连离它很远的地方也都保存着从它身上敲击下来的小石块。很多高楼大厦都用这些小石块做基石，大家对这块巨石以及此石的碎块都表示了无限的崇敬。

② 见《新英格兰回忆录》第35页及以下几页。

心的事情就是建立自己的社会。他们很快通过了一项公约，里面说道[①]：

“我们，公约的签名人，为了给上帝增光，发扬基督教的信仰，增添祖国的荣誉，特准备在这片新开拓的海岸上建设第一个殖民地。我们谨在上帝面前，面对在场的这些妇女，通过彼此一致地决议，现约定将我们集体组成政治社会，以便管理我们自身并实现我们的目的。我们将依据这项契约颁布法令、法律和命令，并且视情况来任命我们应当服从的行政官员。”（可参阅《新英格兰回忆录》第37页和以下几页）

这件事发生于1620年。自此，移民工作再也没有停止。查理一世在位期间，狂热的宗教和政治激情冲击着不列颠帝国，致使每年都有一批批各派教徒被赶到美洲海岸去。在英国，清教徒的主力一直来自中产阶级，而大多数移民也都是这个阶级的。新英格兰的人口急剧增加，而当等级制度依旧在祖国存在，并强行将居民分为不同阶级的时候，殖民地则已出现社会各部分日益均质化的新景象。这种在古代不敢奢求的民主，已然从古老的封建社会中冲脱出来。

英国政府显然意识到，大批移民可以带走骚乱的种子以及新生的革命分子，因此它很满意。它竭尽全力促进这种移民，对于那些为了逃脱本国严刑峻法而来到美洲土地寻找避难所的人的命运，则一点也不关心。可以说，新英格兰是让人们去实现自己梦想的地方，而革新者也将在这个地方放手实验。

英国的殖民地是英国繁荣昌盛的主要原因之一，相较于其他国家的殖民地来说，它们享有更多的内政自由和更大的政治独立。然而，这项

① 创立纽黑文的移民、建设罗德岛州的移民、康涅狄格的首批居民、建立普罗维登斯的移民先后于 1637 年、1638 年、1639 年、1640 年以书面形式制定出社会契约，并且经所有当事人一致通过。可参考皮特金著作《美国政治和社会史》（共两卷，1828 年，纽黑文）第 42 页与第 47 页。

自由原则在任何地方都没有在新英格兰各州实施得那么彻底。

当时，人们普遍认为，新大陆各处的土地，首先由哪个欧洲国家发现，就属于哪个国家。

至16世纪末，北美几乎所有的海岸地带，都以这种方式变成了英国的领土。不列颠政府根据具体情况，在这些新领地上采用不同的统治方式。有时，国王将新大陆的某一部分委托给自己任命的一名总督，在自己的授命下代替自己治理这个区域①。欧洲其他国家，也都采用了这样的殖民制度。有时候，国王会把一部分土地的所有权授给一个人或者一个公司②。这时，管理民事和政治的所有权力都集中在一个人或者几个人身上，这个人或者这些人在王权的监督与控制下出售土地并管理居民。第三种殖民制度，是授予一定程度的权利给一定数量的移民，这种权利包括在母国的保护下自行组织政治社会的权利以及在不违反母国法律的条件下自治的权利。

这第三种制度对自由非常有利，但它只在新英格兰实行过③。

1628年④，查理一世将一份具有这种性质的特许状授给了前往马萨诸塞建立殖民地的移民。

然而，这种情况并不多见，对于大多数新英格兰殖民地来说，它们一般都是在自身存在已为既成事实后很久，才得到国王的特许状的。普

---

① 纽约州就是采用这样的殖民制度。

② 马里兰州、南卡罗来纳州、北卡罗来纳州、宾夕法尼亚州以及新泽西州都是采用这样的殖民制度。参见皮特金著作第 11—31 页或第 13—30 页。

③ 参阅《历史文献汇编》，费城，1792 年。这部汇编大量收录了各个殖民地早期的文件，内容可靠、价值珍贵，其中包括英国国王授给各殖民地的特许状以及各殖民地政府的早期法令。还可参阅美国最高法院法官斯托里先生在其著作《美国宪法释义》的导言中对这些特许状所做的解析。（第 8—83 页）从这些文件中可以看出，代议制政府的原则和政治自由的具体形式，在所有这些殖民地建立之初就已被规定下来。后来，这些原则在南方和北方都得到了巨大的发展，并且遍布各地。

④ 参见皮特金著作第一卷第 35 页；哈钦森著作第一卷第 9 页。

利茅斯、普罗维登斯、纽黑文、康涅狄格州以及罗德岛州[①]，都是在未得到母国的援助甚至在母国不知情的情况下创立起来的。虽然新移来的居民不否认宗主国的无上权威，但是他们也没有去宗主国寻找权力的根源，而是自己建立政权；直到三、四十年之后，查理二世在位时期，这些殖民地才凭借皇家的特许状得以合法化。

所以，在翻阅英格兰早期历史和立法文献时，很难找到将移民与其母国联系起来的纽带。这些移民一直都在独立自主地行使主权。他们亲自任命行政官员，自行缔结和约和宣战，亲自拟定公安条例，自己立法，似乎他们只臣服于上帝[②]。

再也没有哪个时期的立法比这个时期的立法更独特、更富有教益了。如今美国所暴露出来的主要社会问题，都可以从这个时期的立法中找到答案。

在这段时期拟定的法律中，康涅狄格州于1650年颁布的法典[③]，是最有特色的法令集。

康涅狄格州的立法者们[④]，首先从制定刑法开始。在拟定刑法的过程中，他们产生了一个奇怪的想法，就是从《圣经》中找来一些句子作为法律条文。

这部刑法的开头写有这样的话："凡是信仰上帝以外的神的，均处以死刑。"

紧接着，有十条到十二条是逐字逐句从《申命记》、《出埃及记》以

---

① 参阅哈钦森著作第 42 页和第 47 页。

② 马萨诸塞的居民在拟定刑事诉讼法、民事诉讼法以及法院组织法时，并没有参考英国施行的惯例。譬如，1650 年时，判决书等司法文件的开头还没有英国国王的名字，可参见哈钦森著作第 452 页。

③ 参见《一六五零年法典》第 28 页。（哈特福德，1830 年）

④ 参见哈钦森著作第一卷 435—456 页（455 页）。他在书中分析了马萨诸塞殖民地于 1648 年颁布的刑法典，这部刑法典采用的原则和康涅狄格州的刑法典是一样的。

及《利未记》中抄来的同类性质的条文。

渎神、行妖、通奸[①]和强奸者，都处以死刑。儿子虐待父母，也同样要处以死刑。就这样，一个由野蛮、半开化民族制定的立法，被应用于一个人智已经开化、习俗极为朴素的社会。这使得死刑以前所未有的数量出现于法律之中，并且很多都用在一些微不足道的罪行上。

在拟定这样的刑法时，立法者们经常将关注点放在维持社会道德规范以及良好习俗上，因此他们对良心问题极为重视，这导致惩治的范围非常广泛，几乎没有一件恶行不被囊括其中。就连两个未婚男女之间的私通，也会受到严惩。这种情况下，法官有权从以下三种惩罚中选择一种来惩处罪犯：罚款、鞭笞或强令结婚[②]。倘若纽黑文昔日的法庭记录真实的话，那说明这类判决并不少见。我们可以看看一个判决于1660年5月1日的案件，罪犯是一个年轻的女子，她因为被控出言不逊以及被人吻了一下[③]而兼处罚款和申斥。《一六五零年法典》中载入许多预防性惩罚措施。这部法典针对懒惰和酗酒都规定了严厉的惩罚[④]。小酒馆老板卖酒给客户，不能超过一定的数量；谎言如果有害，当事人就会被处以罚款或鞭笞[⑤]。在其他方面，立法者们完全背离了当初在欧洲所遵循的信教自由

---

① 根据马萨诸塞的法律，通奸也一样要处以死刑。哈钦森（第一卷第 441 页）提到，的确有很多人因为犯此罪行而被处死。对此，哈钦森引述了一件趣闻，这件事发生在 1663 年，一个已婚妇女和一个年轻小伙子恋爱了，当时她已是个寡妇，不久之后就嫁给了这个男人，在一起生活了许多年。后来，人们怀疑他两在没结婚之前就已有了暧昧关系，于是便控告他们，把他们押入监狱，甚至差一点把他们处死。

② 参阅《一六五零年法典》第 48 页。特别情况下，法官也可以同时执行这几种惩罚。例如，1643 年就出现过这样一个判例（见《纽黑文往事》114 页）：玛格丽特·贝德福德因犯有数罪而被起诉，她被判以鞭笞，并且同时判决她与从犯尼古拉斯·杰明斯结为夫妻。

③ 参见《新英格兰回忆录》104 页。此外，在哈钦森的著作中（第一卷第 435 页），还记录有好几个比这个更为不可思议的判例。

④ 见《一六五零年法典》第 50 页与第 57 页。

⑤ 见《一六五零年法典》第 64 页。

的伟大原则，用罚款的方式来强迫人们参加宗教活动[①]，对反对者施以重刑[②]，甚至对那些坚持按照一种与他们不同的仪式去祷告上帝的基督徒处以死刑[③]。

有时，立法者的过度热情还会促使他们去管一些本不该由他们管的事情。例如，在这部法典里，还列有禁止吸烟的条款[④]。需要知道的是，这些或奇怪或专横的法律，并不是某个人强加给居民的，而是由所有当事人自由投票表决的，不仅如此，居民的习俗比规定的法律还要严格且富有清教派色彩。1649年，在波士顿竟然成立有一个以劝阻人们蓄发为目的的庄严协会[⑤]。（E）

存在这样的偏颇，简直是对人类理性的侮辱。它们在证明人类天性的低劣，说明人类天性不能够牢牢掌握真理和正义，通常只是选择了真理和正义的反面。

类似这样的刑法被深深打上了狭隘的宗派精神的烙印，同时也被打上了因受迫害而愈加激烈并仍激荡于人们内心的各种宗教激情的烙印。除了这种刑法以外，还有一组和它有某种联系的关于政治方面的法律。虽然这组法律制定于两百年前，但貌似比我们现代的自由精神还要先进许多。

那些难以被17世纪的大多数欧洲人所理解以及未能在当时的大不列

---

① 见《一六五零年法典》第 44 页。

② 在康涅狄格州，这种现象并不少见。另见马萨诸塞于 1644 年 9 月 13 日公布的关于驱逐浸信会信徒的法律（《历史文献汇编》第一卷第 538 页）；还可见 1656 年制定的反对教友会信徒的法律，其中有这样一句："鉴于正在产生一个名叫教友会的可恶异教派……" 紧随其后，便是一则关于巨额罚款的条款，专门惩治那些向当地运送教友会信徒的船长。他们对偷渡过来的教友会信徒施以鞭笞、投入监狱劳动等惩罚。对反对他们观点的人，一开始是处以罚款，最后便是投监关押和驱逐出境。（见《历史文献汇编》第一卷第 630 页）

③ 马萨诸塞州的刑法规定，一旦发现该殖民地有天主教的神甫，便立即将其处死。

④ 参见《一六五零年法典》96 页。

⑤ 参见《新英格兰回忆录》316 页。

颠获得全胜的原则，已然在新英格兰的法律上得到全部认可，被列入法律条款中，并且这些原则已成为现代宪法的基础。这些原则包括有：人民参与公务，自由投票决定赋税，给行政官员圈定责任，个人自由，陪审团参加审判。这一切，都没有经过讨论便在事实上确定下来。

这些基本原则已被新英格兰采用并加大力度发展，而欧洲任何一个国家到现在还不敢去尝试。

在康涅狄格州，选民团起初就是由全体公民组成的，而且人们很快就意识到这种做法的意义⑥。那个时候，这些早期居民的财产几乎完全平等，他们的知识水平也没有太大差别⑦。

这段时期，康涅狄格州的所有行政官员，包括州总督在内，都是由全体公民选举产生的⑧。

年满16岁的公民，均有义务拿起武器。他们组成本州的国民军，自己委任军官，时刻准备冲锋陷阵⑨。

在康涅狄格州以及所有新英格兰地区的法律中，我们都能够看到这种地方自主的产生和发展，直到今天，这种自主仍是美国自由的原则和生命。

欧洲的大部分国家，政治生活都是从社会的上层开始，然后逐步地而且是不完整地扩及社会的其他部分。

而在美国则恰恰相反，那里的乡镇在县之前成立，县又在州之前成立，州又是在联邦之前成立。

---

⑥　见《一六三八年约法》（《一六五零年法典》）第17页。

⑦　1641年，罗德岛州的州民大会宣布：州政府按民主政体建立，政权的基础是所有自由的人，只有他们有权立法并监督执行。可参见《一六五零年法典》第70（12）页。

⑧　见皮特金著作第47页。

⑨　参见《一六三八年约法》（《一六五零年法典》）第12（70）页。

在新英格兰，乡镇政府于1650年就已完全并最终建立。依照乡镇自主的原则，人们将自发地组织起来，为各自的利益、情感、义务以及权利而不懈奋斗。在乡镇内部，拥有真正的、积极进取的、完全民主和共和的政治生活。各殖民地依旧承认宗主国的无上权力，各州的法律上也依然写有君主政体，但共和政体已然在乡镇中彻底确立起来。

乡镇自行任命自己的行政官员，规定自己的税则，分配并征收自己的税款[①]。新英格兰地区的乡镇未采用代议制的法律。这些乡镇和古雅典一样，只要是涉及全体居民利益的事务，都会在公众场合召开公民大会讨论决定。

认真研究美国共和政体早期的法律，我们会惊讶于立法者的管理才能以及他们提出的先进理论。

不难看出，他们所提出的社会应当对其成员负责的思想，就比当时欧洲的立法者的思想要高尚、完整得多，他们为社会规定的义务，在其余国家仍未得到重视。新英格兰各州在建立之初，就立法保障穷人的生活[②]；采用严格的措施来养护道路，并且指派特定官员来检查措施的执行情况[③]；乡镇还准备了各种公事记录簿，用来记录公民大会审议的结果，登记公民出生、婚姻、死亡的情况[④]；委任文书负责管理这些记录簿[⑤]；指派官员负责管理无人继承的财产，检查被继承的地产的边界；还设置了几个以维持乡镇公共秩序为主要职责的官员[⑥]。

法律里制定有若干细则，以满足社会的大量需要。在这一方面，当

① 见《一六五零年法典》第80页。
② 见《一六五零年法典》第78页。
③ 见《一六五零年法典》第49页。
④ 见哈钦森著作第一卷455页。
⑤ 见《一六五零年法典》第86页。
⑥ 见《一六五零年法典》第40页及以下几页。

今的法国仍会自叹不如。

然而，从本质上说，可以体现美国文明最突出特点的，还是有关国民教育的法律。

有这样一项法令："鉴于人类之敌撒旦以人的无知当作自己最有力的武器，鉴于应不再让我们祖先的智力禀赋受埋没，鉴于儿童教育是本州重点关心事项之一，兹凭借上帝的帮助"[①]，随后列出一些条款，规定在乡镇创办学校，责成当地居民出资办学，对不出资者处以巨额罚款。在人口较多的县份，用同样的方式创办高一级的学校。城市的行政当局应该督促父母送子女上学，并有权对反对者施以罚款；如果继续反对，社会便会承担起家长的责任，强制收容并教育儿童，同时剥夺父亲的天赋的、但被他用于不良目的的权利[②]。读者显然会从这项法令的序言中看到：在美国，正是宗教启发了民智[③]，而遵守神的诫命则能将人导向自由。

大致了解了1650年的美国社会后，我们再来观察欧洲的社会[④]，尤其是欧洲大陆的社会，让人感到惊讶的是：17世纪初的欧洲大陆，君主专制政体竟然在中世纪的寡头政治自由以及封建主义自由的废墟上大获全胜。估计，在文艺繁荣的欧洲大陆，权利的观念从来没有像这段时期一样完全被人忽视，人民从来没有像这段时期一样极少参与政治生活，真正自由的思想也从来没有像这段时期一样不被人重视。然而，正是在这段时期，欧洲人尚未想到或不被他们放在眼里的这些原则，已然在新大

---

① 见《一六五零年法典》第90页。

② 见《一六五零年法典》第83页（或第39页、第91页）。第90页。

③ 想了解宗教对当今美国的影响，可参考斯佩里的《美国的宗教》，剑桥，1945年；霍尔的《美国文化的宗教背景》（波士顿，1930年）；托尼的《宗教和资本主义兴起》（伦敦，1949年），后者对英国的清教做了极为细致的研究。——法文版编者

④ 可参见拉斯基编古奇著《十七世纪的英国民主思想》（剑桥，1927年）。——法文版编者

陆的荒野中传播开来，并且成为一个伟大民族的未来信条。一些人类理性的最为大胆的设想，竟然在一个被人忽视、没有任何一个政治家愿意参与其中的社会里实现了；也正是在这里，人们凭借具有独创精神的想象力想出了一种前所未闻的立法制度。在这个默默无闻的社会里，还未出现过将军，也没有诞生过哲学家和作家，但却有一个人能够在一群自由人面前站起来，在众人的喝彩声中，对自由做出了如下定义：

“我们不能仅仅只满足于我们因独立而应当得到的一切。事实上，有两种自由。有一种是堕落的自由，动物和人都可以拥有它，它的本质就是为所欲为。这种自由是所有权威的敌人，它忍受不了一切规章制度。实行这种自由，我们必须自行堕落。这种自由也是真理和和平的死对头，上帝也认为应该反对它！另一种自由是公民或道德的自由，它的力量来自联合，而政权本身的使命是保护这种自由。只要是公正的、善良的，这种自由就会毫不犹豫地给予支持。这是神圣崇高的自由，我们应该竭尽全力地保护它，如果有必要，甚至可以为它献出自己的生命。”①

我所说的，已经足以体现英裔美国人文明的真正特点。这种文明是两种截然不同的成分相结合的产物（这个来源应该牢记于心），在别的地方，这两种成分总是互相排斥的，而在美国却彼此融合起来，并且融合得非常好。我们所说的这两种不同成分，分别是宗教精神和自由精神。

新英格兰的建设者们不仅是自己教派的热心拥趸，而且是大胆的革新者。虽然他们的某些宗教见解有失偏颇，但是他们却没有任何政

---

① 马瑟的《基督教美洲传教史》第二卷 13 页。（哈特福德，1820 年）这段话出自温斯洛普的演说。他在当州长时，曾被控犯有专横罪，但在发表完这篇演说后，却受到了听众的热烈追捧，因而免于处罚。此后，他一直连任州长。参见马歇尔的《华盛顿生平》第 116 页。

治偏见。

所以，出现了两种各不相同却又互不排斥的趋势。不管是在民情方面，还是在法律方面，都可以看到这两种趋势。

人们出于宗教观念而与自己的朋友、家庭和国家分道扬镳。我们大可以相信，他们为了追求这种精神上的升华，的确付出了极大的代价。然而，我们又可以看到，他们同时又以同样的狂热去追寻物质财富和精神享乐，认为天堂在彼世，而幸福与自由则在此生。

在他们眼里，政治原则、法律以及各种人为设施，似乎都是可以创造的，而且能够根据他们的意志进行改变和组合。

在他们面前，由社会内部产生的并且阻碍社会进步的因素日趋式微，控制世界许多个世纪的旧思想也已不再吃香，一条似乎毫无止境的大道和一片一望无垠的原野展现出来。人类的理性在这片广阔的原野上驰骋，从四面八方向他们涌来，然后在它抵达政治世界的极限时自动停下来、战栗起来，害怕发挥其惊人的威力，甚至开始不相信自己，放弃改革，制止自己去揭开圣殿的帷幕，恭恭敬敬地跪倒在它还未争辩就已接受的真理面前。

所以，在精神世界，一切都是循序渐进，井然有序，事先得知和决定好的；而在政治世界，一切都是时常变化，互有争执，以及不安定的。在精神世界，是消极却又心甘情愿地服从；而在政治世界，则是轻视经验以及鄙视一切权威的独立。

这两个看似互不相容的方面，并没有相互加害，而是共同前进，相互支持。

宗教认为推崇公民自由是在高尚行使人的权利，而政治世界则是上帝为启发人智所开辟的活动园地。宗教在其自身的领域内是自由和强大的，对为它准备的地位也非常满意，并且在意识到只有凭借自己的力量而不是依赖压服人心来进行统治的时候，它的帝国才能建设得更好。

自由则认为宗教是自己的战友和伙伴，是自己襁褓时期的摇篮以及此后各项权利的依据。自由将宗教看作民情的保卫者，而民情则是法律的保障以及使自由持久的保证。(F)

英裔美国人的法律、习惯的某些特点的产生缘由

保留在最完整的民主政体中的某些贵族制度残余——为什么会留下这些残余——应该认真分清楚哪些东西是来自清教派的以及哪些东西是出自英国人的

请读者不要从上面谈到的内容中得出过于一般化或者过于绝对化的结论。早期移民的社会条件、宗教以及民情，明显对他们新国家的命运产生了巨大的影响。

然而，新社会的建立并不是起源于这些因素，因为社会的起源只存在于社会本身。没有一个人能与过去完全脱离关系，不论他们是有心还是无意，都多少会在自己的观念和习惯中掺杂一些来自教育与传统的观念和习惯。

所以，若想了解和评价如今的英裔美国人，就必须仔细分清楚来自清教派的东西以及来自英国人的东西。

在美国，我们时常看到一些法律和习惯与周围的事物不协调的现象。一些法律似乎是依照一种与美国立法宗旨截然相反的精神制定出来的，一些民情又好像与社会的总体情况格格不入。如果这些英国殖民地建立于遥远的古代，如果它们的起源因岁月的流逝而无法考证，那么问题就难以找到答案了。

我只引用一个例子来论述我的观点。

美国的民事与刑事诉讼程序，只规定了两种处置被告人的方法：收监与保释。诉讼一开始，首先要求被告人交纳保证金，如果被告人拒绝交纳，则将其收监关押。之后，再审理被控告的事实或者罪状的轻重。

不难看出，这样的立法只对富人有利，而对穷人毫无益处。

穷人很多时候无法交纳保证金，就算在民事案件中也是这样。假若他因此被迫关押，不得不在监狱中等候公道，那将是一件极为不幸的事情。

相反，富人总是能够在民事案件中逃脱监禁。更有甚者，即使他们犯了罪，也可以轻而易举地逃避应受的惩罚，因为交付了保证金后，他们就可以躲藏起来。由此可见，法律上规定的惩罚，对富人来说仅仅只是罚款而已[①]。还有哪种立法比这种立法更具有贵族立法的特点呢?

但是在美国，立法的恰恰是穷人，而他们在这方面往往考虑的是社会的最大利益。

要想解释这种现象，只能在英国找到答案[②]，因为我上面所说的这些法律原本是英国的法律[③]。虽然这些法律与美国立法的主旨、美国人的基本思想相对立，但美国人还是采用了它们。

在一个民族最难以改变的事物中，仅亚于习惯的，便是民法了。只有那些搞法律的人懂得民法，也就是说，只有那些学习过法律、有充足

---

① 倘若不交付保证金，自然也会受到惩治，但这种情况毕竟很少。

② 布莱克斯通的《英国法释义》（1803年第14版，伦敦）以及德洛姆的《英国宪法》（1818年新版，此书最初用法文写成，1770年于荷兰出版），是本书作者托克维尔在解析英国的政治和司法制度时使用的主要文献。在讲述美国的宪法问题时，托克维尔主要参阅的是斯托里的《美国宪法释义》（1833年版）以及肯特的《美国法释义》。朗贝尔与希劳合著的《美国的比较法始祖：斯托里法官的学说》（巴黎，1947年），是一部研究托里斯生平和思想的重要著作。皮尔逊的著作《托克维尔和博蒙在美国》（纽约，1936年）第718页及以下几页，对托克维尔著作的资料来源进行了详细的叙述。——法文版编者

③ 参见布莱克斯通与德洛姆的著作第一卷第十章。（这里说的是布莱克斯通的《英国法释义》以及德洛姆的《英国宪法》）

的理由解释法律的好坏、能够从维护法律当中直接获利的人，才熟悉民法。除了这些人，民族内的大多数成员都不清楚民法中的奥妙，只能从个别的案例中体会到这些法律的作用，他们很难识别民法的倾向性，只知道一味地去服从。

这仅仅只是一个例子，我还能够举出很多例子。

美国社会所展现的画面（如果我可以这么说的话）覆有一层民主的外罩，穿过这层外罩能够看到贵族制度的痕迹。

第03章　英裔美国人的社会状况

通常来说，社会状况是事实的产物，有时也是法律的产物，而更多时候是这两者结合的产物。然而，一旦社会状况确立，它又可以反过来成为那些规制国民行为的法律、习惯、思想的首要因素，只要不是由它产生的，它都要加以改变。

所以，若想了解一个民族的立法与民情，就应该从研究这个民族的社会状况开始。

英裔美国人的社会状况的突出特点在于其本质是民主的

新英格兰的早期移民——他们之间的平等关系——一些在南方推行的贵族法律——革命时期——继承法的改革——此改革导致的后果——新成立的西部各州将平等实行到极限——知识上的平等

对英裔美国人的社会状况存在几种重要的看法，但有一种在其余几种之上。

美国人的社会状况是极为民主的。各殖民地刚刚建立时就具有这个特点，现在表现得更为明显。

我在上一章说过，定居于新英格兰海岸的移民，相互之间都非常平等，这种关系并没有受贵族制度萌芽的影响。在这里，只有学识可能产生影响。人们尊敬某几个固定的姓氏，认为它们是学识与德行的代表。某些公民凭借自己的声望所获得的权力，如果被后代继承，或许也可以称作是贵族权力。

这是赫德森河以东的情况；而在其西南地区，直至佛罗里达，就不是这样了。

在赫德森河西南地区的大多数州里，居住着从英国来的大地主。他们同时把贵族制度的原则以及英国的继承法带了过来。我之前已提到过美国之所以未能建立贵族政体的部分原因。这些原因一直在赫德森河西南地区发挥着作用，但在该河以东的地区则没有明显的作用。在南部地区，一个人可以利用奴隶耕种大片土地。所以，在这里存在着富有的大地主。然而，他们产生的影响与欧洲贵族地主的影响完全不同，因为他们没有半点特权，奴隶为他们种地并未让他们成为封建性的收租地主，而他们也不对奴隶负保护责任。尽管如此，赫德森河以南地区的大地主仍形成了一个优越的阶级，该阶级有属于自己的观点和风尚，并且该阶级内的人多成了当地政治活动的核心人物。他们虽是贵族，却只与人民群众存在微小差别，所以比较容易想到群众的感情和利益，不致激起人们的爱或憎；但从整体上看，他们仍是一个生命力虚弱的阶级。正是南部的这个阶级组织了起义，出现了一些美国革命的伟大人物。

这段时期，整个社会都在动荡之中：以人民的名义发起的斗争，让人民变成了一股强大的力量并使人民产生了依照自己意志行动的愿望；民主的自发力量踊跃起来；人们极力摆脱宗主国的束缚，努力争取各种形式的独立，以致个人的影响力越来越小；习惯和法律开始朝向同一个目标迈进。

在这里，继承法促使平等跨出了决定性的一步。

令我感到惊讶的是，古代以及现代的法学家们，竟然没能使继承法[1]在人间事物的发展上发挥重大的作用。的确，它属于民法法规，但也是一种重要的政治措施，因为它对国家的社会状况有着非常重大的影响，而政治方面的法律仅仅只是社会状况的表现形式。而且，继承法是以一种确定无疑且始终如一的形式对社会产生影响的，并且还将影响尚未出生的世世代代。凭借继承法，人类可以拥有左右未来的近乎神赐的权力。立法家们一旦把公民的继承法拟定出来，他就可以休息了，因为继承法实施以后，他就无事可做了，也就是说这项法律将像一部机器一样，自动开启，自动导向，朝着事先定好的目标前进。这种根据一定的方式制定的法律，将财产与权力积聚起来，放在某一个人的手中。可以说，贵族是由它产生的。当按照另一种原则制定以及按另一条道路发展时，继承法发挥作用的速度会更快，但这时它的作用是分化、分裂和分割财产和权势。有时候，它的发展快得令人咋舌，当人们觉得无法控制它的时候，都想法给它设置重重障碍。人们想利用各种反措施来抵消它的作用，结果只是徒劳！它不是将前进途中的所有障碍击打得粉身碎骨，就是让它们化成粉末。它快速上升，随即又落到地上，扬起民主的风尘。

当继承法最终判决一个人的财产由他的子女平均分配时，可能产生两种效果。尽管这两种效果的目标是一样的，但也要将它们严格分别开来。

因为继承法的实行，每位财产所有者的死都会引起一场财产上的革

---

① 我所说的继承法，是指以决定逝者财产归属为主要目的的一切法律。限嗣继承法也包括其中。的确，限嗣继承法不但具有限制财产所有者处理其财产的作用，而且也能使财产所有者活着时担有为继承人完整保存财产的义务。然而，该法的主要目的是决定财产所有者在死后财产的归属。其余的规定都是实行方法。

命：不但财产的主人更换了，同时财产的性质也变了。如此，财产被不断地分割，而且越分越小。

以上是实行继承法的直接效果，换句话说是它的有形效果。所以，在法律规定平分死者遗产的国家，私人的财产，尤其是地产，势必会不断缩小。然而，若让这种法律自行发展，那它的立法效果就需要很长一段时间才能显现出来，因为在子女数量未超过两个的家庭（在法国，平均每个家庭的子女数量不超过三个），子女平分了父母的遗产后，财富也不会显得比父母少。

这种平分遗产的继承法不但影响着财产的归属，而且也影响着财产所有者的精神，使他们对这种法律保持热情。这些现象迅速地破坏着大的财产，特别是大的地产。

有些国家，其继承法以长子继承权为基础，地产一直是代代相传，并不进行分割。这样一来，土地几乎决定了家庭的声望。家庭代表土地，土地代表家庭。家庭的姓氏、起源、荣誉、势力以及德行，凭借土地而永垂不朽。土地不仅是印证家庭历史的依据，也是维持家庭发展的有力保障。

而当继承法以均分原则为基础时，家庭的声望与土地之间的密切关系就会遭到破坏。土地不再代表家庭，因为经历了一代或者两代后，土地势必会被分割，而且会越分越小，直至无法再分。倘若大地主的儿子不多，或者因为运气，而有幸拥有不亚于父辈的财富，那也不会和父亲的财产完全一样，因为他们除了继承父亲的财产外，还会有其他财产。

我们可以确信，倘若不让大地主从土地上得到感情、回忆、荣誉以及野心上的巨大好处，他们早晚会把手里的土地卖掉，因为卖掉土地会获得巨大的金钱利益，毕竟相较于其他资本，流动资本能产生更大的收益，而且更易于满足他们当下的欲求。

大地产一旦分割，就永远不可能再重新聚集，因为小地主的土地收益率[①]高于大地主，从而其土地售价也会大大高于大地主。所以，大地主低价出售大块土地后，绝不会为了恢复大地产而以高价买进大片土地。

所谓的家庭声望，往往是建立在个人私欲之上的。可以说，每个人都希望自己能流芳百世，永远受后人敬仰。只要是在家庭声望失效的地方，个人私欲就会取而代之。当家庭不再依赖声望发展，而是变成一种模糊不确定的存在时，每个人都只会追求眼前的安乐，只想着搞好自己这一代，而不再考虑其他了。

因此，人们都不再想方设法使家庭永垂不朽，至少不会想着通过地产来使家庭流芳百世了。

如此一来，继承法不但增加了家庭保全财产的难度，而且也消除了家庭要这么做的想法，甚至可以说它在强迫家庭与它合作来毁灭自己。

平分遗产的继承法，通过两种方式来实行：一种是由物及于人，另一种是由人及于物。

通过这两种方法，终于实现了彻底改造土地所有制度，削弱家庭以及财产势力的目的[②]。

毋庸置疑，法国还没有到这个地步。虽然19世纪的法国人每天都能看到继承法所带来的政治和社会变化，但是他们仍怀疑该法的效力。如今，我们天天都在自行推倒自家的院墙，拆掉自己田园的栅栏，目睹这

---

① 我并不是说小自耕农最好，但他们确实更热衷于精耕细作，并会用他们的勤劳来弥补技术上的不足。

② 由于土地是最可靠的财产，所以有时也会出现一些为了购买土地而付出巨大代价，为了保住土地而主动放弃一部分重要收入的富人。但这种现象并不多见。通常来说，穷人最青睐不动产。小地主在学识、理想、奢望方面不如大地主，一般没有增加地产的意识，一心满足于继承祖业、结婚生子、做点小买卖，小富就可以了。除了存在让人分割土地的倾向外，还存在一种让人集中土地的倾向。这种防止地产被无限分割的倾向，既没有强大到能够形成大地产的地步，又不致使所有土地被几个家庭控制。

项法律在我国的实行情况。尽管继承法已经在我国产生了很大的影响，但仍然有很多工作等着它去完成。我们的记忆、观点以及习惯为该法的实施设置了重重障碍。

而在美国，继承法已经快要完成它的破坏任务。所以在这里，我们能够研究它的主要后果。

至独立战争时期，美国各州几乎都已经废除英国的继承制度。

限嗣继承法也已默认财产的自由流通。（G）

第一代人死去后，土地开始被分割。随着时间的推进，土地分割的速度也愈来愈快。如今，只过了六十多年，社会的面貌便已全部改观，几乎所有的大地主家族都进入了大众的行列。在原来大地主户数最多的纽约州，现在只剩下两户还在做垂死挣扎。这些富裕公民的后代，现在都是商人、律师或医生了。他们大多数都已默默无闻。世袭等级以及世袭特权的最后痕迹已然消失。继承法在四处发挥着它的平均化作用。

这并不是说，美国的富人比别的地方少。据我所知，美国人比任何一个国家的人都更爱钱如命，比任何一个国家的人都更蔑视财产永远平等的理论。但是在美国，财富却以令人惊讶的速度在飞快周转，而且经验证明，很少会出现上下两代都是富人的家庭。

我所做的这幅图画着色不多，还不能完全展现出西部以及西南部新建诸州的往昔景象。在上个世纪末，一些勇敢的冒险家开始涌向密西西比河流域。这相当于再一次发现美洲。没过多久，大批移民来到这里，荒野中突然出现了一些从未听说过的乡镇。一些连名字都还没取的州，建立后不久就申请加入美国联邦。在西部，民主已达到了它的极限。在这些应运而生的州里，居民不过是昨天才刚刚踏上这片土地。大家都是刚刚认识，每个人都不清楚邻居的家史。所以，这里既没有受到大家族和大财主的影响，也没有受到因为学识、德行而被人称为贵族的人的影响。在这里，没有任何人因为在众人面前做了一辈子好事，而被赐予受人尊敬的权力。虽然西部新建的诸州已有了居民，但是尚未形成社会。

在美国，人与人之间不仅在财富上平等，甚至他们自身的学识，也在一定程度上是平等的。

我认为，世界上再也没有一个与美国人口相当的国家像美国这样，没知识的人这么少，而有学识的人又不多。

在美国，每个人都可以受到初等教育，而高等教育却少有人问津。

这种现象并不难理解，可以说这是上述一切的必然结果。

几乎所有的美国家庭都达到了小康水平，所以美国人能比较轻易地获得人类的基本知识。

在美国，富人并不多，所以绝大多数美国人都要求有一份职业。但任何一项职业，都需要经历一段学徒时期。所以，美国人只能在早年专心于普通教育，而到十五岁的时候就需进入某行业，因而他们的学校教育，结束于法国人开始接受学校教育之时。倘若他们往后又到学校深造，那也是出于特殊的或挣钱的目的。他们研究科学，就像学习一门手艺。他们只看重能立竿见影的应用。

在美国，大多数富人都是从穷人发展起来的；现在大多数清闲人士，年轻时都是大忙人。所以会造成这样一种现象：当他们有兴致学习时，却没有时间专心读书；而当他们有时间专心读书时，却又没了学习的兴致。

因此，美国并没有以脑力劳动为荣的阶级，求知的爱好也不会随世袭的财富而代代相传。

由此可见，美国人不但没有专心从事脑力劳动的意志，而且也没有专心从事脑力劳动的毅力。

在美国，人们的知识处于中等水平。众人都接近这个水平：有些人比中等稍高一点，有些人比中等稍低一点。

因此，在宗教、历史、科学、政治经济学、立法以及行政管理方面，大家的知识都大致相当。

智力的不相等是由上帝直接决定的，人们根本无法防止这种不相等的出现。

然而，我刚才所提到的一切，并不妨碍我做出以下结论：尽管人的智力不相等，而且这是由上帝决定的，但他发展的条件是相等的。

可见，一向在美国都比较薄弱的贵族势力，即使在今天仍未被完全摧毁，但已然一筹莫展，以致其难以影响事态的进程。

与之相反，时间、事件和法律不仅使民主因素发展成为占有主导地位的因素，同时也变成独一无二的因素。如今在美国，不管是家庭还是团体，都没有半点影响可言，就连稍微持久一点的个人影响也不多见了。

所以，美国的社会状况显现出一种非凡的景象。在财产和学识方面，这里的人比在世界上任何地方，比在历史上有记载的任何时代都更接近平等，换言之，在力量上更接近平等。

英裔美国人社会状况的政治后果

推断这种社会状况的政治后果并不难。

不要以为平等进入政界或者其他领域以后就不再发挥作用。不要以为人们会长久安于在其他方面都已平等而只有一个方面不平等的局面，他们迟早会争取到所有方面的平等。

然而，我只清楚两种在政界建立平等的办法：一种是赋予每一个公民以权力，一种是让每一个公民都没有权力。

所以，对于社会状况已达到英裔美国人这种地步的民族来说，很难在人人有权与个人专权之间找到一个较为折中的办法。

毫不讳言，我们所描述的社会情况既容易产生前者，又容易产生后者。

实际上，有一种要求平等的强烈愿望，在促使人们认可大家都强大并且都受到尊重这一事实。这种愿望当然也包括小人物能与大人物平起平坐，但人心对平等也有种变态的爱好：弱者想方设法将强者拉低到自己的水平，人们宁肯在束缚中保持平等，也不愿意在自由中不平等。这并不是说社会状况民主的民族生来蔑视自由；刚好相反，他们对自由有种与生俱来的兴趣。然而，自由并不是他们所期望的主要和固定目的，平等才是他们永远青睐的对象。他们以飞快的速度以及前所未有的干劲冲向平等，倘若没有实现目的，就心灰意冷。除了平等以外，任何事物都满足不了他们，他们宁肯死也不愿意失去平等。

但从另一方面来看，当全民平等后，他们就很难再团结起来反对当局侵犯他们的独立。他们中没有一个人强大到可以独自取得斗争的胜利，只有将他们所有人的力量联合起来才能保住他们的平等。然而，这种情况并不是经常出现的。

所以，不同的民族可能从相同的社会状况得出两种截然不同，但又出自同源的政治后果。

在这种两者必选其一的可怕抉择面前，英裔美国人是第一个摆脱专制统治的民族。他们的环境、来源、智慧，特别是他们的民情，促使他们建立并维护了人民主权。

第04章　美国的主权在民原则

主权在民原则主导整个美国社会——在革命之前美国人就已实施主权在民原则——这次革命促进了主权在民原则的发展——选举资格在逐步并不可遏止地降低

若想探讨美国的政治制度，应从人民主权学说开始。

人民主权原则，通常存在于人类社会制度的深处，隐而不显。人们服从它，但是又不肯承认；即使有时候它偶尔闪现，人们也会尽快将其掩盖起来。

民族意志，是任何时代的阴谋家和暴君最常盗用的口号。人们在某些当权人物的贿选活动中听到过，也在少数人因为私利或恐惧而为他人拉选票的活动中听到过。此外，有一部分人将人民的沉默当作对这一口号的正式承认，认为服从就是默认他们发号施令的权力。

和其他国家不同，人民主权原则在美国绝不会隐而不显或毫无成效，而是被民情所认可，被法律所公布的；它能够自由传播，顺利地达到最终目的。

在世界上的所有国家中，只有美国允许人们随意而公正地评论人民主权原则，研究人民主权原则在社会事物多方面的运用，并且指出它的好处和弊端。

我在前文中已经提到过，人民主权原则起初就是美洲大部分英国殖民地的基本原则。

但当时该原则对社会制度所产生的影响，远没有如今这么强大。

存在两个障碍，一个是外来的，一个则是内在的，延缓了它的发展速度。

人民主权原则之所以不能在法律中出现，是因为当时殖民地不得不服从于宗主国。所以，它只能在各地区的人民大会中，特别是在乡镇政府中，秘而不露地发挥作用。它在这些地区悄悄地发展起来。

那时的美国社会，还未准备好接受人民主权原则的全部成果。正如我在上一章提到的，新英格兰的文化水平，赫德森河以南的富庶条件，曾长期受到一种贵族的影响，致使管理社会的权力当局被少部分人操控。并不是所有的公职人员都是选举出来的，而所有的公民也并不全是选民。选举权受到一定程度的限制，选民必须具备选举资格。这种选举资格的要求，在北部很低，但在南部又过高。

美国的革命爆发了。人民主权原则从乡镇走出来并占据了各州政府，所有阶级都卷入了运动，人们在人民主权原则的名义下发起战斗并最终获得胜利，于是人民主权原则变成了法律中的法律。

与此同时，社会内部也发生了翻天覆地的变化。继承法的实行粉碎了地方势力。

当人们开始意识到法律和革命的意义时，民主已然取得彻底的胜利。实际上，权力已握在人民手里，民主的地位坚不可摧。所以，上层阶级不敢胡说乱动，只得坐以待毙，忍受此后不可避免的苦难。因为各成员都怀揣私心，上层阶级势必会丧失权势。既然不可能再从人民手中夺回权力，而且不得不容忍那些敢于冒犯自己的人，上层阶级只好不顾一切地讨好人民。所以，一些最民主的法律，正是由被这些法律严重打击的上层阶级投票确定的。如此一来，上层阶级并没有引起群情激愤，而是主动促进了新秩序的发展。事物的发展就是这么奇妙！民主进展最快速的州，竟是曾经贵族势力最强大的州。

马里兰州原本是由一些大地主建立的，但它却第一个宣布普选[①]，第一个在政府机构采用民主的管理方法。

当一个国家开始规定选举资格时，就能够预见这些规定终有一天会全部取消，这只是一个时间早晚的问题。这是支配社会发展的永恒规律。选举权的范围愈大，人们就愈想将其进一步扩大，因为在每获得一次新的进步时，民主的力量便会随之增加，而对民主的要求也会随其力量的增加而增强。没有选举资格的人努力争取选举资格，其劲头和有选举权的人的多少成正比。最后，例外会变成常规，在接连的让步下，终究会实现普选。

如今在美国，人民主权原则已然取得相当大的实际进展。它并没有像在其他国家那样被虚捧架空，它根据具体情况以各种不同的形式在美国发挥作用。有时候，像在雅典一样，由全体人民拟定法律；有时候，又由普选出来的议员代表全体人民并在人民的直接监督下工作。

有些国家，他的政权是由外部加诸社会的，社会不但要依照它的指示行动，而且要被迫依照一定的轨迹前进。

还有一些国家将权力分开，有时候让社会拥有权力，有时候又不让社会拥有权力。而在美国，绝不会出现这种情况，因为美国社会是由自己管理，并且为自己而管理。一切权力都归社会所有，几乎没有一个

---

① 马里兰州 1801 年的宪法以及 1809 年的宪法，对普选做过修改。（可参阅 1776 年宪法第十四条）

人敢产生四处去寻找权力的念头，更别说提出这种想法了。人民以推选立法人员的方法参与立法工作，用挑选行政人员的办法参与执法工作。可以说人民是自己在治理自己，而政府所拥有的权力则微不足道，并且非常薄弱，更何况政府还要受人民的监督，服从人民的权威。人民对美国政界的统治，就好像上帝对宇宙的统治。人民是万事万物的起因和结果，凡是取之于民，也用之于民。（H）

第05章　在叙述联邦政府之前须研究各州的过去

这章将分析美国依照人民主权原则建立的政府形式、行动手段、障碍、好处以及危险。

最先遭遇的困难，是美国宪法非常复杂。美国有两个相互结合又彼此嵌入的不同社会。美国有两个完全分开并且几乎各自独立的政府：其一是通常的普通政府，负责处理社会的日常事务；其二是特殊的专门政府，只管理一些全国性的重大问题。简单概括地说，美国内部还包括二十四个小主权国，由它们组成联邦的大整体。

如果跳过研究各州这一环节直接考察联邦，那在这个过程中势必会遇到重重障碍。美国联邦政府的形式是最后才出现的，它只不过是共和国的变体，是一种对在它之前通行社会并且不依赖它存在的一些政治原则的总结。而且就像我刚才所说的，联邦政府是特别的政府，各州政府则是一般的政府。如果作者在未展示这幅图画的细节之前就想要大家了解它的全景，那肯定会遇到困难。

毋庸置疑，现在这些统治美国社会的伟大政治原则，首先是在各州产生和发展起来的。所以，为了握住解决所有问题的钥匙，就必须先了解各州的历史。

从制度的外在形式来看，如今组成联邦的各州，都有着相同的外貌。说得形象一点，各州的政治或行政生活，就相当于是指挥人体活动的神经中枢的三个中心。

这三个中心依次是乡镇（Township）、县（County）和州（State）。

美国的乡镇组织

作者为什么要将乡镇作为考察政治制度的起点——所有国家都存在乡镇——实现和维持乡镇自由所遇到的困难——实现和维持乡镇自由的重要性——作者为什么要将新英格兰的乡镇组织作为考察的主要对象

我首先从乡镇开始考察，并不是毫无依据的。

乡镇是自然界中唯一一个只要有人聚集就能自行组织起来的联合体。所以，所有国家，不论其惯例和法律是怎样的，都会存在乡镇组织。君主政体和共和政体是由人创立的，而乡镇则好像是由上帝直接创造的。虽然从有人以来就存在有乡镇，但乡镇的自由却较为罕见，而且就算存在，力量也非常薄弱。一个国家可以经常组织大的政治集会，这是因为它拥有一定数量的人民，他们的文化水平已发达到能够处理一定程度上的公务；而乡镇则多是由大老粗组成的，他们一般都不理解立法工作的意义。实现乡镇独立的难度不但没有降低，反而随着民族的开化、人民文化水平的提高而增强。一个文明程度很高的社会，顶多只能容忍乡镇自由的实验；它厌烦乡镇那套离经叛道的做法，还没等实验做完，就断定没有成功的希望。

乡镇自由是各种自由中最难实现的，也是最容易遭受国家政权侵犯的。全凭自身维持的乡镇组织，绝对不可能与庞大的中央政府抗衡。为了进行有效的防御，乡镇组织必须要不遗余力地发展壮大自己，让全国人民的观念与习惯接受乡镇自由。由此看来，只要乡镇自由还没有成为民情，它就极易被摧毁；但只要它被载入法律之中，就能成为民情的一部分。

所以，也可以说乡镇自由并不是来自人力。换言之，它是自己生成的，人力难以创造它。它是悄悄地在半野蛮的社会中自行发展起来的。是法律、民情、环境，特别是时间的不断作用，使其日益巩固起来的。在欧洲大陆的所有国家中，没有一个国家知道乡镇自由。

但是，乡镇却是自由人民的力量所在。乡镇组织之于自由，就像小学之于授课。乡镇组织将自由呈现给人民，教导人民享用自由和学会用自由为他们服务。一个国家，在没有乡镇组织的条件下，虽然可以创立一个自由的政府，但它不会有自由的精神。一时的激情、暂时的利益或者偶然的机会可以塑造出独立的形象，但潜伏于社会机体内部的专制早晚会再次浮出表面。

为了让读者清楚了解美国乡镇、县等政治机构赖以建立的基本原则，我认为最好的方法是先以一个州为例，细致考察其历史，然后再概览其他的州。

这里，我选择新英格兰的一个州为例。

联邦各州，乡镇与县并非根据同一方式建立的。但也明显能看出，在整个联邦，乡镇与县的建制，几乎完全基于同样的原则。

然而我认为，在新英格兰，这些原则比在其余地方推行得更广，成效也更大。因此，可以说这些原则在新英格兰表现得最为突出，而且也最易于进行考察分析。

新英格兰的乡镇组织是个完整且有秩序的整体，建立得也最早。因为获得民情的支持，它变得更强大有力。它在全社会产生了非常巨大的影响。

因为这些，它引起了我们的注意。

乡镇组织的规模

新英格兰乡镇的规模介于法国的区与乡之间，人口大概有两三千人①。所以，乡镇的面积并没有大到无法使全体居民实现共同利益的地步；另外一方面，它的人口数量也适合居民从乡亲中挑选出优秀的行政管理人员。

新英格兰地区的乡镇政权

和其余地方一样，人民是乡镇权力的来源，乡镇自行处理主要事务——并没有乡镇议会——行政委员（selectmen）掌握着乡镇的大权——行政委员是怎样工作的——乡镇居民大会（Town meeting）——列举乡镇官员的名称——义务官职与有酬官职

和在其他行政区一样，乡镇公权源自人民，但其他行政区在行使权力时都没有这里直接。在美国，人民是各级政府竭力讨好的对象。

在新英格兰，公民是通过选举代表来参与州的公共事务的。这已算是万全之策，因为公民无法全部直接参与。但是在乡镇一级，因为立法和行政工作均是就近在被治者面前完成的，所以没有实行代议制。故没有乡镇议会。在委任行政官员之后，选举团就会对他们进行全方位的领导，其工作流程之简便，远远不是非洲的法律执行所能比的②。

---

① 1830年，马萨诸塞州共计有305个乡镇，610014位居民。所以，每个乡镇的平均人口大概是2000人。

② 一些规模比较大的乡镇不采用这种方法。这些乡镇中，通常设有一名乡镇长和一个由两个科组成的乡镇公所，但这是一种例外，必须通过法律批准。可参阅1822年2月22（23）日关于调整波士顿市政权的法令，载于《马萨诸塞法令汇编》第二卷588页。（波士顿，1823年）。这项法令是在大城市使用的。一些小城市通常也设立自己的行政管理机关。1832年，纽约州有104个乡镇设立有这样的行政管理机关。参见《威廉氏纽约1832年大事记》。（纽约，1832年）

这种制度不但与我们的想法不一样，而且也与我们的习惯相违背，所以必须提供一些例证，以使人们能够完全理解。

我们马上就要提到，乡镇的公务活动是非常繁杂并且分得很细的。但是，绝大多数行政权都掌握在几个行政委员手里，这些行政委员都是每年一选的①。

州的法律给行政委员规定了相关职责②。他们执行这些职责可以不必通过本乡镇人民的认可。但如果玩忽职守，也只能由他们自己负责。比如，州的法律规定他们报送当地乡镇的选民名单。假如他们不报，就犯有渎职罪。然而，对于交给乡镇政权处理的所有事务，行政委员是人民意志的执行者，就好比法国的市镇长是市镇议会决议的执行者一样。一般来说，他们处理公务都是自行负责，只是在工作中须按某些原则办事，这些原则是由本乡镇居民早前通过的。但是，倘若他们想对既定的事项做任何改动，或者想拟办一项新的事业，那就必须请示他们权力的给予者。譬如说，他们打算创立一所学校。这几位行政委员就要约定一个日子，在预先指定的场所组织全体选民开会。会议上，他们提出自己的想法，并向大家说清楚实现这种想法的方法，共需要多少款项，建立在哪个地方。大家就这所有问题进行讨论后，便制定出原则，选好拟建地点，表决筹集经费的办法，最后责成行政委员执行大会的决议。

只有行政委员有权力组织乡镇居民大会，当然，其他人也可以要求

---

① 行政委员，在最小的乡镇是选三个，在最大的乡镇则选九个。参见《乡镇官员》第186页【作者托克维尔引用的是古德温：《乡镇官员或马萨诸塞法令》（伍斯特，1829年）】；还可参阅马萨诸塞州关于行政委员的主要法令：1786年2月20日法令，第一卷219页；1796年2月24日法令，第一卷448页；1801年3月7日法令，第二卷45页；1795年6月16日法令，第一卷475页；1808年3月12日法令，第二卷186页；1787年2月28日法令，第一卷302页；1797年6月22日，第一卷539页。

② 为了科学地分析当今新英格兰的大城市的行政，可参阅奥格与雷的合著《美国政府概论》（纽约，1942年）第972页及以下几页。——法文版编者

他们召开。假如有十个选民想提出一项新的计划并要求乡镇予以支持，他们就可以要求行政委员组织乡镇居民大会。在这种情况下，行政委员必须答应他们的请求，并且主持会议[①]。

这种政治风范与社会习惯，明显比法国好得多。在这里，我不想评论它们，也不想分析它们产生和发展的内在缘由。我仅仅只是客观地把它们叙述出来而已。

行政委员在每年的4月或者5月改选。与此同时，乡镇居民大会还会选出一些担任乡镇重要行政职务的官员[②]。其中包括：若干名财产估价员，负责对居民的财产估价；若干名收税员，负责按估价的财产收税；一位治安员，负责街道巡逻、维护治安和执行法律；一位乡镇文书，负责记录会议的审议事项以及管理户籍；一位司库，负责管理乡镇的财务。除了以上这些官员外，还包括有：一位济贫工作视察员，这个职位任务艰巨，负责济贫法的执行；若干名校董，负责管理国民教育；若干名道路管理员，负责管理所有大小道路。以上就是乡镇管理方面主要官员的名单。然而，职务的划分还不仅仅止于此。在乡镇所设的官员[③]中，还有几个负责管理宗教事务费的教区管理员，以及各种工作的视察员：有些组织公民救火，有些负责组织人力护秋保收，有些协助公民解决修建庭院时可能遭遇的难题，有些负责测量森林，有些则负责检查度量衡器具。

一个乡镇一共有十九名主要官员。每位居民都必须承担这些不同的职务，违者将处以罚款。然而，这些职务大多数都是有酬的，目的是使贫穷的公民在付出时间的同时不受损失。还有一点要指出，美国制度中

---

① 参见《马萨诸塞法令汇编》第一卷150页；1786年3月25日法令。
② 同上。
③ 意思是指乡镇常设的官员。想了解这些官员的职务细节，可参阅古德温的《乡镇官员》以及三卷本的《马萨诸塞法令汇编》，波士顿，1823年。

没有给官员规定固定的薪资。通常来说，每项公务的任命单上都写有单位工作量的报酬，按官员完成的工作量的多少来计算酬金。

乡镇生活

个人都是自身利益的最好裁判者——实行人民主权原则的必然结果——这个学说在美国乡镇的运用——新英格兰的乡镇只有在与自身利益相关的事务上享有主权，在其他事务上则服从于州——乡镇对州的义务——在法国，官员是政府借调给村镇的，而在美国，官员是乡镇借给政府的

我在前文中提到过，人民主权原则在英裔美国人的整个政治制度中占据着支配地位。在本书的每一页，读者都能看到这个理论某些新的运用。

在实行人民主权原则的国家，每一个人都具有同等的权力，平等地参与国家的管理。

所以，每一个人的文化水平、道德修养以及能力，也被认为是与其他同胞相等的。

那么，他们为什么要服从于社会呢？这种服从的自然界限又为何物？

个人之所以服从社会，并不是由于他比管理社会的那些人低劣，也不是因为他自我管理的能力比别人差。而是因为他清楚与同胞联合对自己有利，并且深知若没有一种发挥制约作用的权力，就不可能实现这种联合。

所以，在与公民义务相关的所有事务上，他必须服从；而在只与他自身有关的事务上，他则是自主的。也就是说，他是自由的，他的行为

只对上帝负责。所以出现了这样的名言：个人是自身利益最好的和唯一的裁判者。除非社会感到自己被个人的行为所侵害或者必须需要个人的协助，否则社会没有权力干涉个人的行为。

在美国，这个学说被普遍承认。我打算今后再考察它对日常生活行为所产生的影响，现在则只探讨它对乡镇产生的影响。

从与中央政府的关系来看，整个乡镇和其他行政区一样，也像是由个人来行使自己的权利。我上面所说的原理，同样适用于乡镇和其他行政区。

所以，人民主权学说是美国乡镇自由的来源。美国各州都或多或少认可乡镇的这种独立。而新英格兰各州的环境，则非常有利于这一学说的发展。

在这里，政治生活始于乡镇。我们甚至可以直言，每个乡镇最开始都是一个独立国。即便后来几位英国国王相继要求行使他们的主权，也仅限于州一级的权力。他们让乡镇维持了原状。如今，新英格兰的乡镇是从属的，但它们最初并不是这样的。它们并未从别处取得权力；恰恰相反，它们似乎还将自己的一部分独立让给了州。读者一定要记住，这是一个重大的区别。

乡镇通常只在我称之为公益的利益上，也就是在各乡镇共享的利益上服从于州。

乡镇在只与其自身利益有关的事务上依旧是独立的，而且我认为没有一个新英格兰的居民会承认州有权干预纯属于乡镇的利益。

所以，在新英格兰各乡镇，买卖东西，打官司，或者增减预算，州当局从来都不予干涉，而且也不曾有过这个念头[①]。

乡镇必须尽到全州性的公共义务。例如，州需要资金，乡镇就没有同意或者拒绝的自由[②]；州打算修建一条道路，乡镇不能不让这条道路从自己境内通过；州拟定一项公安条例，乡镇必须去执行；州打算在全州范围内施行统一的教育制度，乡镇就必须建立法律规定的学校[③]。今后叙述美国的行政组织时，我们将会谈到在上述情况下是怎样使乡镇服从的。在这里，我只是说明乡镇有这种义务存在。这种义务是必须尽到的，州政府在规定这种义务时只是给出一个原则；乡镇在执行时，通常又会恢复其个体独立权。例如，赋税是由州议会表决的，但是计征税款则是由乡镇执行的；创办学校是上级的指令，但花钱办学和管理学校的事则是由乡镇来做。

在法国，是国家的税务人员下村镇收税；而美国则相反，是乡镇的税务人员去收州的税。

换言之，在法国，是中央政府把自己的官员借调给村镇；而在美国，则恰恰相反，是乡镇将自己的官员借给州政府。仅这个事实，就足以体现这两个国家的巨大差别了。

新英格兰地区的乡镇精神

居民为何爱慕新英格兰的乡镇——欧洲难以产生乡镇精神——乡镇的权利与义务有益于在美国形成乡镇精神——家乡在美国比在其他国家更具特点——乡镇精神在新英格兰是如何体现的——乡镇精神产生的积

---

① 参见《马萨诸塞法令汇编》第一卷 250 页；1786 年 3 月 23 日法令。
② 参见《马萨诸塞法令汇编》第一卷 217 页；1786 年 2 月 20 日法令。
③ 参见《马萨诸塞法令汇编》第一卷 367 页；1789 年 6 月 25 日法令；第三卷 176 页；1827 年 3 月 8(10)日法令。

极影响

在美国，乡镇不但有属于自己的制度，而且还有支持和鼓励这种制度的乡镇精神。

新英格兰地区的乡镇有个无处不在且激励人们进取的优点，就是独立和有权。的确，乡镇的活动有其既定的范围，但在这个范围里，乡镇的活动是自由的。当人口和面积还无法使乡镇独立时，这种活动自由的独立性，就已使乡镇占有非常重要的地位。

应该承认，人们通常都喜欢趋炎附势；而且可以看到，爱国心在一个被征服的国家里是不会持久的。新英格兰居民之所以爱慕乡镇，并不是因为他们在那里出生，而是因为他们觉得乡镇是一个自由强大的组织。他们是乡镇的一分子，而乡镇也值得他们去细心管理。

而在欧洲，统治者本人往往就缺乏乡镇精神，因为他们中大部分人都只认为乡镇精神是维持公共秩序的重要因素，但并不知道怎样去培养它。他们担忧乡镇强大独立后，会夺取中央的权力，让国家陷入一种无政府状态。然而，若不让乡镇强大独立起来，统治者只能从那里得到顺民，而不是公民。

还有很重要的一点：新英格兰地区的乡镇组织得非常好，既能吸引各类居民，又不致勾起他们的贪欲。

县的官员不是通过选举产生的，但他们的权力却有限。就连州也只拥有次要的权限，可以说，州的存在与否是无关紧要的。所以，极少有人愿意离开自己的事业中心，打乱自己的生活步调，去州里任职。

尽管联邦政府授予其管理人员权力与荣誉，但是因此发迹的人并不多。总统是最高职位，该职位必须在达到一定的年龄后才能取得。联邦政府的其他高级官员，也都是暂时性的，而且这些高级官员在任职之前，一般都已在其他活动方面有所成就。他们在事业上有雄心壮志，不会将终生做官当成人生目的。作为日常生活关系的中心，乡镇才是人们求名获利、掌权求荣的好地方。这种时常让社会困扰的感情在家庭内部产生时，其性质就会发生改变。

所以，在美国乡镇，人们尝试用巧妙的方法来击碎（假如我可以这么说的话）权力，让尽可能多的人来参与公共事务。选民需要经常开会审议乡镇的管理措施，其他官职则独立于选民之外，代表权力很大的乡镇自治体，并以自治体的名义在自己的职权范围内行动！所以，无须乡镇政权操心，广大人民群众就能做好工作，并且主动关心乡镇政权！

美国制度将乡镇政权同时分配给这么多公民，并不忌讳扩大乡镇的职权。我们可以这么理解，在美国，爱国心是一种通过实践形成的依恋家乡的情感。

这样一来，人们无时无刻不觉得乡镇生活和自己息息相关，自己履行的每一项义务或行使的每一项权利都是在实现乡镇生活。这种乡镇生活，使社会沿着一种勇往直前而又不会打乱社会秩序的轨迹稳步发展。

美国人眷恋乡镇，类似于山区居民热爱山水。他们觉得故乡与众不同，有一种在其他地方看不到的特色。

通常来说，新英格兰的乡镇生活是幸福自在的。乡镇的管理模式是依照居民的喜好来选择的。在生活安定、物资丰富的美国，乡镇很少出现骚乱，地方的事务也易于管理。另外，人们接受了长期的政治教育，这可以追溯到他们刚来这儿的时候。在新英格兰，从未有过等级的区分。所以，乡镇中不存在一些人压迫另一些人的现象，就算是针对个人的惩罚，也会在征得全体居民一致同意后撤销。倘若乡镇的管理有所欠缺（指出欠缺之处并不难），人们也不会耿耿于怀，因为实际上，管理的依据来自被管理的人，不管管理好坏与否，他们都得满意，以表现他们作为主人的自豪感。没有任何东西能够与这种自豪感相媲美。虽然英国曾经统治着所有殖民地，但一直以来，殖民地的人民都是自己管理乡镇的事务。由此可见，乡镇的人民主权由来已久，从一开始就已存在。

新英格兰的居民之所以眷恋他们的乡镇，是因为乡镇的强大和独立；他们之所以关心自己的乡镇，是因为他们亲自参与乡镇的管理；他们之所以热爱自己的乡镇，是因为他们珍惜自己的命运。他们将自己的抱负和未来都投注在乡镇上，将自己与乡镇发生的每一件事情紧密联系起来。他们在能力允许的范围内，尝试管理社会，让自己融入能实现自由的组织形式，没有这种组织形式，自由只能靠革命来实现。他们感受到这种组织形式的好处，便会产生遵守秩序的意识，体会到权力和谐的优点，最终会对义务的性质以及权利范围形成明确且符合实际的概念。

新英格兰地区的县[①]

新英格兰地区的县和法国的县相似——县的建制完全是出于行政考虑——不存在代议制——由非选举的官员管理

美国的县和法国的县有很多相似的地方。不管是美国的县，还是法国的县，都是随意划定的。县尽管是个整体，但是包含其中的各个部分之间既没有必然的联系，也没有共同的情感、传统和生活。县的建制完成是出于行政的考虑。

乡镇的面积较小，不能建立一整套司法体系。所以，县就成了司法

① 拿美国县的现有职能与作者托克维尔笔下所描述的美国县相比，将是非常有帮助的。可参阅奥格与雷合著的《美国政府概论》第875页及以下几页。——法文版编者

体系的第一中心。每个县都有一个法院[①]、一位司法官以及一座关押犯人的牢房。

有一些设施是县下所有乡镇几乎都需要的，因此设立县级机关来统一管理各乡镇的同类事务也是合理的。在马萨诸塞州，这个机关的大权由为数不多的几个官员来掌握，他们是州长依照州长咨议会[②]的提议任命的[③]。

县的行政官员只拥有有限的、非正规的权力，而且这种权力只可以在很少的几个预定事项中行使。日常事务通常都是由州和乡镇来处理。县级行政官员只编制本县的预算，然后由立法机关审核通过[④]。县里未设立直接或间接代表本县的议会。

所以，严格地说，县里并不存在政治生活。

美国大多数州的宪法，都具有双重性：一方面让立法者集中立法权，另一方面又让立法者分散行政权。新英格兰地区的乡镇，本身具有不可破坏的生活原则，同时又需要将乡镇的生活虚置于县的活动之中。因此，没有人感觉到乡镇在县里发生作用。在州里，只有一个机构可以代表所有乡镇，那就是州政府，它是全州的权力中心。可以说，除了乡镇活动和全州活动外，只有个人活动了。

新英格兰地区的行政[⑤]

在美国感觉不到行政——感觉不到的原因——欧洲人认为自由要靠

① 可参见《马萨诸塞法令汇编》第一卷551页；1821年2月14日法令。

② 州长咨议会是选举产生的。

③ 可参阅《马萨诸塞法令汇编》第二卷494页；1819年2月20日法令。

④ 可参见《马萨诸塞法令汇编》第一卷61页；1791年11月2日法令。

⑤ 关于新英格兰地区的行政，可参见奥格与雷合著的《美国政府概论》中“地方政府和行政”部分，也就是第875页及以下几页。——法文版编者

剥夺某些人在公权方面的权利来建立，而美国人则认为自由要依靠分散某些人的权利来建立——几乎所有的行政工作都划归乡镇，分别由各乡镇官员掌管——不管是在乡镇还是在其上级，都看不到行政等级森严的痕迹——为什么会这样——州又是如何成为行政单位的——谁授权使乡镇与县的行政服从于法律——司法权进入行政部门——选举原则扩大到一切官职的后果——新英格兰地区的治安法官——由谁来任命——县级的管理——乡镇行政的监督——地方法院——地方法院的办案方式——谁将案件提交法院审理——和其他行政职务一样，侦讯权和起诉权都被多人分掌——用分得罚款的方法鼓励检举

最令欧洲人感到惊讶的是，美国没有我们平常所说的政府或衙门。美国有成文法，而且美国人每天都在执行它。一切都在你的身边按部就班地进行，但是你看不到指挥者。操控社会机器的那只手是隐形的。

然而，就像人们为了表达自己的思想而要依照一定的语法结构一样，社会要发展也必须服从某种权威，一旦失去这种权威，社会就会陷入无政府状态。这种权威或许有不同的表现形式，但它必然一直存在于某个地方。

一个国家，通常采用两种方法来削弱权威的力量。

第一种方法是剥夺当局在某些情况下的自卫权利或自卫能力，从本质上削弱当局的权力。这一般是欧洲建立自由的方法。

第二种方法是缩小权威的影响范围：不去剥夺当局的某些权力，也不去让当局的权力瘫痪，而是让很多人来分管社会权力，增设官职，规定每一官职履行职务的权限。有些国家在使用这种方法削弱权威的力量时，可能陷入无政府状态，但这种方法本身并不属于无政府主义。的确，采用这种方法削弱权威力量后，权威的不可抗拒性和危险性也随之

减少，但是权威本身并没有被破坏。

推动美国革命的，是对自由由衷的热爱，而不是对独立盲目且不加限制的渴求。这一革命未受到造反激情的影响，相反，它是在爱好秩序与法治的口号下进行的。

所以，不要误以为在美国这个自由国度人们可以为所欲为。相反，美国人的社会义务要比其他国家的人多很多，人们从未想过从根本上打击当局的权力和否定它的权限，而只是将权限分给很多人行使。他们想用这种方法加强权威而削弱官吏，以使社会保持自由又井然有序的状态。

世界上没有哪个国家的法律像美国那样公正严明，也没有哪个地方的公权像美国那样由这么多的人分掌。

美国的行政结构既不是中央集权，也不是逐级分权[①]。这就是为什么它在行使时不易被人察觉的原因。虽然存在行政权，但是不知道它的代表在什么地方。

我在前面已经提到过，新英格兰地区的乡镇是独立的，不受上级机关的监督。所以，它们是自行处理本乡镇事务的。

乡镇的行政委员们，也经常监督执行或亲自执行全州性的法律[②]。

除了全州性的法律外，州政府有时也制定一些全州性的治安条例。但是在大多数情况下，是由乡镇当局或者乡镇官员与治安法官一起，依据当地的需要，规定当地的社会生活细则，宣布有关公共卫生、正常秩

---

① 作者托克维尔的这个观点已经过时。截止到 1940 年，联邦的公务人员数量已经超过 100 万，1946 年则达到 2285570 人。——法文版编者

② 可参见《乡镇官员》，尤其是其中说到的行政委员、财产估价员、收税员、文书、道路管理员等职务。比如，在众多官员中，有些官员不向州解释清楚就不能在礼拜天外出。这些人是乡镇的“十户长”（tithingmen），他们负责监督法律的执行情况。可参见《马萨诸塞法令汇编》第一卷 410 页；1792 年 3 月 8 日法令。行政委员专门负责编制选举州长的选民名单，向州的选举办公室汇报投票选举的结果。可参阅《马萨诸塞法令汇编》第一卷 488 页；1796 年 2 月 24 日法令。

序以及公民道德的守则[1]。

最后，乡镇的行政委员们也能够不受任何外来指示，自主处理一些乡镇时常发生，但事先又无法预料的紧急事项了[2]。

由此可见，行政权在马萨诸塞州几乎[3]全被乡镇所掌控，但同时又分散在很多人手中。

严格地说，法国的乡镇只有一个行政官员，那就是乡长或者镇长。

但是在新英格兰，则至少有十九种官员。

通常来说，这十九种官员之间并没有隶属关系。法律为每个官员都规定了职权范围。在这个范围里，他们全权做主完成自己的本职工作，只服从于乡镇的权威。

即使将视线转移到乡镇的上级，也难以发现行政等级的痕迹。有时候，县级官员也会修改乡镇或其行政委员做出的决策[4]，但总体来说，县级行政官员没有权力指挥乡镇官员的行动[5]，只能在与全县有关的事务上领导乡镇官员。

在少数预定事项上，乡镇的行政官与县级行政官员要同时向州政府

---

① 譬如，行政委员有权下令修建排水沟、指定可堆放垃圾的地方、指定商品交易场所以防止邻乡侵犯本乡镇利益。可参阅《马萨诸塞法令汇编》第一卷193页；1785年6月7日法令。

② 比如，传染病流行期间，行政委员须处理公共卫生问题，并协助治安法官采取必要的防治措施。可参见《马萨诸塞法令汇编》第一卷539页：1797年6月22日法令。

③ 我之所以要说“几乎”，是因为乡镇生活中的很多日常事务，均由治安法官自行处理或和县里的官员一同处理。比如各种许可证或执照，就是由治安法官发放的。参见《马萨诸塞州法令汇编》第一卷297页；1787年2月28日法令。

④ 比如，颁发表扬状给那些拥有乡镇行政委员奖励的品行优良证书的人。倘若行政委员拒绝发放这种证书，那当事人有权向县法院的治安法官上诉，法院裁定后就可以颁发表扬状。可参阅《马萨诸塞法令汇编》第二卷186页；1808年3月12日法令。乡镇有权制定细则，并监督细则的实行情况，例如检查是不是按照规定的金额进行罚款。但这种细则要经过县法院批准。参见《马萨诸塞法令汇编》第一卷254页；1786年3月23日法令。

⑤ 在马萨诸塞州，县级行政官员也经常会被请去参加关于乡镇行政委员政绩的评定。我们以后会谈到，这种评定并不是行政措施，而是具有法院判决效力的。

的官员汇报自己的处理结果[①]。然而，州政府并不让专人去拟定全州性的治安条例以及下达执行法律的指令，也很少同县与乡镇的行政官员保持联系、考察他们的政绩，更别说指导他们的行为、批评他们的错误了。

所以，行政权并没有圆心。

那么，应该如何依照一个大致统一的规划去指导社会呢？又怎样让县及其行政官员以及乡镇及其官员服从呢？

与法国相比，新英格兰各州的立法权所涉及的范围更广阔。立法者几乎都管到行政当局内部去了。细枝末节都纳入法律之中；同一法律既规定原则，又规定原则的应用方法；上级单位的法律，还给下属单位及其官员附带了一大堆严格细密的义务。

所以，只要所有下属单位与全体官员依法行事，社会的各个部分就会随之行动。此外，还存在一个问题，那就是怎样让下属单位和其官员服从法律。

一般来说，只有两种使官员服从法律的方法：

第一种方法是赋予这些官员中的某个官员以独断权力，指导其他官员并在他们不服从时罢免他们；

第二种方法则是责成法院惩处违法的官员。

这两种方法，并不能任意使用。

指导一个官员，必须以此为前提：有权在他未尽职时处以免职，在他勤恳尽职时予以提拔。然而，对于一位民选的行政委员，行政当局既不能处以免职，也不能予以提拔，因为通过选举产生的所有官员，在他们任期未满之前，都不能将其罢免。事实上，当所有公职均由选举产生

---

① 比如，乡镇的教育管理委员会必须每年向州办公厅主任汇报学校的管理情况。可参阅《马萨诸塞法令汇编》第三卷 183 页；1827 年 3 月 10 日法令。

时，民选的行政委员只对选民有所企求、有所惧怕。在这种情况下，官员之间没有真正的等级差别，因为发号施令权与镇压反抗权不会集中在一个人手里，同样，指挥权和奖惩权也不会集中在一个人身上。

所以，一个国家若通过选举任命政府的下层官员，就必须要广泛使用司法惩治作为行政措施。

这种情况不易被察觉。在统治者眼里，实施选举制度是第一次让步，同意法官惩处选举产生的行政官员是第二次让步。他们惧怕让步，但在他们非采用不可时，他们更愿意选择前者，同意选举官员，让选举产生的官员独立于法官之外。

然而，只有同时采用这两种方法，才能让它们相互抵消，保持平衡，因为很显然，被选举权若不受司法权监督，早晚会失控或消失。只有法院能够在中央政权与通过选举产生的行政单位之间充当调停人。而且，也只有法院，可以使民选官员顺服，使其不侵犯选民的权利。

所以，司法权向政界扩张，应与被选举权的扩张步调一致，若这两者不能协调起来携手前进，国家势必会陷入无政府状态或是一些人压迫另一些人的状态。

几个世纪以来，人们一直认为司法习惯未能良好地培养公民去行使行政权。

美国人从其祖辈英国人那里学到了一种与欧洲大陆施行的制度截然不同的制度——设置治安法官。

治安法官在处理民众与乡镇行政官员之间以及行政机关与法院之间的纠纷时，要一视同仁、公正无私。治安法官应是一个见多识广的公民，但不必非要精通法律。他主要负责维持社会治安，该职位对良知与公正的需求更甚于对法律知识的需求。治安法官参与国家管理工作，能为管理工作树立依章办事、凡事知会群众的作风，而这种作风恰恰是防止专横最强大的武器。然而，他们不应过于迷信法律，因为这样会让行政官员在行政管理上产生懈怠。

美国人沿用了英国的治安法官制度，但却消除了该制度在英国所具有的贵族性质。

马萨诸塞州的州长①，为本州的各县任命一定数量的治安法官，治安法官的任期为七年②。

此外，州长还要从各县的治安法官中指定三个人，由这三个人组成地方法院。

极个别的治安法官也参加一般行政工作。有时候，他们也会被派以一定的行政职务，协助民选官员③；有时候，他们可组成临时法庭，受理行政官员对那些拒绝履行义务的公民的控诉或公民对行政官员违法行为的检举。然而，地方法院才是治安法官执行主要职务的地方。

每一年，地方法院在县城开庭两次。在马萨诸塞州，该法院有权让大部分④民选官员服从它的命令⑤。

应该指出，地方法院在马萨诸塞州，不仅是纯粹的行政组织，而且还是政治法庭。

---

① 以后，我会讲到州长的职权范围。接下来我要讲的，是州长在全州的行政权。

② 可参见《马萨诸塞州宪法》第二章第一节第 9 条以及第三章第 3 条。

③ 这样的情况很常见，这里举一例子：一个外地人在某个乡镇的传染病流行区病倒了。两名治安法官有权附上行政委员的通知，命令县的司法官将该外地人移送到其他地方去救治。可参见《马萨诸塞法令汇编》第一卷 540 页；1797 年 6 月 22 日法令。通常来说，治安法官有权参与所有重要的行政管理活动，并让所参加的工作具有半司法性质。

④ 我之所以说大部分，是因为事实上，行政委员的某些违法行为可提交至普通法院处理。比如，一个乡镇拒绝设立管理学校所需的基金或者拒绝建立教育管理委员会时，将被处以大额罚款。而做出这一罚款判决的，则是称为最高法院或高等法院的普通法院。可参见《马萨诸塞法令汇编》第三卷 190（192）页；1827 年 3 月 10 日法令。若一个乡镇延期不交纳军用粮秣时，也将被处以巨额罚款。参阅《马萨诸塞法令汇编》第二卷 570 页；1822 年 2 月 21 日法令。

⑤ 治安法官可以依据自己的能力参加乡镇或县的政府工作。一些乡镇的重要工作，都要求有一名治安法官参与处理。

我在前文已经提到过，县仅仅只是一个行政区划[①]。地方法院主要负责的工作，是那些与大多数乡镇或所有乡镇有关的，不能由任何一个乡镇独自处理的工作。

在关联到全县性的工作时，地方法院的工作完全是行政性的。地方法院之所以经常在工作过程中采取司法程序，是为了便于工作[②]，并让被审理的官员清楚其工作的法律依据。但在审理乡镇的行政官员时，地方法院总是扮演着司法机关的角色，只在极个别情况下才扮演行政机关的角色。

在这方面遇到的第一个难题是，怎样让乡镇这个几乎是独立的政权实体遵从州的一般法律。

我之前已经说过，乡镇每年都会委派一定数量的财产估价员来计征税收。然而乡镇可能用不任命财产估价员的方法来逃税。这种情况下，地方法院有权对这样的乡镇处以巨额罚款[③]。所罚款项依照法院的判决分派给全体居民。县的司法官是执法人员，由他来执行法院的判决。所以，在美国，行政当局总像是在幕后活动，其行政命令也总带着司法判决的面纱。这样一来，行政当局因为拥有被人们视为合法的几乎不可抗拒的权力，自身权限也变得更大了。

这种做法容易被人接受，并不难推行。通常来说，要求乡镇的事情都是明文规定的。这种规定只写明原则，并不列出细则，非常简单[④]。然

① 在县级工作中，由地方法院负责处理的，可能有下列几种：（1）设立监狱和法庭；（2）拟制全县的预算（交州的立法机关审核）；（3）计征州立法机关审批的税收；（4）签发各种执照和证件；（5）建设和维修全县的道路。

② 譬如，在处理道路的建设及维修问题时，地方法院需要陪审团协助来解决处理过程中遇到的难题。

③ 可查阅《马萨诸塞法令汇编》第一卷217页；1786年2月20日法令。

④ 有一种让乡镇服从的间接办法。例如，依照法律规定，乡镇应该保证道路完好无损，但是乡镇因为疏忽没有申请所需的费用，那负责管理道路的乡镇行政官员可以征集必要的经费。因为他有权查明道路失修的具体原因，并就此向地方法院起诉，所以他自然也可以对乡镇行使法律授予自己的特权。如此一来，地方法院就可以通过追究失职的官员来迫使乡镇服从。可参阅《马萨诸塞法令汇编》第一卷305页：1787年3月5日法令。

而，在使乡镇以及乡镇官员服从时，都会遇到一些难题。

可以将一个官员可能做出的会受斥责的行为归纳为以下几种：

他在履行法定的义务时不积极；

他可能没有履行法定的义务；

他可能做了法律禁止的事情。

法院只追究公职人员的后两种行为，但是要以确凿的事实作为审判的根据。

乡镇的行政委员在乡镇进行选举时，也可能忽略法律规定的条例。这种情况下，他也会被处以罚款[1]。

然而，在官员工作不熟练时，或者在不积极执行法律的规定时，官员完全不会受法律的处分。

尽管地方法院拥有行政权，但是在这种情况下它也无权使这些官员完全服从它。或许只有担忧被罢免的心理能够阻止这种轻微的犯罪，然而地方法院并不具备让乡镇官员产生这种心理的条件，因为它不能罢免那些不是由它任命的官员。

而且，为了查处失职的官员，还必须时常监督下属。但是，地方法院每年只开两次庭，不负监督的责任，只受理那些被检举的应予惩处的违法事件。

只有果断罢免失职官员这一方法，才是让他们彻底服从的唯一保证，仅仅只用一般的司法措施是不会取得什么明显效果的。

在法国，我们可以从行政等级制度中看到这种保证；而在美国，则可以从选举制度中看到。

---

① 可参见《马萨诸塞法令汇编》第二卷 45 页。(1861 年 3 月 7 日法令)

这里，我对前面所叙述的内容做一下简要总结：

新英格兰地区的官员在履行职务的过程中犯罪时，普通法院有权随时传讯他们；

官员犯有行政过错时，只有纯行政性的法庭可以处分他们，倘若情节严重或事关紧要，那么法官应做出公正恰当的处理[①]。

在官员犯了难以判定的罪行，而以上的法庭又无法确定其是否有罪时，可以在当年交给一个不许上述的法庭审理。这个法庭有权立即剥夺他的权力，没收他的任命书，罢免其官职。

需要指出的一点是，这个制度本身确实有很大的好处，但是执行起来却有一定的难度。

我之前已经提到过，他们称之为地方法院的行政性法院没有权力监察乡镇行政官员。只有在受理案件后，才有这种权限。这就是这个制度的缺点所在。

在新英格兰地区，人们没有为地方法院设置检察官[②]，而且我们也不难看出，只设置一位检察官对他们来说也有难处。倘若只在县设置一位检察官，但在乡镇却没有他的助理，那么他不可能比地方法院的成员更熟悉全县的情况。倘若在每个乡镇都给他设置一个助理，那么他将一手掌控行政和司法大权。况且，法律是习惯的产物，英国的立法从未有过类似的规定。

所以，和分设其他行政职务一样，美国人也将侦讯权与起诉权分开。

---

① 比如，一个乡镇拒绝任命财产估价员，那么地方法院有权任命，而通过选举产生的乡镇行政官员依然保持有其作为民选官员的所有权利。参见《马萨诸塞法令汇编》：1786年2月20日法令。

② 我之所以说“为地方法院设置”，是因为普通法院设置有一位执行某些检查任务的官员。

大陪审团的陪审员务必依法把本县可能发生的各种犯罪行为汇报给他们所服务的法院[1]。一些重大的渎职罪，则由相对应的高级检察机构起诉[2]。对违法者的处分，一般都是由财务官员来执行，也就是收纳被处的罚款。所以，乡镇司库查出有违法事件时，大多数可由他本人直接起诉。

然而，美国的立法非常重视个人权益[3]。这也是我在研究美国法律时时常感受到的主要原则。

美国的立法者们认为，不可以过度相信人的忠诚，但他们肯定人是有理智的。所以，为了让法律得以顺利执行，他们一直很重视个人权益。

但是也不难想到，倘若个人不能从法律中获得任何好处，那即使该法律对全社会很有利，也不会有人愿意去做原告。因此，大家都会非常默契地不去动用法律。

为防止这种情况，美国人便使用检举人依据某些条件可分得一部分罚款的方法鼓励检举[4]。

这种用败坏风尚来保证法律顺利执行的方法是非常有害的。

当然，县级行政官员以上的官员就没有行政权，而只有统治权了。

---

① 比如，大陪审团的成员有责任向地方法院汇报道路的情况。《马萨诸塞法令汇编》第一卷 308 页。

② 譬如，县的司库未提交财务报告。参见《马萨诸塞法令汇编》第一卷 406 页。

③ 可从诸多例子中挑出一例：某人的车辆或者身体在失修的道路上受损时，此人可以向地方法院起诉，要求负责维修这段道路的乡镇官员赔偿其损失。见《马萨诸塞法令汇编》第一卷 309 页。

④ 在有敌人入侵或者发生暴动时，乡镇的官员若玩忽职守，不给民兵提供必要的物质及军需，乡镇将被处以 200—500 美元（相当于 1000—2700 法郎）的罚款。显然，仅仅只是这样的规定，是不可能引起任何人的兴趣的，大家也不愿意去做这种捞不到好处的原告。所以，法律又补充道：“任何公民都可以检举类似的罪行，并获得一半的罚款。”可参见《马萨诸塞法令汇编》第一卷 236 页：1810 年 3 月 6 日法令。在马萨诸塞州的法律中，类似这样的补充有很多。有时候，法律不是用这种方法鼓励个人去检举官员，而是用这种方法鼓励公职人员去惩处个别人的反抗行为。比如，某个人接到通知后拒绝去修筑道路，那道路管理员可以检举此人。若此人被罚，道路管理员可获得一半的罚款。参见《马萨诸塞法令汇编》第一卷 380 页。

美国行政的概况

在行政制度上，联邦各州之间存在的差别——越往南方，乡镇活动越不积极充分——官员的权力和选民的权力成反比——行政权由乡镇转向县——纽约州、俄亥俄州、宾夕法尼亚州——一些可用于全联邦的行政原则——官员的选举以及职位的终身性——不存在等级制度——司法手段被应用于行政

我在前文中已经说过，考察完新英格兰的乡镇、县的组织后，便概述联邦的其他部分。

每个州都有乡镇并且施行乡镇自治，但各州的乡镇与新英格兰的乡镇并不完全一样。

越往南方，乡镇的自治程度就越低，乡镇官员的权限与职责也越少，居民对乡镇事务的影响也不那么直接，召开乡镇居民大会的次数越少，大会讨论问题的范围也越小。因此，民选官员的权力相对较大，而选民的权力则较小，乡镇的自治精神也相对较弱[1]。

这种差别从纽约州开始出现，到宾夕法尼亚州便表现得非常明显了，但如果你从未去过西北地区，就不会对这种差别感到惊讶。大多数建立西北诸州的移民都来自新英格兰，他们将故乡的行政习惯复制到了第二故乡。俄亥俄州的乡镇和马萨诸塞州的乡镇非常相似。

---

① 详见《增订纽约州法令集》第4编第十一章《乡镇的权限、职责和特权》第一卷第336—364页，阿尔巴尼，1829年版。可参阅《宾夕法尼亚法律汇编》中的“财产估价员”、“治安员”、“道路管理员”、“收税员”、“济贫工作视察员”等条，和《俄亥俄州一般性法令集》第412页：1834年2月25日有关乡镇的法令。其次，对乡镇各种官员，比如“遗孤财产保管员”、“财产估价员”、“乡镇文书”、“护青员”、“济贫工作视察员”、“治安员”、“道路管理员”、“乡镇司库”等，都做出了具体规定。

我已经说过，在马萨诸塞州，乡镇掌握着公共行政的大权。乡镇是人们的利益、情感的集合中心。然而越往南方地区，乡镇便不再是这样的中心。在南方诸州里，教育尚未完全普及，因此培养出来的人才也不多，能够胜任行政工作的人也比较少。所以，离新英格兰越远，行政工作就差不多都转移到了县里。县变成主要的行政中心，成为介于州政府和普通公民之间的权力机构。

我在前面说过，在马萨诸塞州，地方法院主理县的事务。地方法院由若干名官员组成，这些官员必须由州长及其议会任命。县不设立议会，其预算由州立法机构投票表决。

而在纽约州这么大的州，以及俄亥俄州、宾夕法尼亚州，各县居民选出一定数量的代表，这些代表参与的会议便是县的具有代议制性质的议会[①]。

县的议会可以在一定范围内向居民征税，在这一方面它像真正的立法机构。与此同时，它还行使县的行政权，管理一些乡镇的行政工作，将乡镇的权力限制在一定的范围内，这个范围比马萨诸塞乡镇的权力范围小得多。

这就是美国各州在县、乡镇的组织方面存在的主要差别。倘若我进一步深入到执行方法的细节，还能找到很多差别。然而，我现在的目的并不是讲述美国的行政权。

我认为我之前所叙述的内容，已经足以说明哪些原则是美国行政工作的依据。这些原则有着不同的应用，其成效也因地而异，但是它们的

① 可参见《增订纽约州法令集》第一卷第11章304页，第12章366页；《俄亥俄州一般性法令集》第263页：1822年2月25日有关县行政官员的法令。参阅《宾夕法尼亚法律选编》第170页“县税”与“征用”条目。在纽约州，各乡镇各选一名代表，这个代表不但要参与县的行政工作，而且要参与本乡镇的行政工作。

根本精神都是一致的。尽管法律的内容在不断更改，法律的外貌也在发生着变化，但是给予法律以活力的精神却一直未变。

在联邦各州，乡镇与县并不都是用相同的方式建立起来的；但乡镇与县的组织都有着同一思想，即认为每个人都是自身利益的最好裁判者，都能通过自己的力量满足自身的需要。所以，乡镇和县只负责考虑人们的公共利益。州不管行政，只是统治。虽然在运用这一原则时也会出现例外，但是不能因此反对这一原则。

这个原则带来的第一效应，是由居民自行选择乡镇与县的所有行政官员，或至少在自己人当中选择这些行政官员。

各处的行政官员都是选举产生的，不可轻易罢免，这样就防止了等级制度的产生。所以，差不多是有多少官职就对应着多少独立的官员。行政权分别由许多人掌握。

由于各处都没有行政等级制度，行政官员均为选举产生并在任期未满前不得罢免，所以必须制定一种制裁行政官员的制度。于是罚款制度便应运而生，以此将下属机关及其代表纳入法律的约束中。美国各处都采用这种制度。

不过，在所有的州中，都不是由某一个法官来统掌惩处行政犯罪和采取紧急行政措施的权力。

英裔美国人采用的治安法官制度，都是来自同一源头。尽管各州都有这种制度，但并不是总应用于同一个目的。

各地的治安法官都有权参加乡镇与县的行政工作[①]：有时候亲自处理行政工作，有时候审理行政犯罪行为。但是在大部分州里，事关重大的

① 在由县法院的法官负责审理行政犯罪案件的南部诸州，也是这样。可参见《田纳西州法令集》中的“司法制度”、“税收”等项目。

行政犯罪案件均由普通法院审理。

可见，美国由缅因至佛罗里达所实施的行政制度的主要特点是：施行行政官员的选举以及不可在任期未满前罢免的制度、不存在行政等级制度、将司法手段应用于下属行政部门。

在某些州中，开始出现行政权集中的现象。纽约州是这方面的“先行者”。

在纽约州，州政府的官员对下属县与乡镇的管理方式近似于监督和控制①。有时候，州政府的官员也有权成立一个审理上诉案件的上诉法院②。与其他州相比，纽约州以司法处分作为行政手段的现象比较少，而且只有少数几个人掌握着对行政犯罪行为的起诉权③。

在其他一些州，也慢慢开始出现这种倾向④。但从整体上看，美国公共行政的突出特点仍是过度的地方分权。

---

① 比如，国民教育的领导权就已集中由州政府掌控。大学的评议员由立法机关任命，而州长与副州长则应当是评议会的当然成员。可参见《田纳西州法令集》第一卷 456 页。大学的评议员每年都要视察各个院校，并且向立法机关提交年度报告。评议员对学校的监督工作并不是名不副实的，尤其是高等院校必须具有法人（公司）资格才能买卖和处理财产，而要具有法人资格必须得到许可，这种许可只能通过评议会的申请由立法机构发放。州每年都要为奖学基金交付利息，而这笔基金就是由大学的评议员提供的。可参阅《增订纽约州法令集》455 页。公立学校的负责人每年都要向州主管教育部门递交学校工作报告。参阅《增订纽约州法令集》第 631 页。

② 倘若某人觉得自己受到了学校管理委员（他是乡镇官员）公布的文件的侵害，他有权向小学学监控诉，而小学学监是最终裁定者，控诉者不得再上告。可参见《增订纽约州法令集》487 页。在纽约州的法律中不难发现，有些规定与我刚才作为例子所引用的规定类似。但总体来说，这种集权化的倾向并不大且效果并不明显。在授予州级主管监督、领导下属人员的权限时，并未授予他们奖惩下属人员的权限。通常不会允许这种情况发生：同一个人既负责下达指令，又有权制裁违反行为。所以，他只拥有命令权，不具有制裁权。1830 年，一位学监向立法机关提交了院校年度报告，他在报告中指责学校管理委员为依照他的指示传达他下发的总结。他还说：“倘若再犯这样的错误，我将依照法律的规定，向管辖法院起诉他们。”

③ 比如：每个地方检察官可以追索 50 美元以上的各种罚款，但以法律未将这项权限授予给另一个官员为限。可参见《增订纽约州法令集》第一卷 383 页。

④ 马萨诸塞州也存在一些行政权集中的现象。比如地方的学校管理委员会必须每年向州办公厅主任递交报告。可参阅《马萨诸塞法令汇编》第一卷 367 页。

有关州[①]

我在前面已经讲述了乡镇及其行政，这里再来讲述一下州及其政府。

关于州的问题，我可以简单陈述而不怕读者费解。我所讲的所有内容，都能在各州的成文宪法里找到[②]，每个人皆能读懂。而且，这些宪法都是以一个简明合理的学说作为理论基础的。

其中的大多数条款，已在所有立宪国家得到应用，并被我们所熟知。

所以，我在这里只做简短的讲述。以后，我再对我所讲述的内容进行评论。

州的立法权

立法机关包括两院——参议院——众议院——两院的不同职能

州的立法权归属于两院，通常将第一个称作参议院。

参议院一般是立法机构，但偶尔也扮演着行政和司法机构的角色。

依照各州宪法的规定，参议院以各种各样的方式参与行政工作[③]，但它通常是在官员竞选的时候进入行政权领域的。

在受理某些政治案件时，或是在审理某些民事案件时[④]，参议院也拥有司法权。

---

① 关于州的论述，可参阅奥格与雷合著的《美国政府概论》第706页及以下几页。——法文版编者

② 可参阅纽约州宪法。

③ 在马萨诸塞州，参议院没有任何行政工作。

④ 譬如在纽约州。

参议员数量一般都不多。

另一个立法机构则称为众议院，它没有任何行政权，只在向参议院控告官员的情况下才拥有司法权。

在美国各州，两院议员的当选条件几乎是一样的。他们都是依照相同的方式，由相同的公民选举产生。

两院议员的唯一区别是，参议员的任期多比众议员长。参议员的任期一般是两年或三年，而众议员的任期一般都不会超过一年。

法律之所以要授予参议员任期长、连选连任的特权，是为了在立法机构保留一些已熟悉公务并且能给新当选的参议员带来有利影响的核心人物。

美国人在将立法机构分为两院时，压根就没想着把其中的一个规定为世袭的，另一个规定为选举的。他们也压根没想将其中的一个变成贵族的机构，另一个变为民主的代表。他们也不是想让第一个支持政权，让第二个支持民意以及人民的利益。

美国这种两院制带来的唯一好处，就是将立法权分开，约束了国会的活动，建立了审查法律的上诉法院。

通过时间和经验的总结，美国人发现，这种由司法权分割所带来的好处，是相当迫切的。在整个美国，只有宾夕法尼亚州曾试图设立单一的议会。富兰克林在人民主权原则的逻辑推理下，批准了这项方案。然而没过多久，宾夕法尼亚州又不得不修改了法律，设立了两个议院。于是，司法权分割的原则又重新得到了认可，至此，人们可以将“必须让若干个立法机关分掌立法权”看作是已被证明的真理。这个在古代共和国默默无闻的理论，就像很多的伟大真理一样，在刚问世时被很多现代国家误解，但最终会成为当今政治科学的一项公理，并得到广泛传播。

州所具有的行政权

一个州的州长——州长在立法机关的地位——州长的权利和义务——州长对人民的依靠

州所具有的行政权以州长为代表。

“代表”这个词并不是我随意使用的。实际上，州长就是行政权的代表，但是他只行使他所拥有的部分权力。

作为最高官员，州长不但是立法机关的主宰者，而且还是立法机关的顾问。他将否决权当作自己的武器，有权随时停止或延迟司法机构的活动。他向立法机关报告本州的需求，并提出他认为能够满足这些需求的有效措施。他是立法机关针对全州所做的决定的直接执行人①。在立法机关休会期间，州长必须采用各种妥当的措施，以防止发生动乱和意外事件。

州长掌控着全州的军事大权。他不仅是国民军的司令，而且还是武装力量的首长。

当有人否认州的权威时，州长有权统领州的武装部队镇压反抗并恢复正常的秩序。

除了因任命治安法官②而间接参与地方行政工作外，州长几乎不参与乡镇与县的行政工作；尽管治安法官由他任命，但他无权罢免治安法官。

---

① 事实上，州长有时也不执行立法机关的决议。一般是在立法机关投票表决一项议案的同时，便派专人去执行。

② 在很多州中，治安法官不是由州长任命的。

州长是民众选举产生的，任期一般为一年或两年，这样是为了让他经常受到选民的监督。

美国行政分权的整治效果

政府集权与行政集权之间的区别——在美国，行政并不集权，但是政府却集权——过度的行政分权在美国造成的不良后果——这种做法给行政工作带来的好处——与欧洲管理社会的行政人员相比，美国的行政人员没有那么正规、文明、有学识，但是他们的权力却比欧洲行政人员大——这种做法在政治上的益处——在美国，国家意识体现在各个方面——被治者给予政府的支持——社会越民主，越需要完善地方组织——为什么要这样

“集权”是当今极常用的一个词，但还没有人赋予它精确的定义。

事实上，有两种性质极其不同的集权，读者必须分清楚。

有些事情，比如全国性法律的拟定以及本国与外国的关系等问题，关系到全国各地的利害。

另外一些事情，譬如地方的建设事业，则只关系到国内某一地区的利害。

我把第一类事情的领导权集中在同一个地方或者同一个人身上的做法叫作政府集权。

把第二类事情的领导权集中在同一个地方或者同一个人身上的做法称为行政集权。

这两种性质不同的集权在某些地方界限不清，但若从整体上来观察它们各自所管辖的对象时，便能将两者区别开来。

不难看出，倘若政府集权和行政集权联合起来[1]，那将产生无限的权力。在这种情况下，人们将不敢表达自己的意志，并且会习惯性地服从一切。这样一来，它不但能用自己无限的权力制服人民，而且能够利用人民的习惯控制人民。它先将人民彼此孤立，然后再各个击破，让他们成为顺民。

政府集权和行政集权相互吸引，彼此扶助，但我并不认为它们是密不可分的。

在路易十四时期，法国出现了最为强大的政府集权，以致当时的人们认为唯有他有权制定国家的法律，只有他能够解释这些法律，只有他能对外代表法国并为所欲为。他说“我就是国家”，而且他总是有理的。

然而同时期的行政集权却远远逊色于今天。

在现代，英国政府的权力也非常大，政府集权达到了顶峰：国家就像一个单独的人在独自行动，它能够很轻松地鼓动起广大群众，把自己所有的权力都集中和投放在它想指向的任何一个地方。

花费五十年完成了如此伟大事业的英国，并没有施行行政集权。

我个人完全不能设想，一个国家若没有强大的政府集权竟能够生存下去，特别是能变得繁荣富强。

但我认为，行政集权只能让其统治下的人民意志消沉，因为它在不断地消磨人民的公民精神。的确，在特定的时代与特定的地区，行政集权或许能将国家所有可以使用的力量集聚起来，但同时也将抑制这些力量的再生。它或许能迎来战争的胜利，但同时也将缩短政权的寿命。所以，它可能有助于一个人的发迹和成名，但对一个民族的持久繁荣毫无益处。

---

① 在这一问题上，作者托克维尔的政治社会学达到了其预见的最高点。——法文版编者

请读者们注意，当人们讨论一个国家由于未实行集权而无所作为时，他们所指的是他们几乎并没有真正理解的政府集权。有人一再指出，德意志帝国从未凭借自己的力量获得什么好处。我同意这种看法。但是，这是为什么呢？因为全国的力量从未集中，因为国家从未使全国人民服从全国性的法律，因为国内几个各自为政的部分总有权利或有机会拒绝和全国最高当局的代表合作，甚至在事关全体公民利益的事情上也是这样；换言之，是因为它没有政府集权。这句话同样适用于中世纪。中世纪时期，封建社会存在很多苦难[①]；行政权和统治权都被分割成若干份，由很多人分掌。因为完全不存在政府集权，所以阻碍了当时欧洲各国的发展。

我在前文已经说过，美国没有行政集权，也几乎没有等级制度的痕迹。我认为，美国的地方分权已经达到了任何一个欧洲国家都无法容忍的地步；而在美国国内，这种地方分权也确实产生了一些不良后果。但是，美国的政府集权却达到了非常高的水平。很明显，美国国家权力的集中程度比欧洲过去任何一个君主国都要高。各州不仅只有一个立法机关，而且只有一个可创造本州政治生活的政权机关；同时，一般也不允许数个县的议会集体行动，以防止它们越权干涉政府的工作。在美国，没有什么力量能够反抗各州的立法机关。不论是特权，还是地方豁免权及个人影响力，甚至理性的权威，都不能阻止它的前进，因为它代表着大多数，而大多数又自以为是理性的唯一代言人。因此，它可以随心所欲，除了它的意志外，没有任何东西能够限制它的行动。和它站在同一战线并被它控制的，是负责用强力迫使反对者服从的行政权的代表。

只在政府工作的细节方面，还存在些许缺陷。

---

① 可参阅马克·布洛克的《封建社会，阶级和人治》（巴黎，1940 年）。——法文版编者

美国各共和州，没有用来镇压少数的常备军，但少数到现在也没有发展壮大到能够发动战争或让州感到必须创立一支常备军来镇压它的地步。州一般是通过乡镇或县的官员来和公民打交道。譬如，在新英格兰，由乡镇的财产估价员计算税额，由乡镇的税收员征收计征的税金，由乡镇的司库将收到的税款上交给州库，由普通法院受理税务纠纷。这种征税方法很低效，时常会妨碍需要大量资金的政府工作。通常认为，凡是和政府的生存有重大联系的事务，都应当由政府自行任命那些可随时更换并且工作能力强的官员担任；当然，像美国这样建立起来的中央政府，总能依据需要采取相对有效和有力的措施。

所以，和人们常说的不同，美国各共和州并未因为国家没有实行中央集权而自行消亡。可以说，美国各州政府并不是集权不够，而是集权过度。关于这一点，我以后再证明。和法国国民公会一样，各级立法会议每天都在侵夺政府的各种权力，企图掌控所有权力。然而，像这样集中起来的社会权力并不由某个固定的人来掌控，因为它本质上是从属于人民的权力。它的表现总是缺乏理智和远见，因为它能够随心所欲。其危险之处就在这里。所以说，假如它有一天灭亡了，也是由其力量本身导致的，并不是因为它的软弱无能。

在美国，行政分权产生了几种不同的后果。

依我看，美国人几乎将行政完全从政府中独立出来，在这一问题上，他们似乎脱离了常规，违背了常识，因为就算是在一些不很紧要的事情上，全国也应当有一个统一的制度[1]。

---

① 个人认为，代表州的当局就算不亲自管理行政，也不应当放弃监察地方行政的权力。比如说：在各县安排一位州级官员担任固定的职务，授予该官员审理该县及其下属乡镇所发生的犯罪案件的司法权。倘若不侵犯地方的独立，能由此建立统一的制度吗？在美国各县，都没有派驻州官。再没有哪个司法机关在县法院之上；而且县法院只在接到需要惩治的行政性犯罪案件时才会临时开庭。

因为州未指派行政官员担任其所辖范围内各行政区划的固定职务，所以不能够制定共同的惩处制度，更不会想到颁布全州统一的治安条例。然而，事实上是需要颁布这种统一条例的。欧洲人在美国总是看不到这种条例。一开始，这种表面上的紊乱状态，会让欧洲人误以为美国社会处在一种完全无政府的状态；而当他们深入进去观察到事物的本质后，就会发现自己之前的认识并不对。

尽管有些事情关系到全州，但是因为没有管理它们的全州性行政组织，所以不能够统一进行。将这些事情转交给乡镇或者县，让由选举产生的、有规定任期的官员去处理，结果不是一无所成，便是持续不了多久。

欧洲那些拥护集权主义的人坚信，由中央政府管理地方行政，总比由不会管理地方行政的地方当局来管理要好。这种观点，放在下列情况中可能是正确的：当中央政权有知，而地方当局无知时；当中央政权是积极的，而地方当局是消极的时候；当中央政权惯于工作，而地方当局惯于服从时。我们甚至可以这样认为，随着中央集权的不断加强，这种向两极发展的趋势也会不断加速，也就是一方的权能日趋增大，而另一方则越来越无能。

然而，我认为，当人民都能像美国人那样有知识，都能像美国人那样关心自身的利益，并惯于思考自身的利益时，就不会出现上述这种情况。

恰恰相反，在这样的条件下，我坚信，与政府的权力相比，公民的集体力量能创造出更大的社会福利。

我承认，在某种条件下很难找到唤醒一个沉睡民族的方法，促使他们产生他们前所未有的激情与知识；我也清楚，说服人们努力工作并不容易；相比让人们去修理公众住宅来说，让他们学习宫廷立法的细节更容易引起他们的兴趣。

然而，我也认为，当中央政权一心想要完全取代下属机构的自由竞赛时，它不仅是在自误，而且也是在误人。

一个中央政府，不论它多么精明能干，也无法明察秋毫，不能仅凭一己之力去了解一个大国生活的所有细节。它无法做到这一点，因为这样的工作非人力所及。当它要独自创造这么多发条并让它们转动时，其结果往往是白费力气、徒劳无功。

的确，中央集权不难促使人们的行动在一定程度上保持一致。虽然这种一致是出于对中央集权的爱戴，但是人们却不清楚这种集权的目的是什么，就像信仰神的人膜拜神像却忘记了神像代表哪位神一样。这样一来，中央集权就能够很轻松地让国家日常事务保持良好的秩序，详细地制定出全国公安条例的细则，及时压制小规模的叛乱和惩罚轻微的犯罪行为，让社会保持既没有实质性进步也没有真正落后的现状，使整个社会永远处在萎靡不振、循规蹈矩的状态，对此，官员们习惯称之为秩序良好、社会安宁[①]。一言以蔽之，中央集权长于保守，并不擅长创新。当它使社会发生巨大动荡，或者加速了社会前进的步伐时，他便会失去控制的力量。只要它的各项措施需要公民的协助，它的弱点就立马会暴露出来，使其陷入一种无能为力的状态。

有时候，中央集权的政府在迫不得已时，也会试着向公民求助，但它却对公民这么说道："你们必须依照我的指示行事，我让你们做多少你们就得做多少，并且做得要和我指示的丝毫不差。你们只需考虑那些细小的末节，不要妄想去指挥整体。你们要老老实实、不闻不问地工作，等结果出来再评议我的所作所为。"面对这样的语气、这样的条件，人们怎会愿意帮助它呢!人们希望行动自由，肯对自己的行为负责。所以，人们宁愿待在那里不动，也不肯盲目地走向不可知的去处。

---

① 依我看，中国是用最集权的行政为统治下的人民提供社会安逸的最佳代表。一些旅行家曾对我说：中国人有安宁却没有幸福，有百业却没有进步，有稳劲却没有闯劲，有严明的制度却没有公共的品行。在中国人看来，尽管社会也在一天一天地进步，但并没有达到令人满意的地步。我觉得，一旦中国向欧洲人开放，它就能够从欧洲人那里寻找到世界上现存的最佳的行政集权典范。

我承认，我为美国没有那种每天指导我们每个法国人生活的统一制度而感到遗憾。

有时候会碰到一些证明社会冷漠的实例，有时候也会见到一些似乎与身边的文明完全相抵触的污点。

有些有益事业需要不断关注并严格执行，但是却在中途终止了，之所以会出现这种情况，是因为和在其他国家一样，在美国，人民的行动有时也是一时兴起和突发的冲动。

欧洲人已经习惯了遇事就可以找到一位几乎能处理一切事务的官员，因此很难实行美国那种复杂的乡镇行政制度。可以说，在美国，那些能够让人民生活安适的公安细则是被忽略了的；但和其他国家一样，社会对人民的主要保障还是应有尽有的。和欧洲相比，美国各州行使的权力没有那么条理分明和富有教育指导作用，但是却比欧洲的大百倍。世界上没有任何一个国家可以让它的人民对社会福利做出这么大的贡献。我还没见过有哪个民族能创立这么多的学校，其建立的教堂又这么符合居民的需要，其修筑的公路又保养得这么好。所以，没必要到美国去找表面上的一致性和持久性，也不必去找对细节的周详安排以及行政手续的完备规定[1]；我们在那儿看见的，是一个些许有点粗犷，然而却充满力量的权力机关，一幅经常发生意外，然而却充满活力与进取精神的

---

① 一位作者在拿美国的财政和法国的财政作对比时说过，智慧永远不可能代替具体的知识，所以有理由批评美国乡镇预算中出现的混乱。这位作者在提及法国一个省预算的编制事例时说道："因为一位伟人的值得称颂的创造，也就是中央集权，国家各地的地方预算，从小乡镇的预算到大城市的预算，才得以有章可循。"当然，我本人也赞美这项伟大创造，但我见到大多数拥有完善的会计制度的法国乡镇，都不知道自己真正的利益，它们处在难以容忍的麻木状态，让人感觉社会不是在生活而是在等死。另外一方面，我却认为美国的乡镇，其预算虽然没有依照规定的章程来编制，也没有统一的格式，但是其居民却是聪明的、积极进取的。我认为那里的社会一直都在前进。这种情景让我感到惊讶，因为我觉得一个好政府的主要目的是为人民造福，而不是为了建立良好的秩序而不顾人民的疾苦。所以我在思考，是不是可以将美国的乡镇繁荣却财政混乱，以及法国的乡镇贫困但预算制度完善这两个问题的原因都归结为我刚才所说的这个道理呢？总而言之，我觉得善中带恶愈少愈好，恶中带善愈多愈好。

生活图景。

假若让我说的话，我觉得美国的乡镇与县由远离它们并被它们看作异己的中央政权管理，将比由它们从当地选举出的官员管理要更有效。假若让我判断的话，我认为美国的行政集中在一个人手上时，美国会被治理得更安全，美国的社会资源也会被利用得更为合理。虽然美国人从地方分权的制度中得到了政治好处，但是我依旧提倡采用与之相反的制度。

即便有一个固定的权威政府，它能保证我的享乐不受干扰，可为我排除在前进道路上遇到的所有危险，不让我为此操心，但是这个照顾得我无微不至的政府，若成了我的自由与生命的专制主人，一手包揽整个社会的活动与生活，以致当它有气无力时周围的一切也得跟着有气无力，当它睡觉时周围的一切也得跟着睡觉，当它死去时周围的一切也得跟着陪葬，那它对我又有什么好处可言呢？

一些欧洲国家，其居民觉得自己是外来的移民，因而一点也不关心当地的命运。他们从不关注国内发生的重大变化，甚至连变化是如何发生的也不知道，只知道发生了变化，或者只是偶尔听到他人在讲某件事而已。更有甚者，他们对自己村庄的遭遇、街道的治安以及教堂教士的处境都漠不关心。他们觉得，所有事情都和他们无关，应当由被他们称为政府的强大的第三者来管理。他们觉得自己仅仅只是作为拥有受益权的人来享用他们所拥有的财产，除此之外，他们既没有占有这些财产的念头，也没有任何改善它的想法。这种对自己漠不关心的态度，已经发展到令人咋舌的地步，比如当他们自身或子女的安全受到威胁时，他们不但不去努力排除这种威胁，反而眼巴巴地等着全国的救助。这种人尽管愿意彻底放弃自己的自由意志，但这绝不代表他们比其他人更顺从。的确，他们能服从于一个小军官的任意摆布，但是当军队撤退以后，他们又会撒野、触犯法纪。可见，他们将永远在奴性与任性之间摇摆不定。

当一个国家沦落到这步田地时，它就必须改善自己的法律和民情，否则就会走向毁灭，之所以这么说，是因为其公共道德的源泉已然枯竭，尽管它还有百姓，但已经没有了公民。

我觉得这样的国家正等着外国来征服。倘若它还未从世界舞台上消失，那仅仅只是因为其周边的国家与它类似甚至还不如它，它尚存一种说不清道不明的爱国本能，或者一种对往日声望的盲目自豪，或者一种对昔日荣誉的模糊记忆，然而事实上，这些东西毫无用处，只能让它在受压迫的时候产生自我保留的冲动。

倘若想用某些民族曾为保卫国家做过巨大贡献这一事实来证明他们是爱国的，那也是不正确的，因为一旦深入研究，你就会发现宗教几乎一直是他们的精神动力。

在他们眼里，国家的长存、光荣以及昌盛都归属于神圣的教义，保卫祖国就相当于保卫圣城，而他们都是圣城的公民。

土耳其人从不参与社会事务的管理，但只要他们觉得苏丹们的胜利就是穆罕默德教的胜利，他们就乐意完成一些艰巨困难的任务。如今，这个宗教日趋式微，只有专制制度还留在那里，但他们自身也正在衰败。

孟德斯鸠认为专制制度有其独特的威力，并认为这是它自身造就的荣誉，然而我觉得它没有资格享有这个荣誉。专制制度，一切全都要靠自己，不可能持久。只要你仔细研究，你就会发现让专制政府长期兴盛的是宗教，而不是其威吓力量。

不论你如何寻找，除了人们意志的自由联合外，你再也不可能在人们中间寻找到真正强大的力量。而且在这个世界上，只有爱国主义或者宗教可以让全体公民持久地向同一个目标迈进。

法律不能重燃已熄灭的信仰，但可以让人们关心自己国家的命运。法律可以唤醒并指导人们内心时隐时现的爱国本能，而在将这种爱国本能和思想、激情、日常习惯结合起来时，它就会成为一种自觉、持久的情感。千万不要说唤醒这种本能为时已晚，因为国家不会像人一样迅速衰败。每一代人在出生时，都是以即将掌握国家立法工作的新人形象出现的。

我最敬佩美国的地方，不是其地方分权的行政效果，而是地方分权所带来的政治效果。在美国各地，人人都能感受到祖国的存在。从每个乡镇到整个美国，祖国是所有人关心的对象。居民就像关心自己的利益一样关心国家的每一项利益。他们为国家的光荣而感到自豪，赞美国家所获得的成就，并且相信自己对国家的成就有所贡献，觉得自己随着国家的兴盛而兴盛，并为能从全国的繁荣昌盛中得到好处而欣慰。他们对国家的感情和对自己家庭的感情相似，而且有一种私欲促使他们去关心州。

欧洲人经常把公职人员看作是政权的代表，而美国人则不同，他们觉得公职人员的职责是行使公民的权利。所以可以说，在美国，绝不是人服从人，而是人服从于正义或法律。

他们对自己往往也有一种有些夸大，但差不多总是有益的看法。他们坚信自己的力量，觉得它可以克服一切。倘若一个人想干一番事业，而且这项事业和社会公益有着直接的关联，他也不会求助于政府。他将计划宣布出来后，便会亲自去执行，或者求助于其他个人的力量，并且努力排除一切障碍。毋庸置疑，其结果通常不如有州政府协助的结果好。然而长远地看，所有私人事业的总成果却远远超出政府可能做出的成果。

因为行政当局只过问民事，所以它既不会招来人们的羡慕，也不会引来人们的反感；但是由于其行动手段有限，所以民众觉得不能光靠它去办理所有事业。

因此，当行政机构行使其职权时，它不会像欧洲那样全凭自己。不用担心公民会不尽义务，因为公众的代表会采取相应措施。相反，每个人都会扶持和帮助行政机构。

个人的奋斗和社会力量相结合，往往可以完成最集权、最强大的行政当局所不能完成的工作。(I)

我能够列举出很多事实来证明我上面所说的所有内容，这里，我只举一件我最熟悉的事情。

在美国，政府所具有的发现罪行以及追捕罪犯的手段非常少。

美国未设立行政勤务警察，也不知道护照是什么东西。美国的司法警察不如法国的司法警察；检察官的数量很少，而且他们很少主动起诉罪犯；审讯罪犯的时间很短，而且只是口讯。但是我猜想，没有哪个国家的罪犯会像在美国那样易于逮捕。

造成这种现象的原因在于每个人都觉得提供犯罪的证据以及逮捕罪犯，与自己的利害息息相关。

我在旅美期间，曾目睹某县居民因县城发生重大案件，而自发组织了一个委员会，以便追捕罪犯将其送交法院惩处。

在欧洲，追捕在逃犯人是官员的事儿，居民只是旁观者；然而在美国，罪犯被看作是人类的公敌，人人群起而攻之。

我觉得对于所有国家来说，地方分权制度都是有益的，尤其对于一个民主的社会来说，地方分权制度更是其最为迫切的需要。

在贵族体制下，只有维持一定程度的秩序，才能永保自由。

因为紊乱给统治阶级带来的损失较大，所以他们尤其关注秩序问题。

可以说，在贵族体制下，人民能避免专制的过度压迫，因为人民常常拥有有组织的力量，以准备随时反抗暴君。

民主政体若没有地方分权制度，就不具备任何抵抗这种灾难的保障。

在小事上都未学会使用民主的民众又怎么会在大事儿上使用民主呢?

一个人人都软弱无权并且未被任何共同利益联合起来的国家，能用什么来抵抗暴政?

所以，那些担心人民造反的人以及害怕政府专制的人，都应当提倡逐步发展地方的自由。

我也肯定，没有哪个国家会比社会民主的国家更易受到行政集权的约束。

导致这种现象的原因有很多，其中最主要的是：

国家的这种趋势是政府的所有权力，向直接代表人民的唯一权力机构集中，因为除了人民外，再没别的了，而这里所说的人民不过是一大群完全平等的个人。

然而，一旦这个权力机构具有政府的所有属性时，它便会想方设法干涉行政工作的细节，而且日久天长，总能找到下手的机会。我曾在法国目睹这种情况。

在法国大革命期间，有两个不应该混淆并且方向完全相反的趋势：一个趋势倾向自由，另一个趋势偏向专制。

在古代的君主政体下，只有国王有权制定法律。然而在君主专权时期，支离破碎的地方分权制度所留下的某些残余仍然隐约可见。这种地方分权制度原本就很不一致，也不够完善，时常显得荒唐可笑。但是在贵族体制下，这种制度有时会变成一种压迫的工具。

法国大革命宣布，它既反对君主政体，也反对地方分权制度。它不分青白，盲目反对过去存在的一切，既反对专制权力，同时又反对能够遏制这种暴政的措施。法国大革命本身既是共和主义的，同时又是中央集权化的。

法国大革命的这种双重性，是专制权力的拥护者最津津乐道的现象。当你目睹他们在保卫行政集权时，你不能说他们是在为专制制度效劳，因为他们会说自己是在保卫大革命的主要成果。(K) 如此一来，民众与敌人，也就是自由的公开爱好者与暴政的隐性仆人，便都能够享有人民的权利了。

我曾访问过两个地方自由制度非常发达的国家，也曾倾听过那些争着统治这两个国家的政党的意见。

在美国，我发现有人打算暗地里破坏本国的民主制度；在英国，我看到有人公开反对贵族制度。然而在这两个国家，每个人都认为地方自由是件大好事。

在英、美这两个国家，我发现人们将国家的弊端归咎于很多原因，唯独地方自由未被牵涉其中。

我发现公民们在谈及他们国家的强大与繁荣时，总能说出一大堆原因，而在他们所列举的诸多优点中，地方自由总是排在第一位。

我发现，他们虽然在宗教教义以及政治学说方面存在明显差异，但是在他们每天看见的，因而可做出正确判断的唯一事实上却能保持意见一致。我的这个发现应该是正确的吧？

只有那种地方自治制度不发达或者根本不实行地方自治制度的国家才会否认这种制度的好处。换言之，只有不熟悉这种制度的人，才会批判这种制度。

第06章　美国的司法独立及其对社会政治的影响[1]

英裔美国人保留了各国司法权所共有的特征——然而他们将司法权变成了强大的政治权力——他们是如何将其转变的——与其他国家相比，英裔美国人的司法制度有哪些不同——美国法官为何可以宣布法律违宪——美国法官如何行使这项权利——立法者为防止滥用这项权利所采取的措施

依照提纲，我要专门用一章来探讨美国的司法权。美国司法权的政治作用非常大，因此我在这里要特别强调，以免读者忽略这一事实。

除了美国外，其余一些国家也有联邦的组织。不仅新大陆的海岸有共和政体，世界其他地方也同样存在共和政体。欧洲已经有好几个国家采用代议制。然而我觉得，到目前为止，世界上还没有哪个国家，像美国这样建立司法权。

对于一个外来者来说，最难理解的是美国的司法组织。在他眼里，几乎没有哪个政治事件是不得助于法官的权威的。所以，他自然

① 可参见奥格与雷合著的《美国政府概论》（纽约，1942 年）第 525 页及以下几页。——法文版编者

而然会得出这样的结论：在美国，法官是一股很强大的政治势力。当他进一步研究法院的组织时，他很轻易就能够看清司法的特点与程序。看上去，法官似乎只是偶尔干涉一下公共事务，然而这种偶然性却天天都在上演。

当巴黎的最高法院驳回政府的法案或者是拒绝备案政府的法令时，抑或其本身传讯一个被控渎职的公职人员时，人们可以看成这是司法权在发挥政治作用。然而，这类事情却不会在美国发生。

美国人依旧保留了司法权所为人熟知的特征。他们严格地将司法权限制在有章可循的范围内。

在任何一个国家，司法权的首要特征都表现在对案件进行裁决。若想让法院发挥作用，就需要有争讼的案件。若想让法官做出裁决，就需要有提交审理的诉讼案件。所以，如果没有依法提出诉讼的案件，司法权便毫无用武之地。虽然司法权本身存在，但是却不被使用，形同虚设。当法官因审理一个诉讼案件而批判与此案件有关的法律时，他仅仅只是扩大了自己的职权范围，并没有超越这个范围，因为在审理案件之前，法官务必要对该项法律有一个判断。然而如果法官在开始审理案件之前就对法律指指点点，那他就是越权，侵犯到了立法权。

司法权的第二特征，是不能对全国的一般性原则进行宣判，只能审理私人案件。法官在判决某个私人案件时，有时会因为怀疑某个一般原则的所有推论而认为其无效并加以破坏，这一行为，并未越出其职权范围。然而，若法官直接批判一般原则或者在没有待审的私人案件时破坏一般原则，那他就越出了其作为法官所应有的职权范围，因为他擅自获取了比一般官员更重要甚至更有用的权限，但同时他也因此不再是司法权的代表。

司法权的第三特征，是唯有在请求它的时候，专业点说就是只有在它审理案件的时候，它才会采取行动。这个特征没有前两个特征普遍；但是我觉得，虽然有一些例外，但依然可以将这个特征看作是最重要的特征。从性质上来看，司法权本身并不是主动的。若想让它行动，就必须得推动它。向其告发一个犯罪案件，它就惩治罪人；让它纠正一个非法行为，它就会加以纠正；要它审查一项法案，它就会做出解释。然而，它不能自己去追踪逮捕罪犯、调查非法行为以及纠察事实。倘若它主动出面并自诩为法律的检查者，那它就有越权的嫌疑。

美国人保留了司法权的这三个特征。只有在有人起诉的时候，美国的法官才有权审理案件。它只审理私人案件，并且总是在接到起诉书后才采取措施。

所以，除了被授予巨大的政治权力外，美国的法官和其他国家的司法官员几乎完全一样。

这种现象是如何产生的呢？既然他们的权力范围与行动手段都和其他国家的法官一样，那他们为何又拥有其他国家的法官所不具有的权力呢？

原因只在于：美国人认为法官之所以有权对公民进行判决，是因为其判决依据是宪法，而不是法律。换言之，美国人允许法官不应用在其看来是违宪的法律。

我清楚，其他国家的法院也曾要求过类似的权力，但是它们从来没有得到过这种权力。而在美国，法官的这项权力是被大家认可的，没有哪个政党或者哪个人对此提出过质疑。

这个现象存在的原因，可以从美国宪法规定的这项原则中找到答案。

在法国，宪法是不可以修改的，或者被认为是不可以修改的；任何权威都不可以对宪法做出哪怕一丁点修改，这是大家公认的。（L）

在英国，国会可以修改宪法。所以，英国的宪法是能够不断修改的[1]，或者不如说英国压根就没有宪法。国会不仅是立法机构，而且还是制宪机关。(M)

在美国，政治理论相对比较简单、合理。

美国的宪法既不像在法国那样被认为是不允许修改的，也不像在英国那样可以被不断修改。美国宪法是一部与众不同的法典，代表着全体人民的意志，立法者与普通公民都必须遵守；但可以依照规定的程序，在事先规定的条件下，依据人民的意志进行修改。

所以，美国的宪法是允许改动的，但在未改动之前，所有机构和个人都必须照旧遵守。唯有它拥有独一无二的权威。

显然，上述差异必然会影响英、法、美这三个国家的司法机关的地位与权力。

假设法国的法院能够以法律违宪为理由而拒绝服从法律，那么，法国的制宪权就将归属于法院，因为只有它们有权解释那不可更改的宪法。所以，它们将会取代国家和统治社会，而且司法权所固有的弱点也将促使它们这么做。

我清楚法国的法官不能宣布法律违宪，因此立法机关便被间接地赋予了宪法修改权，因为没有合法的理由来阻止它修改宪法。然而我还是觉得，与其将人民宪法的修改权赋予只代表自己的人，还不如将它赋予代表人民意志的人。

倘若赋予英国法官以反抗立法机关的权利，那会更不合理，因为拟定法律的议会也制定宪法，这就使得在任何情况下，凡是由国王、上议

① 作者托克维尔所指的现象在当时经常发生，是个严重的问题，不过今后可能不会这么频繁发生。可参阅马里奥特的《现代国家机构》(牛津，1927年)。——法文版编者

院和下议院颁布的法律，都不可被认为是违宪的。

这两个推论都不适用于美国。

在美国，宪法不仅制约着普通公民，同时也制约着立法者。所以，美国的宪法是所有法律之首，没有任何法律能够修改它。由此可见，法院在遵从法律时要优先服从宪法。这恰恰是坚持司法权宗旨，也就是法官在选择合法的处理方法时，要从中选择最合乎根本大法的方法，这是他的天然权利。

在法国，宪法也是所有法律之首，法官都可以用它作为判决的标准；然而在行使这项权利时，法官又有可能侵犯其他比这项权利更神圣的权利，也就是侵犯国家的权利。在这种情况下，一般理由必须服从于国家理由。

在美国，国家永远可以利用修改宪法的方法来让法官服从自己，因此不用担心会出现这种危险。所以，在这个问题上，政治和逻辑是没有分歧的，而人民与法官也都各自保留了自己的特权。

所以，在要求美国的法院引用一条在法官看来是违宪的法律时，法官有权不予引用。尽管这项权利只是美国法官所特有的，但它的确产生了巨大的政治影响。

事实上，从长远来看，法律经不起法官的验证分析，因为法律几乎都涉及私人利益，而且诉讼当事人在涉及他的利益时也可以也必然会向法院提出异议。

因此，从法官在审理案件过程中拒绝引用某项法律开始，这项法律便已失去其部分道德力。如此一来，利益受损者就会想方设法不去履行这项法律所规定的义务，以致这类诉讼案件越来越多，而这项法律也变得越来越无力。最终的结果，不是人民修改宪法，就是立法机关宣布废除这项法律。

由此可见，美国人虽然赋予了法院无限的政治权力，但是在法院强迫他们服从时，他们也能够利用司法手段来进行抵制，这样就可以大大减少这种权力的弊端。

倘若法官能够从理论上和利用一般方式抵制法律，能够独立行动和弹劾立法者，那他明显已进入政治舞台，变成了某一政党的拥护者或者反对者，带动全国人民投入到战斗中。然而，当法官在一件不是很重要的政治纠纷或私人案件中抵制法律时，其抵制的重要意义或许会被公众忽略。这种情况下，他的判决只会影响到极个别人的利益，而其所抵制的法律也只是偶然受到了伤害。

另外要注意的是，这项受到伤害的法律并未被废除，其实际效力并未中止，只是其道德力减弱了而已。只有经历一次又一次的抵制，在多次判例的反复验证下，这项法律才会最终作废。

不难看出，允许个人弹劾法律，这一举措不仅将对法律的审判和对人的审判紧密结合起来，而且还保证了法制不被轻易受到攻击。因为采用了这一举措，法制就不会天天受到政党的侵扰。在批判立法者的过失时必须服从现实的需要，也就是必须实事求是，因为这是审理案件的依据。

我知道，美国法院的这种做法不仅对公共秩序非常有利，而且对自由也非常有利。

假使法官只能从正面攻击立法者，那他有时就不敢这么做；而在另外一些时候，党派精神又在时时驱使他这么做。这样一来，制定法律的权力机构在软弱时，法律就会受到攻击；而在其强大时，法律便安然无恙，人们都对它服服帖帖。换言之，当人们觉得尊重法律对自己大有益处时，法律经常遭到攻击；而当法律常以自己的名义进行压制时，反而受到广泛的尊重。

事实上，美国的法官是不自觉地被拉上政治舞台的。他们之所以要审判法律，是因为有需要审理的案件，而他们又不得不审理。需要由他们来定案的政治问题，均和当事人的利益有关，只要他们不质疑正义，他们就必须审理。他们履行法官的职责，就相当于在尽公民的义务。的确，在这种制度下，法院针对立法机关所进行的司法弹劾，是不可以毫无差别地扩及所有法律上的，因为有些法律绝不可能引起诉讼争端。即便出现了这种争端，也几乎没有人愿意将它送至法院解决。

美国人也时常感受到这种方法带来的不便，但他们宁愿左修修右补补，也不肯进行彻底修正，生怕修正之后会产生严重的后果。美国法院这种范围有限、可以宣布某项法律违宪的权力，是人类迄今为止反对议会政治专横的有力手段。

美国法官拥有的其他权力

在美国，所有公民都可以向普通法院控告官员——他们如何来行使这项权利——法兰西共和国第八年宪法第七十五条——美国人与英国人不能理解这一条法律的意义

我不清楚有没有必要谈谈在像美国这样的自由国度，所有公民都可以向普通法院控告官员，以及所有法官都可以判处官员的问题，因为人们都觉得这在自由国度是很自然的。

在公职人员犯法时责成法院惩处他们，并不是授予法院以特权，而是让法院行使其制止犯法的必要权利。

依我看，美国让所有行政官员对法院负责，并没有减弱政府的权限。

恰恰相反，我认为美国人这样做，使政府获得了更多的尊重，激励

政府更加认真工作，以免遭受指责。

我从未见过有哪个国家的政治诉讼案件比美国还要少，对此，我也不难做出解释。不论案件的性质怎样，诉讼总是一件麻烦且费钱的事儿。在报纸杂志上批判一个普通人并不难，但若要将他告到法庭去受审，就必须有重大的理由。所以，要依法起诉一个公职人员，就必须有控告他的正当理由。倘若官员们害怕被起诉，那他们就千万不要让人们找到这样的理由。

这种情况并不是由美国人所实行的共和制度决定的，因为相同的情况也可能每日在英国上演。

这两个国家的人民从来都没觉得让法院来监督国家的主要官员，自己的独立就能得到保障。他们觉得若想确保自由，与其凭借他们从来没有求助过的或者很久才能提出的大诉讼程序，还不如凭借普通民众随时都可以提出的小诉讼程序。

在很难抓住逃犯的中世纪，法官一旦逮捕到罪犯，往往就会对其处以酷刑，但这并没有减少犯罪案件的数量。人们后来发现，审判越温和得当，效果就越明显。

美国人与英国人认为，应将虐待与专横都看作是盗窃，因此他们简化了审讯程序并减轻了刑罚。

法兰西共和国第八年颁布了一部宪法，其中第七十五条这样写道："部长级以下的公职人员由于职务关系而犯罪时，只有依据行政法院的决定才得逮捕。这时，可以向普通法院起诉。"①

① 可参阅迪盖等人的《一七八九年以来法国的宪法与主要法律》，巴黎，1952 年，第 116 页。有关最近八年的宪法，可参见普雷洛的《政治制度与制宪权》（巴黎，1961 年，第 340 页）中，其中对此有细致的分析。

如今，第八年宪法已被废除了，但是这一条却没有被废除，仍然保留了下来，而且每天都在风口浪尖上，遭受公民的公正抗议。

我曾多次向美国人与英国人解释，想让他们理解这第七十五条法律的意义，但每次都以失败告终。

他们原以为，法国的行政法院（Le Conseil d'Etat）是王国中央常设的一个大法院；而在他们看来，首先要将所有的原告都推到那里去是一种暴政。

然而，当我反复解释，行政法院不是通常所说的司法机关，而是其成员直接隶属于国王的行政机关，因而由国王钦命的省长犯法后，国王可钦命行政法院法官去使前者免受惩罚时；当我对他们说因为君主的命令而受到伤害的公民只能向君主本人要求赔偿时，他们都不相信世界上会有这么荒谬的事情，并且指责我无知、胡说八道。

在法国君主政体时期，通常是由最高法院下令逮捕犯罪的官员。有时候，王权会干预进来，让诉讼无效。于是，专制政体便暴露出其本来面目，而人们只是迫于压力才屈服于它。

由此可见，我们又倒退到我们先辈所处的状态，因为现在的法国，在司法权的掩饰下，凭借暴力而强加于人的事情已近合法化。

第07章　美国的政治审判

作者本人对政治审判的看法——在英、法、美三国，人们是如何理解政治审判的——在美国，政治法官只审理政府官员——在政治法官的判决中，撤职比刑罚多——政治审判是政府经常使用的手段——虽然美国的政治审判是温和的，但或许正是因为温和，它才成为多数掌握的最强大武器

在我看来，政治审判就是被暂时授予审判权的政治团体所进行的判决。

在专制政府的统治下，另外给审判规定专门的程序是没有多大作用的，因为原告是以君主的名义起诉被告的，而君主是法院与国家的主人，他认为除了自己所拥有的权力外，再也没必要寻求其他保障。他唯一担忧的是，人民要坚持司法制度的表面手续，以及因为坚持按手续办事而损害到他的权威。

然而在大多数自由国家，多数表决对法院的影响一直不如君主专断对法院的影响大，在这些国家里，司法权通常是由社会代表在任期内行使的。有人觉得，相较于破坏国家统一的必要原则来说，将这些权利暂时合并在一起会更好。

英、法、美这三个国家，都在各自的法律中规定有政治审判。研究分析一下这三个大国对政治审判的不同应用是件很有意思的事情。

在英国与法国，国家的最高刑事法庭是由贵族院（上院）来组织的[1]。这个法院一般不审理政治罪行，但它也可以审理。

众议院（下院）与贵族院（上院）并列，是享有起诉权的政治机关。在这方面，英法两国存在的唯一区别是：在英国，下院有权向上院控告任何它想控告的人[2]；而在法国，下院只能向上院控告国王的大臣。

另外，两国的上院都能够按照本国刑法打击犯罪分子。

和欧洲一样，在美国，这两个司法机关有一个拥有上诉权，另一个拥有判决权。也就是众议院控诉罪犯，参议院判处罪犯。

然而，众议院只能向参议员控诉公职人员；而参议院只能查封众议院追诉的财产。所以，相较之下，美国参议员的权限没有法国贵族院的权限大，而美国众议院的起诉权则比法国众议院的权限大。

但是，美国与欧洲之间最大的区别是：在欧洲，政治法院有权运用刑法的所有条款；而在美国，当政治法院罢免罪犯之前所担任的公职并且剥夺他将来担当任何公职的权力时，其任务就已完成，接下来的事宜则由普通法院来处理。

倘若美国总统犯了叛国大罪。

这个时候，首先由众议院弹劾总统，然后由参议员来公布罢黜他的职务。接着，由陪审团出庭审理，只有陪审团有权剥夺他的自由或生命。

---

① 在英国，贵族院也组织审理某些民事案件的最高上诉法院。可参见布莱克斯通著作第三卷第四章。（《英国法释义》第三卷，伦敦，1809年你，第57页）

② 《不列颠论丛》（巴黎，1943年）中记载布莱尔利的《英国法律》，其中对英国的司法制度进行了简明扼要的分析。有关“弹劾”案件的诉讼，可参见奥格与雷合著的《美国政府概论》（1948年第九版，纽约）。有关法国的这类问题，可以参阅第四共和国宪法第42条、第55—59条，以及巴泰勒米的《宪法论》（巴黎，1933年）第867页及以下几页。——法文版编者

这就是我们所讨论的问题的真实反映。

欧洲人依法进行政治审判时，不论罪犯是什么出身、什么等级以及在国内担任什么职务，都一致看作是审理重大的刑事罪犯。为了进行政治审判，需要临时组建一个大的政治陪审团，并且授予其法院的所有特权。

由立法机关的成员来担任司法的法官。他们有权认定罪行，选择合适的法律条款来惩治犯人。在他们行使法官职权的同时，法律也针对他们规定了一些必须履行的义务，要求他们遵照司法程序行事。

法国或英国的政治法院在审理一个犯罪的公职人员并予以惩治时，要依法免除其职务，甚至可以剥夺其将来担当任何公职的权利。但在这种情况下，政治上的免官与停职都只是判决附带的结果，并不是对职务本身的判决。

所以，在欧洲，与其说政治审判属于行政措施，还不如说其是司法行为。

美国的情况则截然相反，与其说美国的政治审判是司法行为，不如将其归属于行政措施。

的确，从形式上看，参议院的判决是司法性的，因为要让参议员做出决定，众议院必须履行司法手续并遵守诉讼程序。从判决的依据看，参议员的决定也是司法性的，因为通常来说，参议院必须以普通法作为其判决的依据。然而，从判决所惩处的现象看，参议员的判决属于行政性的。

倘若说美国立法当局的主要目的，是将司法大权当作一个政治机关的武器来使用，那这个政治机关的行动对象就不会只限于公职人员，因为国家最危险的敌人可能并未担任任何公职。在施行共和政体的国家，这种情况更加明显，因为这种国家的政党，其最大利益就是掌权，而且通常是势力愈大愈非法夺权。

既然美国立法当局为了禁止犯罪，让社会本身拥有以法官的身份去惩处重大罪行的权力，那么政治法院也要将刑法典作为自己行动的依据。然而，这只给了政治法院一个并不完备的武器，而且这个武器还不能打击最危险的犯罪行为，因为对于那些企图推翻法律本身的人来说，行政撤职处分的作用并不大。

所以，美国政治审判的主要目的是，取消滥用权限的官员的权力以及禁止其今后再取得这种权力。就像人们所看到的一样，这是一种具有司法性的行政措施。

可以说，美国人创造了一种混合制度。他们的政治审判只能做出行政撤职处分，而不可以进行严厉的惩治。

这个原则贯穿整个政治审判制度。从中我们可以看出，为何美国及其各州的宪法规定文职官员在参议员的司法管辖之下，而那些犯有大罪的军人则被排除在外。在美国，文职官员不能被撤职，因为有些官员是终身制，而另外一些官员在任期内不能被罢黜。若想剥夺他们的权力，就必须通过法院来处理。然而，军人直接由国家元首管理，而国家元首本身也属于文职官员。倘若判国家元首有罪，则相当于打压所有文武官员①。

假若拿美国和欧洲的制度相比较，就能从它们各自所产生的效果上看到非常明显的差异。

在法国与英国，人们将政治审判看作是一种非常规武器，不到万不得已的时候不会应用，只有在让社会免遭重大灾难时才使用。

---

① 不可以罢黜一个官员，但是可以剥夺他的发号施令权。

毋庸置疑，欧洲实施的这种政治审判违背了分权的保护主义原则，时常威胁着人民的自由和生命。

美国实行的政治审判只是间接地侵犯了分权的原则，但是绝没有威胁到公民的生存。它所打击的对象只限于那些因渎职犯罪而被它惩处的人，并不会像欧洲那样殃及所有人。

它既不令人生畏，也没有太大的效果。

所以，美国的立法机关也没有把它当作防治重大社会弊端的万应良方，而仅仅只是把它视为政府的一般管理手段。

由此来看，相较于在欧洲，它在美国对社会的影响更为实在。当然，我们也不能被美国立法机关在政治审判方面的温和表现所迷惑。首先应该说明，美国负责政治审判的法庭，其成员以及它所受的影响都和进行刑事审判的法庭相同，这就加剧了政党之间的相互报复情绪。和欧洲的政治法官相比，美国的政治法官虽然不能严惩罪犯，但是他们也很少做无罪宣判。他们做出的判决并不令人生畏，但却相当符合实际。

在组建政治法庭时，欧洲人的主要目的是对罪犯进行刑事惩罚，而美国人的主要目的则是剥夺罪犯的权力。可以说，美国的政治审判是一种预防措施。所以，政治法官没必要纠结于刑法条文的准确定义。

最令人感到吃惊的是，美国法律在定义切合原义的政治罪时总是表现得模棱两可。《美利坚合众国宪法》第二条第四项这样写道：“总统、副总统以及合众国的所有文职官员，凡是受叛国罪、贿赂罪或者其他重罪轻罪的弹劾并且被宣判有罪时，应当被免职。”而在大多数州的宪法里，政治罪描述得更不明确。

《马萨诸塞州宪法》里写道：“州参议院是全权法院，受理与判决众议院对本州一个或一些玩忽职守官员的控诉。”[①]《弗吉尼亚州宪法》中有这样一句：“由于施政不善、贪污、失职或者其他重罪轻罪而使本州有所损失的所有官员，都将受到州众议院的弹劾。”有些州的宪法压根没有举出任何罪名，因而让官员承担了无限的责任[②]。

然而，我敢肯定，美国法律之所以在这方面表现得这么可怕，正是因为它的温和性。

我之前已经说过：在欧洲，一个公职人员被撤职和被剥夺政治权利，是其遭受刑罚的结果；而在美国，这种惩处本身就是一种刑罚。于是，便出现了以下的局面：在欧洲，政治法院尽管被赋予了非常大的权限，但它有时候不知道怎样去应用这种权力；甚至有时会因害怕惩罚过重，而放弃惩罚。然而在美国，人们并不反对那些不会造成人身痛苦的惩罚；而那种判处政敌死刑以剥夺其权力的做法，则被人们看作是可怕的谋杀；美国人觉得，宣判政敌没有资格行使他的权力并予以剥夺，同时又保证他的自由和生命，才算是公正的结局。

然而，对于被判处的大部分人来说，这种极易做出的宣判也是非常痛苦的。一些大犯人可能对判决毫不在乎；而那些普通犯人，则会认为判决使他地位丧失、名誉扫地，今后只能过生不如死、可耻无为的生活。

所以，美国政治审判对社会生活的影响，看似不太可怕，但事实上是非常厉害的。政治审判虽然不直接施于被治者，但它却是当政者获取多数选票的重要手段。它并不授予立法机关只有在关键时期才能行使的无限大权，而是适度授予它每天都可行使的常规权力。倘若授予的权力

---

① 为第一章第二条第八项。
② 可参阅伊利诺伊州、缅因州、康涅狄格州以及佐治亚州的宪法。

不够大，那即使便于行使，也容易被滥用。

由此可见，美国人之所以不要政治法院做刑事判决，与其说是为了预防立法暴政本身，还不如说是为了避免立法暴政所带来的可怕后果。总之，我不确定我是否可以说美国所施行的政治审判，是迄今掌握过的武器中最强大的武器。

当美国的共和政体日趋式微时，人们不难检验我的说法，因为只要看一下政治审判的数量有没有增加就可以了。(N)

第08章　联邦宪法

在前面，我已经讲解了各州作为一个单独整体存在，叙述了各州人民设置的不同机关以及他们采取的行动手段。然而，被我当作独立体来研究的各州，在某些情况下必须服从最高当局。这一章，我主要论述联邦政府的这部分主权，并概览下联邦的宪法[①]。

联邦宪法的发展历史[②]

首个联邦的起源——它的弱点——国会呼吁制宪权——从呼吁制宪权到公布新宪法共用时两年

就像我之前说过的，于上个世纪同时摆脱英国束缚的十三个殖民地，拥有一样的宗教、一样的语言、一样的民情以及基本一样的法律，并且有一样的敌人，这诸多的共同点足以让它们相互联合起来，组成一个单一的独立国家。

① 可参阅《美利坚合众国宪法》。
② 有关联邦宪法的发展历史，可参阅奥格与雷合著的《美国政府概论》（纽约，1942 年）第 25 页及以下几页。——法文版编者

然而，因为它们一开始就各自单独存在，拥有独自管理的政府，形成了各自特有的利益与习惯，所以，对于会掩埋各自重要性的坚固而完整的联合表示反感。于是，产生了两个相互对立的趋势：其中一个趋势促使英裔美国人走向联合，另一个趋势则促使他们走向分裂。

只要与母国的战争不停止，现实的必要性最终会将他们推向联合。尽管一开始创立这种联合的法律还有缺陷，但这些缺陷并不会影响共同纽带的存在①。

然而订立和约后，最初立法的缺点很快就暴露了出来：国家似乎一下子就解体了。每个殖民地均成了一个独立共和国，都要求拥有完全的主权。邦联政府被其所实行的宪法弄得软弱无力，不再有共同的危险感作为其支柱，眼见着国旗被欧洲大国践踏而束手无措，加之当时也没有足够的实力去对付印第安人以及支付独立战争时期债款的利息。在邦联政府行将毁灭之际，它正式表明了自己的处境，并开始呼吁制宪权②。

倘若说美国有段时期使其居民的自豪感、想象力、荣誉感达到了顶点，那应恰好是在国家权力主动放弃统治权的最高潮时期。

不管在哪个时代，都能够看到一个民族为争取独立而进行的顽强斗争，更何况美国人为摆脱英国人的束缚而做的斗争总是被过分夸大。美国与敌人相隔着大洋，距离1300里约（约3800英里），而且它还有一个强大的同盟者的支持。美国之所以能够最终取得胜利，关键得益于它的地

① 参阅 1778 年起草的第一部联邦宪法的相关条款。这部宪法到 1781 年才被全美采用。（作者托克维尔在这里所说的第一部联邦宪法，在我国称为《邦联条例》；在《邦联条例》生效的 1781 年至 1787 年，全国政府叫作邦联政府。——中文版编者）还可参阅《联邦党人文集》对这部宪法第 15 条至 22 条的阐释以及斯托里先生在其著作《美国宪法释义》第 35 至 115 页中的分析（波士顿，1833 年）。

② 国会于 1787 年 2 月 21 日发表了这项声明。可参见斯托里的《美国宪法释义》第 107 页。

理位置，然后才是它的军队士气或者是公民爱国心。美国的独立战争无法与法国大革命的战争相比，或者可以说，美国人所做的努力根本比不上法国为抵抗全欧的进攻所做的努力。法国在抵抗全欧的进攻时，没有钱，也借不到钱，更没有同盟者，在内忧外患的困境下，它投入二十分之一的人力去抗敌，一只手忙着扑灭国内燃起的熊熊烈火，另一只手则忙着在国外挥舞火炬。尽管如此，美国的表现也令人耳目一新，毕竟一个伟大民族在得知政府停止运转后，仍能冷静从容地自省，深入分析失败的原因，耗时两年摸索解救的办法，并且在找到方法后心甘情愿地去服从它，这一系列动作都是史无前例的。

当他们意识到第一部联邦宪法存在缺陷时，往日鼓舞他们革命的政治激情并没有彻底消沉，而且当初制定宪法的伟人们依然健在。这两点对美国来说是两大幸事。尽管负责起草第二部宪法的制宪会议人员不多[①]，但是却集聚了当时新大陆最精明、最高尚的人物，乔治·华盛顿就是制宪会议的主席。

经过长期的斟酌讨论，制宪会议终于建议人民接受迄今仍在治理美国的那部基本大法[②]。全部的州都陆续接受了它[③]。经过两年的空白期，新的联邦政府于1789年开始运转。所以，美国革命结束之时，恰好是法国大革命开始之际。

---

① 制宪会议人员数只有55人，其中有华盛顿、麦迪逊、汉密尔顿和两个莫里斯等。

② 有关联邦宪法的简介，可参考奥格与雷合著的《美国政府概论》（纽约，1942年）第25页及以下几页；芒罗的《美国政府》以及我们在本书下卷所列举的参考文献。——法文版编者

③ 并不是由各州的立法机关接受的。人们为此特地选出了专门的代表。在各州举行的代表会议上，大家对新宪法进行了深入的探讨和研究。

联邦宪法概括

联邦政府与州政府之间的权力划分——州当局把制定普通法当作常规——联邦当局则将制定普通法视为例外

美国人遇到的第一个难题是，如何将主权划分得既能让各州实现最大化的自治，又能保证联邦所代表的全国政府是一个完整的整体并满足全国性的需要。这是一个复杂且难以解决的问题。

若想预先用一个准确全面的办法划分两个政府的权限是不可能的。

没有谁能够预见一个国家的所有生活细节。

联邦政府的义务与权利是简单而又易于划定的，因为结成联邦的目的就是为了解决某些全国性的重大需要；而各州当局的义务与权利就复杂许多，因为州政府深入到了社会生活的所有细节。

所以，当时可以明确规定联邦政府的职权，并规定凡是联邦政府职权之外的事项都属于州政府的职权。于是，州当局便将制定普通法视为常规，而联邦当局则把制定普通法当作例外[①]。

然而，美国人当时就已预见到，现实中的有些问题可能不在联邦政府明确规定的职权范围内，担任由各州自设的普通法院去处理它又存在危险，为解决这一难题，美国人专设了一个联邦最高法院[②]。这是一个独

---

① 可参见联邦宪法修正案：《联邦党人文集》第 32 篇；斯托里的《美国宪法释义》第 711 页；肯特的《美国法释义》第一卷 364 页（作者托克维尔引自詹姆斯·肯特的《美国法释义》第一版）。还应当指出的是，不管在什么情况下，联邦宪法都没有授予国会决定某些问题的特权，而各州在国会认为合适的时候，都能够拥有这项权利。比如，国会虽然可以制定有关破产的普通法，每个州同样有权制定自己的破产法，但是要在提交法院立案前通过讨论才能制定。这属于一项法律程序。（此后 1898 年，国会制定过联邦破产法）

② 正如接下来所要叙述的，这个法院并不直接审理案件。

一无二的法院，它的职权之一就是，在两种相互竞争的政府之间维护宪法规定的分权①。

联邦当局的职权

宪法授予联邦当局媾和、宣战以及征收一般赋税的权力——联邦政府可以管辖的内政事务——在某些方面，联邦当局比旧法兰西王国的国王政府还要集权

在人民群众中，每个人民只是一个个人；而一个国家为了联合对外，尤其需要一个统一的政府。

所以，宪法授予联邦政府媾和、宣战、缔结商约、征集军队以及筹建舰队的专权②。

而在指导社会内部事务上，对一个全国政府的需求便没有这么迫切。

虽然如此，仍然有一些与全国利益相关的问题，需要一个总的当局才能得以有效处理。

所以，宪法还授予联邦政府以与货币价值有关的所有事务的决定

① 《联邦党人文集》第45篇对联邦和各州之间的这种主权划分进行了如下阐述：“宪法授予联邦政府的权力有明确的规定，并且为数较少；而授予各州政府的权力则没有明确的规定，并且为数不少。联邦政府的权力主要表现在对外，比如宣战、媾和、谈判与通商；而各州政府的权力则扩及普通法院管辖的所有事务，包括州内的生活、自由以及开发问题等。”我在本书中会经常引用《联邦党人文集》。在现联邦宪法刚刚提出并被人民接受的时候，已然出名和后来更加有名的三位伟人（也就是约翰·杰伊、汉密尔顿、麦迪逊）通力合作，向全国人民宣传该宪法的优点。为此，他们连续在报纸上发表了一系列论文，后来又将这些论文集结成书，名为《联邦党人文集》。他们在报纸上发表这些论文时，署名是联邦党人，集结成书后仍沿用此名。《联邦党人文集》是一本好书，虽然它是针对美国写的，但却是全世界国务活动家的必读书籍。

② 可参阅联邦宪法第一条第八项；《联邦党人文集》第41、42篇；肯特的《美国法释义》第一卷第207页及以下几页；斯托里的《美国宪法释义》第358—382页，第409—429页。

权，管理全国的邮政，有权铺设将全国各地区连接起来的交通干线①。

通常来说，各州当局在本州境内是自主的。然而，它可能滥用这种自主，并因措施不当而危害全联邦的安全。这种情况虽罕见，但以防万一，预先就有明文规定，允许联邦政府干涉州的内部事务②。所以，联邦各州虽然可以修改或者改订自己的立法，但是不允许制定追究过去的法律，不许在本州内组织贵族集团③。

为了让联邦政府清偿其所负债务，宪法还授予其不受限制的征税权④。

当仔细研究联邦宪法规定的分权制度时，也就是一方面研究分给各州的那部分主权，另一方面研究联邦所拥有的那部分大权时，我们不难发现，联邦的立法者们对政府集权都有着非常明确与合理的认识。

美国既是一个共和国，也是一个联邦。然而与当时欧洲一些君主专制大国相比，美国的国家权威在某些方面更加集权。我举两个例子来佐证这一点。

法国一共有十三个最高法院，它们绝大多数都可以解释法律，而且不准上诉。此外，一些被称为“国中国”（pays d’Etat）的省份，在代表国家最高当局制定税法时，可以拒绝与最高当局合作。

然而在美国，就像只有一个立法机关有权立法一样，也只有一个法院有权解释法律。所以，在这两个要点上，美国比旧法兰西王国更集权，但美国仅只是联合了若干个共和国——州的集合体。

---

① 在这方面，联邦政府还有一些别的权力，譬如制定有关破产的普通法，发放专利证明等等。显然，对这些方面进行全联邦干涉是很有必要的。

② 这种干预也是间接的。我在后文中会讲到，联邦政府是通过其法院来进行干预的。

③ 参见联邦宪法第一条第十项。

④ 可参阅联邦宪法第一条第八、九、十项；《联邦党人文集》第30—36篇，第41—44篇；肯特的《美国法释义》第一卷第207页、第381页；斯托里的《美国宪法释义》第329页、第514页。

在西班牙，有些省份可以制定本省的税法，而这项权利从其本质上来看是属于国家的。

在美国，只有国会可以协调各州之间的商业关系。所以，在这一方面，美国比西班牙王国还要集权。

的确，在法国与西班牙，王权总是可以在必要的时候依靠武力去做一些越权的事情，而这些事情依据王国宪法是无权去做的。尽管从结果上来看并无区别，但我在这里主要讲的是理论。

联邦权

明确了联邦政府的活动范围之后，接下来就该考察下它是怎样活动的。

立法权

立法机关分为两支——两院的组建方式不一样——在组建参议院上，州独立的原则取胜——在建立众议院方面，国家主权学说占上风——宪法只在国家刚建立时符合逻辑，而在建立联邦的权力机构时，很多方面都遵循了各州宪法之前的制度

联邦当局的立法机关由参议院与众议院组成。

在相互调和下，这两个议院根据不同的原则组建成。

我已在前文中说过，在起草联邦宪法的过程中，出现了两种相互对立的利益。这两种利益产生了两种不同的意见。

一部分人想将联邦组建成一个各州相互独立的联盟，或是一种召集各州代表一起商讨与共同利益有关的问题的大会。

而另一部分人则想将美洲各殖民地的所有居民结合成为一个单一的

国家，建立一个权力有限，但能在这个权力范围内作为国家的唯一代表进行活动的政府。这两种理念的实践结果将存在明显区别。

譬如说，倘若建立的是一个联盟，而不是一个全国性政府，那么法律的制定就取决于州的多数票，而不是取决于联邦人民的多数票，因为每个州不管大小，都会保留自己独立政权的特点，并以完全平等的身份加入联邦。

倘若所有美国居民组成单一的国家，那么法律的制定就取决于公民的多数票。

不难想见，一些比较小的州若认可这种理念，就意味着它必须在联邦主权面前彻底放弃自己的独立存在，从一个和联邦完全平等的政权变成一个大国中不起眼的一小部分。第一种理念会将它们推向一个不合理的政权，而第二种理念则会将它们吞噬掉。

当利害和理念发生冲突时，理念总是服从于现实。最终，立法者采用了一种折中的方法，将理论上不可调和的两种理念强行协调起来。

第一种理念即州独立的原则在建立参议院方面获胜，而第二种理念即国家主权学说在建立众议院上占了上风。

每个州都向国会选派两个参议员，而众议院的议员人数则根据人口比例来规定①。

依据这样的规定，如今纽约州有40个众议员，但仅有2名参议员；

① 每隔十年，国会都要重新规定各州选派众议员的人数。1789 年，众议员的数量是 69（65）人，而到 1833 年则增至 240 人。可参见 1834 年版《美国大事记》第 194 页。宪法规定每 30000 人中选一名众议员，但并未规定最低人数。国会觉得众议员的人数不应该随着人口增加而增加。有关这项限制的第一部法令，于 1792 年 4 月 14 日颁布。可参见斯托里的《美国法律》第一卷第 235 页。（3 卷本，波士顿，1827 年）它规定每 33000 人中选一名众议员。有关这个问题的最近一部法令是 1832 年颁布的，其中规定每 48000 人中选一名众议员。有资格选举代表的人，包括全体自由人以及五分之三的黑人。

特拉华州有2名参议员，却仅有1个众议员。这样，在参议院，特拉华州和纽约州是平等的；但是在众议院，纽约州的影响力却是特拉华州的40倍。因此，若控制参议院的多数票，就会让众议院的多数票没有多大用处，而这就违背了立宪政府的精神。

显而易见，要在参议院与众议院之间合理地将立法工作的各个部分协调起来是非常复杂、困难的事情[1]。

随着时间的推进，在同一个国家，总会出现不同的利益，总会产生多种多样的权利。制定宪法时，这些利益与权利就会发生冲突，阻碍每一项政治原则实现其效果。所以，只有在社会建立初期，法律才能完全符合逻辑。当你看见一个国家从中受益时，不要急着说它是明智的，而应该首先想到它尚年轻。

联邦宪法制定后的一段时期里，英裔美国人之间依旧存在着两种完全对立的利益：各州的各自利益与联邦的全国利益。必须要协调这两种利益。

然而应该承认，迄今为止，联邦宪法并未产生人们最初所担忧的不良后果。

联邦各州都还很年轻，彼此关系紧密，有着相同的民情、观念与需求。大小或强弱带来的差距，还不足以让它们的利益过于悬殊。所以，参议院从来没有出现过几个小州联合起来反对大州的提案的现象。而且，体现全国意志的法律条文具有不可违抗的力量，所以在众议院的多数表决面前，参议院也无力反驳。

另外，要记住，美国的立法机关仅代表人民立法，并没有将人民组

---

① 可参见奥格与雷合著的《美国政府概论》（纽约，1942 年）第 288 页及以下几页。——法文版编者

成一个单一国家的责任。联邦宪法最初的目的，并不是撤销各州的独立存在，而仅仅只是缩小这种存在的范围。所以，立法机关在下放一项实权给第二级政权时（不能再收回来），就已放弃了强迫它们服从多数表决的习惯做法。有了这一规定，各州对联邦政府也会产生一定的影响。这仅仅只是对既成事实的一个确认，也就是说，对已被承认的权力只能支持，不能打压。

参议院和众议院之间的其他区别

参议员由州立法机构提名选出——众议员由人民提名选举——对参议员实施二级复选——对众议员实施一次选举——参议员与众议员的任期——职权

参议院和众议院之间的区别，不但表现在代表制度的原则上，而且还表现在选举方式、议员任期以及职权差异上。

众议员由人民提名选出，而参议员由各州的立法机关提名选出。

众议员是直接选举产生的，而参议员要经过两个环节才能产生。

众议员的任期仅两年，而参议员的任期是六年。

众议院只拥有立法权，它所拥有的司法权只限于弹劾公职人员[①]。参议院协助立法工作，审理众议院向其申诉的政治罪案件。它还是全国的最高执行机关，总统签订的条约必须经过他同意才能正式生效。总统提交的法案以及做出的任命，必须经过它的批准才能生效[②]。

---

① 可参阅奥格与雷合著的《美国政府概论》（纽约，1942 年）第 288 页及以下几页。——法文版编者

② 可参见《联邦党人文集》第 52—56 篇；斯托里的《美国法律》第 199 至 314 页；宪法第一条第二、三项。

行政权[1]

总统的依靠——总统的选举与责任——总统在其权力范围内的自由——参议院仅监察总统，并不指导总统——总统的俸禄在就职时确定——搁置否决权

制定宪法时，美国的立法者遇到一项很难完成的任务，就是要创立一种既依靠多数，又能在自己的权力范围内自由行事的行政权。

为了维护共和制度，行政权的代表需服从全国人民的意志。

总统是通过选举产生的最高行政官。他的荣誉、财产、自由、生命，不停地提醒他要正确行使自己的权力来报答人民。总统在行使其权力时，并不是完全独立的：参议院不仅在监督他和外国的关系，而且还在监督他是怎样用人的，因此，他既不会自行腐化，也不会被外界腐化。

联邦的立法者们意识到，倘若赋予行政权的稳定性与力量不及各州赋予它的稳定性与力量，行政权便不能有效地完成其任务。

总统的任期为四年，连选时可连任。为了今后能够再连任，总统会热衷于为公共福利工作并努力让其实现。

宪法规定总统是联邦行政权的唯一代表，并防止其意志受制于一个委员会的意志，因为这是一种不但会削弱政府行动，而且会降低执政者责任的危险做法。参议院可以宣布总统的某些法令无效，但是无权强迫总统行动以及与总统共享行政权。

---

① 可参阅《联邦党人文集》第 67 至 77 篇；宪法第二条；斯托里的《美国法律》第 315 页、第 518 至 580 页；肯特的《美国法释义》第 255 页。

立法机关针对行政权所采取的行动可能是直接的，但我之前已经说过，美国人极力避免这么做。这种行动也有可能是间接的。

譬如说，两院可以撤销公职人员的薪俸，以此剥夺他们的部分独立；而作为法律的主要拟定者，两院又经常让公职人员担忧它会夺走他们的权力。

行政权所具有的这种受制性，是共和制度固有的缺陷之一。虽然美国人一直未能阻断立法机关想要操控政府的趋势，但是他们却削弱了这种趋势，使其变得不那么势不可挡。

总统的薪俸在上任之初就已规定好，而且是针对他的整个任期规定的。另外，总统还拥有搁置否决权，这种权力能够防止那些可能损害其独立性的法律通过。然而这种权力也只能在总统和立法机关之间出现不平等竞争时使用，因为如果立法机关硬要坚持自己的方案，总有办法战胜总统的抵抗，而搁置否决权至少能够迫使立法机关重新考虑提交的议案，而且在重新审议提案时，必须有三分之二的多数支持才予以通过。此外，搁置否决权也是对人民的一种呼吁。这样的话，那些不具有这项保障、可能暗中被压制的行政权就能够提出申辩，有机会让人民听取它的理由。然而，倘若立法机关依旧坚持它的提案，它总能战胜外界的抵制吗？对于这个问题，我的回答是：任意一个国家的宪法，不论其性质怎样，都要求立法者务必凭靠公民的良知与德行。这一点，在共和国相对比较容易实行且显而易见，而在君主国则相对难以实行，并且时常被刻意掩盖起来。但是，这一点一定仅体现在某一方面。没有哪个国家的法律可以事先考虑到一切，没有哪个国家的制度可以代替理性与民情。

和法国的立宪国王相比，美国总统的地位有哪些不同

美国的行政权和其所代表的国家主权一样，是有限的、例外的——

法国的行政权和国家主权一样，能够扩及所有事务——国王是立法者一员——总统仅仅只是法律的执行者——两种权力的任期所产生的其他差别——总统被限制在行政权的范围内——国王在这点上是自由的——虽然有种种区别，但是法国更像是共和国，而美国更像是君主国——两国附着于行政权的官员数量

行政权对国家命运的影响非常大，所以我必须先在此探讨下它在美国的地位。为了能够清晰明确地了解美国总统的地位，最好将其与欧洲的一个立宪君主国国王的地位进行比较。

在做这种对比时，我不太关注权力的外在标志，因为这种外在标志极易分散研究者的注意力，对研究者没有多大的指导作用。

当一个君主国逐步变为共和国时，王权虽已消失很久，但是国王仍凭借着行政权保留着头衔、荣誉甚至财富。英国人将一位国王送上断头台，把另一位国王撵下宝座后，依旧习惯性地向这些君主的继承人下跪[1]。

另外，当一些共和国由一个独王统治时，这位独裁者却仍能保持生活简朴，不慕虚荣，作风谦虚，似乎自己并没有在万人之上。当皇帝们大权在手，专横统治着同胞的财产与生存时，人们称他们为恺撒，而他们又能屈尊到朋友家做客。

所以，应该揭去面纱，深入到内部去。

在美国，由联邦与各州来分享主权；而在法国，主权是一个不可分割的整体。我觉得，美国总统和法国国王之间最大、最主要的区别就出

① 有关这个问题，可参考吉罗的《欧洲民主制度下的行政权》，巴黎，1938年。——法文版编者

自于此。

在美国，行政权就像它所代表的国家主权一样，是有限的、例外的；而在法国，行政权像国家主权一样，能够扩及所有事务。

美国有一个联邦政府，而法国有一个全国政府。

这就是为什么美国总统地位不及法国国王地位的第一个原因，但并不是唯一的原因。第二个重要的原因是，美国总统与法国国王所代表的主权内涵不同。准确地说，可将主权定义为制定法律的权限。

在法国，国王实际上是主权的化身，因为法律不通过他批准就无法生效。与此同时，国王也是法律的执行者。

尽管美国总统也是法律的执行者，但是他并不实际参与立法工作，因为他的否决并不妨碍法律的存在。所以，他仅仅只是主权的代理人，而绝不是主权的化身。

在法国，国王不但是主权的化身，而且还参加立法机关，从中获取一份权力。他能参加国会一个议院的议员提名，并且还能凭自己的意志终止另一个议院议员的任期。而美国总统不参与立法机关的组建工作，而且也无权解散立法机关。

国王和国会分享法律的提案权。

而美国总统却不具有这样的提案权。

在国会的两院中，法国国王分别有其一定数量的代表，这些代表在国会中阐释他的观点，支持他的理念，让他的施政纲领取胜。

美国总统不可成为国会的议员，他的阁僚也和他一样被国会拒之门外。他只能利用间接的方法让自己的影响和意见渗入国会。

所以，法国国王与立法机关地位平等，没有国王，立法机关无法活动，而离开立法机关，国王也不能活动。

而美国总统就好比是一个低级的、从属的权力，被放置在立法机关之外。

从行政权来看，美国总统的地位和法国国王的地位非常接近。但在行使这项权力时，美国总统会因为地位低下等重要原因而遭受屈辱。

首先在任期上，法国国王的权力就有一定的优越性。要清楚，任期是权力的一项重要因素。人们普遍只对长久存在的东西表现出爱戴与敬畏。

美国总统只是一个任期为四年的行政官，而法国国王却是一个世袭的君主。

美国总统在行使行政权的时候，一直受到一种带有忌妒性的监督。他能够签订但无权批准条约，他能够提名但是无权直接任命官员①。

法国国王在行政权上是绝对的主人。

美国总统为自己的行动负责，法国法律则规定国王的人身是不容侵犯的。

当然，不论是法国国王，还是美国总统，都会受到具有指导力量的舆论的影响。虽然这种力量在法国没有在美国那样明显，没有被公认，未被正式写入法律，但是这种力量确实在法国产生着影响。这种力量，在美国是通过选举与法院判决来发挥作用的，而在法国则是通过革命来发挥作用。虽然美、法两国的宪法不一样，但有一点却是一样的，即舆论都是具有统治作用的力量。所以，归根结底，两国法律的原动力都是相同的，虽然这个原动力在两国的发展情况有过度自由与不够自由的区别，发展的结果也各有差异。从本质上说，这个原动力实为共和主义

---

① 尽管总统在任命联邦官员时必须征询参议员的意见，但是宪法的规定却模棱两可。《联邦党人文集》在第77篇中貌似提倡建立批准制度；然而国会在1789年却以充分的理由宣布：既然总统自己负责，就不应该强迫他任用他不信任的人。可参见肯特的《美国法释义》第一卷第289页。

的。因此我觉得，拥有国王的法国与共和国的近似度，要高于拥有总统的美国和君主国的近似度。

在上文中，我着重指出了两者间主要的不同点。倘若深入到细节，那对比的结果会更惊人。然而，这已违背我的初衷，说得过长了。

我已经在前面说过，美国总统的权力只限于在他所拥有的主权范围内行使，而法国国王的权力则可在所有主权范围内行使。

我能证明，虽然法国国王的统治权非常大，并且通过多种渠道管理私人利益，但是他在行使这项权力时又超过了其自然极限。

除了国王统治权的影响外，我还可以总结出任用大批官员所带来的后果。这些官员，差不多都是代替国王行使行政权的。如今，法国官员的总数已超过以往任何一个时期，达到138000人[①]，其中每个人都应被视作权力的分子。美国总统没有任用官员的专权，而且官员的数量不到12000人[②]。

能增强行政权影响力的偶然原因[③]

美国所享有的对外安全——观望政策——数量达六千人的军队——只有几只军舰——总统尽管拥有大权，但是没有机会行使——即使有行使机会，总统也很软弱

---

① 国家每年要给这些公职人员支付两亿法郎的薪俸。

② 美国每年在年鉴《美国年度大事记》上公布官员数量。这个数字是该年鉴1833年版公布的。（第11卷，华盛顿）由此可知，法国国王任用官员的数量是美国总统的11倍，而法国人口数仅比美国人口数多150%。

③ “能增强行政权影响力的偶然原因”。作者托克维尔针对这一点的论述显然是已经过时了，因此他的论述已属多余。请参考阿利克斯等人所著的《美国对外政策的基础》；奥格与雷合著的《美国政府概论》（纽约，1942年）第769页及以下几页。——法文版编者

美国的行政权没有法国强大的原因，与其说是法律造成的，不如说是环境造成的。

一个国家发挥行政权力量的机会，主要是在它和外国打交道的时候。

假使美国的生存一直受到威胁，假使美国的重大利益每天都和其他大国的利益相交织，那么行政权的威望将随着人们对它的期望以及其自身的作为而增高。

的确，美国总统是军队的统领，但这支军队只拥有六千名士兵。总统也指挥舰队，但是这支舰队只有几艘军舰。他主管联邦与外国的交流往来，但是美国没有邻国。美国与世界其他大洲隔着大洋，其独霸海洋的欲望还不是很强。它没有敌人，利益也只是偶尔与其他国家的利益发生冲突。

美国总统掌控的大权几近王权，但是却没有行使的机会。他拥有的权力，到现在也只能在非常有限的范围内行使。法律允许他强大，但是环境却使他弱小无力。

法国的情况与此相反，法国王权的强大力量更多是来自环境，而不是法律。

在法国，行政权一直与庞大的障碍做斗争，并且有很多方法去克服这些障碍。它不需要修改宪法，就能凭借它所处理事务的广泛性以及它所主管事件的重要性，来增强自己的力量。

假使法律让它也如在美国那样限制多多、软弱无力，那它的影响也会在不久后因环境而大大增强。

为了领导国务工作，美国总统可以不在两院取得多数

一个立宪君主的提案若遭到立法机关两院的反对，他就不可以进行

统治，这已在欧洲成为定论。

然而大家清楚，美国曾有好几个总统在立法机关失去多数支持，但是并没有被迫放弃权力，也没有给社会带来严重的灾难。

有人引用这个事实来佐证美国的行政权是独立的、有力量的。然而，只要稍作沉思，我们就会发现情况截然相反，这个事实仅能证明美国行政权是软弱无力的。[①]

欧洲的国王，需要获得立法机关的支持，从而实现宪法赋予他的任务。欧洲的立宪君主不仅仅是法律的执行者，他们还要想方设法让法律的执行完全符合自己的意志，一旦法律违背了他们的意志，他们便可让法律失效。国王需要国会来制定法律，而国会则需要国王来执行法律。这两个权力机构相互依存，一旦彼此对立失和，政府就将停止运行。

在美国，总统不能阻止法律的制定，也不能躲避执行法律的义务。他的积极配合，显然能够推进政府的工作，但也并不是必不可少的。他所有重要的工作，都直接或间接受到立法机关的监控；但若彻底摆脱立法机关的控制，他又几乎做不成什么事。所以，只有他的软弱才能使他和立法机关作对，而不是他的力量。

在欧洲，国王和国会这两者必须友好相处，因为一旦发生冲突就可能很严重；而在美国，这种和睦并不是必不可少的，因为压根就不可能发生斗争。

① “这个事实仅能证明美国行政权是软弱无力的”。美国社会实际的发展动向证明，托克维尔的观点是错误的。美国总统的权力从 1832 年开始增强，而且此后再未削弱。可参见本书下卷的参考文献以及奥格与雷合著的《美国政府概论》（纽约，1942 年）第 397 页。——法文版编者

总统的选举

总统选举制度的危险随着行政权的扩大而增加——这种制度之所以被美国人接受，是因为他们可以放弃强大的行政权——环境为何有利于建立选举制度——总统的改选为什么不会改变政府的原则——总统的改选对下属官员的影响

大国采用选举行政首脑的制度，这一举措的危险性已被经验与历史学家所证实。

所以，我在这里想就美国谈谈这种危险性。

这种选举制度所产生的危险，因行政权的地位及其在国家中的重要性、选举方式以及国家当时的环境不同而有大有小。

人们之所以强烈谴责国家首脑选举制度，是因为这种制度对于野心家有极大的诱惑力，促使野心家去争权夺利，以致合法的竞争方式已不能满足他们的欲求，而当权力即将离他们远去时，他们就会用武力来争取。

显然，行政权愈大，诱惑力就愈大；候选人的野心越大，就有越多的二流野心家来支持他，因为这群二流野心家企图在他们的候选人获胜后也分得一杯羹。

所以，选举制度的危险程度与行政权的影响力成正比，随其加强而增加。

波兰以往各次的革命不但要归因于一般选举制度，而且要归因于当选的官员成了大君主国的首脑。

由此可见，在探讨选举制度的绝对好处前，总要解决一个先决问题，也就是要搞清楚打算采用选举制度的国家的地理位置、法律、习

惯、国情与民意是不是允许这个国家建立软弱且受限制的行政权，因为我认为，既想让国家的代表人享有强大的权力，又想通过选举产生这个代表人，是两种相互对立的意愿。依我看，要想让世袭的王权向民选政体过渡，就只有一个方法，即首先限制王权的行动范围，然后再慢慢取消它的特权，让人民渐渐习惯没有王权帮助的生活。然而，欧洲的共和主义者们压根就没有这么想过。他们中的很多人之所以憎恨暴政，仅因为他们受到了暴政的欺压。行政权的强大并没有让他们遭受损失，他们只攻击暴政的起因，却忽略了将这两者紧密联系起来的纽带。

迄今为止，还未看到一个人甘愿担着荣誉与生命的风险去争当美国总统，因为总统的职位是一时的，并且受着各种限制。赌桌上必须有大注，赌徒才愿意孤注一掷。至今还没有哪个候选人可以让选民不顾一切地去支持他。原因非常简单：因为即使当上总统，身边的人也只能分享到极少的一点权力、财富和荣誉，而且总统这一职位在国内的影响并不大，不足以左右本派人的事业成败。

世袭君主政体有一个很大的好处：一个家族的个体利益永远和国家利益密切相关，因此它们无论如何也不会置国家利益于不顾。这里暂不评论这种君主国的事务主持得是否比共和国好，毕竟不论好坏，它总有一个人在努力主持。

而在选举政府首脑的国家，每临近选举之日，甚至在选举前的一段时间，政府就似乎自行停止运转了。的确，可以制定合适的法律，加快选举的进度并立即结束，不让行政权出现空位现象；然而，就算这样预防，人们也不会体会到立法者的良苦用心，依旧认为行政权处于空位。

每当临近选举，行政权的首脑便一门心思想着即将开始的斗争。他不再向前迈步，也不再提出任何新的企划，只会得过且过地处理那些或许将由他人来接手的工作。杰斐逊总统在1809年1月21日（也就是选举前六个星期）写道：“如今，我的退职期限越来越近，我可以不再参加实际工作，仅提出我的建议就可以了。我认为，让我的下一任积极采取他将实施和要负责的措施，是正当合理的。”（这段话是从杰斐逊给詹姆斯·门罗的一封信中摘录下来的，可参见《杰斐逊文集》第九卷243页，纽约，1898年）

然而在全美，人们都在关注着同一点：目不转睛地看着即将开始的分娩的阵痛。

倘若行政权管理国家事务的范围愈大，其活动愈多且显得愈有必要，那么由此产生的危险也会越严重。在一个已然习惯受行政权统治或者治理的国家，选举势必会造成一次巨大的震动。

在美国，行使行政权可以缓慢而不受谴责，因为行使行政权这一行为本身就是软弱无力且受到多重制约的。

若政府首脑是由选举产生的，那国家的内外政策方面几乎总会出现一段动荡时期。这就是这种制度的主要弊端。

而且，这一弊端的严重程度，与首脑权力的大小成正比。在古罗马，虽然执政官每年都换一次，但是政府的工作原则一直不会变，因为指导权掌握在元老院手里，而且元老院属于世袭机构。在欧洲的大部分君主国，倘若国王是选举产生的，那么在每次进行新选举时，王国都将更改面貌。

尽管美国总统对国务有极大的影响，但是他并不主持国务，压倒一切的权力由代表全国人民的议员掌握着。所以，可以改变政治准则的是全国人民，而不是总统个人。如此看来，在美国，选举行政权首脑的制度并不会对政府的稳定性产生极为不利的影响。

然而，缺乏稳定性毕竟是选举制度的固有缺陷，所以在总统本就不大的权限范围内，这个缺陷依旧表现得非常明显。

美国人想得没错，为了履行职务以及承受责任的重担，行政权的首脑应当有充足的自由去亲自挑选下属并随时罢免他们，而立法机关应该监督而不是指导总统，可由此产生的结果却是：每进行新选举，所有联邦官员的命运都好像悬而未定。

在欧洲的立宪君主国，人们时常埋怨行政机构中小职员的命运由大臣们的命运决定。在实行选举政府首脑制度的国家，这种情况更加严重。造成这一现象的原因很简单：在立宪君主国，接任的大臣能够很快上任，而行政权的主要代表并没有发生改变，改革活动也有一定的范围。所以，这种国家行政权的改变主要体现在细枝末节上，而不是体现在原则方面。在这些国家，一种制度不会突然替代另一种制度，所以也不致引起一场革命。但是在美国，每隔四年就会进行一场这样的革命。

虽然这种立法会在一定程度上给个人带来不幸，但是我们应该承认，官员命运的不稳定性在美国还没有产生在其他国家所产生的灾难。在美国，寻求自力更生的生活出路像丢掉官职一样容易。尽管丢掉官职后可能无法过上舒适生活，但是绝不会找不到谋生的出路。

我在这节的开头说过，选举行政权首脑制度的危险度，因国家环境的不同而有大有小。

虽然行政权的范围有所限制，它在法律上的地位也不是很强大，但是它对国家的对外政策却有着很大的影响，因为除非由一个人负责，否则谈判就不可能顺利开始和进行。

一个国家的形势越是艰难、不稳定，它就越需要一项坚定一致的对外政策。这样一来，采用选举国家首脑制度也会更危险。

美国的对外政策并不复杂，差不多可以说别人不需要他们，他们也不需要别人。他们的独立从来没有受到威胁。

所以，在美国，行政权的职能不仅受环境的制约，而且还受法律的制约。总统可以随时改变他的提议，但国家并不会因此遭殃或毁灭。

不论行政权首脑是怎样选举产生的，选举前后都是全国的骤变期。

如果一个国家的内忧越大，那它的外患也会越大，这时的国家更是危机四伏。每逢产生新首脑时，欧洲国家几乎都会为被人征服或陷入无政府状态而担忧。

在美国，社会不需要外界帮助就能自力。这个国家从未遭遇外患。它的总统选举是一件令人振奋的大事，而并非是导致毁灭的行为。

选举的方式①

美国立法者在选择选举方式时所表现出来的长干——组建一个独特的选举团——分别投票——众议院在哪种情况下应召选举总统——现行宪法自生效以来十二次选举概要

除了一些固有的危险外，还有很多来自选举方式，但经立法者注意就能预防的危险。

当全国人民携带武器到公共场所参加选举投票时，除了选举制度本身存在的危险外，还存在有因这种选举方式产生内战的危险。

当波兰的法律允许国王的选举可被一个独王否决时，就相当于这项法律在教唆人们杀掉这个独王，或者事先已设定了无政府状态。

深入考察美国的制度，仔细研究美国的政治、经济状况，我们会发

---

① 有关选举方式，可参见奥格与雷合著的《美国政府概论》（纽约，1942 年）第 254 页及以下几页。——法文版编者

现人们在这片土地上的发迹与他们自身的能力是成正比的。美国是一个新兴国家，但它的人民在很久以前就已习惯了自由：这是美国内部秩序稳定的两个主要原因。而且，美国从不担心有人会来征服它。得益于这些有利条件，美国立法者不难建立一个软弱无力、有依附性的行政权，并在建立行政权时既可以采用选举制度，又不致产生危险。

他们余下来要做的，只是从诸多选举制度中选择一项最没有危险的制度，让这方面规定的准则与本国自然条件、政治制度所提供的保障相符合。

首先需要处理的问题，是找到一种合理的选举方式，既能够充分表达人民的意志，又不致过度激发人民的热情，同时又能让他们尽量减少政权空位感。最开始，他们采用了以多数通过法律的方法。但这个方法并没有想象中那么简单，因为为了争取这个多数，人们不怕拖延时间，但拖延时间又恰恰是立法者极力规避的。

实际上，在一个大国的选举中，几乎没有人能够在第一轮投票中就获得多数。

在由势力强大的多个州联合而成的共和国中，这种情况更为少见。

针对这一障碍提出的方法，是将全国人民的选举权委派给一个代表全国人民的机关。

这一选举方式，增加了形成多数的机会，因为选举人数量越少，意见就越容易统一。这种办法方便人们做出良好的选择。

但是，又出现了这样一个问题：是应该将选举权委托给本就代表全国人民的立法机关，还是专门建立一个以选举总统为目的的选举团?

美国人选择了后者。他们认为，让那些负责制定普通法的人再去选举全国的最高行政官，不能全面地代表民意；此外，这些议员任职已超过一年，而他们所代表的选民现在或许已改了主意。美国人认定，倘若委托立法机关选举国家首脑，那议员们很可能在选举前的很长的一段时间里受贿并参与阴谋活动；像大陪审团的成员一样，这些特别选举人也会混迹于群众之中，不为人们所知，甚至只在行动时才露面，花上短短的几分钟投下票而已。

所以，最终决定各州派出一定数量的选举人[①]，委托他们来选举总统。然而，就像前面所说的，这种负责选举行政权首脑的团体，势必会成为争吵以及阴谋的中心。它有时可能篡夺不属于它的权力；它的悬而不决以及随时可能爆发的争吵，又可能让国家濒临破产的边缘。为防止这种情况出现，美国人决定，不召集选举人在一起开会，而只是让他们在同一天投票即可[②]。

这种选举方式有利于产生多数，但并不保证一定就能产生多数，因为和这些选举人的委托人一样，这些选举人也可能在意见上发生分歧。

若出现这种情况，就需要从以下三种方法中选择一种方法应对：重新指派选举人、由原选举人再次协商、转交给另外一个权利当局去选举。

前两种方法不但不太可靠，而且还会拖延时间，势必会带来没完没了的争吵。

所以，他们使用了第三种方法，把选票密封起来交给参议院议长，约定一个日子，当着参议员与众议员的面记录投票结果。倘若没有哪个候选人获得多数票，那就直接由众议院选举总统，与此同时，众议院也被规定了权限范围。众议员只可以从票数最多的三个候选人中选举一个

---

① 根据本州在国会中的议员数量选派。1833 年，参与投票的选举人数量为 288 人。（《美国年度大事记》）

② 同一州的选举人聚集在一起投票，将被选举人的得票情况送至中央政府所在地，而不在本州报道投票结果。

人当总统[①]。

就像大家已经看到的，仅在极少数和极难预见的情况下，众议员才会负责选举总统的工作，而且他们只可以从第一轮选举里票数相对多的人中选定一个人当总统。这是一种比较好的权宜之计，它将尊重人民的意志，与快速进行选举并不破坏国家利益协调起来。另外，让众议员分享权力来处理问题，也不一定可以解决所有难题，因为在众议院是否能获得多数这一问题上仍存在疑问，而且对此，宪法也没有提供补救的方法。不过，因为规定了候选人的资格，将候选人限定为三人，把他们交由一个没有偏见的机关来选定，所以这种方法在实施时并不会出现什么障碍[②]。至于别的一些障碍，则是选举制度自身所固有的了。

联邦宪法自生效44年以来，美国已进行了12次总统选举。

其中有10次是直接由各州的特别选举人在本州投票后选举产生。

众议院只负责过两次总统选举工作：第一次是1801年选举杰斐逊先生，另一次是1825年选举昆西·亚当斯先生。

选举时期是紧急时期

选举总统的时期是全国的紧急时期——为什么这么说——人民的热情——总统的担忧——选举后的平静

我在之前已经说过，有哪些有利环境可促使美国采用选举总统的制

---

① 这个时候，总统事实上不是凭借众议院的多数票，而是凭借各州的多数票当选。所以，纽约州对投票选定总统的影响就没有罗得岛州大。由此可见，起初是把全联邦的公民看成是一个整体，在全国范围进行选举，而当公民们的意见发生分歧时，权力又被分至各州，由各州的代表来投票。这是联邦宪法存在的一个怪现象，这种现象只能用多种利益冲突来解释。

② 然而，杰斐逊在 1801 年还是历经 36 次投票才正式当选。

度，并指出立法机关为消除这种制度带来的危险而采取的预防措施。美国人已经习惯了各种各样的选举。经验告诉他们选举热潮应发展到什么程度以及在什么程度停止发展。美国疆域辽阔但居民分散，这使得政党间的冲突不如其他国家那么明显和具有破坏性。迄今为止，全国在选举时的政治环境，还没有产生过任何真正的危险。

尽管如此，美国选举总统的时期仍是全国的紧急时期。

毋庸置疑，总统对选举进度的影响是微小且间接的，但这个影响却能够扩大到全国。对每个公民来说，总统的选举可能无关紧要，但是对全体公民来说，却是十分重要的。要清楚，不论一项利益多么微不足道，一旦其成为普遍利益，就会变得非常重要。

显然，和欧洲的国王相比，美国的总统没有多少方法培植私党。然而，由他任免的职位，却多得足以让众多选民直接或间接地关心其成败。

另外，和在其他国家一样，政党在美国也需要团结在一个人的周围，以便让群众更容易理解。所以，它们通常都利用总统候选人的名字作为象征来为自己服务，让这个人具体实践本党的理念。让选举对自己有利是它们的重大利益，但并不是凭靠总统的当选来让自己的理念取胜，而是通过当选总统来证明自己的理念得到了多数支持。

在选举前的很长一段时间里，选举是最重要的，甚至可以说是全国唯一关心的大事。所以，各党派都积极踊跃起来，原本和谐安静的国家又荡漾起各种党派激情。

而当时在任的总统，则想方设法自卫。这时，他不会为国家利益去解决政务，只会为再次当选而四处奔波忙碌。他为了获得多数支持而极力讨好选民，他不仅不依照职责所要求的那样去把控自己的情感，反而时常任其发作。

随着选举的迫近，各种阴谋活动也愈加活跃起来，选举的热潮也随之上涨、扩大。公民们分为若干个对立的阵营，每一个阵营都高舞着自己候选人的旗帜。这段时期，全国各地欢欣鼓舞，选举占据着报纸的头版头条，成为众人关注交流的话题，一切行动的目的，所有思想的中心以及当前唯一的兴趣。

的确，一旦选举的结果公布，这种热情就会消失，一切又归于平静，就像快要决堤的河水，又渐渐流回原来的河道，然而，即使是大风暴的前奏，也足以令人惊奇不已。

总统的连选连任[1]

允许政府首脑连选连任，说明政府在变质和有人搞阴谋破坏——对连选连任的渴望控制着美国总统的思想——在美国，连选连任有其特有的弊端——民主的弊端在于让一切权力慢慢屈服于多数的小愿望——总统的连选连任助长了这一弊端

当初，美国立法者允许总统连选连任的决定，到底是正确的还是错误的?

从表象上看，不允许政府首脑连选连任似乎是不合理的。大家都清楚一个人的才干与品行会对整个国家的命运产生怎样的影响，尤其是国家处于困境与紧急关头的时候！法律若禁止行政权首脑连选连任，将使公民失去协助国家繁荣富强和拯救国家的最好方法。不仅如此，还可能产生一种奇怪的现象，即当一个人证明自己具备良好的管理才能时，却

① 总统仅能连选连任一次的规定，在1940年罗斯福总统第三次当选总统时被打破。——法文版编者

被政府排除在外。

显然，这些论点都是非常有力的。然而，就不能提出更为有力的论点来反驳它们吗?

搞阴谋破坏是民选政府的自然弊端。当行政权首脑能够连选连任时，这种自然弊端将不断扩大，并且威胁到国家的生存。一位普通候选人若想凭借阴谋达到自己的目的，他的阴谋只能在非常有限的范围内施行。而当现任国家首脑再次出现在候选名单上时，他却能够依靠政府的力量去实现自己个人的目的。

第一种情况下，那个普通候选人只拥有微弱无力的手段；而在第二种情况下，则是国家通过强大的手段搞阴谋以及自行腐化。

利用应受谴责的阴谋获取权力的普通公民，只会间接破坏国家的繁荣富强；而当行政权代表参加竞选时，就将让政府把重心转移到次要工作上，把选举视为当前最紧要的工作。它一门心思都放在选举上，一点都不关心对外谈判和法律。尽管政府官员依旧获得报酬，但是他们已经不是在为国家服务，而是为上司服务。此时，政府的活动虽未总是违反国家的利益，但已不再为国家效劳。然而，严格地说，政府的活动只应为国家服务。

对连选连任的渴望控制着总统的思想，他所有的施政方略都以此为基点，他的一言一行都明确朝向这一目标，特别是临近选举之日，他就想用自己的个人利益替代全国的普遍利益。看不到这些，就无法认识美国总统处理国家事务的常规。

总统连选连任的原则，让民选政府的腐化影响极为广泛且危险。它败坏公民的政治道德，用纵横捭阖来冒充爱国行为。

在美国，连选连任原则还直接威胁到国家的生存基础。

任何一个政府都有一种似乎与其生存原则相关的自然弊端，而立法者的任务就是去认清这一弊端。一个国家或许因废止很多坏法律而生存下来，但坏法律的消极影响往往容易被人夸大。那些能带来毁灭性危险的法律，其危害尽管不会马上被人察觉，但是迟早会发作。

王权无限的、不合理的扩张，是专制君主国衰败破灭的原因。所以，就算采取措施，取掉宪法中加重王权的砝码，当这些措施一直不发挥作用时，它们也会变得非常有害。

同样，在民主开始占据主导地位以及人民渐渐主管起所有事务的国家里，那些促使人民的活动愈加活跃和愈加不可抗拒的法律，也将直接威胁到政府的生存。

美国立法者们的最大贡献，是他们清楚地认识到这个真理，并且有勇气付诸实践。

立法者们认为，除了人民的权力外，还应有一定数目的执行权力的机关。这些机关尽管不完全独立于人民，但是在自己的职权范围内也拥有一定程度的自由，这样一来，它们既要被迫服从人民中多数的决定，同时又能够抵抗这个多数的无事生非以及拒绝其危险的要求。

为了实现这一目的，美国立法者们将全国的行政权集中到一个人手里，让总统享有广泛的特权，并授予总统否决权，用来抵抗立法机关的侵犯。

然而，因为实行总统连选连任的原则，立法者们又在一定程度上破坏了自己的工作。他们让总统享有大权，但是又压制了总统行使大权的意愿。

倘若不实行总统连选连任原则，总统就不会脱离民众，因为他不会为了竞选连任而忽略自己的本职工作，中止为人民服务。但对他而言，讨好人民也不一定非要完全遵从人民的意愿。

能够连选连任的美国总统，仅是多数手中千随百顺的工具。这一现象在政治道德衰败、伟人稀缺的现在表现得更为明显。总统要爱多数之所爱，憎多数之所憎；他要为多数的愿望、埋怨而忙碌，就连多数的一小点意愿，他也得顺从；立法者们原本希望他领导多数，而他却对多数言听计从。

立法者们本打算不让国家埋没人才，而结果却几乎使这些人才变成了废物；立法者们原本打算针对这种特殊环境采取相应的对策，但却总使全国处于危险之中。

联邦系统法院[1]

美国司法权在政治上的重要性——在讲述这一问题时所面临的困难——司法权在美国联邦的行使情况——哪些法院可在全联邦通行——创立全联邦性法院的必要性——美国联邦司法工作的组织——最高法院——最高法院与其他法院的区别

我在前面已经讲过美国的立法权与行政权，剩下还有司法权留待考察。

这里，我毫不讳言地表示：我担心我的讲述会引起读者的厌烦。

司法制度对英裔美国人的命运产生了非常重大的影响，它在政治制度中占据着极为重要的地位。从这一点来看，它值得我们特别重视。

然而，不清楚美国法院的组织结构以及审判程序中的某些技术细

---

① 可参见第六章开头一节《美国的司法独立及其对社会政治的影响》。本章主要讨论美国司法工作的基本原则。再参阅联邦宪法第三条。还可参见《联邦党人文集》第78—83篇；萨金特的《宪法是美国各级法院工作与办案的准则》，波士顿，1830年；斯托里的《美国法律》第134—162页、第489—511页、第581页、第688页；记录于斯托里《美国法律》第一卷第53页的1785年9月24日组织法。

节，又怎能了解美国法院的政治作用呢？又怎能在讲解这些细节时不让读者对这原本就枯燥乏味的主题失去兴趣呢？又怎能进行简单概要、首尾连贯的讲解呢？

我对不回避这些繁杂的难题而感到光荣自豪。普通的读者会认为我讲解得过于繁复冗长，而法学家们则觉得我讲解得过于浅显简要。然而，这正是我在全书写作中不能两全其美的地方，尤其是在这一章节中。

最大的困难不是了解联邦政府是如何组织的，而是了解美国是如何让人们服从联邦的法律的。

通常来说，各国政府只有两种制伏反抗的手段：第一种是政府本身所具有的物质力量；第二种则是法院的判决赋予政府的道义力量。

一个仅凭武力让人们服从其法律的政府，势必会迅速走向灭亡。这时也许会出现两种情况：倘若政府是脆弱且有节制的，只在迫不得已时才使用武力，对局部的、不断的违抗行为不予理会，那国家就会陷入无政府状态；倘若政府是鲁莽且强大的，无时无刻不使用暴力，那国家很快就会沦为一个彻底的军事专制国家。

不管政府是消极被动还是积极主动，都对被治者有着致命的损害。

司法工作的最终目的，是用权力观念替代暴力观念，在国家事务管理以及物质力量使用之间设置中间屏障。

人们都觉得法院所具有的干涉力量，就像一个怪物。当法院不复存在时，这股力量还顽固地残存在司法程序中，让人们错觉法院仍存在于无形之中。

法院所具有的道义力量，可让国家极少使用物质力量，而且可在大部分场合替代物质力量。但当不得不使用武力时，武力还会因与道义力量结合而力量倍增。

与其他形式的政府相比，联邦制政府更想得到司法部的支持，因为它天生脆弱无力，很容易遭到各种反对①。倘若它时常或者从一开始就使用武力，那它就无法完成自己的任务。

所以，联邦迫切需要创立法院，让公民服从它的法律，或者保护公民不受侵害。

然而，联邦应该设置一些什么法院呢？各州都早已有了自己的司法机关。它是否要求助于这些法院？它是否要设立直属于联邦的司法机关？很明显，联邦不能够让各州早已创立好的司法机关满足它的需要。

毋庸置疑，将司法权和其他权分离，对各州的安全与自由都是必要的。然而，各州的数种权力应该出自相同的源头，遵循相同的原则，并且在相同的范围内行使。简单地说，就是应该相互关联和性质相同，这对国家的生存来说，也是必不可缺的。我想没有哪个人，为了获得法官的公正判决，而要求将在法国犯下的罪行转至外国法院审判。

从美国人与联邦政府的关系来看，美国人是一个统一的民族，然而这个民族却承认仅在某些方面服从联邦政府，而在其他方面独立于联邦政府的政治组织。这些政治组织有着各自不同的来源、宗旨以及特殊的处事方式。把联邦法律的执行工作交由这些政治组织所设立的法院负责，就像把国家交给外国法官审理一样。

更有甚者，各州与联邦的关系，不但形同外国，而且永远对立，因为联邦失去的权力都被各州夺去。

所以，让各州的法院执行联邦的法律，就相当于将国家交给外国法

---

① 联邦的法律最需要法院，但迄今为止很少利用法院。主要原因是：大多数联邦成员在加入联邦之前就已经有自身独立的政府，它们并不是真正想服从中央政府，而当中央政府授予它们发号施令权后，它们就抓住机会，努力保持不服从中央政府的权力。

官审理，而且还是带有偏见的法官。

此外，州法院的性质也决定其不能为国家目的服务，加之州法院数量繁多，更是如此。

制定联邦宪法时，美国已设置有13个判决之后不能再向联邦上诉的法院。如今，这种法院已增至24个。不仅要对国家的主要法律做出24种解释和运用，而且还要让国家继续存在下去，这是无法办到的！这种制度既不合情理，也有悖经验。

所以，美国立法者们决定建立一个联邦司法机关，专门执行联邦的法律，审理有关全国利益的案件。这样一来，联邦所有的司法权，都被一个名叫“美国最高法院”的法院掌控。为方便审理案件，美国最高法院又设置了一些下属法院，让它们对一些不是很重要的案件做最终判决，或者对一些重大的案件进行初审判决。最高法院的法官不是由人民或立法机关选举，而是由美国总统在得到参议院同意后任命。

为了保证最高法院法官的独立性，使其不受其他权力机关的左右，立法者们规定最高法院法官为终身制，并且他们的薪俸一旦确定，就不受司法机关的核查①。

概述联邦司法制度的原则很简单，但是要细致讲解它的职权时，就会遇到很多困难。

---

① 首先，联邦下设有数个审判区，各审判区都常驻一名联邦法官，这位法官负责的法院称为联邦地方法院；其次，最高法院的法官们，每年都要在全国一定的地区巡回，在当地审理一些重大案件，该法官负责的法院称为巡回法院；最后，最高法院受理重大案件，不论是直接受理，还是上诉受理，所有巡回法官都要每年在最高法院所在地正式开庭一次，以审理这些重大案件。联邦法院也使用陪审制度，其方法与适用案件和州法院相同。我已经说过，美国的最高法院和法国的最高法院几乎完全不同。美国的最高法院能够进行初审，而法国的最高法院只可以进行第二审或者第三审。事实上，美国最高法院又和法国最高法院相同，都需要对法律做出统一解释。然而美国最高法院既审理事实也审理权利，并且亲自宣判，不用移送至其他法院。而法国最高法院不可以这样做。可参阅 1789 年 9 月 24 日组织法以及斯托里的《美国法律》第一卷 53 页。

规定联邦系统法院管辖权限的办法

规定联邦各法院管辖权所遇到的困难——联邦系统法院可以规定自己的管辖权——为什么说这项规定侵犯了让给各州的那部分权力——这些州的权力被法律与法律解释所制约——各州因此遭遇的危险并没有表面看上去那么严重

首先面临的问题是：美国宪法容许两种不同的主权同时存在，但在司法制度方面，这两种主权又由两种不同系统的法院代表，因此即使很细心地规定两个系统法院各自的审理权，也不能防止两者之间发生冲突。那在这种情况下，应该将规定法院管辖权的权力授予谁呢？

在政治社会比较单一和同质的国家，两个法院之间的权限产生争议时，通常都交给另一个法院仲裁。

这样的话，问题就很容易解决，因为在这样的国家，司法权问题与国家主权问题并没有牵扯。

然而在美国，不可以在州最高法院与联邦最高法院之上再建立一个既不属于州又不属于联邦的仲裁法院。

所以，必须授予其中一个法院自行断案的权力，可以受理或者拒绝受理案件。不能把这项特权授予各州的法院。倘若在法律上把这一特权授给各州的法院，那就相当于破坏了联邦的主权，因为州的法院拥有宪法解释权后，便会立即恢复被宪法相关条款夺去的那部分独立性。

让联邦最高法院开庭解决这方面问题的目的，是防止各州的法院自主决定有关全国利益的事情，同时设立一个统一解释联邦法律的司法仲裁机关。倘若各州的法院可将本该属于自己负责的案件推托给联邦，或者可将本该属于联邦负责的案件硬揽到自己身上，那这个目的就无法实现。

所以，联邦最高法院便被授权处理与法院管辖权相关的所有问题①。

这对州的主权是一个极为严厉的打击。如此一来，州的主权不但要受到法律的限制，而且要受到法律解释的制约，既要受一个已知范围的制约，还要受一个未知范围的制约，不仅要受有明文规定的制约，又要受无明文规定的制约。的确，宪法已经为联邦的主权规定了清晰明确的界限，但同时又规定：当联邦的主权和州的主权发生冲突时，应当由联邦法院来裁定是非。虽然如此，这种诉讼对州的主权的威胁，并没有表面看上去那么严重。我在后面将要讲到，事实上，美国各州所拥有的权力远远胜于联邦政府所享有的权力。联邦的法官们觉得，他们以自身名义行使的权力比较微弱。在受理依法有权审理的案件时，倘若给他们附带了一些不合理的要求，他们宁肯放弃审判权，不予受理。

联邦系统法院受理的各种案件

案件和诉讼当事人是联邦系统法院审判的关键要素——与外国大使有牵连的诉讼——与联邦有牵连的诉讼——与一个州有牵连的诉讼——由谁来审判——由联邦法律所产生的诉讼——为何要让联邦系统法院来审理——不履行合同的诉讼让联邦系统法院来审理——这种安排产生的后果

找到明确联邦系统法院权限的办法后，美国立法者们又规定了联邦系统法院审理案件的范围。

---

① 为尽量减少管辖权的争议，还规定：因联邦法院负责的案件太多，州法院可代替联邦法院办案，但所办理的案件都是能向联邦最高法院上诉的案件。弗吉尼亚州最高法院曾向联邦最高法院抗议，觉得后者无权接受审理它所宣判的案件的上诉。参阅肯特《美国法释义》第一卷第 300、370 及以下几页；斯托里的《美国宪法释义》646 页；载于斯托里《美国法律》第一卷 53 页及以下几页的 1789 年组织法。

他们确定了哪些诉讼人只能由联邦系统法院审理，而不管诉讼标的是什么。

然后，他们又确定了哪些诉讼案件只能由联邦系统法院审判，而不管诉讼人是谁。

所以说，诉讼当事人与诉讼案件是联邦系统法院审判的两项关键要素。

外国大使是美国联邦的友好国家的代表；凡是牵涉他们的案件，也可以说是牵涉全联邦的案件。当外国大使为诉讼方时，案件一定是与国家利益相关的，所以自然要由联邦法院审理判决。

联邦本身也有可能牵扯进诉讼中。这个时候，它若向代表联邦主权的法院起诉后，又向其他法院起诉，那就不合情理，并且违背了国家的惯例。这种案件只能由联邦系统法院审判。

当诉讼双方来自两个不同的州时，把案件交给哪一州的法院审理都不妥当。最好的方法，是挑选一个双方都不怀疑的法院，而这个法院非联邦系统法院莫属。

当诉讼双方不是个人而是州时，除了上面的公平理由外，还应该加上一项政治理由。这个时候，诉讼双方的性质让整个诉讼具有了全国影响。两州之间微小的争端，都可能影响全国的稳定[①]。

通常诉讼的性质就能决定管辖权的归属。例如，凡是与海上有牵连的问题，都应当由联邦系统法院处理[②]。

很明显，这么做的原因是：基本所有这类问题，都要从国际法的

---

① 美国宪法还规定，一个州政府与另一个州的公民之间的诉讼，由联邦系统法院审理宣判。此后不久就遇到一个问题：宪法的规定是不论原告是何人，只要是一个州政府和另一个州的公民之间发生诉讼，就都由联邦系统法院审理吗？对此，最高法院做出了肯定的裁定。这一裁定使各州变得不安，它们担忧联邦系统法院可以不事先通告就随时传讯它们。所以，宪法又做了进一步修正。依照这项修正，联邦的司法权不扩及外国公民对联邦某一州的起诉。可参见斯托里的《美国宪法释义》第624页。

② 比如所有海盗案件。

角度来分析。从这一点来看，可知这类问题均会涉及全联邦和外国的关系。而且，海上也不能像在国内一样划定司法管辖区，因此要有一个可以审理与海上事务有关的诉讼的国家法院。

联邦宪法几乎将所有在性质上属于联邦系统法院管辖的诉讼，都规定在同一个项目内。

虽然这方面的规定非常简单，但是人们能够从中看到立法者的整套思想以及所列举的事项。

美国联邦宪法中说，联邦宪法能够审理所有可从合众国法律中寻到依据的诉讼。

列举两个事例，就能让立法者的意图表露无遗。

比如，宪法禁止各州制定与货币流通相关的法律，然而有一个州违背了这项法令，制定了一条类似的法律，而相关方面有权因其违宪而拒绝执行。这种情况应由联邦系统法院来解决，因为联邦的法律中规定了打击此类行为的手段。

再比如，国会规定了一项进口税，然而却在征收时遇到了障碍。这一案件也应由联邦系统法院受理，因为争讼的原因在于对联邦法律的理解发生了分歧。

这一规定完全符合联邦宪法所采用的基本原则。

的确，根据1789年宪法建立的联邦，只拥有有限的主权，但宪法又想让联邦在这个范围内成为一个单一制的统一国家①。也就是倡导在这个范围内，它是一个主权国家。一旦这一点提出来并获得认可，其他问题就迎刃而解，因为倘若承认合众国是由宪法规定的享有主权的国家，就

① 事实上，又对这项原则做了诸多限制。例如，根据宪法规定，各州在参议院是以一个独立的政权存在的，而在众议院又能单独选举总统，但后一种情况很少出现。由此可见，反对的意见占了上风。

必须授予它一切国家所享有的权力。

然而，自从有国家以来，人们都认为任何一个国家均可以在本国法院审理有关本国法律执行的问题。但有人却辩驳说，联邦在这一点上有着独特的地位：仅从特定的方面来看，它是一个国家，但从其他方面来看，它又算不上是一个国家。由此会产生什么结果呢？结果是只有在与特定方面相关的法律上，它才可以成为拥有完整主权的国家。现实的困难是确定这个特定方面是什么。一旦解决这一难题（我在前面讲述审判权管辖时，已经说明怎样解决这一点），就不会再有问题了，因为只要规定一件诉讼是由联邦系统法院审理的，也就是根据宪法规定这是属于联邦的主权时，诉讼就理所当然应由联邦系统法院审判。

所以，只要联邦的法律受到侵犯，或是要采取措施保护这些法律时，就应该向联邦系统法院起诉。

可见，联邦系统法院的审判权是与联邦主权成正比的，随其扩大而扩大。

我在前文中已经说过，在1789年，美国立法者们的主要目的，是将主权分为两个部分[①]：其中一部分掌管联邦的共同利益，另一部分则掌管各州独自的利益。

当时，美国立法者们最关心的，是用足够的权力把联邦政府武装起来，让它能够在自己的职权范围内抵制各州的侵犯。

针对各州，立法者们采用了各州在本州内享有独立自由的普遍原则。中央政府无权去各州指导它们的活动，甚至无权监察它们的活动。

我在讲解权力划分那一节时，已经说过这项原则并未一直受到尊

① 读者将会发现，作者托克维尔反复提及美国把主权分成两个不同部分的问题。这一学说对欧洲的联邦制度思潮产生过巨大的影响。可参见梅利亚姆的《自卢梭以来的主权学说史》（纽约，1900年）。为了评价现状，可参读芒罗的《美国政府》第589页及以下几页。——法文版编者

重。有些法律虽然看似只与州的利益有关，但该州却无权制定。

倘若联邦某州颁布了这种法律，那因执行该法律而受到损害的公民有权向联邦系统法院起诉。

所以说，联邦系统法院的审判权不但涉及那些基于联邦法律而提出的诉讼，而且还涉及那些各州违宪制定的法律所造成的诉讼。

在刑法方面，各州都不能颁布有溯及力的法律。若被这种法律判刑，当事人有权向联邦系统法院控诉。

宪法还禁止各州颁布那种破坏或更改合同既得权益的法律（破坏合同义务的法律）[①]。

如果公民确定自己的合同权益被本州的法律损害，那他有权拒绝执行该法律，并向联邦系统法院起诉[②]。

我觉得，与其他规定相比，这项规定对各州主权的打击最大。

那些明显为了全国目的而授予联邦政府的权力，是清晰明了且容易理解的。但我刚才所说的这项间接授予联邦政府的权力是难以理解的，而且它的范围也不明晰。事实上，有很多政治性法律影响了合同的成立，并且因此侵犯了联邦主权。

---

① 斯托里在其著作《美国宪法释义》第503页中说得很正确：凡是使合同条款的原义有所增减或利用某种方式加以更改的法律，都会改变或者破坏该合同。斯托里还在同一页举例说明了联邦司法机关可能遇到的合同与法律发生冲突的案件。他列举了很多例子。譬如，某州将一块土地租给私人，并和这个人签订了合同，但后来又依照一项新的法令，使这个人不能使用这块土地；某州颁发给某公司的特许状本是一项合同，但对这个公司来说它还是一项法律。我们现在所说的这项宪法规定，只能保护大多数既得权益，并不能保证全部。例如，我可以不签订合同，就合法地拥有一笔财产。我拥有这笔财产是我的既得权益，但是联邦宪法却不保护这项权益。（作者托克维尔节选斯托里的原文）

② 以下，是斯托里著作《美国宪法释义》第508页及以下几页引述的一个著名的事例。新罕布什尔州达茅斯学院是凭借英王在美国革命前授予私人的特许状建立的。该院的几个管理人凭借着这个特许状组织了一个自治体，也就是美国人所说的Corporation。新罕布什尔州的立法机构欲下令修改当初的特许状，并将该学院所有权利、特权以及特许状授予的豁免权移交给新的管理人员。对此，原管理人提出抗议，并向联邦法院起诉。结果，联邦系统法院宣判原告胜诉，因为联邦系统法院觉得当初的特许状是州和特许状获得者之间名副其实的合同，而新的法律无权更改这个特许状的条款，不能破坏这个特许状授予的既得权益，这么做是违背美国宪法第一条第十项规定的。

联邦系统法院诉讼的程序

联邦系统法院自身的弱点——为了尽量让个人而不是州出席联邦系统法院，立法者们做出了种种努力——美国是如何实现这一点的——联邦系统法院针对私人进行的直接审理——对违背联邦法律的州实行间接打击——联邦系统法院仅做削弱各州法律的宣判，并不做废除它们的宣判

我在之前已经介绍了联邦系统法院都具有什么权利，这里再来谈谈它们是怎样行使这些权利的。

在主权没有被分成两部分的国家，那些司法权来自国家的法院，在惩罚违反法律的个人时，是代表整个国家的。在这里，权利的观念和支持权利的观念是相结合的。

然而，在主权被分成两部分的国家，情况却并不一直是这样。在这样的国家里，经常和司法机关接触的不是单独的个人，而是国家中的各党派。这样一来，司法机关的道义力量与物质力量都会大大减弱。

所以，在联邦制国家，受审人的力量非常强大，而司法机关的力量却有所减弱。

法院在主权未被分成两部分的国家的地位，比在联邦制国家高。为了让联邦制国家的法院获得与前者相当的地位，立法者们应当不懈努力，换言之，立法者奋斗的方向，应该是让司法机关代表国家，让受审者代表私人利益。

不论政府的性质是什么，都要统治其被统治者，强迫他们履行自己的义务；同时，它也要保护自己，防止受被治者侵犯。

根据美国宪法的规定，政府强迫被治者遵从法律的直接行动，由联邦系统法院来执行（这是美国宪法的创举），也就是责成联邦系统法院在执法时只以个人作为受审主体。因为已确定联邦是拥有宪法所规定的那部分主权的单一制统一国家，所以依据这部宪法创立和行事的政府也拥有全国政府所享有的全部权利，其中最主要的权利，是向公民直接发号施令的权利。当政府宣布征税的法律时，并不是向各州征收，而是按照规定的税率向所有应纳税的美国公民征收。负责贯彻实施这项法律的联邦司法机关，无权判处抗税的州，仅能判处违法的纳税人。和其他国家的司法机关一样，联邦的司法机关也只能惩处个人。

应该指出，在这方面，联邦是自己选择对手的。它选择的对手自然是软弱的，总是屈服。

然而，当联邦不是进攻而是自卫时，困难会越来越多。宪法容许各州制定自己的法律，但这些法律又可能侵犯到联邦的权利。这个时候，联邦和制定法律的州之间，难免会产生主权冲突。为了处理冲突，只能使用危险最小的处理方法。我在前文中讲到的总原则[①]，已经事先规定了这种处理方法。

依照一般的想法，遇到我刚才提到的这种案件，联邦一定会向联邦系统法院起诉侵权的州，而联邦系统法院也会判决该州制定的法律无效。这种处理方法最符合情理。然而，如此一来，联邦系统法院就会与该州针锋相对，而这恰恰又是联邦系统法院极力要避免的。

美国人觉得，在执行一项新法律时不损害某些私人利益，几乎是不可能的。

---

① 参见第 6 章有关美国司法权的部分。

联邦宪法的制定者们觉得，这种私人利益能够制止各州用立法措施打击联邦，因此他们在立法时特意保护了这种私人利益。

倘若，某州出售了一块土地给某公司，而一年后它又通过一项新的法律将这块土地用作他用。如此一来，它就破坏了宪法中关于禁止更改合同既得权利的条款。当根据新法律购得土地的人要求占有土地时，那些根据旧法律占有土地的人有权向联邦系统法院控诉，要求联邦系统法院判决新的法律无效[1]。这就在无形之中迫使联邦司法机关侵犯州的主权。然而，联邦司法机关仅是间接地向州发起进攻，而且只针对该州所订法律的细节。它攻击的是法令的后果，而不是法令的原则。它只是削弱州法律的效力，并不予以废除。

最后，再假设一个例子。

在美国，每个州都是拥有公民权的独立存在的自治体，因此，它们既有权向法院起诉，同时也可能被告上法院。例如，一个州有权向法院起诉另一个州。

这样的争讼，仅仅只是诉讼当事人都为州而已，并不涉及联邦攻击州的法律。

除了诉讼当事人的性质不一样外，这类案件和其他案件没有什么不同。在这里，本章开头所说的危险仍旧存在，而且很难避免。这是联邦体制所固有的危险，使得国内出现一些司法机关难以对抗的阻力。

最高法院在各州的大权中占据首位

和其他国家相比，美国创制的司法权最为强大——司法权的职权范

---

① 可参阅肯特的《美国法释义》第一卷第387页。

围——司法权的政治影响——七位联邦法官的才干决定了联邦的安定和生存

仔细分析完美国最高法院的组织后再全面考察它所享有的职权，便不难发现没有哪个国家建制过这么强大的司法权。

不论从其职权的性质来看，还是从其管辖的受审人的范围来看，美国最高法院[1]都远远超过了已知的任何一个法院。

在欧洲所有文明国家，政府素来都非常反对将与自身利益相关的案件交给司法机关审理。政府越专制，这种反对情绪就越大。然而，随着自由的不断发展，法院的职权范围也日益扩大。尽管如此，到目前为止还没有哪个欧洲国家承认，所有诉讼不论起因为何，都可以交给执行普通法的法官审理。

但是在美国，这个理念却得到了贯彻执行。美国最高法院是全联邦唯一的最高法院。

最高法院负责解释法律与条约，与海商方面有关的问题，以及所有涉及国际法的问题，都由它专管。虽然最高法院的组织完全属于司法性的，但几乎可以说，它的职权完全是政治性的。最高法院唯一的宗旨就是执行联邦的法律，而联邦政府的职责则是协调政府与被统治者的关系，以及本国和外国的关系。而公民与公民之间的关系，则差不多全由各州的主管机关来负责。

美国最高法院的职责之所以如此重大，除了上面所说的重要原因

① 参阅奥格与雷合著的《美国政府概论》第557页及以下几页，其中对联邦最高法院进行了详细的介绍。——法文版编者

外，还有另一个更重要的原因。在欧洲的国家，法院只负责审理私人间的案件，而美国最高法院，则可以审理州之间的案件。当法院的执达吏在法院大堂宣布“纽约州起诉俄亥俄州”时，让人觉得自己身处在一个不一般的法庭。当你想到其中一方代表着一百万人，而另一方代表着两百万人时，你便能体会到七位法官的责任有多么重大了，因为他们的判决将决定众多同胞的悲喜。

联邦的安定、繁荣以及生存，都掌握在七位联邦法官的手里。没有他们的存在，宪法仅是一纸空文。行政权凭靠他们防御立法机关的进攻，而立法权也凭借他们抵制行政权的侵犯。联邦利用他们让各州顺服，而各州则凭靠他们抵制联邦的不合理要求。公共利益凭靠他们来抵制私人利益，而私人利益则利用他们来抵抗公共利益。保守派凭靠他们制止民主派的放纵，而民主派则利用他们抵抗保守派的顽固。这七位联邦法官的权力是巨大的，但这是得到舆论支持的权力。当人民愿意服从法律时，他们就力大无边；而一旦人民无视忽略法律，他们就变得软弱无力。就目前来说，在所有的力量中最难驾驭的就是舆论的力量，因为它的界限模糊不清，而且界限内的危险，并不亚于界限外的危险。

所以，联邦法官不仅要求是品行端正、众望所归、博学多才的公民，具有所有行政官所必备的素质，而且必须是一个国务活动家。他们应擅长于抓住时代的精神，清除所有可以克服的困难，挽留住他们本人和联邦的主权，以及法律的尊严。

总统可能失误，但不致损害到州，因为总统的权力范围是有限的。国会可能犯错误，但不致败坏联邦，因为权力比国会大的选举团有权采取改选议员的方法来改变国会的面貌。

然而，如果最高法院由轻率鲁莽或者腐朽堕落的人员组成，联邦就极可能有陷入无政府状态或是产生内战的危险。

但是，不管怎样都不要搞错，这种危险并不是来源于法庭的组织，而是来源于联邦政府本身的性质。我们清楚，和联邦制国家相比，其他体制的国家并不需要建立强有力的司法权，因为这些国家中的个人在和国家权力做斗争时，不能站在一个较强或者较好的位置去抵抗政府的武力。

一个政权愈需要加强，就愈需要扩大与独立。而愈是要扩大与独立，就会愈发滥用职权，从而产生危险。所以，弊端的根源并不是该政权的组织，而是建立这个政权的国家的体制。

与各州宪法相比，联邦宪法在哪些方面更优越

为何能够拿联邦宪法与各州宪法做比较——联邦宪法的优越性，尤其应归功于联邦立法者的才干——与各州立法机关相比，联邦立法机关并不过度依赖人民——行政权在其管辖范围内比较自由——司法权很少向多数意志屈服——其现实的后果——联邦立法者减少了民主制政府固有的危险，而州的立法者则增加了这种危险

在所要实现的目的上，联邦宪法与各州宪法完全不同，但是在达到目的的手段上，两者又极为相似。联邦政府与州政府的任务不一样，但两者的组织形式却是相同的。从这一特有现象出发，将联邦宪法与各州宪法进行比较，或许是有益的。

我觉得，联邦宪法在整体上比各州宪法优越。之所以产生这种优越性，有多个原因。

现行联邦宪法的制定时间比大部分州都要晚，因此它能从以往的经验中吸取宝贵的教训，获得益处。

然而，当我们看到自从联邦宪法制定以来，陆续有十一个州加入美利坚合众国，而这些州又经常夸大它们对州宪法的缺陷所做的补救时，就得承认制定时间晚这一因素，对联邦宪法的优越性仅起到了次要作用。

立法者们的品格，才是联邦宪法之所以优越的主要原因。

在制定联邦宪法的那个时期，似乎是很难将各州联合在一起的。这种危险可以说是有目共睹的。在这危急时刻，人民毫不犹豫地选择了他们最尊敬的人，而不是他们最喜爱的人。

我在前文中提到过，联邦立法者们几乎全都凭借自身的才智而被人熟知，更以自身的爱国精神而著称。

他们全都成长于社会危机时期。这段时期，自由精神与强大专横的权力机关做着不懈斗争。最终，这场战斗结束了，但是人们在斗争中燃起的激情，依旧在和已然不存在的危险做斗争，对此，立法者们提醒人们保持冷静。他们沉着敏锐地观察国家局势，认为已经完成一场决定性的革命，而今后损害国家的劫难只可能来自自由的滥用。他们有胆量说出自己的这一想法，是因为他们内心深处怀有对自由真挚、热烈的爱。他们直言不讳地要求人们节制自由，因为他们发自内心地不想让自由走向毁灭[①]。

---

① 这段时期，著名的亚历山大·汉密尔顿作为联邦宪法的主要起草人之一，在《联邦党人文集》第 71 篇直言："我清楚，有些人觉得行政权向人民与立法者的要求屈服是它的长处；然而我们认为，这种人是希望政府将粗鲁野蛮的人民当作统治对象以及使社会繁荣富强的工具。至于人民的意见，仅在成熟合理的时候，才能指导人们去完成任务。然而，共和主义原则既不要求人们为所欲为，也不建议人们鲁莽冲动，而很多人被心怀不轨的奸人所利用，就很可能这样。的确，人民一般都希望社会幸福，但在寻求幸福的过程中却经常犯错。倘若有人劝导他们细心选择走向社会幸福的办法，他们的见识又会让他们轻看这种好意，因为他们从经验中得知，他们有可能上当受骗。令人惊讶的是，就算总是有一群吸血鬼与告密者在他们背后耍诡计，有一帮野心勃勃、财迷心窍或走投无路的人在他们周围布陷阱，有一伙不值得信赖的人在他们面前花言巧语，他们也不会轻易上当受骗。当人民的真正利益未能满足人民的意愿时，所有负责保护这种利益的人，都应该克服一时的失误，以便人民有时间进行冷静的反思。有时候，这个方法会帮助人民从它们所犯的错误中解救出来，并让有胆量和度量将人民从失望中解救出来的人获得安慰。"（万人文库版第 365 页）

大多数州的宪法都将众议员的任期定为一年[①]，将参议员的任期规定为两年。所以，两院的议员会经常性地、严格地受到选民微小意愿的制约。

然而，联邦立法者们觉得，立法机关的这种过度依赖性，改变了代议制主要成果的性质，因为这种过度依赖性不但将权力的基础交给了人民，而且也将政府交给了人民。

他们延长联邦议员的任期，以便让议员拥有更广泛的自由行使职权。

和各州宪法一样，联邦宪法也把立法机关分为两院。

然而在各州，立法机关的两院都由候选资格相同的当选议员组成，而且都利用相同的方法选举。所以，不管在哪一院，多数的情感与意志都可以轻易反映出来，并且都能迅速地找到代言人与工具，这就为法律的制定工作平添了几分粗暴性与轻率性。

联邦宪法也宣布联邦的两院议员由人民选举产生，但更改了候选资格与选举方式。更改的目的，是要让每一院，能够像在其他国家那样，就算不代表不同于另一院的利益，也能代表优秀的才智。

必须达到规定的年龄，才有资格当选参议员。首先要创建一个人数不是很多的会议，然后再由这个会议负责选举参议员。

让立法机关掌握所有社会力量，是民主制度的必然趋势。既然立法机关的权力直接来源于人民，那它也自然分享人民所拥有的一切大权。

因此，立法机关有一种习惯包揽所有权力的倾向。

这种权力集中，不仅对良政的推行极为有害，而且也为多数的专制奠定了基础。

---

① 可参见奥格与雷合著的《美国政府概论》第 865 页及以下几页。——法文版编者

州的立法者们时常向民主的这种任性屈服，而联邦立法者们则总是予以抵抗。

在各州，享有行政权的行政长官，也就是州长，表面看上去似乎和立法机关处于同等地位，但事实上，他只是立法机关的盲目代理人与被动工具。他能从哪里获得力量呢？从任职期限去获取吗？但他的任期通常只有一年。从他的特权中去获取吗？但他没有什么特权可言。立法机关有权将自己所订法律的执行工作交由自己内部的专门委员会负责，以此架空行政长官。倘若愿意，立法机关还能够用停薪的方法，让行政长官处于几近罢免的状态。

联邦宪法让总统掌握行政权的所有权限与责任。根据宪法规定，总统的任期是四年，在其任职期间，不能扣发他的薪俸，他有专门的侍从保护，并且拥有搁置否决权。简单地说，宪法在规定完执行权的范围后，又想方设法让总统在这个范围内拥有强大的独立地位。

在各州的宪法中，司法权是所有权力中最不易受到立法权制约的权力。

然而，各州的立法机关都保留了规定法官薪金的权力，这就势必将法官放在立法机关的直接影响下。

某些州的法官仅是临时任命的，这就大大剥夺了法官的权限与自由。

在另外一些州，立法权与司法权是彻底混在一起的。比如，纽约州的参议院，就是该州受理某些案件的最高法院。

联邦宪法则与此不同，它将司法权和其他权利完全分离开。此外，它规定法官的薪俸是固定的，法官的职权是不能更改的，由此授予法官独立的地位。

这些差别带来的实际效果是不难发现的。细心的人能够轻易看出，联邦的政务比任何一个州都处理得更好。

与各州相比，联邦政府施政更为公正、稳妥。它的观点比较明智，它的计划比较合理、持久，它的政策执行得更为灵活、有秩序。

仅用几句话，就能总结这一章。

有两大危险威胁着民主制度的存在：

第一大危险是，立法权完全屈从于选举团的意志；

第二大危险是，政府的其他权利都向立法权靠拢。

州的立法者们加剧了这两大危险，而联邦立法者们则尽量减弱这些危险。

与其他联邦制国家的宪法相比，美国宪法有何不同

表面上看，美国联邦似乎和其他联邦一样——但是其效果不一样——为什么会这样——美国联邦在哪些方面和其他联邦不同——美国政府不是一个联邦政府，而是一个不健全的全国政府

美利坚合众国并不是联邦制度的第一个以及唯一一个例子。就算不追溯到古代，现代的欧洲也有过几个联邦。譬如瑞士、德意志帝国、尼德兰共和国，或过去是联邦，或现在仍是联邦。

在考察这些联邦的宪法时[①]，我们惊讶地发现，它们给予联邦政府的权力，和美国宪法给予合众国政府的权力完全一样。与美国宪法相同，这些国家的宪法也授予中央政府媾和权、宣战权、收税权、征兵权、应对全国危机权以及谋求国家共同利益权。

然而，这些国家的联邦政府差不多都是软弱无力的，只有美国的联

---

① 可参见惠尔的《联邦政府》（伦敦，1946 年），这是了解当代联邦制度最好的著作。——法文版编者

邦政府可以果断、有力地解决政务。

美国创立的第一个邦联之所以没有存续下去，正是因为它的政府软弱无能。但是，这个软弱的政府，曾享有和当今美国政府同样大的权力，甚至在某些方面，它拥有更大的特权。

所以，现行的美国宪法规定了几个新原则。一开始，这些原则并没有引起人们的注意，但是在后来却发生了非常深刻的影响。

表面上看，这部宪法似乎与之前的几部宪法没有什么不同，但事实上却源自一个全新的理论。我们应该将这一理论看作当今政治科学中的一大发现。

在1789年美国联邦之前创立的所有联邦中，因同一目的走到一起的人民虽同意服从一个政府的法律，但是却保留了由自己调整与执行联邦法律的权力。

于1789年联合起来的美国各州，不但承认联邦政府有权颁布法令，而且也同意由联邦政府来实施。[①]

在这两种情况下，权力都是相同的，只是权力的行使方式不一样。然而，这种差异却产生了截然不同的结果。

在如今的美国联邦之前创立的所有联邦中，联邦政府为了满足自己的需求，必须向各加盟政府求助。倘若它的行动遭到某个加盟政府的反对，该加盟政府总是能寻找到规避的方法。倘若联邦政府力量强大，它会使用武力来解决；倘若它的力量薄弱，则只能自认无能，任凭事态顺势发展。

这个时候，必然会出现其中一种情况：不是联邦中最强大的加盟政

---

① 可参见梅利亚姆著作第 105 页及以下几页。——法文版编者

府夺取联邦的政权，以联邦自居向其他加盟政府发号施令[①]；就是联邦政府自动放弃自己的权力，使联邦陷入无政府状态，并随之丧失活动的能力[②]。

在美国，联邦的统治对象不是各州，而是各州的公民。联邦征税时，不是向各州（譬如马萨诸塞）政府征收，而是向各州的居民征收。以前的联邦政府直接管理加盟政府，而美国联邦政府则直接对公民个人负责。它的力量不是从哪借用来的，而是自己亲手创造的。它有属于自己的行政人员、法院、司法人员与军队。

很明显，民族意识、集体激情以及各州的偏见，依旧在强烈地抑制着联邦的权力，制造反对联邦意志的中心。主权有限的联邦，并未强大到可以随意行使自己所拥有的所有权力。然而，这正是联邦制度固有的缺陷之一。

在美国，各州几乎不存在造反的行为与意图。倘若某州想造反，也只能以公开反抗联邦的法律、毁坏正常的司法程序以及发起暴动的形式进行。一言以蔽之，它必须当机立断，采取果断的措施，而人们在采取这种措施前总是举棋不定。

以前的联邦制国家之所以要给予联邦政府各种权力，是出于战争的考虑，而不是为了治国，因为这些权力会增加联邦政府的需求，但联邦政府却不能加强满足这些需求的措施。所以，这些联邦政府的缺陷，总是与它们的权力名目成正比，随其增加而增加。[③]

---

① 希腊在菲利普统治时期就是这样，当时菲利普自封为近邻同盟决议的执行者。在尼德兰共和国，也发生过这种现象，其中的荷兰省总是自行制定法律。当今的德意志联邦也是这样，其中的奥地利与普鲁士总是以国会的代理人自居，并且以国会的名义在全联邦发号施令。

② 瑞士联邦一直是这样。几个世纪以来，倘若不是瑞士的邻国相互牵制，它早就消亡了。

③ 可参见本书下卷附录一。——法文版编者

美国联邦却不是这样。和大多数一般政府一样，美国联邦政府可以去做它有权做到的一切事情。

相较来说，人脑发明新事物比发明新词汇容易，因此我们只能应用一些不是很确切的词汇以及不是很全面的说法。

有些国家创立了永久性联盟，并建立了一个最高政府。[①]尽管这个政府不可以像全国政府那样直接管理公民，但能直接对各加盟政府采取行动。

这个和其他政府完全不同的政府，被称为联邦政府。

此后，又出现了一种社会组织形式。在这种社会环境中，几个政府仅在一些共同利益方面联合为一体，而在其他方面则依旧保持独立，相互之间只有联盟的关系。

在这种情况下，中央政府和所有全国政府一样，直接管理被治者、行政官员以及司法人员，但管辖的范围有限。很明显，这个政府已不再是联邦政府，而是不健全的全国政府。所以，又出现了一种政府。准确地说，这种政府既不是全国政府，也不是联邦政府。然而，我现在只能这么表述，因为能够表达这个新事物的词汇还未问世。

因为还不了解这种新式的联邦，所以过去所有的联邦不是发生内战、被征服，就是陷入毫无生机的状态。加盟的政府，不是没有足够的知识去制定解决方案，就是没有胆量去实施这种方案。

美国第一个邦联，就是因为存在这种缺陷而解体的。

然而在美国，联邦各州在获得独立前，都长期同属于一个帝国。所以，它们还未养成完全自治的习惯，民族偏见也未到根深蒂固的程度。

---

① 可参见霍基特的《美国宪法史》（纽约，1939年）第一卷第226页，因为托克维尔在这里说的是美国宪法史。——法文版编者

与世界其他地方相比，它们更为开化，彼此间的文明程度相当，它们的人民对扩大联邦权力很少有强烈要求，即便出现这样的要求，也被它们的几位伟大人物及时压制。加之，美国人一旦发现弊端，便会立即采取措施并加以克服。它们修正了法律，拯救了自己的国家。

联邦制的普遍优点及其在美国产生的特殊效用

小国拥有的幸福与自由——大国所具有的力量——大帝国加速了文明的发展——实力一般是国家繁荣的第一要素——联邦制度的目的是将领土大的优势和领土小的优势结合起来——美国从联邦制度中获得的益处——立法遵从人民的需要，但人民不遵从立法的需要——美国人的积极性与进取精神，以及他们对自由的热爱与享用——联邦的秉公精神可以说是地方爱国主义的大集合——在美国境内能够自由办事与思考——联邦不仅像小国一样自由幸福，而且又像大国一样受人尊重

在小国，社会对全国各地都能给予注意，改革的精神能渗入到最细微的事物；人民的野心因不够强烈而将被迅速压制下去，因此人民的才干与心血差不多可以全都用在国内的福利事业上，而不会浪费在追求荣誉上。此外，在小国，通常每个人的能力都是有限的，因此他们的欲求也不是很大；小康生活，让他们的地位几乎相当；民情淳朴温良。所以，整体来说，虽然道德与文化水平不一样，小国通常都比大国更容易谋生与安居乐业。

当小国发生暴政时，它会比其他地方都要残暴，因为在小范围内实施的暴政会殃及这个范围内的所有事物。它没有能力大展拳脚，只能够干预一大堆琐碎的小事，并且全都是采取暴力与骚扰的手段。它将自己的统治从政治界深入到个人生活。在掌控了人们的行为后，它又插手管

制人们的爱好；在统治完国家后，它又想去统治家庭。然而，这种情况很少出现，因为自由毕竟是小国的固有优势。小国政府给公民中的野心家下的诱饵不够吸引人，而公民个人的才干又非常有限，因此国家大权很容易落在一个人手里。当然，在发生这种现象时，公民们也能轻易联合起来，全力合作，同时将暴君与暴政推翻。

所以，小国一直以来都是政治自由的摇篮。大多数小国一般都会随着自身力量的增强而逐渐丢失这种自由。这一事实证明，政治自由应该归因于国家弱小，而不是归因于国家本身。

世界历史上从未有哪个大国能长期实行共和制度[①]。这一事实有力地证明这样的事情是不可能的。我觉得，倘若总是回避现实，对耳闻目睹的事情表示诧异，同时又殚精竭虑地去预测未来，未免有些太过荒唐。但必须确定一点的是，大共和国总是比小共和国更容易招来是非。

随着领土的扩张，对共和制度的热情也会增加；但支持这种热情的德行，却不会随之增加。

个人野心随着国家力量的增强而增强，政党的力量则与其目的的重要性成正比，但在大共和国，能够抵抗这种破坏性激情或力量的爱国心，不像在小共和国那么强烈。另外，也不难证明：爱国心在大共和国不易发扬，而且作用也很小。贫富差距悬殊、城市巨大化、世风日下、个人私欲膨胀、利害冲突，这些差不多都是国家的巨大化所带来的恶果。其中，大部分对君主国的生存毫无害处，而少数几个甚至可以延长君主国的寿命。此外，在君主国，政府拥有一种奇特的力量；它能够利用人民，却不依赖人民；人口愈多，君主的力量也就愈

① 我这里所说的并不是由几个小共和国构成的联邦，而是一个统一的大共和国。

强大。但是，共和制政府也只能凭借多数的支持来消除这些危险。此外，在疆域辽阔的共和国，这种力量不成比例地大于领土狭窄的共和国。所以，在攻击的次数与力量不断增强时，抵制的力量依旧。甚至也可以说是在减弱，因为人口愈多，人民的志趣与利益也愈复杂，也就愈难形成一个稳固的多数。

还可以证明，人们的激情之所以高涨，不仅因为其目标崇高，而且因为受激情鼓舞的人数众多。每个人都能感觉到，自己的情绪在与志同道合的人相聚时比独自一个人时更高。在大共和国中，政治激情之所以可以变得不可逆转，不但因为其目标的雄伟，而且因为这种激情能同时以同一种方法鼓舞千百万人。

所以，一般来说，再也没有哪个国家比大帝国更反对人民的幸福与自由了。

然而，大国也具有应予以肯定的独特优势。

就像一般人的权力欲在大国比在别的地方更强烈一样，个别人的荣誉感在大国也比在别的地方更强烈，因为他们在众多喝彩声中能找到奋斗的目标，而且这一目标能在一定程度上鼓舞他们奋起。在大国，思想可以迅速而强烈地得到各方回应，观点能够得到比较自由的传播，它的大城市是巨大的知识中心。这一事实证明，大国为何比小国更易开化，更易促进文明。还要补充一点的是，重大的发明都要依靠强大的国力，而小国政府的国力却相对薄弱。大国的政府通常都有较大的理想，能够打破陈规以及瓦解地方本位主义思想。此外，它们还拥有较多的思想天才与事业闯将。

在小国，国内的福利事业比较普遍和完善，而且国家可以保持稳定；但若是发生战争，损失将比大国更严重。在大国，因为疆域广袤，所以就算战祸不断，也有办法让人民群众少受灾害。在广大人民群众看来，与其说战争是灾难的原因，还不如说是亡国的原因。

还有一个问题，也就是在这里和在其他很多地方一样，最重要的是研究事物的必然性。

倘若只有小国而不存在大国，人类显然会更加自由幸福。然而，也不得不存在大国。

在整个世界，大国的存在为国家繁荣富强提供了一个新的因素——力量。倘若一个国家整日被他国侵略或欺凌，那空有富裕、自由的形象又有何用呢？倘若外国掌控了大海并且规定各种贸易条例，那本国的工商业又有何用呢？大部分小国之所以贫困，并不是因为它领土小，而是因为它力量弱。很多大国之所以繁荣，也绝不是因为它领土大，而是因为它力量强。所以，力量向来是国家生存与幸福的主要因素。除非环境特殊，否则小国终会自愿联合起来，或者被人联合起来成为大国中的一员。我想不出还有什么境遇能比一个国家既不能自卫又不能自给的情况更可怜了。

联邦制度的建立，就是为了将国家之大所产生的好处与国家之小所产生的好处结合起来。

仔细研究一下美利坚合众国，就能够看到它从联邦制度中获取的好处。

在中央集权的大国，立法者们必须让各项法律保持一致，不可带有地方与习俗的偏见。立法者们只可按正常情况立法，绝不解决特殊事件。如此一来，人民就必须满足立法的需要，因为立法不能屈服于人民的需求与习俗。这恰恰是国家动乱与多难的一个主要原因。

联邦制国家就没有这样的弊端，因为国会仅制定全国性的主要法律，而法律的细目则交给地方立法机关制定。

这种主权划分为联邦每个成员带来的好处，不论如何想象都不过分。在这些小成员的社会，人们不用为自卫或者扩张伤脑筋，所有公共政府与个人精力都用在内部改善上。因为每一成员的中央政府都和本国居民站在一起，因此可以实时了解社会的需要。它每年都会提出新的计划，交由本国的议会或者立法机关讨论，然后再在报纸上公布讨论的结果，以此来引起众多公民的关心和兴趣。例如在美国，这种要求改善的想法，一直在激励着各州，而其从未引起过动乱；热爱公益的精神取代了追求权力的野心，激情更为强烈，但几乎没有带来过危险。大多数美国人认为，新大陆的共和制度之所以可以存在并延续下来，得益于联邦制度的存在与延续。南美一些新兴国家之所以一直沉沦，是因为它们总想创立强大的共和国却又不愿意实行主权分享。

众所周知，在美利坚合众国，试用与实际应用共和制度，最先开始于乡镇与地方议会内部。比如，在康涅狄格这种小州，挖运河、铺路就已算是政治大事。它不养军队，也不发动战争。它既不给领导官员支付高薪，也不授予他们荣誉头衔。在这种环境下，人们认为共和制度是最自然、最合情理的。就这样，这种共和精神，也就是一个自由民族的风气与习俗，首先于各州产生与发展起来，然后逐步在全国通行开来。从某种意义上看，联邦的秉公精神就是地方爱国主义的大集合。可以说，每一个美国公民都将自己对本小共和国的感情转化成了对共同祖国的爱。他们保护联邦，也就相当于促进自己州县的繁荣昌盛，保护了参与治理国家的权利，保护了他们期望联邦制定出让他们繁荣的改善措施的心愿：所有这些，一般比全国的共同利益以及国家的荣誉更打动人。

另外一方面，倘若说大国的繁荣昌盛最主要是因为居民的精神与风气，那么联邦制度会将这项任务的难度降到最低。美国各州的共和制度，并未出现大部分群体常见的弊端。从领土方面看，联邦是一个大共和国；但从它管理事务的数量来看，它又和一个小共和国没有多大区别。它处理的事情都很重要，但是数量不多。因为联邦的主权是有限的且不完整的，所以这个主权的行使不会对自由造成危险，更不会产生对大共和国造成致命危险的争权夺利的邪念。因为谁也不需向往一个共同中心，所以不存在巨大的城市，不存在贫富悬殊，不存在一触即发的革命。政治激情并不是像野火燎原一样迅速蔓延至全国，而是循序渐进地渗透，由此抵抗各州的自私与偏见。

然而，和在一个单一制国家一样，在美利坚合众国，工作与思想都很自由，没有什么可以抑制进取精神。它的政府对天才与知识有所尊重。在全联邦，就像在由同一帝国统治的国家内部一样，处处呈现祥和之气。在国际上，它与全球各大强国并驾齐驱。它对外商开放800多里约（2000英里）海岸。由于它拥有了走向新大陆的钥匙，因此它的国旗即使在遥远的海边也受人景仰。

总之，联邦既像一个小国那般自由、幸福，又像一个大国那样光荣、强大。

联邦制为何未扩展到全部国家以及英裔美国人为何能采用它

各种联邦制都有立法者无法克服的固有缺陷——各种联邦制所具有的复杂性——它要时常利用被治者的才干——美国人在治国上的知识——联邦制的另一个固有缺点是联邦政府的相对软弱性——美国人削弱了这一缺点，但并没有消除它——表面上看，各州的主权比联邦的主权小，但事实上却比它大——这是为什么——除了法律的原因外，还有加入联邦的州要求联合的自然原因——英裔美国人有哪些自然原因——缅因州和佐治亚州相隔400里约（1000英里），但是大联合却比诺曼底和布列塔尼联合更加自然——联邦制的主要威胁是战争——美国自身的例子能够证明这一点——联邦并不畏惧大战——为什么——欧洲国家采用

美国的联邦制时可能引起的危险

有时候，一个立法者付出巨大的心血，才能对国家的命运产生一点间接的影响，但他的才干会立刻受到褒扬。事实上，能对社会的发展产生不可逆转的影响的，恰恰是他无法改变的国家的地理位置，在他之前就已出现的社会情况，他已无法追溯的国家民情与思想，以及不知其详的国家的起源。面对这种不可抗拒的影响，立法者就算反抗也无济于事，甚至到最后连自己也会被卷走。

就像人在大海里航行，立法者能够操控他所乘的船，但却无法改变船的结构，他既不能呼风唤雨，也不能平息脚下暴怒的海洋。

我在前面已经讲明了美国人从联邦制中获取了哪些好处。接下来，要研究是哪些原因让他们能够采用这种制度并从中受益，毕竟这个制度并没有让所有国家受益。

在联邦制中，有一些偶然缺陷源自法律，这可由立法者来消除；但另外一些缺点则是制度本身所固有的，并不是人力所能克服的。所以，应用这种制度的人民，应该拥有必要的力量来容忍这种制度统治下所固有的缺点。

在诸多联邦制的固有缺点中，最明显的是它所采用的手段的复杂性。这一制度必然容许两种主权并存。立法者们可以尽量让这两种主权的活动简单、平等，并且可以将两者限制在各自的活动范围内，但是他们不能制止两者相互影响，不能防止它们在某方面发生分歧。

所以，联邦制不管做什么都有一套复杂的理论。运用这套理论，需要被治者每天都应用相关方面的知识。

通常来说，人民必须了解几个简单的概念。与一个内容正确但表述模糊复杂的观念相比，一个内容错误但表述清晰明了的观念更能掌控群众。所以，一些宛如大国中的小国的政党，总是想方设法地利用并不完全代表自己的目的、手段的名义或主义做旗号；没有这个旗号，它们不但不能开展活动，而且也不可能存在。基于一个简单原则或学说创立的政府，虽不是最好的政府，但绝对是最强大、最长命的政府。

然而，在我们研究目前已知的最完美的联邦制宪法，即美国宪法时，却惊诧于该宪法的条款如此繁多及其对被治者识别能力的严格要求。联邦政府差不多完全创立在法律的假设上。可以说，联邦是一个理想国，它只存在于人的头脑里，它的版图以及范围完全凭心去理会。

总理论非常易于理解，有待解决的是实际运用方面的困难。困难层出不穷，因为联邦主权和各州主权彼此交错，不可能一下子就分清两者的界限。在这种政府中，所有事情都需要经历反复的协议以及复杂的手续，只有长久以来习惯自治以及政治知识普及到社会底层的民族，才适合采用这套方法。我非常佩服美国人在处理来自联邦宪法方面的难题时所表现出来的高超智慧与才干。我见过的美国人中，每一个都能区分开国会法律规定的公民义务以及州法律规定的公民义务，每一个都能区分由联邦普通法院审理的案件和由地方司法机关审理的案件，并且能在鉴别之后说出联邦法院管辖权的起点以及周法院管辖权的终点。

美国的联邦宪法，就像一件只能让发明者名利双收，但落入他人手就将毫无用处的美丽艺术品。

墨西哥的现状，就是说明这一点的绝好例证。

墨西哥人也希望实施联邦制，于是他们将邻国英裔美国人的联邦宪法当作蓝本，差不多全都照搬过来[1]。然而，他们仅复制了宪法的条文，

---

① 可参见1824年墨西哥宪法。

却无法复制给予美国宪法生命的精神。所以，他们双重政府的车轮转动得极其艰难。各州的主权与联邦的主权经常越过宪法为它们规定的范围，因此双方冲突接连不断。直到现在，墨西哥仍处于从无政府状态到军人专制，再从军人专制回到无政府状态的恶性循环之中。

在诸多缺点中，第二个致命的而且我觉得也是来自联邦制度本身的缺点，是联邦政府的相对软弱性。

所有联邦制国家的原则，是将主权分成两部分。[1]立法者们将两部分的界限划分得不够明确，但是他们仅能在表述上含糊一时，并不可能长期这样下去。此外，被划分的主权永远比完整的主权脆弱。

在讲述美国宪法时，我们已经了解到，美国人是怎样巧妙地在将联邦的权力限制在联邦政府狭小的管辖范围内的同时，又让联邦政府拥有全国中央政府的形象，并且让其在某些方面享有全国中央政府的权力的。

联邦立法者们还巧妙地削弱了联邦制固有的危险，但是并没有完全清除。

据传，美国政府并不直接和各州接触，而是将法律直接传达给公民，并强制公民遵从国家的要求。

然而，倘若联邦的法律侵犯了某州的利益与惯例，并因此惩罚了拒绝服从该法律的人，那么，它就不担心该州的全体公民会觉得自身的利益受到侵害吗？事实是，该州所有公民会认为联邦主管部门的惩罚同样侵害到了自己。倘若联邦政府企图分化他们，然后再加以制服，也只是徒劳无益，因为他们会本能地联合起来进行抵抗，并且坚信自己州所

---

① 有关“主权分成两部分”的问题，可参阅奥格与雷合著的《美国政府概论》第100页及以下几页。——法文版编者

享有的那部分主权会为他们做主。这个时候，法律的假设就应让步于现实，并容忍一个有组织的权力政府向中央主管政府发起挑战。

我就觉得联邦的司法权也是这样。假若联邦的法院在审判一个私人案件时触犯了某州的一项重要法律，那就会引起一场看似不是，但事实上却是一个受害州和联邦之间的争讼，只不过受害州是由一个公民做代表，而联邦则由法院做代表罢了[①]。

倘若有人认为，给人们能满足其激情的手段，他们就能在法律假设的帮助下，利用认识法和运用法来控制激情，那说明他经验不足。

美国立法者们虽将这两种主权间的冲突降到了最低，但并没有消除冲突的原因。甚至可以进一步说，在两种主权发生冲突时，他们还无法保证联邦主权获胜。

他们可以让联邦拥有金钱与士兵，但各州有权保护人民的嗜好与惯例。联邦主权是一个抽象的存在，仅和少数的对外事务有关联。各州主权则是一个完全可以被人们感知的存在，容易被人们所理解，人们无时无刻不看见它在行动。联邦主权是新的事物，而各州主权是和人民本身一起产生的。

联邦主权是人为创造的；而各州主权是天然存在的，它和家庭的父权一样，不用费力就能建立起来。

联邦主权仅在一些重大问题上涉及个人利益，它代表一个疆域广袤的国家，它代表一种含糊不清的感情。各州主权貌似每日都围绕着每个

---

① 比如，根据宪法规定，联邦可以出售空地，将售款作为联邦的收入。假设俄亥俄州以宪法上所讲的土地仅是指从来没被任何州管辖的土地为由，坚持认为被联邦出售的那块在本州境内的空地归自己所有，然后要自己出售这块空地。实际上，由此引起的诉讼应该是从联邦购买这块空地的人与从州购买这块空地的人之间的诉讼，而不是联邦与俄亥俄州之间的诉讼。然而，倘若联邦的法院宣判从联邦购买土地的那个人胜诉，而俄亥俄州的法院提倡竞争者应拥有土地，那这个法律的假设应该怎么办呢？

公民，每日都在精心管理着每个公民；正是它在负责保护每位公民的生命财产与自由，它每时每刻都在影响着每位公民的安危。各州主权依赖的是人民的传统与习惯、地方的偏见以及地方与家庭的私心。一言以蔽之，是让热爱故土的天性深深扎根于人们心中的一切事物。怎么能质疑它的优势呢?

既然立法者们不能防止并存于联邦制度中的两种主权发生冲突，那就必须尽全部努力防止联合起来的各成员动用武力，同时引导它们采取能带来和平的态度。

所以，除非联邦的成员之间存在很多促使联邦政修人和的团结因素，否则联邦的公约将迅速遭到破坏。

同样，联邦制要想取得胜利，既要有良好的法律，也要有有利的环境。

只要是结成联邦的成员国家，它们都曾有过一些共同利益，而这些共同利益就成为它们联合的精神纽带。

然而，除了物质利益外，人还有思想与感情。一个联邦若想持久存在，对文明同质性的需求不亚于各成员的结盟需要。在瑞士，沃州与屋里州之间的文明差别，就像十九世纪和十五世纪之间的差别，所以严格地说，瑞士从未有过联邦政府。由几个州联合成的瑞士联邦，只存在于地图上。一旦中央政府试图对全瑞士实施相同的法律，立即就能证实我所说的这一点。

有一个事实非常有利于美国创立联邦政府。即各州不但有几近相同的利益、相同的起源和语言，而且文明水平也相当。这就使它们的联合变得极为容易。我还不知道有哪个欧洲小国，其不同地区间的同质性比面积相当于大半个欧洲的美国更高。

缅因州与佐治亚州之间相隔约400里约（1000英里），但是两者之间的文明差异却比诺曼底与布列塔尼之间的文明差异要小。所以，相距遥远的缅因与佐治亚，比只有一溪之隔的诺曼底与布列塔尼更容易结成联邦。

居民的风气与习惯促进了联邦的建立，而因国家地理位置产生的优越性，又进一步增加了这种可能性。联邦制的创立与保持，主要应归功于国家的地理环境。

在所有可以影响一个国家生活的事件中，战争是最重要的。在战争中，一个国家的人民要团结一致共同对敌，为保卫国家而战斗。

倘若问题只在于维持国内稳定以及促进国家繁荣，那么只要求政府关心政务，被治者知情达理，人民时刻怀有爱国之心，就足够了。然而，当国家处于一场大战役中时，公民就得遭受苦难甚至付出生命。对人性只有肤浅了解的人，会以为大部分人自愿服从这种社会要求。

所以，所有在大战中胜利的国家，几乎都不由自主地去加强政府的力量。而在大战中败北的国家，则被征服。一场持久的战争，不是让那些失败的国家灭亡，就是让胜利的国家走向专政。几乎总是会出现这两种可悲结局中的一种。

因此，通常来说，政府的缺点在战争中暴露得最为明显；而且我在之前已经说过，联邦制国家政府的固有缺点是过于软弱。

在联邦制中，不但不存在中央行政集权以及类似的事物，而且中央政府集权也仅是不完整的中央集权，这就是为什么这样的国家在和拥有完整的中央集权的国家交战时表现软弱的一大原因。

从美国宪法的规定看，联邦政府虽然比其他联邦制政府都更有实权，但是这种缺点仍旧很明显。

这里举一个例子，读者就能够看到这种情形。

美国宪法规定国会有权向各州召集民兵，以此攘内安外；并规定总统为合众国陆海军总司令。

1812年战争期间，总统曾命令北方的民兵奔赴前线；然而，利益在战争中受到损害的康涅狄格州与马萨诸塞州却拒绝执行。

这两个州表示，宪法规定只有在发生内乱和外侮时联邦政府才可以召集民兵，而现在既没有发生内乱也没有外侮。它们还补充到，宪法虽规定联邦有权召集民兵，但同时也规定各州享有任命军官的权利。所以，根据它们对宪法的解释，就算在战争中，除了总统外，没有任何一个联邦军官可以指挥民兵。然而，怎么会存在只由一个人指挥的军队呢？

对这种荒谬有害的说辞表示赞同的，不但有两州的政府与立法机关，而且还有两州的法院。因此，联邦政府不得不到别的地方去招募所需的军队[①]。

那么，仅受到相对完善的法制保护的美国联邦，为何没有在一场大战中毁灭？因为它从未遇到过令人震慑的战争。

美国处在一块辽阔大陆的中部，这里可让人们尽情地发展事业，此外，两端的大洋使其与世隔绝。

加拿大仅有一百万居民，而且是由两个彼此敌对的民族组成。严寒的气候使其难以进行领土扩张，加之它的港口因天气原因有六个月无法通航。

由加拿大至墨西哥湾，中间还存在多个野蛮部族，在六千名士兵的

① 可参见肯特的《美国法释义》第一卷244页。请读者注意，我上面所举的例子是在现行美国宪法实行之后发生的。倘若我追溯到第一个邦联，还可以举出一些更有说服力的事例。当时，全国欢天喜地，革命的代表者是一位德高望重的伟人。然而在这段时期，国会几乎一无所有，一直缺乏人力和金钱。国会颁布的一些良好计划，总是在执行过程中搁浅；联邦一直濒临垮台边缘，只是因为它的敌人软弱无力才得以脱身。

威慑下处于半灭亡的状态。

在南端，美国与墨西哥帝国接壤。这个地方，或许在未来的某天会发生大战。

然而，不够开化的状态、道德的腐化以及国家的贫穷，使墨西哥必须经历很长一段时间才可能跻身大国之列。至于那些欧洲列强，因为距离美国太遥远，也无法对美国构成多大威胁。(O)

所以，美国的幸运之处并不是拥有一部能够让它顶住大战的联邦宪法，而是它有一个不致发生使其恐慌的战争的地理位置。

相信没有人比我更欣赏联邦制的优点了。我觉得，联邦制度是最有益于人类繁荣、自由的组织形式之一。我很羡慕已应用这种制度的国家的命运。然而，我又经常不敢相信，实施联邦的国家可以在力量相当的情况下和一个实施中央集权制度的强国进行长时间的战斗。依我看，一个国家在面对欧洲几个强大的军事君主国时，竟敢将主权分为两个部分，简直就相当于放弃了自己的政权，甚至可能因此放弃自己的生存，使国家走向灭亡。

新大陆令人向往之处，在于人们可以在那里进行自我奋斗。只要你勇敢去追求，就能得到幸福与自由。

【第二篇】

到目前为止，我已研究了美国的各项制度，讲述了它的成文法，描述了目前其政治社会的组织。

然而，在这些制度之上以及一切组织之外，还有一个最高的权力，也就是人民的权力。它能够依据自己的意愿更改或废除这些制度与组织。

在这第二篇，我要考察高于法律的这项权力是如何行使的，它的本性与激情是什么，使其加速前进和放缓速度的秘密动力，也就是促使它勇往直前的秘密动力是什么，它的无限权威带来了什么效果，以及它未来的命运如何。

第01章　为什么说美国是由人民统治的

在美国，立法者与执法者都由人民来指定，并且由人民自身构成惩罚违法者的陪审团。不但在其原则上，而且在其作用的发挥上，这种制度都是民主的。所以，人民直接选定他们的代表，而且通常都是每一年改选一次，以此让代表们彻底受制于人民。可见，真正的指导力量来自人民；虽然政府的形式是代议制的，但是人民的意见、偏好、利益，甚至激情对社会的持续影响，都不会遭遇多么顽固的障碍。

和所有由人民治理的国家一样，美国上下，多数也是以人民的名义进行治理。

这里所说的多数，主要是由温良的公民组成的，他们不是出于喜好，就是出于利益，诚挚地希望国家繁荣富强。经常有企图拉他们入党或请他们支持的政党，在他们身边鼓吹自己的言论。

第02章　合众国的政党[1]

应当对政党做一次分类——政党之间形同敌国——真正的政党——大党和小党之间的差别——政党在什么时候产生的——各政党之间不同的特点——美国曾有过大党——如今已不存在——联邦党——共和党——联邦党的失败——在合众国创立政党的困难——为创立政党所付出的一切努力——所有政党都具有贵族性或民主性——杰克逊将军与银行的斗争

首先，我要对政党做一次大的分类。

有些疆域辽阔和居民杂处的国家，虽然将人民都统治在同一主权下，但是人民之间依然存在相互对立的利益，因此人民之间永远处在对立的状态。所以，同一个国家中的不同派别，无法形成符合政党定义的真正政党，但却能形成不同的国家。如果爆发一场内战，那与其说是一场不同派系之间的搏斗，还不如说是敌对国家之间的冲突。

① 有关美国政党的问题，可参见梅利亚姆的《美国的政党制度：美国政党初探》（纽约，1924年）；霍尔库姆的《如今的政党：对共和党与民主党的研究》（纽约，1924年）；卡曾斯的《美国的政治与政治机关》（纽约，1942年）；艾加的《美国的政党》（伦敦，1944年）。——法文版编者

然而当公民们在某些和全国有关联的问题上，例如在政府总的施政原则上意见发生分歧时，就会产生上面所说的真正政党。

政党是自由政府的固有灾祸，它们很少具有相同的性质与本性。

有时候，当国家意识到灾难深重无法承受时，就会产生全面改革政治结构的思想。还有一些时候，灾难更为深重，以致殃及社会情况本身。这恰恰是发生大革命和产生大政党的时代。

在这杂乱、悲苦的时代之间，是社会稍事休憩以及人类得以喘息的时代。事实上，这仅仅只是表面上的平静；对于国家与人来说，时间从未停止前进；国家与人每日都在朝着未知的将来前进；我们之所以觉得国家与人停止了前进，是因为我们没有察觉国家与人在运动。这就好比在奔跑中的人看来，走路的人完全没有移动似的。

虽然时间在推进，但是国家的政治结构、社会情况所发生的变化，慢的难以被察觉，以致人们都以为自己已处于最佳状态。与此同时，人类的理性也自以为有了牢固的基础，不再将注意力投向已定的视野之外。

这是一个有利于搞政治阴谋与小党活动的时代。

被我称之为大党的政党，都是那些关注原则胜过关注后果，注意一般胜过注意个别，相信思想甚于相信人的政党。通常来说，和其他政党比较，它们的行为更为高尚，激情更为庄严，信念更为现实，举止也更为爽利、勇敢。在这里，时常在政治激情中发挥巨大作用的私人利益，也被极为巧妙地遮掩在公共利益之下，有时甚至可以瞒过为此行动的人们的眼睛。

小党则恰恰与其相反，它们通常没有政治信念。因为它们自己并不觉得高尚，也没有崇高伟大的目标，因此它们的性格打上了自私自利的烙印，并赤裸裸地体现在它们的每一个行动上。它们总是装出一副热情满满的样子，它们言辞激烈，但行动却犹豫不决。和它们的目的一样，它们采取的手段也卑不足道。所以，在暴力革命之后出现的平静时期，伟大的人物就好像顿时人间蒸发，而智慧也隐藏得无影无踪。

大党冲击社会，而小党扰乱社会；大党让社会分裂，而小党使社会腐化；大党有时会因打乱社会秩序而拯救社会，小党则总是扰乱社会却对社会毫无益处。

美国曾有过数个大党，但是现在已不存在。由此获益的是美国的国祚，而不是它的道德。

当独立战争结束、新政府即将建立时，全国被两种不同意见分为两个派别。这两种意见由来已久，几乎和世界一样古老，只是在不同的社会以不同的形式出现，并且被冠以不同的名称。其中一种意见提倡限制人民的权力，另外一种意见则主张无限扩大人民的权力。

在美国，这两种意见间的斗争，从未出现过在其他国家常出现的那种暴力性。此外在美国，这两大阵营在一些重大问题上都是意见一致的，谁也不用为了取胜而去破坏旧秩序与打乱整个社会体制。所以，两派都未将大部分人民的个人存在和本派原则的成功联系起来。然而，两派都非常关心对平等、独立的热爱等诸如此类的大事。仅这一点，便足以掀起狂热的激情。

倡导限制人民权利的一派，迫切想将自己的学说应用到联邦宪法，因此得名为联邦党。

另一派则因以独爱自由自居，而得名为共和党。

美国是民主的国家，因此联邦党人一直处于少数，然而从独立战争中脱颖而出的伟人，几乎都是联邦党的成员，而且他们的道义力量有着广泛的影响，加之当时的环境也对他们很有益处。第一次联合的失败，让人们心有余悸，担忧陷入无政府状态。联邦党人从人们这种观望倾向中获得了益处。有10年或者12年的时间，他们负责了管理国家的工作，并且有机会应用他们的原则。然而，并不是所有原则都得到了应用，仅仅只是某些部分得到了运用，因为敌对思潮日趋强大，以致到最后他们已无力反抗。

1801年，共和党终于开始执政。当选总统是托马斯·杰斐逊，他凭借自己响亮的名声、卓越的才能以及良好的人缘获得了多数人的支持。

联邦党人仅仅只是凭一些并不可靠的方法，在随便决定的对策的帮助下，才得以维持自身的地位。他们之所以可以执政，是依靠他们领袖的德行与才智，以及环境带给他们的好处。共和党取代他们的地位后，他们便作为反对党而一蹶不振。当占有绝对优势的多数公开反对他们时，他们便马上感到自己已成为微不足道的少数，从而悲观消沉下去。此后，共和党或者民主党便不断地从一个胜利走向另一个胜利，直至最终控制了全国。

联邦党人认为自己已被征服，束手无措，在国内陷入孤立状态，最终分裂为两部分：其中一部分加入了胜利者的队伍，而另一部分则放下以前的旗帜，更换了名称。他们已经有很多年不再是政党了。

依我看，联邦党执政，是伴随美国联邦的建立而出现的最为幸运的偶然事件。暂且不评价他们的理论好坏与否，光从总体来看，他们的理论就有一个缺陷，那就是它不适用于他们想要去治理的社会，所以迟早会被杰斐逊代表的共和党所取代。然而，从另一方面看，联邦党政府为新共和国提供了自我稳定的时间，并且促进了其敌对学说的发展。而且，它的大部分原则都被对手所采纳，成为对手的政治信条。现行美国联邦宪法，就是他们的爱国心与智慧的结晶。

所以，现在在美国已经不存在大政党了。尽管仍旧存在很多威胁美国未来的党派，但是它们都不反对目前政府的形式以及社会发展的总方向。这些威胁美国未来的党派，依靠的不是它们的原则，而是它们的物质利益。在这么广袤的国家里，与其说这种利益可以在利益互不一样的地区形成政党，还不如说可以在这样的地区产生敌对的国家。比如，最近北方倡导实行贸易禁运政策，而南方却武装起来保护贸易自由。这一冲突起因于北方属于工业区，而南方属于农业区；禁运政策对其中一方有利，对另一方有害。

美国尽管没有大党，但是却有很多小党，并且它们因人们对一些细微问题的观点不同，而形成很多不同的政见。当时没有什么困难能阻碍人们建党；但是现在，建党已不是一件容易的事情。美国不存在宗教仇恨，因为所有宗教都受到尊重，没有哪个教派占据主导地位；美国也不存在阶级仇恨，因为人民就是一切，没有谁敢反对人民；美国的公众不用受剥削之苦，因为国家的物质情况为勤劳提供了广阔光明的道路，只要自己愿意动手，就能创造出奇迹。然而，也有一些企图创立政党的野心家，因为他们清楚，光靠自己的愿望上台，很难将台上的人拉下来。所以，政治家的所有心血都投注在创立政党上。在美国，一个政治家首先要想法儿明确自己的利益，判断应该将哪些相似的利益集中到自己的周围！然后再认真寻找一种适合冠在自己新组织头上的学说或原则（倘若因为偶然原因，这种学说或原则至今还未在世界上出现），让新组织获得自行活动、自由发展的权利。这就好比过去在出版书籍时须在封面印上国王的出版许可一样，尽管这个许可和该书的内容没有任何关系，但硬是被塞进了书中。

完成这一切，新的政党便登上政界舞台。

对于一个外国人来说，美国人的那些国内纠纷，乍一看几乎都是难以理解和无关痛痒的。他不清楚自己是应该对这个将琐碎当成正经大事的民族表示同情，还是应该羡慕他们为国家命运操劳的精神。

然而，只要仔细研究支配美国各党派的隐秘动因时，就能轻易发现这些党派大多数都多少和前面所说的两大党派有关联：它们不是亲近这一党，就是靠近那一党。愈是深入到这些党派的内部世界，就愈能看清两大党派中一个在致力于限制人民的权力，一个则努力扩大人民的权力。

我绝不是说美国政党的公开目的以及隐蔽目的是让贵族政治或民主政治在国内占据主导地位，而是说在所有政党的内部世界容易发现贵族政治的激情或者民主政治的激情。虽然这种激情可以逃脱人们的眼睛，但它们依旧是美国政党的敏感点与灵魂。

这里，我举一个最近发生的事例：合众国总统攻击银行，全国上下哗然，意见不一，上层阶级通常都支持银行，而人民则都站在总统一边。你以为从这么简单却又被经验丰富的人看来是难以解决的问题的纠纷中，人民可以找到能证明自己意见是正确的论据吗？他们绝对不可能找到。然而，银行是一个独立存在的大机构，而可以推翻或建立一切权力的人民却对它没有一点办法，这不能不令人感到惊讶。在社会永不停止的普遍运动中，这个坚固的据点向人民发起挑战，它想看看自己能不能也像其他事物一样继续活动下去。

贵族党在美国的残余势力

贵族暗地里反对民主——他们退隐归乡——他们在家里专注享乐与奢华——他们在外则表现低调——他们假装向人民献殷勤

在舆论繁多的国家，党派之间的平衡有时会被打破，其中一个政党占据绝对性优势。这种情况下，它将扫除一切障碍，打压其政敌，利用整个社会为自身利益服务。被打压的政党觉得没有成功的希望后，便暂作隐退，默默无闻。处处万马齐喑。全国似乎被统一于同一思想下。获胜的党趾高气扬，他们说："我们为国家创造了和平，你们应该为我们庆功。"

然而，在这种表面一致的表象下，仍旧隐藏着巨大的分歧以及实质的对抗。

美国的情况就是这样。当民主党占据主导地位时，它就独揽处理国家事务的大权。然后，它又不断地根据自己的想法去改变民情与国家法律。

可以说，如今在美国，富有的社会阶级差不多都不参与政治活动；财富不能让人们从政治活动中获取权力，这已是让富人在政界失势的真正原因，是富人从政的阻碍。

所以，富人宁肯退出官场，也不愿和贫困的公民进行常常是不平等的斗争。因为他们在公共生活中无法拥有在私人生活中所拥有的地位，所以他们放弃公共生活，专注于私人生活。他们在美国社会形成了一个具备自己的喜好与乐趣的独特社会。

富人将这种势头看作是不可抗拒的灾祸，因而委曲求全，并且极力避免对这种给他们带来损害的势头表示不满。所以，人们经常可以听到他们在公众面前赞美共和党政府温良、民主制度优越。在世界上，没有什么比背后痛恨敌人而表面又向敌人献媚更常见的了。

大家看见过这样的富人吗？中世纪不是有一个犹太人总担心他人打自己财富的主意吗？他在外面衣着朴素，言行举止一点不摆架子，但是他的住宅内部却极尽奢华；除了几个被他得意地称为同好的贵宾，谁也不许踏入这座圣殿。没有哪个欧洲贵族比他更会享乐，他嫉妒特权地位带来的哪怕一丁点的好处。然而，当他离开豪宅，到处于市中心、灰尘满布的小破房做生意时，每个人都能够自由地和他交谈。如果在路上遇到他的鞋店经理，他甚至还会停下来寒暄几句。他们会聊些什么呢？这两位公民在讨论国家大事，而且不相互握手也不彼此道别。

在这种虚情假意背后，在这种对当权人士曲意逢迎的背后，我们能明显看到富人对国家的民主制度怀有极大的恶意。人民是一股让他们既恐惧又蔑视的力量。如果哪天民主的弊端导致政治危机，如果哪天美国可以实行君主制度，人们就能立即发现我上面所说的是事实。

办报与结社是政党为获胜而使用的两大武器。

第03章　美国的出版自由

限制出版自由所遭遇的困难——一些国家倡导出版自由的特殊原因——美国人认为，出版自由是人民主权的必然结果——美国期刊措辞激烈——以美国为例，证明期刊有其特有的本性——美国人对司法机关惩罚出版违章的看法——与法国出版界相比，美国出版界为什么没有那么强大有力

出版自由的影响不但扩及政治观点，而且还扩及到人民的所有见解。它既可以促使国家改变法律，还可以促使社会改变风气。在本书的另一部分，我将想办法测定出版自由对美国市民社会产生的影响力，努力讲明它为美国人的思想指引的方向以及它让美国人的精神、思想养成的习性。在这一章，我只想研究出版自由在政界产生的效果。

我得承认，我对出版自由并没有那种因事物美好而产生的矢志不渝的热爱。我之所以支持出版自由，首先是因为它能防止弊端，其次才是其本身所具有的好处。

倘若有谁可以在思想的彻底自由与唯命是从之间找到一个能让我相信的中间立场，那我或许会站在这个立场上。然而，有谁可以找到这个中间立场呢？假如现在，让你根据出版许可工作，依照命令行使。你该

如何应对呢？你或许会将作家送交陪审团，但是陪审员们却判他无罪。如此一来，原本仅是一个人的意见就变成了全国人的意见。你需要处理的事情很多，可能办成的又很少，即便这样，你还是得继续办下去。这次，让你将作者送交常识的法院，然而法官在宣判前必须先听被告的陈述，原本不敢公开写进书里的内容便会出现在辩护词中并且不构成犯罪，原来文章中晦涩难懂的话也要反复出现在很多文章或文件中。说话或者写作仅是思想的表现，而在我看来，我觉得这种表现只是思想的外壳，并不是思想本身。法庭仅是惩治了思想的外壳，但被告的灵魂却逃过了处罚，依然在被告身上默默地产生作用。所以，你要处理的事情仍旧很多，而可以完成的依旧很少，你还是得继续处理下去。最终，你针对作家设置了出版检查制度。很好！我们支持这个制度。然而，政治法庭还是得忙得不可开交。所以，你依旧一事无成。倘若我估计错误，你的苦恼也还是会增加。你不是认为思想是随着宣传者数量增多而增强的物质力量吗？你不是觉得作家就好比军队的士兵吗？然而，和所有强大物质力量相反，思想的影响力常常是因为表述思想的人数少而增强。和一千个演说家的大肆喊叫相比，一位有才干的人在安静的群众大会上发表的真诚讲话更有力量。就算只能在一个公共场所自由演讲，它的影响也绝不亚于在每个乡镇面对众多群众讲话。因此，你又得像破坏写作自由一样去破坏演讲自由。这一次，你实现你的目的了：任何人都不说话了。然而，你最初的目的是什么呢？你原本是想防止自由的泛滥，然而现在却到了一个暴君的脚下。

你由极端的独立走到极端的顺从，而在这么漫长的道路上，竟未遇到过一个可以歇脚的地方。

有些国家，除了我刚才所说的普遍原因外，还有一些特殊原因让它们不得不推行出版自由。

在一些自称自由的国家，每位政府官员都可能犯法而又不受处罚，因为它们制定的宪法没有授予被统治者向法院起诉官员的权利。在这种国家，出版自由不但是公民自由与安全的保障，而且也是这方面唯一的保障。

所以，倘若这种国家的统治者宣布要取缔出版自由，那全国人民都可以回答道："假使能让我们到普通法院去控诉你们的罪行，我们或许可以考虑不去舆论的法院揭发你们的罪行。"

对于彻底根据人民主权理论施政的国家来说，设置出版检查制度既危险，又荒谬。

当每位公民都被给予管理国家的权力时，就意味着公民有权对同时代的不同意见进行选择，对了解之后可以指导他们行为的各种事实进行鉴别。

所以，出版自由与人民主权这两者是有着密切关联的；而出版检查制度与普选这两者又是相互对立的，不能在同一国家的政治制度中一直共存下去。迄今为止，生活在美国境内的1200万人中，还没有谁敢主张限制出版自由。

我初抵美国看到的第一份报纸中有这样一篇文章，我现在摘录于下：

"在这整件事上，杰克逊（总统）使用的语言，是一个麻木不仁、一心想保全自己权柄的暴君的语言。他的罪恶来自野心，他也将因此遭到惩罚。阴谋是他的嗜好，但阴谋也将反过来打乱他的计划与夺去他的权力。他执政腐化堕落，他那些应遭唾弃的行为将让他声名扫地、受人谴责。他登上政治舞台，就好比一个没有廉耻、肆意妄为的赌徒来到赌场。即便他赌赢了，离他受审的时间也不远了。人们将重新夺回他赢到手的东西，丢弃掉他的假赌具，使其退休后一命呜呼。退休后，他或许会因为感受到自由而为曾经的所作所为懊悔不堪，但是忏悔并不是让他良心发现的一种德行。”（《文森斯报》）[我们没有从这段时期在（印第安纳州）文森斯出版的报纸中找到引文的出处。印第安纳州图书馆长觉得，这段引文很有可能经过作者托克维尔的删改]在法国，很多人都觉得，本国的报刊暴力来源于社会情况的不稳定，来源于人们的政治激情，来源于人们内心的普遍不安。所以，人们一直在默默等待，期望社会重获安宁，让报刊不再大吵大闹。至于我，尽管愿意将报刊对我国产生的巨大影响归因于上面所提及的各项因素，但是并不觉得这些因素曾对报刊的语言产生过多大的影响。我觉得不论在何种环境下，报刊都应当保持其特性与激情。美国的现状，就在印证我的观点。

在当今世界，美国可能是最难以发生革命的国家。然而在美国，报刊喜好破坏的倾向和法国一样。尽管美国报刊的暴力和法国相当，但是它致使人们发怒的原因和法国不同。不管是在美国还是在法国，报刊都是一种将善与恶混合在一起的奇特力量，没有它自由就不可能存在，但同时它也是秩序得以维持的保障。

应该说明的是，美国报刊的力量没有法国的强大。但是在美国，几乎没有司法机关惩处报刊的事件。出现这种现象的原因很简单：美国人接受人民主权学说后，便迅速加以利用。他们从未想过，用每日都在变化的因素可以创造出长期存在的制度。所以，只要不是凭暴力违法，攻击现行法律并不算是犯罪。

此外，他们坚信，法院没有能力管制报刊，而人类语言的微小差别，又可不致被司法机关抓住把柄，因此这类性质的罪行差不多都可以逃脱法律的制裁。为能有效对付报刊，他们认为必须建立一个既能维护现有秩序，又能摆脱舆论影响的法庭。这个法庭应不公开审案过程，不解释宣判的理由，其惩治的主要对象应是动机而不是语言。不论谁有权设立和主持这样的法庭，我都认为追诉出版自由是不必要的，因为这个法庭将成为社会本身的专制者，它能将作家及其著作全部消除掉。所以，在出版问题方面，顺从与许可之间没有折中的选择。为了可以享用出版自由带来的诸多好处，就不得不忍受它所造成的无法避免的痛苦。想得到好处却又想逃避痛苦，这是国家患病时常有的幻想。这个时候，国家已疲于战斗，力量很衰弱，试图寻得一个让敌对意见和相反原则共存的办法。

美国报刊的影响力之所以非常小，存在很多原因。这里，说一下其中的主要原因。

和其他自由一样，写作自由在一开始提出来时令国家恐惧不已；从未听他人讨论过国家大事的人民，完全不质疑第一个出现的法院。自创立殖民地起，英裔美国人就享有写作自由。然而，虽然报刊可以大大增强人的热情，但是它无法全凭自己创造激情。众所周知，美国的政治生活是活跃、多变，甚至可以说是动荡的，然而却极少被猛烈的激情打乱。当物质利益产生矛盾而无法解决时，也极少引起狂暴的激情，更何况在美国，物质利益是很容易得到满足的。只要看一下美国和法国的报刊，就能发现英裔美国人与法国人在这个问题上的差别。在法国，报刊上的商业广告极其有限，甚至连商业新闻也很少见。报纸内容大多都涉及政治问题。而在美国，广告占据了报纸四分之三的版面，剩下的版面则多是些政治新闻或篇幅短小的趣闻轶事。仔细翻找，才能在不起眼的角落，看到时常在法国报刊上登载的政治热议类题材，但是篇幅也较短。

任何一种力量，愈集中作用于一个方向，其效果就愈大。这是一条已通过实验向人们证实的自然规律，而一些暴君，也依靠他们那比实验还可靠的本能，感受到了这种规律所发挥的作用。

在法国，报刊同时具有两种不同的集中性。

首先，报刊把自己全部的力量都集中在一个地方；其次，报刊的力量几乎都集中在少数几个人手里，因为其所属的机构数量很少。

在一个每个人都多疑的国家创立起来的权力，其影响自然是接近无限的。它是政府的死敌，政府可以和它签订或长或短的休战协定，但却难以和它长期共处。

在美国，根本不存在以上两种集中。

美国没有大城市。在这个国家，人力与物力分散在各个地方，人类的智慧之光并不是从一个共同的中心向四处发散，而是同时在各处交相辉映。不论在哪个方面，美国人都不制定思想与工作的总方针。

这一切都归因于不以人类意志为转移的地理环境，当然，法律在这方面也起到了一定的作用。

在美国，既不用给印刷业发放执照，也不要求报刊注册，更别提保证金了。

所以，在这里创办报刊简单且容易，只要拥有少量的客户，就可以满足报刊的开销，因此，美国定期期刊与半定期期刊的数目多得惊人。一些非常有涵养的美国人，都将报刊影响力小归因于出版力量的过度分散。所以，美国政治学上有这样一条原理：削弱报刊影响力的唯一办法，是增加报刊的样数。我真想不清楚，这么明显的真理，为何还没有在法国推广。所以，可以想象，那些打算凭借报刊来革命的人，为何只让报刊拥有少数几个强大机关。然而，我不明白，那些现行秩序的官方维护者与现行法律的支持者，为何会相信将报刊集中起来可以削弱报刊的影响力。我认为，欧洲各国政府对付报刊的方法，似乎和中世纪时期骑士对付敌人的办法一样。它们在经验中总结出，集中是强大有力的武器；而它们将武器交给敌人，显然是为了在抗击敌人时获取更大的荣誉。

在美国，几乎所有的小镇都有属于自己的报纸。在如此多的斗士中，是不可能形成秩序和统一行动的。所以，每个斗士都自立旗帜，各展身手。在美国，从未出现过所有报纸联合起来支持或者反对政府的现象，而且它们在攻击或者支持政府时，也都使用各种各样不同的办法。所以，在美国，报纸不可能汇聚成可以摧毁牢固大坝的洪流。这种报刊力量的分散性，同时还产生了一些非常明显的后果：创办报刊容易，因此任何人都可以办报；另外，因为竞争激烈，所有报纸都无法获取巨大效益，所以那些精明能干的实业家都没有兴趣涉足这类事业。再者，就算办报是生财之道，但是因为报刊的样数太多，那些天才文人也难以致富。所以，通常来说，美国的办报人地位都不高，教育水平较低，思维不敏捷。众所周知，在所有事情上，都是多数决定一切，由多数制定人人都应遵守的行动准则。这些共同习惯的总和叫宗旨。比如，存在律师业的宗旨、法院的宗旨等。在法国，报刊业的宗旨是以激烈但高尚、并时常是雄辩的方式讨论国家大事。有时候，并没有这样坚持下去，这说明一切规律都有其例外之处。美国办报人的宗旨，则是用粗蛮、直截了当、毫无掩饰的方式刺激其反对的人，甚至会攻击对方的私生活，揭发他们的弱点与毛病。

应该对这种滥用思想自由的行为表示惋惜。在后文中，我还会就报纸对美国人民的爱好、道德所产生的影响做详细的论述，而在这里则专谈政界，因此对这种影响一笔带过。应该承认，对出版界采取这种放任措施的政治效果，是间接地促进了公共秩序的维持。所以，已在同胞们的思想中确立地位的人不敢在报刊上发表文章，以免失去为自身利益而去鼓动大众激情的强有力武器[1]。可见，报刊上发表的个人观点，一般在读者眼里都是微不足道的。读者想从报纸上读到的，是有关事实的报道。只有在报道更改或者歪曲事实时，作者的观点才可能产生某种影响。

尽管报刊能做到的只有这些，但是它在美国依旧算是一个有着巨大影响的权力。它让政治生活在这个广袤国家的各个地方传播开来。它密切关注着政治的隐蔽动力，陆续将从事政治活动的人送上舆论的法庭。它将人们的目光聚焦到某种主义或者学说上，并且为政党树立旗帜。它让那些相互对话，但从未谋面的政党能够听到彼此的声音，从而得以继续交流。当大量报刊长期在同一条道路上前进时，它们的影响力就会变得不可抗拒，而一直被另一方面控制的舆论，最终也会在它们的打击下屈从。

在美国，每家报刊都各有一点权力，但相较之下，期刊的权力更大，仅次于最有权力的人民。（A）

在美国出版自由下形成的见解比在检查制度下形成的见解更坚定

在美国，民主制度一直在推出新人来管理国家事务，因此政府施政很难按部就班地贯彻执行。然而，美国政府的总方向却比大部分国家要稳定，而引导社会的主要舆论也比大部分国家持久。当一个思想占据了人们的头脑后，不论其合不合理，都很难将其从人们的头脑中驱赶走。

相同的事实也出现在欧洲的英国，这个国家在过去的一百多年中，出现过比任何一个国家更大的思想自由以及更坚不可摧的成见。

---

① 只有在呼吁人民或者表示自身见解的极少数情况下，例如在回应恶意的诽谤以及解释事实的真相时，他们才会在报纸上发表文章。

我将这一现象归因于出版自由，尽管乍一看出版自由应是阻止这一现象产生的因素。实行出版自由的国家，高傲与自信这两者对见解的影响程度完全一样。他们之所以喜欢某种见解，是因为在他们眼里，这种见解是正确的并由他们自己选定的。他们之所以支持某种见解，不但因为它是真实的，而且因为它是属于自己的。

还有另外几个原因。

一位伟人曾说过：无知处在知的两端。倘若说自信处在两端，怀疑居中，可能更为恰当。事实上，可以认为人类的智力发展分为三个连续的不同阶段。

一个人之所以对某件事坚信不疑，是因为他未深入研究就接受了它。当出现不同意见时，他就会产生怀疑。最后，他常常能克服所有疑虑，从而再次接受。这次，他不是随意盲目地认识真理，而是切实细致地考察真理，并紧随着真理之光前进[①]。

当出版自由察觉人们处在智力发展的第一个阶段时，它还得在很长一段时间内放任人们不经思考就全盘接受的习惯，只能渐渐地改变人们轻信的对象。所以，在人类智力的整个发展过程中，人类的理性仅能通过一点一点地认识向前发展，但被认识的那一点也在不断地发生改变。这恰好是爆发革命的时期。因此，最早接受出版自由的那一代人，就得吃点苦头了！

过不了多久，一批新的思想又会接踵而来。人们积累了经验，在怀疑与普遍不信任中不断摸索。

可以说，大部分人都一直停留在下列两个阶段中的某个阶段：相信

---

① 然而，我还不清楚这种深思熟虑的自信以及对这种自信的主宰，是否曾凭借理性信念的鼓舞将人的热心与信心提高到一定的高度。

却不知其所以然，或者无法确定应该相信什么。

至于来自真知且摆脱了怀疑干扰的自信，以及对这种自信的主宰，是只有极少数人能够达到的。

然而也有人曾指出，在宗教狂热的年代，人们有时会改变自己的信仰，而在人们普遍怀疑的年代，人们却死守自己的信仰不放弃。这种现象也出现在出版自由风行时的政治生活中。在所有相互质疑以及轮流角逐的社会理论中，假使有一种理论被人们采纳并加以应用，那也不是因为人们觉得它是好的，而仅是因为人们不相信还有比它更好的。

在当今这个时代，人们不会轻易地大肆推广自己的见解，但同时也不会轻易改变自己的观点。殉道者与变节者都很罕见。

再为这种现象补充一个更强有力的理由：当人们质疑某种见解时，最后都会和自己的本能与物质利益联系到一起，因为和见解相比，本能与物质利益更容易看到、感觉到，更能持久。

到底是民主制度的管理好，还是贵族制度的管理好，这是一个非常难以解答的问题。但有一点是可以确定的，那就是民主制度会让一部分人感到不快，而贵族制度则会压迫另一部分人。你富裕了，我就贫穷了——这是一个不证自明、无须讨论的真理。

第04章　美国的政治社团

英裔美国人对结社权的运用——三类政治社团——美国人怎样在社团中使用代议制——这对国家的危害——1831年关税问题大会——该次会议的立法性质——和其他国家相比，为什么结社权的无限运用在美国没有那么危险——为何认为这么做是必要的——社团在民主国家的功能

在世界上，美国是最方便组党结社以及将这种强大的行动手段用于各种目的的国家。

除了依法以乡、镇、市、县的名义创立起来的常设社团外，还有很多必须依据个人自愿原则创立、发展的社团。

美国人从小就清楚必须凭借自己的力量去克服生活的苦难。他们并不完全相信社会的主管当局，仅在迫不得已的时候才求助于它们。他们从小学开始就有意识地培养这种习惯。在学校玩游戏时，孩子们必须服从自己制定的规则，对由自己制定的犯规行为予以惩罚。这种精神在社会生活的所有行为中都可见得。假使公路上发生事故，车马行人堵塞不通，现场的人就会自发地组织起来研讨解决的方法。这些暂时汇集在一起的人，可以选出一个执行机关，在未向相关主管当局汇报事故之前，这个机关就已开始排除故障。倘若是庆祝活动，则自发组织活动小组，

让活动得以井然有序地进行，并使节日增辉。此外，还有反对各种道德败坏行为的组织。例如，反对酗酒的组织。在美国，为了促进公安、商业、工业与宗教，也组建有社团。人们的愿望必然会通过私人组织的不断强大、集体的自由活动得以实现。

以后，我再找机会详述社团对公民生活产生的作用。这里，我只谈政界。

由于结社权是公认的，所以公民们可以不同的方式去行使。

一个社团可由一致同意某一学说或者主张的多个人组成，并规定以某种方式促使该学说或主张获胜。所以，结社权几乎和写作自由一样。然而，最初组建的社团，权力比出版界更大。当一种观点由一个社团来代表时，必须具有简明的形式。这个社团要招募支持者，并引导支持者投身于社团的事业。支持者们相互认识后，热情也会随人数的增加而增强。社团将大部分人的意念集中在一起，促使他们朝着其指明的方向迈进。

行使结社权的第二个阶段，是行使集会权[①]。当某个政治社团把自己的活动中心设立在国内某个重要地点时，它的活动明显会增强，而它的影响力也将随之扩大。在这里，人们经常见面，多种执行手段可以结合应用，思想能以文字无法企及的力量与热情向四周传播。

在政治方面，行使结社权的第三个阶段是：持同一观点的支持者们有权组成选举团，选举代表到中央立法机关代表社团行使权力。这才是真正在政党中实行代议制。

所以，首先，持同一观点的人要相互建立思想上的联系；其次，他

① 可参见奥格与雷合著的《美国政府概论》第161页及以下几页，以及埃斯曼的《法国比较宪法要义》（巴黎，1928年）第二卷624页及以下几页。——法文版编者

们要组成一个仅代表本党的小团体；最后，他们要创立一个国中之国，政府中的政府。他们的代表表面上看似乎是在代表多数，但实际上仅代表他们的支持者。他们的支持者也给人们一种代表国家以及因此而来的道义力量的印象。的确，这些支持者无法像他们一样有权制定法律，但是支持者有权反对现行法律以及协助他们起草法律。

倘若一个民族完全没有行使自由的习惯，或者能轻易产生猛烈的政治激情，而在其立法者的多数周围，仅有一个负责审议与监督执行的少数，那我可以认为其公共秩序正处在严重的危险之中。

证明一项法律比另一项法律好，和证明这项法律应当替代另一项法律，这两者之间明显有很大的区别。然而，当聪明人又察觉一个重大区别时，他就不会再考虑众人的想象。有时候，一个国家会分裂为两个力量相当派系，两派都抢着做多数的代表。倘若在领导权之外再设立一个道义、权威都与其相同的权力，你会相信领导权可以一直只说不干地持续下去吗?

认为结社的目的是引导舆论而不是强制舆论，是审议法律而不是制定法律，这种看法是一种形而上的观点。人们能在这种看法面前停止前进吗?

越是深入考察出版自由的成果，我就越相信它在现代世界里是自由的主要因素，或者说是自由的基本要素。所以，一个坚决保卫自由的国家，有权要求人们尊重自由。然而，政治结社自由和出版自由之间又有些不同之处：前者的必要性没有后者大，但危害性却比后者大。一个国家可以限制结社自由，并且让其一直受国家的监控；但是，若想让结社自由存在，国家有时也需要耍些手段。

在美国，政治结社的自由是无限的。

有一个事例能够证明这项权力已被放任到我们无法想象的程度。

我们可以稍作回顾，关税问题与贸易自由问题曾在美国民众中引起轩然大波，关税制度既影响舆论，又影响极其重大的物质利益。北方将其一部分繁荣归功于关税制度，而南方则将其所有灾难都归咎于关税制度。可以说，在很长一段时间内，关税制度一直是唯一一个让美国不安的因素。

1831年，争论最激烈的时候，一个默默无闻的马萨诸塞州公民提出了一个建议，即利用报纸通告反对现行税制的人，请他们选出代表前往费城，一起商讨恢复贸易自由的方法。这项提议，通过报刊转载，很快就从缅因州传到了新奥尔良州。反对现行税制的人欣然接受了这个建议，他们四处开会，选举代表。选举产生的代表都是知名人士，有些声名远扬。南卡罗来纳州还就此问题武装起来，光它一个州就派去了63位代表。1831年10月1日，一个依据美国人的习惯命名为全国代表大会的会议，在费城召开，与会人员有两百多人。会议上，展开了公开的辩论，从开幕日那天起，大会就具有了立法的性质。会议上，大家就国会的职权范围、自由贸易理论以及税则进行了热烈的讨论。第十天，大会在起草完一封致美国人民的信后宣告闭幕。这封信中表示：（1）国会没有权力制定关税税则，现行税则是违宪的；（2）对任何一个国家，尤其是对美国来说，禁止自由贸易都是毫无利益可言的。

应该承认，迄今为止，政治结社的无限自由在美国还没有产生在其他地方可能产生的致命后果。在美国，结社权是从英国引入的，此后便一直保留了下来。如今，行使这项权力，已成为美国人的习惯与风尚。

在当今这个时代，结社自由已然成为抵抗多数专制的必要保障。在美国，只要一个党占据统治地位，那所有国家大权都会由它掌控；它的党徒也会赢取各种官职，掌握所有有组织的力量。反对党中最有名的人物，也无法冲破将他们隔离在政权之外的藩篱，他们不能当政，仅能利用少数的所有道义力量去抵抗打压他们的强大物质力量。由此可见，这是在利用一种危险去牵制另一种更可怕的危险。

依我看，多数的无限权威对美国共和制度产生的危害非常大，以致让我觉得用来制约它的那个危险手段更好一些。

在此，我要提出一个观点，它会让读者想起我在该书第一部分论述乡镇自由时所讲的话。这一观点就是：与世界其他国家相比，社会情况民主的国家更需要利用结社自由来制止政党专制或者大人物专权。在实行贵族制度的国家，贵族社团是禁止滥用职权的天然社团。倘若国家没有这种社团，而人们又无法仿造出类似的社团，那我看不出它还有什么能制止暴政的保障。此外，在这种国家，一个伟大的民族不是受一小部分无赖的残酷压迫，就是受一个独王的残酷压迫。

就算在美国，那些很可能成为一种必要手段的大政治集会（有各种各样的人参加）也属于重大事件，让国内的好心人惊讶不已。

这种现象，在1831年的大会中表现得尤为明显。所有参加大会的杰出人物，都尽量温和地发言，将目标限制在一定的范围内。1831年的大会或许对不满政策的人产生了重大的影响，促使他们在1832年公开反对联邦商业法。

应该承认，政治结社的无限自由，是所有自由中最后获得人民支持的自由。即便这种自由未使人民陷入无政府状态，但也无时无刻不使人民接近这种状态。然而，这个这么危险的自由，却在某一方面提供了保障：在结社自由的国家，是不存在秘密结社的。在美国，只存在党派分子，并没有阴谋造反者。

欧洲与美国对结社权的不同理解以及对结社权的不同使用

人们将自身的力量与自己同志的力量联合起来并共同活动的自由，是仅次于自身活动自由的自由。所以我觉得，在性质上，结社权几乎和个人自由一样是无法转让的。立法者若想破坏结社权，就必须损害社会本身。然而，倘若说在某些国家，结社自由能够促进和加快繁荣，那么在另外一些国家，它也可能因为滥用或歪曲而从积极因素转变为负面因素。依我看，将对自由有正确理解的国家的社团与滥用自由的国家的社团所采取的措施进行一个比较，对政府与政党来说，都大有裨益。

大部分欧洲人，现在还将社团看作是在战斗中仓促组建并立即投入战场的武器。

结社之初，应该说明目的，然而急于行动的思想却限制了组建者的头脑。一个社团，相当于一支军队。和士兵交谈，是为了检查军容、鼓舞士气，然后再号召他们誓死杀敌。在结社者们看来，合法的手段或许是获胜的手段，但绝不是唯一的获胜手段。

然而在美国，人们却不是这么理解结社权的。处在少数地位的美国公民之所以要结社，首先是为了显示自己的实力以及削减多数的道义力量；其次是联合起来进行斗争，找出最容易感动多数的论据，因为他们一直期望将多数拉入自己的阵营，然后再以多数的名义掌握权力。

所以，美国政治社团的宗旨多是平和的，其手段也是合法的。因为它们只想凭借法律获胜，所以通常都会讲真话。

美国人与欧洲人在这方面的区别，来自多种原因。

在欧洲，有些政党彻底与多数分离，以致它们永远都不会获得多数的支持，然而这些政党又相信自己已强大到足够与多数抗衡。当这样的政党结社时，它不打算动员、说服，只想进行斗争。在美国，意见与多数有分歧的人，绝对不可能战胜多数的权力，因为其他人都想拉拢多数。

所以，大党愈不可能成为多数，结社权的行使就愈没有危险。在美国这种各党意见仅有细小差别的国家，结社权几乎可以无限地持续下去。

因为对自由还不甚了解，所以人们仅将结社自由看作是攻击政府的权利。和人一样，当一个党感受到自己的强大后，随即产生的第一个念头就是以力服人。劝导人们的念头，只会在很长一段时间后才出现，因为这需要从经验中慢慢获得。

由于意见存在严重分歧而形成各种派别的英国人，极少滥用结社权，因为他们已拥有长期行使这种权力的经验。

而在法国，人们则被一种狂热的好战精神所鼓动，以致只要是关于国家安危的事情，人们都会疯狂地参与进去，他们觉得战死是一种荣耀。

然而在美国，普选权或许是让政治结社暴力渐趋缓和的最强有力因素。在实行普选制度的国家，多数向来都是能轻易辨别出来的，因为任何一个政党都不能代表未选举它的选民。所以，每个社团都清楚，而且人民大众也都清楚，那样的政党并不代表多数。这也是由它们的存在所决定的，因为假使它们真代表多数，那它们自己就能修改法律，而不必试图改革法律了。

遭受它们攻击的政府道义力量，必然会大大增强；而它们这方面的力量则会大大削弱。

在欧洲，差不多所有社团都自称或者自信自己代表着多数意志。这种自信，让它们的力量得到惊人的扩张，并且使它们的手段合法化。没有什么事件比利用暴力打击压制权利的事件更值得原谅的了。

正因为这样，在繁杂的人类行动准则中，极端自由有时候反而可以防止自由的滥用，极端民主有时候反而可以纠正民主的危险。

在欧洲，社团几乎都将自己定位为不能发表意见的人民的立法机关与执行机关，并且根据这种定位去行动与发号施令。而在美国，人们都觉得社团仅代表人民中的少数，这使得社团只能凭靠说理与恳求存在下去。

欧洲各国社团采取的措施，和它们所提出的目标是一致的。

这些社团的目的是行动而不是纸上谈兵，是战斗而不是游说，因此它们创建的组织自然没有丝毫和平气氛，而且内部都是军事生活的习惯与准则。它们竭力管理自己的下属，将所有权力集中在少数几个领袖手里。

这些社团里的成员，要求和战场上的士兵一样服从指挥。他们遵守盲目服从的准则，更准确地说，他们只要联合在一起，就会马上放弃自己的判断与自由意志。所以，和它们所抗击的政府对社会实施的专横统治相比，这些社团内部实施的专横统治更加令人难以忍受。

这在很大程度上削弱了它们的道义力量。同时，它们也失去了被压迫者反抗压迫者的斗争所具备的神圣性。那些自愿屈从于同伙中少数几个人的人，主动将自己的意志，甚至思想交给他人来控制，这样的人，你怎能相信他会向往自由呢?

美国人也会在他们的社团中设立统治组织，然而，若能够用和平这个词语的话，那它们都是和平的统治组织。在社团中，每个人都是独立的，就如同在社会中一样，人人都同时朝着一个方向前进，但并不是非要沿着同一条路走不可。没有谁放弃自己的意志与理性，而是利用自己的意志与理性完成共同的事业。

第05章 美国的民主政府

我清楚在讨论的过程中会遇到一些困难。这一章里的每一句话，都将在某些方面刺痛那些使法国走向分裂的政党。即便这样，我还是要说出我的所有观点。

在欧洲，我们很难辨别民主的真理性与不变性，因为这里有两个相互对立的主义在进行斗争，我们不能明确地辨析哪些争论源自主义本身，哪些争论源自争论所引发的激情。

这和美国的情况完全不一样。在美国，人民可以畅通无阻地统治国家，他们既不用担心会出现什么危险，也不用为什么损害实行报复。

所以，在美国，民主是随其所好来实施的。它的表现合情合理，它所有的活动都不受限制。唯有在美国，民主才会得到正确的判断。和其他国家相比，这项研究对法国更为有益，因为法国人每日都在一种不可避免的运动的驱使下盲目地前进。到底要走向何方？或许是走向专制，或许是走向共和，然而社会情况势必会走向民主。

普选权

我在前文中已经说过，整个美国都承认普选权。不论社会地位怎样，每个人都拥有这项权利。我在很多地区，在一些由于语言、宗教与风习的差异而形同陌路的种族之间，在路易斯安那与新英格兰，在佐治亚与加拿大，都能够感受到实施普选权所产生的效果。我之前曾指出，在美国，普选权远远没有产生人们希望它在欧洲所产生的那种善与恶，其实施效果通常也和想象的不一样。

人民的选择以及美国民主在这种选择中所体现的本能

在美国，那些最有声誉的人极少担任公职——发生这种现象的原因——法国低层阶级对上层阶级怀有的嫉妒心并不是法国人特有的感情，而是一种向往民主的感情——在美国，为何那些最优秀的人反而会远离政界

在欧洲，大部分人要么嘴上不说心里相信，要么就是心里不相信但嘴上却说：选举最受公众信任的人担任公职，是普选权的最大好处。他们觉得，人民无法自己管理自己，然而人民真心期望国家繁荣富强；人民的偏好并不会妨碍他们推选出和他们有着相同愿望且最能胜任的人去管理政务。

至于我，不得不说，我在美国的所见所闻，让我没理由认为他们也是这样。到美国后，我就惊奇地发现，被统治者中人才济济，而统治者中却鲜有名流。如今在美国，最杰出的人士极少会去当官，这已是一个不足为奇的现象。而且不得不承认，这也是民主超出其原有的界限而产生的结果。显然，半个世纪以来，美国的政治世家大幅度减少。

可以列举造成这一现象的多个原因。

虽然做了很多工作，但是依然没能使人民的文化水平达到一定的高度。精简人们的学习内容，改进教育方式，让学习步入正确的轨道，这些都不难办到；然而用来学习的时间不充足，人们依旧无法学到知识以

及利用所学的知识。

所以，人们获取知识的必要时间，就决定于他们不需劳动而能生活的空余时间的多少。在某些国家，这个时间比较充足；而在另外一些国家，这个时间就不够充足。倘若完全没有这个时间，那人们就必须为生活的物质方面日夜操劳，也就是说无法作为一个真正的人来生活。就像难以想象同一个国家里所有公民都万贯家财一样，人们也难以想象在同一个社会里所有人都博闻强识。这两者是相互关联的。我很乐意承认，广大公民都真心期望国家繁荣富强；我曾说过并且也乐意更进一步承认，社会底层阶级在这一愿望中掺杂的私念，往往比上层阶级少。然而，他们总是无法判断实现这一愿望所采取的措施是好是坏。为了完全了解一个人的性格，必须进行长期观察以及深入分析。就连那些伟大的天才在这方面都会犯错，何况是普通人呢？人民没有时间与方法去完成这项工作。他们仓促地下判断，并且只看事物的表面特征。所以，骗子们可以利用花招取悦人民，而人民最忠实的友人却无法得到人民的信任。

此外，人们并不是总能根据民主方式来选择自己信任的人，有时候，他们也不愿意这么做。

毋庸置疑，民主制度让人们的嫉妒心发展到了最高点。对此，与其说是由于民主制度为每个人提供了将自己与他人拉平的手段，不如说是由于人们总是觉得无法游刃有余地应用这些手段。民主制度唤醒与鼓动了永远都不可能得到彻底满足的要求平等的激情。这种彻底的平等，总是在人们以为得到它的一刹那，便从他们的指间溜走了。借用帕斯卡尔的话说，就是永远消失了。人们总喜欢追求那种近得触手可及，而远得又让人够不着的重大利益。当成功的可能性比较大时，人们欢欣雀跃；当成功的不确定性比较大时，人们就垂头丧气。他们时而高兴，时而气馁，时而怒气冲天。只要某事物在某点上超出他们的能力范围，就都会被他们看作是阻碍他们愿望实现的障碍。所以，不论上司怎样合法，他们都不予理会。

很多人都觉得，这种引导低层阶级将上司从公职上拉下来的隐蔽本能，只在法国存在。然而这是一个误解。这里所说的本能，并不是法国人固有的，而是一种民主的本能。尽管特殊的政治环境能够让这种本能带有严肃的特点，但它并不能创造这种本能。

在美国，人民对社会高层阶级并没有憎恨之情，只是不太欢迎他们，尽量不让他们掌权。人民不怕社会中出现天才，但对这种人不是很器重。通常来说，只要不是凭借天赋发迹的人，都很难获得人民的好评。

一方面是这种本能使得人民排斥杰出人物掌权，另一方面是一种不亚于这种本能的力量在促使杰出人物远离政界，因为他们在政界的激烈竞争中很难免于堕落、保全自己。衡平法院首席法官肯特就曾非常坦率地表露过这种思想。他在赞许了联邦宪法授权总统提名法官的条款后说道："最能胜任的，或许为了不在普选中当选，而在行动上表现得不是很积极，但精神上却高度严肃。"（肯特的《美国法释义》第一卷273页）。这一见解发表于1830年美国，对此没有谁持反对意见。

我引用这段话就是想证明，那些觉得普选权可以让人们做出最佳选择的人，纯属在幻想。虽然普选权具有诸多优点，但并不是这一点。

可以部分纠正民主这种本能的因素

严重的危险给国家与人民带来的不良效果——为什么在50年前，美国有那么多的杰出人物主持政务——教育与民情对人民的选择产生的影响——以新英格兰为例——西南部各州——某些法律是如何影响

人民的选择的——两级选举制度——两级选举制度对参议院的结构所产生的影响

当国家面临严重的危险时，人民常常能顺利地选出最可能拯救国家的公民。

我们知道，一个人身处危险中时，极少能保持常态，一般不是在常态的水平之上，就是在常态的水平之下。国家的情况也是这样。极端的危险不仅未使一个国家振作起来，有时反而会将它吓倒。这种危险虽然可以掀起人民的激情，但其并没有对激情进行指导。这种危险虽然能触及人民的头脑，但是却未使头脑清醒过来。犹太人就曾在他们神殿的废墟上自相残杀。然而最常见的，是一些国家与个人在危险当头时，反而表现得格外沉着冷静，继而做出令人叹服的消除危险的行动。这个时候，一些伟大的人物迅速崛起，仿佛挺立在黑夜中的大厦，顷刻被大火照亮。天才不再犹豫不决，而是挺身而出；深陷苦难中的人民，也会暂时抛却他们的嫉妒心理。这个时候，选票箱里时常会出现伟人名士的名字。我在前文中已说过，如今美国的国务活动家，远远没有50年前主政的人物卓越。造成这一现象的原因既来自法律，也来自环境。当美国在为独立而战时，它是一个要挣脱另一国家压迫的国家；而当它以新国家的名义登上世界舞台时，其全体人民的精神品质也已达到他们预定的高度。在举国同庆中，杰出人士走到了公众面前，而人民也热烈欢迎他们，并担当起监督他们的责任。然而，这样的情况很少见，因此还必须从事物的另一面去进行判断。

有时候，瞬间消逝的事情会压制民主的激情；而人们的知识程度，尤其是民情，将对激情的发展趋势产生巨大且持久的影响。在美国，这种情况就很常见。

在新英格兰地区，教育与自由彻底从属于道德与宗教，建立很久并存续下来的社会，已形成一套道德准则与习惯，因此人民蔑视财富与门第所带来的优势，但同时又习惯于尊重知识与道德带来的优势，并且心甘情愿地服从。所以，和其他地方相比，民主在新英格兰能做出更好的选择。

然而，往南考察，就会发现情况有所不同。南方各州，社会纽带形成得比较晚且不太牢固，教育也没有太普及，道德、宗教与自由的原则还结合得不够好。所以，在这些州的政府里，很少出现有德、有才或德才兼备的人。

在前不久刚创立社会组织的西南部各州，到处都是冒险家与投机者的庄园。在这里，我们惊讶于管理社会的大权竟被少数几个人掌控，此外，我们还在内心思忖：除了立法机关与人的独立外，还有什么力量可以让国家发达、社会繁荣？

某些法律有着民主的性质，但是它们也曾在一定程度上纠正了民主的危险本能。

当你走进华盛顿的众议院大厅时，你会对大会议厅中出现的粗俗举止深表惊讶。虽然你再三环顾大厅，但仍旧找不到一个著名人士。差不多所有议员都是默默无闻的小人物，我对他们的姓名没有任何印象。他们大多数是乡村律师和商人，甚至是最底层阶级的人物。据说在这个教育几近普及的国家，人民的代表并不都是可以写字无误的。

仅几步之遥，就是参议院大厅的正门。在这个空间不大的会议厅里，却汇聚了大部分美国名人。这里见到的每一个人，都能让你马上想起他近期的成就。这些人中，有擅长雄辩的大律师、著名的大将军、贤良的行政官以及有名的国务活动家。这个会议厅里的所有发言，都能和欧洲各国国会最精彩的辩论媲美。

这两种场景的奇特对照是如何形成的呢？为什么全国的杰出人士只在参议院出现，却不在众议院出现？为何众议院只汇集了一群大老粗，而参议院里却人才济济？这两个议院均来自人民，都是通过普选产生，而且迄今为止还没有人斥责参议院敌视人民的利益。既然如此，那为何会产生这么巨大的差异？我觉得，只有一个事实能够解答这个问题，那就是：众议员是由人民直接选举产生的，而参议员却是通过两级选举产生的。[①]各州全体公民选举本州的立法机关，联邦宪法又规定各州立法机关为选举团，然后由这些选举团选举参议员。当然，参议员同样能代表（虽然是间接地代表）普选的结果，这是因为：选举参议员的各州立法机关，并不是贵族团体或者本就享有选举权的特权团体，事实上它服从各州的全体公民；各州的立法机关通常每两年或一年改选一次，全体公民通过改选立法机关来更新其中的成员，从而控制参议员的选举。然而，人民的意志通过这个选举团来表达时可能会产生一些变化，使其具有更庄重、严肃的形式。所以，由选举团选举产生的参议员也多能切实地代表治理国家的多数。然而，他们仅代表国内流行的高尚思想与促使国家进步的国家精神，并不代表常使国家动乱的局部激情以及让国家名誉丢失的邪念。

显然，今后终有一天，美国各共和州会因这种两级选举制度而逐渐强大起来。否则，它们便会有落入民主陷阱受苦的危险。

对此，我一直深信不疑。我觉得两级选举是唯一一种能让各阶层人民享用政治自由的手段。在我看来，那些企图将这一手段变成政党专有

① 可参见奥格与雷合著的《美国政府概论》第296页及以下几页。1912年提出的宪法第七次修正案通过后，参议员已改成先由“初选”或各党的“全国代表大会”提名后，再由人民直接选举。——法文版编者

武器的人以及畏惧这个手段的人，都是错误的。

美国民主对选举制度产生的影响

选举过少会给国家带来巨大的危险——选举过于频繁会让国家处于疯狂的状态——在这两种弊端中，美国人选择了后者——法律经常更改——对于这个问题，汉密尔顿、麦迪逊以及杰斐逊的看法

当选举的间隔期比较长时，每一次选举都可能带来使国家发生动乱的危险。

这个时候，一切政党都会全力以赴，千方百计想要抓住这个难得的机会。在候选人眼里，落选差不多是无法救治的创伤，因此他们会恼羞成怒，以致什么事情都做得出来。然而，倘若这种合法的竞争将在不久后再举行一次，那落选的政党还能暂时先忍耐一下。

当选举接连不断时，其频繁度也同样会让社会动荡不安，使政务处于极不稳定的状态。

所以，一方面会让国家面临小病缠身的危险，另一方面则可能让国家患一场大病即爆发一场革命。第一种制度有损政府的良好形象，第二种制度威胁政府的生存。

相较之下，美国人宁肯承受第二种弊端，也不想承受第一种弊端。在这里，引导他们行动的，主要就是本能，很少会用到理性，因为民主使他们对改变的偏爱发展成为一种激情。因此，美国的立法极其多变。

大部分美国人觉得，法律的多变性是一种卓有成效的制度的必然结果。然而我坚信，没有哪个美国人会坚持认为这种多变性毫无缺点或者认为它不是一大弊端。

汉密尔顿在论证完一项可能制止或者延迟颁行不良法律的权力后，

补充道："也许会有人说，避免不良法律颁布的权力同时包含有防止良好法律颁布的力量。（不但可以用于这个目的，而且还可以用于另一个目的）然而这一反对意见，在能够正确评价法律不稳定性、多变性坏处的人眼里，并不是很重要。法律的不稳定性已成为我国政府的性质、宗旨方面的最大污点。"（见《联邦党人文集》第73篇。）

麦迪逊曾说过："立法之简便与无节制，似乎是我国政府危害最大的病症。"（见《联邦党人文集》第62篇）

迄今为止，美国民主制度下产生的最伟大的民主主义者杰斐逊，也曾明确指出过这种危险。

他说道："我国法律的多变性的确是一大弊端。我认为我们应该消除它，也就是应规定在一项法案提出后一年内，准予实施。法案事先应交付讨论，不存在更改意见后再进行表决。倘若实际情况要求立即通过该法案，也不能按照简单多数决定，而应该分别以两院的三分之二多数通过。"①

美国民主制度下的公务人员

美国公务人员的俭朴——没有专门的公务人员制服——对所有公务人员都付酬——这么做的政治后果——美国不存在终身公职——这么做带来的后果

美国的公务人员，和民众没有什么两样，他们既没有宫殿与卫士，也没有专门的制服。统治者这种俭朴的作风，不但和美国人的气质有

① 见《1787年12月20日致麦迪逊的信》，孔塞伊先生法译本。（《杰斐逊文集》，华盛顿，1905年，第六卷第393页）

关，而且和美国社会的基本原则有关。

从民主的角度看，创建政府并不是一件什么好事，而是一个必然会发生的灾难。这需要给予官员们一定程度的权力，因为没有权力官员还有何用呢！然而，作为权力的一种外在表现，制服绝不是工作之必须，而且也不会给公众留下什么好印象。

公务人员很清楚，授权让他们管治其他人，是以他们不能趾高气扬、盛气凌人为前提条件的。

我想不出还有哪个国家的公务人员会像美国官员那样朴实亲和、平易近人，他们在问话时表现得很亲切，回答他人问题时也非常和蔼。

我很欣赏民主政府的这种风尚，我在这种看重职责胜过看重职位，重视人品甚于重视权力外表的官员身上，看到了我所敬佩的男子汉工作作风。

我认为我国一百多年来，夸大了制服可能产生的影响。在美国，我从未见过公务人员在执行工作时，因穿着不符合身份而受到他人轻视或不被他人尊重。

此外，我也不相信公务人员穿上制服后就能格外受到他人的尊敬，因为我相信，他们之所以受人尊重，是因为人品，而不是因为他们的穿着。

当我看到我国某些官员待人粗蛮或挖苦他人，耸耸肩以示反对，或盛气凌人地下达指令时，我真想剥掉他们身上的制服，直至他们显露出公民的真实模样，这个时候，看他们会不会想起人类应受到尊重。

美国的公务人员都不穿统一制服，但是却领取薪金。

相比上述各点，这一点更是来自民主原则。民主制度也允许公务人员摆阔，用丝绸和金银装饰自己，但禁止官员直接破坏民主的原则。这种特权仅是暂时的，而且属于职位，不属于个人。然而，倘若公务人员不领取薪俸，就可能产生一个富有、独立的公务人员阶级，就可能形成一个贵族核心。这个时候，即便人民还拥有选举权，但其行使也势必会受到制约。

倘若一个民主共和国将公务人员的薪俸制改成无偿制，那我可以肯定，这个国家正在向君主政体靠拢。而当一个君主国开始实施公务人员的无偿制时，则明显表明这个国家正在走向专制政体或共和政体。

所以，依我看，用薪俸制公务人员替代无偿制公务人员，本身就是一场革命。

对于美国没有不付薪职位的现象，我认为是民主在该国产生绝对统治作用的最明显标志。不论是什么性质，只要为公共服务，就都能领取报酬。所以，每个人不但可以为公共服务，而且同时还有生活保障。

在民主国家，尽管任何一个公民都可以担任公职，但也不是所有公民都有望担任。这并不是由于候选人的资格不达标，而是由于在选举时，候选人的数量与当选条件都是有限制的。

严格地说，在所有方面都实施选举原则的国家，不存在终身公职。人们担任公职，多数是出于偶然，没有人能够永久保住自己的职位。特别是每年进行一次选举的话，情况更是这样。所以，在和平安定的时期，公职对野心的吸引力并不大。在美国，活动在政治圈里的人，都是一些没啥大抱负的人。而那些胸怀大志和怀有大才的人，通常都远离政治而去追逐财富。因为觉得做不好自家的事业而去主持管理国家事务的人，倒是有很多。

之所以会有这么多的平庸之辈出任公职，就是因为这些原因以及民主的不良选择。在美国，就算那些杰出人士想当选，我也不清楚人民会不会选举他们，当然，我肯定这些精英不会出来竞选。

美国民主制度下的行政官[1]的专权

和立宪君主国相比，为什么专制君主国与民主共和国的行政官的专权更为强大——新英格兰行政官所享有的专权

有两种政府会授予行政官很多专权。这两种政府分别是：仅由某一个人统治的政府，以及民主的政府。

这同一个结果，源自一些差不多一样的原因。

在专制主义国家，人们的命运没有什么保障，而官员的命运也没比私人的命运好到哪儿去。君主掌控着被雇佣者的生命财产，有时还有他们的荣耀。他觉得这些人没有任何威胁，因而给了他们很大的行动自由，他确信他们不会利用这种自由来反抗他。

专制国家的君主，极钟爱自己的政权，以致担忧自己制定的制度会给政权惹来麻烦；他习惯将其臣民的轻微越权行为看作是一种偶然，认为他们不是存心想反抗他。

在民主国家，多数每一年都可以从他们曾委托的人手里收回权力[2]，因此他们一点都不担心那些人会滥用职权。多数无时无刻不让执政者了解他们对政府的意见，因此他们习惯让执政者发挥自身的能力，而不愿用一套死规矩来束缚执政者，因为这种死规矩不但会制约执政者，而且也会限制他们自身。

然而，只要稍作深入研究，就会发现，民主制度下行政官的专权，

① 我这里所说的是广义的“行政官”，凡是负责执行政府法令的所有官员，都囊括其中。

② “多数每一年都可以从他们曾委托的人手里收回权力。”有关每年选举的问题，可参见奥格与雷合著的《美国政府概论》249页。——法文版编者

比专制国家行政官的专权还要大。

在专制主义国家，君主有权当即惩处他所发现的所有犯法行为，但是他无法确信自己能时时发现应予惩处的所有犯法行为。而在民主制度下，执政者的权力非常高，并且无处不在。例如，和欧洲所有官员相比，美国官员在法律为他们规定的范围内，行动的自由要广泛得多。通常只要告知他们应该完成的任务，而方法则由他们自己决定。

例如，在新英格兰地区，规定由各乡镇行政委员提交陪审员名单。但应该说明，它们须从拥有选举权以及声誉良好的公民中选择陪审员[①]。

在法国，倘若一位官员被授予这么可怕的权力，不论他如何去执行，人们都会觉得老百姓的生命与自由处在危险之中。

在新英格兰，乡镇的行政委员可以将酗酒者的名字张贴在酒馆里，以禁止居民给他们提供酒类，违者会受到罚款的处分[②]。

就算是在最专制的君主国，这种查禁权限也会激起人民的反对；然而在新英格兰，却不费吹灰之力地使人们服从了。

没有哪个地方的法律，像在民主共和国那样让行政官拥有这么大的专权，因为这种专权并无可怕之处。可以说，随着选举权不断扩大到底层，行政官的任期逐渐缩短，行政官也变得更加自由。所以，要想将一个民主共和国转变成为一个君主国，是非常困难的。倘若行政官不再由人民来选举，但他们依然保留民选行政官的权限与习惯时，就很可能导致专制。

---

① 可参阅《马萨诸塞州法令汇编》第二卷331页：1813年2月27日法令。应该补充一点，陪审员的最后名单要用抽签的方式来决定。

② 可参阅《马萨诸塞州法令汇编》第一卷302页：1787年2月28日法令，其中这样写道："各乡镇的行政委员有权令官吏在本乡镇的酒馆、旅店、小铺等室内和作坊张贴酗酒、耍酒疯、赌博以及在以上场所胡吹海喝的人的名单。以上店铺的老板接到这个名单后，若今后再允许这些人到店内喝酒或者赌博，或者再向这些人出售含酒饮料，就将处以60先令的罚款。"

唯有在立宪君主国，法律在给公务人员的行动划定范围时，还会想到指导官员行动的问题。可以这么做的原因，是不难解释的。

在立宪君主国，权力是由国王与人民一起分享的，双方都希望行政官的职位具有稳定性。

国王不希望人民掌控行政官的命运，因为担心行政官出卖王权的利益；而人民也担忧行政官彻底依附于国王，因为这样他们的自由将受到压制。所以，既不能让行政官依附于国王，也不能让行政官依附于人民。

国王与人民允许公务人员保持独立，同时他们也在寻找制止公务人员滥用这种独立的保证，以防公务人员侵犯王权的利益以及人民的自由。所以，国王和人民都一致认为必须预先给公务人员划定行动范围，并且为他们制定一套不得违规的守则。

美国行政具有不稳定性

在美国，人们在社会活动方面留下的痕迹往往没有他们在家庭活动方面留下的痕迹多——报纸是唯一一种历史文献——为什么行政的不稳定性对施政艺术有害

在美国，掌权执政的人任期都比较短，很快就回到群众中去，因此一般来说，他们在社会活动方面留下的痕迹没有他们在家庭活动方面留下的痕迹多。美国公共行政管理，几乎都是依靠口述与传统进行。不存在成文的规定，就算以前制定过一些，也都像古代女巫写在棕榈树叶上的预言，一阵风后，就被吹得无影无踪。

报纸是美国唯一的历史文献。倘若报纸少了一期，时间的链锁就会断裂，现在与过去就无法连接上了。我相信，50年后再搜集有关现在美

国社会详情的确凿资料，会比搜找法国中世纪行政管理的文件还要难。倘若有一天美国遭受蛮族入侵，要想了解当今居民的某些情况，那就只能求助于其他国家的史料。

行政管理所具有的不稳定性，已经开始渗入人民的习惯。甚至可以说，现在所有美国人都认为这样合乎情理。没有谁打听在他之前所发生的事情。没有谁研究管理方法，也没有谁总结经验教训。就连收集文献这么简单的事情，也没有人去做。偶然发现的文件也很少被保存下来。我手里的几份原始文献，还是一些行政部门为回答我对某些官员的提问而交给我的。在美国，社会生活就像一支正处于战斗中的军队。但是显然，行政管理技术是一门科学，而且为了不断进步，所有科学都必须总结前代的经验。在短暂的一生中，有些人笃行，有些人立言；前者在发明解决问题的方法，后者在创建理论。人类就是这样一边前进，一边收集各种经验果实，从而逐步创立起各门学科的。美国最大的难题，是行政管理人员完全不相互学习。而且，他们在主持社会工作时，仅依靠自己积累的经验知识，却没有指导该项工作所必需的科学知识。所以，推广到行政管理工作上的民主，反而不利于管理人员的技术进步。光这一点来看，民主在已完成行政管理教育的国家，比在缺乏这方面经验的国家更为适用。

这一论断并不是只适合行政科学。然而，有根据这么简单、自然的思想创建的民主政府，就必须有极为开化、文明的社会[①]。一开始，人们以为这种政府只存在于遥远的古代；然而，随着后来的深入研究，人们才发现，这种政府只可能存在于社会发展的最后阶段。

---

① 不用多说，我这里所指的民主政府，是由一个民族创建的民主政府，并不是由一个小部族创建的民主政府。

美国民主制度下的公共开支

不管在哪个社会，公民都被分成几个阶级——各阶级要求管理国家财政的本能——为什么人民主政时公共开支必定会增加——在美国，让民主制度造成浪费的事情并不可怕——民主制度下国库收入的使用情况

民主政府是一个节俭的政府吗？在回答这个问题前，我们应该规定一个比较的标准。

倘若我们拿一个民主共和国和一个专制君主国作比较，这个问题便不难回答。这个时候，我们会发现，民主共和国的公共开支比专制君主国大得多。而且，所有自由国家和不自由国家相比，也是这样的情形。的确，专制制度让人民贫困的主要原因，是它阻碍人民发展生产，而不是它抢去了人民的生产成果。它让财源枯竭，却总是重视既得的财产。自由恰恰与此相反，它生产出来的财富比它毁掉的多千百倍。一个深知自由好处的国家，财源增长的速度总比税收快。

我这里要讲述的主题，是拿各种自由国家作对比，说明民主对各国财政的影响。

和有机体一样，社会在组织上必须遵从其无法脱离的固定规则。社会是由无处不在、无时不有的一定成分构成的。

从科学的角度看，一个民族通常分为三个阶级。

第一个阶级由富人构成。第二个阶级是由那些尽管不是富人但生活优越的人组成。第三个阶级的成员，是那些只有极少财产或者完全没有财产，全靠为前两个阶级劳动来维持生计的人。

这三个阶级的人数，或许会根据社会情况的不同而有多有少，但你必须承认每个社会里都存在这三类人。

显然，每个阶级都对国家财政管理有属于自己的要求。

倘若国家的法律都由第一个阶级来制定。那这个时候，他们很少会想到节省国库开支，因为对巨额财产的课税只不过是九牛一毛，对它来说无关紧要。

倘若国家的法律都是由第二个阶级制定的。那这个时候，它肯定会避免挥霍国家的税收，因为最大的灾难就是对小额财产征收高额税金。

在我看来，第二个阶级的政府应该是自由政府，它虽不是自由政府中最有知识、最慷慨的政府，但它却是最节俭的政府。

我认为，国家的法律若由第三个阶级来制定，那必定会为公共开支的增加提供契机，其理由有二：

第一，制定法律的人大多没有应该缴税的财产，国家的公共开支只会让他们受益，而绝不会让他们受害；第二，第二个阶级的人能轻易将赋税的负担转嫁给第一阶级，这对穷人有利无害。这是第一阶级当政时不可能发生的事情。

所以，在穷人[①]总揽立法大权的国家，不要指望公共开支会有大幅度节减。这项开支往往是非常大的，因为立法征税的人可能不纳税，或者因为他们避免承担赋税的负担。换言之，民主政府是唯一一个能让立法征税的人逃避纳税义务的政府。

对此表示反对也没有用，人民的真正利益就是引导人民保护富人的财产，否则，人民很快就能体会到自找麻烦带来的痛苦。而且，国王的利益正是人民幸福的所在，贵族的利益也时刻向人民开放。倘若长远的利益可以抑制当前的激情与要求，那将永远不会出现暴君统治或者专横

---

① 显然，这里以及本章所用到的“穷人”一词，仅是相对而言，并不是绝对的。和欧洲的穷人相比，美国的穷人极易致富。然而，在拿他们和比他们富有的同胞作比较时，便能称他们为穷人。

的贵族制度。

或许有人会反问我：不是有人倡导由穷人来总揽立法大权吗？这些人是谁？他们是设立了普选制度的人。制定法律的到底是多数还是少数？显然是多数。倘若可以证明穷人时常构成多数，那岂不也能补充一句“在实施选举制度的国家，穷人将独揽立法大权”吗？

的确，迄今为止，在世界上所有国家，绝大部分人是没有财产的，或者仅有少数财产而不用靠劳动维持生计。所以，实际上，普选制度是让穷人管理社会。

民权有时可能给国家财政带来灾难性影响，这种情况在古代一些民主共和国是很常见的。为了救济贫穷的公民或者为人民提供娱乐设施，这些共和国差不多耗尽了国库。

坦白地说，在古代，很少有人听说代议制。而如今，人民很难在公共事务上表露激情，但能断言，长久下来，代表们终究会依照选民的要求行事，顾及他们的爱好与利益。

另外，随着人民一天比一天富有，民主所造成的浪费也将按比例地削减其可怕性，因为人民富有之后，就不再需要富人出钱，而且若要增加赋税，自己也将遭受损失。从这一方面来看，普选制度在法国比在英国产生的危险要少，因为在英国，差不多所有应该征税的财产，都集中在少数几个人手里。在美国，大部分人都有财产，他们的社会地位也比法国人更有利。

还有一些原因可能加大民主国家的公共开支。

贵族统治国家时，管理国务的人因为自身地位而能免于匮乏。他们自认为生来有福，一味地向社会索取权力与名誉；他们将自己置于芸芸众生之上，从不知道人民大众的安和幸福是如何促进他们的荣华富贵的。的确，他们对穷人的苦难并不是全无恻隐之心，然而他们对这种苦难的感受完全没有穷人那么深刻。只要人民能安贫守道，他们就心满意足，除了保住统治地位外，便再无他求。相较于改进现状来说，贵族政体更关心维持现状。

相反，当人民掌控国家大权时，执政者便会四处破旧立新，因为他们曾遭受过痛苦。

这个时候，改革的精神将深入各行各业，以及最细微的地方，尤其会在需要资金的事业上得到发挥，因为这类事业的目的就是改善穷人无力改进的生活条件。

而且，在民主社会，还存在一种目标模糊的奋进精神，以及一种不断追求需要资金的各种革新的热情。

在君主政体与贵族政体下，野心家为迎合执政者好大喜功的心理，时常鼓动执政者去做一些劳民伤财的事情。

在由穷人执政的民主国家，执政者仅会在改善社会福利的事业上表现得慷慨大方，而这类事业差不多都需要资金。

此外，当人民开始考虑自身的处境时，总会产生很多最初并没有意识到的需要，为了满足这些需要，就必须凭靠国家的资助。所以，通常来说，公共开支总是随着文明水平的提高而增加，而赋税则随着教育普及程度增高而增加。

最后，还有一个因素使民主政府比其他政府更可贵。也就是民主政府尽管有时想节俭开支，但是却无法实现，因为它不懂节约之术。

因为民主政府时常更换自己的目标和人员，所以它的事业经常缺乏首尾一致性或者经常有始无终：在第一种情况下，国家耗费了资金，但是与其初衷并不相符；在第二种情况下，国家耗费了资金，但是没有任何所得。

美国民主在规定官员薪俸方面所表现出来的本性[①]

在民主制度下，制定高薪制度的人并没有机会牟利——美国民主的发展趋势是增加下级官员的薪俸以及降低高级官员的薪俸——这么做的原因——美国官员与法国官员薪俸的比较

一般有一个重大原因可以让民主制度节减官员的薪俸开支。

在民主制度下，制定薪俸制度的人有许多，但是却很少有人能从中牟利。

相反，在贵族制度下，制定高薪制度的人总希望从中牟取一些利益。这是他们为自己争取的资本，或者是为自己子女准备的资本。

然而应该承认，民主国家对其主要官员确实有些过于吝啬了。

在美国，下级官员的薪俸比其他国家的高，但是高级官员的薪俸却比其他国家低很多。

这两个截然相反的现象，都源自同一个原因。在这两种情况下，官员的薪俸都是人民依据自己的需要，对照下级官员与高级官员的贡献来规定的。因为人民自身生活优裕，所以他们认为官员也应当分享这种优裕生活，才是合乎情理的[②]。然而，在规定国家高级官员的薪俸时，这种想法便发挥不了作用了，而完全是出于随意。

穷人不清楚社会高层阶级的生活需要。在富人眼里一笔微不足道的

---

① “官员薪俸”。可参见奥格与雷合著的《美国政府概论》第105页及以下几页，第490页及以下几页，第966页及以下几页。——法文版编者

② 美国下级官员的优裕生活，还源自另一个原因。这一原因和民主的通性无关，也就是在美国，各种私人营业都能比担任公职获取更多的收益，倘若国家不给下级官员规定较高的薪俸，就没有人愿意去出任下级公职。所以，即便商业活动需精打细算，面对激烈的竞争，但是人们仍愿意投身于这种活动。

款项，对穷人来说就是一笔极其可观的财富，因为穷人认为可以满足日常需要就已经很不错了。他们觉得，一个年收入两千埃居（6000法郎）的州长，就算得上是幸福和值得羡慕的人了[①]。

倘若你想说服他们，告诉他们一个大国的代表应当在外国人面前表现出一定的气派，他们一开始可能完全赞成你的看法；但当他们联想到自己简陋的居所以及通过辛勤劳动换来的微薄收入，认为自己能用在你看来是微不足道的款项干出一番事业时，他们就会对这样一笔薪金表示惊叹，甚至会因数目之大而被吓倒。

此外，当下级官员和人民几乎处在同一水平，而另外一些人却在这一水平之上时，下级官员还能唤起他们的同情，而后者则只能引起他们的嫉妒。

在薪俸随官员权限的增大而减少的美国，也能轻易看到这种情形[②]。

在由贵族统治的帝国，情况却恰恰相反，高级公务人员都有非常高的薪俸，但小官员的薪俸却仅能糊口，不难从上述类似原因中找出造成这一现象的原因。

倘若民主制度不承认富人应该享乐和穷人应该嫉妒富人，那么贵族制度也不会理解穷人的穷苦，或者说它完全不知道穷苦为何物。准确地说，穷人属于另一种人，和富人不属于同一类。所以，贵族制度极少关心下级公务人员的命运，仅在下级公务人员因为薪俸过少而拒绝为其服务时，它才会稍微提高一点他们的薪俸。

尽管民主制度没有节俭的喜好，但是它在高级官员面前却摆出一副

---

① 俄亥俄州有100万人口，而该州州长每年只有1200美元的薪俸收入。1200美元相当于6504法郎。

② 为查明这一明显存在的事实，只要了解一下联邦政府中某些官员的薪俸就可以了。为了让读者更容易理解，我觉得应该拿法国同类官员的薪俸进行比照。

节约开支的样子，从而表现出亏待与吝啬的倾向。[①]

的确，民主制度让主政者过上了还算不错的生活，但为了满足人民的需要使人民安居乐业，它不惜耗费巨资[②]。这些开支主要源自税收，但并没有被浪费。

通常来说，民主制度用在统治者方面的资金比较少，而用在被统治者方面的资金比较多。贵族制度刚好与此相反，它将国家的收入主要用在管理国务的阶级身上。

难以辨别促使美国政府严格实行节约的原因

只要是寻证法律对人类命运产生真正影响的事实的人，都犯过重大的错误，因为再也没有什么事情比寻证这种事实更难的了。

有些民族生来淳朴活泼、热情向上，有些民族则擅长精打细算、深思熟虑。这些特征来自他们的身体素质或者一些我们尚不明晰的古老原因。

有些民族喜欢热闹、讲排场、重享受，掷万金求一时之乐也不后悔。另外一些民族则习惯独善其身，不愿意表现得很富有。

有些国家追求建筑之美，另外一些国家则一点都不重视艺术，瞧不

---

① 美国（财政部官员）传达员 3734 法郎；低级科员 5420 法郎；高级科员 8672 法郎；科长 10840 法郎；部长（国务卿）32520 法郎；政府首脑（总统）13500 法郎。法国（财政部官员）大臣的传达员 1500 法郎；低级科院 1000—1800 法郎；高级科员 3200—3600 法郎；科长 20000 法郎；大臣 80000 法郎；政府首脑（国王）12000000 法郎。我拿法国作为比较的基点可能有些不妥。在民主的本能 逐渐深入政府的法国，已然出现国会要求提高低额薪俸以及降低高额薪俸的趋势。所以，法国的财政部大臣在第一帝国时期年薪是 16 万法郎，而到 1834 年则降低为 6 万法郎；而财政部各司长的年薪则从过去的 5 万法郎降低至 2 万法郎。

② 研究一下美国的预算，就知道美国为救济穷人和免费教育支出了多少资金。1831 年，纽约州为救济穷人共支出 120 万法郎（245433 美元），而国民教育支出至少有 542 万法郎（1080698 美元）。可参阅威廉斯的《纽约年报》，1832 年，第 205、243 页。1830 年，纽约州有 190 万人口，大概是法国诺尔省人口的两倍。

起所有没有实效的事物。有些国家热衷于名誉，而另外一些国家则爱好金钱。

除了法律外，所有这些表现都分别对国家的财政产生强有力的影响。

倘若说美国人绝不会将国家的钱花费在公共庆典上，那这不但是因为美国的税收要通过人民投票决定，而且是因为美国人不喜欢隆重的庆典。倘若说美国人不热衷于装饰建筑物，不看重徒有其表的华丽，那这不但是因为他们是一个民主的民族，而且是因为他们是一个重商的民族。

个人生活的习惯也能被公共生活所接受。然而我们应该将美国源自制度本身的节约，和源自人们习惯、社会风气的节约区分开来。

可不可以拿美国的公共开支和法国的作比较

在衡量公共开支的多少前，必须先明确两点：国富与税收——我们不能明确法国的财富与开支——为什么也不能明确美国的财富与开支——为了考察宾夕法尼亚州的税收总额，作者进行了相关调查——能够体现一个国家开支多少的总指标——对美国进行这项调查的结果

近来，人们针对美国与法国的公共开支做了大量的比较研究，但是都没有得到满意的结果，而且我觉得仅用几句话就能说清楚他们为何未能达到目的。

为了查清楚一个国家公共开支的多寡，必须做两项研究工作。第一，必须搞清楚这个国家拥有多少财富；第二，必须了解它将多少财富用在公共开支上。仅考察税收的总额却不明确应该征税的财源，将是一件劳而无功的事情，因为我们想弄清楚的并不仅仅是开支，除此之外，还有开支和收入的关系。

对富人来说，能够轻易缴纳的一笔税款，若让穷人交纳，将让这个

穷人倾家荡产。

人民的财富由很多成分组成，其中主要的是不动产，其次则是动产。

要想精确计算出一个国家可耕地面积及其天然价值与增益价值，是一件非常困难的事情。而计算人民拥有的动产的价值，更是难上加难。因为财产的种类繁杂且数量庞大，所以即便你计算出了总数，也很难进行正确的分析。

所以，可以发现，欧洲一些文明悠久的国家，甚至包括那些行政集权的国家，到现在都还没能精确计算出它们的财富总额。

美国人甚至都没有计算财富总额的打算。在这一新兴国家，社会尚未安定下来，全国政府还没有法国这种大量调遣灵活的下属人员，统计资料因为没有人收集或者没有时间研究而不完备，你又如何能获得精确的计算结果呢?

所以，我们不能得到计算所需的资料。我们不能拿法国的财富和美国的财富作比较。法国的财富还未能精确计算出来，而美国的财富则压根不能进行这种计算。

然而，我宁肯暂且不用“对比”这个词语，先不去研究税收和税源的关系，而只来计算税收的实际金额。

读者将会发现，尽管我的考查范围缩小了，但是我的任务并未因此减轻。

我相信，虽然法国的中央集权行政管理制度下有大量官员在努力，但是也不能精确计算出来自公民的直接税或间接税的总和。而且，这项并不能由个人承担的工作，法国政府自身也未完成，或者说至今没有公布其结果。目前，我们虽可以知悉国家的支出总额，以及各省的支出总额，但是还不清楚乡镇的开支情况，因此还不能说我们已了解法国的整个开支情况。

倘若现在回过头来考察美国的公共收支，我们会发现存在更多的困难，而且更难以克服。美国让我了解了它确切的开支总额，我也得以知悉它二十四个州的预算，然而谁能告诉我美国公民给他们所在的县与乡镇提供了多少行政开支呢①？

联邦政府无权强迫各州政府给我相关资料，而且就算各州政府都愿意帮助我，我也不能确定它们是否能令我满意。除了这项工作的自然困难外，国家的政治结构也阻碍了各州政府取得成功。乡镇与县的行政委员不是由州长指派的，因此不受州长的管理。由此可断定，就算各州政府答应给我我所需要的资料，中途也会遇到很大的困难：本应该为州政府服务的下级公务人员可能敷衍搪塞②。

---

① 众所周知，美国有四种预算：联邦有联邦预算，各州、县和乡镇也有属于自己的预算。我在美国居住期间，为了了解几个主要州的乡镇、县的公共开支总额，进行了大量的调查研究。我很顺利地获得了几个大乡镇的预算资料，但未能得到小乡镇的支出资料。所以，我无法对乡镇开支做出明细的判断。有关县的开支情况，我收集到一些资料，虽然这些资料还不够完备，但是依然会引起读者的兴趣。我应该感谢前费城市长理查德先生，他给了我宾夕法尼亚州 13 个县 1830 年度的预算资料。这 13 个县分别是：莱巴农、森特尔、富兰克林、费耶特、蒙哥马利、卢泽恩、道芬、巴特勒、阿勒格尼、哥伦比亚、诺森伯兰、被安普敦、菲拉德尔菲亚。1830 年，宾夕法尼亚州的人口为 495207。倘若看一下宾夕法尼亚州的地图，就能看到这 13 个县分布在四面八方，并且都服从指导本州的总方针，因此不能说它们无法让我们形成有关宾夕法尼亚州各县财政情况的确切概念。这 13 个县在 1830 年共计支出 1800221 法郎，平均每个人负担 3 法郎 64 生丁。通过计算可知，1830 年每个居民向联邦政府纳税 12 法郎 70 生丁，向宾夕法尼亚州纳税 3 法郎 80 生丁。这样算来，1830 年这些县的公民为承担公共开支（还不包括乡镇的开支），每人就给社会提供了 20 法郎 14 生丁。尽管这项计算仅限于一个年度与一部分开支，不是很全面，但还是比较可靠的。（有关美国联邦政府的预算编制问题，可参见奥格与雷合著的《美国政府概论》第 563 页及以下几页，第 984 页及以下几页，第 1076 页及以下几页。当然，如今参加联邦的州已增加到 48 个，而不是托克维尔那时候的 24 个。——法文版编者）

② 一些打算拿美国的预算与法国的预算作对比的人，都深切体会到不可将法国的公共开支总额和美国的公共开支总额进行比较，但是他们仍试图对两国的公共开支的各构成项目的总额做一对照。不难看出，这第二种方法的缺欠并不比第一种方法少。例如说，拿法国的国家预算和什么比较呢？和美国的联邦预算做比较吗？然而，美国各州的事业开支通常都比法国各省的事业开支重要，而且项目数量也比法国的多，因此美国各州的支出自然也要大得多。至于美国各县的预算，也在财政制度上和法国的不一样。再回到各州或者各乡镇的预算中比较支出吗？美、法两国的乡镇都有自己的预算，但是两者并不相同。美国乡镇的开支大多数由自己来承担；而法国乡镇的开支，这多由省或者国家承担。如何考察美国乡镇的支出呢？美国乡镇的组织因州不同而不同。我们能用同一个标准去考察新英格兰和佐治亚州，或者宾夕法尼亚州与伊利诺伊州的乡镇吗？虽然不难在两个国家预算的某些项目间找到类似之处，但是预算包含的项目多少有些差别，因此不能在两个国家的整个预算间做精确的对比。

总而言之，拿美国的社会开支与法国的社会开支进行对比是很难有什么成果的，比较两国的财富也是如此。我还要补充一句，尝试这么做也很危险。当统计资料不是来自切实可靠的计算时[1]，它不仅无法指导工作，而且还可能将你引入歧途。人们的头脑很容易被看似正确而事实上却有纰漏的事物所迷惑，对披着数学真理外衣的错误坚信不疑。

所以，让我们抛却数字另寻他法吧！

在缺乏确凿资料的情况下，要想查清楚人民的公共开支负担是不是和他们的财富相符，仅能观察这个国家是否物质繁荣，观察人民在交纳税款后穷人还能不能维持生计，富人是不是更加富有，双方对自己的命运满不满意，双方是不是每天都在努力改善自己的生活，资本是不是没有足够的投资场所，而需要投资的产业是否需要资本。

根据这些标志进行考察的人，显然会断定美国人民的收入给予国家的部分比法国这方面的付出低得多。

然而，如何才能分辨两者之间的差别呢？

法国的部分债务，是两次受侵略的后果，而美国不用担心入侵。法

---

① 就算我们知悉法国或者美国每个公民向国库缴纳税额的准确数字，我们也仅仅只是掌握了部分事实。政府不但要求纳税人缴纳税款，而且还要求公民提供能换算成货币的人力。国家需要招兵，有了兵以后，全国人民还得养活他们，而且兵员自身也要依照服役的长短付出一定的时间。我觉得民兵执勤也是这样。加入民兵队伍的人，要随时准备付出珍贵的时间为公安服务，这事实上是只有付出没有回报的。我之前已举过这方面的事例，我还能再列举一些这样的事例。法国政府与美国政府都规定了这种性质的义务劳动，而这种劳动自然是由公民承担。然而，谁可以准确地计算出两个国家征集的这种劳动力的数目呢？在比较美国与法国的公共开支时所遇到的诸多困难中，这还不是阻碍你进行精确比较的最后困难。有些义务在法国有，而在美国不存在；有些义务在美国有，但是在法国却不存在。法国政府给神职人员支付薪金，但是美国政府则让教徒自己来维持教会。在美国，国家负责救助穷人；在法国，国家让社会慈善组织养活穷人。法国只支付固定的薪金给全体官员，而美国规定官员享有一定的权益。在法国，只让公民为少数道路提供义务劳动；在美国，几乎所有道路都需要公民提供义务劳动。在法国，道路为所有可以使用道路的人开放，并且不需要收费；而美国所有的道路都立有栅栏，并且向车辆收费。两国在纳税人承担社会义务方面存在的差别，让我们很难拿这两个国家作比较，因为有些费用公民一点也不承担，或者在国家未正式下令让公民承担时，仅承担一小部分。

国的地理位置，让法国不得不长期维持一支庞大的军队；而美国单立于大西洋彼岸，这一地理位置让它仅拥有六千名士兵就足够了。法国拥有300艘军舰，而美国仅准备了52艘[①]。所以，美国居民的负担比法国居民的负担轻多了！

可见，在存在这么多差异的两国财政之间，是无法进行比较的。

我之所以可以肯定美国的民主制度是真正节约的制度，完全是基于对美国实际情况的研究，而不是基于对美国与法国的比较。

我研究了联邦各州，发现各州政府往往都没有首尾一致的计划，也很少监督雇用的人员。所以，我从中得出一个结论：它们必定要浪费纳税人的金钱，或者在一些事业上耗费不必要的资金。

然而我看到，忠实于选民的政府，在努力满足社会底层阶级的需要，将自身置于他们的监督之下，并且在他们中间普及幸福与知识。它让穷人过上温饱的生活，每年拨出巨额资金来创建学校，对每项服务都支付报酬，让小人物也可以获得良好的待遇。尽管我觉得这样的治国方式是合乎情理的，但我不能不说这种方式也是耗费过大的。

我发现这里是由穷人管理公共事务和掌控国家的财源，而且我毫不怀疑这里的国家支出对穷人有利，因此国家时常增加新的开支。

所以，我不凭借不完整的统计数字，也不进行没有把握的比较，便能断定美国的民主政府并非人们想象的那样是一个吝啬的政府；我也敢预言，美国人一旦遭遇严重困难，美国的税收也会像大部分欧洲贵族国家或君主国家一样高。

---

① 可参见法国海军部详细的预算，而有关美国的资料，则可参阅《1833年美国大事记》第228页。

民主国家统治者的贪污腐败及其对公共道德产生的影响

贵族政体下的统治者偶尔想学坏——民主政体下的统治者时常自动变坏——前者的堕落行为直接影响人民的道德——后者虽给人民道德带来间接影响，但是危害却更大

贵族政体与民主政体相互指责对方容易贪污腐败。对这一问题，应做细致辨析。

在贵族政府，政务官员都是富人，他们仅热衷于权势。而在民主政府，国家公务人员都是穷人，他们希望自己发财高升。

这样一来，在贵族国家，执政者极少贪污，对金钱的欲望并不大；但在民主国家，情况却恰恰相反。

在贵族制度下，想当头目的人都很有钱，而可以当上头目的人，又因为职位有限而为数不多，因此可以说其政府是善价而沽的政府。相反，在民主制度下，盼望当权执政的人几乎一无所有，而竞争当权的人又数量众多。所以，在民主制度下，卖主或许很多，但是几乎寻不到买主。而且，一次必须收买许多人才可以实现目的。

近四十年来，有很多法国掌权人被指控为了发财而牺牲本国与盟国的利益，而旧君主制度下的公务人员则极少遭受这样的谴责。然而在法国，差不多没有贿选的事例；在英国，这类事情则屡见不鲜。[1]

在美国，我从来没有听说过有人买官做，但我一直怀疑公务人员的

---

① 有关英国的贿选问题，可参见奥格和雷的《英国政府与政治》（纽约，1938 年）第 292 页及以下几页。其中奥格写道："如今，情况完全不一样了。本就在选举方面作弊成风的大不列颠，现在已是搞贿选的国家典范。"——法文版编者

廉洁。更有甚者，我时常听说他们是凭借卑鄙的阴谋与应遭谴责的手段来获取胜利的。

所以，倘若说贵族政体的当政者偶尔想着学坏，那么民主政府的当政者则是自动变化。在第一种情况下，学坏的公务人员直接打击了人民的道德；在第二种情况下，变坏的公务人员对人民思想意识产生的影响则更可怕。

在民主国家，当上国家首长的人几乎总会遭受令其不快的质疑，因此他会想办法让政府来保护其被指控的罪行。这样一来，他就为还在和恶做斗争的善树立了危险的榜样，让被遮掩的恶披上了一层光荣的外衣。

有读者会说，每个阶层都存在邪恶的感情，王位常常是依靠生来就有的权力而坐上去的，不管在贵族国家还是在民主国家，都有极其卑鄙的人当上国家首脑。然而，这种辩解也是徒劳无益的。

以上答辩不会令我满意，因为在偶然当权者的堕落行为中，有一种粗俗的东西在将堕落行为传染给民众，相反，在一些大阔佬的腐化生活中，却有一种贵族的文雅风度与强大气派抑制这种腐化生活外传。

人民永远不会清楚宫廷内部斗争的秘密，而且很难察觉在文雅举止、高尚爱好与华美辞藻掩盖下的卑劣行径。然而，就算是最默默无闻的小人物，也能察觉偷盗国库或者出卖国家利益的行为，而且他们自身也可能跃跃欲试。

此外，令人害怕的并不是大人物的缺德，而是缺德让人成了大人物这一事实。在民主制度下，一些普通公民眼见他们中的某个人迅速从无名小卒变成有钱有势者，必然会惊诧、眼红，并且心想前不久还和自己一样的人为何现在能领导他们。若将这个人的飞黄腾达归功于他的才德，是令人不快的，因为这相当于承认自己的才德不如对方。于是，他们便会从这个人的某一劣行中寻找主要原因，并且觉得自己这么做是正确的。这样一来，在卑鄙与权势之间，在下贱与胜利之间，在耻辱和实惠之间，就造成了可悲的概念混乱。

民主可以做出哪些努力

联邦仅为自己的生存进行过一次斗争——战争初期的热情——热情在战争末期减退——在美国，难以设立征兵制与海员强迫服役制——和其他国家相比，民主国家为何不能做出不懈的努力

请读者注意，我在这里所讲的是遵从人民真正意愿的政府，而不是只以人民的名义发号施令的政府。

以人民的名义发号施令的政府是最难以抗拒得了，因为它能假借大部分人的意志所形成的道义力量，迅速、固执地执行独夫的意志。

在国家发生危机时，很难预测一个民主政府能付出多大的努力。

迄今为止，还没有出现过强大的民主共和国。若将1793年统治过法国的寡头政治称之为共和，那将是对共和政体的侮辱。仅有美国，是共和政体的光辉典范。

到现在，联邦政府已存在了50多年，然而它的生存却只遭遇过一次危险，也就是在独立战争时期。在这场持久战争的初期，人们曾凭着罕见的热情为祖国效力[①]。然而，随着战争的延续，曾经自私自利的心理再次抬头：人们不再交款给国库，也不应募当兵；人民依然想获得独立，但是在争取独立的手段面前退缩。汉密尔顿在《联邦党人文集》第十二

---

① 我觉得，最伟大的一件事，是国家上下决定暂时停止喝茶。当你获知喝茶是美国人民不可缺少的生活习惯时，你肯定会惊诧于全体美国人民为此付出的巨大且难以忍受的牺牲。

篇中写道："我们白白地增加了很多税目，也白白地试行了一些新的征税方法。公众的期望已经全部变成失望，国库倾尽一空。我们民主政府的性质所固有的民主行政制度，面临着硬通货稀缺的局面，而这一局面又使贸易陷入萎靡不振的状态。尽管民主行政当局再三努力扩大税收，但是仍不见成效，以致各州立法机关最终意识到这么做是愚蠢的。"（万人文库版第55页）

从这以后，美国再也没有进行过一次需要坚持到底的战争。

所以，要想清楚哪些牺牲是民主制度可以忍受的，就必须等到美国人民也和英国人民一样不得不将一半收入交付给政府处理时，或者等到美国人民也和法国人民一样不得不将全国人口的二十分之一送往战场时。

在美国，人们不认可征兵制，他们觉得招人当兵就得给人钱。强制征兵的方法和美国人民的思想极不相符，是美国人民的习惯所不能容忍的，因此，我相信没有谁敢把它写进法律中。法国实行的征兵制，显然是法国人民最沉重的负担。然而，若没有征兵制，法国人民又怎能支撑起一场陆上大战呢？

美国人也不认可英国那种强制海员服役的方法，他们也没有法国那种海军征兵制。美国的海军和商船的海员一样，都是采取自愿参加的方法招募的。

然而，很难想象一个可以支撑一场大海战的国家不求助于以上两种方法中的任意一种。所以，曾在海上有过光荣战斗的合众国，就没拥有过一支大舰队，但它为装备不多的几只舰艇花费了不少钱。

我曾听美国国务活动家们说，倘若美国不实行海员强制服役制或者海军征兵制，那它将难以维持其在海上的地位，然而要让行使国家主权的人民接受这种制度是非常困难的。

显然，在危机时期，自由国家往往比非自由国家更有毅力；但我更相信，在贵族成分占主导的自由国家，这种情形尤其真实。依我看，用民主制度管治太平的社会，或者在必要时将其作为振奋人心的突击力量，要比利用它去长期抵抗威胁国家政治生活的大风暴更合适。这个原因很简单：虽然热情能让人不惧艰险，但是没有沉着冷静那样能让人持久地顶住艰险。所谓与生俱来的勇敢，也比不假思索行动更有心计。尽管仅凭激情就可以鼓起最初的干劲，然而最终的结果全靠将最初的那股干劲持续下去。人们利用一部分宝贵的东西去冒险，是为了挽救其余的部分。

然而，民主缺乏的，恰恰是这种建立在知识与经验之上的对未来明晰的认识。相较来说，人们运用感情比运用理智多。面临的苦难虽然很大，但是并不可怕；真正可怕的是，不去思考由于经受不住苦难而造成的更大苦难。

还有一个原因能让民主政府的努力不像贵族政府的努力那样坚定、持久。

人民不但不能像高层阶级那样看清未来的祸福，而且又比高层阶级忍受更多当下的灾难。尽管贵族把自己的生命放于危险之中，但是他们取得荣誉的机会和遭受损失的机会相等。贵族将自己大多数的收入都交给国家时，仅仅只是暂时失去了对某些富裕的享受。然而，在穷人眼里，死的光荣并没有什么吸引力，而同样让富人反感的赋税负担，却时常威胁着他们的生计来源。

民主共和国这种在危机时期的相对弱点，或许是阻碍欧洲创立这样的共和国的最大障碍。若想轻易让民主共和国在欧洲某个国家存在下去，就必须同时在其他国家创立这种制度。

我毫不怀疑，随着时间的推进，民主政府必定能增强社会的实力，然而它不能如贵族政府或者专制君主国那样迅速将力量集中于一个点和一个时刻。倘若一个民主国家由共和政府统治一个世纪，那么在这个统治时期结束的时候，我断定它将比相邻的专制国家更为富有，更加物阜民丰，更加繁荣昌盛。然而在这一个世纪的统治中，它也将时常面临这些专制国家入侵的威胁。

美国民主惯常显现的自制能力

经历了很长一段时间，美国人民才接受对他们幸福生活有利的东西，有时候还曾拒绝接受——美国人民可以补救他们的失误

在美国发生的一些小事情上，可以发现，民主为了今后的利益而暂时抑制激情和压制需求所遭遇的困难。

喜欢被人吹捧的人，很难做到自我克制，当有人恳求他们解决困难或者向他们求助时，就算他们觉得目的合理，在一开始也总是予以拒绝。美国人对法律的遵从，获得了人们的公正称许。然而不得不补充一句，美国的法律是由人民也是为了人民而制定的。所以，对于那些总想逃避法律的人来说，美国的法律是有利的。因而可以设想，一项对大部分人来说没有实际效益的且令人反感的法律，不是很难得以通过，就是即便通过后也没有人遵守。

在美国，没有惩罚虚报破产的法律。[①]这是不是由于美国不存在破产者呢？不是，与此相反，而是由于美国破产者不计其数。大部分人担心被指控为破产者，胜过担心因他人破产而使自己遭殃，而且公众对私人

---

① 有关“虚报破产”的问题，可参见奥格与雷合著的《美国政府概论》第648页及以下几页。1898年，国会通过了联邦有关破产的法案。——法文版编者

告发的罪行怀有一种错误的原谅心理。

在刚成立的西南各州，司法权差不多都掌控在公民自己手中，谋杀案接二连三地发生。之所以会出现这种现象，是因为这片荒漠上的居民粗蛮无知，他们觉得彼此决斗比诉诸法律更管用。

某天在费城，有人对我说，美国几乎所有的犯罪都是因酗酒引起的；底层人民能开怀痛饮，因为酒非常廉价。我问他："你们为何不针对烧酒征税呢？"他回答道："我们的立法者倒很想这么做，但是却很难办到，因为害怕人民反对，而且那些投票赞成这项法令的议员，下次必定不会再当选。"我接着说道："如此看来，嗜酒者在你们国家占多数，禁酒在你们国家自然就不得人心了。"

当你和美国国务活动家提起这个问题时，他们只会回应道："交给时间来解决吧；痛苦的体验终会让人民清醒，使他们明白什么才是真正的需要。"事实常常真是这样。尽管民主制度失误的几率比一个国王或一群贵族多，但是一旦它发现失误，回到正确轨道上的机会也多，因为通常来说，民主制度本身没有和大部分人对抗以及反对理性的利益。然而，只有通过实践印证，人们才会承认民主制度是真理，但很多国家还没来得及看到失误的后果就已灭亡了。

所以，美国人所具有的巨大优越性，不仅是他们比其他民族明智，而且是在犯了错误后他们能及时改正。

另外还要补充一点的是：为了能够顺利地从过去的经验中吸取教训，民主制度应预先让人民达到一定的文明与教育水平。

有些国家的初等教育水平很低，人民的性格中杂糅着激情、无知以及对所有事物的错误认识，这使得他们无法找到不幸的根源，总被其不理解的灾难击倒。

我曾路过几处广阔的地区，那里以前是印第安人的故乡，而现已不见他们的踪迹；我曾在印第安部落住过几天，它们眼看着自己的人口不断减少，昔日的荣耀逐渐消失，现在只能苟延残喘；我曾听到这些印第安人预言，他们种族即将走向灭亡。当时，每个欧洲人都认为应该极力保护这些不幸的人，让他们逃避灭亡的厄运。然而，他们自己却毫无作为。他们感受到苦难一年又一年地加在他们身上，但就算毁灭到仅剩下一个人，他们也绝不接受救助。今后只有采取强制措施，他们才能继续生存下去。

人们惊诧于南美一些新兴国家25年来竟一直处在革命的硝烟中[①]。人们日夜等待，期望这些国家早日回到所谓的自然状态。然而，谁能肯定地说革命在当下不是南美西班牙人最自然的状态呢？在这个地区，社会正在深渊底部挣扎，而社会自身的努力并不能让自己挣脱出这个深渊。

这些居住在占西半球二分之一的土地上的人民，似乎一心想着消灭对方，没有半点回心转意的迹象。筋疲力尽时，他们暂时休战；休战没多久，他们又将再次投入战争。他们不是在遭受苦难，就是在犯罪作孽，这不得不让我相信，专制或许对他们还是一种恩泽。

然而，专制与恩泽这两个词语，在我的认识中是不能统一起来的。

美国民主在国家对外事务上的处理方法[②]

华盛顿与杰斐逊在美国对外政策上的指导——民主制度的固有缺点几乎在对外事务的指导方面全都暴露出来，但是它的优点却很少被人发现

---

① 有关南美诸国的问题，可参见西格弗里德的名著《拉丁美洲》（巴黎，1934年）。——法文版编者

② 有关美国的对外事务，可参见奥格与雷合著的《美国政府概论》第789页及以下几页。——法文版编者

我们已看到，联邦宪法将主持对外事务的责任交给了总统与参议院[①]，而总统与参议院却可以在一定程度上让总的对外政策脱离人民的直接与日常监督。所以，绝不要说美国对外事务的管理是民主的。

迄今为止，有两个人对美国对外政策的指导仍在产生着影响：一个是华盛顿，另一个则是杰斐逊。

华盛顿曾写过一封信给他的同胞，我们可以将这封信视为这位伟人的政治遗嘱。其中，他写道：

“在对外政策上，我们主要的处事原则是：增进我们和外国的贸易往来，尽量少和它们产生政治关系。就我们已缔结的条约来看，我们要极力遵守它们。然而，我们也就止步于此。

欧洲各国有其相互牵扯的一套根本利益，这些利益要么和我们无关，要么就是关联极少。所以，它们必定会陷入无止境的纠纷中，而纠纷的根由从本质上来说和我们无关。因此，试图利用人为的纽带将我们和欧洲日常的政治变动联系起来，或者和欧洲各国时友时敌的分合关联起来的行为，都是非常不明智的。

我们独处一隅，远离其他国家，这一地理位置使得我们可以采取与众不同的路线。倘若我们作为一个民族在一个高效率政府的治理下存续下来，那么在不久的将来，我们就不会由于外国入侵而遭受物质损失，我们可以站在随时都能保持的中立且受到尊重的立场，能让各交战国因无法从我们这里获得好处而不敢随意妄动向我们发起挑衅，能依照我们自身的利益与正义的原则决定是和是战。

为何要抛却这种独特地理位置所带来的好处呢？为何不待在自己的

① 联邦宪法第二条第二项写道：“经参议院提议……总统享有缔结条约的权力。”读者不要忘了，参议员任期为六年，由各州的立法机构选举产生，而且是每两年改选其中的三分之一。

基地而硬要跑到外国的基地去呢？为何要将我们自身的命运与欧洲某一部分的命运联系在一起，将我们的和平昌盛与欧洲人的野心、对抗、利害以及任意妄为牵扯起来呢?

我们自身真正的政策，是防止和任何国家永久结盟。我的意思是，我们应像现在这般不受约束地行动下去；请不要以为我在倡导人们不遵守现行的条约。诚实一直都是最好的对策，不管是在公事上还是在私事上，我都信守这一点。然而我觉得，扩充曾经的条约或者重新订立新约，都是没必要且不明智的。

应时刻注意采取恰当的措施，让自己保持受人尊敬的防御态势，这样，就算遭遇意外的危险也能安全地利用暂时的联盟（见马歇尔的《华盛顿生平》第五卷第778页及以下几页）。

在上面这一大段话前面，华盛顿说过一句令人敬佩的至理名言："一个国家若习惯于憎恨或者喜爱另一个国家，那么它就像一个奴隶一样，也就是成为自己爱与憎的奴隶。"（参见《华盛顿生平》第五卷第775页）

在其政治活动中，华盛顿一直都是以上述箴言为指导的。在世界上其他国家都卷入战争时，他让自己的国家保持和平，免于战争的灾难。他觉得美国人最根本的利益，是绝不牵扯进欧洲内部的纠纷，并将这一点作为行动守则。

相较之下，杰斐逊有更为深入的研究，他在对外政策上信守的原则是："美国绝不向外国要求特权，免得自己也不得不向外国出让特权。"

这句话的公正性很明显，因而能轻易被群众理解接受。它们大大简化了美国的对外政策。

严格地说，不参与欧洲事务的联邦政府，不需要争夺什么对外利益，因为在美洲还没有能与之对抗的强邻。美国之所以未发生旧大陆的那种动乱，主要在于其所处的地理位置与其自身的愿望。它既不偏袒动乱，也不支持动乱。新大陆的动乱，似乎还隐藏在未来。

联邦政府不受旧条约的限制。所以，它从欧洲一些旧国家中吸取宝贵经验，同时又不用像它们那样必须利用过去以及让过去适应现在。如此一来，它也不需像它们那样被迫接受祖先留下来的一大堆遗产。这些遗产里，既有荣耀，又有苦难，既有国家间的友好往来，又有国家间的憎恶矛盾。美国采取的对外政策，是一种执行得很到位的观望政策。这种政策的行动准则是有所不为，而不是有所为。

所以，现在人们还很难判定，美国的民主在国家对外事务的处理上将会表现出怎样的成熟。有关这一问题，它的朋友和敌人，都仅能暂时存疑。

而我本人，则会毫不犹豫地说：在指导国家对外关系上，民主政府绝对比不上其他政府。然而，经验、习惯以及教育，差不多一直在为民主制度提供一种实用知识，以及一些关于生活小事的常识。常识已足够指导人们的一般行动。一个教育事业完善的国家，在国内事务中运用民主的自由，往往比民主政府因失误而造成灾难要好很多。然而在处理对外事务时，情况却并不总是这样。

对外政策几乎不依赖民主固有的任何素质；与此相反，它所需要的几乎是民主不具备的素质。民主有助于增加国内的自愿，让人民过上舒适的生活，发扬公益精神，促使社会各阶级遵守法律；而且，所有这些，还可以对一个国家的对外关系产生间接的影响。然而，民主很难对一项庞大事业的各个细节进行调整，它仅能制定规划，然后扫除障碍去监督实行。民主很少可以秘密地制定措施并耐心等待所定措施产生的结果，而这正是一个个人或一个贵族所具备的素质。然而，经过长久的治理，一个国家也可以像一个个人那样养成这种素质。

相反，倘若你仔细研究贵族制度的自然缺点，你就会发现这些缺点可能带来的后果并不会对国家对外事务产生明显的影响。让贵族制度遭受非议的主要缺点，是它仅为自己工作，而不为人民大众服务。在对外政策上，贵族制度很少把自身利益和人民的利益区分开来，因为它觉得自己就代表人民。

在法国爆发革命时期，那种引导民主在政治上服从感情而不服从理智，为满足一时的冲动而放弃成熟、长期的计划的倾向，也在美国出现过。那个时候，也和现在一样，只是那些思维清晰的人劝说美国人相信他们的利益，是不牵扯进正在血洗欧洲的战争中，不让美国遭受任何损伤。

然而，美国人支持法国的热情很高，如果不是华盛顿受人民尊敬爱戴以及他那不折不挠的坚毅性格，那美国很可能向英国宣战。华盛顿凭其理智抵制同胞们慷慨而又轻率的激情所付出的努力，还差点失去他唯一在乎的事物：他的国家对他的尊敬爱戴。很多人都曾指责他的政策，但是如今全国人民都支持他的政策[①]。

如果当初宪法不将主持国家对外事务的权力交给华盛顿或者人民不支持华盛顿，那么美国那时候必定会采取它现在所谴责的行为。

自罗马人开始到现在的英国人，只要是对世界产生过重大影响，制定过、遵守过、实施过伟大计划的民族，差不多都是用贵族制度治理

---

① 可参阅马歇尔的《华盛顿生平》。马歇尔在这本书的第 314 页上写道："在像美国那样创立的政府，就算首席行政官非常坚定自信，他也不可能一直顶住人民的舆论洪流。那个时候，人民似乎力主战争。实际上，在这段时期召开的国会会议上，人们也多次发现华盛顿在众议院失去了多数。"另外，责备他言辞的舆论也非常多。例如，在一次政治会议上，有人竟把他与卖国贼阿诺德相提并论（见《华盛顿生平》第 265 页）。在第 355 页，马歇尔写道："站在反对派那边的人断言：政府拥趸者已经形成一个贵族集团，这一集团得到了英国的支持，期望设立君主政体，然后和法国敌对；它内部的成员是一批拥有银行股票的名流显贵，他们畏惧那些会损害到他们财产的措施，这使得他们对国家的荣誉以及利益所反对的屈辱都无动于衷。"【作者托克维尔在引用马歇尔这段话时，做了相应的删减，引文可参见马歇尔著作的法文版第一卷（巴黎，1807 年）。后面那段引文不是在托克维尔所说的第 355 页，而是在第 353 页。】

的。对此怎么会感到诧异呢?

事实上，在这些国家眼里，贵族制度是世界上最坚固的制度。人民大众也许会因无知或者冲动而被迷惑，国王或许因意志不坚定而在实施计划时游移不定。此外，国王不可能长生不老。然而，一个贵族集团不但可以因人多而不易陷入迷途，而且可以因人强而不致被轻率的激情所控制。一个贵族集团，就如一个长生不死的、富有坚定理智的个人。

第06章　美国社会从民主政府获得了哪些好处

在阅读本章正文之前，我觉得读者们应该回顾一下我在之前已多次提到的观点。

依我看，美国的政治结构是民主国家能够采用的政府形式之一，但它并不是民主国家应该创立的唯一的、最好的形式。

所以，在讨论美国人能从民主政府获取哪些利益时，我绝不认同类似的利益仅能凭借相同的一些法律来获取。

美国民主制度下法制的总趋势及其享用者的本能

民主的缺陷立即就会被发现——但是它的优点只有经过长期观察后才能被发现——美国的民主并不是很成熟，但是法制的总趋势是向善的——在美国民主制度下，官员和大部分人之间不存在不同的长远利益——因此带来的结果

民主政府的缺点与弱点不难被发现，这已是被一些显而易见的事实证明了的，但是它的优点以及良好影响只能以一种不是很明显的形式，甚至是以隐蔽的形式表现出来。民主政府的缺点会立即被人察觉，但是它的优点却要经过长期观察才能发现。

美国的民主法制往往是残缺不齐的。美国的法律有时候会侵犯既得权益，或者因此而认可侵权的危险行为。即便说美国的法律全都是好的，但法律的频繁改变仍是一大缺点。所有这些，都是一目了然的事实。

既然这样，那美国的共和制度为何又能继续存在和繁盛下去呢？

在考察法律时，应仔细地将法律要实现的目的以及为实现这个目的而采取的手段区别开来，仔细地将法律绝对的善和相对的善区别开来。

假设立法的目的是满足少数人的利益而牺牲多数人的利益，并且定出了最省时最省力的实现该目的的手段。这种情况下，法律尽管制定得很细致周详，但是它的目的并不好；而且，它具有的效力愈大，它的危险性也就愈大。

民主的法制通常偏向于满足大多数人的利益，因为它来自公民中的多数。尽管公民中的多数也可能犯错误，但是它没有和自己对立的利益。

贵族的法制则与此恰恰相反，它偏向于让少数人垄断财富与权力，因为贵族一直是少数。

所以，通常认为，民主立法的目的比贵族立法的目的更有益于人类。

然而，民主立法的优点也就到此为止。

贵族制度擅长立法科学，但是民主制度却不善此道。贵族制度具备自我控制的能力，不会轻易被一时的冲动驱使。它制定了长远的计划，并懂得在有利的时机实现它。贵族制度做事严谨，擅长将法律的合力同时汇聚于一点。

民主制度就做不到这些，它的法制一直是不够完善或者不合时宜的。

所以，民主制度的措施没有贵族制度的完备；在行动过程中，民主制度常常不考虑手段，甚至违背自己的意愿，但是它的目的却对人民比较有益。

假设一个社会，它的自然条件与政治体制允许不良法律暂时通行，并且在这种法律总趋势结束的时候社会仍旧存在，那即便它的民主政府还存在很多缺点，也仍然是最可能使其繁荣的政府。

这恰恰就是在美国发生的情景。我再重复一遍我之前说过的话：美国人最大的优点，是他们容许犯错误，并且事后又能纠正错误。

我觉得，在公务人员的甄选上，通常也是这样。

不难察觉，在选择受托执政的人员方面，美国的民主经常犯错误；然而要解释美国为什么在被选错的人执政期间依旧繁荣，就不是那么容易了。

首先，你可以发现，在一个民主国家，尽管它的统治者不是很忠诚或者不是很能干，但是被统治者却很聪明、认真。

在民主国家，一直关心自己事业和重视自己权利的人民，可防止他们的代表偏离他们依照自身利益所规定的总路线。

其次，你还能够看到，倘若民主国家的行政官比其他国家的行政官更容易滥用权力，那人民通常不会让他们长期留任。

然而，还有一个比该理由更有普遍性与说服力的理由。

毋庸置疑，对于国家的富强来说，统治者的德行才干是非常重要的；但更为重要的一点可能是，统治者没有和被统治者利益相对立的利益，一旦他们有了这种利益，德便几乎发挥不了作用，而“才”也只会用来干坏事。

我觉得，统治者没有和被统治者利益相对立或者不同的利益是极其重要的；但是我绝不认为，统治者拥有和所有被统治者利益一致的利益也同样重要，因为至今我也不了解哪个地方有过这种利益。

目前为止，还从未见过任何一个政体能一视同仁地促进社会各阶级的兴旺与繁荣。在一个国家，存在几个社会阶级就好比存在几个不同的国家，而且经验证明，将其他阶级的命运全都交由一个阶级掌控所造成的危险，并不比让国家中的一个民族充当另外一些民族的仲裁者所带来的危险小。当一个国家只由富人来统治时，穷人的利益总会受到损伤；而由穷人来立法时，富人的利益便会遭受严重的威胁。那么，民主到底有什么好处呢？民主真正的好处，并不是人们所说的促进所有阶级昌盛，而是为最大多数人提供福利服务。

在美国，负责主持国家事务的人，在才德两方面都比不上贵族国家的执政者，然而他们的利益却是和大部分同胞的利益一致的。所以，他们也许经常玩忽职守和犯重大错误，但是他们绝不可能将敌视大多数的方针贯彻下去，他们也不能塑造政府独断专行、令人生畏的形象。

而且，在民主制度下，一个行政首长的不良政绩仅仅只是孤立现象，只可能在其短暂的任期内产生影响。腐化与无能，绝不是源自能将人们联合起来的共同利益。

一个腐化或者无能的行政官员，不能仅凭另一个行政官员和他一样腐化或无能而相互勾结在一起，更不可能联合起来让腐化和无能繁衍下去。相反，一个行政官员的野心与阴谋，还可能促使其揭发另一个行政官员。通常来说，在民主制度下，行政官员的劣迹纯属是个人行为。

然而，在贵族制度的政府中，行政官员将受其自身阶级利益的支配。他们的阶级利益偶尔和多数人的利益相同，但是在大部分情况下，却是和多数人的利益对立的。这一阶级利益，在官员之间形成了一条共同且持久的纽带，促使他们结合在一起，为共同目标努力，而这一目标是无法让绝大多数人获得幸福的。它既让统治者相互勾结起来，又促使统治者和大部分被统治者联合起来，因为许多未担任公职的公民也是贵族。

所以，贵族政体的行政官员不但获得了社会的坚定支持，而且也受到了政府的坚决支持。

贵族政体的共同目标，就是将行政官员的利益和部分同代人的利益联合在一起，继而和他们后代的利益统一起来，甚至服从于后代的利益。在贵族制度下，行政官员的工作既是为了当下，也是为了将来。所以，贵族制度下的行政官员，同时被自身的激情与被统治者的激情，甚至是被其后代的激情，驱向同一个目标。

这种现象没有什么好惊奇的。所以，人们时常看到，在贵族制度下，阶级属性总是引导行政官员免于腐化，让社会逐步符合他们的习惯，并做好准备将这个社会传给他们的子孙。

我不清楚曾有哪个国家的贵族政体像英国的贵族政体一样自由，一样不断为政府提供高尚贤明的人才。

然而，明显能发现，英国的立法经常为富人的利益而牺牲掉穷人的利益，让少数几个人掌握大多数的权力。因此，现在的英国穷富差距悬殊，其穷人的处境与其国力、荣誉形成鲜明的对比。

在美国，官员没有让自己处于优势的阶级利益，虽然统治者常常是一些平庸之辈，有时甚至是一些卑鄙之徒，但是政府的日常工作依旧对人民有益。

所以，在民主政体下，有一股隐蔽的力量在不断指引人们于纠正错误、改善缺点中走向普遍繁荣；而在贵族政体下，则潜藏一种倾向在引诱官员们滥用他们的才德为同胞制造苦难。由此可见，在贵族政府中，公务人员做了坏事可能是出于无心；而在民主政府中，官员做了好事可能并不是有意为之。

美国所具有的公共精神

出自本能的爱国心——理智的爱国主义——两者间的不同特点——为什么在爱国心消失时，各国要极力培养爱国主义——为培养理智的爱国主义，美国人所付出的努力——个人利益和国家利益密切关联

有一种爱国心，主要源自那种将人心与故乡关联起来的直觉的、无私的以及难以言说的情感。这种出自本能的爱国心掺杂着许多成分，其中既包含有对传统习惯的爱好，又包含有对先辈的尊重以及对过去的缅怀。抱有这种情感的人，热爱自己的国土就如热爱祖传的房产一样。他们享受祖国的安宁，遵守在祖国养成的习惯，眷恋内心的回忆，甚至乐意去服从。这种爱国心，在宗教的影响下，常常会变得更加热烈。这个时候，人们会创造出奇迹。这种爱国心本身就属于一种宗教，它不进行任何推理，只根据信仰与感情行事。有些这样的民族通过某种方法将国家人格化，觉得君主就是国家的化身。所以，他们将爱国主义情感中的一部分转化为忠君的热情，为君主的胜利而骄傲，为君主的强大而自豪。在旧的贵族统治时期，法国人民就有一段时间处于这种状态，他们并不觉得依附于国王的专横有什么不好。他们曾骄傲地说："我们被世界上最强大的国王统治着。"

和所有轻率的激情一样，这种爱国心尽管能激起巨大的干劲，但是却不能让这种干劲持久。它将国家从危机中拯救出来后，便常常任国家在安宁中衰亡。

当民族的生活习俗还很质朴，宗教信仰还很坚定的时候；当社会还安于旧秩序，而该秩序的合法性还未被质疑的时候，这种出自本能的爱国心也正在流行。

另外还存在一种爱国心，它比这种爱国心更富有理智。它或许不够豪爽、热情，但是却极为坚定、持久。它源自真正的理解，并且在法律的帮助下慢慢成长。它随着权力的应用而不断发展，但在掺入私人利益后便会削弱。一个人应该理解国家的福利会对其个人的福利产生影响，应该清楚法律要求他为国家的福利做出贡献。他之所以关心国家的繁荣，首先在于这是一件对自己有利的事情，其次则在于其中也包含有他的一份功劳。

然而，在人民的生活中偶尔也会出现一段停滞时期。这段时期，旧的习惯更改了，社会风尚遭受了破坏，人们的宗教信仰被动摇了，曾经的荣誉也消失殆尽，知识仍然不够完善，政治权利无法得到保证或者受到制约。这个时候，人们眼前的国家仅是一个虚弱缥缈的影子，他们不再通过国土来看国家，因为他们觉得国土已经变成一片不毛之地；他们不再通过先辈流传下来的习惯去看国家，因为他们觉得这些习惯是一种牵绊；他们不再通过宗教去看国家，因为他们已开始对宗教产生怀疑；他们不再通过法律去看国家，因为他们自己已不再制定法律；他们不再通过立法机构去看国家，因为他们蔑视又畏惧立法机构。这样一来，他们认为一无可取，只觉得自己是对的，而其他一切都是错的。最终，他们将彻底陷入狭隘封闭的自私自利中。尽管这种人抵触原来的偏见，但是他们也不认同理性的王国。他们既不具有君主国本能的爱国主义，也不具有共和国理智的爱国主义；他们停滞在两者之间，陷入羞惭与烦恼之中。

在这种状态中会发生什么情况呢？只可能日渐衰退。一个民族无法恢复其青春的活力与锐气，就像一个人无法恢复其童年时期的天真稚气。由此看来，这或许会令人感到惋惜，但事实是没有人能挽回青春与童年。所以，不得不继续前进，尽快将人民的个人利益和国家利益统一起来，因为出自本能的爱国心已一去不复返。

我不能肯定，为了实现这一结果，是否就必须马上让每个人都行使政治权力；但我认为，让每个人都参加政府的管理工作，则是能让每个人都关心祖国命运的最有效手段，甚至是唯一的手段。在当今时代，我认为公民精神与政治权力的行使是不可分割的；而对今后的欧洲来说，我则觉得公民人数将和这项权力的大小成正比。

所以，在刚被新移民开发出来的美国，移民们不但没有带来让他们必须遵循的习惯，也没有带来令他们永生难忘的记忆；来到这里之前，他们并不认识，都是初次相见。简单地说，在这里，很难产生本能的爱国心。既然如此，那每个人为何像关心自己的事业一样关心本乡、本县与本州的事业呢？这是因为每个人都通过自身的活动积极参与了社会的管理工作。①

在美国，人民都清楚社会的普遍繁荣对自身幸福的影响。这一看法尽管很简单，但是却很少被人们所道出。而且，美国人民习惯将这种繁荣视为是自己的劳动成果，因此他们觉得公共的财富也有属于自己的一份，并乐意为国家的繁荣富强效力。他们之所以这么做，不仅出于责任感与自豪感，甚至还出于贪婪心。

想要印证这一说法的真实性，并不需要考察美国的制度与历史，因为美国的民情就已足够证实这一点。除了参加国家所办的所有事业外，美国人还积极捍卫被人无端指责的所有事情，因为遭受无端指责的不仅是祖国，而且是他们本人。所以，为了维护国家荣誉，他们会采取各种手段，甚至会因个人虚荣心而玩弄无聊的花招。

---

① 可参见奥格与雷合著的《美国政府概论》第 178 页及以下几页。——法文版编者

在日常交流中，再没有什么比美国人这种令人不适的爱国主义更让人感到尴尬的了。外国人乐意颂扬美国的很多事情，但他们若想对美国某件事进行谴责，则会遭到美国人的断然拒绝。

所以，尽管美国是一个自由的国度，但是为了不让美国人感到不快，外国人在美国既不能畅谈个人私事，也不能畅谈国家大事；既不可以自由地谈论统治者，也不可以自由地谈论被统治者；既不能畅谈公营事业，也不能畅谈私营事业。总而言之，在美国也许除了谈谈气候怎样、土地如何外，就没有什么可以自由谈论的了。而且，即便是谈论气候与土地，美国人也随时可能为它们辩护，似乎他们曾出力创造过气候与土地一样。

在当下，我们必须敢于表态，勇于在全体民众的爱国主义与少数人的政府之间做出选择，因为不可能同时将前者提供的社会力量、社会积极性和后者带来的社会安宁的保障结合起来。

美国所具有的权利观念

任何一个伟大民族都有权利观念——如何让一个民族产生权利观念——美国人民尊重权利——这种尊重源自哪里

除了一般道德观念外，我不清楚还有什么观念能和权利观念相提并论，或者可以说这两种观念是浑然一体的。权利观念就是道德观念在政界的运用。

权利观念能让人们确定何为跋扈与暴政。权利观念清晰的人，能够独立地表达自己的意志，刚正不阿地服从而不低三下四。屈从于暴力的人，是自侮、自卑的人。然而，当让他服从一个和他一样的人时，他却会表现得高对方一等似的。任何一个伟大人物都具有德行，任何一个伟大民族都尊重权利，因为任何一个理性、有良知的集合体都不能仅凭强制结合起来。

我曾想过，在当下这个时代，有什么方法可以让人们养成权利观念，并被人们所牢记。最终发现，只有让全体民众和平地行使一定的权利。众所周知，儿童的能力与经验都是后天慢慢获取的，当一个婴儿可以移动身体的时候，只要是他能够到的东西，他都会本能地抓住不放。他不会产生这属于谁的财产的观念，更不会产生何为财产的观念。然而，随着时间的推移，他慢慢长大，开始明白物品的价值，发现别人也能从他手中抢走他的东西，这时，他就会变得越来越慎重，并且懂得通过尊重他人而获得他人的尊重。

儿童盼望得到玩具的心理，将逐渐发展成为大人期望获取财物的心理。在极端民主的美国，人们不会听到那种常回响于欧洲各地为没有财产而发出的叹息。原因很简单。这是因为美国不存在无产者。因为每个人都有属于自己的财产需要保护，所以原则上说，人人都承认财产权。

在政界也是这样。在美国，成年人都很看重政治权利，因为他们每个人都享有政治权利；为了不让自己的政治权利受到侵犯，他们也不会去攻击他人的政治权利。在欧洲，享有政治权利的成年人，几乎都不把国家主权放在眼里，而美国人却都心甘情愿地服从行政官员的小小权力。

这一真理，也体现在人民日常生活中最微小的细节上。在法国，仅有极少数享乐是专门为社会高层阶级设立的，凡是富人能够去的地方，穷人差不多也都能去。所以，人们举止得体，尊重他们参与的所有享乐。在英国，富人不仅垄断了享乐，而且还独占了权力。因此，人们满腹怨言，穷人只能偷偷溜进专门为富人建立的娱乐场所，并且喜欢在里面捣乱，让整个场面混乱不堪。这并没有什么好奇怪的。他们清楚自己不会有什么损失。

就像财产的分配能让成年人具有财产权观念一样，民主政府也为每个公民普及了政治权利的观念。我觉得这是民主政府的最大优点。

我的意思并不是说，让所有人学会行使政治权利是一件简单的事情；我的意思是，当这件事变为现实时，它将产生巨大的效果。

我还要补充一句：倘若问哪个时代能够产生这种想法，那答案就是我们这个时代。

难道你没有发现宗教信仰已经动摇，神授的权利观念已然消失？难道你没察觉社会风气越来越坏，道义的权力观念也变得越来越衰弱？

难道你没看见所有信仰都被诡辩所取代，所有感情都被诡计所代替？如果你不在这场大动乱中将权利观念和深植于人心的私人利益结合起来，那你又用什么办法去治理社会呢？

所以，倘若有人跟我说，法律已然虚弱无力但被统治者喜欢寻衅滋事，人心容易激动而德行已然无用，这种情况下不应该倡导扩大民主权利。那么，我将回答他说，正是因为这些原因，我才更主张扩大民主权利。而且我的确相信，政府比社会更关心扩大民主权利，因为政府终究会消失，而社会是不可能消亡的。然而，我绝不想滥用美国提供的这一范例。

美国在公民不多、社会风尚质朴而不擅长行使政治权利的困难时期，人民就已拥有政治权利了。尽管后来美国人口增多了，但是并未增加民主的权力，而仅是扩大了民主的范围。

毋庸置疑，让一个从来没有拥有过政治权利的民族获得政治权利的时刻，恰恰就是发生激变的时刻。尽管这种激变往往是必要的，但是却总带有危险。

儿童在不懂得生命价值的时候或许会杀人，在不知道自己的财物可能被别人抢走时也会去抢走别人的财物。在被赋予政治权利时，成年人对这种权利所持的态度，和儿童在不懂事时对自然所持的态度相同。这恰恰是成年人符合homo puer robustus（年富力强者）这句名言的时候。

这一真理同样适用于美国。那些公民们最早享有政治权利的州，往往就是公民们行使政治权利最好的州。

以下说法也并不过分：没有什么才干比保持自由的技巧能收获更多，然而没有什么事情比学习应用自由更苦的了。专制却不是这样。专制政体经常将自己扮演成一个受苦受难者眼中的救济者，表现为纠正过去的弊端、支持合法的权利、保护被压迫者、整顿秩序。人民被它一手塑造的暂时繁荣所蒙蔽，陷入睡梦中，但等醒来后，就会感到痛苦。自由和专制不一样，它一般都诞生于狂风暴雨中，成长于内乱的苦难中，只有等它长大成熟后，人们才能感受到它的好处。

美国对法律表现出来的尊重

美国人民尊重法律——美国人爱法律和爱父母一样——从法律力量的增强中，每个人都看到了自己的利益

号召人民制定法律，不论是直接的还是间接的，并非总是行得通的。然而也得承认，在行得通时，法律将拥有巨大的权威。尽管这个群众基础对立法者的德才有所损害，但是它却能大大增强立法者的力量。

在全民的意志体现中，蕴含着一股无限强大的力量。一旦这种力量爆发出来，原想与之对抗的人也会无影无踪。

这一情况的真实性，是各党派都知悉的。

所以，只要有机会，各党派都会去争取多数。在已投票的人中未形成多数时，各党派便会去弃权者中争取多数；如果还不能形成多数，各

党派就会到没有投票权的人中争取多数。

在美国，除了奴隶、仆人以及依赖公家救济生活的穷人外，每个人都享有选举权，并因此对立法产生间接影响。所以，只要是想攻击法律的人，就必须公开采取以下两种手段中的一种：不是想方设法改变全国的舆论，就是践踏人民的意志。

除了这一重要的理由外，我还能说出另一个更为直接、有力的理由。那就是在美国，每个人的私人利益都与其服从法律有关，因为现在不是多数的人可能今后会进入多数的行列，而现在声称尊重立法者意志的人今后也可能要求他人服从自己的意志。不论一项法律多么令人恼火，美国的居民都不会轻易反抗，因为这项法律既是大多数人的作品，同时也是其个人的作品。他们将这项法律视为一份契约，并且觉得自己也是契约的参与者。

所以在美国，不会发生很多人视法律为天敌，害怕、怀疑法律，因而时常聚集起来闹事的现象。你会发现各个阶级都对国家的现行法律表现出极大的信任，用一种爱父母的情感来对待现行法律。

我似乎不应该说所有阶级。在美国，人们倒置了欧洲人的权力阶梯，这使得富人的地位和欧洲穷人的地位一样，时常抵抗法律的反倒是富人。我在本章的前面已经提到过，民主政府所具有的好处，并不像人们所断言的那样是维护所有人的利益，而只是维护大多数人的利益。在美国，穷人处在统治地位，富人总是诚惶诚恐，担心穷人滥用权力。

富人这种精神状态，可能会使其内心不满，但是社会并不会因此产生强烈的动乱，因为使富人怀疑立法者的理由，同时也在制止富人违抗立法者的命令。因为是富人，他们无权立法，而且为了保住自己的财产，他们又不敢违法。在文明的国家，只有一无所有的人才会站起来反抗。由此可见，尽管民主的法律并不总是值得尊重，但实际上却几乎总是受到尊重的，因为通常来说，想要违法的人，必然会遵守他自己制定的并且对其有利的法律，而且就算是通过违法可以获利的公民，也会为了自己的人格与地位而服从于立法者的所有决定。此外，美国人之所以服从法律，不仅因为法律是由他们自己制定的，而且因为在法律损害他们时他们有权予以修订。也就是说，他们首先将法律当作加诸自身的灾难来接受，然后又将法律当作随时可以消除的灾难来对待。

美国各党派的政界活动及其对社会产生的影响

相较之下，讲述流行于美国的政治活动比讲述美国的自由或平等更难——立法机关不断展开的巨大活动，仅仅只是全国政治活动的插曲与延续——美国人很少只干自己的私事——市民社会中发起的政治鼓动——它在一定程度上促进了美国人的实业活动——社会从民主政府中获得的间接好处

当你从一个自由国度到一个没有自由的国家，你会惊诧于变化之大：在自由的国家，人们忙于各种各样的活动，干得热火朝天；而在没有自由的国家，四处寂静无声，人们做事循规蹈矩，似乎一切都停滞下来了。在自由的国家，改革与进步是人们经常谈论的话题；而在不自由的国家，社会除了消耗原有的财富外不再创造，人们耽于享乐，坐吃山空。然而，鼓舞人们创造幸福的国家，通常都比安于自身命运的国家繁荣富强。在将这两类国家进行比较时，人们一点都不理解为何自由的国家似乎每天都需要创新，而没有自由的国家却似乎并不需要什么新的东西。

倘若这一说法适用于依然保留君主政体的自由国家或者依然采用贵族制度的自由国家，那么，它将更适用于民主共和国。在民主共和国，

已不光是一部分人民在改善社会状况，而是全体民众都担负起这项任务。这个时候，不仅仅只是向某一个阶级，而是同时向所有阶级提供生活的必需品。

美国人享有的那种广泛自由，是可能存在的；人们也可以对美国人的极端平等形成一个初步的概念。然而，对于遍布美国的政治鼓动，除非亲眼看见，否则是难以理解的。

当你踏入美国的国土，就会感觉自己置身在一片喧闹之中。四处弥漫着嘈杂的喊叫声，各种呼声同时传入你的耳膜，每种呼声都表达着某一社会诉求。你环顾四周，看见人们都忙于活动：这里，有一群人在开会讨论怎样创建一座教堂；那里，人们在投票选举一名议员；一处，同一选区的代表们正奔赴乡镇，考察地方某些改革事项；另一处，一伙乡下人放下田间的工作，聚在一起商议本乡修路或者建校的计划。公民们聚集在一起，有些专为表示他们不赞成政府的施政措施，有些专为宣布某一官员是本地之父。在美国，还有人将酗酒看作是国家主要的祸根，他们聚集在一起开会讨论，以身作则，为禁酒树立榜样[①]。

美国立法机关不断展开的巨大政治活动，是唯一一个可以为外界提供观察的运动。这一运动，仅仅只是始于人民的最低阶层随后又慢慢扩及所有阶级的全国运动中的一个插曲，或者是一种延续。为了追寻幸福，再也没有什么比这项活动更困难的了。

不好断言在美国成年人政治生活中，哪些职位受到关注。参加社会的管理并且讨论管理的问题，是美国人最大的事情，甚至可以说是他们目前唯一的乐趣。从这一方面，你能看到美国人生活习惯的细节。就连

---

① 各个地方的禁酒协会是由一些想要戒酒的人成立的组织。我在美国考察期间，禁酒协会共计有27万多名会员；只有宾夕法尼亚州收效甚微，其全年酒类消费量为5万加仑。

女人，也时常参加集会，通过聆听政治辩论来消减家务的烦恼。在妇女眼里，辩论俱乐部从一定程度上来看已是一个娱乐场所。一位美国人，尽管不擅长和他人交谈，但是却精于辩论；他不擅长高谈阔论，但是却能句句说到点子上。他和你说话，就如在大会上发言一般；当他说到兴高采烈处，还不忘称呼对方一句：先生们！

在某一些国家，居民们经常对法律给予他们的政治权利表现出一种厌恶反感的态度。他们觉得，为公共利益忙碌纯粹是浪费个人时间。他们习惯把自己关在一个狭隘窄小的自私圈子里，并在圈子四周挖掘深壕、筑起高墙，彻底与外界隔离。

美国人则恰恰相反。倘若只让他们为私事忙碌，那他们将失去一半的生存乐趣；他们会在日常生活中感到无比空虚，遭遇难以忍受的痛苦①。

我毫不怀疑，如果将来某天专制制度在美国建立，它在清除自由所形成的习惯上，将比压制人们对自由本身的热爱要困难得多。

这种从民主政府流入政界的狂热鼓动，很快便扩及整个市民社会。我不清楚这到底是不是民主政府的最大优点，但我祝愿民主政府的成就越来越好。

显然，人民插手公共事务，常常会把事情搞得更糟。然而，不提高人民的思想境界，不让人民挣脱陈规旧套的束缚，人民就无法参与公共事务。被委派参加社会管理的人，都能在一定程度上认清自己的地位。因为手中有权，他就能让那些知识渊博的人为他服务。人们纷纷求助于他，而在这些人设法欺骗他的时候，他也从中吸取到了教训。在政治

① 在古罗马，这一现象就已被最初几位皇帝察觉。孟德斯鸠曾在某处说过，最让一些罗马公民痛苦的，是在他们参与一次政治鼓动后便立马回到平淡无奇的私人生活中去。

上，他所参与的活动，尽管不是他的本行，但他却对这项活动产生了强烈的兴趣。人们每日都会向他提出一些有关增加公共财产的新建议。于是，他本人也产生了增加个人财产的想法。他或许没有他的前任德高望重与幸福，但是他却比前任见识渊博和积极。我深信，美国的民主制度和美国的物质条件相结合，尽管不是其庞大的实业活动的直接动因，但却也是间接的动因。这种实业活动不是法律创办的，而是人民通过立法学会创办的。

当反对民主的人宣称，一个人单独去做其所承担的工作比由多人主持的政府去做其所承担的工作要好时，我会予以赞同。如果双方的才力相当，那么一个人管理的政府会比由多人管理的政府更有一贯性，更为目标坚定，更为思想统一，更为工作认真，更能够准确选举官员。不认同这一点的人，不是从未见过民主共和国，就是仅靠个别例证而下判断的人。就算当时的地方环境与人民的爱好容许民主制度存在，民主制度也无法立即提供一套有关行政管理与政府建制的方案。民主的自由开展的事业，无法每一项都和开明的专制那样做得那么完善，它常常在一项事业获得成效之前就中途放弃，或者拿事业去冒险。然而，随着时间的推进，它开展的事业将比专制开展的事业更多。尽管它做好的事业比较少，但是它开展的事业却很多。在民主制度下，那些令人惊叹的壮举并不是由公家完成的，而是由私人实现的。民主虽不能提供给人民最精明能干的政府，但是却往往能提供最精明能干的政府无法创造出来的东西：让整个社会拥有持久的积极性，拥有充足的活力，以及离开它就无法存续、不管环境多么恶劣都能创造出奇迹的精力。这就是民主真正的好处。

在基督教命运未卜的今天，有些人在民主仍在成长的时候，便迫不及待地想攻击民主，将其视为一种敌对的力量；而另外一些人，则把它当作新神来膜拜。然而，这些人对自己所憎恶或崇拜的对象都没有一个全面的认识。他们在黑暗中相互乱打，偶尔才能击中对方一下。

你想要社会和政府做些什么呢？这一问题，是需要详细说明的。

你想让人的头脑到达一定的高度，让它用大度的眼光来观察世界上的各事各物吗？你想让人们鄙视物质财富吗？

你需要形成并保持坚定的信念吗？

你要让风气高雅、举止文雅、艺术大放异彩吗？你热爱诗歌、音乐与荣誉吗？

你曾想过组建一个民族对其他民族采取强有力的行动吗？你想要从事伟大的事业，而且不论其成败，都让其名留青史吗？

如果你觉得这些就是人生在世的主要目的，那就不要接受民主政府，因为民主政府肯定不会带领你到达这个目的地。

然而，如果你觉得将人的智力活动、道德活动用来满足物质生活的需要以及创造福利是有益的；如果你认为对人们来说，理性的判断比天才更为有利；如果你的目的不是创造英勇的美德，而是养成温和善良的习惯；如果你希望弊端尽量少带来一些麻烦，而且只要未出现重大犯罪，你宁肯少看到一些高尚行为；如果你因生活在一个繁荣的社会里而感到满足，不因在一个富丽昌盛的社会里活动而洋洋自得；如果你认为政府的主要目的不是让整个国家拥有尽量大的力量或者尽量高的荣誉，而是让国内每个人免遭损害，享有更多的福利。那么，你就必须让人们的地位平等，并且创建民主政府。[①]

如果已没有选择的时机，而且一项居于人上的最高权力在不征求你的意见的情况下就将你推入这两种政府中的一种，那你至少应从这个政

① 这一段话是作者托克维尔对作为其民主哲学的基础的社会学原理所做出的定义。可参见托克维尔于1835年2月21日给其朋友斯托费尔的信。——法文版编者

府中汲取它所能提供的所有好处，并在你弄清楚这个政府善的本性与恶的倾向后尽最大的努力抑恶扬善。

第07章 “多数”在美国的无限权威及后果

多数在民主政体中所具有的天然力量——美国大多数州的宪法都人为地加强了这种力量——它们是如何加强的——强制性委托——多数所产生的精神影响——多数无错的理论——对多数的权利予以尊重——这种尊重在美国的普及过程

多数对政府的统治是绝对的，此为民主政府的本质，因为在民主制度下，没有谁能与多数对抗。

美国大多数州的宪法，还想方设法人为地增强了多数所具有的这种天然力量[1]。

在所有政权机关中，立法机关是最容易受到多数意志影响的。美国人规定立法机关的成员由人民直接选举产生，他们的任期也规定得很短，这让他们既受制于选民的长远观点，又受制于选民的临时动议。

他们都是由同样一些阶级选举产生，并且通过同样的方式被任命为

① 我们在研究联邦宪法时已经发现，联邦的立法者们曾反对过这一力量。通过立法者的努力，联邦政府才能在工作中享有比州政府更大的独立性。然而联邦政府仅主管对外事务，实际管理美国社会的工作，则由各州的政府来负责。

两院议员的。所以，由两院组成的立法机关，其行动几乎和单一的立法机关一样迅速、不可违。

立法者们通过这种方法创建立法机关后，便让立法机关掌控了政府几乎所有的权力。

立法者在增加本就很强大的权利当局的力量时，又逐渐缩小了本就很软弱的权利当局的力量。立法者们既没有提供给行政权的代表们以稳定性，也没有提供给他们独立性；而且，立法者在让行政权的代表们彻底屈从于立法机关的同时，也将民主政府准予他们行使的极少数权力夺走了。

在某些州，立法者也将司法权规定由多数表决；而在每一个州，立法者们甚至让司法人员的生活都依附于立法机关，因为立法机关将每年规定法官薪俸的权力交给了它的代表。

习惯法比成文法走得更远。

在美国，一种非要将代议制政府的种种保证推翻才善罢甘休的风气日益流行。例如，经常有类似的事情发生：选民们在选举一位议员时，除了会为他制定出行动计划外，还会为其规定一定数量的不可违抗的硬性义务。这种多数表决，就像小贩在市场上一面兜售叫卖，一面讨价还价。

在美国，一些特殊的环境条件不仅在促使多数的力量占据压倒一切的地位，而且还促使其成为一种不可抗拒的力量。

多数的道义影响，一部分源自下面这种思想：众人联合起来的才智总比一个人的才智大，因此立法的人数比选举更重要。这是在人的智能上运用平等理论。这一理论反对个人自以为是，并抓住这一点不放，因此不易被少数接受，但久而久之就会让少数见惯不怪。所以，和其他权利一样，多数的权利也需经历一段时间后才能显示出它的合法性，或许它比其他权利更需要这样。在创建初期，多数的权利需要依靠强制来让人服从，只有在它的法制下生活一段时间后，人们才会尊重它。

多数觉得自己可以管理社会的这一观念，是由最初的移民带入美国的。这个单凭自身力量就能够创建一个自由国家的观念，现在已风行于社会，深入到日常生活中的每一个细节。

在旧的君主政体统治时期，法国人坚信国王是必不可少的；当国王给他们引来灾难时，他们转而责怪国王的顾问们。这种想法对统治大为有利，让人民只责备法律却又继续爱戴、尊重立法者。美国人对于多数也怀有这种看法。

另外，多数的道义影响，还源自多数人的利益应优先于少数人的利益的原则。所以很明显，对大多数人的这种权利的尊重度，是根据政党的情况而自然增减的。当一个国家存在多个相互对峙、不可调和的利益集团时，多数的特权常常无法得到重视，因为服从这种特权令人难以忍受。

倘若美国存在一个处于少数地位的特权公民阶级，而立法者们想要剥夺他们长久独占的某些特权，试图将他们从高高在上的位置上拉下来，让他们降低至大众的行列，那么，这个少数估计很难服从立法者的立法。

然而，美国是由一些完全平等的人开拓创建的，因此在利益上，居民之间还不存在自然形成的长期对峙。

某些国家的社会体制，让少数派永远不想拉拢多数，因为这么做，必须放弃他们反对多数的初衷。例如贵族体制，就无法在保留贵族特权的前提下让贵族变成多数，而一旦叫贵族让出特权，它便不再是贵族体制了。

在美国，政治问题不可以通过这种一般的和这种绝对的方式提出来，因此各党派都对多数的权利表示认同，因为它们都期望将来有一天能掌控多数的权利并借此为自己谋利。

所以在美国，多数不仅享有强大的管理国家的实权，而且还拥有差不多同样强大的影响舆论的实力。多数提出的每一项动议，几乎都不会遇到任何障碍。这不仅包括阻止动议通过的障碍，还包括延迟表决动议的障碍，以及在表决的过程中留出一些时间倾听反对者意见的障碍。

这种处理问题的方式，对未来是有害且危险的。

在美国，多数的强大权威是如何增加民主所固有的立法和行政的不稳定性的

美国人是如何利用每年改选立法者和授予立法者强大权力的方式来增加民主所固有的立法的不确定性的——在行政方面发生的相同的现象——和欧洲相比，美国人们主张社会改革的力量更为强大，但是却没有那么持久

我在前文中已经说过民主政府所固有的缺点。这些缺点都将随着多数的权力增强而扩大。

这里，先说其中最为明显的缺点。

立法的不稳定性，是民主政府所固有的一个弊端，因为它源自民主制度要求不断更换新人执政的本性。然而，这一弊端是根据授予立法者的权限以及行动手段的增减而增减的。

在美国，立法机关拥有最高的权力。它能够快速地、不受阻碍地提出自己的动议，而且每年它都有新议员更替。也就是说，只要是能增加民主的不稳定性以及迫使民主政府接受议员对一些重大问题的意见的手段，它都一应俱全。

如此一来，美国成为目前世界上法律寿命最短的国家。30多年来，美国各州的宪法差不多全都修改过。所以，这段时期，美国任何一个州都修改过它的立法原则。关于法律本身，只要大略浏览一下美国各州的档案，你就可以确信美国的立法者们从未停止过立法活动，他们总是在颁布或者修改法律。这并不表示美国的民主在本性上比其他国家更不稳定，而是说美国人民让民主拥有了能将这一天然不稳定性带进立法工作的手段[①]。

在美国，多数的强大权威及其迅速、坚定地表达意志的方式，不仅增加了法律的不稳定性，而且对法律的实施以及国家的行政活动产生了相同的影响。

多数是人们唯一要奉承讨好的权威，因此人们都争着参加多数提议的工作；当多数的关注点转到别的地方时，人们便会放弃原来的工作。而在欧洲一些自由国家，因为行政权具有独立性且受到保护，所以当立法机关将注意力转到另一项事业上时，行政机关依然可以继续执行立法机关原先的决定。

和其他国家相比，美国人们对一些改革事业更为热心、积极。

在欧洲，人们尽管为这种事业投入的力量不够充足，但是却更为持久。

长期以来，一些虔诚的宗教人士，就在不断改善监狱的状况。在他们的宣传下，公众受到了感动，因而帮助罪犯获得新生的工作也成为一种流行的事业。

---

① 仅马萨诸塞州自1780年到现在公布的立法文件，就已装订成三大卷。还需要指出的是，我说的这部文件汇编是1823年通过修订收辑而成的，其中已经刨除大量旧的或者失效的法律。要清楚，居民人口不及法国一个省的马萨诸塞州，在全美已算是法律最为稳定的州，但即便是它，也为立法工作投注了大量的人力。（可参见弗兰克福特的《人民及其政府》（纽黑文，耶鲁大学出版社，1930年）第10页及以下几页。——法文版编者）

如此一来，一批新的监狱建立起来。改造罪犯的观点，第一次和惩罚罪犯的观点一起进入监狱，并且势均力敌。

然而，这场因公众热心参与、公民共同努力而变得势不可挡的可喜改革，并没有一举成功。

当新的感化院正在筹建，并且多数的意志也急于促成这项事业时，旧的监狱仍旧存在，并且拘禁着大批犯人。随着新感化院日趋完善、健全，这些旧监狱也将更令人感到有害、腐败。这种高效率的工作不难被人理解，使得迫切想要创立新的改造设施的多数，忘掉了早已存在的旧监狱。这样一来，人们都将注意力转到不被老眼光注意的事物上，并且不再监督旧监狱。一系列有利的管教制度，首先自动松弛下来，随后便遭到了破坏。所以，在建有足以表现当代艺术、文明的伟大建筑物的监狱中，依旧存在一看就让人联想到中世纪的野蛮的苦牢。

来自多数的暴政①

应该怎么理解人民主权原则——试图建立一个混合政府是不可能的——最高主权必定有其所在——必须采取预防措施来节制最高主权的行动——美国没有采取过这种预防措施——因此带来的后果

在我看来，“人民的多数在治理国家方面可以决定一切”这句话是亵渎神灵、令人厌恶的；但是我承认，所有权力的根源存在于多数的意志之中。我这两个观点是不是自相矛盾呢？

---

① “来自多数的暴政”。这一节对理解托克维尔的政治哲学非常关键。在这一节，我们能够看到托克维尔对民主的最终目的的阐释。在他看来，民主的最终目的应该是保护少数和个人的权利。可参见康马杰的《多数的统治与权利》（牛津，1944 年）。——法文版编者

一项通行的法令，在一个国家，须由人民的多数来制定且最终采纳；而在整个世界，这须由全人类的多数来制定且最终采纳。这样制定的法律才是公道的法律。

所以，公道就为每个国家的权利划清了界限。

一个国家就相当于一个大陪审团，它受权代表整个社会并主持公道，而这里的公道就是指国家的法律。这个代表社会的大陪审团的权力，是否应该比它在其中执行法律的社会本身的权力大呢?

当我拒绝遵从一项不公道的法律时，我并不是否定多数的发号施令权，而只是从依靠人民的主权转而依靠人类的主权。

有些人曾大胆宣称，人民绝对不该在仅与其自身有关的问题上越过公道与理性的界限，而且也不用惧怕授予代表他们的多数以全权。但是，这属于奴隶的语言。

倘若多数不团结，而是像一个人那样行动，在观点上、利益上反对另一个也像一个人那样行动的少数，又怎么称得上是多数呢？然而，倘若你认为一个享有无限权威的人能够滥用他的权力去反对他的对手，那你又有什么理由不让多数这么做呢？众人团结在一起的时候，他们的性格就会改变吗？在面对困难的时候，他们的耐力能够因其力量强大而变得强大吗？[1]我可不相信这一点。我不赞成我的任一同胞来决定这一切，我也绝不会授予某几个同胞以这种权力。

我并不觉得，为了维护自由，就能将几个不同的原则混合于同一政府中，因为这么做会导致它们相互之间直接对立。

---

① 没有人会主张一个民族滥用其武力去反对另一个民族。然而，一个大国中的政党，却能够变成国家中的小国。倘若容许一个国家对另一个国家实施暴政，那又怎能阻止一个政党以同样的方式对付另一个政党呢?

我一直觉得，创建所谓的混合政府仅仅只是异想天开。坦白说，从未出现过混合政府（从该词本意来理解的混合政府），因为在任何一个社会，最终只可以保留一个支配其他行动原则的基本行动原则。

在谈及这种政府时，18世纪的英国最常被人用来引证，虽然其中有多个重要的民主因素，但它实际上是一个贵族国家，因为其法制与习惯一直以来都是依照贵族的要求建立的，并且随着时间的推进而渐渐占据了统治地位以及依据自己的意志去主持公共事务。

这种引证之所以不对，是因为引证人在考察贵族利益和人民利益的相互斗争时，光看到了斗争本身，却没有注意斗争的结果，然而斗争的结果才是问题的关键所在。倘若一个社会真正创建了一个混合政府，也就是指，它用平等的态度看待一些彼此对立的原则时，它要么正在酝酿一场革命，要么就是濒临瓦解。

所以，我觉得必然存在一个高于其他所有权力的社会权力；同时我也相信，当这一权利前面没有任何障碍阻止它前进和延迟它前进时，自由就将遭到破坏。

个人认为，无限权威是一个坏且危险的东西。依我看，任何人都无力行使无限权威。我只相信上帝能拥有无限权威而不造成危险，因为上帝的智慧与公正总是和它的权力并驾齐驱的。世界上不存在任何一个权威因其本身值得尊重或者因其享有的权利不可侵犯，而让我相信它能随意行动而不受监督，以及任意发号施令而无人反抗。当我发现任何一个权威被授予决定一切的权利与能力时，不论人们将这一权威称为人民还是国王，或者称为民主政府还是贵族政府，或者这一权威是在君主国行使还是在共和国行使，我都要说：这为暴政播下了种子，而且我将设法离开这个地方，去其他的法制下生活。

我最挑剔美国民主政府的地方，并不是大部分欧洲人所指责的它的软弱无力，与此相反，恰恰是它拥有不可抗拒的力量。我最担心美国的一点，并不是它推广施行极端的民主，而是它抵制暴政的措施非常少。

当一个人或者一个党在美国遭遇不公正待遇时，你觉得他或者它可以向谁去诉苦呢？向舆论诉苦吗？但是舆论是由多数制造的。向立法机关诉苦吗？然而立法机关代表多数，并且盲目地服从多数。向行政机关诉苦吗？但是行政首长是由多数选举产生的，对多数言听计从。向公安机关诉苦吗？然而警察仍是由多数掌控的军队。向陪审团诉苦吗？但是陪审团就是享有宣判权的多数，而且在有些州，就连法官都是由多数选任的。所以，不论你申诉的事情有多么不正义、荒唐，你还是不得不服从[①]。

与此相反，如果将立法机关创建得既能代表多数又绝不受多数的激情所摆布，让行政权拥有独立自主性，使司法机关独立于立法权与行政权之外，那就能创建起一个民主的政府，同时又使暴政无法肆虐。

我的意思并不是说，在当今美国，人们时常使用暴政的手段；而是说，美国不具备预防暴政的保障措施，如果想要研究美国政府宽宏大度

---

① 1812年战争期间，巴尔的摩发生了一个由多数专制造成的暴力事件。这段时间，巴尔的摩人极为支持这场战争。而当地一家报纸，则对居民强烈支持战争的行为表达了截然相反的态度。人民自发地集合在一起，摧毁报社，袭击报社成员的住房。有人甚至还打算召集民兵，但是民兵并没有出动。为了保护无辜者的生命不受到居民的侵害，最终将他们当作罪犯关押进监狱。这项预防措施并没有产生效果。居民晚上又集合在一起，当地的行政官员想召集民兵来驱散居民，但是并没有成功；居民砸开监狱的大门，当即将一名记者杀害，他们还想处死报社的其他成员，然而通过陪审团审理后，宣判无罪。

某一天，我问宾夕法尼亚州的一位居民：“请您告知我，在一个由教友会信徒创建的并且因他们的宽宏大度而闻名的州里，已然获得解放的黑人为什么仍不能拥有公民权？他们依章纳税，享有选举权不是很名正言顺的吗？”这位居民回答我说：“请您不要这么侮辱诽谤我们，您大可以去看看我们的立法者制定的法律有多么公道、宽宏大度。”“照您这么说，你们这里的黑人是拥有选举权的了？”“那是当然。”“既然这样，那我为什么在今天早晨的选民会议上连一个黑人的影子都未看到呢？”这位美国人回答道：“这并不是法律的错。黑人的确享有选举权，然而他们总是有意避开，不来出席选举。”“他们未免也太谦虚了。”“这你就错了！他们不是拒绝出席，而是害怕到这里来受虐待。在我们这里，法律有时候会因得不到多数的支持而无法生效。要清楚，多数对待黑人最有偏见，各级行政官员也鞭长莫及，无法保障黑人顺利行使立法者赋予他们的权力。”“什么？！享有立法特权的多数还想享有不服从法律的特权？”

的原因，与其到美国的法律中搜寻，还不如到它的地理位置与民情中去寻找。

多数的无限权威对美国官员的专断权所产生的影响

美国法律赋予官员的自由，在法律上规定了范围——官员的权限

专断权和暴政并不是一回事，必须将两者区别开来。暴政能够依靠法律本身来实现，因此它和专断专权不一样。而专断权能够为被治者的利益而实施，因此它也绝不属于暴政。

暴政通常也需要专断权，但有些时候也可以不依赖专断权。

在美国，多数的无限权威不仅帮助了立法者的合法专制，而且也增强了行政官员的专断权。多数是立法与监督司法的绝对主人，不但管制着治人者，而且也管制着被治者，因此它将官员看作自己百依百顺的下属，而且也放心他们去实施自己的计划。所以，多数绝不会关注官员职责的细节，也不会费心具体规定他们的权利。多数之于官员，就像主人之于仆人。因为官员自始至终都在多数的监督下行使职权，所以多数可以及时指导或者修正官员的行动。

通常来说，法律在其规定的范围内赋予美国官员的自由，要比法国官员享有的这种自由大。有时候，多数甚至会容许官员越过为其划定的界限。舆论保护他们，他们万众一心，因此敢做在习惯了专断权的欧洲人看来也大为惊诧的事情。某些习惯就这样在自由中慢慢形成，而这些习惯终有一天会给自由造成致命的危害。

多数在美国对思想产生的影响

在美国，多数只要对一个问题做出不可改变的决定，就不会再讨论

这个问题——为什么会这样——多数对思想产生的精神影响——民主的共和制度不凭物质力量进行专制

我们在研究美国是如何控制人们的思想时，就能马上看清多数对思想的影响是如何超过我们在欧洲所熟知的所有权威的这种影响的。

思想是一种看不到摸不着的力量，它敢于蔑视所有暴政。在当今的欧洲，即便是最专制的君主，也无法阻止某些反抗他们权威的思想在国内甚至宫内秘密传播。美国就不存在这种现象。在美国，只要多数还未最终达成统一意见，讨论就必须继续进行；然而，只要多数做出不可改变的决定，人们就都不发言了，不论是支持决定的人，还是反对决定的人，现在都站在一起，拥护这一最终的决定。之所以会这样的原因其实很简单：任何一个君主，都不能像既享有立法权又享有执法权的多数那样专制到可以总揽所有社会权力以及击败其反对者的程度。

而且，国王仅拥有一项物质力量，这项力量只能左右人民的行动，却无法触及人民的灵魂。然而，多数不仅具备物质力量，而且具备精神力量，这两项力量联合在一起，既可以左右人民的行动，又可以触及人民的灵魂，既可以平息已有的动乱，又可以防范预谋中的动乱。

通常来说，我还不清楚有哪个国家，在思想的独立性与讨论的真正自由度上比美国差。

在欧洲的立宪制国家，任何宗教与政治理论都能自由宣传，而且可以传播到外国去，因为任何一个欧洲国家都未曾被一个单独的权威统治得让那些敢于说真话的人失去支持，从而不能维护自身独立成果的地步。倘若敢于说真话的人不幸生活在一个专制政府的统治下，人民往往都会支持他；倘若他有幸生活在一个自由的国家，那他在必要时可以拿王权来当挡箭牌；倘若他生活在民主国家，那么社会的贵族阶层会站在他一边；倘若他生活在其他国家，则会有民主力量支持他。然而，在民主制度建立得像美国一样的国家，却仅存在一个权威，也就是只有一个力量与成功的根源，除此以外再无其他。

在美国，多数在思想的周围筑起一堵高墙，在这堵高墙内，作家能够自由写作，而一旦他越过这堵墙，就没什么好果子吃了。这并不是指他有被宗教裁判烧死的危险，而是指他将成为终日受众人唾弃的对象。政界对其紧闭大门，因为他触犯了唯一可以让他跨进大门的权威。人们什么都不会给他，就连空头的名义都没有他的份儿。他在发表自身观点前，原以为会得到他人的支持，而当他发现没有人支持自己时，他已然将自己彻底暴露在公众面前。这样一来，针对他的责骂声此起彼伏，而和他观点一致的人，则丧失了勇气，悄无声息地躲避起来。无奈之下，他只能让步，最终彻底屈服，保持缄默，似乎后悔自己当初说了真话。

镣铐与刽子手，是暴政以往使用的野蛮工具；而如今，文明也同样让本以为没有什么可学的专制获得了改进。

过去的君主仅凭物质力量来进行压制；而如今的民主共和国则凭借精神力量来进行压制，就连人们的意志它也想征服。在独王统治的专制政府下，专制利用粗蛮伤害身体的方法来压制灵魂，然而灵魂却可以躲避专制击向他的拳头，让自己变得更为高尚。在民主共和国，暴政就不会使用这种方法，它跳过身体自由，直接压制灵魂。这个时候，国家的首脑已不会再说："你必须跟着我思想，否则你只有死路一条。"而是说："你是自由的，不用跟着我思想；你的生活，你的财产，你的所有，都属于你自己；然而从今天开始，你便是我们的外人，不在我们之列。你可以保留你在社会上享有的特权，但是这些特权将毫无用处，因为倘若你想让同胞选举你，他们将不会为你投票；倘若你想让他们尊重你，他们也只会假装尊重你。尽管你依旧在我们当中，但是你将失去做人的权利。当你靠近你的同胞时，他们将像躲避脏东西一样离你远远的；即便那些觉得你是干净磊落的人也将离你而去，因为他们也担心受到他人的排斥。你只能默默无闻地活下去，但是这种活法比死还要痛苦。”专制的君主政体已让人们极端鄙视专制。我们一定要注意，不要让民主共和国使专制死灰复燃，使专制仅成为少数人的沉重负担，而不被大多数人视为可鄙可憎的东西。

在旧大陆一些自以为是的国家，有人曾发表作品公开批判时弊以及嘲讽同时代人的愚蠢。例如，拉布吕耶尔在路易十四宫内居住的那段时间，完成了其巨著中的《论伟大》一章[拉布吕耶尔的巨著名为《品格论》，1688年初版于法国巴黎。作者托克维尔所提及的《论伟大》这一章，可见于《拉布吕耶尔全集》第268页及以下几页，普列以阿德版，巴黎，1951年]；莫里哀在为朝臣们演的戏剧中谴责了宫廷。然而，统治全美国的权威，却不容许人们嘲讽。即便是最轻微的批评，也会惹权威发火；稍微带一点刺的话语，也会令权威大怒。多数的一言一行，都必须予以赞扬。任何一位作家，不论他多么有名，都不能不恭维他的同胞。这样一来，多数一直都生活在自我喝彩中。有关国内的一些真实情况，美国人仅能从外国人口中得知，或者从经验中总结。

倘若说迄今为止，美国还未出现过伟大的作家，那就只能从这方面来寻找原因。精神若不自由，就不可能产生文学天才，而美国恰恰就缺少这种自由。

在西班牙，宗教裁判一直未能禁止的反对宗教的书籍仍在大量流通。在美国，多数在这方面的统治比西班牙高明得多：它将人们打算出版这种书籍的想法都剥夺了。美国虽然有不信仰宗教的人，但是他们并没有属于自己的报刊。

某些政府曾利用谴责淫秽书籍作者的方法来维护社会风气。在美国，并没有人因为这种书籍遭受过谴责，也没有人想去写这类书。这并不是说每一个公民都非常高尚，而是说多数在公民中表现得极为严肃。

在这一方面，权力的行使显然是好的，然而我仅就权力本身来说。这种不可违抗的权力，是一直存在着的，而它的正确实施，却仅是偶然现象。

多数的暴政对美国国民性产生的影响以及巴结思想在美国的表现

多数的暴政至今对民情的影响比对社会行动的影响大——这种影响阻碍了伟大人物的成长——像美国这样创建起来的民主共和制度，容易让人产生讨好大多数的思想——这种巴结思想在美国的表现——人民自身的爱国主义为何比那些利用人民的名义进行统治的人的爱国主义更强烈

我刚才提及的那种趋势，尽管在政界表现得不是很明显，但是已对美国的国民性产生了令人担心的影响。我觉得，美国活动在政治舞台上的卓越人物之所以不多，就是因为多数专制的作用越来越强。

美国爆发独立战争期间，出现了大量的杰出人物。当时，他们所持有的政治观点并没有抑制人们的斗志，而是激励了人们的斗志。这段时期涌现的那些大名鼎鼎的人物，在自由参与公众的精神活动的过程中，表现出了他们自身所特有的伟大性格。他们用自身伟大性格的光辉照遍了整个美国，而未利用全国的力量来增添自身的光辉。

专制政府中那些接近王权的达官显贵，为了讨主子欢心而不惜奉承献媚，死心塌地地服从主子的任性。然而，全国的民众并不想卑躬屈膝。他们之所以会服从，往往是因为自身的软弱，因为习惯或者无知，有时候也因为对王权或者国王的忠心。有些民族将牺牲自身意志来满足君主意志的行为当作一种快慰与骄傲，从而在服从中依旧保持一种精神上的独立性。这样的民族尽管很不幸，但是却并未堕落。而且，做自己

不认同的事情和做自己假装认同的事情之间有非常大的区别：前者是源自人的软弱无能，而后者则源自奴仆的习性。

在自由的国家，任何人都可以或多或少地对国家事务发表自己的看法；在民主共和国中，私人生活不断地渗入公共生活中，每个方面都可以接近主权，主权也期望人民能发表自己的见解，以便引起它的注意。所以，在这两种国家中，企图依赖主权的弱点以及讨好主权来生活的人，通常都比专制君主国多。这并不是表示这些国家的人生来就比其他国家的人坏，而是表示这些国家诱惑人的事物比其他国家多，而且很多人都同时趋向这些事物。如此一来，人们的心灵出现普遍堕落的趋势。

在民主共和国，人们有讨好多数的思想，并且让这个思想迅速渗入到各个阶级。这是对民主共和国的主要谴责之一。

对美国这种民主共和国，这样的谴责更为贴切。在这里，多数的统治极其专制和不可抗拒，这使得一个人若想摆脱多数所规定的路线，就必须放弃自己某些公民的权利，甚至要抛弃自己做人的本色。

在目前挤入美国政界的那一大批人中，已很少有人具备豪迈的性格与刚正不阿的精神了，而这些特质曾是美国人引以为豪的，并且在任何时候任何地方都被当作伟大人物的突出特点。粗略一看，似乎所有美国人的头脑都是同一个模子刻出来的，使得他们可以丝毫不差地沿着相同的轨道前进。的确，外国人有时候会碰到一些离经叛道的美国人，遇到一些埋怨法律弊端太多、指责民主任性多变的人。这些人常常提及那些损坏国民性的缺点，并且提出能够纠正这些错误的办法。然而，除你以外，他们不会向他人倾诉，而知晓他们隐秘思想的你，却又是一个外国人，一个过客而已。他们愿意对你说真心话，然而这对你并无用处。一旦到了公共场所，他们就不这么说了。

倘若将来某天美国人读到了上面被我转述的话，我估计会出现两种情况：其一，读者们将大声谴责我；其二，其中大部分人会在内心原谅我。

我在美国听到人民谈论自己的祖国，也在人们中间看到真正的爱国主义表现，但是却极少从国家领导者的身上见到这种表现。利用类推法我们不难理解为什么专制主义对其所治人民产生的败坏作用，比对其实施者产生的败坏作用强烈得多。在专制君主国，国王常常是品行高尚的，而朝臣却多是龌龊无耻之徒。的确，美国当选的公务人员不会称他们的主人即选民为“大人”或者“陛下”，这好像和君主国的朝臣有很大的区别。然而，他们却经常赞美其主人天生通情达理，从来不会为其主人究竟有什么值得赞扬的美德而争辩，因为他们深信主人拥有所有美德，即便现在没有或者不想有，将来某天也一定会拥有。他们并不会将自己的妻子与女儿献给主人，供其纳为嫔妃与宠爱，然而他们却牺牲了自己的意志、出卖了自己。

美国的道德家们与哲学家们，尽管不需用寓言故事来掩盖自己的观点，但是他们在鼓足勇气阐明一个令人不爽的真理之前，总会事先引用一段话：“我们清楚，听我们讲述的人民品行高尚，绝对没有那些让自己丧失主人身份的缺点。如果听我们讲述的人，其品行与学识没有好到让他们比其他人更值得拥有自由的程度，那我们就不会说这些话了。”

即便是在路易十四面前阿谀献媚的人，也不会比这奉承得更好了。

对我而言，我坚信不论在什么性质的政府中，下贱者必然都趋炎，献媚者必定都附势。而且我觉得，仅有一种方法能够避免人们自侮，那就是不让任何人享有无限权威，也就是说不让任何人享有能引诱他人堕落的最高权力。

美国共和政体最大的危险源自多数的无限权威

导致民主共和政体瓦解的原因是政府滥用权力，而不是政府无

能——和欧洲的君主政府相比，美国的共和政府更集权、更强大——由此引起的危险——麦迪逊与杰斐逊对这一问题的看法

一般来说，政府不是因为无能，就是因为暴政而垮台。在前一种情况下，是权力自动弃政府而去；在后一种情况下，则是权力被他人夺走。

很多人目睹民主国家陷入无政府状态时，都觉得这些国家的政府软弱无能。而事实上是：这些国家的政党之间只要发生斗争，政府就会失去对社会的控制。然而我并不觉得，一个民主政权生来就缺乏人力与物力；与此相反，我相信一个民主政府垮台的原因，多是因为滥用人力与物力。无政府状态往往源自暴政或者管理不当，而不是源自政府软弱无能。

不要将稳定和力量，或者将一件事情的伟大性和持久性并为一谈。在民主共和国，领导社会的权力[①]并不是很稳定，因为它总是易主和更改方向。然而，在权力易主与更换方向时，它的力量也仍旧是不可抗拒的。

依我看，美国的共和制政府和欧洲专制君主国政府一样集权，其力量也是有过之而无不及。所以，我并不觉得它会由于软弱无能而垮台[②]。

如果将来某天自由在美国毁灭，那也必然是多数的无限权威造成的，因为这种无限权威将让少数忍无可忍，以致少数不得不诉诸武力。那时候，将陷入无政府状态，但导致这种状态的是专制。

---

① 权力有可能集中在一个议会手里。这个时候，它尽管非常强大，但是却并不稳定。倘若权力集中在一个人手里，那它或许不是很强大，但是却极为稳定。

② 我觉得没有必要提醒读者注意，我在此处以及在本章其他各处所提及的多数的专制，不但指联邦政府，而且也包括各州的政府。

麦迪逊总统曾表达过这种观点（参阅《联邦党人文集》第51篇）。[万人文库版第266页及以下几页]

他说道："对共和政体而言，最为关键的是：不但要避免社会受统治者的压迫，而且要避免社会上的一部分人遭受另一部分人的不公正对待。……公正既是政府的目的，同样也是公民社会的目的。人们不断追求，并将竭尽全力追求这一目的，直至成功，或者直到在追求的过程中丧失自由而被迫停止。"

"倘若在一个社会里，势力较强的派系之间可以利用这种社会情况随时联合起来压制势力较弱的派系，那么能断定，这个社会必将陷入无政府状态，让软弱无力的个人尽失对抗较强个人的暴力的保障；在这种情况下，从前较强的人也会因为反对社会动荡，而心甘情愿服从一个既可以保护弱者又可以保护自己的政府；同样的想法也慢慢使得较强的派系与较弱的派系倾向于组织一个可以保护所有强与弱的派系的政府。可以相信，倘若罗德岛州离开联邦自己独立，那么它利用人民名义在非常有限的土地内实施统治的权力的不稳定性，必然会因为多数的暴政而证实这种彻底脱离人民的权力，是由需要这种虐政的多数造成的。"

杰斐逊也曾说过："我国政府的行政权问题，并不是我担心的唯一问题，或者说不是我担心的主要问题。立法机关的暴政才是最为可怕的危险，在今后很多年将一直是这样。尽管行政权的暴政也会出现，但这是很久以后的事情了。"①

在这一方面，我愿意引用杰斐逊的话，而不愿引用其他人说的话，因为我觉得杰斐逊是至今宣传民主的人中最顽强的使徒。

---

① 见《1789年3月15日杰斐逊致麦迪逊的信》。（可参阅《杰斐逊文集》第七卷第312页，华盛顿，1905年）

第08章　美国如何削弱“多数的暴政”

没有行政集权

美国的多数没有包揽一切的想法——美国的多数必须通过乡镇和县的行政委员来执行自己的主权意旨

我曾在本卷第一部分，分别对两种集权做过阐释。我将其中的一种集权叫作政府集权，另一种集权则叫作行政集权。

在美国，只存在第一种集权，不存在行政集权。

如果领导美国社会的权力同时将这两项治理国家的手段掌控在手里，并且兼有包揽一切的能力与习惯以及发号施令的大权；如果它在规定治理国家的一般原则后，还要委身去管理其中的细节；如果它在确定国家的重大利益后，还能降低身份去过问私人利益，那么，新大陆早就不存在自由了。①

在美国各州，中央政府迄今为止也只管理极个别值得它关注的事务。它并不参与管理社会的次要事务。它甚至连这样的想法都没有产生过。尽

① “新大陆早就不存在自由了”。作者托克维尔的话或许也适用于我们当代，因为他在1835年就已预测到行政集权将会增援政府集权。——法文版编者

管多数越来越专制，但是并未给中央政府增加特权，而总是将一切大权攥在自己手里。所以，专制可能在一个点上是大大增强了，但是并没有扩及面上。美国的多数，虽然其激情振奋人心，其倡议动人，但是仍不能在全国各地以同样的方法同时使全体公民遵从它的意志。当代表多数的中央政府宣布国家指令时，必须指派一些公务人员去执行命令，然而这些公务人员并不总是从属于它，它也不可能时时刻刻予以监督指导。所以，乡镇与县的行政机关就像一座座暗礁，不是减缓了代表人民意志的命令的流速，就是让命令流向错误的方向。就算法令是强制性的，自由也会在法令实施过程中寻到庇护所，而且多数也不能顾及事情的细枝末节，甚至连行政机关的敷衍塞责也管不住。事实上，多数自身也不觉得自己可以做到这一点，因为它还不具备充分认识自己的权力。它只了解自己的自然力量，但还没有掌握扩大这一力量范围的技巧。

这一点一定要注意。如果将来某天像美国这样的民主共和制度在某个国家创立起来，而这一国家曾经出现过由一个独王统治的政权，并且依照习惯法与成文法实施过行政集权，那么，我断定在这个新建的共和国里，专横令人难以忍受的程度将超过欧洲任何一个君主国。只有在亚洲，才能找到与之“媲美”的例证。

美国的法学家精神以及它怎样成为平衡民主的力量

研究何为法学家精神的本性是有益处的——法学家对即将诞生的社会负有重大使命——法学家所从事的工作为什么使他们的思想具有贵族气质——能压制这种思想发展的偶然因素——贵族察觉自己容易和法学家联合——暴君利用法学家的可能性——法学家是怎样成为和民主因素自然联合起来的贵族因素的——哪些特殊原因让英国与美国的法学家精神易于具有贵族气质——美国的贵族是律师与法官——法学家对美国社

会产生的影响——法学家的思想是怎样深入到立法机关与行政机关的，最终又是怎样使人民本身都具有行政官员的某些属性的

在走访了一些美国人以及研究了美国法律之后，我发现美国人给予法学家的权威以及任其对政府施加的影响，是美国现在避免民主偏离正轨的最坚实保障。依我看，这一效果源自一个一般原因，而研究这一原因大有裨益，因为它在其他地方也可能再现。

500多年来，法学家一直在欧洲参加各种政界运动。他们有时被政权当工具利用，有时又将政权作为自己的工具。在中世纪，他们竭尽全力扩大王权；从那之后，他们又想方设法地限制王权。在英国，他们和贵族联合起来结成亲密联盟。在法国，他们作为贵族最危险的敌人出现。那么，法学家是否被偶然的、暂时的冲动支使过呢？是否由于环境而被其与生俱来的、反复出现的本性驱使过呢？我想弄清楚这一问题，因为法学家可能在即将诞生的民主政治社会肩负首要使命。

对法律进行过深入研究的人，在工作中形成了循序渐进的习惯，讲究规范，对观念之间有规律的联系有一种本能的偏好。这所有的一切，使得他们非常反对革命精神与民主的轻率激情。

法学家在研究法律的过程中汲取的专门知识，让他们在社会中独创了一个行业，在知识界中形成了一个特权阶级。他们在执业的过程中一直有自我优越感，他们是一门还未普及的、必不可少的科学的专家，他们时常在公民中扮演仲裁人的角色；而将诉讼人轻率的激情引入正轨的习惯，又让他们轻视人民群众的判断。除此之外，他们还自发地形成了一个团体。这并不代表他们已相互了解并计划齐心协力奔向同一目标，而是指就像利益可以将他们的意志联合起来一样，相同的专业与方法也能让他们在思想上联合起来。

所以，在法学家内心深处，潜藏着贵族的某些兴趣与本性。他们与贵族一样，生来就习惯循序渐进，热衷于规范。此外，他们还和贵族一样，极其反感群众的行动，轻视民治的政府。

我并不想说这些本性已顽固到将法学家牢牢束缚住的程度。与支配一般人的东西一样，支配法学家的是他们的个人利益，特别是当下的利益。

有这样一种社会，其法律界人士在政界无法拥有他们在民间的地位。在这种社会体制下，我们能断定法学家必然会成为革命的急先锋。然而，应该考察他们破坏或者改造现实的原因是他们与生俱来的本性还是其他偶然因素。的确，1789年法国君主政体的垮台，应主要归功于法学家。然而，他们之所以可以这样的原因，是因为他们研究了法律还是因为他们未能参与制定法律，仍有待考察印证。

500多年来，英国的贵族曾数次领导人民，并代表人民发言；然而如今，他们却竭尽全力维护王位，誓死捍卫王权。尽管如此，贵族依然保持其特有的本性与爱好。

所以应该注意，不要用片面的观点来看整个问题，也就是不要将团体的个别成员看成是团体本身。

在所有自由政府中，不论其形式怎样，法学家都在各党派中处于首列。这一观点同样适用于贵族政体。号召群众起来行动的民主运动，差不多都是由贵族发起的。

一个人才辈出的团体，永远无法一一满足每位成员的野心。其成员的天赋与激情常常没有用武之地，因此许多人因无法马上享有团体应有的特权而反过来攻击这些特权，以便快速升至上层或者另建新团体。

所以，我不觉得将来会呈现出一个全由法学家做主的局面，也不觉得大多数法学家能在任何时刻表现出自己是秩序的友人与改革的敌人。

我觉得，在一个社会中，倘若法学家安居高位却没有人反对，那么他们的思想将是非常保守的，并将最终证实是反民主的。

当贵族政体关闭法学家的晋升之门时，法学家就会成为它最危险的敌人。尽管这个敌人在财力与权力上不及贵族，但是却能在活动上独立于贵族，并自认为自己的智力和贵族相当。

然而，当贵族愿意将自身的某些特权分给法学家时，这两个阶级便能轻易联合在一起，甚至可以成为一家人。

我倾向于相信，一个国王能够轻松地让法学家成为自己政权中最有效的工具。

虽然法学家常常和人民联合起来攻击行政权，但是法学家和行政权之间那种自然的亲和力，却远甚于法学家和人民之间的这种亲和力。相同地，虽然时常目睹社会的高层阶级和其他阶级联合起来打击王权，但是贵族和国王之间那种自然的亲和力，却远远大于贵族和人民之间的这种亲和力。

在所有事物中，法学家最钟爱秩序，而秩序最大的保护者则是权威。此外，应该记住，即便法学家重视自由，他们也通常会将法治置于自由之上。与暴政相比，他们更害怕专断。而且，倘若立法机关通过立法剥夺人们的自由，并且对此担负责任，法学家也不会表现出什么不满。

所以我觉得，一个君主因不断高涨的民主而削弱国家的司法权以及法学家的政治影响的做法，是大错特错的。他们将丧失权威，而虚有权威的外表。

我相信，对国王来说，让法学家加入政府是较为有利的。倘若政府是通过暴力来实施专制的，那么，在将政府交由法学家管理后，专制将呈现出公正、依法办事的形象。

民主政府有助于增强法学家的政治权力。倘若将富人、贵族与君主从政府中排除出去，法学家就将在政府中总揽大权，因为那个时候他们是人民唯一能够找到的最聪明能干的人。

一方面，法学家因自身爱好而不自觉地倾向于贵族与君主，另一方面，又因自身利益而不自觉地倾向人民。

所以，尽管法学家也喜欢民主政府，但是并不偏好于民主，也没有承继民主的缺点，因而可以通过民主并且超过民主让自己加倍强大。

在民主政体下，人民也相信法学家，因为人民清楚法学家的利益源自对人民的事业服务；人民之所以心甘情愿地听从法学家的话，是因为人民料想法学家不会出什么坏主意。实际上，法学家压根不想推翻民主创造的政府，而是想依据非民主所固有的倾向，利用非民主所具有的手段去领导政府。从利益与出身来看，法学家属于人民；从习惯与偏好来看，法学家又属于贵族。法学家是人民与贵族之间的锁链，是将人民与贵族连在一起的环扣。

法学家这一行业，是唯一能轻易和民主的自然因素混合在一起，并以利己的方式与之永久结合的贵族因素。我并不是不清楚法学家精神的固有缺陷，但是如果民主精神不和法学家精神结合，那我将不确定民主能否长期治理社会；而且，倘若法学家对公务产生的影响不随着人民权力的增强而增强，那我也会怀疑一个共和国能在当代存续下去。

我从法学家精神中发现的这一贵族特点，在美国与英国比在其他任何一个国家都表现得更为明显。[①]这不仅是因为英国与美国的法学家参与了立法工作，而且也因为立法工作的性质以及法律解释者在这两个国家中的地位。

---

① 参见霍尔茨沃斯的《英国法律史》（共九卷，伦敦，1922—1926年）；沃伦的《美国法律史》（剑桥，1912年）。韦伯在《经济和社会》（杜宾根，1925年）与《政治论》（慕尼黑，1921年）中，特别指出律师在政治生活中的优越性。再参阅梅耶的《马克斯·韦伯与德国政治学：有关政治社会学的一项研究》（伦敦，1945年）。——法文版编者

英国人与美国人保存了比附先例的立法方法，也就是说他们继续按照先辈的法学观点与法律规则来创建自己在法律上应持的观点与应守的规则。

英国或者美国的法学家，几乎总是将对古老事物的尊敬和对正规的、合法的事物的偏好结合起来。

这对法学家的精神面貌以及社会的动向，产生着另一种影响。

英国或者美国的法学家，重视既定事实，而法国的法学家则关注为什么出现这种事实，也就是说前者看重判决的本文，而后者看重判决的理由。

当你聆听英国或者美国法学家的陈述时，你将惊讶于他们屡次引证他人的观点，而很少发表自己的见解。在法国，情况就截然不同了。

法国的律师即便处理一个小案件，也不能光进行一般的陈述而不引证其所持有的成套法学思想。他将大量引述法律的立法原则，从而劝导法庭采用变通的方法后退几步。

英国与美国的法学家，从思想上就不赞成这种做法，因为这和他们祖先的思想相违背。这种对先辈思想的盲从，必定会让法学家精神染上畏畏缩缩的习性，使其在英国与美国形成的惰性比在法国更严重。

尽管法国的成文法难以理解，但是任何人都可以研讨。相反，对于一般人而言，再也没有什么比以先例为基础的法律更令他摸不着头脑的了。英国与美国的法学家对先例的尊重，以及他们在教育中形成的尚古思想，使他们渐渐脱离民众，并且最终成为一个与众不同的阶级。法国的法学家均是学者，而英国或者美国的法学家，则更像是埃及的祭司，仅充当一种玄妙科学的解释者。

法学家在英国与美国的地位，对他们的习惯与思想产生了不小的影响。英国贵族一心想拉拢所有在本性上与自己相似的东西，所以他们非常尊重法学家，并给予他们极大的权力。在英国的社会里，尽管法学家不属于最高等级，但是他们却满足于自己现处的等级。他们属于英国贵族中的少壮派，他们尊重、爱戴自己的老大哥，并且不和他们争权。如此一来，英国法学家便将他们活动圈子里的贵族思想与情趣，和他们职业的贵族利益联合起来。

我努力描述的这种法学家的形象，在英国表现得尤为明显。英国的法学家之所以尊重法律，并不是因为法律良好，而是因为法律古老；就算他们要修改法律，使其适应当下社会，他们也总是万变不离其宗，对先辈留存下来的东西修修补补，仅发扬先辈的思想，完善先辈的业绩。不要指望他们会以革新者的身份出现，他们宁肯被人指责为荒诞无稽，也不愿担负触犯祖先遗训的大罪。这就是英国人对法律的态度。这种态度一点也不关心事物的实质，只关注法律的条文，宁愿违背理性与人情，也丝毫不改动法律上的一个字。

英国的立法工作就像是在料理一棵古树，立法者在这棵古树上嫁接各种各样的枝条，期望枝条结出各式果实，或者至少让茂盛的枝叶支撑它们的树干。

在美国，既不存在旧式贵族也不存在文士，人民不相信富人。所以，法学家们形成了一个高等政治阶级，他们是社会上最富有知识的阶级。这样，他们只能放弃改革，让自己爱好秩序的本性增添了几分保守的志趣。

如果有人问我美国的贵族在哪里，我将毫不犹豫地回答道："美国的贵族不在富人中间，富人不具备团结他们的共和纽带。美国的贵族是那些担任律师职业以及坐在法官席位上的人。"

我们越是深究美国发生的一切，就越发确信法学界是美国平衡民主最强大的力量，甚至可以说是平衡民主唯一的力量。

我们不难在美国发现，法学家精神是怎样凭其优点，甚至可以说是怎样凭其缺点，来中和平民政府所固有的弊端的。

当美国人民任其激情肆虐，忘形地陶醉在理想中时，会感觉到法学家对他们施加了一种无形的约束，让他们得以冷静、安定下来。法学家秘而不露地利用他们的贵族习性抵抗民主的本能，利用他们对古老事物的敬重抵抗民主对新鲜事物的热衷，利用他们谨慎的观点抵抗民主的好大喜功，利用他们对规范的热爱抵抗民主对制度的蔑视，利用他们处事冷静的习惯抵抗民主的急躁。

法院是法学界对抗民主最明显的工具。

所有法官都是法学家，他们除了喜好从研究法律中获悉的秩序与制度外，还因其职位的终身性而喜爱安宁。他们所具备的法学知识，早已能使他们在同胞中脱颖而出。他们所享有的政治权力，能将他们推上高人一等的地位，并让他们形成特权阶级的习性。

可以宣布法律违宪的美国司法官员，主要负责日常的司法事务[①]。他们无权强制人民立法，但至少能够强迫人民遵守他们自己制定的法律，要求他们言行保持一致。

我并不是不清楚，在美国存在一种推动人民削弱司法权的潜在趋势。大多数州的宪法，都规定州政府能够应两院要求更换法官。某些州的宪法，规定法院的成员由选举产生，并且允许数次连选连任。我敢预测，这项改革早晚会造成严重的后果，而且终有一天会发现，以此削弱司法官员的独立性，不但打击了司法权，而且也打击了民主共和制度。

---

① 可参阅本卷第一篇论述司法权的章节。

另外，万万不可认为，在美国只有法院具有法学家精神。这种精神早已扩及法院之外。

因为法学家是人民信赖的唯一一个知识阶级，所以大多数公职都被他们占据了。他们不仅垄断了立法机关，而且还管理了司法机关。因此，他们对法律的制定以及执行有着非常大的影响。然而，他们必须遵从对他们有约束作用的舆论。就算他们不受约束而自由行动，人民也能及时发现其不轨的苗头。在政治法方面进行过许多改革的美国人，在民法方面只做了微小的改革，而且这一细微改革还大费周章。虽然民法中很多规定都和美国社会的现实不相符，但他们依旧泰然自若。造成这一现象的原因是，在有关公民权利的问题上，多数常常委托法学家去解决，而自以为是的美国法学家却不愿进行改革。

身为法国人，我在美国听到人民指责法学家有惰性、安于现状时，的确大吃一惊。

法学家精神产生的影响，远远超过我已确切指出的范围。

在美国，几乎所有政治问题早晚都会变为司法问题。所以，所有党派在日常论战中，都会引用司法的概念和语言。大多数官员都是或者曾是法学家，因此他们将自己固有的习惯与思想方法都运用到公务活动中。陪审制度更将这一切推广到各个阶级。所以，司法语言几乎成了普通语言；法学家精神原产于学校与法院，但是已渐渐翻过学校与法院的高墙，扩及整个社会，深入到最低阶层，让全体人民都染上了司法官的一部分习性与偏好。

在美国，法学家形成了一个并不可怕但是难以察觉的权力。这一权力没有自己的旗帜，可以灵活地迎合时代的要求，顺应社会中的一切运动。然而，这一权力却扩及整个社会，深入到社会中的各个阶级，在暗处推动社会，默默地影响社会，最终按照自己的意愿塑造社会。

美国将陪审团看作政治机关[①]

陪审团是人民主权的表现形式之一，必须和确立这一主权的其他法律协调起来——美国陪审团的结构——陪审制度对国民性的影响——陪审制度对人民产生的教育作用——陪审制度是怎样树立司法官员的影响力以及发扬法学家精神的

由于我讲的主题自然而然地引导我去讲述美国的司法制度，我在这里就不能避而不谈陪审制度。

在叙述陪审制度时，必须将这一制度的两种作用区分开来：其一，它是作为一种司法制度而存在的；其二；它是作为一种政治制度来发挥作用的。

倘若要问陪审制度在哪方面对司法行政有利，尤其是在民事方面是否对健全的司法行政有利，我相信这一问题可能会引起争论。

陪审制度最初建立于社会还不发达的时期，那个时候，提交法院审理的案件仅是一些简单的诉讼。然而，要想让陪审制度适应快速发展的社会的需要，这不是一件较为艰巨的任务了，因为这时人与人之间的关系已变得极为复杂，各式各样，并且具有需用科学与理智加以

① “陪审制度”是盎格鲁撒克逊人实施的一种审判制度或者“普通法”，也就是在一定的地区（英语称 venue——审判管辖区）从公民中挑选出或者指定几名陪审员，参加某些案件的审判工作。这些陪审员组成陪审团来审理民事与刑事案件，并且在辩论后做出自己的判断。为了能让陪审员做出正确的判断，法官或者法庭应当告诉陪审员审理的案件适用哪些法律。通常都会将“陪审制度”和1215 年的《大宪章》联系起来，然而在这之前它就早已存在了。——法文版编者

判断的性质。[①]

目前，我的主要目标是一门心思朝着陪审制度的政治方面走，其他一切途径都将让我偏离主题。关于陪审制度作为司法手段这一问题，我在这里只能少讲几句。当英国人采用陪审制度时，他们还属于一个半野蛮的民族。后来，他们成为世界上最文明的民族之一，而他们对陪审制度的倾慕，似乎也随着他们文明的兴起而与日俱增。他们走出自己的国土，到世界各地发展。这使得有些地方沦为他们的殖民地，而另外一些地方则创建了独立的国家。一些国家依然承认英王是它们的君主，而很多殖民地却设立了强大的共和政体，不管怎样，所有的英裔国家都提倡陪审制度[②]。它们不是四处设立陪审制度，就是立即恢复陪审制度。这个伟大民族主张的司法制度，此后便延续下来，并且在文明的每个阶段，被各个地区与各种政府所采纳，而且并未受到司法界的反对[③]。

然而这里，我们不谈论这一问题。将陪审制度仅视为一种司法制

① 将陪审制度作为一种司法制度来考察，研究这一制度在美国发挥的作用，探讨美国人是如何通过这一制度来制约政党的，会是一项有益且有趣的工作。倘若仅研究这一个问题，你可以找一本通篇都是研究这一问题的著作，以及一本专门为法国人写的著作。如此一来，你就能够从中研究美国陪审制度的哪些方面可以用于法国以及能给我们带来多大的帮助。美国最容易让我们了解这一问题的州，是路易斯安那州。这个州的居民有英裔与法裔。该州的两种法制，让他们形成了两个并存的民族，但是他们也在逐步融合。可以向读者推荐两本好书：其中一本是两卷本的《路易斯安那州法令汇编》（该书的全名、出版地点以及年月是：《路易斯安那州 1804 年—1827 年立法机关通过的法令汇编》，两卷本，新奥尔良，1828 年）；另外一本主要是讲民事诉讼程序的，它或许更好一些，是用英法两种语言写成的，书名是《论民事诉讼程序》，1830 年由布依松先生出版于新奥尔良（可参阅美国国会图书馆藏路易斯安那州法令、法文集）。这本书尤其适合法国人阅读，因为其中附带有英法对照的术语表，并且对这些术语进行了精确、权威的阐释。在所有国家，法律用语都富有其特定的含义，尤其是在英国，同一个法律用语，它的含义就和其他国家不同。

② 英国与美国的法学家，在这个问题上的看法是相同的。目前担任联邦最高法院法官的斯托里先生，在他的《美国宪法释义》中，屡次强调民事案件实施陪审制度的好处。他说道："赋予陪审团审理民事案件的特权，完全不逊于陪审团审理刑事案件的特权，因为这事实上相当于让每个人都拥有公民自由与政治自由。"（第三卷第 38 章第 654 页）

③ 若要详细讲述作为司法制度的陪审制度的好处，还可以寻找到很多论据。这里再举以下几个：陪审员参加审理工作，可以削减法官的人数，而且不会给工作带来麻烦。这就是一个非常大的好处。当法官的数量很多而又采用晋升制度时，只有在任的法官死去才能腾出位置让活着的法官晋升。所以，司法人员总是期望他人早点死，而这样一种心理又让他们不自觉地依附于多数或者那些有权指定晋升的人。法官的这种晋升制度，就像军衔的递进。这种制度，和良好的司法行政、立法机关的意向是不相符的。有人提倡实施法官终身制，保持法官的独立性。然而，只要法官不主动请辞，没有人可以罢免他，也算是一种好方法。当法官的数量很多时，其中难免会有人玩忽职守。然而，责任重大的法官绝不可让普通人来担任。所以，由平庸之辈构成的法庭，应该是法庭组织中最糟糕的环节。如果是我，我宁肯将案件交给由一个精明能干的法官领导的不太懂法的陪审团审理，也不愿将案件交给绝大部分只对法学、法律一知半解的一群法官审理。

度，是非常狭隘的看法，因为既然它对诉讼的结果有着重大的影响，那它也将对诉讼当事人的命运产生巨大的影响。所以，陪审制度首先属于一种政治制度。应该始终以这一观点为前提来评价陪审制度。

所谓陪审制度，就是随时找来几位公民，组成一个陪审团，暂时赋予他们参加审判的权利。

我觉得，在惩处犯罪行为上采用陪审制度，会让政府建立完美的共和制度。原因如下：

陪审制度既可能具有贵族性质，也可能具有民主性质，这要根据陪审员所处的阶级来定。然而，只要它不将这项工作的实际领导权交给统治者，而让被统治者或者一部分被统治者掌握这种实权，它就能一直保持共和性质。

强制一直以来都是转眼即逝的成功因素，而被强制的人民则会马上产生权利的观念。一个仅能在战场上打败敌人的政府，也会迅速被人推翻。所以，应该加强政治工作，而政治方面真是的法律惩处，必须要在刑法中体现。没有惩处，法律早晚会丧失它的强制作用。所以，负责刑事审判的人，才是社会真正的主人。实施陪审制度，就能将人民或者一部分公民提高到法官的地位。这实际上就是陪审制度将领导社会的权力交由人民或者一部分公民掌握[4]。

在英国，陪审团成员是从贵族中选举出来的。贵族不仅制定法律，而且还执行法律和惩处违法行为（B）。所有都必须通过贵族同意，因此英国可以说是一个贵族的共和国。然而在美国，这一制度则在全体人民

---

④　应该做一个重要的注释：的确，陪审制度让人民享有监督公民行为的一般权利，但是它并没有赋予人民在所有场合实施这项监督的手段，也未让人民时常通过暴力手段来进行这种监督。当一个专制君主有权自主指定其代表惩处罪犯时，被告的命运就早已注定好了。然而，倘若让人民审判，那么陪审团的决定及其不可驳回性，仍能为无辜者提供有利的机会。

中运用。任何一位美国公民都拥有选举权，均有资格参加竞选，也都有资格当任陪审员（C）。依我看，和普选权一样，美国人同意实施的陪审制度，也是人民主权学说的直接结果，而且是这一学说的最终结果。陪审制度与普选权，是让多数得以进行统治的两个力量相当的手段。

凡是那些曾企图以自己作为统治力量的源泉来领导社会，并以此替代社会对他的领导的统治者，都毁坏过或者削弱过陪审制度。例如，都铎王朝曾将不想做有罪判决的陪审员关进监狱，拿破仑曾让自己的心腹挑选陪审员。

虽然前辈提供的大多数真理非常明显，但是并未打动所有的人，而且在法国，人们对陪审制度常常持有混乱的观点。若想了解什么人能够当选陪审员，那就只是将陪审制度视为一种司法制度，探讨参加审判工作的陪审员应该具备什么知识与能力就可以了。事实上，依我看，这是无关紧要的部分，因为陪审制度首先属于一种政治制度，应该将它看作是人民主权的一种形式。当人民主权被推翻时，就要将陪审制度抛到九霄云外；当人民的主权存在时，则要将陪审制度和建立这一主权的各项法律相协调。就像议会是国家负责立法的机关一样，陪审团是国家负责执法的机关。为了让社会得到稳定、统一的管理，就得让陪审员的名单随着选民名单的扩大而扩大，或随其缩小而缩小。在我看来，这一问题最值得立法机关时刻注意。其他一切，可以说均是次要的。

因为我认为陪审制度首先属于一种政治制度，所以即便这一制度应用于民事诉讼，我还是这样理解它。

法律只要不是建立在民情的基础上，就将一直处于不稳定的状态。民情是民族唯一的、坚强持久的力量。

当陪审团只审理刑事案件时，人民只能慢慢发现它的作用，而且仅能从极个别的案件中发现。人民没有在日常生活中运用陪审制度的习惯，仅将它看成是获得公道的一般手段，并未将它看成是获得公道的唯一手段[①]。

相反，当陪审团审理民事案件时，它的作用便能轻易被人看到。这个时候，它将牵涉到每个人的利益，所有人都来向他求助。于是，它深入到生活中所有的习惯，让人的思维适应它的工作方法，甚至将它和公道相提并论。

所以，只应用于刑事案件的陪审制度，必然会一直处于困境；而一旦将它应用于民事案件，它就能经得起时间的考验、顶得住人力的抵抗。如果英国的统治者能像从法律中排除陪审制度那般轻易地从英国人的民情中排除陪审制度，那么英国的陪审制度早在都铎王朝时期就已消失了。所以，实际上，正是民事陪审制度拯救了英国的自由。

不论如何运用陪审制度，它都必将对国民性产生重大的影响。而且，陪审制度越早运用于民事案件，这种影响就会越来越强。

陪审制度，尤其是民事陪审制度，能将法官的一部分思维习惯复制到所有公民的头脑中。而这种思维习惯，恰恰是人民为让自己自由而须养成的习惯。

这一制度教导一切阶级都要尊重判决，形成权利观念。如果它未起到这两种作用，人们对自由的热爱就只能沦为一种破坏性的激情。

这种制度教导人们做事要公道。每个人在审理邻人的时候，总会想到邻人某天也会审理他。这种情况，对于民事陪审员而言，尤其明显、正确。几乎所有人都担心自己某天成为刑事诉讼的对象，而且每个人都可能被牵涉进诉讼中。

---

① 当陪审制度只应用于某些刑事案件时，这个论点尤其是真理。

陪审制度教导人们要对自身行为负责。这是男子汉的气魄，若没这种气魄，任何政治道德都无从谈起。

陪审制度给予所有公民主政的地位，让每个人都觉得自己参加了自己的政府，并且对社会产生责任感。陪审制度通过强迫人们做与己无关的事情来抑制个人的自私自利之心，而这种自私自利正是社会的积垢。

陪审制度对判决的形成以及人们知识的提高做出了巨大贡献。我觉得，这正是陪审制度最大的好处。应该将陪审团视为一所常设的免费学校，每位陪审员在此行使自己的权利，时常和上层阶级中最有修养、最有学识的人士接触，学习应用法律的技巧，并通过律师的帮助、法官的点拨、甚至两造的责问，让自己熟练掌握法律。我觉得，美国人所拥有的政治常识与实践知识，大多是在长期应用民事陪审制度的过程中汲取的。

我不确定陪审团是否对涉讼人有利，但是我确定它对主审的法官有益。我将陪审团看作是社会教育人民的最为有效的手段之一。

上面的内容，是对所有国家而言的；而下面讲述的内容，则是专门针对美国和一般民主国家来说的。

我在之前已经提到过，在民主政体下，法学家与司法人员，组成了唯一可以缓解人民运动的贵族团体。这类贵族并不具备任何物质力量，仅对人们的精神产生保守性的影响。然而，他们的权威主要来源于民事陪审制度。

刑事诉讼是社会反对某个人的斗争，陪审团在审理这种诉讼时习惯将法官看成是社会权威的消极手段，因而不相信法官的意见。然而，刑事诉讼要完全以常识易于辨认的事实为依据。在这一问题上，法官与陪审员是平等的。

在民事诉讼方面，情况则与此不同。这个时候，法官是原告与被告之间公正的仲裁人；陪审员要对法官予以信任，认真倾听法官的仲裁，因为法官所具备的法律知识远甚于陪审员。在陪审团面前陈述陪审员们早已记不清的各项法律依据的人，是法官；带领陪审团经历复杂的诉讼程序的人，仍是法官；为陪审团说明事实的要点并且告知它应怎样回答法律问题的人，依然是法官。法官对陪审员的影响几乎是无处不在的。

人们或许会问我为何对陪审员在民事案件中没有能力陈述法律根据这一事实无动于衷？

因为在民事诉讼中，只要是未牵涉到事实的问题，陪审团几乎都无从置言，而仅仅只是在形式上参加了司法审理。

陪审员宣布由法官做出的判决。通常来说，陪审员都是以他们所代表的社会权威，以理性与法律的权威来认定法官的判决。（D）

在英国与美国，法官能对刑事诉讼的结果产生法国法官闻所未闻的影响。造成这一现象的原因比较容易理解：英国与美国的法官首先在民事诉讼中树立自己的权威，然后再将树立好的权威搬到另一个本没有他们权威的舞台上。

对于一些案件，尤其是重大案件，美国法官可以独自宣判[①]。这个时候，他们的地位往往和法国法官通常的地位一样，但是他们的道义力量却远甚于法国法官，因为陪审团的影响仍然在帮助他们，他们的声音和陪审团代表的社会的声音几乎一样洪亮。

他们的影响甚至远远大过法院本身的影响，这是由于美国法官在个人的娱乐与政治活动中，以及在公共场所与立法机关内部，经常碰到一些觉得自己的智慧不及法官的人向他们致敬；而且他们处理完案件后，

---

① 联邦的法官几乎总是独自处理直接冒犯联邦政府的问题。

他们的权力仍在影响着那些在办案过程中和他们接触的人的整个思维方式，甚至还会影响这些人的内心世界。

所以，表面上看似限制了司法权的陪审制度，事实上却在增强司法权的力量；而且，其他国家的法官，影响力都不及人民分享法官权力的国家的法官。

美国司法人员之所以能将我所说的法治精神扩及社会最低阶层，是因其实施民事陪审制度的地方最多。[1]

所以，作为人民进行统治的最有效手段，陪审制度也是让人民学习统治的最有力手段。

---

① 可参见韦伯的《经济和社会》第404页。还可参见拉德克里夫与格罗斯的《英国法制》（伦敦，1937年）；詹克斯的《英国法读物》（伦敦，1928年）第97页及以下几页；梅特兰等人的《英国法史略》（伦敦，1915年）第45页及以下几页。为了对“陪审制度”及其在英美的实际应用有一个清晰的认识，可以参阅《社会科学百科全书》的“陪审员”条（第八卷第492页及以下几页）。——法文版编者

第09章　有助于美国维护民主共和制的主因

美国实施的是民主共和政制。本书的主要目的就是论述造成这一现象的原因。

在这些原因中，有几个原因在于我要连续阐述一个问题而被迫略过，或仅是一笔带过。所以，尚有几个原因我还没来得及讨论；而已被我谈及的一些原因，也因为淹没在对细节的叙述中而被我抛之脑后。

所以我觉得，在继续讲述与评述美国的未来前，我应该集中讲讲可以说明美国现状的全部原因。

在集中说明这些原因时，我将尽可能地简明扼要，因为我只想让读者大略地回顾一下我之前讲过的所有内容，而那些还未来得及讲到的内容，也只从中挑选主要的来加以阐述。

我一直觉得，有利于美国维护民主共和制度的原因可归结为以下三点：

第一，上帝专为美国人安排的独一无二的、极有优势的地理环境；

第二，法制；

第三，生活习惯与民情。

有利于美国维护民主共和制度的偶然的或者天赋的原因

联邦不存在强邻——联邦没有巨大的首都——美国人生而有幸以及

生得其所——美国地广人稀——这种地理环境是如何帮助美国维护民主共和制度的——美国的荒野是如何开发的——英裔美国人占领新大陆上的荒野的野心——物质福利对美国人政治观点产生的影响

有很多不以人们的意志为转移的环境条件，帮助美国实行民主共和制度。其中有一些是众所周知的，还有一些是不难察觉的，但是我只想讲最主要的。

美国人不存在什么强邻，因此不必为大战、金融危机、入侵以及被人征服而担忧，不需要巨额的税收、庞大的军队以及卓越的将军，也几乎不用为一种比所有这些灾难加在一起还要对共和制度有害的祸害（即军事的荣誉）而受累。

不能否认军事的荣誉对人民精神产生的难以置信的影响。曾两次被美国人选举为国家首脑的杰克逊将军，是一个性格暴躁、才能平庸的人，在其整个任职期间，没有任何一件事可以证明他有资格统治一个自由的民族，因此联邦的知识界大部分人从始至终都反对他。那么，是什么让他坐上总统的宝座并且得以连任的呢？是二十年前他在新奥尔良城下打过的一场胜仗，人民对此记忆深刻。但新奥尔良城下的这场胜仗，仅是一次普通的军事胜利，唯有在一个战事不多的国家，它才能长期被人们记住。而且，被虚荣冲昏头脑的民族，显然是世界上所有民族中最冷漠无情、最斤斤计较、最不懂军事的民族，甚至可以说是最平凡的民族。

美国没有能让自己的影响直接或者间接扩及全国各地的巨大首

都[①]，我将这一点视为美国得以维护民主共和制度的主要原因之一。在城市里，不能防止人们集会议事、聚众起哄以及突然采取的激烈行动。城市就像一个以其市民为会员的人民大会。城市的居民对其司法与行政官员有着巨大的影响，而且常常不经官员同意就自主采取行动。

所以，让地方服从首都，就相当于将国家的命运不公正地交给一部分人，而且还极为危险地交给一些自以为是的人。如此一来，首都的绝对优势就给代议制带来了严重的威胁。这种优势让现代的共和国犯了古代共和国也曾犯过的错误，古代的共和国正是因为没有了解这一点而最终全部灭亡。

在此，我能够轻易列举出很多曾帮助美国建立民主共和制度，现在仍在帮助美国维护这一制度的次要原因。然而，在这诸多有利的环境原因中，我发现有两个最为主要的原因。现在，我就来详细讲述这两个原因。

我曾在本书第一部分第二章中说过，美国人的起源，或者说是他们的出发点，对美国现在的繁荣有过最重要、最有力的帮助。美国人生来幸运并且生得其所。他们的先辈将身份平等与资质平等带到他们如今居住的土地上，所以在有利的自然环境下，民主共和制度必然会产生。这还不是全部情况，因为除了共和的社会体制以外，他们的先辈还给他们

---

① 尽管美国还没有巨大的首都，但是却有一些很大的城市。1830年，费城已有人口161000人，纽约则已有202000位居民。居住在这些大城市的底层人民，是比欧洲的贱民还要危险的贱民。这群贱民主要是由被解放的黑人组成，法律与舆论都视他们为卑贱、时代贫困的居民。其中也包括很多由于运气不佳或者行为不轨而被赶至新大陆的欧洲人，他们将欧洲一些恶习带到美国，并且毫无放弃这些恶习的念头。他们在这个国家没有公民资格，因此打算为所欲为，以便从中捞取好处。所以，从某个时期以来，我们就经常看到费城、纽约出现恶性暴动。然而其他地方并未出现这种暴动，这样就不会让全国感到不安，因为迄今为止，城市的居民还不能对乡村的居民产生任何影响。但是，我觉得美国某些城市的繁华壮丽，尤其是这些城市居民的性格，是威胁新大陆民主共和制度未来的真正危险；而且我敢大胆预言，除非政府创建一支支持全国多数的意志，同时保护城市居民的自由并可以镇压他们暴行的武装力量，否则某些地方的民主共和制度就将因此危险而走向毁灭。

留下了最容易让共和制度取得胜利的习惯、思想与民情。当我沉思于这一根本事实所带来的后果时，我似乎从首个在美国海岸登陆的清教徒身上看到了美国今后的命运，就像我们从人类第一个祖先身上看到了人类的命运一样。

在曾帮助美国建立民主共和制度，而现在仍在帮助美国维护这一制度的有利环境因素中，最为重要的就是美国人居住的这片国土。他们的先辈留给他们爱平等、爱自由的风尚，然而将他们安排在这片广袤无垠的土地上，并赋予他们长期保持平等与自由的手段的，则是上帝本身。

社会的普遍富裕有助于所有政府的安定，尤其有助于民主政府的安定，因为民主政府的安定由最大多数人的情绪来决定，而且主要是由最贫困阶层的情绪来决定。当人民参与国家的治理工作时，只要没有人倾覆国家，人民必然会幸福。只有想称王当帝的人，才希望国家动乱不安。这么看，抛开法制的原因不说，美国可以促进普遍富裕的物质原因，比世界上其他国家的都要多，比历史上其他时期的都要强。

在美国，不但立法是民主的，而且大自然本身也在帮助人民。

请读者试着回忆一下，历史上什么时候出现过类似北美这样的情况？

古代那些名扬天下的国家，都是在击败敌对的邻国，巩固自身的地位后建立起来的。一些现代民族见南美某些地区的大片土地上，居住着不够开化、但已占有并耕种这块土地的民族。为能在那里建立属于自己的新国家，这些现代民族必然想要消灭或者征服众多的土著居民，并用他们的胜利去羞辱文明。

然而在北美，只有一些四处漂泊的非定居部落，他们从来没有想过利用土壤本身的天然地力。严格地说，北美还是一个人烟罕至的大陆，一片等待人去开垦、居住的荒野。

所有这些因素，使得美国人的社会情况与法制异乎寻常了。然而，还有更为独特的，那就是他们所居住的这片土地。

当创世主赐予人们大地时，大地上是人稀物丰的，取之不尽、用之不竭。然而，人们并不具备能力与知识去利用大地。当人们学会开发大地的宝藏并从中获得利益时，大地上已布满了人。很快，人们便不得不为争取在一个地方定居与自由生息的权利而相互厮杀。

正是在这个时候，北美被人们发现了。它似乎一直被上帝保藏着，到现在才露出水面似的。

出现在人们面前时，它依然保留着创世之初的面貌，有着一条条永不枯竭的河流，一块块青翠湿润的绿野，一片片未经开垦的广袤土地。它就是以这种面貌呈现在人们眼前，然而这时的人们早已不是原始初民时期孤立、无知的野蛮人了，而是已经知晓大自然主要奥秘、和同胞们团结一心、从五千多年的经验中获得教训的人。

就在我写这本书的时候，已有1300多万文明的欧洲人安宁地生活在这片肥沃富饶的土地上，而他们还没有这片土地资源、面积的精确数字。在他们前面，有三、四千名士兵在追捕没有固定住所的当地土著。紧随这些武装人员之后的，是一批批披荆斩棘的开拓者。他们穿越森林，驱赶野兽，开辟内河航道，为文明顺利进军荒野铺平道路。

我在写作中，经常谈及美国人拥有的物质福利，并且指明这种福利是让他们的法制取得胜利的重大原因。至于其理由，在我之前已经有很多作者阐释过。因为仅这一个理由能让欧洲人轻易理解，所以也被我们所承认。因此，我不想对这个时常被人论述并且很容易理解的题目再做赘述，而只是想补充几个事实。

通常人们都认为，美洲荒野的开拓全依仗每年来到新大陆的欧洲移民，而美国的居民依旧留在他们先辈早已开垦好的土地上繁衍生活。然而这种看法是错误的。漂洋过海辗转到美国的欧洲人，在这里形单影只、无亲无故，而且往往一无所有。为了生存下来，他们只得受雇于人，极少有人可以离开大洋沿岸的大工业地区深入内地开发。没有资本与贷款，就无法开垦荒地；而若想到森林里去冒险，又必须锻炼好身体，让自己适应新环境中的恶劣气候。所以，长时间离开自己的出生地，到遥远的地方去创业的，事实上是美国人自己。最开始，是欧洲人离开自己的茅屋，到大西洋彼岸定居；而如今，是在同一个岸边出生的美国人，进入美国中部的荒野开垦。这种两次性的移民运动，从未停止过。也就是最开始从欧洲的基地开始，陆陆续续来到大洋彼岸；然后再从大洋沿岸深入新大陆的中部荒野。万万千千的人，在同一时间去往地平线上的同一点。他们拥有不同的语言、宗教、习俗；但是他们的目标却是相同的。有人告诉他们，去西部能够发财致富；于是，他们便信以为真，迫不及待地奔向西部。

或许，除了罗马帝国瓦解时期发生的那次大迁移外，没有哪次大迁移能和这次迁移相比了。那时也和现在一样，人们成群结队地涌往同一地点，并忙乱地在同一地方相遇，然而上帝为人们所做的安排，现在和过去却大不一样了。当时，每位新来的人抵达之后，等待他们的是毁灭与死亡；而现在，每位新来的人都随身带来了繁荣与生命的种子。

美国人这种往西部迁徙造成的最终后果，对我们而言还是一个待解之谜。然而它的直接结果，却是非常明显的：一些老居民逐年离开他们出生的州，而这些州虽然已经建立很久，但是人口却增加得非常缓慢。康涅狄格州就是这样，它平均每平方英里只有49个居民，全州人口40年来仅增加了四分之一；而同一时期，英国人口却增加了三分之一。所以，欧洲移民陆续来到人口还不是很多并且工业又缺乏劳动力的美国。他们成了富有的工人，而他们的后代，则到地广人稀的地方去挖掘发财的机会，最终成为大财主。父辈敛聚资本，儿辈利用资本去增殖：从外地迁过来的与在当地出生的都不贫穷。

在美国，法制能让财产尽可能地分散，但同时有一个比法制更为强大的因素在抑制财产过度分散[①]。在后来才开始人口增多的一些州里，这种情况表现得更为明显。马萨诸塞州是美国开发比较早的地区，但它每平方英里只有80个居民。它的人口密度比法国小很多，法国每平方英里有162个居民。

然而在马萨诸塞州，很少出现土地再往下分割的现象，因为这里通常都由年长的子女继承父业，其余的子女都派去荒野创业。

法律尽管已经废除年长子女的这种特权，但是上帝又几乎将这一特权恢复了，对此没有任何人予以埋怨，或者至少未失公允。

有一个简单的事例，已向我们表明有很多的人离开新英格兰到荒野去安家立业。这个事例如下。1830年，所有国会议员中有36人生于康涅狄格州，该州的人口仅占全美国的四十三分之一，但其提供的议员却占总议员数的八分之一。

然而，由康涅狄格州本身选入国会的代表仅5人，其余31人是代表西部新建的几个州加入国会的。倘若这31个人一直留在康涅狄格州的话，他们估计就不会成为大财主，而仅仅只是一个微不足道的庄稼汉，一生默默无闻与政界绝缘。他们不但不可能当上有权的立法人员，甚至可能成为危险的公民。

和我们一样，美国人也有过这样的评论。

前衡平法院首席法官肯特在他的《美国法释义》（第四卷第380页）中说道："当土地过于分散，使得每一小块土地无法维持一户人家的生

① 在新英格兰，土地就是一小块一小块地分散到每个农户手里，但已不能再继续往下分割了。

计时，一定会引来巨大的灾难。然而，这种不良后果至今还未在美国发生，只有再经历很多代后才会发生。我们地广人稀，我们还有很多尚待开垦的土地，人们不断从大西洋沿岸向内地迁徙，目前可以而且在将来很长一段时间内仍可以防止土地过于分散。”（第四版，纽约，1840年）

要描述美国人对命运为他们安排的众多猎物的贪欲，不是件简单的事情。他们为了捕获猎物，勇敢面对印第安人的毒箭与荒野上的疫病，就连森林里的寂静和猛兽的侵袭也未使他们退缩。总而言之，一种比对生命的热爱还要强烈的激情，在鼓舞他们不断向前。呈现在他们眼前的，是一片无边无际的大地。他们担心那里已没有空地，因此匆忙前进，生怕失去了机会。这是一些老州的居民向外迁徙的情景。那么一些新州的居民是如何向外迁的呢？俄亥俄州建立还不足50年，但它的大多数居民已不是在该州出生的了；它的首府建立还不足30年，其境内还有大量的土地未被开垦，但是它的居民已开始进军西部了，其中大多数定居于伊利诺伊州富饶的草原上。这些人最开始离开自己的第一个故乡是为了追求幸福，而他们离开第二个故乡则是为了追求更大的幸福。几乎四处都有幸福在向他们招手，但并非所有人都能有幸获得幸福。期望获得幸福的人，都怀有一种无法抑制的激情，而这种激情又会在得到满足后不但增强。他们已然剪断了将他们系在出生地的那些纽带，而且在后来的新地点也未形成这种纽带。对他们而言，外迁是出于一种追寻幸福的需要；而如今，外迁在他们看来，是一场似乎他们想赢多少就能赢多少的赌博。

有时候，他们迈进得太快，使得他们身后又再次出现荒野。森林在他们的刀刃下屈服，但在他们离开后，又立即茂密地生长起来。当你经过西部的一些新州时，时常会看到一些被遗弃在树林里的住房，常常在荒野深处见到一些残垣断壁，这让你对拓荒者的行为有些不解，他们既证实了人的能力，又证明了人没有常性。在这些荒废的田野中，在这些出现没多久的废墟上，曾经的森林又迅速长出新枝，野兽又重新建立起自己的王国。就这样，大自然又重新用绿荫与鲜花遮盖住了人的足迹，抹掉了刚轧出不久的车辙。

我不会忘记，我在穿过曾经满布森林的纽约州的某个林区，来到一个附近都是原始森林的湖泊时的景象：一个小岛立在水中，繁茂的树枝将小岛包裹，让小岛周边都覆盖在绿荫之下。没有一件东西可以证明曾有人在这里居住过。今看见天边有一缕炊烟从树梢袅袅升起，直向云端，它似乎是从天而降的，而不是从地上升起的。

沙滩上系着一只印第安人独木舟，我打算利用它到这个小岛上去看看。没过多久，我就抵达了小岛。整个岛屿幽僻宁静，令人心旷神怡，而新大陆的这种宁静，几乎唤起了文明人对野人生活的向往。青翠的草木以其繁茂的长势印证了这里的土壤是极其肥沃的。这里也和北美荒原一样，万籁俱寂，只有野鸽发出的咕咕声，或者啄木鸟的啄木声，偶尔打破这种寂静。我万万没想到这种地方曾有人居住过，因为大自然在这里仍保留着它原来的模样。然而，当我走到小岛中心时，便能明显看到人的活动遗迹。仔细观察了周围的遗物后，我已确信曾有一个欧洲人在此栖身。然而，他曾劳动过的现场已然发生了极大的变化！曾被他匆忙砍来搭建小屋的圆木，又再次抽枝生叶；小屋的篱笆，俨然成为一堵生长茂盛的树墙；他过去的小屋，也彻底变成了一个树丛。在这杂乱荒芜的灌木丛中，还能看到几块被火烧黑的石头，石头旁边还残留有一小堆灰烬。显然，当时的炉灶就设在这个地方。烟筒崩塌后的碎块覆盖在炉灶上面。我伫立了一会，感叹于大自然的强大本领，并且深刻感受到人力的渺小。最后，在即将离开小岛时，我又发出悲伤的叹息：怎么这么快就成了一片废墟！

在欧洲，我们习惯将人心的激荡、人们对财富的欲求以及对自由的过度热爱，视为社会的一大危险。然而，恰恰就是这些因素使得美国共和制度拥有长治久安的未来。如果没有这种好动的激情，人口就会过度集中在某些地点，而且过不了多久就会像欧洲一样，感受到难以满足的匮乏。新大陆之所以幸运，是因为那里的人的恶习，差不多和人的德行一样有利于社会！

这对分析东西两半球居民的行动，有着极为重大的意义。美国人常常将我们认为的唯利是图看成是值得钦佩的勤勉，而我们所说的清心寡欲则常被他们看成是胆小怕事。

法国人将爱好单纯、习惯朴素、家庭情感以及安土重迁看成是国家幸福安宁的最大保障。然而在美国，似乎再没有什么东西比这些美德更对社会有害的了。加拿大的法国人依然保留着自身古老的传统习俗，但是已感到难以在自己居住的地区生活下去。这个刚在加拿大形成的小人民集团，很快就将因自身古老民族的沉痼而牺牲。在加拿大，最有学识、最有爱国心以及最富人道精神的人，正在不懈奋斗，以唤醒人民不要安于满足小康现状。他们赞美发财致富的好处，倘若他们到了法国，都会为一些平庸之辈成为暴发户而大声喝彩。他们为刺激人们大脑所做的努力，远甚于他们为让人们保持冷静所做的努力。在他们眼中，最值得赞美的是：不待在故土安贫乐贱，而到别的地方去发财享乐；不固守田园，而是抛弃家当去他乡展露手脚；不惜离开生者与死者，去外地寻求幸福。

现在，美国为人们提供了广袤的土地，只要你足够勤劳，就能随意开垦。

在美国，知识有很大的用处，因为所有知识不仅能为有知识的人带来益处，而且还可能对没有知识的人有用。这里不担心出现新的需求，因为几乎一切需求在这里都能轻易得到满足。也不用担忧激情的变化过快，因为几乎所有激情都可以找到有益的、易发泄的场所。这里也不会让人过于自由，因为他们从未想让人滥用自由。

如今的美国共和社会，就像一个为共和开拓新大陆土地、经营兴隆的商业而组建起来的大批发公司。

最让美国人振奋的是商业激情，而不是政治激情。或者可以说，他们将商人的习惯带入了政界。他们喜欢井井有条，认为没有秩序，事业就不会发达。他们尤其重视遵守信誉，信誉是事业兴盛的基础。他们宁肯依靠常识去渐渐创造财富，也不愿凭天赋冒险发大财。照常规办事的思想让他们保持警惕，不做不符合实际的计划。与理论相比，他们更重视实践。

所以，到了美国，就必须清楚是什么力量在促使物质福利对政治行动，甚至对合理的舆论产生影响。对外国人而言，主要应该研究这方面的实况。从欧洲迁来的移民，大多数是因为在故乡生活贫困潦倒、向往自由、希望改变现状才来到新大陆的。我有时遇到一些欧洲人是因为政治见解而被迫迁到美国的。他们的言论令我大为惊讶，其中有一个人最令我惊奇。他是宾夕法尼亚最偏僻地区拥有巨大财富的种植园主。这位种植园主是位法裔美国人，我曾在他家投宿。他请我坐到壁炉旁，我们两就像在异乡相遇的亲人，开始毫无拘束地交谈起来。我在交谈中得知，这位种植园主40年前曾是一位伟大的平等派活动家与激进的鼓动家，他的名字已载入史册。

所以，听到他如经济学家一般讲述土地所有权时，我简直不敢相信自己的耳朵：我都快称他为地主了。他讲述了财富在人们中间建立的不可或缺的等级，讲述了对既定法律的遵从，讲述了共和制度对良好民情产生的影响，讲述了宗教观点对秩序与自由的支持。他甚至在无意间借助了耶稣基督的权威来支持自己的政治观点。

我一边倾听，一边感慨人类理智的脆弱。怎么能从学说的变化无常与不同的经验教训中去判定这个是真是假呢？他的一段话，消除了我所有的疑问：我原本很穷，而现在却富有了；只要富裕生活在影响我的行为，我的判断就能自由。实际上，我的观点是根据自身财富的多寡而变化的，在于我有利的所有事件中，我才真正发现我从前所不具备的决定性论据。

和其他国家人相比，富裕生活对美国人的影响更加广泛。美国人一直觉得，秩序与社会繁荣昌盛是紧密联系在一起，齐头并进的。他们无法想象秩序和社会繁荣分离后的情形。所以，他们绝对不会像欧洲人那样，将初级小学学来的东西弃之不用。

法制对美国维护民主共和制度产生的影响

维护民主共和制度的三个原因——联邦的形式——乡镇实行的制度——司法权

该书的主要目的，原是让读者了解美国的法制。如果这个目的已经实现，那么读者就可以自主判断哪些法律有利于维护民主共和制度，哪些法律对民主共和制度有害。如果我在前面章节未实现这一目的，那么我在本章更无法实现这一目的。

我并不打算重复之前走过的路，因为只要用几段文字就可以总结我之前谈及的内容。

和其他事情相比，有三件事情更有利于在新大陆维护民主共和制度。

第一，是美国人采用的联邦形式，它让美国兼有一个大共和国的强大性和一个小共和国的安全性。

第二，是乡镇实施的制度，它既约束着多数的专制，又让人民养成热爱自由的习惯并掌握行使自由的艺术。

第四，是司法权的结构。我在之前已经说明法院是怎样纠正民主的偏差，以及怎样在不禁止多数运动的前提下制约和引导这种运动的。

民情对美国维护民主共和制度产生的影响

我在前文中已经提过，我觉得民情是帮助美国维护民主共和制度的主要原因之一。

我在这里说到的民情（moeurs）一词，意思和其拉丁文原字mores相同。它不但指一般所说的心理习惯方面的东西，而且还包括人们持有的各种观点与社会上流行的各种观点，以及人们生活习惯所遵循的一切思想。

所以，我将该词看作是一个民族的整个道德与精神面貌。我的目的并不是一一叙述美国的民情，而是研究其中有利于维护政治制度的几项。

作为一种政治工具的宗教及其怎样有力地帮助了美国人维护民主共和制度

北美是由信奉民主、共和、基督教的人们开发的——天主教徒的出现——天主教徒如今为何形成了一个最民主、最共和的阶级

任何一种宗教，都伴随有一种因意见一致而与之相结合的政治见解。

倘若纵容人类理性随其所好，那它将以统一的方法统治政治社会与天国；我甚至可以断言，它将想方设法让人世与天堂和谐统一。

英属美洲的大多数地区，都是由一些先是反对教皇权威其后又不承

认宗教无上权威的人开拓出来的。所以，他们将一种我除了称之为民主的、共和的基督教外，再不知如何称呼的基督教，带进了新大陆。这一点大大有利于在政治活动中确立共和与民主制度。在这里，政治与宗教从一开始就协调统一，而且此后从未中断过这种关系。

大概50年前，爱尔兰的天主教徒开始往美国迁移。因为他们的到来，美国的天主教增加了大量的教徒。如今在美国，信仰罗马教会真理的基督教徒已达100多万人。

这些天主教徒虔诚地遵守他们的宗教仪式，忠实而又热烈地信奉他们的教义。然而，他们却在美国形成了一个最共和、最民主的阶级。这种现象，乍一看来令人惊讶；然而深入思考，就不难找到其内在原因。

我觉得，将天主教说成是民主的天然敌人是不对的。依我看，在基督教的各种宗派中，天主教反倒是最提倡身份平等的教派。在天主教的宗教社会里，仅包含有两种成分：神职人员与普通教徒。神职人员高于信徒，而所有信徒尽管在神职人员之下，但都是平等的。

在教义上，天主教觉得人的资质均处于同一水平上，它要求智者与愚夫、天才与庸才都必须遵守同一教规的细节，它要求富人与穷人都履行相同的宗教仪式，它要求强者与弱者都实行苦修；它从不向坏事妥协，同等对待每一个人；它提倡各社会阶级一起做弥撒，这就好比将各社会阶级都引领到神的面前。

尽管天主教要求教徒服从，但是它不允许教徒之间出现不平等的现象。我觉得新教就不同了。通常来说，新教主要是让人趋于独立自由，而不是让人趋于平等。

天主教好比一个专制君主国。倘若撇开君主不谈，人们在这一君主国的身份比在共和国更为平等。

天主教的神职人员也经常辞退神职，到社会中担任公职，随之加入社会的等级行列。他们有时候也会利用自身的宗教影响，来让自己参与创造的政治秩序保持持久。所以，人们才能看到天主教徒常常以它们的宗教立场为出发点来拥护贵族政体。

然而，只要神职人员脱离或者退出政府，例如在美国发生此类情况时，就再也没有人可以像天主教徒那样凭其信仰将身份平等的观念引入政界了。

所以，即便不能说美国的天主教徒是因其信仰的性质而不得不接受民主与共和的观念，那么至少也可以说他们并不是生来就反对这种观点的。而且，他们自身所处的社会地位，以及他们有限的人数，也会促使他们去制定维护这种观点的法律。

天主教徒大部分是穷人，因此他们希望全体公民参政，以便自己今后也能参政。天主教徒属少数，因此他们要求尊重所有权利，以使自己能自由行使个人权利。这两个因素，使他们不自觉地采纳了那些倘若他们有财有势就不会那么热烈赞成的政治学说。

美国天主教神职人员，从未想过反对这种政治倾向，反而想方设法证明它的合理性。美国天主教教士，将一切知识分成两大类：第一类知识，是他们不经任何讨论就接受的神所启示的教义；第二类知识，是他们觉得神让人们自由探索的政治真理。所以，美国天主教徒不仅是最顺从的教徒，而且是最独立的公民。

可以说，美国不存在对民主共和制度怀有敌意的宗教学说。那里所有的神职人员都拥有共和的语言，他们的观点与法律一致，可以说只有一个思想在统治人们的灵魂。①

① 可参见斯佩里的《美国的宗教》。——法文版编者

我曾在美国一个大城市做过短暂的停留，并被邀请去参加一个公共集会。集会的主要目的是支持波兰人，给他们提供武器与金钱。

当时，有两三千人聚集在开会的大厅里。没多久，一个穿着教袍的神甫，走上演讲台。现场所有人都摘下帽子，安静地站在那里听他说话。他讲道：

"全能的主！万军之主！当我们的先辈维护民族独立的神圣权力时，是您坚定了他们的意志并引导了他们的行动。您帮助他们战胜了可憎的压迫者，赋予我国人民和平和自由。啊，主啊！请您将仁慈的目光转向另一个半球，帮一下现在仍像我们以前那样为维护自己的权利而进行斗争的伟大民族吧！主啊！您既然以相同的模式创造了整个人类，那就不要让暴政摧毁您的创造，不要在世界上建立不平。全能的主！请您关心一下波兰人的命运，让他们拥有自由吧！愿您的智慧给他们以启示，愿您的力量支持他们所做出的行动。使他们的敌人感到恐惧，让打算瓜分他们的列强分裂，千万不要让已被世人目睹50多年的不义之举继续在今天上演。主啊！您强大的双手，就像掌握着世人的心一样，掌握着各民族的心。希望您唤起同盟者为正义、神圣的事业斗争，让法兰西民族摆脱其领袖为他们创造的无为状态，带头再次为世界的自由而战斗！"

"啊！主啊！请您不要遗弃我们，让我们永远是最虔诚、最自由的民族。"

"全能的主！请您满足我们今天的祈求：救救波兰人吧！我们以您爱子的名义，也就是以为了拯救全人类而被钉上十字架的主耶稣基督的名义，向您祈求。阿门！"

现场所有人都虔诚地齐声呼喊：阿门！

宗教信仰对美国政治社会产生的间接影响

各教派共同提倡的基督教道德——宗教对美国民情产生的影响——对婚姻关系的尊重——宗教是如何将美国人的想象力限制在某些范围内以及如何节制美国人的激情的——美国人如何看待宗教的政治功用——美国人为扩大、巩固宗教的权威所作出的努力

我刚才阐述了宗教对美国的政治产生的直接影响。依我看，宗教在这方面产生的间接影响更为强大，而且表面上看它并不谈论自由，但是它却引导美国人掌握行使自由的技巧。

美国有数不胜数的教派。[1]尽管各教派对他们所敬仰的创世主的礼拜仪式不一样，但是在人和人之间的义务上却是意见统一的。所以，虽然各教派以各自不同的方式去礼拜上帝，但都以上帝的名义去宣扬同一道德。对于一个人而言，教派或许非常重要，但对于整个社会而言却并没有那么重要了。社会对来世既没有恐惧，也没有什么期望。对于社会而言，最重要的不是全体公民信仰什么教派，而是全体公民都信仰宗教。何况在美国这种社会，所有教派都处在基督教的大一统中，而且基督教的道德到哪都是相同的。

可以这么说，一些美国人之所以奉行对上帝的某种礼拜仪式，主要是源自习惯，而不是源自信仰。此外，在美国，主权者必须表明信仰宗教，因此假装信教的现象也普遍存在。然而，美国依旧是基督教能对人们灵魂产生强大影响的国家，而且再没有什么东西可以证明它比宗教更

① “美国有数不胜数的教派”。可参见《美国的宗教》第71页及以下几页；还有《宗教社会学论文集》（杜宾根，1920年）中的《基督教新教概况以及资本主义精神》。——法文版编者

有利于人、更合乎人性，因为在宗教的影响下，美国现已成为最文明、最自由的国家。

我曾谈及过，美国神职人员都一致提倡公民自由，就连那些不主张信教自由的人也不例外。然而，他们并不支持哪个特定的政治派系。他们不关注政治，更与党派的钩心斗角绝缘。所以，虽不能说宗教对美国法律、政治见解的细节有所影响，但可以说它在引导民情，并且通过制约家庭来约束国家。

我从未怀疑，美国民情所表现出来的极端严肃性，首先源自宗教信仰。在美国，宗教通常无力制止人们被命运为他们安排的各种良机所诱惑。宗教并不压制人们一味想要发财致富的热情，但它却对妇女思想予以绝对的控制，而民情的主要创造者恰恰就是妇女。美国确实是世界上最尊重婚姻关系的国家，美国人对夫妻双方的幸福也有着高尚、正确的看法。

在欧洲，社会上所有混乱现象，差不多都起因于家庭生活问题，而不是起因于婚姻。欧洲的男人有轻视家庭的自然表现；他们喜好混乱，内心无法保持平静，想法总是在不断变化。一个欧洲人，在这些常常会搅乱其家庭生活的激情的影响下，很难去服从国家的立法权。而一个美国人，退出政界激烈的斗争回到家后，马上会产生安定有序、静谧的感觉。在家中，他所有的享乐都是简朴、自然的，他的兴趣也是纯真、淡泊的。他似乎因生活井然有序而获得了幸福，而且很容易就习惯调整自己的看法与偏好。

欧洲人倾向于利用扰乱社会的方法来忘掉家庭带来的忧伤，而美国人则偏向于从家庭中获取对秩序的热爱，然后再将这种热爱带到公务中去。

在美国，宗教不但支配着民情，而且还将它的影响扩展到人们的资质。

在英裔美国人中，有些人信奉基督教教义，是源自他们对教义虔诚的信仰；而另外一些人信奉基督教教义，则由于担心他人说自己没有信仰。所以，基督教能够顺利地发挥其支配作用，并获得所有人的承认。结果，就像我前面所说的，在道德也就是精神方面，一切都是预先确定与决定好的，而在政治方面，一切都可以让人们随意讨论和研究。所以，在基督教面前，人们的精神从未有自由活动的余地：虽然它非常果断，但总是不得不在一些无法逾越的障碍面前止步。无论人们的精神有什么革新，事先都必须接受一些早就为其规定好的重要原则，即便是最大胆的设想，也不得不服从于一些只会延迟或者阻止其行动的清规戒律。

美国人的想象力，就算在飞翔得很高时，也总是小心翼翼、犹疑不决的。它的行动受到限制，它的目标难以实现。这些小心谨慎的习惯，在政治社会也能见着，并且对国家的稳定以及既定制度的持久发挥着非常有利的作用。大自然与环境，将美国的居民塑造成果断勇敢的人；当你看见他们奋不顾身地追求幸福的时候，会更为深信他们是果断勇敢的人。倘若美国人的精神可以摆脱所有束缚，那其中一些人马上就会成为世界上最大胆的革新者、最有逻辑头脑的理论家。然而，美国的革命家们，必须公开表明自己确实尊重基督教的道德与公理。当他们受托按照自己的意志执行法律时，基督教的道德与公理不容许他们随意违反所执行的法律；即便他们可以不顾良性的谴责而贸然违法，也会因为同党人的谴责而罢手。迄今为止，还没有谁敢在美国出此言论：任何事都服从社会的利益。这个有点轻视宗教的言论，貌似有人在某个自由时代提出过，以便为他们今后的暴政做舆论准备。

所以，尽管法律容许美国人自行决定一切，但是宗教却制止他们想入非非，并阻止他们为所欲为。

在美国，宗教从不直接参与社会的管理，但是却被看成是政治设施中最主要的设施，因为它尽管没有向美国人宣扬热爱自由，但是它却让美国人可以轻松地享用自由。

美国居民正是从这一点出发来理解宗教信仰的。我不清楚所有美国人是不是都信仰他们的宗教，因为没有谁能成为他们肚子里的蛔虫。但是我坚信，他们都觉得必须维护共和政体。这一看法并不是一个居民阶级或者一个政党所独有的，而是整个民族所共有的。每个阶层都持有这种看法。

在美国，一个政治家攻击某个教派，即便他的同党属于这个教派，也不能以此作为不支持他的理由。然而，倘若他攻击全国所有教派，那么所有人都会躲开他，让他孤立无援。

我在美国那段时间，获知一个证人被传到切斯特县（属于纽约州）出庭作证，而这个人在法庭上表示：他不相信上帝存在，也不相信灵魂不灭。庭长对此宣布：鉴于证人在允许他作证之前，已让法庭失去对他的信任，所以拒绝此人宣誓作证[①]。报纸登载了这条消息，但是并未对此做出评论。

美国人几乎将基督教与自由混为一谈，以致很难让他们在考虑其中一方面时不想到另一方面。然而在美国人身上，这并不是那种从过去传到现在、似乎即将灭亡但又扎根于灵魂深处的贫瘠信仰的表现。

我曾目睹美国人派遣神职人员去往新建的西部各州，并在那里设立学校与教堂，还自发组织各种团体。他们害怕宗教在西部各州的森林中消失，担心迁往那里的人不能像在原籍时那样享有自由。我曾看到一些

---

① 以下是1831年8月23日《纽约旁观者报》对这件事的报道："切斯特县（属于纽约州）民事法庭，几天前拒绝一位宣称自己不相信上帝存在的证人作证。法庭的庭长表明：在还没有陈述证言之前，他就宣称不相信上帝存在；这种言论是对法庭上所有证言的惩罚；而且他也清楚，在信奉基督教的本县，不容许不相信上帝存在的证人出庭作证。"

新英格兰的居民离开故土，奔波辗转到密苏里河两岸或者伊利诺伊州的大草原上，在这些地方奠定基督教与自由的基础。在美国，宗教的热情就是这样在爱国主义的温床上不断提升的。你可能觉得这些人之所以要这样，完全是为了来生；然而你想错了，因为永生仅是这些人关心的事情之一。当你和这些基督教文明的传播者交流时，你会为他们总是强调现世的好处，为他们本是教士却又以政客的面目和你交谈而大吃一惊。他们会跟你说："美国各共和州是相互依存的；倘若西部一些共和州陷入无政府状态，或者带上专政的枷锁，那么，大西洋沿岸发展良好的共和制度，也会遭受严重的威胁。所以，我们期望新建的各州也是信奉宗教的州，以使我们能将自由维护下去。"

这就是美国人的观点，然而有些书呆子则认为我的观察有误。他们总是引经据典地向我论证，除了我所赞扬的宗教精神外，美国的一切都是美好的；我向他们指明，大洋彼岸的人们对于自由与人类幸福的看法，只是没有和斯宾诺莎一样相信世界是永恒的，没有和卡巴尼斯一样提倡思想是人脑的分泌物而已。实话说，无须解答这些话，只能说：说这种话的人没来过美国，也未曾见过笃信宗教与拥有自由的民族。所以，我只好等他们去过后再和他们讨论。

在法国，有些人将共和制度视为显示自己伟大的暂时手段。他们用肉眼估量了一下那条将贫穷困苦的自己和有财有势的达官显贵分隔开的鸿沟，并试图用废墟上的残垣断壁来填平这个鸿沟。他们提倡自由，就像中世纪的自由佣兵拥护国王。不论他们穿什么颜色的衣服，他们参加战斗自然有他们自己的打算：期望共和制度能持续到将他们从低微卑贱的现状中解救出来。真正向往自由的，不是这类人，而是另一类人。这类人将共和制度看作是一种长治久安的政体，是理想与民情一直在迫使现代社会追求的目的。他们真心期望将人教育成自由的人。这些人反对宗教时，是出于内心的激情，而不是自身的利益。专制制度能够不依赖宗教信仰而实施统治，但是自由的国家却不能这样。与君主制度相比，共和制度更需要宗教，而民主共和制度又比其他任何制度更需要宗教。当政治纽带松弛而道德纽带又没有增强时，社会势必将走向崩溃。试想，一个自由的民族不服从上帝，它能做出什么事情来呢？

宗教在美国产生巨大影响的主要原因

美国人重视政教分离——不管是法制、舆论还是神职人员，都在为实现这一目的而努力——在美国，宗教之所以能对人们的灵魂产生巨大的影响，应归功于这一点——为什么——人们如今在宗教方面所处的自然状态——在某些国家，是哪些特殊的、偶然的因素在阻碍人们适应这种状态

18世纪的哲学家们，曾利用一种极为简单的方法来解释宗教信仰逐渐衰败的现象。他们说，随着自由意识与知识的不断提高，人们的宗教热情终将消失。可惜的是，这个理论一点都不符合事实。

在欧洲，有些人之所以不信奉宗教，只是因为他们愚昧无知；而在美国，你却能看到作为世界上最自由、最有教养的民族之一，美国人以极大的热忱在履行宗教赋予他们的义务。

我到美国后，最先引起我注意的，就是宗教在这个国家产生的影响。我在美国待的时间越长，就越能感受到宗教的政治影响有多么强大。

在法国，宗教精神和自由精神几乎总是格格不入的；而在美国，这两者却是紧密配合，共同统治着国家的。

我越来越想找到造成这一现象的原因。

为了查清楚这个原因，我曾和各个教派的信徒交流，特别是走访

了属于不同教派与终生献身于宗教事业的教士们的团体。因为我本人信奉天主教，所以我很乐意和天主教的神职人员交谈，从来不会错过和他们亲密交流的机会。我和他们每个人都谈到了我的诧异与疑问。结果显示，他们只是在细节问题上存在不同的看法，但都一致认为应把宗教能在美国发挥和平统治的作用归功于政教分离。我甚至可以断言，我在美国居住期间，从来没有碰到一个人，不论是神职人员还是俗人，在这个问题上持有不同观点。

这使我更加专注于研究美国神职人员在政界所处的地位。我惊讶地发现，他们中没有一个人担任公职[①]。我从未见过哪个神职人员担任行政职务，即便在众议院与参议院，我也没有见到他们的代表。

在很多州里，法律就已为他们关闭了步入仕途的大门[②]；舆论在所有州里都不允许他们从政。

后来，当我研究神职人员本身对这一问题的态度时，我发现他们大部分人似乎主动不涉足政治，而将这一行的荣誉让给他人。

我听到他们谴责野心与邪恶信仰，而不管这些东西用什么政治观点掩饰。然而，我在听的过程中了解到他们的观点：一种政治见解只要是真实的，上帝就不会惩处持有这种见解的人；政府管理上的错误，并不比盖错一栋房或者犁错一块地的罪过更大。

我看到他们小心谨慎地远离所有党派，生怕损坏自己的利益而极力

---

① 不包括他们大部分人在学校里担任的职务。美国大多数学校都是由神职人员创建的。

② 可参阅《纽约州宪法》第七条第四项；《北卡罗来纳州宪法》第三十一条（托克维尔所引是1776年宪法）；《弗吉尼亚州宪法》；《南卡罗来纳州宪法》第一条第二十三项（1790年宪法）；《肯塔基州宪法》第二条第二十六项（托克维尔所引是1799年宪法）；《田纳西州宪法》第八条第一项（1796年宪法）；《路易斯安那州宪法》第二条第二十二项。《纽约州宪法》相关的条文如下：“鉴于神职人员以服务上帝、拯救灵魂为职，并且不能怠慢自己的重大职责，所以任何教派的神职人员或者教士……都不得或者不能在州里担任任何文职或者军职。”（1821年宪法第七条第四项）

避免和它们接触。

所有这些事实，让我确信他们所说的话都是真实的。于是，我计划探讨事实的成因，也就是寻找到底是什么力量在削弱宗教表面影响的同时又增强其实际的影响。我坚信，我一定会找到这个力量。

60年的短暂人生，还不足以让美国人发挥他们所有的想象力；不是完美的现世生活，也绝不会令他们称心如意。在一切生物中，只有人对自身的生存怀有一种与生俱来的不满足感，总是期望人生无可限量。人既蔑视生命，又恐惧死亡。这些不一样的情感，不断促使人的灵魂关注来生；而能将人引向来生的，恰恰是宗教。所以，宗教仅是愿望的一种特殊表现形式，而宗教符合人心，就像愿望本身符合人心一样。只有理智混乱，或者精神暴力对人的天性施加影响，才会迫使人放弃宗教信仰。然而，有一种无法战胜的力量，在促使人们恢复宗教信仰。没有信仰仅是偶然现象，有信仰才是人的常态。

在单从人的角度来研究宗教时，可以说任何宗教都可以从人本身获取用之不竭的力量因素，因为这种因素是人性的关键构成因素。

我清楚，曾经有些时代，宗教除了本身固有的这一影响外，还能获得法制的人为帮助，以及管理社会的现世政权的支持。在那种时代，宗教曾和人世的政府紧密配合，从恐惧与信仰两个方面着手控制人们的灵魂。然而，当宗教和人世的政府创建这样的联盟时，我断言它会像一个犯错误的人那样去行动，也就是它可以为当下而牺牲掉未来，为获得他不应拥有的权力而放弃自身合法的权力。

当宗教建立在所有人都向往的永生愿望的基础之上时，它就能获得普遍性。然而，一旦它和一个政府结成联盟，它就势必会采取仅符合某些人的准则。所以，宗教和一个政权联盟后，将增强对某些人的权力，而失去支配所有人的可能性。

宗教若想笼络人心，只能凭借一种能让所有人都得到安慰的感情。而当它和人生的苦难情感混杂在一起时，那有时就不得不去帮助那些寻求利而不是寻求爱的盟友，并且会将那些仍在爱它、但极力反对其盟友的人视为敌人。所以，宗教只要不分享执政者的物质权力，就不会分担执政者煽起的仇恨所造成的后果。

表面上看创建得很稳固的政权，并不一定比一代人的观点或者一个时代的利益更长久，而且往往比一个人的生命还要短暂。法制能改变看似极为牢固、稳定的社会情况，而且在改变社会情况的同时还能改变其他任何事物。

人们在社会上所建立的权力，也和人生在世一样，都是昙花一现、转瞬即逝。权力的快速更替，就像人生的悲喜多变。迄今为止，还未看到一个政府一直得到人心的支持，或者一直依仗一种永不消失的利益。

自古以来，人们的感情、喜好与激情，总是以相同的形式重复出现的。一种宗教一旦获得它们的支持，就可以在一段时期内得势，或者至少不会被另一种宗教消灭。然而，宗教只要依赖于现世的利益，那它就会和世上所有权力一样，变得软弱无力。只有宗教可能永垂不朽，但如果它和那些短命的权力结盟，就会将自己拴在这个权力的命运上，而且通常会随着往日支持这些权力的激情的消失而走向灭亡。

所以，宗教和各种政治权利结成联盟时，只可能让自己担负上沉重的联盟的义务。宗教可以不依赖政治权力的帮助而生存，但倘若给政治权力提供帮助，则将导致自己走向灭亡。

我刚才所说的危险，在每一个时代都是存在的，但并不总是表现得非常明显。

在某些时代，政府似乎是永垂不朽的；而在另外一些时代，社会的生存又好像比人的生命还要短暂窘迫。有些政体让公民处在昏睡状态，而另外一些政体则让公民处于兴奋状态。

当政府似乎很强大，法制仿佛很稳定时，人民并无法察觉政教结合可能带来的危险。

当政府看上去很软弱，法制显得很不稳定时，危险则是非常明显的，但常常又是猝不及防的。所以，必须学会预见危险。

随着国家的社会情况越来越民主，社会本身渐渐趋向共和，政教结合的危险性也会越来越强，因为在这一过程中，国家权力不断易主，政治理论层出不穷，人事、法律与制度将处于极不稳定的状态，并且不是短时间这样，而是长期如此。好动、喜变是民主共和制度的本性，就像停滞与昏睡是专制君主制度的本性一样。

既然美国人每四年选举一次政府首脑，每两年更换一批新的立法者，每一年改选一次地方官员，也就是将政治不断地交由新手接管，而不让宗教与政治沾染上关系，那么，在众说纷纭、舆论不断变化的环境中，宗教能够依赖什么呢？它在激烈的党派斗争中，到哪里去寻求自己应该享有的尊重呢？在周围一切都濒临毁灭状态的情况下，它能永垂不朽吗？

美国神职人员早已看清了这个事实，并且针对这一实况采取了自己的行动。他们心里清楚，倘若想获取政治权力，就必须放弃宗教的影响力。对此，他们宁愿抛却政权的支持，来分享国家兴衰的悲喜。

在美国，宗教或许不像它早先在某些时期或者某些国家中那么强大，但是它的影响力却更加持久。它仅凭自己的力量来产生影响，而这个力量是没有人剥夺得了的。尽管它的活动领域只有一个，但是它在这一领域中可以畅通无阻，并且可以不费吹灰之力地控制这一领域。

在欧洲，四处都在抱怨缺乏宗教信仰，号召人们设法让宗教恢复它早先拥有的某些权威。

我觉得，首先应该仔细研究一下，在我们生活的这个时代，人们在宗教方面的自然状态应该呈现出一个什么样子。只有清楚了什么是可以期望的，什么是应该畏惧的，我们才可以明确我们应为之努力的目标。

教派间的对立以及人们对宗教的冷漠，是威胁宗教生存的两大危险。

在宗教狂热的时代，人们有时会舍弃一种宗教，但他们仅是摆脱了这个宗教的束缚，转而陷入另一种宗教的束缚中。信仰只是改变了方向，但并未死亡。这个时候，旧的宗教不是得到人们的追捧，就是遭到人们的唾弃。有些人怒不可遏地挣脱了它，而另外一些人又以一种新的虔诚皈依了它。也就是说，并不是没有宗教信仰了，只是信仰的对象不同了。

然而，当一种宗教信仰被一种否定的学说暗中毁坏时，情况就不是这样了，因为否定的学说在宣称这种宗教是虚假的同时，并没有论证另一种宗教是真实的。

这样一来，人们思想的巨大变革，便在没有激情的推动下发生了，甚至是在人们毫无察觉的情况下发生了。人们就像遗忘了什么一样，丢却了他们最钟爱的希望目标。一阵冷酷的思潮向他们袭来，他们不但毫无勇气抵挡，反而怯懦地屈从之。就这样，他们抛却了心爱的信仰，陷入将他们引入失望的怀疑。

在我刚才描述的那种时代，人们之所以抛弃自己的信仰，与其说是因为憎恶，不如说是因为冷漠。应该说，不是人们主动抛弃了信仰，而是信仰脱离了人们。不信宗教的人尽管不再相信宗教是真实的，但是仍觉得宗教是有用的。他们从人生的角度去看待宗教信仰，因而承认宗教信仰对民情产生的教化作用，承认宗教信仰对法治产生的影响。他们清楚宗教信仰可以教人如何和平地生活、坦然地看待死亡。他们为丧失信仰而惋惜，他们因失去一笔有价值的财产而担忧手中的财产再被人夺走。

此外，那些依旧信教的人，则不害怕公开承认自己的信仰。他们并未将不具有他们信仰的人视为敌人，而是看作值得可怜的人。他们清楚，为了获得这些人的尊重，并不一定要仿效他们，因此他们绝不跟在任何人的屁股后面走。他们没有将自己所处的社会视为宗教必须和无数死敌进行斗争的战场，因此他们既爱护同时代的人，又批判同时代人的软弱无力，并为同时代人的错误而叹惋。

因为不信教的人并不是真正不信教，而信教的人又公开坦承其信仰，所以舆论有益于宗教，也就是能引导人们热爱、支持与赞扬宗教，并触及人们灵魂的深处，找到灵魂受到的创伤。

永远不会抛弃宗教情感的人民群众，无人能将这种情感和已建立的信仰分离。憧憬来生的本能愿望，可以不费吹灰之力地引导人民群众到教会接受洗礼，让他们敞开心扉来接受信仰的诫告与安慰。

这种情况为什么不适用于法国呢?

我在法国，看到有些人不再信仰基督教，但也并没有去信仰其他宗教。

我也见到另外一些人徘徊在疑惑中，有的已经宣布不再信教。

我甚至还看到，一些基督徒尽管依然在信教，但是并不敢公开承认自己信教。

在这些平和的教友与激烈的反对者中，我还发现有少数一部分信徒打算冲破所有障碍，冒着危险，去捍卫自己的信仰。这些人竟然对舆论置之不理，利用暴力去对付人的弱点。在这种冲动的支配下，他们忘乎所以，不知在哪里止步。然而，由于他们清楚在祖国，人们获得独立的第一个办法就是攻击宗教，所以他们又担忧同时代的人闹事，并且怀着畏惧的心理排斥同时代人所追求的自由。他们将不信仰宗教视为一件新事，因此只要是新的事物，他们一概都予以仇视。他们和他们的时代、他们的国家处于一种作战状态，将当时人们提出的每一个观点，都看成是信仰的死敌。

这不应该是人们如今在宗教方面所处的自然状态。

所以，在我们之中，有一个特别的、偶然的因素在阻碍人们的精神按照其天性发展，促使其越过本应停止的界线。

我坚信这个特别的、偶然的因素，就是政教的紧密联合。

欧洲那些不信教的人，主要是将基督徒视为政治敌人而不是宗教敌人予以攻击。他们之所以憎恶宗教信仰，主要是因为将它看成是一个政党的意见，而极少将它看成是一种错误的信仰。他们之所以排斥教士，多半是由于教士是政府的朋友，而不是由于教士是上帝的代表。

在欧洲，基督教曾允许人们将它和世间政权密切联合起来。如今，和基督教联合的那些政权早已衰败，而基督教本身则似乎被那些政权的废墟所掩埋。它依旧存活着，但是却被消亡的政权死死压着；只要清除压着它的废墟，它就能迅速站起来。

我不清楚应该如何做才能让欧洲的基督教恢复其原有的活力。唯有上帝可以做到这一点，但不管怎样，也必须有赖于人们相信它保留的全部力量依旧有用。

美国人的教育、习惯以及实践经验是怎样促进民主制度取得胜利的

应该如何理解美国人的教育——人的理性在美国获得的培养不如在欧洲深刻——然而没有谁仍处于无知状态——这是为什么——即便在半开化的西部各州，思想的传播也很快速——对美国人来说，为什么实践经验比书本知识更为有用

我在本书很多地方，已向读者说明美国人的教育与习惯对维护他们的政治制度所起的作用。所以，我在这里只补充几个新的事实。

迄今为止，美国仅出现了为数不多的几个著名作家，它未产生过伟大的历史学家，甚至连一个诗人都没有。名副其实的真正文学，并不能获得美国人的赞成与青睐。欧洲一个三流城市每年文学作品的出版量，比美国二十四个州加起来都要多。

美国人在思想上缺乏一般观念，他们从不追求理论上的探索。政治本身与实业，也不引导他们去进行这种考察。在美国，虽然总是推出新的法律，但是从未出现过一个研究法律一般原理的大学者。

美国有自己的法律顾问和评论家，但是没有政治家。在政治方面，他们为世界提供的，主要是范例，而不是教训。

在技术方面，也是如此。

美国极好地利用了欧洲的发明创造，并在予以完善后，使其更符合本国的需要。美国虽有实业家，但他们并未受到科学的训练。美国虽有杰出的工人，但却鲜有发明家。富尔顿在为外国人服务多年后，才得以利用自己的天赋为祖国做贡献。

凡是想研究英裔美国人智力水平的人，都应该从两个不同的方面去考察这一问题。倘若你的研究对象都是学者，那你会为美国学者之少而大为惊诧；倘若你的调查对象包括一些无知的人，你又会认为美国人的知识水平是世界上最高的。

我在本书某处已指出，全体美国人民的知识水平处在最高者与最低者之间。

在新英格兰，每位公民都接受过初等教育，而且通过这种教育，他们还学习了宗教方面的一些知识与论据。他们清楚本国的历史，了解本国宪法的要点。在康涅狄格州与马萨诸塞州，很难找到一个不了解这些事情的人；对这些事情全无所知的人，简直可以被看成是怪物。

当我拿希腊、罗马的共和制度与美国的共和制度作比较，拿前者宝贵的手抄本图书、无知的群众和后者大量的报刊、有识之士进行比较，接着再回顾我们为了古为今用、根据历史经验预测未来而做出的所有努力时，我真想将我的书通通烧掉，以便只用全新的观点来研究全新的社会情况。

然而，不要将我对新英格兰所讲述的所有内容，都全部套用到整个联邦。愈往西或者愈往南，人民的知识水平就愈低。和欧洲一样，在挨着墨西哥湾的各州，有些人连初等教育都未接受过。然而，你也无法在美国找到一个居民全都是无知人的地区。其原因很简单：欧洲各国都是从愚昧与野蛮的状态脱离出来，向文明与开化前进的。但每个国家进步的程度是不一样的：有的国家前进得快一些，有的国家走了不少弯路，耽误了一些时间，还有的国家则在途中停滞下来睡起大觉。

美国的情况则与此不同。

英裔美国人本来就已经开化，来到新大陆后又不断繁衍后代。他们无须从头学起，只要不忘掉过去的东西就可以了。然而，这些美国人的后代，此后又不断迁往内地的荒野定居；原有的知识也随着他们带入内地，并且继续受到尊重。教育让他们了解了知识的功用，并使他们得以将这些知识传授给后代。所以，美国的社会未经历摇篮时期，它在创建时就已是成年。

美国人从不使用农民这个词语。他们之所以不使用这个词，是因为他们不理解这个词的含义。在他们的记忆中，没有初民时期的无知野蛮、田野的单调荒芜以及乡村的粗俗野蛮。他们对文明初期阶段的那些德行、恶习、鄙俗以及粗犷都一无所知。

在联邦的偏远地区，或者在人口密集地区和荒野的接壤地带，有一些勇敢的冒险家在那里落户。他们为了不在家乡忍饥挨饿、受苦受累，不畏艰险深入到美国的偏僻地区，在那里建立自己新的家园。拓荒者一到可供安身的地方，便立即砍倒树木，在树荫下搭起木房。再没有什么比这些孤零零的居所，更令人感到凄凉的了。当旅者在夜幕降临时走向这种房子时，从很远就能看到灯火闪烁；而走入屋中后，则见炉火旺盛；在夜晚，一有风吹起，就能听见用树叶覆盖的屋顶，在大森林中簌簌作响。谁都会以为这座可怜单薄的小屋是粗俗无知的人的栖身之所。但是，拓荒者的精神面貌和他居所之间，并无共同之处。尽管他身旁的一切都原始、野蛮，然而他本人，却可以算是十九世纪的劳动与经验的体现。他身穿城市的服装，讲着城市的语言；他了解过去，正视现实，向往未来。他本是一个很文明的人，过了一段时间后，就适应了森林中的生活。他去新大陆的荒原时，只随身携带了一本圣经、一把斧头以及一些报纸。思想在这些荒原中得到了传播，其速度之快是很难用笔墨形容的[①]。

我不认为，在法国最开化以及人口最多的地区，能出现这种规模庞大的知识传播活动[②]。

毫无疑问，美国的国民教育对维护民主制度是非常有利的。而且我认为，在启发人智的教育与改正人心的教育紧密联系的地方，情况更是

---

① 我曾坐一种两轮无棚的马拉驿车，到美国部分偏远地区。我们在广袤无边的林海中开辟出来的道路上，开了一天一夜的车。在天黑得伸手不见五指时，我们的向导点燃一束松枝，用火光带着我们继续赶路。开了很长一段路后，我们才在森林深处看到一间木房。这是一个驿站旅店。邮件派送员将一大包信件卸下来，将它放到这所孤零零的房屋门前。我们继续启程，让这一地区的每个居民都来领取他们最盼望的东西吧！

② 1832 年，密歇根州每位居民平均需支付邮费 1 法郎 22 生丁，佛罗里达州平均是 1 法郎 5 生丁（可参阅《1833 年美国大事记》第 244 页）。同年，法国诺尔省每位居民平均支付邮费 1 法郎 4 生丁（参见《1833 年法国政府决算》第 623 页）。然而在这一段时期，密歇根州的人口密度为每平方里约 7 个人，佛罗里达州是 5 个人，而这两个州的教育与实业却没有美国大多数州发达；然而在法国文化最高、工业最发达的省份之一诺尔省，每平方里约有 3400 位居民。

这样。

然而，我并不想夸大这一优点，而且我也不像大部分欧洲人一样，以为只要教人们学会读书写字，他们就能马上成为公民。

真正的知识，主要是源自经验。如果美国人不是慢慢习惯于自己治理自己，那他们从书本上学到的知识如今也不会为他们的胜利提供太大的帮助。

我和美国人在一起生活过很长一段时间，我无法形容我对他们经验之丰富、常识之广泛有多么钦佩。

千万不要让美国人谈论欧洲，他们一说起欧洲，总是表现得极为自负，而且非常看不起欧洲。这个时候，他们也只会发表一些仅能唬住无知人的泛泛之论。然而，当你将话题转到他们的祖国时，你便会发现笼罩着他们理智的乌云迅速消散：他们的语言与思想变得清晰、准确起来。他们会耐心详细地告诉你，他们的权利有哪些，他们应该如何行使这些权利。他们也清楚依据哪些惯例在政界活动。你会发现，他们很熟悉行政制度，而且也很懂法律的机制。美国人很少从书本中去汲取实际知识与实证思想。书本知识仅能培养他们接受实际知识与实证思想的能力，但无法直接为他们提供这些东西。

美国人是通过参与立法活动来认识法律，通过参加管理工作来熟悉政府的组织形式的。社会中的主要工作，每日都是在他们的监督之下，甚至是他们亲自完成的。

在美国，所有针对人们进行的教育，都是以政治为目的的；而在欧洲，教育的主要目的，是培养人们处理私人生活问题的能力。公民参与公务活动，极少需要事先学习。

概观美国与欧洲这两种社会，很容易就能看出这方面的不同。

在欧洲，我们时常将私人生活中的一些观念与习惯带到公共生活中去，因此当我们一下子离开家庭的生活圈来管理国家时，我们就经常会像在家里和朋友交谈一样去讨论国家大事。

美国人则恰恰相反，他们几乎总是将公共生活中的习惯带入私人生活中去。在美国，有关陪审制度的思想，在孩童的游戏中就有所体现；甚至连代议制的方法都被用来组织宴会。

法制比自然环境更有利于美国维护民主共和制度，而民情比法制的贡献更大

美洲全体人民都经历过民主的社会情况——然而民主制度只获得了英裔美国人的认可——尽管南美的西班牙人和英裔美国人一样都得益于自然环境，但却没能维护民主共和制度——模仿美国宪法制宪的墨西哥也是这样——和东部的英裔美国人相比，西部的英裔美国人较难维护这种制度——造成这种现象的原因

我在之前已经讲过，美国之所以可以维护民主制度，主要是因为它的地理环境、法制与民情[①]。

大多数欧洲人只了解地理环境这一个因素，并无限夸大它的重大作用。

的确，英裔美国人将身份平等的观念带到了新大陆。他们中既不存在贫民，也不存在贵族。大家都没有门第与行业的偏见。因为社会情况是民主的，所以民主制度也就比较容易取得成功了。

然而，这一情况并不是美国所特有的。差不多所有美洲殖民地，都

① 在此，请读者回顾一下我之前对“民情”一词的定义。我将这个词语理解为人在一定的社会情况下，所拥有的理智资质与道德资质的总和。

是由一些相互平等的人或者迁来后变得平等的人创建的。在新大陆任何一个地方，欧洲人都没能建立起贵族政体。

然而，民主制度却仅在美国获得了发展。

美利坚合众国不存在需要对抗的敌人。它就像汪洋中的一个孤岛，矗立于北美广阔的土地上。

但是，大自然也同样让西班牙人矗立于南美，但这种与外界隔绝的状态，并未让西班牙人停止创建常备军。他们在没有外敌的情况下，总是相互对抗交战。迄今为止，只有英裔美国人创建的民主制度，是以和平方式自立的民主制度。

美国的领土，为人类活动提供了广阔的场所，为实业与劳动提供了用之不竭的资源。在这里，发财致富的欲望取代了争权夺利的野心，而社会的繁荣昌盛也浇灭了派系斗争的烈火。

然而，在地球任何一个地方都无法找到比南美的平原更肥沃的平原，比南美的河流更宽阔的河流，比南美的资源更丰富、更待开发的资源。可是，民主制度却未能在南美建立起来。倘若说在地球上占有一片土地，而且只要随意向无人区扩大，就足以令人民幸福的话，那么，南美的西班牙人就应抱怨自己时运不济了。虽然他们未能享受到美国人所拥有的那种幸福，但至少也要让欧洲人羡慕不已。但是，世界上在没有哪个国家比南美各国更悲惨的了。

由此可见，自然环境不但没能帮南美成为另一个北美，而且还让南美在某些方面不如自然环境相对较差的欧洲。

所以，自然环境对一个国家的命运所产生的影响，并没有人们想象的那么巨大。

我在新英格兰见到一些人，他们打算离开本可以安居乐业的故土，去荒地创造幸福。距离新英格兰不远，我看到一些加拿大的法国移民，他们宁肯挤在一个不能再挤的狭小地区，也不愿去附近的荒地开拓新的空间。从美国迁来的移民用短期内的劳动收入，在荒地中购得大片的地产；而加拿大的法国移民，则倾向以比在法国还要高的价格购得人口密集地区的土地。

由此可见，尽管大自然同样将新大陆的荒地赐给欧洲人，但是他们却一直未能好好利用这一礼物。

我觉得，和英裔美国人相比，美洲其他国家繁荣致富的自然条件与其完全一样，但是它们的法制与民情却逊色于英裔美国人。直到现在，这些国家依旧很贫困。所以，英裔美国人的法制与民情是让他们强大起来的特殊原因与决定性因素，而这一原因或者因素恰恰就是我要考察的对象。

我并不是说美国的法制很完美，我也绝不认为美国的法制能适用于所有民主国家。依我看，在美国现行的法律中，有些法律对美国也是非常危险的。然而，要承认，总体来说，美国的立法是非常适应它所治理的人民的天赋以及国家的性质的。

所以，美国的法制是不错的，而美国民主政府所获得的成就，也有绝大一部分是由法制带来的，但我并不觉得美国的法制是美国取得胜利最主要的原因。尽管我觉得美国的法制对美国人社会幸福的影响多过自然环境；但同时，我也有理由确信，美国法制的这种影响不如民情所产生的影响。

美国立法中最重要的部分当然是全联邦性的法律。

墨西哥的地理位置，并不比美国的地理位置差，而且墨西哥也实施和美国相同的法律，但是墨西哥却未能建立民主政府的民情。

所以，除了自然环境与法制这两个因素外，还有一个因素使民主制度在美国得以建立。

然而，对这一原因还需进一步予以证明。联邦境内的居民，差不多都是同一种族的后裔。他们有着相同的语言，有相同的礼拜上帝的仪式，受着相同的物质条件的影响，遵从于同样的法律。

那么，我们所要研究的他们之间的差别又是来自哪里呢？

为何在联邦东部，共和政府的管理更为强有力、井然有序、稳健成熟呢？又是什么原因让政府的所有活动都具有明智性与持久性？

与此相反，为何在西部，社会的管理工作就变得紊乱不堪呢？

为何在西部，各行业的活动变得有些混乱与盲目，甚至可以说是有些发狂，以致忽略了长远的将来呢？

我不再拿英裔美国人和外国人进行比较，而要在他们之间互相对比，并研究他们为什么没能一样。在这里，来自自然环境的论据与来自法制差别的论据，都没有用处，不予考虑。我要另寻原因。这一原因，除了到民情中去寻找外，还能从什么地方找到呢？

英裔美国人长期实施民主管理制度的经验与习惯，以及最有助于维护这种制度的思想，都是在美国东部获得或者形成的。在这里，民主制度渐渐深入到人们的习俗、思想以及生活方式中，并体现在社会生活的所有细节与法制方面。同样在东部，人民的书本教育以及实际训练最为完善，宗教也最富有自由色彩。这些习惯、思想与习俗的总体，若不是我所说的民情，又能是什么呢？

西部就不一样了，这些因素到现在还有一部分未在那里出现。西部各州的美国人，大多出生在森林地区，他们将粗野生活的思想与习惯掺进他们父兄的文明中。他们的激情比较猛烈，他们的宗教道德比较脆弱，他们的思想不是很坚定。在这个地方，谁也不管谁，谁也管不了谁，因为他们互相之间才刚刚认识。所以，在某些方面，西部的居民还和处于摇篮时期的民族一样，粗野、没有经验。在东部，社会是由旧社会的人构成的，但他们这是刚刚聚在一起。

所以，美国人特有的民情，才是让所有美国人能够维护民主制度的独特因素。英裔美国人在各州创建的民主制度之所以在细节、发展程度上存在差别，也正是这个因素造成的。

所以在欧洲，一个国家的地理位置对民主制度寿命的影响被人为夸大了。此外，他们也同样夸大了法制的重要性，却又对民情的重要性估计过低。显然，这三大因素对调整、指导美国的民主制度都有很大的贡献。然而，应该根据贡献程度对他们进行分级。在我看来，自然环境的贡献没有法制大，而法制的贡献又没有民情大。

我坚信，即使具备最佳的地理位置与最好的法制，若缺少民情的支持也无法维护一个政体；反过来，民情却能减少最不利的地理位置与最坏的法制的影响。民情所具有的重要性，是研究与经验时刻提醒我们注意的一项普遍真理。我认为应该将它看成我观察的焦点，我也将它视为我所有想法的重点。[①]

最后，我只想对这一问题做如下补充：

倘若说我在本书的讲述中，还未能让读者理解我所说的美国人的实践经验、习惯与见解，总言之，即他们的民情在维护他们的法制上所发挥的重大作用，那么，我就没实现我写作本书的主要目的。

法制与民情在其他地方能否比在美国更易维护民主制度

倘若英裔美国人返回欧洲，他们将不得不修改自身的法律——应该区别开一般的民主制度和美国的民主制度——能设想出好于或者不同于

---

① 制约美国民主结构的三大原因（自然原因、法制原因和精神原因），是托克维尔政治社会学的组成因素，其中，精神因素占据主要地位。——法文版编者

美国的民主所提供的民主法制——美国的例子仅可以证明在法制与民情的帮助下，有望创建民主制度

我在前文中已经谈到过，与自然环境相比，美国民主制度的成功更依赖于它的法制与民情。

然而，由此能推断出相同的因素放到别的地方也能发挥出同样的作用吗？既然自然环境无法替代法制与民情，那么法制与民情能否替代自然环境呢？

显然，我们没有证据予以肯定的回答。的确，在新大陆，除了英裔美国人之外还存在其他民族，而且这些民族具备和英裔美国人一样的物质条件，因此我可以对这两者做一个比较。

然而，除美国人外，世界上并不存在不具备英裔美国人那样优越的自然条件，却又实行他们那样的法制、拥有他们那样的民情的国家。

所以，我找不到可以用来和美国作比较的对象，只能随便讲几点我的看法。

首先，我觉得必须将美国的民主制度和一般的民主制度严格区别开来。

看看欧洲的现状，概观欧洲的一些大国、人口繁多的城市、规模庞大的军队、扑朔迷离的政局，我不认为英裔美国人带着他们现持的思想、宗教以及民情迁回欧洲，在不大幅度改变他们法制的情况下能继续生存下去。

然而，可以设想一个民主国家不按照美国那样的方式来创建。

那么，能否设想一个政府根据多数的真正意愿来创建，而这个多数为了国家的秩序与稳定，可以违背自己要求平等的本性，同意把行政权的所有权限授予一个家族或者一个个人呢？是不是可以设想有一个民主

社会，它的国家权力比美国的国家权力更集中，它的人民对国家工作的影响尽管不都是直接的、不可抗拒的，但享有一定权利的任何一位公民都能凭借这些权利参加国家的管理呢?

在英裔美国人那里目睹的一切，让我确信：倘若把以上设想的民主制度谨慎地移植到一个社会，而它在这个社会中又能逐步地渗入到人民的习惯中，慢慢地渗入到人民的思想中，那么，在除美国以外的其他地方，同样能建立起这种民主制度。

如果美国的法制果真是人们能设计出来的唯一的民主法制，是人们可能碰到的最完善的法制，那我对此仅能做一下结论：美国法制的成功，除了能证明一般的民主法治可以在自然条件较差的国家取得胜利外，什么也证明不了。

然而，如果我觉得美国的法制在很多方面存在缺陷，而且我也能轻易想象出其他一些良好的法制，那么，美国特有的自然条件也无法让我们得出这样的结论：民主制度无法在自然条件不是很有利，但法制却很好的国家取得胜利。

如果人们生活在美国时的表现和他们生活在其他地方时的表现不一样，人们的社会地位让他们在美国形成的习惯、观念和他们以相同的社会地位在欧洲形成的习惯、观念不一样，那么，民主制度在美国形成的一切也无法和它在其他国家形成的一切完全相同。

如果美国人的爱好和其他民主国家的人民相同，而这些民主国家的立法者又可以凭借国家的自然条件与环境的优势将他们的偏好限制在正当的范围内，那么，对于期望以美国为榜样但不具备美国那种有利的自然环境的国家来说，美国那些主要应归功于纯自然原因的繁荣，并不是没有借鉴意义。

然而，这些假设中还没有一个被事实验证。

我在美国看到人们所表现出来的激情，和我们在欧洲看到的激情一样：其中有一些源自人的天性，而另外一些则源自社会的民主制度。

例如，我在美国察觉人们有焦急的情绪，这是在人们身份几近平等，每个人都有同等的机会进取时，人们都可能产生的自然情感。我还见到以各种不同形式表现出来的民主嫉妒感。我曾说过，美国人在工作的过程中，时常会有自以为是、不懂装懂的表现。而且，我曾由此总结出，在美国和在法国一样，人们都有失败的遭遇与痛苦的经历。

然而，当我仔细考察美国的社会制度时，很快就从中发现，美国人曾付出过巨大的心血，去克服人心的这种弱点，纠正民主的天然缺点。

依我看，美国各种地方性法律，就是将公民永远不能满足的野心束缚在一个狭小的范围内，把可能破坏国家的民主激情转化成为地方造福的激情。我觉得，美国立法者们在利用权力观反对嫉妒感方面，在利用宗教道德的稳定性对抗政界的不稳定性上，在利用人们的经验弥补他们理论上的无知方面，在利用人们处事的习惯抵消欲望的迫切上，并不是没有获得过胜利。

所以，美国人并不是凭靠国家自然条件的优势来战胜制度与政治法造成的危险的。对于所有民主国家共有的弊端，他们采用了至今只有他们才会拟出的补救方法。虽然他们是首个采用这种方法的，但是他们却胜利了。

美国的民情与法制，并不是只适用于民主国家；而且，美国人已证明，不要放弃利用法制与民情来调整民主制度的希望。

如果其他国家在借用美国人这一普遍而有益的思想时，并不打算照搬美国人实际运用这一思想的独特方法，而是试图依照上帝为我们这个时代的人规定的社会情况采用自己的方法，以防止威胁着它们的专制与无政府状态，那么，我们又有什么理由断定它们的努力会失败呢？

在基督教世界组织、建立民主制度，是我们这个时代重大的政治问题。显然，美国人并未解决这一问题，但是他们为试图解决这一问题的人提供了宝贵的经验。

已发生的事情对欧洲的重要性[①]

读者不难察觉，我为何要花这么多的时间来专门讨论上面的问题。我提出的这一问题，不但和美国有关，而且和全世界有关，不但涉及一个国家，而且还涉及整个人类。

如果那些社会情况民主的国家仅能在地处荒僻地区的时候才可保持自由，那么，我们对人类将来的命运只能表示绝望了，因为人类正在快速地走向民主，而荒僻地区也快要住满了居民。如果法制与民情确实不足以维护民主制度，那么，除了个人的专制外，还有哪些其他的制度能供各国选择的呢？

我了解现在还有很多心地善良的人没有被这样的未来吓倒，但是他们厌恶自由，倾向于躲开自由的风暴而偏安。

但是，这些人并不熟悉他们所驶向的避风港。他们被以往的成见所束缚，根据绝对权威的过往表现来评价绝对权威，而不是根据它在当下可能做出的表现来评价它。

---

① 本节的主要目的，是论证与运用他的学说。——法文版编者

如果绝对权威在欧洲的民主国家再次树立起来，我相信它会采取一种新的形式，呈现出一些我们先辈所不清楚的特点。

在欧洲，过去有一段时间，法律的规定与人民的认可，曾让国王们享有过几近无限的权力，但是那些国王并未加以利用。

我不打算讨论那些能制止国王滥用权力的权力，例如，贵族所拥有的特权、最高法院所拥有的强制执行权、行会的权利、地方的优惠权等等。这些权力，一方面减轻了当局的压力，另一方面又让人民保有了反抗精神。尽管这些政治制度常常妨碍个别人或者个别集体的自由，但是可以让人们保持对自由的热爱，而这种热爱对自由的行使是非常有利的。除了这些政治制度外，社会舆论与民情还在王权的四周筑起一堵不那么惹人注意但作用极大的高墙。

宗教、臣民的忠心、君主的仁慈、荣耀感、家庭情感、地方的本位主义、习惯以及舆论，都在制约着王权，将国王的权威限制在一个隐蔽的圈子里。

当时，国家的制度虽然是专制的，但民情却是自由的。君主尽管有权，当时他不能全部行使，而且也不想全部行使。

曾经防止暴政的藩篱，如今还存在吗?

宗教对人们心灵的控制作用正在一点一点丧失，辨别善恶的标准彻底被颠倒过来，从道德世界来看，一切都变得不可信、不可靠了，君民都任意行事，没有谁能说清楚专制的自然极限与放纵的界限在哪里。

接二连三的革命，彻底消除了人们对国家元首的尊重感。君主卸去了受公众敬仰的沉重负担，可以随心所欲地滥用自身的权力了。

当臣民的心倾向于自己时，君主都会表现得宽宏大量，因为他觉得自己是强大的；他珍惜臣民对他的忠心，因为这种忠心是王位的支撑。这个时候，君民之间感情的交融，就如人们在家里那样亲密无间。臣民或许会发发牢骚，但他们在察觉君主因此而不快时，又会后悔不已。这个时候，君主会像父辈惩罚子女一样，用手轻轻拍打一下臣民。

但是，只要王权的威信在革命的纷争中丧失殆尽，或者国王一代不如一代，让人民觉得他的权力减弱、行为残暴时，君主就将不再被看成是国父，而仅被看作是一个头子。倘若他软弱无能，人们就会鄙视他；倘若他强大有力，人们便会憎恶他。他本身充满了怒气与恐惧，他在国内就像是一个外人，他将臣民看作是被征服的敌人。

当同一国家中的各省或者各城市变成一些不同的小国时，它们就都拥有了属于自己的特殊意志。这种意志和过去服从一个中央的共通意志是截然相反的。然而，倘若先让同一帝国的各个部分丧失各自的独立、习惯、成见、主权、名称，然后再让它们形成服从同一法律的习惯，那么，如今将它们合起来进行统治，并不比过去分别统治时难。

在贵族享用其权力的那段时期，甚至在他们丧失特权以后的很长一段时期，贵族制度的声誉都会赋予个人抵抗行动巨大的力量。

所以，有些人那时虽已没有权力，但是依然可以保有他们高尚的人格，敢于单独抵抗国家权力的压力。

然而如今，当所有阶级都快融为一体，出众的个人慢慢在群众中消失，因而极易默默无闻的时候；当君主制度的声誉扫地且没有德行来补救，没有什么东西可促使人们上进的时候，谁能说清楚强者的要求与弱者的服从会在哪个地方止步呢？

只要家庭情感存活一天，抵抗暴政的人就不会孤立无助，他的身边有他的追随者、世交与近亲。即便不存在这种支持，他也会感到先辈在督促他前进，他的后代将继承他的事业。然而，当祖传的家业日趋分散，种族的差别即将消失时，又到何处去寻求家庭情感呢？

在一个已彻底改变面貌或者正在不断改变面貌的国家，倘若它所有的暴政均有先例可寻，它所有的罪行都是例行公事，没有谁为现存古老事物的消亡而感到惋惜，人们敢于去做任何能想象出来的新鲜事物，那么，它的习惯法还具有什么力量呢？

这种屡受践踏的民情又能提供什么抵抗力呢？

当众多人未被一条共同的纽带联系在一起时，当任何一个人、一个家庭、一个团体、一个阶级、一个自由结社都无法代表和鼓动舆论时，这个舆论又有什么用呢？

当公民们都一样无能，一样贫穷，一样孤立无助，而且仅能以个人的软弱去抵抗政府有组织的暴力时，舆论又能有什么用呢？

至于法国在某些方面是否会出现类似的局面，这不是我们这代人所可以预见的。或许应该追溯古代的史实，回顾恐怖的罗马暴政时代。在那一时代，社会风气败坏，传统中断，习惯腐化，意志不坚定，自由被法律破坏而无立足之地，公民不能受到保护也无法自保，人性被玩弄，君主不再仁慈而是强迫臣民逆来顺受。

依我看，那些主张复兴亨利四世或者路易十四的君主政体的人，神智已经糊涂到了极点。至于我，当我目睹众多欧洲国家的现状以及预见其他国家即将出现的状况时，我就不由自主地相信它们立马就会做出抉择：不是倾向民主的自由，就是倾向专制者的暴政。

这值得人们深思。如果人们今后不是彻底自由就是彻底被奴役，不是全都权利平等就是权利都被剥夺；如果面对这一抉择的社会统治者不是逐步将群众提升到他们的水平就是将公民降低到人的水平之下，那么，只要战胜内心的疑虑，坚定自身的信心，教导每个人主动做出巨大的牺牲，不就已足够了吗？

所以，应该认为逐步发展民主的政治制度与民情，既是让我们自由的最好手段，也是唯一的手段。其次，倘若不喜欢民主的政府[①]，又如何能将它视为医治目前社会弊病最适合、最好的药剂而加以应用呢？

让人民参与政府的管理工作非常困难，让他们积累管理的经验以及产生管理好国家的意识更难。

我不否认，民主的意向是经常变化的，它的执行者还不够精明，它的法制还不够完备。然而，倘若在民主的统治与独王的压迫之间确实快没有中间道路可走，那我们与其委曲求全地屈从于后者，还不如偏向于前者。而且，如果我们最终必将变得完全平等，那么，让自由将我们拉平比让一个暴君将我们拉平更好。

倘若读者读完我这本书后，断定我写这本书的目的，是让已具有民主社会情况的国家全来效仿英裔美国人的法制与民情，那他就彻底理解错了。持这种观点的读者只看到我思想的外衣，而未认清我思想的实质。我写作此书的目的，就是想以美国为例来说明：法制，特别是民情，可以让一个民主国家保持自由。然而我绝不认为，我们应该照搬美国提供的一切，全盘接受美国为实现其目的而使用的手段，因为我清楚，一个国家的自然条件与过往的经历，同样对它的政治制度产生着某种影响；而且，倘若自由以同样的特点出现在世界各地，我还会觉得是人类的一大不幸。

然而我觉得，倘若我们不逐步采用并最终建立民主制度，不向所有公民灌输那些首先让他们懂得自由随后享用自由的思想与情感，那么，

---

① 在专制与民主之间进行抉择："不喜欢民主的政府"。——法文版编者

不管是有产者还是贵族，不管是穷人还是富人，谁都无法独立自主，而暴政则将统治所有人。我还能预见，倘若我们不及时进行绝大多数人的和平统治，我们早晚会沦陷于独王的无限淫威之下。

第10章　概述美国境内三个种族的现况并展望其未来

我已经完成了给自己规定的主要任务，并且尽自己所能说明了美国民主的法制，描述了美国的民情。我完全可以就此停笔，但读者也许会觉得我还没有满足他们的期望。

在美国，除了广阔而完整的民主制度外，还有一些别的东西值得研究。例如，我们不妨从另一个角度来观察这些居住在新大陆的人民。

我在叙述的过程中，往往会涉及印第安人和黑人，但我一直没空说明这两个种族在美国所占的地位。我已论述了英裔美国人是根据什么精神和法律组成联邦的；我对威胁到联邦存在的那些危险，只是附带说明了一下，而且说得很不全面。除了美国的民情和法制外，对于美国长治久安的条件，也没有做足够详尽的叙述。在论述美国的共和制度时，我从未对这个制度是否能在新大陆长期存在的问题妄加推测；当我在提及联邦盛行的商业活动时，我也无法预测美国商业民族的未来。

这些问题虽然都和我的主题相关，但我并未对它们进行深入研究。它们虽然都和美国人相关，却与民主无涉。我主要研究的是美国的民主。一开始我想将这些问题暂时搁置起来，但当我要结束本书的论述时，我应该回过头来就这些问题谈一谈。

现在被美国联邦所占有或宣称拥有的领土，其边界从大西洋海岸一直延伸到太平洋海岸。因此，无论是东面的边界还是西边的边界，都是大陆自身的边界。往南，它几乎深入热带；向北，它则抵达冰原。

分布在这个广袤空间里的人，并不像欧洲那样，同一种族有数个分支。放眼看去，就会发现在他们中间有三个外貌不同、互相敌对的种族。法律、教育、血统乃至外貌，都在他们之间筑起了一道似乎无法逾越的障碍。命运虽然将他们集合在同一片土地上，但并没有把他们糅合为一个整体。他们依照各自的条件向前发展。

在这个有着如此巨大差别的人群里，最先引人注目的，就是在知识、力量、生活享受等方面都属第一的白种人，也就是欧洲人。而位于他们之下的是黑人和印第安人。

这两个不幸的种族，不论是在种族外貌还是语言民情上，都各不相同；他们唯一的相同点，就是他们的不幸。他们在自己所居住的地区，都处在卑下的地位，并且都受到暴政的摧残。虽然他们所受虐待的具体方式不同，但却来自同一批人。

从以往的世界情况来看，欧洲人对待其他种族就像其他种族对待动物，他们对其他种族进行奴役，当这些种族不肯屈服时，他们就会实行种族灭绝政策。

欧洲人对非洲后裔进行压迫，在瞬间夺走了他们所有作为人类的特权。美国的黑人，现在就连自己的祖国都一无所知了。他们不再使用祖先们的语言；他们放弃了原有的宗教，忘记了当初的民情。他们虽然离开了非洲，却未能享受到像欧洲人那样的生活权利。他们生活在两个世界之间，过着区别于另外两个种族的生活，就好像他们被一个人卖掉后，又被另一个人转卖出去。茫茫世间，只有主人给他们安排的住所，能够给他们留下关于故乡的模糊记忆。

黑人没有家庭，而女人也只是男人寻欢作乐的暂时伴侣。他们的孩子自出生之日起，就和他们处在同样的位置。

这种对极端悲苦的无动于衷，甚至是对不幸的根源采取一种受人鄙视的大方心态，我不知该称它为上帝对他们的慈悲还是上帝对他们最严厉的惩罚。

陷入奴役深渊的黑人，对他们的不幸处境只是稍稍有所察觉；暴力导致他们变成了奴隶，而受人指使的习惯又逐渐让他们养成了奴隶的思维。他们对自己残暴主人的羡慕多于憎恨，并且以卑躬屈膝地效仿他们的主人为傲。

于是，黑人的智力下降到和他们心灵境界同样低的水平。

黑人一出生就是奴隶，我对此又能多说些什么呢？他们在娘胎里就被人给出卖了，可以说在出生之前就有了奴隶的身份。

他们既没有什么需要，又不懂得享受，这些东西对他们毫无用处。他们自懂事以后，就知道自己是别人的财产，应当为主人的利益贡献自己的一生。他们觉得自己不用操心生活，甚至将用脑袋思考都看成上帝多余的恩赐。他们对自己所处的卑贱地位感到心安理得。

即使在黑人获得解放后，他们也往往将独立看作比奴役更加沉重的枷锁，因为他们在一生中虽然学会了服从于任何事，却唯独没有学会服从理性，当理性要来引导他们的时候，他们根本不会听从理性的召唤。很多新要求向他们袭来，而他们没有足够的知识和能力去抵制。这些要求来自他们本应反对的主人，可他们却只知道屈从和顺服。于是，他们陷入了痛苦的深渊，在这个深渊中，奴役导致他们失去理性，放任和自由则让他们走向灭亡。

压迫对印第安人所造成的影响也很大，但后果却截然不同。

在白人抵达新大陆之前，居住在北美的人一直在林野中安居乐业。他们受尽了野人生活的沧桑，并且依然保留着未开化人类的恶习和品德。欧洲人将印第安人赶入深山老林后，强迫他们去过那种漂泊不定的痛苦生活。

一个野蛮民族只能受到舆论和民情的支配。

欧洲人的残暴让北美的印第安人失去了故乡观念，拆散了他们的家庭，使得他们忘记了自己的传统。此外还打断了他们的记忆之链，改变了他们所有的原有习惯，并且大大加速了他们的贫困过程，从而使得他们变得比以前更加杂乱无章和野蛮了。这些部落的人们身心日益恶化，他们随着苦难的加重会变得越来越野蛮。尽管如此，欧洲人并没有完全改变印第安人的习性，即使他们动用国家权力来摧残印第安人，也一直无法将其制服。

黑人被奴役到无可附加的地步，而印第安人则自由放任到了极限。奴役对黑人产生的后果，并不比放任自由对印第安人造成的后果更致命。

黑人没有任何财产，甚至连人身自由都没有。他们要是敢出卖自己的人身，就相当于侵犯他人的财产。

然而，野蛮人只要有行动力，就是自己的主人。他们从不知道什么是家长权，从来没有让自己的意志屈从于族长，谁也无法教会他们区分自愿服从和屈辱服从，他们甚至没有法律这个词汇。在他们眼中，自由就是摆脱社会的所有羁绊，不受任何束缚。他们自我满足于这种野蛮的独立，宁肯因热爱独立而毁掉自己，也不愿进行一丝一毫的妥协。文明对于这样的人，没有任何作用。

黑人为了进入那个始终排挤他们的社会，做了很多徒劳无功的努力。他们屈服于压迫者的喜好，接受压迫者的观点，甚至仿效压迫者的一举一动，从而能和他们混为一体。自幼年时代开始，别人就告知他们，说他们是天生不如白人的种族，而且他们自己也无法推翻这种说法，认为自己天生比白人矮一截。他们觉得自己的一举一动都有奴隶的痕迹，如果他们能做到，他们是愿意甩掉这一切的。

印第安人恰恰和这相反，他们在幻想中认为自己出身高贵。他们的生和死，都寄托在这种自以为傲的梦幻上。他们根本不想让自己的民情服从于我们欧洲人的民情。他们热爱着野蛮生活并且把它看作自己种族的独特标志。他们之所以拒绝现代文明，主要不是因为仇恨它，而是害怕让自己变得和欧洲人一模一样[①]。

他们只能用原始的弓箭来应付我们的优良武器，以缺乏纪律的野蛮来对抗我们的战术，以野蛮人土法炼钢式的自发本能来对付我们的老谋深算。于是，在这场实力悬殊的斗争中，他们只能接二连三地失败。

黑人希望自己能和欧洲人成为一体，但他们没能做到。印第安人在某种程度上可以做到这点，但他们却不屑于作此打算。黑人的奴性让他们注定为奴，印第安人的傲慢却导致他们灭亡。

我记得当我途经至今仍然覆盖着亚拉巴马州的森林时，有一天来到某个拓荒者的木房子前。由于我不想进入美国人的住宅，于是就停在离这所木房子不远的一个水池附近休息。我刚坐下来，就走来一个印第安女人（这里距离克里克部落的居民区不远），手里还拉着一个五六岁的白

---

① 那些北美的土著，以史无前例的坚韧精神保持着他们的观点，甚至他们习惯中的细枝末节。两个世纪以来，北美那些漂泊不定的印第安人部落虽然经常同白人接触，却几乎丝毫没有受到他们思想和习惯的影响。然而，欧洲人还是对这些野蛮人有着极大影响，那就是他们让印第安人更加衰败了，而未能使他们欧化。1831 年的夏天，我去过密歇根湖畔一个叫作绿湾的地方，这是西北部的印第安人在美国的最北界限，我在这里认识了一位叫作 H 的美国少校。有一天，他长篇大论地向我讲述完印第安人的坚定性格后，又给我讲了如下的故事："从前，我认识一个毕业于新英格兰一所学院的印第安人青年。他的功课很不错，外表也和文明人完全一样。1810 年，我们和英国人作战的时候，我再次见到了这位青年。他当时在我们部队服役，指挥着他们部落中的战士。这些印第安人之所以能参加美国军队，是因为他们答应了不用残忍的办法活剥被俘虏者的头皮。在某个战斗后的夜晚，这位名叫 C 的印第安年轻人来到我们的野营，坐在营火旁边。我询问他白天的战况，他向我描述了战斗的经过，当他谈到自己的战绩时异常兴奋。最后，他解开自己军装的纽扣对我说："千万不要出卖我，请看！" H 少校接着说道："我发现他的衬衣里贴身藏着一块连着头发的英国人头皮，而且上面还滴着血。"（参看托克维尔所著《美国旅行记》，J.P 梅耶编：1960 年纽黑文版第 37 页。这里的 H 少校是拉马尔少校）

人小女孩，看上去像拓荒者的女儿。一个黑女人跟在她们的后面。这个印第安女人的装扮，极尽野蛮人华丽服饰之大成：鼻孔和耳朵垂挂着铜环，缀着玻璃珠的头发披散在肩上。我能看出她还没有结婚，因为她带着贝壳项链，按照习俗，如果她是新娘，就应该把它放在新婚床上。而那个黑人女人，则穿着一身褴褛的欧式服装。

她们三个人都来到水池边坐下。那个年轻的印第安妇女抱起小姑娘，像母亲一样对她爱抚关怀。而坐在旁边的黑女人，用各式各样的方法逗弄这个小混血儿。在这个小混血儿慢条斯理的动作中表现出一种优越感，这和她幼小的年龄形成了鲜明的对照，仿佛是她在屈尊接受下人的关怀。

黑女人蹲在小姑娘面前，想尽办法迎合她的愿望，既像是表达着一种母爱，又像是怀着一种唯恐得罪小主人的奴性心理。而那个印第安女人，却在温柔表情的背后，流露出一种无拘无束、傲慢甚至愤世的神情。

我朝她们走去，静静地看着这个画面。印第安女人明显对我的好奇心感到厌恶，她霍地站起来，粗暴地将孩子推到一边，怒视了我一眼后，就径自走进树林里了。

我经常能看见北美这三大种族混合在同一地点的场面。我通过多角度地观察，发现白人地位优越。但是在我刚才描述的这幅场景里，却呈现出一种极为动人的情形：感情上的联系将压迫者和被压迫者结合在一起，当自然为了让二者接近而进行努力时，却使得偏见与法制在两者之间设立的鸿沟更加触目惊心了。

联邦境内印第安部落的现状以及可能出现的未来

印第安土著部落的逐渐消失——消失是如何进行的——印第安人的被迫迁移给他们造成的苦难——北美的野蛮人要想避免灭亡，只有两条路可走：要么进行战斗，要么接受文明——他们已经没有力量进行战斗——当他们可以选择接受文明的时候为何不愿接受，而当他们愿意接受文明的时候又为何不能接受了——克里克部与柴罗基部的例子——个别州对待印第安人的政策——整个联邦政府的政策

在那些世代居住在新英格兰境内的印第安诸部落中，纳拉干部、莫西干部以及佩科特部已经不复存在了，只是留在人们的记忆中；而150年于特拉湾欢迎佩恩的勒纳普部落如今也不存在了。我曾见到过几个仅存的易洛魁人，他们都在讨饭度日。我刚才提到的那些部落，曾经遍布北美各地，甚至延伸到海岸。而现在，只有深入到内陆100多里约，才能看到印第安人。这些野蛮人不但逃离到内陆，而且正在逐步灭亡。[①]随着印第安人的迁徙和死亡，大量移民占据了他们原有的地盘。在人类历史上，还从未发现过一个发展得如此惊人而又消失得如此迅速的民族。

至于这种消失是如何进行的，其实很容易解释。

当印第安人还没有被逐出家园时，他们的需求很少，他们自己打造武器，河水是他们天然及唯一的饮料，他们拿兽皮做衣服，用兽肉做食物。

欧洲人将火器、铁器和酒带进了北美的土著居民中。他们让印第安人学会了穿纺织品制成的服装，将原本只能满足简朴需要的野蛮人服装丢掉。印第安人在沾染上了新嗜好以后，并没有学到能够满足这些嗜好的技术，所以他们只能依赖白人的工业。为了换取这些物品，野蛮人除了用森林里产出的毛皮交换外，再也拿不出什么别的东西了。这样一来，印第安人狩猎就不只是为了单纯地获取食物了，还必须为了以物易

① 在最初的13个州里，如今只剩下6373名印第安人了。

物而打猎[①]。

土著的需求越来越多，但是他们的资源却在不断减少。

自从欧洲人在原来印第安人居住的地区附近定居后，飞禽走兽都吓得逃进了森林里[②]，然而，它们却不害怕那些漂泊在森林里没有固定住所的数千名野蛮人。

不过，一旦从某地传来欧洲人持续劳动的声音，它们就会逃亡西部。出于本能，它们可以在西部找到漫无边际的荒野。卡斯先生和克拉克先生在他们1829年2月4日的报告中说道："成群野牛不断地后退，几年前，它们还经常在阿勒格尼山麓出没。但几年后，即使是在落基山脉伸展的广阔原野上，也很难看见它们的踪迹了。"有人用坚定的语气向我指出，白人所带来的这种影响，往往在离他们住所200里约的地方就能感觉到。他们还对一些才刚刚知道族名的部落发生了影响，而这些部落的人们在认识这些侵略者之前，早就品尝到了被掠夺的痛苦滋味[③]。

有些有胆识的冒险家，很快就深入到了印第安人的居住地带。他们越

---

① 克拉克先生与卡斯先生在他们 1829 年 2 月 4 日提交国会的报告中写道："很久以前，印第安人不需要依靠文明人的工业品，就能获取必要的猎物供他们吃穿。在密西西比河往西的某些地方，还能看见大批的野牛，居住在这里的印第安人部落，为了追逐这些野生动物而迁徙。和我们进行谈话的印第安人，还会依照祖传的方式将捕获的野牛圈养起来，而如今野牛却在不断减少。现在不允许再用火枪、陷阱、夹子等物品来猎取黄鹿、狗熊、河狸等小动物了。特别是那些为印第安人提供生活必需品的小动物。"

"特别是在印第安人不得不依靠艰辛劳动来维持生计的西北地区，情况尤甚。猎人往往会连着数日追逐猎物而一无所得。在这期间，全家要么用树皮和树根充饥，要么活活饿死。于是，每年冬天都有很多印第安人饿死。"

印第安人不喜欢像欧洲人那样生活，但是他们现在既无法离开欧洲人，又不能完全按照祖先的生活方式生活。只需举一个例子，就足以说明这个问题。苏必利尔湖畔有一个印第安人部落，有一个欧洲人被杀了，于是，联邦政府下令禁止和这个部落进行贸易，直到将杀人犯抓住。

② 沃尔内在《美国气候与土壤概述》一书中写道："五年前，从文森斯到卡斯卡斯基亚，到处都是野蛮人。凡是你路过的草地，都有着成群的野牛，而如今却全都不见了。野牛因经受不住猎人的追击，特别是无法忍受美国人牲畜铃声的干扰，而踏水逃到密西西比河对岸。"

③ 大家不用怀疑，我这里介绍的美国境内印第安人情况的真实性（详见第二十届国会第 117 号立法文件第 90 至 105 页）。可以想见，就算欧洲人现在离美国中部的这些野蛮部落有很长一段距离，这些部落也会在不久后相继灭亡。

过白人聚居区的边界，向前纵身15到20里约，在原先野蛮人的居住区建立起了文明人的房子。他们并没有遇到什么困难，因为对于狩猎民族来说，领地边界往往是不明确的。更何况狩猎的领地是属于整个民族的，而不是某个人的财产，因此，保护领地的任何组成部分都和个人利益无关。

有些欧洲人举家搬迁到印第安人居住地区，在那附近建立起一些相隔较远的据点，用不了多久就将据点附近的野兽吓走，并且永不再回来。原来居住在那里丰衣足食的印第安人，现在却处在无以为生的境地，以物易物也变得更加困难。赶走印第安人的猎物，就像让农民的耕地变得颗粒无收一样。没过多久，他们赖以生存的手段就几乎完全丧失了。这些四处漂泊的不幸之人，就像那些徘徊在荒山野林里的野狼。安土重迁的特性，使得他们热爱自己的出生地[①]，但是在那里等待他们的只有受苦和饿死。于是，他们最终下定决心离开，追踪大角鹿、野牛以及河狸的逃亡路线，让这些野兽引导他们选定新家园。因此，有人认为，将印第安人撵走的，不是欧洲人而是饥荒。这种高论唯有现代的“有识之士”才能发明出来，过去的饱学之士是想不出来的。

这种被迫迁徙带来的苦难是不可想象的。当印第安人离开世代居住的家园时，他们早已精疲力竭；而在他们新选定的落脚地区，又早就住有那些对新来者怀有敌意的其他部落。他们的后面是饥荒，前面是战争，四面八方都是苦难。为了避开这些敌人，他们只好分头活动。每个人都默默地独自寻找谋生手段，就像文明社会中那些无家可归的人一样，漂泊在漫无边际的荒野之中。早就被削弱的社会纽带，到这时已经完全断裂。对于印

---

① 克拉克先生和卡斯先生在致国会报告的第 15 页上写道，印第安人之所以不忍心离开故土，是出于一种和我们相似的安土重迁的情感。此外，他们还不愿拱手让出上天赐给他们祖先的土地，这种思想和某些不曾向欧洲人出让过土地部落的迷信思想联系在一起。“我们绝不出卖埋葬着我们祖先遗骨的土地”，这就是他们对前来购买土地的欧洲人经常说的一句话。

第安人来说，已经不再有故国，甚至很快就会失去部族。

家庭已经风流云散，共同的族名正在消失之中，共同的语言逐渐被人们遗忘，族源的痕迹也即将消失。作为一个独立的民族，他们已经消失了。他们的族名还勉强留在美洲考古学家的记忆中，或者是欧洲某些学者的脑子里。

我想读者未必会相信我在这里所论述的一切。我要将我目睹的一些悲惨局面描画出来，将我看到的苦难尽可能再现出来。

1831年底，我来到密西西比河左岸的孟菲斯。在这停留期间，来了一群巧克陶部落的人。路易斯安那州的法裔美国人则称他们为夏克塔部。这些野蛮人远离了自己的故土，计划到密西西比河的右岸去谋生活，自以为能在那里找到一处美国政府允许他们栖身的地方。当时正值隆冬时节，而且这一年寒冷异常。雪花在地面上凝结成一层硬壳，河里漂浮着巨大的冰块。印第安人带着自己的家眷前行，后面跟着一大批老弱病残，既有刚刚出生的婴儿，又有行将就木的老人。他们没有帐篷也没有车辆，只有一点口粮和简单的武器。我目睹了他们上船渡河的情景，并且永远不会忘记那个肃杀的场面。在密密麻麻的人群里，每个人都一言不发，既没有哭喊声，也没有抽泣声。他们的苦难由来已久，并且觉得自己无法摆脱这些苦难。他们登上了那条大船，他们的狗却依旧留在岸上。当这些动物发现它们的主人即将永远离开他们的时候，就一起狂吠起来，然后跃入漂浮着冰块的密西西比河里，跟随着主人的船游向彼岸。

如今，对于印第安人的掠夺，往往以一种正规或合法的方式进行。

当欧洲人开始入驻这个被野蛮部族占据的荒凉地区时，美国政府往往先派一名官方信使前往这个部族。然后，信使将印第安人召集到一个空地里，在一顿胡吃海喝之后，对他们说：“你们在祖先的这块土地上能有什么作为？用不了多久，你们就只能靠挖他们的骨头过活。你们居住的土地怎么就比别的地方强呢？难道除了这片土地，别处就没有森林、沼泽和草原了么？难道普天之下除了这里就没有其他可供居住的地方了么？在你们视力所及的大山后面，在你们土地往西的那个湖的对岸，还有一大片奔驰着许多野兽的土地。请将你们的土地卖给我们，去另外一片土地上过幸福生活吧。”说完这番话后，他们就当着印第安人的面，陈列出一些火枪、呢绒服装、玻璃项链、一桶桶的酒、金属手镯、耳环以及镜子[①]。如果印第安人在看见这些宝贵物品后还不动心，就会慢慢说服印第安人最好不要拒绝他们的要求，并且暗示他们将来的政府也无法保证他们行使自己的权利。结果如何呢？印第安人在半说服和半强迫下离开了他们自己的土地。他们来到新的荒凉地区住下，然而白人也不会让他们在那里优哉游哉地住上十年。美国人就这样用极其低廉的价格，买到了欧洲最富有的君主也买不起的大片土地[②]。

我已经对这些深重苦难做了描述，但我还要补充一句：我认为这些困难是无可救药的。我确信，北美的印第安人注定要灭亡。我还认为，一旦欧洲人在太平洋海岸立足，那里的印第安人同样会消失[③]。

北美的印第安人只有两条获得解救的出路：要么对白人开战，要么

---

① 参看第 117 号国会立法文件对这种交易的描述。以下的细致描写，出自我刚才所引用的克拉克先生和卡斯先生于 1829 年 2 月 4 日致国会的报告。刘易斯·卡斯先生如今担任美国陆军部长。

克拉克先生和卡斯先生这样写道：“当印第安人来到签协议的地点时，他们的模样非常可怜，身上几乎一丝不挂。在这里，他们看到以及试用了很多他们认为非常珍贵的物品，这些物品是美国商人特意带过来的。那些希望满足自己需要的妇女和儿童，立刻缠着他们的父母亲人要这要那，并且对那些有最后土地出让决定权的人施加种种影响。印第安人没有远见的特点，是无法改变和说服的。解决妇女儿童的需求以及满足自己的愿望，是这些野蛮人拥有的一种不可动摇的感情。来自未来的好处，只能对他们产生微不足道的影响。他们容易忘掉过去，对未来不做任何考虑。如果无法立即满足他们的要求，你如何恳求他们出让部分土地都是白费力气。当你公正地指出他们所处的困难境地时，他们会因为痛苦得到缓和而表现出某种热烈的表情，你无须为此感到吃惊。”

② 1830 年 5 月 9 日，爱德华·埃弗雷特向众议院提交报告，说美国人根据协议，已经在密西西比河以东和以西获得了 23000 万英亩的土地。

1808 年，奥赛治部落以 1000 美元出让土地 4800 万英亩。

1818 年，夸保部落以 4000 美元出让土地 2000 万英亩。他们留下了 100 万英亩的土地供狩猎使用。他们发誓要保住这块土地。但是没过多久，这块土地也被欧洲人侵占了。

③ 我认为所有美国的国务活动家都持这种看法。

卡斯先生这样向国会报告：“根据过去的情况推断未来，可以预见到印第安人的人数会逐渐减少，他们的种族则会完全消亡。为了防止出现这样的结局，我们必须停止开发边疆，让野蛮人在那里定居，或是改善我们同他们之间的关系，而现在的这种关系，在他们眼中永远是有失公道的。”

自己接受欧洲文明。也就是说，他们不是消灭欧洲人，就是变成和欧洲人一样的人。

在白人建立殖民地之初，他们原本可以联合起来赶走刚登上美洲大陆的这一小撮外来人[①]。他们曾不止一次进行这样的尝试并且差点成功。而今天，由于力量对比的悬殊，以至于他们都无法再产生这个念头。在印第安人中，仍然有一些杰出人士预见到了野蛮民族的未来厄运，他们试图将所有的部落联合起来，一切对付欧洲人。然而，他们的努力是无关痛痒的。那些邻近白人的部落，已经衰弱得无法进行有效抵抗；而其他的一些部落，则是顺应自己的天性，对于明天抱着听天由命的态度，消极地等待厄运到来，不采取任何对策。也就是说，有的部落是没能力采取对策，有的部落则是根本不想采取对策。

可以预见，印第安人一方面是永远不想接受文明，另一方面是在想接受的时候却为时已晚。

文明是人们在同一片土地上长期劳动的结果。它世代相传，每一代都得益于上一代。最难传承文明的民族是狩猎民族。游牧民族虽然经常更换地点，但在迁徙的过程中总是依照着一定的路线，往往最后又回到原处。而狩猎民族的营地，则随着猎物的栖息场所的改变而发生变动。

有人曾试图深入印第安人区，在那里传播文化，并且任由他们保持漂泊的习性。耶稣会教徒曾在加拿大试图这样做过，清教徒则在新英格兰进行过这样的尝试[②]。然而，无论是耶稣会教徒还是清教徒，都

---

① 应当特别指出的反抗斗争有：瓦帕诺部落试图反抗白人的战争；1675 年，由美塔科姆领导的几个联合部落反对新英格兰殖民者的战争；1622 年，英国人在弗吉尼亚受到阻击的战争。

② 可参见有关新英格兰的各种历史著作。例如夏尔瓦的《新法兰西的历史》以及《布道通讯》。(《布道通讯》自 1712 年开始发表，后来集结成一部册子，共 34 卷，涵盖了从 1703 年到 1776 年的通讯。增订版于 1780 年问世。参看吉贝尔·希纳尔所著的《美洲遐想》以及夏尔瓦的《新法兰西的历史》)

无法长期进行这样的工作。文明在猎人的茅屋中开花，却又死在了森林里。这些在印第安人中传播文明之人的最大失误在于他们不懂：要想让一个民族接受文明，就必须先使得它定居下来，而要让它定居下来，就必须叫它耕耘土地。因此，正确的做法应当是先让印第安人成为种田人。

印第安人不只是缺乏文明的这个不可或缺的前奏，而且还很难进入这个前奏。

人们一旦沉迷于四处游荡的冒险生活，就会对农耕社会频繁而有规律的劳动产生一种几乎无法克服的厌恶感。这种情况，同样见于我们的文明社会；特别是在那些狩猎习惯已经成为全民习惯的民族中，表现得最为明显。

除了这个一般性的原因，还有一个只见于印第安人社会的重要原因。我虽然在前面已经谈到过这个原因，但我认为现在仍然有必要再重复一遍。

北美的印第安人不但把劳动看作坏事，还认为劳动是一件不光彩的事情。他们用傲慢和懒惰来对抗文明，二者几乎同样顽固[①]。

没有一个印第安人把在树皮盖的茅屋里生活看作失去个人的尊严，并且不会觉得可悲。他们将辛苦的劳动看作下贱的活动，把种田的人比作耕地的牛，把我们的每一种技艺都视为奴隶的劳作。他们对白人的高超智慧倒是钦佩有加，但他们在赞扬我们的劳动成果的同时，又蔑视我们获得这种成果的手段；在承认我们的过人之处时，又认为他们比我们

---

① 沃尔内在其著作《美国气候与土壤概述》的第423页上写道：“在印第安人的部落里，至今还有一些年老的战士在看到有人使用犁耕地时，叫嚷这是在破坏古风。在他们眼中，野蛮人使用这种新工具，只会导致他们堕落，为了重振他们的威力和荣誉，只需恢复他们的古风即可。”

更为高明。在他们眼中，打猎和打仗是值得人们去做的唯一工作[①]。印第安人在森林里过着悲惨的生活，他们的思想和观点非常像中世纪生活在古堡中的贵族。如果他们成为征服者，就和中世纪的贵族完全一样了。这真是一件怪事！今天让欧洲古老偏见得以重现的地方，并不是欧洲人所居住的新大陆沿岸，而是印第安人所在的新大陆森林。

我在本书的叙述过程中，曾多次试图让读者明白：据我观察，社会情况对于法制和民情具有非常重大的影响。关于这个问题，请允许我再赘言几句。

我发现我们的祖先日耳曼人同北美的印第安人在政治制度上有相似之处，并且发现当年塔西佗描述的日耳曼人的生活习惯和我所目睹的印第安人的生活习惯存在相似之处。我忍不住想：既然同一个原因在两个半球造成了同样的结果，那么，要想在纷杂的人类活动中找出少数几个诱发其他事实的主要事实，并不是不可能的事情。因此，我相信一定能在我们所称呼的日耳曼人政治制度中找到野蛮人的习惯，在我们所称呼的封建思想中找到野蛮人的观点。

虽然偏见和恶习在妨碍北美的印第安人去从事农耕以及接受文明，但是来自现实的需要却逼得他们在某个时刻必须从事农耕或接受文明。

南部的几个较大部落，特别是柴罗基部和克里克部[②]，已经被欧洲人包围。这些欧洲人有些来自大西洋沿岸，有些顺俄亥俄河而下，有的

---

① 以下的描述选自一份官方文件：

“一个没有打过仗的青年男子，无法用战功来夸耀自己，任何人都不会尊重他，甚至会把他看作一个女人。在他们模拟战争的大型舞蹈中，每一个战士都轮番敲击树立在场上的一根杆子，与此同时，他们还向这根杆子大声喊叫以及叙述自己的战功。在场的听众大多是他们的亲友或战友，如果这些听众在他们讲话时洗耳恭听，在讲话结束后立即高声欢呼并且热烈鼓掌，那么就表明这些话给听众留下了深刻印象。那些不曾在这些集会上讲述过自己战功的青年男子，被认为是最无用的人。有很多兴高采烈的青年战士会突然离开自己的跳舞场地，去取那些能够显示自己战功的战利品以及让他自豪的证物。”

② 这两个部落如今分布在佐治亚州、亚拉巴马州、田纳西州以及密西西比州。

从前在南部有如下四大部落（现在还有部分残余）：巧克陶部、契卡索部、克里克部以及柴罗基部。

在1830年，这四个部落尚有75000人左右。如今，在英裔美国人所占有和购买的领土境内，大约有30万印第安人。（见《纽约市印第安人事务管理处文件集》）

溯密西西比河往上，一起蜂拥到他们四周。这些部落的命运和北部一些部落不同，他们没有被从一个地方撵到另一个地方，而是在各自所在的区域内被逐渐围困在一小块土地上，就像被猎人围捕的猎物，只能选择束手就擒了。这些被置于文明和死亡之间的印第安人，只得像白人那样出卖自己的劳动力糊口了。于是，他们开始耕作，但没有完全放弃他们原有的习惯和民情，只是为了生存而做出了迫不得已的牺牲。

柴罗基部落比其他部落文明一些。他们创造了自己的文字，并且建立了相当稳定的管理组织。与此同时，由于新大陆中的一切都发展得很快，导致他们还在过着裸体生活的时候就出了一份报纸①。

混血人种的出现，显著加速了欧洲人的生活习惯在印第安人中间的传播速度②。混血儿从父亲那里学到了知识，却又没有完全放弃来自母亲种族中的野蛮人习惯，他们是联结文明和野蛮的天然纽带。凡是混血人比较多的地方，野蛮人部落的社会情况和民俗都在逐渐改变③。

因而，柴罗基部落取得的成就证明了印第安人有能力接受文明，但

---

① 我还带了几份这家独一无二的报纸回法国。

② 详见印第安人事务委员会致第二十一届国会第227号报告23页。报告指出，混血人的数量在柴罗基部有所增加，主要原因可追溯到美国独立战争。那些在独立战争中加入英方阵营的佐治亚英裔美国人，被迫逃亡到印第安人居住的地区，并且和当地的印第安人通婚。

③ 令人遗憾的是，混血人的数量不够多，而且他们在北美的影响不如在其他地方的影响。

美洲大陆的这片地区，是由英法两国的移民开发起来的。

很早就有法国人同土著姑娘结为夫妇，但是这个不幸的新郎官必须要对印第安人和自己人隐瞒婚姻关系。他们不但没有将文明人的生活嗜好和习惯传给野蛮人，反而爱上了野蛮人的生活。于是，他们成了蛮荒地区最可悲的外来人，只能靠着吹捧印第安人的恶行或品德来获得他们的友谊。1685年，加拿大总督塞农维尔对路易十四启奏："我们一直认为，要想让野蛮人法国化，就必须让他们和我们接近。但这种想法却是错误的。和我们接近的野蛮人并没有变得文明，而经常和他们混在一起的法国人却成了野蛮人。"（夏尔瓦：《新法兰西的历史》第2卷第325页）

英国人和法国人不同，他们坚守着自己祖先的观点、风俗以及一切习惯，在美洲的蛮荒地区依然过着像欧洲城市中那样安静的生活。由此，他们不想和自己所蔑视的野蛮人结婚，并且千方百计地避免自己的血液同野蛮人的血液混合。

因此，法国人没有对印第安人产生任何有助于他们开化的影响；至于英国人，印第安人一直将他们视为外来人。

决不表示他们能够获得胜利。

印第安人之所以难以接受先进文明，来自一个他们无法摆脱的普遍原因。

仔细翻翻历史书，就会发现：一般来说，野蛮民族都是依靠自身的努力，慢慢文明起来的。

当他们主动从别的民族汲取文化和知识时，他们总是处在征服者的位置，而不是被征服者的位置。

当被征服民族属于开化民族，而征服者是半野蛮民族时，例如罗马帝国被北方民族入侵，或是中国被蒙古人入侵，胜利给予蛮族的权力足以让它们达到文明人的水平，并且能够保持自己的平等地位，直到文明人变成他们的对手。一个凭借武力，另一个则是依靠智力。前者钦佩被征服者的文化和技术，后者则艳羡征服者的权力。于是，野蛮人把开化人请进自己的宫殿，而开化人则对野蛮人开放自己的学校。然而，当在物质上占据上风的一方同时具有智力优势时，被征服者却很难走向文明开化，他们不是后退就是灭亡。

总而言之，野蛮人是手握武器去寻找知识，而不是凭着自己的资质去接受知识。

当下居住在大陆中部的印第安部落，如果当初凭借着自己的力量，坚定地走向开化之路，也许会获得成功。在当时，它们比周围的部族更为优越，完全可以逐步发展自己的力量以及取得经验；当欧洲人现身于它们的边界时，就算它们无法保持独立，至少也能让欧洲人承认它们的土地所用权以及融进征服者的队伍。

然而，印第安人的不幸，来源于他们在和一个最开化也是最贪婪的民族接触时，自己还处在半野蛮的状态。也就是说，印第安人的不幸在于欧洲人要做他们的主人，他们在接受文明的同时必然也要接受压迫。

在北美的森林里，印第安人是自由的，同时也是贫困的，但是他们在任何人面前都没有自卑感。当他们试图走进白人的社会时，总是会觉得自己处在最底层，因为他们走进的这个社会是由知识和财富统治的，而他们自己既没有什么知识又一文不名。在经历了一段动荡不安、灾难重重和既危险又自豪的生活后[1]，他们只能在单调无味中浑浑噩噩地度过一生。在他们看来，在遭人白眼的情况下出卖自己的劳动力换取面包果腹，就是欧洲人所赞扬的文明的唯一好处！

然而，就连这么一点点的好处，也不是他们能够完全掌控的。

当印第安人开始仿效欧洲人进行耕作的时候，激烈的竞争立即给他们造成了严重的损害。白人早已精通农业技术，而印第安人则是刚刚开始学习。因此，前者不用费力就能获得丰收，后者只有经过千辛万苦后才能让土地勉强长出庄稼。

---

① 我明白，在狩猎民族充斥危险的生活中，有一种难以抗拒的诱惑力在蛊惑着人心，使人头脑发热，抛弃理性和经验。在读过《坦纳回忆录》后，人们就会相信这个真理。

坦纳是欧洲人，他在六岁大的时候被印第安人掠走，在森林里和印第安人一起生活了 30 年。他无法想象还会有比他记述的事情更可悲的惨状。他给我们描述了很多可怜的人事，包括失去了首领的部族、与部落走散的家族、无家可归的个人以及携带老弱病残的大部族，他们无可奈何地漂泊在加拿大的冰天雪地和荒原中。这些人饥寒交迫，仿佛每天都在等待着死亡。在他们那儿，传统失去了力量，民情也不再发生作用。人们一天比一天变得粗野。坦纳不可避免地遭到了这些厄运。后来，他知道了自己的欧洲人身份，由于当时没有人组织他与白人来往，于是他每年都能和白人做生意，经常去白人家中做客，由此看到了白人的舒适生活。他知道，如果他能回到文明世界中去，自己很容易就能过上这种生活。在荒凉地区度过了 30 年后，他渴望能回到文明世界，同时他也坦承，他所描写的那种悲惨生活，对他有一种无法言表的魅力。在抛弃这种野蛮生活后，他又后悔不该离开那些不幸的人，于是他经常会回到他们那里。当他在白人中间最终定居下来时，白人的小孩却不让他分享白人的舒适生活。

我曾在苏必利尔湖的入口处和坦纳有过一面之缘。他给我留下了这样的印象：在他身上，野蛮人的气质比文明人的气质要多。

坦纳在他的著作中并没有叙述印第安人的制度和生活喜好，却生动地描述了他们的成见、激情以及恶习，尤其是他所耳闻目睹的惨状。

欧内斯特·德·布罗斯维尔子爵先生曾将坦纳的回忆录译为法文。他的译文附有一些特别有趣的注释，读者可以将坦纳所目睹的事实和那些观察家所记录的事实进行对比。

凡是想了解北美印第安人的现状或是想预测他们未来的读者，都应该读一读布罗斯维尔先生的作品。

欧洲人居住在生活需要和自己相同的人中间，而且他们对这种需要也洞若观火。

野蛮人被孤立在与他们为敌的白人之间，他们一方面不了解白人的习俗、语言以及法律，另一方面又离不开白人的商品。他们唯有用自己的产品和白人交换，才能获得一些生活必需品，因为其他同族的人已无法再给他们提供援助了。

虽然印第安人打算出售自己的劳动果实，却无法像白人农户那样总能找到买主。此外，他们必须付出高额的成本，才能生产出白人廉价出售的产品。

于是，印第安人才刚走出野蛮民族的苦海，又陷入了走向开化的悲痛深渊。他们觉得在文明富裕的环境中生活，其难度并不亚于在森林里生活。

印第安人还没有完全丢掉自己的漂泊习惯。他们的传统依然起着作用，狩猎的爱好也依然如故。往日在森林中享受过的蛮族欢乐，在他们模糊的记忆中留下了鲜明的痕迹。在他们眼中，从前在森林里忍受的苦难，反而没那么可怕了；而以前在森林中所面临的危险也显得微不足道了。他们从前在彼此平等的同胞间享有的独立自由，与他们在文明社会所处的奴隶地位形成了鲜明对照。

从另一方面来说，曾让他们长期享受和平生活的原野，仍然近在咫尺，只需步行几个小时，就能重新回到故土。如果他们那块半荒半垦、有如鸡肋的土地，被白人用一笔在他们看来是相当可观的款项买去，他们就可以利用这笔钱远离白人，去过以前那种幸福的生活，那么，他们必然会放下犁头，重新拿起武器，永远回到荒野里去[1]。

我曾提到过的克里克部和柴罗基部的情况，就能证明这幅悲惨图景的真实性。

这些印第安人在少数事情上所表现出的天才，和欧洲人在他们大事业上所表现出的天才是不相上下的。然而，一个民族就好比一个人，不论他智力有多高，能力有多强，都需要大量的时间来学习。

当野蛮人努力让自己变得开化时，欧洲人仍然会从四面八方包围他们，并且逐渐缩小包围圈。如今，这两个种族最终相遇，并且有了直接接触。印第安人虽然比他们的祖先进步，却仍然远远不如他们的白人邻居。欧洲人凭借着自己的物质和文化，很快就把印第安人从土地中获得的大部分好处据为己有。他们在印第安人居住的地区定居，使用武力强占他们的地盘，或是以低价购买他们的土地，并且通过印第安人丝毫不占优势的竞争让他们破产。孤立在自己土地上的印第安人，被这个人数众多并且居于统治地位的民族所包围，而这个民族又将印第安人所在的

---

① 开化民族对未开化民族的这种影响，欧洲人自身也有所察觉。

大约在一百多年前，法国人就在蛮荒中的沃巴士河畔建立了文森斯镇。在美国移民到来之前，他们一直在那儿过着舒适的生活。美国的移民不久后就通过竞争的方式排挤那些老住户，然后以低价收购他们的土地。沃尔内先生向我详细介绍过这个情况，他在路过那里的时候，法国人已经减少到了一百来人，这些人中的大部分还准备迁往路易斯安那和加拿大。这帮法国人为人厚道，但缺少文化和手艺，而且已经沾染上了野蛮人的部分习惯。他们在道德方面不如美国人，却在智力方面占有极大的优势。美国人大多都有手艺，受过一定教育，家境殷实，而且习惯了自己管理自己。

我去加拿大做过考察，在那里，两个民族之间的文化差距要小得多。加拿大的美国人以经营工商业为主，并且向四面八方拓展，将法国人挤到范围极小的几块土地上。

路易斯安那的情况也是这样。那里的英裔美国人几乎操纵了所有的工商业。

德克萨斯州的情况，在某些方面更让人感到震惊。众所周知，德克萨斯是墨西哥的一个州，和美国接壤。几年前，英裔美国人就以个人身份进入到了这个人烟稀少的地区，大肆收购土地和开办工厂，简直就是喧宾夺主。可以预见，如果墨西哥不马上阻止这种现象，德克萨斯州很快就会脱离墨西哥。

既然那些在文化差异上比较小的欧洲人之间都出现了这种结果，那么，对于最完善的欧洲文化和野蛮的印第安人文化接触后出现的结果，就不难想象了。

地区看作不够安分守己的异族殖民地[①]。

华盛顿在致国会的一篇文章中这样说道："我们比印第安人文明和强大，但是为了我们自身的荣誉，必须对他们和善甚至是宽容。"

然而，这个既高尚又合乎道德的政策并没有被遵守。

移民们的强取豪夺往往是和政府的暴政相结合的。尽管柴罗基部落和克里克部落在欧洲人到来之前就已经在这片土地上定居了，尽管大多数美国人像对待外来民族那样对待他们，但是他们所在的各州政府却一直不承认他们是一个独立的民族，并且强迫这些刚从森林中走出来的人服从本州的习惯和法律[②]。贫困促使这群不幸的印第安人走向文明，但来自白人的压迫却又让他们回到了野蛮状态。于是，很多印第安人放弃了刚刚开垦的土地，重新恢复了野蛮人的生活习惯。

只需看看南部各州的立法机构所采取的暴虐政策，看看那些州统治者的行径和法院的案例，就会发现：将印第安人全部撵走，是这些州施行这些政策的最终目的。住在联邦地区的美国人，用贪婪的目光注视着那些仍然被印第安人占据着的土地[③]。他们认为这些印第安人还未完全放

---

① 有关白人用各种方式侵占印第安人地盘的事件，可以参考第二十一届国会的第89号立法文件。

英裔美国人有时以没有空地为由，请求国会派遣军队赶走印第安人，然后到他们的土地上去定居；有时，他们会先掠夺印第安人的牲畜，烧毁他们的屋子，毁坏他们的庄稼，甚至对印第安人施加人身暴力，然后再去定居。

以上的材料证明，印第安人经常是白人滥用暴力的牺牲品。联邦政府往往会在印第安人所在的地区派驻代表。在我所引用的文件里，谈到派驻代表和部落关系时，指出代表几乎每次都是替野蛮人说话。

② 1829年，亚拉巴马州在克里克部落设置县区，将那里的印第安人置于欧裔美国行政官的管制之下。

1830年，密西西比州施行把巧克陶部落和契科索部落的印第安人同化为白人的政策，并且宣布：那些带头反对这项政策的人，将处以1000美元罚款以及一年的徒刑。

当密西西比州政府将这项法令在夏克塔部落施行的时候，这个部落的印第安人曾召开集会讨论这一问题。部落的酋长为他们揭穿了白人的意图，并且号召人们反对这项法令。野蛮人同声一气地宣布：他们宁肯重新回到深山老林中去。（参看密西西州的法令）

③ 佐治亚州的白人无比厌恶他们的印第安邻居，以至于在他们所占据的地区，人烟极为稀少，每平方英里只有7人。而在法国，这种地区每平方英里有162人。

弃野蛮人的传统，所以想赶在文明让他们安心定居之前，使他们因破产而绝望，并逼迫他们离开。

受到州政府压迫的克里克部落和柴罗基部落，跑到中央政府那里告状。中央政府并没有将它们的不幸束之高阁，而是发自内心地想拯救这些残存的印第安人，愿意保障他们占有土地的自由[①]。然而，当中央政府着手实施这个计划的时候，那几个州政府都坚决反对。于是，中央政府为了不让整个美国联邦陷入危机，只得昧着良心，听任那几个已经处在半死不活状态的印第安人部落自生自灭。

无法保护印第安人的联邦政府，后来又想办法减轻他们的痛苦。为了达到这个目的，政府决定出资将这些印第安人迁移到别的地方。

在北纬33度到北纬37度之间，有一大片空旷地区，因流经区域内的一条大河而得名为阿肯色。它的一侧和墨西哥接壤，另一侧则濒临密西西比河。境内有多条河流纵横交错，气候宜人、土壤肥沃，只有几个野蛮部落在这里活动。于是，联邦政府就想将南部的残余土著，迁移到这个挨着墨西哥而远离美国白人的地区。

到了1831年末，已经有一万多名印第安人到达阿肯色河的两岸，并且每天都陆续有新人加入。然而，国会还没达成一致的决定，是否要把命运自主权交给它所支配的印第安人。于是，一部分印第安人兴高采烈地离开了白人泛滥的地区；而另一部分已经开化的印第安人，却不愿放弃那些正在茁壮成长的庄稼以及刚刚盖起来的新房。他们认为，文明的进程一旦中断，就永远无法恢复。他们担心自己刚刚养成的定居习惯会在野蛮人居

① 1818年，美国国会下令组织一个考察团，在由克里克部、巧克陶部以及契卡索部所组成的联合代表团的陪同下访问阿肯色地区。考察团的几个主要成员有肯纳利、麦科伊、沃什·胡德以及约翰·贝尔。考察团所做的各项报告和日记，收录在国会（众议院）第87号文件中。

住的地区遭到破坏，甚至不可复得。他们明白，当他们抵达新的荒凉地区时，必然会遇到一些敌对部落，而他们既没有野蛮人的体力也没有文明人的智力，根本无法抵抗敌人。当印第安人到达新地点后立即发现，政府为他们所做的一切安排都是暂时的。又有谁能担保他们在新的住宅区可以平平安安地生活下去呢？尽管美国政府答应等他们到达新住所后保护他们，但它同样也曾信誓旦旦地说要保护他们原来的土地[1]。没错，美国政府现在并没有抢夺他们的土地，但是它却听任别人去抢夺。用不了几年，现在聚集在他们周围的白人，也会去阿肯色荒原插一腿，继续挤压印第安人。到时候，这些印第安人会遭受同样的困难，而且同样无可挽救。土地早晚要从他们手里夺走，而他们只能坐以待毙。

联邦政府对印第安人施行的政策，虽然没有其他各州那么贪婪和暴虐，但它们在本质上是一致的，即它们都不守信用。

当这些州将它们所谓的法律恩典赋予印第安人时，就已经预料到印第安人宁可远走他乡，也不想受到这些法律的束缚；而中央政府在西部为这些可怜的人安排永久住所时，也知道自己无法保证他们能永久地住下去[2]。

---

① 在1790年政府同克里克部落签订的条约中，有这样一条："合众国庄严保证，凡是克里克部落在联邦境内占有的土地，都归该部落所有。"

联邦政府于1791年7月同柴罗基部签订的条约中，也有类似的内容："合众国庄严保证，凡是柴罗基部以前没有出让的土地，都属于该部落。如果合众国公民或任何其他印第安人迁移到柴罗基境内定居，合众国将会宣布取消对该公民的保护，并且将其交给柴罗基部落，任由该部落处分。"（可参看《印第安人条约及有关印第安人事务条例集》第117页，华盛顿，1826）

② 然而，这并没有阻止它用冠冕堂皇的语言做出保证。例如，1829年3月23日，美国总统在致克里克部落的信中这样写道：在密西西比河彼岸，你们的祖先为了能让你们在那里安居乐业，早就准备好了大片土地。在那里，白人兄弟不会来打扰你们，他们没有任何权利侵占你们的土地。在那里，你们和自己的子女就像长青的草木和奔流不止的河水一样，过着安宁舒适的生活。那里所有的一切都永远属于你们。

1829年4月18日，陆军部长给柴罗基部落写了一封信，在信中，这位官员让他们不要以继续在原有的土地上安居乐业为满足，他保证，当他们搬到密西西比河彼岸后，情况会比现在还要好。他把这项现在他都没有的权限，说得像真的一样。

也就是说，这些州都是通过暴力将野蛮人撵走的；联邦政府则利用自己的空头许诺和财力，为这些州驱逐出了印第安人。虽然这些措施各有不同，但它们所追求的目标却是一致的[①]。

柴罗基部落在它提交给国会的请愿书[②]中写道："遵照统治宇宙的我们祖先的旨意，生活在美洲的红色人种变得弱小，而白色人种则变得出名和强大。

当你们的祖先登上我们的海岸时，红色人种还是强大的；尽管红色人种当时处在野蛮和蒙昧的状态，却以和善的态度容纳了他们，并且让出自己干爽的土地以供他们疲劳的双脚休息。在最开始的时候，我们的祖先和你们的先人握手言欢、和平共处。

凡是白人提出的请求，印第安人全部欣然同意，并且付诸实行。在当时，印第安人是施舍者，白人是乞讨者。而如今，局面完全改变了：随着邻居人数的持续增加，红种人的权力越来越小。往日遍布在你们所谓的合众国各地的那些强大部落，如今几乎全部灭绝了。这就是美洲红种人的遭遇。

我们这些九死一生的残留红种人，难道也要走上灭亡之路么?

从没有史料记载的远古时代起，天神就将我们现在所占据的土地赐给了我们的祖先，祖先又将这些土地当作遗产传给了我们。我们以崇敬的心情将它保存下来，毕竟这里埋藏着我们祖先的遗骨。请允许我们冒昧地问一句：我们何时让出或放弃了这些遗产？还有哪些权利比继承

---

① 想要明确了解各州政府以及联邦政府的政策，首先要查阅的是各州所制定的关于印第安人的法律，其次应当查阅联邦政府就这个问题所制定的法律，特别是 1802 年 3 月 30 日法令（此项法令收录于斯托里所著《美国法律》）第 2 卷第 838 页及以下各页。最后，若想了解联邦和所有印第安部落关系的现状，可以参看美国陆军部长卡斯先生于 1823 年 11 月 29 日所做的报告。

② 于 1829 年 11 月 19 日提出。以下的引文是逐字翻译出的。

权和最先占有权更能让一个民族拥有一片国土呢？我们知道，佐治亚州以及合众国的总统硬说我们已经丢掉了这项权利。但我们却认为这是无稽之谈，我们究竟在何时丧失了它？我们究竟犯了哪些让我们丧失这项权利的罪行？你们难道是在指责我们曾在独立战争时期，在大不列颠国王的旗帜下同你们交过火么？如果说这就是罪行，那为什么在战争过后签订的第一个条约中，你们没有指出我们已经丧失了对土地的所有权呢？你们为何不在这项条约中加入‘合众国同意和柴罗基部落议和，但为了惩罚它曾加入战争，兹宣布：今后美国人将柴罗基部落视作土地的佃户，当政府要求印第安人撤走时，他们必须无条件服从’这样的条款呢？当时你们可以这样做的时候，谁都没有想到这一点，而我们的祖先也从不曾同意过导致他们丧失最神圣的土地的条约。”

这就是由印第安人亲口所说的，而且他们说的也句句都是实情。他们所预见的事情，看来是无法避免的了。

无论从哪个角度去考察北美印第安人的命运，他们的灾难大概都是无法补救的：如果他们继续保持蒙昧，白人就会一边前进一边驱赶他们；如果他们想要开化，当他们和那些比自己文明得多的人接触会，就会因为受到压迫而变得贫困；如果他们从一块蛮荒之地迁徙到另一块蛮荒之地，就会自取灭亡；如果他们设法定居下来，同样难逃灭亡的命运。他们唯有依靠欧洲人的帮助才能变得文明开化，但欧洲人的到来，却使得他们的处境变得更差，又将他们重新驱赶到蛮荒之中。当他们继续在蛮荒中生活时，就不会改变自己的民情，当他们被迫想要主动改变时，却为时已晚。

当年的西班牙人曾用他们的猎犬像追逐猛兽那样追逐印第安人。他们不分是非曲直，毫无怜悯地洗劫了新大陆；但他们没有将印第安人屠杀殆尽，毕竟疯狂总有一个限度。那些在大屠杀中幸免于难的印第安人，最后和自己的征服者融合在了一起，并且接受了他们的宗教和民情[①]。

和西班牙人相反，美国人对待印第安人的方式，还比较讲究规矩和法制。只要印第安人自愿保持他们的野蛮状态，美国人就绝不会干预他们，而是把它们当作独立民族对待。在按照条约所规定的手续购买之前，不允许任何人占有印第安人的土地。当某个印第安人部落因为不幸意外而无法在原有的土地上生活时，美国人还会向他们伸出援助之手，将他们送到远离家乡的某个地方，让他们在那里自生自灭。

西班牙冒着天下之大不韪，使自己蒙受了奇耻大辱，使用了史无前例的残忍手段，也没能让印第安人灭绝，甚至都无法阻止印第安人分享他们的权利。而美国人却用非常巧妙的手段达到了一石二鸟的目的，没有流血，没有违反法律，也没有违反被世人公认的伟大道德原则[②]。用尊重人道的方式来消灭人，美国可谓是行家里手。

黑色人种在美国的处境[③]以及他们的存在给白人造成的隐患

为何现在废除蓄奴制及消除它的所有痕迹比古代更加困难——在美

---

① 之所以造成这种不幸中的万幸的结果，不是因为西班牙人大发善心。而是因为在欧洲人到来之前，各个部落的印第安人已经开始务农，否则，南美的印第安人必然也会像北美的印第安人那样走向灭亡。

② 对于这件事，应当首先看看贝尔先生于 1830 年 2 月 24 日以印第安人事务委员会的名义呈交的报告。在这份报告中的第 5 页，他用非常合乎逻辑的理由进行旁征博引地论证："印第安人绝对没有权利因为他们祖先在这生活而拥有产权和主权，这个主要原则我们从未公开或私下放弃过。"

在阅读这份老到的报告时，我们为作者的信口开河而感到震惊，因为他的论据并不是以自然权利和理性为基础。此外，从是否合乎正义的观点来看，我认为文明人和野蛮人之间存在的差别，就在于前者向后者权利的正义性提出疑问，而后者则听任前者侵犯自己的权利。

③ 在论述这个问题之前，我想让读者先回想一下我在绪论中提到的一本书。这本书即将出版，作者是和我一同去美国考察的古斯塔夫·德·博蒙先生，他的主要目的是让法国读者了解黑人在美国白人中处于何种地位。德·博蒙先生深刻地论述了我在这里蜻蜓点水的问题。

他的书中收录了大量非常珍贵并且从未发表过的立法文件和历史文献，书里还附有鲜艳而真实的图片。凡是想了解暴政一旦违反人道会如何加剧压迫的读者，不妨读读博蒙先生的大作。

利坚，白人对黑人的偏见貌似随着蓄奴制的废除而日益加深——黑人在北方及南方各州的不同地位——美国人为何要废除蓄奴制——让奴隶变蠢的奴役不再有利于奴隶主发家致富——俄亥俄河左岸与右岸之间的差异——这种差异的原因——随着黑色人种的南退，蓄奴制也逐渐向南方转移——如何解释这一现象——南方废除蓄奴制所遭遇的阻碍——潜伏的危险——人们的忧虑——建立一个非洲的黑人殖民地——为什么美国南方人在厌恶蓄奴制的同时反而加剧了这种制度的残酷性

印第安人生存在孤立状态中，并且会在孤立状态中消亡。但黑人的命运却总是与白人的命运交织在一起。这两个种族有着千丝万缕的联系，却又各成一体，它们既无法完全分开，又不能完全结合。

在威胁美国未来的所有灾难中，最可怕的就是黑人的出现。有些观察家虽然出发点不同，但是他们在考察美国当下困境和未来隐患的时候，总是将其归因于这一主要事实。

一般来说，人们的好高骛远和狂热追求往往会造成长久的灾难。然而，有一类灾难却是悄无声息地降临在世界上的：最开始的时候，它以人们刚刚能察觉的形式出现在一般权力中，肇始于历史上一个无名之辈的手里；之后，它像一种洒在大地上的某种可怕病菌，通过自身的繁殖，轻松地向四周蔓延，并且随着社会的发展而成长。这个灾难就是蓄奴制。

最开始的基督教废除了奴役，16世纪的基督徒又将它恢复。然而，他们绝对不是将奴隶制度看作一种例外而实施的，而是针对一个完整的种族而实施的。他们给人类带来了新的创伤，这次创伤的规模虽然不算大，但是要想治愈它，却更加困难了。

要对蓄奴制本身和蓄奴制引发的后果这两件事加以区分。

蓄奴制所造成的直接灾难，在古代和现代并没有太大分别；但是这种灾难造成的后遗症，在古代和现代却大不相同。在古时候，奴隶和主人属于同一个种族，而且奴隶在思想教育和知识水平上往往要高于他的主人①。是否拥有自由，是他们之间的唯一区别。一旦赋予了奴隶自由，奴隶就会和奴隶主相混淆。因此，古人取消蓄奴制的方法非常简单，这个办法就是把自由赋予奴隶，而且一旦他们采取这个做法，往往都能取得成功。

然而，古代的奴役制度取消后，其痕迹还会在一个时期内继续存在。

人类有一种天然的偏见，他们瞧不起比自己地位低的人，而当这些人和自己平等后，他仍然会长期瞧不起人家。除了财富和法律所造成的不平等，还会产生一种扎根于民情的想象中的不平等。然而在古代，奴隶只要取得自由，就和那些生来自由的人完全一样，以至于很快就无法将他们和那些自由人区别开。

古人最大的难处在于改革法制，现代人最大的困难则在于改变民情；此外，我们现代人真正的困难，又和古代人需要解决的困难有一些联系。

这主要因为现代人将蓄奴制无形短期的压迫与种族差异有形长期的压迫结合在了一起，一想起蓄奴制度，就会让某些种族觉得耻辱，而这些种族又经常会记起这种回忆。

没有一个非洲人是自由地前往新大陆海岸的。因此，现在居住在新大陆的非洲人，要么仍然是奴隶，要么是被解放了的奴隶。由此，黑人刚一出生就将其耻辱的外在标志传给了他们的后代。法律只能废除奴役

---

① 古代的一些著名作家就是奴隶或曾经是奴隶。例如希腊的伊索和罗马帝国的忒伦底乌斯就是这种情况。奴隶很少会被蛮族抓去当俘虏，因为蛮族战争的目的在于奴役文明人。

制度，唯有上帝才能抹去奴役的痕迹。

现在的奴隶不仅是在自由方面，而且在种族上也和奴隶主不同。你可以让黑人获得自由，但无法让欧洲人把他们视作自己人。

不仅如此，黑人一生下来就低人一等，是带着奴隶的身份进入白人社会的，我们只能勉强承认他们具有人类的一般特点。在我们看来，黑人的面貌可憎，智力有限，品味低下，甚至将他们视为介乎人兽之间的生物①。

因此，现代人在废除了奴隶制度以后，还需要破除三个比蓄奴制度更难对付的顽固偏见。它们是：奴隶主的偏见、种族的偏见、肤色的偏见。

我们非常幸运，大自然让我们和周围的人一样，法制让我们和周围的人平等，但这一情况也给我们带来了一个极大的困难。这个困难就是：我们很难理解将美国黑人和欧洲人隔开的那道鸿沟。不过，我们可以借助类比推理的方法，得出一个大致正确的看法。

在我们的国家里，曾出现过一些主要由立法所造成的较大不平等。纯粹由法律规定尊卑，是人们能够想象得出的最大虚构！在自己的同类之间建立永恒差别，是对人性的最大侮辱！然而，这种差异却存在了很多个世纪，现在仍然在许多地方存在着，并且留下了只有时间才能将它抹去的想象中的痕迹。既然纯粹由法律规定的不平等都如此难以根除，那么，要如何才能消除那些看上去有着牢固基础的不平等呢？

当我想到一些贵族团体，不论其性质如何，它们都不肯同人民群众混合时；当我想到这些贵族团体为了保护它们隔绝开人民群众的思想屏障，而煞费苦心了好多个世纪时，我就会觉得要想让一个举着鲜明而光

① 为了让白人放弃黑人的道德和智力都不如古代奴隶的观点，黑人就必须做出改变，如果他们不能改变，白人的这种观点就依然会存在下去。

辉的旗帜的贵族自生自灭，是没有任何希望的。

由此我认为，那些幻想有一天欧洲人会和黑人混为一体的先生小姐们，是在异想天开。我的理性告诉我，这一天绝不会到来，而且据我观察到的事实来看，也没有发现这种迹象。

迄今为止，凡是在白人强大的领域，白人都迫使黑人居于卑微或被奴役的地位；凡是黑人强大的领域，黑人就会消灭白人。这是两个种族之间自古至今的唯一结局。

现在把目光转移到今天的美国。我看到在美国的一些地方，将两个种族隔离开的法律屏障正在逐渐消失，但民情方面的屏障却并未消除。我发现在蓄奴制衰弱以后，它所造成的偏见却依然存在。

在美国的那些黑人已不再是奴隶的区域，他们是否和白人更接近了呢？凡是在美国待过的人都能看到，情况恰恰相反。

我认为，那些已经废除蓄奴制的州，其种族偏见比尚未废除蓄奴制的州更为强烈；此外，没有任何地方的种族偏见，能像从来不知蓄奴制为何物的州表现得那样难以令人容忍。

没错，在联邦北部，法律允许黑人与白人通婚，但舆论却要辱骂那些与黑种女人结婚的白种男子，而且也很难找出这种婚配的案例。

那些废除了蓄奴制的州，大多授予了黑人选举权；可是一旦他们真的去投票，就可能遭遇生命危险。他们在受到迫害以后可以去告状，但所有的法官都是白种人。法律允许黑人充当陪审员，偏见却在排挤他们，让他们无法出任。黑人的子女无法进入为欧洲人的子女开设的学校。在剧院里，即使黑人有钱，也买不到和白人并排的座位。在医院里，他们必须要和白人分开。虽然黑人也可以去参拜白人的上帝，却不能和白人在同一所教堂祈祷，黑人有着自己的教士和教堂。天堂的大门虽然没有对他们关闭，但地位的不平等却让他们停驻在来世的墙外。当黑人去世时，他们的骨头就会被抛在一边，身份的不平等甚至造成了死后的不公正。

由此可见，虽然黑人获得了自由，在法律上具有了和白人平等的地位，但他们在现实中并没有和白人一样的权利、享受以及劳动机会，甚至在死后都无法进入同一个墓地。无论是活着还是死去，他们都无法与白人在一起。

在蓄奴制依然保存的南方，黑人与白人之间的隔阂还没有这么严重。黑人有时能和白人一起劳动娱乐，白人也允许自己的同胞在一定范围内和黑人打成一片。虽然立法对黑人很严格，但人们却有着宽容和同情的精神。

南方的奴隶主不介意将奴隶的能力提高到与自己相若的水平，因为他们知道，自己可以任意地将奴隶投进垃圾堆里。而在北方，白人虽然不再将自己与黑人之间的壁垒看得那么森严，但他们却总是小心翼翼地避免和黑人接触，害怕有一天自己会和黑人混为一体。

在南方，造物主有时会收回它们的权力，让白人和黑人暂时恢复平等。而在北方，人们的骄傲感促使他们不敢流露自己的真情实感。如果北方的立法部门宣布黑人女人无权和白人男人同床，那么北方的白人男人倒有可能找一个黑人女人做他的暂时伴侣；然而北方的法律现在允许黑人女人可以成为白人男人的妻子，这样一来，白人男人就会处于一种害怕的心理而不敢接近黑人女人。

在美国，排斥黑人的偏见仿佛随着黑人的解放而加深，日常生活中的不平等也随着法律废除不平等法规而加强。

但是，如果共同居住在美国的这两个种族在地位方面的情况像上面描写的那样，那么美国人为什么在北方废除了奴隶制，而在南方却保留着奴隶制呢？他们又是怎样让蓄奴制的残酷性加剧的呢？

答案显而易见。这是因为废除奴隶制度是出于白人的利益，而不是出于黑人的利益。

第一批黑人被输往弗吉尼亚州，是在1621年左右[①]。因此，美国的情况和世界其他地方一样，蓄奴制都是始于南方，然后由南向北发展。然而，奴隶的人数越往北越少[②]，在新英格兰一带已经很少能看到黑人了。

随着一些殖民地的相继建立，时间已经过去了一个多世纪，一个奇怪的现象开始引起人们的注意。这个现象就是：那些几乎完全没有奴隶的地区，无论是在人口方面还是在财富和福利方面，都比拥有奴隶的那些地区发展得迅速。

在没有奴隶的地区，居民必须自己种地或雇人种地；而在拥有奴隶的地区，居民却有大把免费劳动力供自己使用。虽然前者需要自己出钱出力，后者却能优哉游哉并且将钱省下，但奇怪的是，前者的收益却总比后者要多。

这种结果似乎难以解释，因为南方和北方的移民都是一样的欧洲人，有着同样的习惯、同样的文明以及同样的法制，只是在一些无伤大局的细节上有所不同。

时间继续向前推进，一部分英裔美国人离开了大西洋沿岸，像潮水般涌向西部荒野。他们在西部找到了新的土地，并且适应了那里的气

---

① 可参考贝弗利的《弗吉尼亚史》，《杰斐逊回忆录》。后者针对弗吉尼亚输入黑奴的情况以及1778年颁布的第一个禁止输入黑奴法令，都做了非常详尽的描述。

② 虽然北方的奴隶数量不多，但关于贩卖奴隶而引起的争论却比南方激烈。1740年，纽约州的立法机构宣布：应该尽量鼓励直接输入奴隶，并且要严惩走私奴隶的贩子，因为走私会挫败那些政治商人的积极性。（肯特：《美国法释义》第2卷206页）在《马萨诸塞历史学会论丛》的第4卷第193页上，刊有贝尔纳普对新英格兰蓄奴制的详细论述。贝尔纳普认为，新英格兰输入黑奴始于1630年，但自那时候起，立法局和社会舆论就表示反对蓄奴制。（托克维尔所引用的部分，刊登在1795年出版于波士顿的该论丛的第191页以及以下几页）

从这部论丛中可以看出，让蓄奴制得以废除的因素，最初是舆论，随后是法律。

候，克服了林林总总的障碍。在西部，来自各地的人都混在一起：有的人是南下，有的人是北下。这些因素混合在一起，产生了相同的结果。一般来说，那些没有奴隶的殖民地要比蓄奴制盛行的殖民地发展得更快更繁荣。

随着各个殖民地的发展，人们开始隐隐发觉：如此残酷地对待奴隶，正在给奴隶主造成致命的后果。

如果你去观察俄亥俄河的两岸，就会发现这个真理是千真万确的。

俄亥俄河被印第安人亲切地称为“美丽的河”，它流经有史以来人们所居住过的最好河谷之一。俄亥俄河的两岸有着起伏不平的肥沃土地，每天都在为人们提供着取之不尽的财富。河两岸的空气有助于身心健康，气候也温和宜人。每一个河岸附近，都是一个土地辽阔的大州边界。在河的左岸，以蜿蜒曲折的俄亥俄河为界限，叫作肯塔基州；在河右岸的州以河水命名为俄亥俄州。这两个州仅有的差别，就是肯塔基州允许蓄奴，而俄亥俄州则不准境内出现奴隶①。

因此，当一个人在俄亥俄河乘着船顺流而下，抵达该河注入密西西比河的河口时，就像是航行在自由和奴役之间。他只需看看河的两岸，就立即能判断出哪一岸的做法对人类更为有利。

在人烟稀少的左岸，偶然能看见一群无精打采的奴隶在半开垦的土地上游荡，遭到砍伐的原始森林又长出了新树。社会已经失去活力，人们变得懒散，唯有大自然依然呈现出一派生机勃勃的景色。

相反，在河的右岸，则能够听到机器的轰鸣，这说明在不远处有大工厂。稻田里生长着茂盛的庄稼，雅致的房屋彰显着农场主的兴趣和爱

① 俄亥俄州不但不允许蓄奴，还禁止那些已经被解放的黑人入境，任何人都不准收留他们。可参看俄亥俄州的法令。

好，到处都是一片富裕的景象。由此看来，这里的人们都很富裕，并且对自己的生活感到满意，因为这些都是自己的劳动果实①。

肯塔基州建立于1775年，俄亥俄州则比它晚建12年。然而，美洲的12年胜过欧洲的50年。如今，俄亥俄州的人口已经比肯塔基州多出了25万人②。

奴隶制和人身自由所造成的不同后果是很好理解的，并且能够说明古代文明和现代文明的差异。

在俄亥俄河的左岸，人们对劳动与奴役混淆不清；而在这条河的右岸，人们则把劳动和进步联系在一起。在左岸，劳动者是低贱的，在右岸，劳动者则是光荣的。在河的左岸，根本看不到白人劳工，因为白人害怕自己和奴隶混杂在一起，把一切苦活都交给黑人来做。而在河的右岸，却很难找到一个白人懒汉，白人将他们的聪明才智用在了各种劳动上。

因此，那些在肯塔基州制造物质财富的人，既没有文化又没有热情；而具有这两个条件的人，要么是什么都不干，要么是渡过俄亥俄河，去对岸发挥自己的聪明才智。

虽然肯塔基州的奴隶主在使用奴隶的时候不必付酬劳，但奴隶劳动的效率却不高；而俄亥俄州的企业主付给自由工人工钱，却能够让他们得到远远超过工人劳动价值的收益。

虽然要付薪酬给自由工人，但这些工人的工作效率比奴隶高，而工作迅速又是经济效益的主要因素之一。白人出卖自己的劳动力，但

---

① 不仅俄亥俄州的个体劳动者非常积极，州政府本身还建有一些巨大的项目。例如，俄亥俄州在俄亥俄河与伊利河之间开凿了一条运河，使得密西西比河流域与北方的水系联结了起来。有了这个运河，那些来纽约做生意的欧洲人才能由水路穿过 500 多里约的路程抵达新奥尔良。

② 根据 1830 年人口普查的精确数字，肯塔基州的总人口为 688844 人，俄亥俄州的总人口为 937679 人。

只有当他们的劳动力能创造价值时才会有人购买。黑人虽然不要求劳动报酬，但奴隶主却要养他们一辈子，不论他们是老年还是壮年，不论是在无法创造收益的童年还是在精力旺盛的青年，不论是在生病期间还是健康的时候，都要一视同仁地养活他们。于是，让这两种人劳动，实际上都需要支付报酬。花在自由工人身上的是工资，花在奴隶身上的则是生活费、教育费、抚养费以及服装费。奴隶主为了养活奴隶所支付的费用既是长期的也是零星的，所以不容易受人注视。而自由工人的工资却需要集中支付，看上去仿佛得到钱的人发了财一样。但真正算起来，使用奴隶的花费要大于雇佣工人的花费，更何况奴隶的工作效率还比较低下[①]。

蓄奴制造成的影响比这扩散得更为深远。它甚至触动了奴隶主的心灵，并且左右了他们的思想爱好。

在俄亥俄河的两岸，造物主虽然赋予了人们敢作敢为及坚定不移的性格，但河两岸的人们在发挥这个共同品质的时候却有所不同。

右岸的白人不得不依靠自己的努力来过活，并且把追求物质福利视作人生的主要目的。由于他们脚下的土地有取之不尽的资源供他们使用，有不断更新换代的迷人前景吸引着他们去争取，所以他们积极进取的精神超越了人们贪心的一般界限，想要致富的欲望促使他们踏上了命运为他们开辟的每一条道路。不论他们去当水手还是去开荒，不论是去

---

① 除了四周充斥着自由工人，工人的劳动比奴隶的劳动更有效率和更节省这些原因外，还应当指出一个美国所特有的原因。这个特有原因是：在美国全境，只有密西西比河注入墨西哥湾河口一带，最适宜种植甘蔗。种植甘蔗收益最大的地方是路易斯安那州，所以其他地方的农业工人都不如这里的工人赚钱多。由于生产成本和产品之间总有一定的比例关系，所以路易斯安那州奴隶的生活费用也比较高。不过在路易斯安那加入联邦后，它能够从美国各地引进奴隶，所以新奥尔良市场上的奴隶价格要比其他市场上的价格高。于是，在生产效率不高的地方，使用奴隶种地的费用一直居高不下，这就给自由工人的竞争带来了极大好处。

务工还是务农，都有一种坚忍不拔的毅力在支持他们的劳动以及克服不同行业中可能遭遇的风险。他们的聪明才智有其不可思议之处，他们赢得胜利的决心有一种英雄主义气概。

来自左岸的美国人不仅轻视劳动，还看不起劳动所成就的一切事业。他们生活得悠闲自在，他们的志趣就是懒汉的志趣。在他们眼中，金钱丧失了它的一部分价值；他们追求财富的渴望，远远不如追求寻欢作乐的渴望；他们用在玩乐上的精力，不亚于他们的邻居用在商业上的精力。他们热爱狩猎和斗殴，喜欢疯狂地挥霍体力。舞枪弄刀对他们来说是家常便饭，在很小的时候，他们就学会在一对一的搏斗中玩命。因此，蓄奴制不但没有让白人发财致富，反而让他们放弃了发财致富的愿望。

这些差异不仅在对比南北方的时候可以见到，在对比南方各地居民的时候也能够发现。那些在联邦最南边的几个州里经营工商业并且想要从蓄奴制中得到好处的人，大多都来自北方。如今，每天都有北方人来到美国的这个地区，因为在这里不必担心竞争问题。他们注意到这里的资源还没有被当地人开采，于是就利用这个他们原本不赞成的制度，去获取比维护这个制度的当地白人更多的利益。

如果我继续对比下去，就很容易证明：美国南方人和北方人在性格上的差异，大多来自蓄奴制度。但这么做会让我离题，因为我现在所要考察的不是奴役造成的一切后果，而是奴役对那些赞成奴役制度的人和地区所产生的后果。

蓄奴制对商业生产的这种影响，在古代不能被人们充分理解。在那时候，奴隶制度覆盖整个文明世界，不知奴隶为何物的民族都是蛮族。

基督教之所以废除了蓄奴制，不过是为奴隶们伸张了权利而已。而现在，人们可以利用奴隶主的名义去攻击蓄奴制，使得利益和道德在这一点上调和了起来。

随着这个真理变得越来越明显，美国的蓄奴制也就无可避免地节节败退。

蓄奴制开始于南方，然后又发展到了北方，而如今正在败退之中。自由发轫于北方，然后逐渐向南方推进。在美国的州郡中，宾夕法尼亚州现在是蓄奴制在北边的极限，不过在这个州里，蓄奴制也摇摇欲坠了。紧挨着宾夕法尼亚州南界的马里兰州，时刻都准备着废除蓄奴制。位于马里兰州下方的弗吉尼亚州，就已经开始讨论蓄奴制的作用和危害了[1]。

人类的各项制度只要发生重大变化，其原因大多涉及继承法。

当长子继承制度在南方通行的时候，每个家庭几乎都有一个无须劳动也不想劳动的富人作为代表。那些依照法律无法继承遗产的家属，就像攀附在大树上的寄生植物，围绕着他过着同样的生活。当时所有美国南方富裕家庭的情景，在今天欧洲的某些贵族家庭中仍然能看到。在这些贵族家庭里，那些弟弟妹妹虽然没有哥哥姐姐这么富有，却和他们的哥哥姐姐一样游手好闲。这个出现于欧洲和美洲的相同结果，好像是出自一些类似的原因。在美国南方，所有的白人形成了一个贵族集团，由一些特权人物领导。这些特权人物的财产是世袭的，他们悠闲的生活方式也是代代相传的。在这个贵族集团的内部也能看到一些穷人，但他们却不是劳动者。这些人宁可受穷，也不想找活干。因此，黑人奴隶不会遇

---

① 我刚才提到的后两个州，有一个特殊的理由要求它们必须要废除蓄奴制。

联邦在这一地区的居民财产，主要是通过种植烟草积蓄起来的。这里的奴隶全部在从事着这项工作。然而，很多年以来，烟草逐渐失去了暴利的价值，而奴隶的价格却依旧如故。由此，生产成本和产品价值的比例已经发生改变。马里兰州和弗吉尼亚州的白人居民，不论他们现在是否还在利用奴隶种植烟草，都认为自己的处境已经远远不如30年前了。

到任何竞争，不管白人对他们的工作效率有多么不满意，都必须雇用，因为只有他们肯替白人干活。

长子继承制度废除后，财产便开始分化，所有的家庭都因此下降到必须依靠出卖劳动来维持生计的地步。有些家庭已经消失，每一个家庭都有这样的预感：必须自食其力的日子即将来临。虽然现在还有一些富人，但他们已经无法再形成一个紧密结合的世袭集团了。同时，他们也不再拥有让自己强大和影响社会各阶层的精神力量了。于是，大家一致地放弃了轻视劳动的偏见。穷人的数目虽然增加了，但是他们能够不因为自食其力而脸红了。因此，废除长子继承制度的最直接成果之一，就是创造出了一个自由工人阶级。在自由工人和奴隶竞争了一段时间后，奴隶的劣质就逐渐暴露了出来，而蓄奴制也在维护奴隶主利益这个原则上，受到了打击。

随着蓄奴制的节节败退，黑色人种就随着蓄奴制度一起，回到了他们当初离开的热带地区。

这个现象乍一看让人感到奇怪，但用不了多久就被人们理解了。

美国人在废除奴役后，并未让奴隶获得自由。

如果我不举出一个例子，读者恐怕很难理解我在后面的叙述。我现在以纽约州为例。1788年，纽约州下令禁止在境内进行奴隶买卖，以这种间接的方式阻止输入奴隶。从这以后，黑人的数目只能依靠自然繁殖而增加。8年后，纽约州采取了一项果断的措施，通过法令的形式宣布：自1799年7月4日以后，那些父母都为奴隶的新生婴儿，全部获得自由。从此，导致奴隶人数增加的所有途径都被堵死，这样一来，虽然还存在奴隶，而蓄奴制本身却不复存在了。

北方的某个州宣布禁止输入奴隶后，就没有人再从南方向北方贩卖黑人了。

自从北方不允许买卖黑人开始，那些奴隶贩子虽然无法在北方买卖奴隶，但他们还可以向南方输送奴隶，获得利益。

当北方的一个州宣布奴隶的子女在出生后即能获得自由时，奴隶的后代便不再进入市场，从而丧失了被人出售赚钱的价值，但如果将他们输往南方，仍然能大赚一笔。

于是，同样的一条法令，一方面防止了南方的奴隶来北方，另一方面又将北方的奴隶赶到了南方。

然而，这里还有一个更为强有力的原因。

随着一个州奴隶数量的减少，这个州就会越来越需要自由工人。当自由工人进入工矿企业，奴隶的劳动效率就会日益降低。于是，奴隶就成了没有多大实用价值的财产。不过，在南方使用奴隶做工，还能取得很大收益，因为那里没有如此激烈的竞争。

因此，废除蓄奴制的举动并没有让奴隶获得自由，而只是变换了奴隶的主人，也就是将奴隶从北方输往南方。

至于那些已经获得自由的黑人以及在废除蓄奴制后出生的黑人，他们虽然没有被人从北方贩卖到南方，但是他们在欧洲人中间的处境，与印第安人并无二致。在那些比他们有钱和有知识的白人眼中，他们只是一些半开化和没有权利的人。他们一方面是法律虐待的对象①，另一方面又受到社会的排挤。在某些方面，他们甚至比印第安人还要可怜。他们一想到奴役就悲从中来，他们无法像印第安人那样向美国政府提出某块土地原来是属于自己的。他们中的很多人都在饥寒交迫中死去②，其余的

① 凡是那些已经废除蓄奴制的州，一般都让那些获得自由的黑人留在本州过着艰难的生活。由于各州在这方面具有默契，所以这些不幸的黑人只能选择最坏的环境居住。

② 在废除了蓄奴制的各州郡，白人的死亡率和黑人的死亡率相差悬殊。自 1820 年至 1831 年，费城白人的年死亡率为 42 比 1，而黑人的死亡率则为 20 比 1。而且，这个死亡率在黑人奴隶中还算不上是最高的。（见埃莫森：《医学统计》第 28 页，1831 年，费城）

人则聚居在城市里做一些粗活，过着朝不保夕的悲惨日子。

此外，虽然黑人的数量仍然按照他们未获自由时的速度增长，但白人的数量却以比废除蓄奴制前多两倍的速度增长，所以在不久之后，黑人就会淹没在白人之中。

奴隶聚居的农业地区，往往比白人聚居的农业地区人口稀少。而且美国是一个新兴国家，当一个州在废除蓄奴制时，多半会有一半的土地无人居住。一个州在取消奴隶制度后，就会立即觉得缺少自由工人，于是那些成群结队的冒险家，就从四面八方涌入。他们来这的目的，是想从刚刚开放的实业新资源中牟利。他们获得了土地，在土地上建立起了白人的家园。欧洲移民就这样源源不断地进入了废除蓄奴制的各州。那些漂洋过海到新大陆寻找幸福和利益的欧洲穷人，如果生活在把劳动视作低贱事业的地区，他们会做些什么呢?

这样一来，白人就会通过自然繁殖以及大量移民的方式，让人口迅速增加；而黑人的人口却因为没有移民的补充而日渐减少。于是，黑人和白人之间的人口比例，很快就会颠倒过来。黑人将会变成一群可怜的破落户，成为一个居无定所的穷困部族，然后消失在拥有土地并且人口众多的白色人种之中。现在，他们除了忍受不公正的待遇，没有任何办法。

在大部分西部的州郡里，至今尚无黑人；而在北方所有的州里，黑人的数量越来越少。因此，未来黑人的重大问题，是他们被逐渐挤到一个狭小的地区。这个问题虽然不是那么令人担忧，但确实也不容易解决。

随着黑人的不断南下，有效地废除蓄奴制变得越来越困难。这个结果源自几个必须加以阐述的自然因素。

第一个因素是气候。欧洲人越接近热带，就越觉得劳动的艰难性。很多美国人甚至断言，在那种气候下干活，最后的结果就是死亡。而黑人却能忍受这种气候并且没有任何危险[①]。然而，我不认为这个促使南方人变得懒惰的想法，是有经验依据作为基础的。美国的南方并不比意大利或西班牙的南方热[②]。为什么美国人不能像意大利人和西班牙人在那里劳动呢？既然意大利人和西班牙人在废除奴隶制度后并没有死亡，那美国为什么不能效仿呢？我不相信大自然为了不让佐治亚和佛罗里达的欧洲人累死，而不让他们在自己的土地上劳作，但是他们肯定会比新英格兰的居民辛苦，得到的收益也不如人家[③]。自由劳动者在南方失去了一些他们对奴隶的优势，所以延迟了蓄奴制的废除日期。

欧洲的所有农作物都能在联邦的北方生长，但是南方却有其特有的产品。

美国人发现，利用奴隶来种植谷物，是一种得不偿失的经营方式。那些在非蓄奴制地区种植小麦的农户，一般很少雇佣长工，只是在农忙季节多雇一些短工，并且给他们提供临时食宿。

在实行蓄奴制的地区经营农业的人，为了完成只需几天就能做完的播种和收割工作，就必须长年养活一大批奴隶。因为奴隶无法像自由工人那样一边靠出卖自己的劳动过活，一边等着别人来雇用自己。为了使用奴隶，人们就必须要付钱将他们买下来。

除却这些不利因素外，田间劳作的性质，也使得蓄奴制不适合在种植谷物的地方实施。

在种植烟草、棉花、甘蔗等作物时，需要不断进行田间管理，妇女和儿童都能派上用场，而种植小麦却不是这样。因此，单单从田间作业的性

---

① 种植水稻的地区确实是这样。稻田种植在骄阳似火的热带有害健康，但是，可以不种水稻啊！

② 南方诸州比意大利和西班牙离赤道近，但是美洲大陆要比欧洲大陆冷一点。

③ 西班牙人曾把亚速尔群岛的农民运到路易斯安那，但这是一次实验，也没有对他们实行蓄奴制。

质来看，蓄奴制更适于在种植我刚才提到的那几种作物的地区施行。

烟草、棉花、甘蔗等作物只适合在南方生长，它们都是当地的主要财源。在废除蓄奴制以后，南方奴隶主就会面临如下抉择：要么改变原来的耕种制度，和北方人开展激烈的竞争；要么仍然种植原来的作物，只是不再使用奴隶，和那些仍然保留蓄奴制的其他南方各州开展竞争。

从这可以看出，南方有着北方所不具备的保存蓄奴制的特殊原因。

除此之外，还有一个比其他理由更具说服力的理由。如果南方废除了蓄奴制，那要如何安置黑人呢？在北方，解放黑人是和废除蓄奴制同时进行的，而在南方，则没有希望达到这个双重效果。

为了证明蓄奴制在南方比北方更合乎常理和有优势，我只需指出南方的奴隶数量非常多就足够了。输入第一批黑奴的正是南方人，让奴隶的人数日益增多的也是南方人。我们越往南走，就发现将悠闲自在视为高尚的偏见就越强。在距离热带最近的几个州里，几乎没有一个白人从事体力劳动。由此，南方的黑人数量必然多于北方。正如我在前面所说的，这种趋势还会不断加强，因为一旦联邦北部废除蓄奴制，黑人就会向南方集中。因此，南方黑人之所以会增加，不仅仅是因为人口的自然繁殖，还因为北方黑人的被迫南迁。非洲人种在美国南方激增的原因，和欧洲人种在美国北方激增的原因相似。

在缅因州，每300人中有一个黑人。马萨诸塞州的这个比例为100∶1；纽约州为100∶2；宾夕法尼亚州为100∶3；马里兰州为100∶34；弗吉尼亚州为100∶42；而在南卡罗来纳州，这个比例竟然达到了100∶55[①]。这还只

① 据美国人凯里于1833年所发表的移民协会通信所记载："40多年来，南卡罗来纳州黑人人口的增长速度大大超过白人。在统计最先开始使用奴隶的五个州，即马里兰州、弗吉尼亚州、北卡罗来纳州、南卡罗来纳州以及佐治亚州的人口时，我们发现，在1790年到1830年期间，这5个州的白人人口增加了80%，而黑人人口却增加了112%。"（详见凯里所著《关于殖民社会极其可能结果的信札》第12页及以下几页，费城，1833年）

1830年，美国白人和黑人的人口情况如下：已经废除蓄奴制的各州共有白人6565434人，黑人120520人；仍然保留蓄奴制的各州共有3960814名白人，2208102名黑人。

是1830年白人人口和黑人人口的比例。然而，这个比例后来一直处在变化之中，在北方，黑人所占的比例越来越小，而在南方，比例则越来越大。

很明显，美国南方各州如果像北方各州那样废除蓄奴制，一定会遭遇北方各州不曾遇到过的严重危险。

我们已经了解北方各州是如何废除蓄奴制和解放奴隶的。他们让当时活着的上一代黑人依然为奴，然后解放他们新出生的子女，通过这个方式将黑人逐渐吸纳到社会中来；并且针对那些在解除奴隶身份后有可能滥用他们所获得的自由的黑人进行教育，让他们学会管理自己以及享受自由的技能，然后再解放他们。

而在南方，采取这种办法就比较困难。当南方宣布在某年某月开始允许黑人新出生的子女获得自由时，关于自由的原则和思想就会进入奴隶的心中，当这些黑人看到自己的子女获得自由后，就会对他们之间命运的不平等感到焦急和愤怒。这样一来，蓄奴制就在他们的眼里失去了往日由历史和习惯创造出的道德合理性，而变成了一种一目了然的暴力。北方不会担心黑人出现这种心理，因为北方的白人人数众多，而黑人人数极少；而在南方，当自由的曙光照耀着200多万黑人，作为压迫方的白人必然会因恐惧而发抖。

美国南方的欧洲人在解放了奴隶的子女后，很快就被迫把同样的好处普及于所有的黑色人种。

我之前说过，美国北方在废除蓄奴制后，甚至在计划废除蓄奴制的时候，就展开了一种双重运动：把奴隶们从北方运到南方；由北方各州白人以及欧洲移民来填补他们的位置。

这两种情况无法同时出现在南方诸州。一方面南方的奴隶太多，无法将他们迁走；另一方面，那些欧洲人和北方的英裔美国人，也不肯去劳动还没有恢复荣誉的地方定居。此外，他们还认为，在黑人的数目超过或等于白人的州里生活，很容易遭遇极大的不幸，于是他们对此怀有戒心，不敢去那里创业。

于是，南方人在废除了蓄奴制度后，不能像他们的北方同胞那样逐步恢复黑人的自由。他们不但没有让黑人的数量减少，反而继续容纳黑人。这样一来，只需几年工夫，就会在国家中出现一个几乎和白人数量平等的自由黑人民族。

现在这种通过滥用权力来维持蓄奴制的方法，到时候就会成为让白人胆战心惊的危险根源。现在拥有土地的那些人属于欧洲人后裔，他们是所有实业的主人，控制着金钱、知识以及军队。黑人在这些方面却一无所有，不过他们就算没有这些东西也能活下去，因为他们是奴隶。然而，一旦他们获得自由，就需要自食其力了，没有了这些东西，他们还能维持生活么？白人在蓄奴制存在的时期所做的一切，当蓄奴制瓦解后，就有被破坏的危险。

让黑人继续保持奴隶地位，就能让他们处在近乎野蛮的状态。而一旦让他们获得自由，就无法阻止他们增长知识、了解自己的悲惨程度以及找到根除不幸的方法。此外，还有一个关于相对公正的重要原则牢牢地扎根于人们心中。人们对同一阶级内部不平等的感知，要大大甚于不同阶级之间出现的不平等。人们虽然能够看到蓄奴制的表象，但他们又如何能理解几百万公民长期以来忍受的屈辱和祖祖辈辈遭受的苦难呢？北方那些已经获得解放的黑人，仍然在忍受这种困难和遭遇不公正待遇，而且他们的力量很小，人数也在日益减少。与此相比，南方黑人不但数目众多，还非常有力量。

如果让白人和那些被解放的黑人在同一片土地上生活，并且把彼此视为异族，那么不难预见，将来可能会出现两种可能：要么黑人和白人完全融为一体，要么这二者永远分离。

我在前面已经表达了我对第一种可能的看法[①]。我不认为白人和黑人会在未来的某一天在某个地方以平等身份一同生活。

除此之外我还相信，美国在这方面的困难要比别的国家大得多。对于某一个人来说，抛弃宗教偏见和种族偏见是有可能的，如果他是一国之主，还有可能掀起一场惊人的革命，然而，对于整个民族来说，大概就没有这么超脱了。

当一个铁腕人物将美国人和他们之前的奴隶置于同一位置，也许会令他们混合起来。然而，只要民主是决定美国国家大事的主人，这种设想就是不靠谱的，可以预见，当美国的白人变得越来越自由，这种人就会越来越孤立[②]。

我在之前提到过，欧洲人和印第安人之间真正的纽带是混血儿。同理，白人和黑人之间的真正桥梁，也是混血儿。在黑白混血儿多的地方，这两个种族的融合是有可能发生的。

在美洲的一些地区，欧洲人与黑人的混血程度已经达到了很难在那里遇到一个纯粹黑人或纯粹白人的地步，可以这么说，在那些地方出现了一个与原来两者中的任何一方都不相同的第三种族。

在所有欧洲人中，英国人和黑人之间的通婚现象是最少的。美国南方的白黑人混血儿数量多于北方，却又远远少于白黑人混血儿在其他美洲殖民地的数量。美国的白黑混血儿数量很少，他们自身毫无力量，在

---

① 此外，这个想法还得到了另一个更具权威性的观点的支持。据康塞伊编著的《杰斐逊回忆录摘要》记载：“在这本书里，再没有什么比黑人解放后的命运写得更为清楚的了，再没有什么比完全自由的两个种族无法在同一个政府下生活写得更为明确的了。性格、习惯以及观点在他们二者之间划下了不可逾越的界限。”（托克维尔的引文出自康塞伊编著的《杰斐逊政治和哲学论文合集：回忆录以及通信摘要》，2卷本，1833年，巴黎）。

② 如果安的列斯群岛的英国人实行自治，那里的人们也会预料到他们将不能同意国家下达的解放黑奴的法令。

发生种族纠纷的时候，往往都站在白人这一边。这就好比大贵族的仆人以贵族自居，然后轻视老百姓一样。

这种被英国人视作理所当然的种族骄傲，在美国又因为民主自由所带来的个人骄傲而加强了。美国的白种人既因为自身的种族而自负，又为自己身为美国公民而自负。

此外，为什么白人和黑人没有在联邦北方混合却在联邦南方混合呢？能够认为在地位上更占优势的南方白人会更想和黑人结合么？有两个心理因素让南方美国人永远保持超然孤立：第一，害怕自己降格和原来的黑人奴隶平等；第二，害怕自己落后于相邻的白人。

如果让我对未来做一个绝对性的预测，那么我会说：从事物的一般发展规律来看，南方在废除蓄奴制以后，会加深白人对黑人的反感。我之所以产生这个想法，有我之前对联邦北方做过的类似论断为依据。我曾说过，随着立法机构对种族间法律屏障的废除，北方的白人会让自己加倍小心不与黑人进行接触。这种类似的情况为何不会在南方发生呢？北方美国人之所以不敢同黑人混合，是出自他们想象中的危险。在南方，这个危险不是想象中的，而是现实中存在的，所以我不认为他们害怕的程度会比北方人低。

一方面可以看到，黑人在逐渐向南聚集，而且他们繁殖速度要快于白人；另一方面又无法预测黑人何时能够同白人混合以及何时能从社会中取得和白人同样的好处。从这两点可以推论出黑人和白人迟早要在南方各州产生冲突。

那么，这场冲突最终会产生什么样的结果呢？

对于这个问题，我只能做一个大致的推测。人们的头脑对于未来只能勉强描画出一个大概的轮廓，而且在这个轮廓内，偶然性的因素会影响到人们所做出的一切努力。在为未来描画的蓝图上，偶然性的因素就像一些黑点，使得智慧之眼无法看清楚画面。不过有一点是可以预测的，那就是在安的列斯群岛，白人貌似注定会屈服；而在大陆，屈服的则是黑人。

在安的列斯群岛，白人被孤立于不计其数的黑人中间。在大陆上，黑人则淹没在白人的民族海洋里。从加拿大的冰原到弗吉尼亚的南部，从密西西比河沿岸到大西洋海岸，这个民族已经结为一个紧密的集团，凌驾在黑人之上。如若北美的白人一直保持团结，那么很难相信黑人能够逃脱正在威胁着他们生存的灭顶之灾，他们要么屈从于枪炮，要么在灾难中毁灭。不过，要是两个种族间的斗争刚一开始，美国的联邦就宣布解体，那么，聚居在墨西哥湾附近的黑人就有获救的可能。一旦联邦的纽带断裂，南方的白人就不用指望他们的北方同胞会对他们进行持久的支援了。北方的白人心里很清楚，危险永远都不会降临到他们的头上。如果他们承担的义务迫使他们对南方做出支援，那么我可以预言：这种来自种族的同情心是无能为力的。

然而，不论这场斗争爆发于何时，那些得不到北方同胞支援的南方白人，仍然可以凭借知识和武器的巨大优势获得有利的战场地位，而黑人只能靠着人多势众和不怕死的精神来同白人斗争。不过，黑人一旦掌握了武器，就会具备强大的战斗力。到那时，南方白人也许会遭遇像西班牙摩尔人那样的命运。在这片土地上占据了几个世纪后，他们也许会退回到祖先原来的地点，将上苍似乎注定要赐给黑人的这片土地还给他们，因为黑人在这里生活起来更为便利，而且劳动的时候也比白人觉得轻松。

虽然南方白人和黑人之间的冲突还很遥远，但这个冲突是不可避免的。它就像一场萦绕在美国人脑际的噩梦。尽管对于北方人来说，这个隐患尚未对他们产生直接威胁，但它依然是他们每天谈论的日常话题。他们想要找到一种方法来防止他们预料中的不幸，但一直没能取得成功。

而南方各州却对此保持沉默，他们从不向外来人谈论未来，即使对亲友也极力回避，每个人都把真实想法藏在自己的心里。南方人的沉默在有些地方比北方人的呐喊更为可怕。

这种普遍忧虑，促使他们开办起了一项迄今鲜为人知的事业。这项事业也许会改变一部分人的命运。

由于惧怕我刚才谈到的危险，一部分美国人组织了一个协会，协会的目的是由他们出资，将愿意摆脱暴政压迫的自由黑人送往几内亚海岸去居住①。

1820年，这个协会在非洲北纬7°附近建立了一个居民点，命名为利比里亚。根据最新的消息，已经有2500多名黑人在这里聚居。他们将美国的各项制度带到了自己祖先的国土上。利比里亚实行的是代议制，拥有黑人陪审员、黑人行政官以及黑人牧师，同时也建有教堂和发行报纸。当这些历经沧桑的人奇迹般地回到故乡后，不允许白人去他们那里定居②。

这简直就是一场异想天开的运动！自欧洲人强迫黑人背井离乡，将他们卖到北美以来，已经经过了200多年。如今，欧洲人又把这些黑人的后代装到船上，渡过大西洋，送他们回到祖先曾居住过的地方。这些黑人在被奴役的时候汲取了文明人的知识，并且在实行蓄奴制的地方学会了享受自由的方法。

迄今为止，非洲人对白人的技术和科学一直采取闭关自守的态度，而这些黑人移民所带回的欧洲文明，却可能在这里生根发芽。因此，人

① 这个协会被命名为“黑人移民协会”。可参看这个协会的年度报告，特别是第十五次年报。还可参看前面提到过的凯里所著《关于移民协会的通信》，1833 年 4 月，费城。

② 这项规定是由居民点的建设者们自己规定的。他们担心非洲也会出现美国南部的那种状况，害怕黑人和一个比他们更开化的种族接触，会像印第安人那样在开化之前就被消灭了。

们在建设利比里亚的时候，是怀着一种美好而崇高的感情的。但这种在旧大陆产生丰硕成果的理想，并没有对新大陆带来任何好处。

在12年间，黑人移民协会向非洲运走了2500名黑人。不过在这期间，又有大约70万黑人婴儿出世。

即使利比里亚的殖民地每年能接受数千名的新居民；即使这些新居民能在那里过上好日子；即使联邦政府将协会的一切事物包揽，每年由国库出钱支援协会[①]，并且使用国家的船只往非洲运送黑人，也无法抵消美国黑人因自然繁殖而造成的人数增加现象。由于每年美国新出生的黑人数量远远多于运出的黑人数量，所以这种做法无法阻止黑人日益加深的苦难[②]。

黑色人种永远都不会从美洲大陆消失，只要新大陆继续存在，黑色人种就会随之存在，并且在欧洲人的贪婪等恶习的影响下变得堕落。美国的居民可以推迟灾难的来临，但他们现在还没有消除灾难的根源。

坦白说，我并不认为在南方各州废除蓄奴制是推迟两个种族斗争的手段。

黑人也许会继续长期为奴而不抱怨，但当他们加入到自由人的行列后，很快就会因为自己被剥夺了几乎所有的公民权而感到愤怒，由于他们不能成为和白人一样平等的人，就会立即以白人之敌的面目出现。

北方的一切条件都有利于奴隶的解放，废除蓄奴制后也不必担心自

---

① 在这项事业里还有一些其他困难。例如，当联邦为了从美洲向非洲运输奴隶时，就要对那些黑人进行赎买，黑人的价格由于数量减少而上涨，很快就达到了一个让人吃惊的程度，我相信北方诸州没有一个人会愿意出这笔对他没有任何好处的款项；如果联邦政府采取强制性的办法，按照它所规定的价格购买南方的奴隶，那么就会遇到南方诸州强烈的反抗。这两条道路中的任何一个都无法打通。

② 1830年时，美国有2010327人，其中被解放的奴隶有319439人。两者加起来共2329766名黑人，占当年美国总人口的五分之一。

由黑人闹事。因为他们的人数很少，永远无法伸张自己的权利。而南方的情况却不是这样。

对于奴隶主来说，北方的蓄奴制问题，只是一个商业和工业问题；而在他们，则是关系到他们生死存亡的大问题。因为，在蓄奴制这个问题上，不能将北方和南方相提并论。

上帝不准许我像某些美国作家那样为奴役黑人的原则而辩护。可以这么说，凡是曾经赞同过这个邪恶原则的人，现在也不会轻易地放弃它。

我承认，在我考察过南方诸州后，我发现这里的白人只能有两条出路：要么解放黑人并且和他们混合，要么就是使他们鼓励并长期保持奴隶地位。在我看来，如果采用折中的办法，不久后就会导致可怕的内战，使得这两个种族中必有一个因此而毁灭。

南方的美国人就是用这个观点来看待问题的，而且依据这个观点来行动。由于他们不想跟黑人混合，所以不会让黑人获得自由。

然而，这并不是说南方居民都认为蓄奴制是奴隶主发财致富的必要手段。大多数南方人在这一点上都和北方人见解一致，并且也愿意承认奴役黑人是一种罪恶。但他们又同时认为，为了生活，不得不让这种罪恶持续下去。

随着教育在南方的普及，这些地区的居民逐渐认识到蓄奴制并不是对奴隶主都有好处。然而，这种教育同时也向他们表明，暂时还不能废除蓄奴制。这样一来，就出现了一种奇特的南北对照：在南方，虽然蓄奴制越来越受到人们的质疑，但它在法律上的地位却越来越得到巩固；在北方，虽然蓄奴制的原则在法律上废除了，但这些原则却在南方产生了日益严酷的后果。

如今，南方各州针对奴隶的立法，具有史无前例的残酷性，简直就是对人类法律的滥用。只要扫一眼南方各州的法律条文，就能断定生活在那里的两个种族是非常敌对的。

当然，这并不是说南方的美国人只顾着加强奴役制度的残酷性，从另一方面来看，他们也改善了奴隶的物质生活条件。古人只懂得用武器和死亡来维护奴隶制度，联邦南方的美国人却发现了一些能够保证他们权力更为持久的聪明办法。按照我的观点，他们已经给专制和暴力披上了宿命论的外衣，并且使得奴隶从内心深处接受了。在古代，奴隶主想方设法防止奴隶打碎枷锁；而在现代，奴隶主则是想办法不让奴隶产生这种思想。

古人给奴隶戴上枷锁，却允许他们学习知识，思想自由。奴隶主也一诺千金，遵守他们自己所制订的原则。古代受奴役的期限不是固定不变的，奴隶随时都有可能获得自由，从而和自己的主人平等。

而联邦南方的美国人，从未想过黑人有一天会和他们混为一体，他们不准奴隶学习知识，不想把黑人提高到和自己同等的水平，于是尽可能地让奴隶保持原始的生活状态。

自古以来，奴隶都梦想自由，希望自己悲惨的处境能得到改善。

联邦南方的美国人非常清楚，如果获得解放的奴隶在各方面的权利达不到他们主人那样的水平，那么解放黑奴运动就会给社会带来危险。给予一个人自由，却同时让他处于苦难和屈辱之中，这难道不是在为奴隶的造反提供一个未来的领袖么？此外，早就有人指出，只要出现一个自由的黑人，就会在那些尚未获得自由的黑人心中种下一个隐患，让他们的脑海中出现一丝微光，也就是产生关于权利的观念。在大多数情况下，联邦南方的美国人甚至会剥夺奴隶主解放自己奴隶的权利[1]。

① 解放黑奴的运动虽然没有被禁止，但必须要服从这个运动所带来的烦琐手续。

我在联邦南方碰见过一个老头，他和自己的一个女黑奴长期非法同居，生了好几个孩子，这些孩子在出世后就成了父亲的奴隶。这位老人曾几次想要将自己的权利传给他的孩子，或者至少让他们获得自由，但经过了多年的努力，他也未能克服立法机构为解放黑奴所设立的障碍。在这个过程里，他越来越年迈，即将离开人世。在当时，他主动向我讲述了他的几个儿子是如何被人从一个市场拖到另一个市场，是如何离开母亲的怀抱被送到一个陌生人的手里忍受鞭笞的情景。这个可怕的场景，让老人已经衰竭的想象力重新活跃了起来。当我看到他因为痛苦而饱受折磨时，就领悟了大自然血洗法律让它蒙受耻辱的能力。

这种灾难无疑是可惧的，但这是否是蓄奴制的同一原则在现代必然产生的结果?

当欧洲人从一个和他们相异的种族中掠夺奴隶的时候，大部分人都认为这个种族比人类的其他种族要低劣，唯恐自己将来和它们融为一体。他们预测蓄奴制会永久存在，因为在他们看来，在奴役所创造的不平等和独立所带来的完全平等之间，决不会出现一个长久存在的中间状态。欧洲人几乎把这看作是真理，却又始终没能让自己百分百确信，自从黑人打交道以来，他们的行为时而受到利益和偏见所支配，时而受到怜悯之心的左右。他们先是侵犯了黑人的所有人权，后来又让黑人认识到了这些权利的珍贵性和不可侵犯性。他们在奴隶面前开放了自己的社会，但是当奴隶们试图进入这个社会时，他们又狠心地将奴隶赶出去。他们一方面想要奴役黑人，另一方面又不知不觉地受到自由思想的支配。他们既不想坏事做尽，又没有足够的勇气完全伸张正义。

既然没办法预测南方的美国人什么时候会让自己的血液和黑人的血液混合起来，那么又怎能相信他们会冒着毁灭的危险来给予黑人自由?况且，他们为了拯救自己的种族曾被迫使用武器去对付黑人，那么他们现在为了达到这个目的而采取一些更为有效的措施就不可原谅了么？

我认为，联邦南方所发生的一切，不但是蓄奴制所带来的最可怕结果，还是蓄奴制发展自然而然的结果。当我目睹自然秩序被人为地推翻，听到人性在与法律做徒劳的斗争而呼号时，我觉得不应该怒斥制造这些罪恶的当代人，而是要诅咒那些享受了一千多年的平等后，又把奴隶制度重新带到世界上的那些人。

此外，不论南方的美国人费了多大力气去保存蓄奴制，他们也永远无法达到目的。蓄奴制是一种被基督教斥为不义、被政治经济学所诟病的制度，如今只存在于地球上的一个角落，它决不能在民主自由的社会中长久存在。它要么被奴隶推翻，要么被奴隶主取消。但不论采取哪种方式，都将会发生一些严重的不幸。

如果拒绝给予南方黑人自由，他们最后会用暴力的手段获得；如果同意给予他们自由，用不了多久他们就会滥用自由。

美国联邦长久存在的机缘以及威胁它存在的危险

强势权力的来源存在于各州，而不是存在于联邦——构成联邦的各州愿意归属于联邦一天，联邦就会存在一天——促使各州继续联合下去的因素——联邦的形式对于抵抗外敌入侵美洲的功效——上帝并没有在各州之间设立天然屏障——没有导致各州分裂的物质利益——北方可以从联合南方和西部中得到好处，南方可以从北方和西部中得到好处，西部也可以从其他两方中得到利益——促使美国人联合起来的非物质利益——一致的舆论——联邦的隐患来自于各地居民性格和感情的差异——南方人的性格和北方人的性格——联邦的迅速扩张是主要危险之一——人口向西北迁移——势力朝这方面发展——形势的快速发展所引起的激情——联邦如此存在下去会让它的政府变得强大还是软弱——联

邦政府软弱的一些迹象——政府内部的改革——荒地——印第安人——银行——关税——杰克逊将军

美国各州的现状之所以能够维持，一部分原因是依仗联邦的存在。因此，必须先来探讨一下联邦的未来命运。在进行探讨之前，我要先声明一点：就算现存的联邦真的解体，那么组成联邦的各州也不会恢复到最初的独立状态，这是毋庸置疑的。到那时，会有几个联邦来代替一个联邦。我不想去研究这些新联邦将建立在什么基础上，我只是指出可能导致现存联邦解体的一些原因。

为了达到这个目的，我不得不旧话重提，再谈一谈已经叙述过的几个问题。也许有的读者会觉得我啰唆，不过有的问题确实需要再三研究。我宁可多说几次，也不想让读者摸不着头脑，我宁可挨骂，也不想放过任何一个问题。

那些制订1789年宪法的立法者们，曾努力让联邦政权具有一种独立性以外的优越权力。

然而，他们却受到了问题本身的条件限制。他们当时的任务不是组建一个单一的国家政府，而是安排几个各自享有主权的州联合起来。此外，不管他们是否愿意，都要让这些州分享国家的主权。

为了让读者更好地理解各州分享国家主权所造成的后果，必须简略地分辨一下主权的内容。

有些事务，依照其自身的性质来说是全国性的，即只能把它委托给代表国家的个人或机构去行使。例如战争和外交方面的工作。

还有一些事务，依照其自身的性质来说是地方性的，也就是只归各地政府管辖，只能由这个地方的政府处理。例如编制地方的预算，就属于这类事务。

此外，还有的事务是混合性的，从它们涉及全国各地的个人和单位这方面来说，它们是全国性的，而从不必由国家本身出面受理这方面来说，它们有属于地方性的。例如，调整公民民事活动和政治活动权利的问题，就属于这类事务。无论什么社会体制，都必须要有公民权利和政治权利。这些权利和每一个公民都有着利害关系，但并不是出自国家生存和发展的需要，因此，不一定非要由中央政府规定。

也就是说，只有战争和外交两项必要的事务，是由国家主权管辖的。凡是具有健全组织的国家，不论其社会契约建立在什么基础之上，都必须要有全国性和地方性这两大类事务。

那些具有普遍性却非全国性的事务，就像一堆游移不定的东西在最高主权和最低主权之间飘移。我将这些称为混合性事务。它们既不完全属于国家，也不完全属于地方，而是依照各州达成的协议，在不损害联合的条件下，分别交由全国政府或地方政府去运作。

最常见的情形是：由几个人联合组成最高权力当局，再由最高权力当局成立国家。这时候，在最高权力当局组成的国家政府之下，只能有个体或集体的权力分别代行次级主权。因此，全国政府除了全国性事务，还要理所当然地管理我刚才所说的大部分混合性事务。地方政府只能拥有一小部分为维护本地福利所必不可少的主权。

结合之前的既成事实，最高权力当局有时候是由几个早已存在的政治团体所组成。这时，地方政府就不只是管辖那些完全属于地方上的事务，而是要管理全部或部分混合性事务。这是因为联合起来的几个国家或地区还拥有联合之前的主权，或是继续行使主权中的最重要部分，它只是同意让联合政府行使那些必不可少的职权。

当全国政府除了自身所固有的特权外，还被赋予行使混合性权限时，它就具有了一种更为优越的权力。这个时候，它不但拥有广泛的权力，还可以干预其他一切特权，所以人们就会担心它会剥夺地方政府所固有的必要特权。

相反，如果把处理混合性事务的权力授予地方政府，那么在社会上就会出现一种反对中央政府的趋势。这样一来，地方政府就比中央政府更有权力优势，人们就会担心中央政府因失去维持其存在的必要特权而垮台。

因此，单一的国家有走向集权的趋势，而联邦国家则有走向分裂的趋势。

除此之外，各州还将如下权力保留了下来：规定公民民事行为能力和政治行为能力的权力，调整公民之间关系的权力以及审判公民的权力。这些权力按照性质划分是属于全国性的，但不一定非要由中央政府来执行。

我们之前说过，当联邦政府以一个单一的独立体行动时，才能被赋予以全国的名义发号施令的权力。它对外代表整个国家，并且领导全国力量一致对敌。简单来说，它掌管着纯属全国性权限的事务。

这种分享主权的方式，乍看上去联邦分享的主权好像大于各州所分享的主权。但是稍稍深入观察一下便可发现：事实上，联邦分享的主权并没有多少。

联邦政府负责的工作虽然非常广泛，但很少见到它去身体力行地办理。地方政府管辖的事务虽然很小，但它却从未停止过工作，让人们时时刻刻都能感觉到它的存在。

联邦政府关心的是全国的普遍利益，但对于个人来说，国家的普遍利益并不能决定他自己的幸福。

相反，地方政府赋予当地居民的福利，会产生立竿见影的效果。

联邦政府虽然负责保障国家的独立和强大，但这对个人并没有直接影响。各州政府则负责保障全州公民的自由，协调他们的权利，保卫他们的生命财产以及保障他们的整个未来。

联邦政府远离它的公民，而地方政府则与人们直接接触。只要地方政府一声令下，人们就能够立即行动。中央政府依靠的是少数几个杰出领导人的热情，而地方政府则是依靠一些二流人物的热心。这些人只想要在当地掌权，他们贴近人民，对人民有着很大的影响力。

因此，美国人恐惧州政府的人数多于恐惧联邦的人数，从人们心灵的自然趋势来看，美国人依附于前者的地方明显要多于后者。

在这一方面，美国人的感情习惯和他们的利益是一致的。

当一个国家实行主权分享和联邦制度的时候，其原有的遗风习俗和惯例会与法律进行长期斗争，并且会给中央政府带来法律所不容许的压力。然而，当人们联合起来组成一个单一的主权国家时，这些因素就会起到相反的作用。我毫不怀疑，如果法国变成美国那种联邦共和国，那么它在一开始就会比美国更为有力；如果美国将自己的整体改为像法国这样的君主制，那么我认为美国政府将会长期比法国政府软弱。当英裔美国人在建立国家时，地方政府的存在已经是一个既成事实了，乡镇和州之间也建立起了必要的关系，人们已经习惯用共同的观点去考察一些问题，并且像代表一个特殊利益一般专注于某项事业。

美国联邦只是一个给爱国主义提供模糊对象的庞大联合体；而各个州则具有一定的组织形式和范围明确的地域范围，负责执行居民们都重视和耳熟能详的工作。州政府所希望的，就是那个地方的人们所希望的，它像珍视自己那样珍惜州内公民的家庭、财产、风俗、当下的工作以及未来的理想。因此，爱国主义作为个人自私心的外延，只存在于州，而不是存在于联邦。

只要考察一下州政府和联邦政府在各自的职权范围内是如何行使职

权的，就能轻易地看出这两种权力的差异。

每当州政府和一个人或一群人对话时，它的表达方式都是明确而带有命令式的。联邦政府和个人对话时同样如此，但它在和州政府交涉的时候，就必须改用谈判的口吻解释自己的动机和做法，也就是必须要进行商量和讨论，而不能以命令的形式。如果州政府和中央政府在宪法的权限上发生争执，州政府总是敢于提出自己的见解和要求，并会立即采取坚定的措施来维护自己的权利。在这个过程中，联邦政府只能以理服人，或求助于全国人民的良知、国家的荣誉以及利益。中央政府需要见机行事，和州政府进行谈判，不到万不得已，决不采取任何行动。乍一看，人们也许会认为掌握国家大权的是州政府，而国会代表的仅仅是一个州。

虽然联邦的立法者们做了种种努力，但如我之前所述，从自身的性质来看，它仍然是一个软弱无力的政府，比其他任何政府都需要被统治者的支持，唯有如此，它才能长久地存在下去。

很容易看出，联邦政府的目的是让各州继续联合。这个基本要求已经被成功履行，这证明联邦政府是明智的、灵活的以及有力的。当时，立法者们想要把联邦政府组织得像一般政府那样既能打击个人的反抗，又能战胜人们对政府决定的刻意抵制，但他们没有事先想到联邦有可能解体或某几个州可能会自愿退出联邦。

在今天，联邦的主权常常会和各州的主权发生纠纷，因此不难预见，联邦会有支持不下去的时候。我甚至认为，双方的斗争很难保证不会采取激烈的形式，每当州政府做出顽强抵制的时候，做出让步的总是联邦政府。过去的经验表明：迄今为止，只要有一个州坚持自己的主张，并且要求得到满意答复，最后都会取得成功；当它决定拒绝执行联邦的命令[①]时，联邦政府也只得听之任之。

尽管联邦政府拥有自己的权力，但在现实条件面前，却让它难以施行[②]。

美国领土辽阔，很多州之间相距甚远，还有一半的国土是荒野。如果联邦政府动用武力迫使加盟的各州屈服，它就会陷入英国在美国独立战争时所处的困境。

更何况，一个政府无论有多强大，也难以回避当初它所认同的一项原则对它的约束，这项原则就是必须服从公权。美国联邦是根据各州的自愿原则所建立的，各州在联合时并没有放弃自己的主权，也没有组成一个民族相同的单一国家。如果有一个州想要将自己的名字从盟约中取消，那么很难找出一个理由阻止它这么做。即使联邦政府想要反对它，也没有足够的力量和权利去这么做。

为了让联邦政府能够战胜某个州对它的反抗，就必须要像世界联邦制度史上经常见到的那样，让各州的利益和联邦的存在紧紧联系在一起。

如果联邦中某个州想要独享联邦的主要好处，或者让自己的繁荣完全依赖于联邦的存在，那么很显然，它必然会大力支持中央政权并且迫使其他州屈服。不过在这时，中央政权的力量并不是来自它自身，而是基于一项和它本性相反的原则。各州人民之所以要结为联邦，就是为了从联邦中获得同等的好处；而在刚才所论述的那种情况下，却是通过在各州之间制造不平等的手段来促使联邦政府变得强大。

---

① 可参看北方各州于1812年战争期间的表现。杰斐逊在1817年5月14日致拉法夷特将军的信中写道："在战争时期，东部的四个州就像死人拖累活人那样，紧紧地束缚了我们的手脚。"（见康塞伊编著《杰斐逊回忆录》）。

② 美国的和平环境，让它没有任何借口建立常备军。如果一个政府没有常备军，就无法让自己事先做好准备，然后把握有利时机消除反抗，用联邦的主权去压制地方的诉求。

假如联邦中某个州拥有足以垄断中央政权的优势，它就会把其他各州视为下属，并且在自己的主权得到其他各州的尊重后，便开始觊觎整个联邦的主权。到了这时，虽然一些大事在名义上还是归联邦政府管理，但这个政府却早已名存实亡了[①]。

在这两种情况的影响下，以联邦名义行事的政权越强大，就越不顾及联邦原来的政体和公认的原则。

在美国，虽然现在联邦的存在对所有的州都是有利的，但它并不是不可缺少的。即使有个别州要割断和联邦之间的纽带，也不会影响其他各州的继续联合，但是它物质财富的总成果会有所减少。正因为没有一个州完全依靠于目前的联邦，所以才没有一个州会为了维护联邦而让自己付出重大的牺牲。

就目前的情况来看，还没有一个州怀有极大的野心，以至于想要控制整个联邦。当然，联邦对各州在立法、司法以及行政上的影响并不完全一样，但还没有一个州能够对其他州作威作福，将它们视作下属。

我确信，如果某个州真要和其他州脱离关系，不但没有人能阻止，而且也没有人想要阻止。因此，只要组成联邦的各个州愿意联合下去，当下的联邦就会继续存在。

既然这个问题已经解决了，我就会轻松很多，毕竟我们的目的不是研究结成联邦的各州是否有可能分离，而是研究它们是否愿意继续联合下去。

在目前的联邦能够带给美国人好处的所有原因中，有两个主因最容易被观察者注意到。

---

① 尼德兰联省中的荷兰省就是这种情况。再比如，在现在的德意志联邦中，普鲁士皇帝就时常号令联邦，并且利用联邦的威信为普鲁士谋利。

尽管美国人几乎是独处于他们自己的大陆，但商业却使得和美国有贸易往来的一切国家成为它的邻国。因此，虽然美国人表面上似乎处于孤立状态，但他们必须要变得强大才行，而他们要想强大起来，就只能以联邦的形式存在。

一旦各州分裂，各自为政，不仅会减弱一致对敌的力量，还有可能会招来侵略他们领土的外敌。分裂之后，大好河山就会被瓜分，需要另建一套内陆的关税制度，还不得不用各种办法去折磨这片上帝赐给他们治理的土地。

在当下，美国人没有被外敌入侵的危险，所以他们既不用养兵，也不必为此而征税；但联邦一旦解体，这些事情很快就会成为必需的了。

因此，继续维持联邦的形态，对美国人有着重要意义。

另外，就目前的情况来说，也没有什么物质利益在蛊惑联邦的某一部分脱离其他部分而独立。

当我们铺开美国地图，看到阿勒格尼山脉从东北向西南穿过400里约的国土时，就会情不自禁地认为，这是上帝有意在密西西比河流域和大西洋海岸之间建立起一道天然屏障，为了遮断人们之间的往来以及为不同的民族划出一道必要的界限。

然而，阿勒格尼山脉的平均高度还不到800米[①]。它的圆形山巅以及山间的宽阔谷地，都便于人们从四面八方进入。此外，注入大西洋的那几条大河，即赫德森河、萨斯奎哈纳河以及波托马克河，都发源于阿勒格尼山脉上的一片高原，这片高原和密西西比河流域接壤。这些河流从

① 据沃尔内《美国气候与土壤概述》一书第33页记载，阿勒格尼山脉的平均高度在700–800米上下；而根据达比的说法，则为5000–6000英尺。法国孚日山脉的最高峰海拔为1400米左右。

这个地区流出后[①]，然后穿过仿佛要强迫它们向西流淌的屏障，在他们流经的山区里为人们开辟出了好几条便于通行的天然小径。

因此，在当今英裔美国人所居住的各地区之间，没有任何天然的屏障能阻断他们的往来。阿勒格尼山脉不但没有将他们隔离开，而且也没有妨碍各州之间的往来。纽约州、宾夕法尼亚州以及弗吉尼亚州将这条山脉围了起来，并且向它的西面和东面延伸[②]。

如今，美国的24个州加上已经有居民但未取得州地位的三个大区共计131144里约[③]，相当于法国领土面积的五倍。在美国的领土范围里，土质和气候各异，因此物产也多种多样。

由于美国各州土地辽阔，所以有人怀疑它们的联邦是否能维持下去。对这个观点要做具体分析。在一个领土辽阔的帝国里，如果各州之间的利益对立，那么最后可能导致彼此发生冲突，这个时候，国土的辽阔就会对国家的长治久安产生危害。但如果居住在这片广阔国土上的人民彼此之间没有对立的利益，国土的辽阔就会有利于国家的繁荣昌盛，因为一个统一的政府有利于国内不同产品的交换，同时也便于产品的流通，促使产品升值。

我确实发现美国的不同地区都有各自的不同利益，但却从未发现它们之间有互相对立的利益。

南方诸州几乎都以农业为主，北方各州大多从事制造业和商业，西部各州则兼营制造业和农业。南方种植烟草、水稻、棉花和甘蔗，北方

---

① 参见达比《美国概览》第 64 页及第 79 页，1828 年，费城。

② 由于阿勒格尼山脉的最高峰没有孚日山脉的最高峰高，所以它并没有像孚日山脉那样给产业的开发制造障碍。阿勒格尼山脉东部地区和密西西比河流域的天然联系，就好比法国的孔泰地区和阿尔萨斯地区之间的天然联系。

③ 按英里计算，共为 1002600 平方英里，见达比《美国概览》第 435 页。

和西部种植玉米和小麦。虽然它们的财源不同，但联邦政府却能为人们提供取得这些财源的均等机会。

北方各州将英裔美国人的产品运输到世界各地，又将世界各地的产品运回联邦；为了让美国生产者和消费者的人数尽量保持最高水平，它希望联邦能按照目前的状况维持下去。北方既是联邦南方和西部的天然联络者，又是联邦和世界其他地方的天然中间人。因此，北方必然会希望南方和西部继续留在联邦里，并且得到进一步的繁荣发展，从而为北方的制造业提供原料和船舶。

南方和西部也会为了自己更为直接的利益而支持保留联邦以及让北方繁荣发展。南方的产品一般都要通过海路出口，所以它们需要北方商业的支持。它们希望联邦能有一支强大的舰队，从而有效地保护它们。虽然南方和西部没有自己的船舶，但一定也愿意出钱建设海上力量，一旦欧洲的舰队封锁了南方的港口和密西西比河三角洲一带，那要如何来处理卡罗来纳州生产的大米，弗吉尼亚州生产的烟草以及密西西比河流域生产的糖和棉花呢？由此，联邦预算的每一部分，都是为了保护联邦各州的共同物质利益。

除了商业上的利益，联邦的南方和西部还能从继续结盟中取得政治上的好处。

南方有大批奴隶，这些奴隶不仅威胁着现在，对未来也构成了严重的威胁。

西部各州位于大河流域，流经这些州的河流，发源于落基山脉和阿勒格尼山脉，它们在汇入密西西比河后流入了墨西哥湾。由于西部各州独特的地理位置，它们和欧洲传统以及旧大陆的文明处于互相隔离的状态。

因此，南方白人之所以愿意保持联邦，是为了让自己不在黑人面前孤立；而西部的居民之所以赞成保持联邦，则是为了让自己不被封闭在美国中部，和世界其他地方断绝来往。

最后来看北方，北方之所以不希望联邦分裂，是为了以联邦为纽带，让这片广大的国土和世界其余的部分保持联系。

由此可见，在联邦的各州之间，有着非常紧密的物质利益联系。

我们认为，从这种物质联系中产生的观点和感情，也能够引起人们之间的非物质利益联系。

美国居民总是喜欢谈他们的爱国精神，请恕我直言，我并不认为这是理智的爱国主义，因为它是建立在利害关系上的，一旦情况有变，利害关系也会随之变化。

美国人经常表示要将祖先采用的联邦制度维护下去，我并不怎么看重他们在这时所提出的论点。

他们那种将人数众多的公民置于同一政府保护之下的论点，主要不是基于人们的理智，而是出于本能的同意，或者说是出于一种被迫的同意。这是由感情上的相似和观点上的接近所造成的结果。

我不认为人们只是承认同一个领袖和服从同样的法律就能组成社会。只有当人们从相同的观点去考虑大多数问题时，只有当人们对绝大多数问题具有同样的看法时，只有当一件事情给他们留下同样的印象以及产生同样的思想时，社会才能存在。

使用这个观点来考察美国现状的人，都不难发现：美国的公民虽然分别居住在24个拥有主权的州里，却仍然能像一个统一的民族那样生活下去。这样的观察家甚至会认为，美国联邦的社会情况，比那些只有一个立法机构并且只服从于一个人的欧洲国家的社会情况还要合理。

英裔美国人虽然有好几个教派，但他们对所有的教派都一视同仁。

他们并不是只采用固定的方法来治理国家，而是经常改变方式让自已适应政府的工作，但他们对于治理人类社会的普世价值却是意见一致的。从缅因州到佛罗里达州，从密苏里州到大西洋沿岸，所有依法成立的政府权力都来源于人民。在任何一个州，对于自由、平等、出版权、结社权、陪审制度以及公务员的责任，都有着一致的观点。

如果我们暂时抛开政治和宗教观点，转而去观察制约他们日常生活的哲学和道德思想，我们依然能够发现类似的一致性。

就像承认全体公民是政治权威一样，英裔美国人[①]也承认公认的道理是道德权威。他们还认为，何为允许，何为禁止，何为真，何为假，必须由公众的意志来判断。他们中的大多数人都相信，只要能真正认清自己的利益所在，就可以让自己走向公正和至善。他们相信，每个人一生下来就有自己管理自己的权利，任何人都没有权利逼他人去追求幸福。他们都认为人生可以达到至善。他们断言，知识的传播必然会带来有益的结果，而无知则会导致可悲的下场。他们都把社会看作一个不断进步的机体，把人生视为一幅不断变化着的图画，没有任何一件东西是永恒不变的或应当永恒不变的。他们承认，那些在今天看起来还算良好的东西，到了明天就会被更好的东西所取代。

我并不是说这些观点都是正确的，而是说美国人是这样认为的。

英裔美国人一方面因这些共同观念而互相团结起来，另一方面又因一种骄傲的情感而使自己与其他民族隔离开。

半个世纪以来，一些人曾不断向美国公民宣告，说他们正在成为世界上最笃信宗教、最有知识以及最自由的民族。我认为，至今为止民主制度只在他们那里得到了迅速发展，在世界的其他地方则遭遇了失败。

---

① 我认为，我不用特别说明我在使用“英裔美国人”一词时，是指的他们中的绝大多数。在这个多数中，难免会有个别现象。

由此，美国人自视甚高，甚至认为自己是人类中的杰出人种。

因此我认为，威胁美国联邦的危险，并不是来自于他们的意见分歧和利害冲突，而是源自美国人的性格和激情。

在美国领土上居住的人，差不多都是出自同一个种族。但随着时间的流逝，气候的差异，特别是蓄奴制的影响，会让美国南方的英裔美国人和北方的英裔美国人在性格上出现明显的差别。

有些人认为，蓄奴制让美国的不同地区产生了对立的利益。我却没有发现这种情况。蓄奴制虽然没有在南方产生和北方相对立的利益，但它却改变了南方人的性格，并且让南方人养成了和北方人不同的习惯。

我在之前已经指出了蓄奴制对南方美国人经商能力的影响，这种影响还波及了南方的民情。

奴隶都是逆来顺受的仆人，他们虽然可以暗杀自己的主人，却从来不敢公开反抗主人。在南方，没有一个家庭穷得连奴隶都没有，南方的美国人，从小就是家里的小霸王。在他们出生后获得的首批观念中，就有他们生来就是发号施令者这个观念。他们养成的第一个生活习惯，就是让奴隶对他们百依百顺。由此，教育成功地将南方美国人培养成高傲、狂躁、易怒的人，他们穷奢极欲，一碰到障碍就会感到不耐烦，一遭遇失败就会泄气。

而北方的美国人，自摇篮里诞生后就没有奴隶在他们周围转来转去。他们甚至都没有被雇佣的仆人服侍过，因为他们一般都要自食其力。他们一踏入社会，拮据匮乏的观念就会从四面八方向他们袭来。因此，他们在很早的时候就要学会明确地判断自己权利的界限，进行自力更生。他们一般不会屈服于强加在他们身上的命令，而且他们明白，要想取得别人的支持，就要先赢得别人的信任。于是，他们做事富有耐心，思维缜密，待人宽容，行动起来从容不迫，一旦订出计划就会坚持到底。

在南方各州，人们的迫切需求一般都能得到满足。于是，南方的美国人不用为物质生活而操心，因为有另外一些人在替他们操劳。由于不用为了生活奔波，所以他们的想象力便用在了一些场面宏观却无实用价值的活动上。南方的美国人生活奢侈，喜欢讲排场，热衷于沽名钓誉、高谈阔论以及寻欢作乐，尤其喜欢过悠闲自得的生活。没有什么会促使他们去为了生活操劳，由于他们不必亲自劳动，所以天天睡大头觉，以至于对一些有益的事情连想都不敢想。

在北方，机会的平等会促使人们去努力奋斗，蓄奴制已经不复存在，人们整天在为那些让南方白人所瞧不起的实务工作而操劳。他们从少年时期开始就在为生活而奔波，并且将奋斗致富看得比任何精神享乐都重。他们的想象力都集中在生活的琐事上，虽然他们的思想不够丰富，却很切合实际。由于致富是他们的头等大事，所以每个人都绞尽脑汁全力以赴，并且希望自己能尽早达成目的。他们懂得利用自然和人力来创造财富，了解让社会走向和谐以及如何通过个人奋斗来获取一切好东西的方法，这些都值得击节赞赏。

北方美国人不但有实际经验，还具有学识。但他们并不把学习科学视作消遣，而是把它当作一种手段，并且希望科学能早日得到有效的应用。

南方的美国人性格冲动，诙谐幽默，性格大方直率，同时也很有才华。

北方的美国人积极主动，凭理智做事，富有才干。

前者的兴趣偏见以及优点弱点都是属于贵族阶级的。

后者的长处和短处则是中产阶级拥有的特点。

如果让两个人进行联合，并且让他们具有相同的利益和一致的见解，但又让他们在性格、知识水平和文明程度等方面保持不同。那么，他们十有八九不会同意联合。这个看法同样适用于国家和民族的联合。

因此，蓄奴制并没有因为利害关系而直接打击美国联邦。

1790年在联邦公约上签字的州一共有13个。而如今，联邦已经拥有了24个州。1790年的人口有400万左右，到了1830年，这个数字达到了1300万[①]。

如此巨大的变化，必然会伴随着危险。

由几个国家或地区组成的社会，和由个人组成的团体一样，也有三个让它能够长久存在的主要机缘。它们是：成员要有理智，成员的个体力量要小，成员的数目要少。

那些离开大西洋海岸而深入西部地区的美国人，是一群冒险家。他们无法忍受束缚，渴望发财，而且他们往往是被自己出生的州驱逐出去的。他们不约而同地来到荒地时，彼此都是初次见面，互不相识。这时候既没有传统和家庭感情来束缚他们，也没有前车之鉴供他们仿效，对于这批人来说，法制的作用不大，民情的作用更小。正因为如此，那些不断迁移到密西西比河流域落户的人，在各方面都不如居住在原来那13个州的美国人。不过，他们在西部对自己所在的乡镇产生了巨大的影响，并且在学会自己管理自己之前，就已经开始着手建立管理公共事务的政府了[②]。

成员的数量越多，个体成员的力量就越小；国家和社会的力量越大，持久存在的可能性就越大，因为在这时候，各成员的安全都依赖于

① 根据 1947 年 10 月 1 日的人口普查，美国的总人口为 14470800 人。
② 虽然这只是暂时的危险，但我相信这样长久下去，西部的社会将不会像大西洋沿岸已经建好的社会那样容易治理。

它们的联合。1790年，美国各州的人口，没有一个超过50万人的[①]。在当时，每一个州都觉得自己没资格成为独立的国家，这种思想使得它们更容易服从联邦当局。然而，当联邦的某个州具有一定规模后，就会自恃强大，比如纽约州的面积相当于四分之一个法国[②]，人口达到了200万；如果它是出于私利而继续留在联邦里，就不会再认为联邦的存在是必要的了，尽管它暂时同意留在联邦里，但用不了多久就会要求占有优势地位。

随着美国联邦成员数量的增加，就会导致破坏联邦纽带的力量加强。持同样观点的人，不一定会用同样的方法来观察同一个问题。如果观点不一致，当然更要如此了。因此，随着美国联邦成员越来越多，各成员在法制上联合一致的机会将越来越少。

如今，美国各州之间的利益虽然不是互相对立的，但是，对于一个每天都有新城市建立，每五年就有一个新州加入的国家，谁又能保证在不远的未来它不会发生各种变化呢?

自从英国人在美洲建立殖民地以来，差不多每过22年，居民人数就会翻一番。我尚未发现有什么因素会在今后的100年里阻止英裔美国人的人口激增。我预计，当下的这100年还没过完，美国的总人口就会达到一亿，并且划分为40多个州[③]。

我认为这一亿人在利益上不会有什么分歧。相反，我认为他们继续

---

① 1790年，宾夕法尼亚州的总人口为431373人。

② 纽约州的总面积为6213平方里约（合500平方英里）。见达比《美国概览》一书的第435页。

③ 如果美国人口在今后的一个世纪里，还像过去200年那样，每22年翻一番，那么，美国人口会在1852年达到2400万，在1874年达到4800万，在1896年达到9600万。就算禁止开垦落基山脉东坡的土地，情况也不会有转变。那些已开发的地区可以轻而易举地容纳这些人口，尽管那里已经住有很多居民。将这一亿人口分布在美国目前的24个州和三块领地上，平均每平方里约只有762人，仍然远远低于法国和英国（法国每平方里约为1006人，英国每平方里约为1457人），它甚至还不如湖多山多的瑞士，瑞士每平方里约为783人。

保持联合会得到同等的好处。尽管如此，我还是要说，正因为美国有一亿人口，以及将划分为40多个情况各异力量不等的州，所以联邦政府的持续存在，只能看作一个幸运的偶然事件。

我虽然一再强调我相信人们的善良，但如果人们不去继续改造自己的性格，不进行彻底转变，我仍然拒绝承认一个管理着40多个州，其领土面积相当于大半个欧洲的政府能够长期存在下去[①]。这个政府必须要设法避免各州之间出现对抗和斗争，防止它们各怀野心，并且联合它们去实现共同的事业。

然而，联邦因为领土的日益扩大而出现的最大危险，却源自其内部势力的不断迁移。苏必利尔湖畔到墨西哥湾之间的直线距离有400里约，美国的边疆就是以这条长线为轴向四处蜿蜒，它在有的地方会缩回一些，但在更多的地方则是越过这条界线，深入到不毛的荒地。有人曾做过统计，白人平均每年向这片荒地全线挺近7里约[②]。在这个过程中，他们经常碰到各种障碍，比如不毛之地、挡路的湖泊、印第安人的干扰等等。这时候，正在前进的人马会暂时停下来，等到后续的人马跟上来以后，再继续前进。欧洲人向落基山脉节节推进，仿佛出自一种神意：人们就像潮水一样，后浪推着前浪，在神灵的引导下不断前进。

在这些位于第一线的征服者身后，一些城市逐个建立起来，几个规模庞大的州也随之成立。在1790年，密西西比河流域只有几千名拓荒者零星地散布其上；而如今，仅这个流域的居民数量，已经和1790年时全联邦的人口数量接近了，即达到了400万人[③]。华盛顿市建立于1800年，

---

① 美国领土总面积为 295000 平方里约，而根据马尔梯－布伦的著作所载，欧洲的面积为 50 万平方里约。

② 可参考第二十届国会第二次会议第 117 号立法文件的第 105 页。

③ 根据 1830 年的人口普查，为 3672371 人。

在当时，它还算是处在美国联邦的中心，而到了现在，它只是联邦四级中的一级。西部最边缘那几个州的议员[①]为了出席国会，不得不进行长途跋涉，其路程相当于从维也纳到巴黎。

虽然联邦各州都在逐渐走向富强，但无法以同样的速度发展繁荣。

在联邦北方，阿勒格尼山脉中的几个支脉向大西洋延伸，形成了很多宽敞的停泊所及港口，可以经常性地容纳巨型船舶。然而，从波托马克河口沿美洲沿岸南下，一直抵达密西西比河河口，其海岸却是平坦的沙地。在这个区域里，几乎所有河流的河口都被泥沙所堵塞，而那些稀稀拉拉地分布在这条浅水海岸线上的港口，又无法为船舶提供像北方港口那样的深度，因此，它为商业提供的便利条件就远远不如北方港口。

除却这个因自然条件而造成的主要缺陷之外，还有一个因法制原因而造成的缺陷。

我之前已经说过，被北方所废除的蓄奴制，至今还在南方存在着。而关于蓄奴制对奴隶主本身的利益所造成的致命影响，我同样在前面叙述过了。

因此，北方无论在商业上[②]还是工业上，都必然比南方要强大。由此，北方的人口和财富比南方增长得更为迅速，也是理所当然的。

大西洋沿岸各州的人口已经达到了半饱和状态，大部分土地都已

---

① 从西部密苏里州首府杰斐逊市到华盛顿，大约有420里约，或1019英里。（《1831年美国年鉴》第48页）

② 为了说明南北方在商业上的差距，只需举出以下几点即可。在1829年，弗吉尼亚州、南卡罗来纳州、北卡罗来纳州以及佐治亚州所拥有的大大小小的商船，总吨位只有5243吨。同年，单马萨诸塞一州的商船总吨位就有17322吨，比南方四个州的总吨位还要多两倍。而马萨诸塞州的面积只有959平方里约，人口为3047767人。也就是说，马萨诸塞州的面积仅为南方四个州的三十分之一，人口却是它们总人口的五分之一。蓄奴制对南方的商业发展有很多不利影响。如，抑制了白人创业的热情，阻碍了白人培养他们未来需要的水手。

有了主人。因此，它们无法像有大片土地尚待开发的西部各州那样接收大量移民。密西西比河流域的土地比大西洋沿岸的土地要肥沃，类似这样的因素强而有力地驱动着欧洲人奔赴西部。有一些数据可以证明这个事实。

从全美范围来看，40年里人口增加了两倍多。如果只计算密西西比河流域[①]，则会发现，其人口在同一时期增长了30倍[②]。

联邦的权力中心一直在不断变动。40年前，联邦居民大部分居住在沿海，也就是今天的华盛顿周边地区，在以后的20年里，大部分居民将会在阿勒格尼山以西居住。只要联邦能持续存在下去，密西西比河流域就必然会因为辽阔而肥沃的土地，而成为联邦权力的永久中心。在今后的三四十年中，这儿的人口和大西洋沿岸各州的人口之比，将接近40:11。因此，过不了几年，原先建立的各州将完全失去对联邦的控制力，而密西西比河流域的人口将会对联邦议会产生重大影响。

这种受到联邦的影响而向西北移动的趋势，每隔10年就会出现一次，因为在每10年一次的全国人口普查之后，必须要重新规定各州应选入国会的众议院数量[③]。

1790年，弗吉尼亚州有19名众议院。这个数字在后来有所增加，1813年达到了23名。此后，名额开始下降，到了1833年，就只有21名

---

① 读者请注意，当我使用“密西西比河流域”一词时，并没有把纽约州、宾夕法尼亚州以及弗吉尼亚州在阿勒格尼山脉以东的地区包括在内，但是从自然地理上来看，这部分地区也属于密西西比河流域。

② 参见达比《美国概览》第444页。

③ 我们发现，在最近的这次人口普查中，有些州的人口增长率不高，例如特拉华州只增加了5%，而有的州人口增长率非常高，例如密歇根州就增长了250%。弗吉尼亚州在这10年里人口增长了13%，而和它相邻的俄亥俄州的人口则增长了61%。这些数字都见于《美国年鉴》。由此可见，各州的发展是非常不平衡的。

了[①]。而在同一时期，纽约州的众议员人数却一直在增加：1790年有10人，1813年有27人，1823年有34人，1833年有40人。在1803年的时候，俄亥俄州只有一名众议员，到了1833年，则达到了19人。

很难想象一个贫穷的国家会和一个富强的国家长期结成联邦，就算在联合之前已经知道前者的孱弱并非后者的富强所导致，这样的联邦也无法持久。当一方因为联合而失去主权时，或是当另一方因联合而获得权力时，这种联邦更难以持久。

个别几个州这种迅速而异常的发展，正在威胁着其他州的独立。拥有40名众议员和200万人口的纽约州要想让国会通过某项法令，也许不难办到。然而，即使那些实力较强的州不想压迫实力较弱的州，危险依然会存在，因为压迫的可能性和现实性几乎是同等的。

弱者很少会相信强者的主张是正义的，因此，发展速度低下的州，总是以猜疑和妒忌的眼光看待那些飞速发展的州。联邦某地区所表现出的这种沉重的苦恼和莫名的不安，就会和另一些地区表现出的惬意和自信形成鲜明的对比。我觉得，南方近来之所以表现出敌对态度，其原因就在于此。

在所有美国人中，南方人是最需要维持联邦制度的，如果让南方诸州各自独立，他们肯定是最吃亏的那一个。然而，对联邦的团结最

① 在上述注释中已经提到，弗吉尼亚州的人口在这期间增长了13%。有必要说明一下，一个州的众议院人数是如何随着本州的人口增长率的下降而减少的。

我们就以上面所提到的弗吉尼亚州为例子。

1823年时，弗吉尼亚州的众议员人数有21名，和当时全国众议员的人数成一定比例。而弗吉尼亚州在1833年的众议院人数，既和它在当年的全国众议员总数中所占的比例有关，还和这10年来它的人口增长率以及全国人口增长率的比例有关。由此，弗吉尼亚州要想使这届众议员的数量保持原样，就必须要具备一个条件：即本州的人口增长率要高过全国人口增长率，从而让自己这届众议员的人数在全国众议员总数中所占的比例增加。如果弗吉尼亚州的人口增长率比全国人口增长率要低，而全国本届众议员人数和上届众议员人数一致，那么弗吉尼亚州这届众议员的人数就会减少。

具破坏作用的，恰恰正是这些南方各州。为什么会产生这种现象呢？这个问题很容易回答。南方曾出过四位联邦总统①，而南方诸州在现在的联邦政府中却已经失势，他们在国会里的众议员人数逐年下降，而北方和西部的众议员人数却逐年上升；而且南方人性格暴躁，一点就着，往往表现得不够冷静。他们正在用忧虑的眼光看待现在，以怀念的心情回顾过去，他们每天都在问自己是否受到了压迫。一旦他们发现联邦的某项法令对他们不利，立即就会大喊大叫地提出抗议，说这是在滥用职权。如果他们的意见没有被采纳，他们往往会大发雷霆，并且以退出联邦为威胁，认为联邦只让他们承担义务，而不给他们任何好处。

卡罗来纳州的居民曾在1832年发表声明："关税法让北方人发了大财，却导致南方人破产，如果不是这样，那为什么气候寒冷和土地贫瘠的北方会不断增加财富，而堪称美洲花园的南方却变得如此衰落呢？"②

如果我说的那种变化是缓慢而渐进的，让每一代人都无法看出现实秩序会对他们产生多大的影响，那么危险是会少一些。但是，在美国社会的发展过程中，有些事情是突然发生的，而且是具有革命性的。一个公民在他的一生之中，就能看到自己所在的州原先在联邦中领先，后来却又在联邦的议会里失势。英裔美国人所建立的州里，有个别几个成长得极为迅速，就像一个人从出生到成年一样，只用了30年的时间。

然而，不要以为失势的州就会发生人口减少或一蹶不振的现象，事实上，它们仍然会继续繁荣下去，而且它发展的速度甚至高于欧洲的任

---

① 这四位总统分别是华盛顿、杰斐逊、麦迪逊以及门罗。

② 参见选举委员会向全州代表大会提出的宣布关税法在南卡罗来纳州无效的报告。参阅《南卡罗来纳州的一般法令集》

何一个国家[①]。不过，在他们自己看来，会认为自己变穷了，因为它们的财富增长速度没有邻居快；他们同时也会感到自己失势了，因为他们遇到了一个比自己更为强大的力量[②]。这样一来，它们在感情和欲望上所受到的挫折，就会比利益上受到的损失更为严重。不过，这对联邦的继续存在是否会产生很大危险呢？如果自开天辟地以来，各国人民和君主只注重实际的利益，那么人类就无法避免战争。

由此可见，威胁美国的最大危险正是来自它自身的繁荣，因为繁荣会促使联邦的某些州因自己迅速增长的财富而陶醉，并且引起其他州对它心怀妒忌并且因为自己的财富不断受到损失而觉得难堪。

美国人以静观其变的态度来看待这场奇异的运动，并且觉得欣慰；但我觉得，他们应当用遗憾和恐惧的心情来看待它。不论将来发生什么事情，美国人终将成为世界上最伟大的民族之一，让他们的后代遍布北美。他们现在居住的大陆，不论在现在还是在将来，都不会从他们手中丢掉。既然如此，今后是什么在促使他们继续占有这块土地呢？是财富、权势以及荣誉，这些东西在他们眼中是一刻也不能缺少的，他们争先恐后地向这堆宝物扑去，仿佛晚一分钟就抢不到似的。

从以上的论述可见，目前联邦的存在完全是因为各州都同意继续留在联邦里。此外，我根据这个论点，还探讨了何种因素会使得某些州想要脱离联邦。然而，破坏联邦的方式无非两种：第一，某个加盟州可能

---

① 一个国家的人口数量，是保证国家富强的首要因素。从1820年到1832年，虽然从弗吉尼亚州选进国会的众议员减少了两名，但这个州的人口依然增长了13.7%；在这期间，南北卡罗来纳州的人口共增加了15%，佐治亚州的人口增加了51.5%。俄国属于欧洲国家，它的人口增长速度非常迅猛，但是在这10年里，它的人口才增长了9.5%；法国的人口增长了7%，整个欧洲的人口增长了4.7%（见马梯尔－布伦著作第6卷第95页）

② 应当承认，由于烟草价格50年来的持续下跌，让南方种植园主的舒适生活一去不复返。不过，这种现象是客观的，既不取决于北方人的意志，也不取决于南方人的意志。

会要求退出联邦公约，并且粗暴地割断它们共同的纽带；我在此前所指出的，大部分都是这个情况。第二，联邦政府可能会因为加盟的各州同时要求恢复原来的独立地位而失去权威，这个逐渐失去特权的政府，最终会默认自己的无能，放弃实现自己当初的目标。于是，第二次联盟也会像第一次联盟那样，因为衰败无力而灭亡。

随着联邦纽带的逐渐衰弱，最后也许会导致联邦解体，并且在解体之前，造成一些次要结果。即使联邦政府的软弱已导致国家瘫痪，造成无政府状态，阻碍了整个国家的普遍繁荣，联邦也依然有存在的可能。

在研究了可能导致英裔美国人分裂的各种原因之后，接下来我们要探讨一下如果联邦继续存在，那么政府是会扩大还是会缩小它的活动领域？是变得更加强大还是变得更加软弱？

美国人显然非常担心他们的未来。他们发现，世界上大多数国家在行使最高主权的时候，都很容易被少数几个人垄断。因此，当他们一想到自己的国家最终也会变成这样，就会感到惶恐。甚至那些国务活动家们也会有这种恐怖感，或是装出有这种恐怖感。他们之所以要这么做，是因为在中央集权不得民心的时候，通过攻击中央政府而夺权，是讨好多数的最佳办法。美国人还未发觉，凡是出现中央集权趋势的国家，住的都是单一民族，而美国却是由好几个不同民族所组成的联邦。这个事实，足以推翻人类对此做出的一切预测。

我承认，我将美国人的这种恐惧视为纯粹的假想。我不像美国人那样害怕联邦的主权增强，而是觉得它的权力正在明显地减弱。

为了证明这个论断，我无须求助于古时候的事例，只需用我所目睹的事例或发生在当代的事例就足够了。

如果你仔细考察美国的现状，就不难发现这个国家有两种彼此相反的趋势，它们就好像一个河床里的两股水流，一股向东流，一股向西流。

到现在为止，联邦已经存在了45年，随着时间的流逝，许多最初反对联邦的地方偏见渐渐消失。在美国人依恋本州的乡土观念中，已经减少了很多排外性。不同的联邦地区之间，随着彼此的日益熟悉，变得更加亲密了。邮政是人们用来联系彼此的伟大工具，它现在已经深入到了荒漠的腹地①。轮船每天在各口岸之间往来，各种货物以前所未有的速度被运往内河的上下游②。除了自然或人工提供的这些便利条件，驱动美国人离开家乡投入到和同胞广阔交往的洪流之中的因素，还有生生不息的追求、迫切实现的愿望以及热爱发财的心理。他们走遍全国各地，接触到了国内的各类居民。在法国，没有一个省份的居民，能像美国1300万居民那样彼此熟悉。

美国人不只是在不断混合，还在逐渐同化。因气候、籍贯和制度的不同而造成的差异，正在他们之间逐渐减少，人们变得越来越彼此相似。每年都有大批北方人去联邦的其他地方落户。由于他们的文化高于落户地区的原住民，所以这些北方人不仅带来了他们的信仰、观念以及民情，还主管起了当地的事务，将社会改造得符合他们的利益。自北向南的持续移民，对于将某个地方的特点同化为全国的统一特点，起了重要的促进作用。因此，北方的文明看上去注定会成为其他各地的榜样和共同标准。

随着美国工业的不断发展，联结联邦各州的商业纽带也不断增强，而联邦的联合机缘也由当初的见解一致变成如今的现实需要。随着时间

---

①　1832年，刚开发不久的密歇根地区只有31639名居民，但能够通邮的里程却达到了940英里。而在几乎全部是野蛮人的阿肯色境内，通邮道路已经达到了1938英里。

②　从1821年到1831年这10年里，仅密西西比河的各支流就相继投入了271艘轮船。1829年，整个美国共有256艘轮船，参见140号立法文件第274页。

的流逝，最终将人们头脑中假想的恐惧一扫而光。联邦政府既没有变成压迫者，也没有损害各州的独立，更没有让联合的各州去服从君主制度。规模较小的州在加入联邦后，也没有让自己依附于大州。联邦在人口、财富以及势力等方面的优势都在不断增加。

由此我认为，阻碍美国人结成联邦的自然障碍，已经不像1789年时那么强大了，而且联邦的敌人也没有那时多了。

但是，通过仔细研究美国45年来的历史，我们却发现联邦的权力有所下降。

造成这种现象的原因，也很容易找到。

在公布1789年宪法的时候，全国正处于无政府状态。在这种混乱状态下成立的联邦，让人们产生了很大的恐惧和憎恨，但同时也得到了热心的支持，毕竟联邦的成立表明了公众的巨大需要。虽然联邦政权在那时受到的打击比今天大，但它很快就让自己的权力达到了顶峰。在这个时期，宪法更多的是在扩大联邦的主权，而不是约束它，所以联邦在很多方面都表现得像一个对内对外都由一个政府领导的单一国家。

但是，为了做到这一点，它将人民抬高到了几乎要凌驾于联邦之上的位置。

宪法并没有让各州失去个性，更何况所有的州，不论其性质如何，都有一种趋向独立的内在特质。特别是在美国这样一个习惯于自己管理自己的国家，这种特质更容易表露出来。

因此，为了让各州服从于联邦的绝对权威，必须要做出一番努力。即使这种努力可以取得很大成就，也会随着产生这种努力的原因的消逝而减弱。

联邦政府巩固了自己的权力后，美国便迅速恢复了自己的国际地位，让边界重新回到了和平局面，并且再次获得了公众的信任。这样一来，稳定的秩序就取代了混乱，让个人的勤奋步入了正常轨道并且获得了自由发展的机会。

不过，让人们逐渐忘却这个繁荣渊源的，正是繁荣本身。当危险过去了，美国人就把当初帮助他们克服危险的那种毅力和爱国精神抛诸脑后。解除了曾让他们感到困惑的恐惧之后，他们就驾轻就熟地回到了原来的老路上，凭着自己的喜好为所欲为。当一个强大的政府一旦被人们认为可有可无时，人们就会开始觉得它碍事了。当大家随着联邦一起走向繁荣时，谁都不愿意放弃联邦，只是希望代表联邦的政府尽量少插足他们的事务。一般来说，各州都希望继续联合，但在涉及本州的每项事务上，又都想要恢复原来的独立。联邦的原则在任何时候都很容易被人接受，但却很少得到应用。因此，联邦政府一方面在建立和平与秩序，另一方面却又让自己变得衰落。

人们在暴露出这种情绪之后，专门靠人民激情吃饭的那些政党领袖们，就会趁机兴风作浪为自己谋利。

这样一来，联邦政府的地位就会变得岌岌可危，而它的敌手们却得到了大众的好感，并且会盼望它倒台，以便夺取主持大局的权限。

一旦进入这个时期，联邦政府往往会和各州政府发生争执，并且多半要节节退让。当问题涉及联邦宪法的解释时，解释产生的结果往往不利于联邦，而是利于州政府。

宪法规定联邦政府要关心全国性利益。当时的政府认为，这就是让联邦政府去做那些旨在增进联邦繁荣的重大事业或工程，例如开凿运河。

当各个州政府看到另一个权力当局如此支配它们的部分领土时，难免会感到惶恐。它们担心中央政府会通过这种方法来喧宾夺主，在自己的境内发号施令，并且将那些专为本州人员保留的权力夺走。

这时候，那些一直反对扩大联邦政府权力的民主党就会站出来说话。它批评国会滥用职权，国家元首怀有野心。被这种叫嚣吓住的中央政府，最终会承认自己的错误，并且答应将自己的势力限制在一定的范围内。

宪法授予了联邦政府和外国交涉的特权，联邦政府也用这个立场对待和他们相邻的印第安部落。如果这些野蛮部落同意向文明做出让步，把地盘出让给他们，联邦政权就不会表示异议；但一旦某个印第安部落试图定居在某个地点时，紧靠着这个地点的州政府就会声明自己对这块土地享有占有权，并且对居住其上的人行使主权。中央政府也会很快承认该州的这种行径，并且在把印第安部落当作一个独立共和国以及签订条约后，听任该州政府对印第安人施行暴政①。

建立在大西洋沿岸的那几个州，开始向西部无限扩张，挺近欧洲人尚未深入的荒野之中。那些边界已经划好不能再更改的州，对这些有无限未来的州表示妒忌。于是，这些得到好处的州，为了进行和解以及方便联邦行事，就同意划定自己的州界，将本州以外的土地全部交给联邦②。

此后，联邦政府便成了除最初那13个州外所有未开发土地的主人。也就是说，联邦政府有权力分配或出售这些土地，并且有权将出售土地的收入纳入国库。接着，联邦政府又利用这笔收入购买印第安人的土地，修建出一条通向新荒地的道路，从而让它能更好地行使加速社会发展的权力。

当各州出让的土地上住进了从大西洋沿岸迁来的居民后，随着时间

---

① 可参考我在讲述印第安人那一节所引用的国会立法文件，美国总统致柴罗基部落的信件，以及他针对这个问题和其他代表的通信和国会咨文。

② 把荒地出让给联邦的第一个法案，是纽约州在1780年制定的。这之后，弗吉尼亚州、马萨诸塞州、南北卡罗来纳州等州也先后仿效制定了同样的法案。其中佐治亚州制定的最晚，它于1802年才同意出让荒地。

的渐进而相继成了几个新的州。联邦为了全国的利益，仍然继续出售那些已被划入新州领域内的荒地。但一个新州在成立之后，都提出让自己独享出售土地的收入。由于它们的这些要求越来越具有威胁性，国会便考虑不如让联邦放弃它享有的这项特权。于是，国会于1832年底通过了一项法案[①]，明文规定西部新成立各州境内的那些未开垦荒地虽然不属于该州所有，但允许它们扣留大部分售地收入。

只要稍对美国进行考察，就能看到银行制度为美国带来的益处。这种益处非常多，其中有一项最引人注意。即合众国银行的纸币能在全国流通，其在偏远地区的价值和在银行所在地费城的价值完全一样[②]。

然而，合众国银行却是主要的憎恶对象。它的董事们反对总统，而他们也被有根有据地指控为滥用自身影响力阻碍总统当选。所以，总统带着私人敌意全力攻击这些人所代表的银行。过去支持总统的人，也在附和助长总统的报复行为，以致总统以为他受到多数的鼎力支持。

就像国会是最大的立法纽带一样，合众国银行是最大的金融纽带。而欲创建拥有中央政权机能的独立州的激情，也想让银行崩溃。

合众国银行时常持有大量各地方银行发行的流通券，有权随时拿它们去迫使地方银行兑换硬币。然而对合众国银行而言，却不畏惧这样的威胁。它大量的流动资金，可以让它应付所有提款要求。而遭受这种威胁的地方银行，无法任意使用自己的存款余额，只能按照自身资本的一定比例发行流通券。地方银行只能强迫自己忍耐这种有利于货币流通的

---

① 没错，总统确实没有批准这项法案，但是他却完全同意法案的相关原则。可参看1833年12月8日的致国会咨文。

② 如今的合众国银行成立于1816年，资本达3500万美元（18550万法郎），它的这一特权期限到1836年止。去年，国会提出了一项延长这一期限的法案，然而总统未予以批准。目前又产生斗争，而且双方都表现得非常激烈，预计此银行最近可能关闭。

控制。所以，被地方银行收买的报刊，以及因为自身利益而成为它们工具的总统，都开始激烈地攻击合众国银行。这些报刊在全国各地煽动地方激情以及盲目的民主本能，以此来反对合众国银行。在它们眼中，合众国银行的董事们几乎是一个贵族集团，全方位地对政府施加影响，早晚会损坏美国社会的平等原则。

合众国银行和其对手的斗争，只是美国各州和中央政府之间、民主独立精神和等级服从精神之间所展开的大规模斗争中的一个偶然事件。我一点都不觉得合众国银行的敌人，和那些在另外一些问题上攻击中央政府的人完全相同；然而我觉得前者对合众国银行的攻击，和后者对联邦政府的抵抗，都源自相同的本性，而且反对合众国银行的人数众多，这恰恰是联邦政府力量衰竭的可悲征兆。

然而，联邦从来没有像在关税问题上显露得那么软弱无力[①]。

法国革命战争与1812年的英美战争，破坏了美国和欧洲的自由往来，促使联邦北方创建起制造业。当恢复和平，欧洲产品运往新大陆的航线再次开通时，美国人认为应该建立关税制度，这样既可以保护本国刚刚兴起的创造业，又可以利用关税收入偿还在战争时期产生的债务。

南方各州没有可从中受益的制造业，唯有农业，因此很快就开始抱怨这项措施。

我一点都不想在这里分析它们的埋怨是源自想象还是有所依据，我只想说明事实。

早在1820年，南卡罗来纳州就在给国会的一份请愿书中宣称，关税法案是违宪的、暴虐、不公正的。随后，佐治亚州、弗吉尼亚州、北卡

① 若想弄清楚这一问题的细节，可参阅第二十二届国会第二次会议第30号立法文件。

罗来纳州、亚拉巴马州以及密西西比州，都相继针对关税法案提出不同程度的激烈抗议。

面对这些怨言，国会不予理会，在1824年与1828年又提高了税率，并再次对征收关税的原则予以肯定。

于是，在南方提出了或者可以说是恢复了一个被称为“拒绝执行联邦法令”的著名倡议。

我在阐述联邦宪法的时候已经说明，联邦宪法的目的并不是创建一个联盟，而是组建一个全国性的政府。依照美国宪法，美国人只有在某些特定的条件下才算是一个单一的民族。也只有在这些条件下，才能像在其他立宪国家一样，通过多数来表明全国的意志。只要多数的意见获得通过，少数就必须服从。

这是一种合法的学说，只有这种学说才符合宪法的条文以及立法者们的公认意图。

南方的“拒绝执行联邦法令派”则和这相反，他们宣称美国人联合起来的目的不是建立一个单一民族的国家，而仅仅只是结成几个独立州的联盟，因此各州即便不是在行动上，但至少也是在原则上都保持完整的主权，并且有权解释国会颁布的法律，有权在本州内停止执行在它看来是违宪、不公正的国会法律。

“拒绝执行联邦法令派”的主张，可以用其公认领袖卡尔霍恩1833年向参议院发表的演说中的一段话来表明。

卡尔霍恩说：“宪法属于一项契约，各州在其中都以主权者的身份出现。只要缔约的各方对契约的解释存在分歧，任何一方都有权自行判断其履约的范围。”

很明显，这项主张从原则上损坏了联邦的纽带，让美国人凭借1789年宪法而摆脱的无政府状态再次出现。

南卡罗来纳州见国会不理睬自己的抗议后，便以“拒绝执行联邦法令派”的主张来威胁抵制联邦的关税法。国会这边则坚持自己制定的制度，这最终引来一场大风暴。

1832年间，南卡罗来纳州人民①组立了一个国民代表会议，讨论他们最终不得不采取的非常措施；同年11月24日，这个国民代表会议通过法令形式颁布了一项法律，该法律规定联邦的关税法无效，反对征收此法规定的税款，拒绝接受向联邦法院提起的诉讼②。这项法令规定于第二年二月正式生效，并且附带声明：倘若国会在这段期限内修改关税制度，那南卡罗来纳州同意不再追究。没过多久，南卡罗来纳州又闪烁其词地表示愿意将问题交由联邦所有州组成的特别委员会来解决。

在等待国会回复的这段时间里，南卡罗来纳州全副武装起来，准备战斗。

国会这边是什么反应呢？一直对苦苦央求的老百姓不予理睬的国会，见老百姓武装起来③，便采纳了他们的建议。国会颁布一项法令④，规定税率在十年内递减，直至关税收入不超过政府开支所需的程度。由此可见，国会彻底放弃了最开始的关税原则，用一种纯财政措施替代了

---

① 这里指人民的多数，因为一个“联盟党”的反对派，一直是很强大、积极的少数，他们提倡执行关税法。那时，南卡罗来纳州大概有47000名选民，其中拒绝执行联邦法令的有3万人，支持执行联邦法令的有17000人。

② 针对这项法令发表的该法令起草委员会的报告，详细阐述了法令的内容与目的。报告第34页写道：“当宪法给各州保留的权利遭到肆意损害时，权利遭受损害的州就应该行使自己的权利以及履行自己的义务，从而阻止坏事恶性发展，抵抗侵权行为，在各自的范围内维护一个独立的主权者应有的权限与特权。倘若各州不具备这些权利，那所谓的主权仅仅只是空谈。南卡罗来纳州宣称，它不相信世界上有能凌驾其上的法院。的确，它曾和与它同样享有主权的其他州一起签订了神圣的联邦契约，然而它要求并行使依照自己的观点解释契约的权力；并且当缔约者或者它们创建的政府违反契约时，还打算享有判决违约情节以及采取措施让契约公正的权利。”

③ 最先利用这种方法逼迫国会采取行动的，是实力强大的弗吉尼亚州。这一次，弗吉尼亚州的立法机关充当了联邦与南卡罗来纳州之间的仲裁者。所以，那些宣称同样要采取这种方法的州，也表示彻底放弃这种方法。

④ 1833年3月2日法令。

保护关税制度[1]。为了掩藏这一失败，联邦政府采取了一项软弱政府经常使用的应付对策：也就是在事实上让步，但在原则上坚持己见。在修改关税立法的同时，国会又颁布了一项授予总统特权的法案，让总统有权动用武力去制伏当时没有什么威胁的反抗。

但是，南卡罗来纳州并没有让联邦享用这微不足道的表象胜利。要求废止关税法的那个国民代表会议再次召开会议，会议接受了联邦的让步；但是同时又声明，它并不会因此而放弃自己“拒绝执行联邦法令派”的主张。为了表明自己说话算话，它还宣布授予总统特权以及那项法案对南卡罗来纳州无效，尽管它很清楚这项权力永远不可能实行。

我们谈到的这些争端，差不多全都发生在杰克逊将军的总统任期内。必须承认，在关税问题上，他曾十分巧妙地、大力地维护了联邦的权力。然而我觉得，他也给联邦政府留下了一个隐患，以致如今的联邦政府也不得不依据他采取的那种方法来解决类似的问题。

一些未走出欧洲到美国考察的人，评价杰克逊将军的政绩时，持有一种到美国考察的人看来有些荒谬的观点。

按他们说，杰克逊将军曾打过胜仗，精力很旺盛，生性与习惯都爱用武力，追求权势，天生就是位暴君。这些说法或许是事实，但从这些事实出发得出的所有推论都大错特错。[2]

有人猜测，杰克逊将军打算在美国建立独裁统治，发扬尚武精神，将中央政权的权力扩大到足以威胁地方自由的程度。但是在美国，做这种事情的时代以及出现这种人物的事情，还未到来。倘若杰克逊将军打

---

① 这项法案是由克莱先生提出来的，四天之内就在国会两院以压倒性的多数通过。
② 有关杰克逊将军，可参读小施莱辛格的著作《杰克逊时代》（伦敦，1946 年）；布罗根的《杰克逊将军：恢复名誉》（伦敦，1948 年），载《美国论丛》（伦敦，1948 年）。——法文版编者

算通过这种方式进行统治，他必定会失去他的政治地位甚至他的生命。他向来不是这样的冒失鬼，不会想方设法做这种蠢事。

现任总统杰克逊绝对没有打算扩大联邦政府的权力；他所代表的党反倒期望将联邦政府的权力限制在宪法明确规定的范围内，也从来没有对宪法做过有益于联邦政府的解释。杰克逊将军绝不是中央集权制度的斗士，而是生怕失去权力的地方政府的代表。是地方分权的热情（倘若我能这么说的话），让他拥有了代表国家主权的地位。他之所以维护住了自己的地位与声望，全凭不断地讨好这种热情。杰克逊将军是多数的仆人；当多数的意志、期望与本性刚表现出一半时，他就紧随其后，或者可以说他本人就有这种热情并带头激发这种热情。

每当州政府和联邦政府发生矛盾时，经常会看到总统站在州政府一方来反对自身的权力，并且几乎总走在立法机关前面。当出现要解释联邦职权范围的问题时，总统几乎总是站在反对自己的那一边。他不突显自己，不扩大自己，也不表现自己。这些并不代表他天生懦弱或者敌视联邦。当多数开始反对南方的"拒绝执行联邦法令派"的无理主张时，他马上站到多数的队首，坚决且确切地表达多数的主张，并首先提议使用武力。倘若准许我使用美国人的说法，我觉得杰斐逊将军在偏好上是一个联邦主义者，在务实上则是一个共和主义者。

在这样屈服于多数而获得人们的好感后，杰克逊将军提高了自己的地位。如此一来，他排除了所有障碍，努力朝多数所追求的或者多数仍表示怀疑的目标前进。他获得了他的前任们从未获得过的强大支持，并四处利用任何一个总统都未拥有过的便利条件来击倒自己的私敌。他对自己采取的一些以往没人敢实施的措施负责，他甚至用一种接近于侮辱的轻蔑态度对待全国的议员；他拒绝通过国会的法案，而且常常不理会这个强大立法机关的质询。他就是这么一个有时对主人很粗蛮的仆人。

所以，杰克逊将军的权威在不断地增强，而总统的权威却在不断削弱。在他当政期间，联邦政府是很强大的；但当他的继任者执政时，联邦政府就变得软弱无力了。

倘若我没有说错，美国联邦政府将这样不断地削弱下去。它将渐渐放弃一些公务，将自己的活动限制在一个愈来愈小的范围内。生来脆弱的联邦政府，甚至可能会失去看似强大的外表。另一方面，我还认为，在美国，人们的独立感在各州表现得越来越明显，对地方政府的爱戴也越来越强烈。

人们想联邦，但仅将它当作一个影子。在某些情况下，人们期望联邦强大，而在另外一些情况下，人们又期望它软弱。人们提倡在战争时期，联邦可将全国的人力与物力集中在自己手里，而在和平时期甚至都可以不要联邦。这种时而软弱时而强大的交替现象，是源自联邦的本性。

我不觉得如今有什么东西能阻止这一普遍运动。引起这一普遍运动的原因，也在不断地发生作用。所以，运动将继续下去，并且可以预言，除非发生意外情况，否则联邦政府势必会日益衰弱下去。

然而我觉得，联邦政府无力维持自己的生存、无法保持国内安稳、因而自我毁灭的日子还远远未到来。联邦已被民情接受，人们期望联邦一直存在。联邦的成就是显而易见的，联邦的好处是有目共睹的。当人们发现联邦政府的缺点足以威胁联邦的存在时，我坚信会出现一种相反的运动，来增强联邦的力量。

迄今为止，在世界上建立的所有联邦政府中，合众国政府是最顺应联邦性质而活动的联邦政府。只要未受到法律解释的直接打击，只要没有严重破坏联邦的本质，舆论的变更、内部的危机或者战争，都可以马上恢复联邦应具备的活力。

我想说的只有一点，即在法国，有很多人觉得美国的舆论趋向中央集权，提倡将所有权力都交给总统与国会。然而我觉得，美国明显出现一种和这相反的舆论。我的意思并不是说联邦政府由于不断老化而丧失权力与威胁各州的主权，而是说它正日益软弱无力，并且觉得仅有联邦的主权遭受了破坏。这就是现在的实况。这一趋势的最终结果会是怎样？有哪些偶然事件可能阻止、延缓或者加速我所说的这种运动？这种偶然事件隐藏在未来，我并不觉得自己能揭开它们的帷幕。[①]

论美国的共和制度及其长久存在的机缘

联邦仅是一个偶然的存在——共和制度是最有前途的——就现在来说，共和适应英裔美国人的自然状态——为什么——要破坏共和，就必须同时改变所有法律，改变整个民情——美国人建立贵族制度将遭遇的挫折

倘若目前各加盟州间发生战争，并且因为战争而拥有常备军，实施独裁、加重税负，致使联邦解体，那么终有可能威胁共和制度的命运。

然而不可将共和的前途与联邦的前途混为一谈。

联邦仅是一个偶然的存在，只要环境对它有利，它就可以存续下去；而共和在我看来很适应英裔美国人的自然状态。除非相反的因素继续朝同一方向发生作用，否则没有什么东西可以让贵族制度取代共和制度。

---

① 若想对美国的联邦问题进行心理学分析，可参阅麦克杜格尔的《坚不可摧的联邦：美国公民政治科学入门》（波士顿，1925 年）中引用托克维尔的部分，即第 96 页及以后几页。——法文版编者

联邦主要凭借组建联邦的法律而存在。只要爆发一次革命，或这舆论稍有变化，就能让联邦不再存在。而共和却有着坚不可摧的基础。

在美国，人们将共和看作是社会对自身进行的缓慢且和平的活动。它是一种真正建立在人民明智意志上的合理状态。在这一管理体制下，每一个决定都需要经历长期的筹划，慎重的讨论，直到完全成熟，才付诸实行。

美国共和主义者看重民情，尊重宗教信仰，承认所有权利。他们觉得，一个民族越享有自由，就应当越讲究道德、越信仰宗教、越温良敦厚。在美国，所谓共和，就是多数的和平统治。多数，在相互认识以及让人们承认自己的存在后，就成为所有权力的共同来源。然而，多数本身并不是无限权威。在道德方面，有人道、正义以及理性居于其上；在政界，有各种既得权利居于其上。多数承认它受这两方面的制约。倘若它破坏了这两方面的限制，那也和人们一样是出自激情，并且和人们激动时一样可能将好事办砸。

然而，我们在欧洲却听到一些新奇的说法。

据某些欧洲人说，共和并不是像大家所理解的那样是多数的统治，而是凭借多数得势的几个人的统治；在这种统治中，不是人民在发挥领导作用，而是那些了解人民具有最大作用的人；通过自己的独特判断，这些人能够不和人民商量就以人民的名义行事，将人民踩在脚下不说还要人民感谢他们；而且，共和政府是唯一一个要求人民承认它有权任意行事，敢于轻视人们至今所尊重的一切，也就是敢于轻视最高道德规范、基本的公认准则的政府。

他们一直觉得，不管专制是以哪种形式出现，都是令人反感的。然而在如今，他们又有了新的发现：在世界上，只要利用人民的名义来实施暴政和处事不公，暴政也可以是合法的，不公正也可以是神圣的。

美国人看待共和，是觉得他们最便于实行共和，而且能保证共和长久存续下去。在他们眼中，即便共和政府的政绩经常不如人意，但至少在理论上是不错的。所以，人民最后总是会依照共和的原则行事。

美国从一开始就不可能建立集权的行政，而且将来也很难建立起来。居民们散居于广袤的国土上，又被各种天然障碍分隔开，因而只能让他们自己去管理自己的生活细节。所以，美国是一个实实在在由州政府与乡镇政府管理的国家。

除了所有置身在新大陆的欧洲人都明了的这一原因外，英裔美国人还增加了另外几个他们所特有的原因。

在北美各殖民地建立初期，英国人就将他们的法制以及民情中的乡镇自由精神带了过来；英国的移民们不仅将乡镇自由当作不可缺少的东西，而且当作他们觉得最有价值的东西继承下来。

我在之前已经讲过各殖民地是怎样建立起来的。那个时候，每个地方，甚至每个教区，都分别被一些彼此陌生或者因不同目的而聚在一起的人所割据。所以，美国的英裔移民一开始就形成很多不归任何共同中心管辖的小社区，而且每个小社区都自己管理自己的事务，因为他们不归属任何一个理当管理它们和能轻易治理它们的中央当局。

所以，国土的自然环境，英国各殖民地的创建方式，初期移民的生活习惯——所有这些结合起来，让乡镇自由与地方自由获得迅速的发展。

因为这一缘故，美国所有国家制度，实际上都是共和的；而若想在美国彻底损坏构成共和的基础的法律，就必须同时废除所有法律。

倘若如今有一个政党打算在美国建立君主政体，那它的处境比如今像在法国建立共和国的政党更艰难。法国的王权并未在建立之前给自己制定一套立法制度，因此现在只能是一个被共和制度包围的君主政体。

君主政体的原则在渗入美国民情的过程中，也会遭遇相同的困难。

人民主权学说在美国，并不是一项和人民的习惯以及所有占有统治地位的观念毫无联系的孤立学说；恰恰相反，可以将它视为能通行整个英裔美国人世界的观念链条的最后一环。每一个人，不论他是什么样的人，上帝都赋予了它可自行解决与己最有关联的事务所必需的理性，这是美国市民社会、政治社会据以创建的伟大箴言；家长将其用于子女，主人将其用于奴仆，乡镇将其用于官员，县将其用于乡镇，州将其用于县，联邦又将其用于各州。这一箴言扩及全国，便成为人民主权学说。

因此在美国，共和的根本原则，和制约人类大部分行为的原则是一样的。所以，依我看，我觉得共和在创建其法制的同时，就已深入到了美国人的思想、观点以及所有习惯中；而若想改变它的法制，就必须改变这一切。在美国，可以说大多数人信仰的宗教也是共和的，因为宗教让来世的真理服从个人的理性，就像政治使个人对私人利益的关心服从于人之常情；而且宗教承认任何人都能自由选择引导自己走向天堂之路，就像法律同意每个公民都可以选择自己的政府。

显然，只有不断发生朝同一方向发生作用的事件，才可以让新的一套法制、观点与民情取代现有的法制、观点以及民情。

倘若某天，共和的原则在美国消亡，那也只可能是长期的、时胜时败的、反反复复的社会斗争造成的；而在现代的民族被一个全新的民族取代前，有些共和原则将可能复兴，而不会彻底消亡。但是，并没有任何东西在预示着这样的革命，也没有什么征兆表明这样的革命马上就要来临。

令初到美国的人最为惊诧的，是政治社会各种各样的运动。他们的法律在不断变化，乍一看，你会觉得一个信念这么不坚定的民族很快就会用一个全新的政府取代现在的政府。然而，你的这种担心是多余的。

事实上，政治制度存在两种不稳定的情况，不可将两种混为一谈。其中一种，是时常变更次要的法律，但不影响良好社会存续下去；另一种，是动摇制度的基础，打击法制的基本原则。这种不稳定经常引来动乱与革命，而深受其害的国家则处在变动激烈且无法预测的状态。通过经验得知，这两种立法方面的不稳定情况，相互之间并没有必然的联系，因为根据时间与地点的变化，它们有时相互结合，有时又相互分离。在美国见到的不稳定情况属于第一种，不是第二种。尽管美国人时常更改它们的法律，但他们一直尊重宪法的基础。

如今，共和主义统治美国，就像路易十四时期君主主义统治法国一样。那个时候，法国人不但偏爱君主政体，而且认为任何东西都无法取代它。他们接受君主政体，就像人们接受阳光的普照以及四季的更替。那个时候的法国人，既不存在王权的积极拥趸者，也不存在王权的强烈反对者。

共和正是在默认或者一种consensus universalis（一致认可）的基础上建立的，并且无须争辩、反驳以及证明地存在于美国。

然而我觉得，美国的居民若总是像他们在行政制度方面所做的那样变来变去，必将威胁到共和政府的未来。

立法方面的频繁更改，常常破坏人们的计划，因此我们有理由担忧，人们终究会有一天将共和视为一种不便利的社会生活方式。到那个时候，次要法律的不稳定所导致的不良后果，也会让人们对基本法律的存在提出质疑，并且会间接地引发一场革命。不过距离现在，这个时代还非常遥远。

我们目前可预测的，仅是美国人一旦放弃共和，经历长期的君主政体，马上就会进入专制的桎梏。孟德斯鸠曾说过，没有什么比继共和之后而建立的君权更专制的权力了，因为曾经毫无顾虑地交给一个民选首脑的无限权力，这时落入了一个世袭君主的手中。这一说法是普遍正确的，但又尤其适用于一个民主共和国。美国的立法行政官员，不是由公民中某个特殊阶级，而是由全国的多数选举产生的。他们直接代表人民的激情，并且完全凭靠人民大众的意志，因此他们既不会被人憎恨，也不会令人恐惧。但就像我之前说过的，人民在划定他们的职权时，很少去规定他们的权力界限，而是将很大一部分权力交由他们自行专断。这种情势形成了一些比它自身还有生命力的习惯。美国的立法行政官员，在国会休会期间或者去职后，仍对社会产生着巨大的影响，以致难以确定暴政将在何时何地停止。

有些欧洲人希望美国出现贵族政体，甚至已明确预测贵族政体得势的时期。

我之前已说过，这里再重复一遍，在我看来，美国社会现在的动向，是越来越趋于民主了。

然而，我绝不断言美国人在将来某天会限制政治权利的范围，或者没收这些权力让某一个人独享；不过，我也不相信将来某天他们会让公民中某个特殊阶级独占这些权利，换言之，他们将来某天会建立贵族政体。

贵族集团由一定数量的公民构成，尽管他们离人民大众并不远，但是却永远居于人民大众之上。你可以接近这个集团，但你无法打倒它；你能天天和它来往，但你休想加入他们的队伍。

无法想象还有什么服从比这种服从更违反人的天性以及人心的隐蔽本能了。凭靠自己生存的人，宁肯受一个国王的专断统治，也不肯受贵族的正规行政管理。

为了长久存续下去，贵族制度就要以不平等为原则，提前让不平等合法化，并在社会实施不平等时将其带入自己的家庭。凡是与合情理的公平完全相反的东西，只有凭借压制的方法才能强加于人。

我相信，从有人类社会开始，至今还找不到一个凭借自身努力生存下来的民族曾在自己内部建立贵族制度的实例，而中世纪时期的贵族制度则是征服的产物。征服者成为贵族，而被征服者则沦为农奴。这样一来，武力将不平等强加在人们身上，而不平等一旦被民情接受，它就能维护自己，并顺其自然地被法律接受。

有些社会，因为先于它们存在的某些事件，而成为可以说是天生的贵族社会。然而，时间一长，时代就会将它们引向民主。罗马人与继他们之后强大起来的蛮族的命运都是这样。然而，一个已经文明与实施民主的民族，若可以通过增强身份的不平等而变得越来越团结，通过在自身内部建立神圣不可侵犯的特权与唯我独尊的等级而取得胜利，那将是世界上的一大怪事。

没有任何迹象表明，美国注定要在这方面树立第一个范例。

概述美国商业兴旺的原因

因为自身的本性，美国人注定会成为一个伟大的海洋民族——他们的海岸线非常长——他们的港口水很深——他们的河流很长——然而，与这些自然原因相比，英裔美国人的商业优势更多地取决于他们的智力与道德原因——作为一个商业民族，英裔美国人的未来——联邦的解体也无法阻止原先组成联邦的人民的海上跃进——为什么——英裔美国人生来就是要供应南美居民的生活需求的——他们将和英国人一样成为世界大多数地区的商业代理人

美国的海岸线，自芬迪湾起，到墨西哥湾的萨宾河止，近900里约长。美国的海岸是一条连续无中断的线，并且统一由同一个政府管理。

世界上没有哪个国家可以像美国那样为商业提供更深、更广阔、更安全的港口了。

美国的居民组成了一个伟大的文明民族，命运将他们安排到一片荒地上，但又距离文明的主要中心有1200里约。所以，美国每日都需要依赖欧洲。用不了多久，美国人一定能自己生产或者制造他们所需要的大部分物资。然而，两洲永远不可能彻底分开而各自独立地生存下去，因为它们在需求、观点、习惯以及民情上有着极为密切的天然联系。

联邦某些产品，现在已成为我们的所需品，因为我们所在的土地完全不出产这些东西，或者仅能用极高的成本去生产它们。美国人自己仅能消费这些产品中的一小部分，其余剩下的则卖给我们。

所以，欧洲是美国的一个市场，就像美国是欧洲的市场一样；为了将美国出产的原材料运至欧洲港口，再将欧洲的制成品运回美国，美国人也必需发展海上贸易。

所以，美国面临一个不可避免的选择：要么像墨西哥的西班牙人那样放弃贸易而专门为海洋国家的工业提供大量原材料，要么让自己成为世界上第一流的海洋强国。

英裔美国人自始至终都对海洋怀有一种强烈的喜好。独立虽切断了将他们和英国联系起来的商业纽带，但是却让他们的航海天赋得到了新的、有利的发展。独立之后，联邦的船舶数量递增，其增加的速度差不多和居民数量的增加速度一样快。如今，在美国人消费的欧洲产品中，有十分之九都是用自己的船运输的①。他们还利用自己的船将新大陆四分

① 截止至1832年9月30日，当年的进口总额已高达101129266美元，而利用外国船运输的进口货仅有10731039美元，还不达进口总额的十分之一。

之三的出口货物运给欧洲的消费者[①]。

美国的船舶填满了哈佛与利物浦的码头；但在纽约港里，英国与法国的船舶数量并不多[②]。

可见，美国商人不但敢在本土和外国商人竞争，而且可以在外国和外国商人分庭抗礼。

这一点不难解释：因为在世界航运里，美国船舶的运费是最便宜的。只要美国商船继续保持这一优势，它不但能保住已获得的成就，而且可以不断提到自身的成就。

美国人为何能以比其他国家低得多的成本经营航运，这是一个很难解释的问题。有人认为，这主要应归功于美国人得天独厚的物质条件。然而，事实并不是这样。

美国船舶的造价和欧洲的一样[③]，然而船造得并不是很好，而且使用寿命通常也不长。

美国海员的工资比欧洲海员高。许多欧洲人在美国商船上工作，便足以证明这一点。

那么，美国的航运成本为何比欧洲的低呢?

我觉得，从物质的优势上来寻找这一原因是徒劳无用的，应该去纯智力、纯精神的特点中寻找。

以下的对比，将证明我的观点是正确的。

---

① 同期的出口总额是 87176943 美元，而使用外国船运出的出口货仅为 21036183 美元，占出口总额的十分之一。（《1833 年威廉氏海运统计》第 398 页。）

② 在 1829 年、1830 年、1831 年这三个年度中，驶入伦敦、利物浦、赫尔三个港口的英国船吨位共计 443800 吨，而外国船只为 159431 吨，也就是占总吨位的 16%。（《美国 1833 年年度大事记》第 304 页）在 1820 年、1826 年、1831 年这三个年度中，驶入伦敦、利物浦、赫尔三个港口的英国船吨位共计 443800 吨，而外国船只为 159431 吨，也就是占总吨位的 36%。（《1834 年美国指南》第 169 页）1832 年，驶入英国港口的外国船和英国船的吨位比例是 29 ：100。

③ 通常来说，在原材料的价格上，美国比欧洲低，但美国的人工成本却高很多。

法国人在大革命期间，将一种新的战术用在军事艺术上，将一些老将军打得晕头转向，差点推翻欧洲一些古老王国。他们首先想法儿精简了很多一直被认为是打仗必不可少的东西，要求士兵付出一些文明国家从未向军队要求过的努力。结果，士兵们都英勇抗敌，奋不顾身地去实现预定目的。

当时，法国的人力与财力都比它的敌人薄弱，它的物力也远不敌对方。然而，法国人却连连胜利，直至敌人也开始实施他们的战术为止。

美国人在商业方面也采用了类似的方法。法国人为获得战争的胜利所付出的一切，全都被美国人用于降低航运成本了。

欧洲的航运公司处事谨慎，从来不在海上冒险。它们只在风平浪静的时候才出海，一旦碰到不测，便让船返回港口。夜晚，船员们收起一些船帆；当海浪发白时，则表明马上就要靠近陆地，船员会立刻降低航速，抬头看看太阳以调整航向。

美国人则与此相反，他们敢于冒险，没这么谨小慎微。风暴还未完全平息，他们就扬帆起航了。白天和夜晚，他们都全帆行驶。他们一面航行，一面修复船舶在风暴中遭受的损伤。当即将接近航程的终点时，他们不会降速，而是继续扬帆前进，好像已看到港口似的急切想靠岸。

美国的船舶经常在海上失事，但是没有哪个国家的船舶比他们的船舶航速快。由于利用较少的时间完成了与他人等量的工作，所以他们才得以降低航运的成本。

欧洲商船在长途航行中，需多次靠岸休整。为了寻找靠岸的港口或者等待再次起航的时机，它们耗费了大量宝贵的时间，而且每日都需支付停泊费。

美国商船从波士顿出发，到中国购买茶叶。船舶抵达广州后，停靠数日就起航回国。在不满两年的时间里，船舶航行里程便已相当于绕地球一周的距离，而且往返途中分别都只靠岸一次。在历时八个月或者十个月的单程航行里，船员们喝咸水，吃腌肉。他们需不断和海洋、疾病以及厌倦抗争。然而回国后，每磅茶叶的售价比英国商人的售价便宜四分之一便士。他们达到了自己的目的。

除了说美国人在经商方面表现出了一种英勇气概外，我实在不能再更好地表达我的思想。

欧洲商人永远无法赶超他们的美国同行。美国人在依照上述方法经商时，并没有完全出于精打细算，而主要是他们的天性使然。

美国居民正在感受前进过程中的文明所产生的所有苦乐。他们不像欧洲人那样处在一个任何需要都能得到满足的社会，因此常常不得不自己去创造学习、生活中必不可少的各类物品。在美国，有些人既会耕田又会建房子，既是一名钳工又是一位鞋匠，而且还懂得织布缝衣。尽管这不利于工业技术的发展与完善，但是却可以最大限度地发挥劳动者的才智。再没有什么比过细的分工，更容易让人变蠢以及让产品失去创意了。在美国这种专门人才匮乏的国家，不一定硬要经历长期的学习去精通一门手艺。所以，美国人很容易改变谋生之道，随时去找有利的工作做。有些人一生中当过律师，种过田，做过生意，还任过教士与医生。尽管美国人的每项行道都没欧洲人高明，但他们几乎什么手艺都懂一些。他们的才能平平，但他们的知识面却比较广。所以，在行业上，美国居民没有什么清规戒律，也不存在任何职业偏见，他们既不重此轻彼或者重彼轻此，也不厚古薄今或者厚今薄古。他们不固守自身的习惯，也能轻易排除外国习惯对他们的精神可能产生的控制作用，因为他们清楚自己的国家和其他任何一个国家都不同，他们的情况在世界上也是第一次出现。

美国人居住在一片神奇的土地上，他们身边的一切都在不断变化，每一个变动都意味着进步。所以，新的思想在他们的头脑中总是和良好的思想紧密结合。人的努力，似乎没有天然的止境。在他们眼中，没有做不成的事情，而是有志者事竟成。

这种运气好坏的再三反复，这种推动美国人勇往直前的感情冲动，这种公共财富与私人财富无法预测的起落，全都聚合在一起，让人们的精神彻底处于一种发奋图强、不甘人后的狂热状态。对于一个美国人而言，人的一生就如一次赌博，就如一场革命，就如一次战争。

这些相同的原因在作用于每一个人时，也为国民性打下了无法制止的冲动的烙印。所以，美国人永远是热衷于追求、锐意进取、勇于冒险、尤其擅长创新的人。这些特征都真实地反映在他们所有的工作中。他们也将这些精神带入了政治条例，带入了宗教教义，带入了社会经济学说，带入了个人实业活动中。他们带着这些精神四处创业：不论是到荒山野林的深处，还是到喧嚣繁华的都市，都是如此。正是这些同样被用于海运业的精神，让美国商船比其他国家商船的运费更低廉、航速更快捷。

只要美国海员保持这种精神优势以及它所带来的实践优势，那他们不仅可以满足本国生产者与消费者的需求，而且很可能像英国人[①]一样成为其他国家的商务代理人。

如今，他们开始着手实施这样的宏图。我们已见到，美国海运企业正努力让自己成为几个欧洲国家商业的直接代理人[②]。

西班牙人与葡萄牙人在南美创建的一些大殖民地，后来都各自成为

---

① 不要以为英国商船只有将外国产品运回本国以及将本国产品运至外国的业务。如今，英国的海上船队已和陆地上庞大的马车运输企业一样，为世界各国的生产厂家提供服务并经营各国之间的交通运输业务。美国人的航海才能，让他们有能力建立起和英国水平相当的海上运输企业。

② 地中海沿岸的一些海运，已经由美国船舶承揽。

了帝国。内战与专制，现正在折磨这一广袤的地区。人口未增加，居住在这里且为数不多的居民，每日都在为自卫操心，极少去考虑改善自身的命运。

然而，情况不会一直都是这样。励精图治的欧洲，曾凭自身努力冲破了中世纪的黑暗。南美和欧洲一样，也是基督教世界。它的法制与生活习惯，也和欧洲一样。它拥有在欧洲人民及其子孙中发展起来的文明的所有萌芽。另外，欧洲的榜样还可供南美借鉴。它不会一直这么愚昧下去。

显然，这仅是一个时间问题。毋庸置疑，南美人民建立文明兴盛国家的那一天早晚会到来。

然而，当南美的西班牙人与葡萄牙人产生文明国家的需求时，他们自身还远远无法满足这些需求。作为文明后进者，他们必须承认先进者早已取得的优势。在学会办工厂、经商前，他们必须长期务农。他们需暂时依仗外国人，将自己的产品运往海外，再换回外国产品来满足自身的新需求。

显而易见，北美的美国人终有一天要去满足南美人的需求。大自然已让他们彼此为邻，并提供了极大的便利让美国人去了解、调查南美人的需求，并和南美人建立频繁的往来，逐步占领南美的市场。除非美国商人远逊于欧洲商人，否则他们不会错失这一绝好的机会，更何况在某些方面他们比欧洲商人更优越。美国人早就对新大陆各族人民产生了精神影响，并传授给他们知识。居住在同一大陆的各族人民，早已习惯视美国人为美洲大家庭中最有学识、最有力量、最有财富的成员。所以，他们将注意力投向美国，只要有机会就效仿居住在那里的人民。他们无时无刻不在汲取美国的政治理论以及借用美国的法制。

美国人在南美人眼中的地位，和其祖辈英国人当年在意大利人、西班牙人、葡萄牙人以及欧洲所有文化、工业都没有英国先进而且大多数消费品都要依赖英国的国家眼中的地位一模一样。

如今，英国几乎是和它往来的所有国家的天然贸易中心，而美国也将在另一半球扮演相同的角色。所以，在新大陆创建或者成长的各个国家，其创建与成长几乎都有利于英裔美国人。

如果联邦解体，各州的商业发展显然会放慢一个时期，但绝不会如人们所想的那么长。毋庸置疑，无论将来发生什么情况，各州依旧会联合起来做生意。它们彼此为邻，在观念、利益以及民情上完全相同，而且只有它们可以形成一个庞大的海洋强国。倘若联邦的南方和北方各自独立，那么南方将因为失去北方的扶助而无法生存下去。我之前已讲过，南方不是经商的地区，也没有什么迹象表明它会变成经商地区。所以，美国的南方人不得不长期依赖外人将他们的产品运输出去，并提供给他们所必需的物品。而在所有他们能找到的中间人里，只有他们的近邻北方人，能确保为他们提供物美价廉的市场。而且，他们会主动去找北方人，因为廉价是商业中的最高法则。不论是主权意志，还是民族偏见，都无法长期顶住廉价市场的诱惑。估计任何仇恨都没有英国人和美国人之间的仇恨深重。虽然存在这种敌对情绪，英国商人依旧可以让美国人购买他们大部分的制成品；而美国人之所以要购买英国的产品，仅仅因为英国的产品比其他国家的产品便宜。所以，不论美国人愿不愿意，美国正在发展中的繁荣兴盛，并不会不利于英国的制造业。

理智告诉我们，经验也在证明，在必要时无法得到武装力量的支援，商业上的强大是无法持久的。

美国对这一道理的理解，和其他国家一样清楚。美国人已有能力让他们的船籍旗受人爱戴，甚至不久后会令人生畏。

我坚信，联邦即使解散，北美的海上力量也不会因此削弱，而只会大大增强。如今是经商的州和不经商的州联合在一起，然而不经商的州只是勉强同意增强对其并没有直接好处的海上力量。

与之相反，倘若联邦中所有经商州组建一个单一国家，商业便将成为它们最主要的国家利益，它们会为了保护航运而付出巨大的代价，而且没有什么东西能阻止它们去实现这方面的愿望。

我觉得，国家和人一样，差不多在青年时代就表现出其将来命运的主要特征。当我见到英裔美国人那种经商劲头、经商的便利条件以及经商取得的成就时，就不由自主地相信，他们终有一天会成为世界上第一海上强国。就像罗马人天生就是来统治世界的一样，他们天生就是来统治海洋的。

结论

我的论述马上就要结束了。以上，我在探讨美国将来的命运时，总是尽力将题目分划成几个不同的部分，以便仔细考察每一个部分。

在这里，我要将这些部分聚拢起来进行一次统观。这次统观可能不够详尽，但是更为简明扼要。我阐释每个问题时或许没有以前那么明晰，但是我能更为准确地把控全局。我就像一个从繁华都市出来，爬上近郊小山的旅游者。他出城后一直往前走，行人越来越少；他回头望向城市，房屋若隐若现，公共场所已从其视线中消失，街道也分辨不清了，但却一眼看清了整座城市的轮廓。他似乎首次看到了这座城市的整体。我对新大陆上英裔人整个未来的研究，也和这一样。尽管这幅巨图的细节处还是模糊不清，但是我已看到了它的全景，对它的整体有了一个清晰明了的概念。

目前，美利坚合众国拥有或者占据的领土，大概是全世界可住人土地的二十分之一。

虽然土地这么广袤，但你若觉得英裔美国人种会永远待在这里不动，那就大错特错了。他们如今就已远远超出这一范围。

有一段时期，法国也曾有机会在美国的荒野上创建一个大法兰西国，和英国人在新大陆上平分秋色。过去，法国在北美占据的领土，差不多有整个欧洲那么大。北美大陆上三条最大的河流，当时都流经依法归法国管辖的土地。居住在从圣劳伦斯河口到密西西比河三角洲之间的印第安各部落，只能听到法语。一些分布在这片广袤土地上的欧洲人居住点，可让人们通过它们的名称联想到自己的祖国。例如，路易堡（Louis-bourg）、蒙莫朗西（Montmorency）、迪凯纳（Duquesne）、圣路易（Saint-Louis）、万森（Vincennes）、新奥尔良（Nouvelle-Orléans）等，对法国人来说都是再亲切、再熟悉不过的名称了。

然而，一连串不胜枚举的原因[①]，让我们失去了这笔极为可观的遗产。在法国人人数本就不多，并且他们又未予以良好建设的地区，如今连一个法国人都没有了。在仍有法国人的地带，法国人也只是聚居在一块狭小的地区，而且受着他人法律的管辖。在加拿大的40多万法国人，现在就像一个古老民族的遗民，迷失在一个新民族的浩渺大海中。他们身边的异族居民日趋强大，迅速向四面八方发展；甚至后来者居上，取代了这片土地的原主人，统治原主人建立的城市，更换原主人的语言。这批居民以前就是美国的居民。所以，我有理由断定英裔美国人不会待在联邦的范围内不动，而会越过这一范围向东北（西北）方向发展。

在西北方向，仅有几个不是很重要的俄国人居民点；然而在西南方向，墨西哥却如一座高墙堵住了英裔美国人的去路。

所以，严格地说，只有两个相互竞争的种族，也就是西班牙人与英国人，如今在分占着新大陆。

条约中已规定了这两个种族的分界线。虽然这项条约对英裔美国人

---

① 其中主要有：偏好独立与习惯于乡镇自治制度的民族，比其他民族更易建立起繁荣兴盛的殖民地，要想创建一个新的国家，人们必须形成独立思考与自己管理自己的习惯，而这一国家的建立，又必将在很多方面取决于移民们个人的努力。

很有利，但我敢肯定，用不了多久，英裔美国人势必会违反这一条约。

在美国南部边界以南，也就是墨西哥境内，存在一大片尚无人居住的地区。美国人将比有权占有这片荒野的人更早涉足这片土地。他们将占有那里的土地，创建属于自己的乡镇。而当合法的所有者姗姗到来时，将发现曾经的荒地已被人开垦，并有外来人悄悄定居于此了。

新大陆的土地是谁先占据就归谁，因此占有土地是捷足先登者的报酬。

已然有人居住的地区，要想避免这样的侵犯，也必须付出极大的努力。

我之前已说过发生于德克萨斯境内的事情。美国的居民无时无刻不在向德克萨斯渗入，并购买那里的土地。尽管他们也服从当地的法律，但却不断努力让自己的语言与民情占据主导地位。德克萨斯现在虽仍属墨西哥管辖，但是过不了多久，这里便不会再居住有墨西哥人。凡是英裔美国人和不同种族交往的地方，都可能出现上面这种情况。

应该直言，和居住在新大陆的其他欧裔人相比，英裔人占有更明显的优势。他们在文化、实业与武力方面，都远甚于欧裔人。只要他们面前还存在荒地或者人烟稀少的地方，只要他们在前进的路上未遇到阻挡他们穿越的人口密集区，他们就会继续扩张下去。他们不会止步于条约所规定的边界线，而只会设法越过这种虚设的障碍。

英裔人在新大陆所处的地理位置，大大加速了他们的这种发展。

在他们北部边界以北，是北极的冰原；而穿过他们南部边界几纬度，就是热带。所以，英裔美国人正处于新大陆气候最温和、自然环境最适合人居住的地带。

有人觉得，美国人口的快速增长，开始于独立之后，但这种看法并不准确。早在殖民制度时期，这里的人口增长就和现在一样迅速，即大概每22年就翻了一番。只是那时的绝对增长数字是以几十万计算的，而如今是以几百万计算的。同样一个现象，在一个世纪前未被人察觉，但到现在却被所有人看得清清楚楚。

由同一国王管理的加拿大英国人，其人口的增长与扩散，差不多和生活在共和政府下的英裔美国人一样快速。

在独立战争的八年时间里，人口依然按照上述的比例持续增长。

在西部边界虽然有和英国人结盟的印第安部落，但是向西部的移民运动也从未放慢步调。在敌人洗劫大西洋沿岸的那段时间里，肯塔基州、宾夕法尼亚州的西部地区、佛蒙特州以及缅因州就已住满了居民。战后的混乱繁杂，也没有阻碍人口增长以及人们向荒地进军的步伐。由此可见，法制的差别，和战的差异，秩序的好坏，仅对英裔美国人的持续发展产生了很细微的影响。

这一点很容易理解，因为没有哪个因素可以完全影响到广阔国土上的所有地方。所以，国内存在很大的回旋余地，为灾区人民提供避难的场所，而且无论灾难多大，都有应对的措施。

所以，不要觉得有办法阻止新大陆英裔人的飞速发展。尽管联邦的解体及其在新大陆引发的战争，共和的废除以及因此在新大陆出现的暴政，能减缓他们的发展，但是并不能让他们放弃注定要由他们来完成的使命。世界上没有什么力量可以阻止移民的步伐，阻止他们迈入为勤奋者敞开的大门，为苦难者提供休养生息场所的沃野。不论将来发生什么情况，都夺不走美国的气候、内海、大河与肥沃的土地。不良的法制、革命与无政府状态，既消灭不了似乎已成为这一种族主要特征的致富热情与进取精神，也无法彻底摧毁让他们开化的知识。

所以，在将来无法确定的事件中，至少有一件事情是可以确定的。那就是在即将到来的一个时代（因为我这里所指的是一个民族的生命），英裔美国人将遍布从北极的冰原到热带之间的整个广阔大地，从大西洋沿岸一直扩散到太平洋沿岸。

我预测，英裔美国人占据的土地，终将有一天达到全欧面积的四分之三[①]。总的来说，联邦的气候比欧洲的气候要好。联邦的自然条件也比欧洲优越。显然，联邦单位面积的人口，在将来某天也同样能和欧洲抗衡。

即便在有诸多国家的欧洲，在经历了接连不断的战争和中世纪残暴统治的欧洲，每平方里约的居民数也能达到410人[②]。那就没有什么力量可以阻止联邦单位面积的居民数达到这一水平。

只有再经历几个世纪，美洲英裔人的几个分支才可能出现差异，外貌不再相同。我们不能预测他们将于何时在新大陆创建持久的不平等制度。

所以，不论英裔美国人大家庭各支系的命运，因为战争或者和平、自由或者暴政、繁荣或者匮乏而各有不同，但他们依旧能保持相同的社会情况以及在这种情况下流行的习惯与观念。

在中世纪，仅凭宗教的纽带就能将居住在欧洲的不同种族聚合在同一文明下。新大陆的英裔人之间有着盘根错节的联系，而且他们是生活在一个人人几近平等的时代。

中世纪是一个教派对立、群雄割据的时代。当时，各个民族、各个地方、各个城市、各个家庭，都竭力自保与独立。然而在今天，却出现了一种与之相反的趋势，各国似乎都在走向统一。人们已无法继续孤立而不互通往来，或者已不再对地球上任何角落发生的事情全无

---

① 如今，仅美国本土的面积就已是欧洲面积的一大半。全欧面积为50万平方里约，人口数量为20500万人。可参阅马尔梯－布伦著作第六卷第114册第4页。（事实上，马尔梯－布伦在著作中记录的人口数为20000万人，但后来他在第92页上预测说，这一数字可能达到20500万。所以，托克维尔引用了后一个数字。可参阅该书的1826年版）

② 可参阅马尔梯－布伦著作第六卷第116册第92页。（1826年版）

所知。如今我们已见到，虽然欧洲人和他们在新大陆的后裔之间隔着浩渺大海，但是他们之间的差异还没有13世纪某些仅有一河之隔的城市之间的差异大。

既然这种同化趋势正在让各国人民相互接近，那它就更不会让同一民族的后代相互脱离分立。

所以，终有一天能看到北美居民数达到1.5亿人口[①]。他们相互平等，同属一个大家庭，出自同一源头，有着相同的文明、相同的语言、相同的宗教、相同的习惯、相同的民情、相同的思维方法以及相同的肤色。其他方面尚难以断言，但是有一点是可以确定的，那就是世界上将出现一个难以想象的全新局面。[②]

现在世界上存在两大民族，它们出发于不同的起点，但似乎在朝同一个目标前进。它们就是俄国人与英裔美国人。

这两大民族在不知不觉间壮大起来。当人们的注意力还放在其他地方的时候，它们忽然蹿升至各国的前列，而全世界也几乎在同一时间认可了它们的存在与强大。

其他民族似乎已接近它们发展的自然极限，除保持现状外别无他法，然而这两个民族却在不断地发展壮大[③]。其他民族不是处于停滞不前的状态，就是在极为艰难地前进。只有这两个民族，正沿着一条没有止境的道路轻松、快速地前进。

美国人在和自然为他们设置的重重障碍做斗争，俄国人则在和人做斗争。一个在和荒原、野蛮搏斗，另一个则在和全副武装的文明搏斗。

---

① 这是以欧洲每平方里约有410个居民的标准计算出来的。

② 这几年时常被人们引用的几段话，明显证明托克维尔的政治社会学对现代的重大意义。可参见梅耶的《阿列克西·德·托克维尔》（巴黎，1948年）第48页及以下几页。——法文版编者

③ 按比例来说，在旧大陆所有民族中，俄国人口的增长速度是最快的。

所以，美国人的征服是利用劳动者的犁来开展的，而俄国人的征服则是利用士兵的剑来进行的。

为了实现自己的目的，美国人以私人利益为动力，无限制地任个人去发挥自己的力量与智慧。

俄国人则与此相反，他们几乎将社会的所有权利都集中在一个人手里。

美国人以自由作为主要的行动手段，而俄国人则以奴役作为主要的行动手段。

他们起点不同，走的道路也不同。但是，其中每一民族似乎都受到天意的秘密指派，终有一天将各主世界一半的命运。

原著者注

第一篇

（A）

参阅郎少校在国会资助下，到欧洲人还未曾踏足过的整个西部地区所做的两次研究报告。

郎少校在谈到美国的大沙漠时特别强调，可以紧挨东经20°（以华盛顿为0°[①]）并和这条经线几乎保持平行，从鲁日河到普拉特河划分一条界线。从这条假定线到密西西比河河谷的西界落基山之间，分布着一些广阔的平地，平地上通常都覆盖着一层植物无法生长其上的沙子，或者是花岗岩的石块。这里有成群结队的野牛与野马，也分布着一些印第安人部落，但是每个部落的人数都不是很多。

郎少校听人们说，上溯普拉特河，在此河上游左岸也经常能看到这样的沙漠，但他没能亲自去考察印证这一传闻。可参见郎少校的研究报告第二章第361页。（郎少校的《从匹兹堡到落基山的研究报告》，共两卷，费城，1823年）

郎少校的有些叙述还是可信的。但是要记住，他仅仅只是横穿了他

---

① 以华盛顿为 0° 计算的东经 20° ，大约相当于以巴黎为 0° 计算的西经 99° 。

所说的地区，并未走到他所经过的路线两侧做细致深入的研究。

（B）

在南美南北回归线之间的地区，遍布这种品类繁杂的统称为美洲野藤的攀绕植物。现在在安的列斯群岛的植物区系中，光美洲野藤就有40多种。

在这种攀绕植物里，鸡蛋果藤是最优美的。根据德库蒂兹在他记载安的列斯群岛植物界的著作（《安的列斯群岛的观赏与药用植物志》，共三卷，巴黎，1833年）中说，这种可爱的植物依靠自身的卷须爬上大树，在林中形成一条条拱廊或者柱廊。这些拱廊或者柱廊不但因其深红间蓝的美丽花朵而显得美轮美奂，而且因花香而让人心旷神怡。参阅第一卷第265页。

大豆荚金合欢，是一种很粗的藤本植物。它的生长速度很快，从一棵树爬向另一棵树，有时能蔓延半里约以上。参阅第三卷第227页。

（C）

有关美洲土著的语言[①]

从北极圈到合恩角，美洲印第安人所说的语言，都是已定型的语言，有着相同的句型和语法规则。所以，差不多可以确定，印第安人各部出自同一源头。

美洲大陆的各个部落，都拥有属于自己的不同方言。然而，符合严格定义的语言却极少，因此仍有人致力于证明新大陆各族并无特别古老的族源。

---

① “有关美洲土著的语言”，可参见博厄斯的《美洲语言手册》（华盛顿，1911年）；卡西勒尔的《神话思维中的概念形式》（莱比锡，1922年）；卡西勒尔的《象征形式的哲学》；泰尔的《语言》（柏林，1923年）。——法文版编者

但是，美洲土著的语言还是非常有规律的。大概，现存的这些部落还从未经历过巨大的革命，没有被迫和主动与外来民族混合，因为通常来说，若干种语言混合在一起后，语法规则势必会混乱不堪。

不久后，美洲土著的语言，尤其是北美土著的语言，得到了语言学家的高度关注与仔细研究。他们马上就发现，野蛮人的土语是一套复杂观念的产物，组织得非常合理。他们觉得，这种语言丰富多彩，人们在创制它的过程中尤其考虑了听觉的细微辨别能力。

美洲语言的语法体系，在很多方面都和其他语言有很大的差异。

在欧洲一些民族间，德语就存在一个和其他语言不一样的特点：在必要时它能将几个词连接在一起，有些词能表示很多意思。印第安语更是进一步扩大了这一特点，甚至达到了仅用一个词就能表达很多意思的程度。借用杜邦索先生在《美国哲学学会报告》中引用的例子，更容易说明这一点。

一个特拉华族妇女在逗弄一只小猫或者小狗时，会反复说kuligatschis。这就是一个由多个词合成的单词。其中的k代表第二人称，意指“你”或者“你的”；uli读作ouli（乌利），取自wulit一词的中段，意指“美丽的”、“可爱的”；gat取自wichgat一词的末段，意指“爪子”；最后的schis，读作chise（西斯），这个词尾是“小形”的爱称。仅用一个词，这位印第安妇女就表达了“你这可爱的小爪子”之意。

还有一个例子能更明显地说明美洲的蛮族是很擅长连接他们的单词的。

一个特拉华族的男青年自称为pilape。这个词是由pilsit（意指“纯洁的”，“无辜的”）与lenape（意指“人”）组成的。意思就是“纯洁的人”。

这种将几个词连缀在一起的特点，多见于动词的合成上。一个极其复杂的动作，常常只用一个动词就能表示。意思上的所有细微差别，几乎都可以用动词与改变动词的词形表达出来。

读者若想深入了解这一问题，可参阅：

1）杜邦索先生和赫克维尔德牧师探讨印第安语的通信。这封信登载于1819年阿伯拉罕·斯莫尔主编的在费城出版的《美国哲学学会报告》第一卷356—464页。

2）盖伯格（Geiberger，应为David Zeisberger）的《特拉华语或者勒纳普语语法》。该书共三卷，详细深入地分析了特拉华族的语言，前面还附有作者在考察特拉华族时结识的杜邦索先生所写的序言。

3）《美国百科全书》第五卷末尾收录以上语法书的摘要。

（D）

夏尔瓦的《新法兰西的历史》[书名全称为《新法兰西的历史和通志以及奉王命去北美旅行日记》（共六卷，巴黎，1744年）]的第一卷第235页，记载了1610年加拿大法国人对易洛魁人发起第一次战争的历史。虽然易洛魁人使用的武器是弓箭，但他们却对法国人及其同盟者进行了殊死抵抗。夏尔瓦尽管不是写作的高手，但对这段历史的记述却栩栩如生，他用鲜明对比的手法叙述了欧洲人与野蛮人的品德，以及这两个种族对荣誉的不同态度。

他在文中这样写道："法国人不断争抢战死在沙场上的易洛魁人的海狸皮衣，但他们的同盟者休伦人却很鄙视这种行为。他们习惯性地对俘虏施以酷刑，并吃了其中一个被他们杀害的人。这着实吓坏了法国人。"夏尔瓦接着写道："这些野蛮人以无私知足为荣，因此惊讶于法国人没有这种想法，而且不理解为何扒死人的衣服远没有吃死人肉恶劣，因为在他们眼中，吃死人肉和吃野兽的肉没有什么区别。"

夏尔瓦在第一卷另一处，也就是第230页，转述了尚普兰第一次目睹割肉酷刑以及休伦人重返自己村舍时的情景。

他写道："步行了8里约后，我们的同盟者停了下来。他们扯出一名俘虏，对他施以他们同族战士在该俘虏部族所受的全部酷刑，并告诉俘虏他就该得到这样的下场；并补充道：倘若你有勇气，你就用歌声来伴奏。这个俘虏果真唱起战歌，并将他会唱的所有歌都唱完，歌声非常悲怆。尚普兰说，他从来不知道野蛮人的音乐竟有这么悲伤的调子。这种处死方法还伴有我们马上就要谈到的各种酷刑，可把法国人吓呆了。他们不忍目睹这些酷刑，期望尽快结束这一场面。……当晚，一个休伦人做了一个梦，梦中他们受到追击，落荒而逃；而野蛮人却穷追不舍，彻底将危险置之度外。……"

"他们快到自己村舍时，会砍下一些长竿子，将各自分得的被处死俘虏的头发绑到竿头，挥舞着表示凯旋。妇女们见状便都奔过来，纷纷跳到水里，登上独木舟，从丈夫手中拿下沾满血迹的头发，并系在自己的脖子上。"

"休伦人的战士将这件令人毛骨悚然的战利品送给尚普兰。另外，还赠给他几张弓、几支箭以及他们本打算自己留下的那唯一一张易洛魁人皮，并托尚普兰将这张人皮献给法兰西国王。"

他单独一个人和这些野蛮人一起生活了整整一个冬天，他的人身与财产始终未受到侵害。

（E）

尽管早在美洲英属殖民地建立初期，占有主导地位的清教徒的清规戒律就已大大减少，但是仍能在习惯与法律上看到它明显的痕迹。

在1792年反对基督教的法兰西共和国时期，马萨诸塞的立法团就制定了一项强制公民遵守礼拜日的法律。以下引用的该法的序言与主要条款值得读者读一读：

"鉴于遵守礼拜日属于一项公益活动，能让劳动得到有益的中断，提供给人们反省人生意义以及人类不可避免的错误的机会，让人们单独和集体礼拜创造、管理世界的上帝，并让人们专注于这种能使基督教社会增辉与安宁的善行。”

“鉴于信教不虔诚或浮华轻佻的人在忘记礼拜日应尽的义务以及社会给予他们的好处时，会溺于游乐而亵渎神明或者只为自己劳动；鉴于这种行为违反了基督徒特定的义务，具有干扰他人的作用，将给整个社会带来严重的危害，并在社会中形成游荡的风气与浮夸的习惯。”

“参议员与众议院兹命令如下：

第一条，在礼拜日，任何人都不许在自己的店铺或者作坊劳作。在这天，任何人都不许从事任何劳动与公务，不许参加任何音乐会、舞会或者观看任何性质的演出，不许进行任何性质的狩猎、游戏或者娱乐，违者将予以罚款。罚款的金额每次不少于10先令，最高不超过20先令。

第二条，外出旅游者与车船驾驶者，除非必要，否则不许在礼拜日出行。违者将予以罚款，罚款金额和第一条相同。

第三条，小酒馆老板、小店铺主和小旅店主应当禁止本乡镇定居居民于礼拜日到其店铺逗留娱乐或者办事。若有违反，店主与客人都将予以罚款，而且有权吊销店主的执照。

第四条，在三个月内少向上帝进行一次公开礼拜的人，若身体健康且无正当理由，将处以罚款10先令。

第五条，在教堂内做出不当行为的人，将处以5至10先令的罚款。

第六条，乡镇的十户长（Tithingmen）[①]负责实施本法。他们可以在

① 十户长每年改选一次，从职务上看，他与法国兼为乡镇警卫与司法警察的官员差不多。

礼拜日巡视旅店或者公共场所。禁止十户长进本店铺巡视的店主，要被罚款40先令。”

“十户长可以拘留旅客，询问其在礼拜日滞留旅途的原因。拒绝回答的人，要处以金额可达5英镑的罚款。”

“倘若旅客给出的原因未能说服十户长，十户长有权将该旅客送交县的治安法官处理。”1792年3月8日法令，载于《马萨诸塞普通法》第一卷第410页。

1797年3月11日，出台一项新法预定提高罚款的金额，其中一半给拘留该类罪犯的人。参见上述法令汇编第一卷第525页。

1816年2月16日，又出台一项新法批准了这些措施。参见上述法令汇编第二卷第405页。

1827年和1828年纽约州修订的几项法令，也存在类似的条款（参见《增订纽约州法令集》第一编第20章第675页）。其中规定，任何人不得在礼拜日打猎钓鱼，不许在酒店出入和逗留。除非必要，否则任何人都不许在礼拜日出行。

以上内容，还不是初期移民的宗教精神与习俗留在法律上的唯一痕迹。

在纽约州增订法律集第一卷第662页，可以看到以下条款：

“因赌博或者打赌在24小时内输赢25美元（大概相当于132法郎）时，将被视为轻罪，并依据确凿的证据处以不少于所赢或者所输金额五倍的罚款。此项罚款全交由本乡镇济贫工作视察员收管。”

“输25美元或以上的人有权向法院申诉。若不进行申诉，那么济贫工作视察员有权作为赢方，收下输方所输款项以及相当于输款三倍的罚款，做济贫工作使用。”

我摘录的这几项法律都是最近开始实行的，但若不追溯到这些殖民地的初期，没有谁能理解这些法律。我相信，在我们这个时代，只有极少数地方是采用这种立法方式制定刑法的。民情已顺应时代在发展，但是法律却没有什么变化。在美国，严守礼拜日的行为，是最令外来人惊奇的了。

尤其是美国有个大城市，一到周六晚上，整个社会就似停止运转一般。倘若你在本该是成年人参加交际以及青年人应邀赴会的时候来到这座城市，你会发现自己置身于一个寂静无声的世界。你听不到工业机器的轰隆声，也听不到人们的高歌欢呼声，更听不到闹市区的喧闹声。生活的锁链盘绕在教堂四周。半开半闭的百叶窗，只容阳光一缕一缕地射入居室内。宽敞的大街上没有一个人影，好不容易才能从远处看到一个人默默穿过十字路口。

翌日清晨，车辆的鸣笛声，铁锤的敲击声，人们的呼喊声，才重新涌入你的耳鼓。整个城市又苏醒了：成群的人，匆忙地赶往城市的工商业中心；人人都在行动，精神抖擞，在你身边忙碌来忙碌去。继一种看似麻木不仁的状态后，又出现了这种匆忙的局面，似乎人们都觉得只有今天一天能发财致富和享乐。

（F）

显然，我并不想在这一章论述美国的历史。我的目的只是让读者由此了解初期移民的观念与民情对各殖民地以及全美未来发展所产生的影响。所以，我只需引用一些相关的片段。

我不清楚这么做对不对，但我觉得这能描绘出或者展示出美国各共和州的早期画面。这幅画面不但会引起普通读者的注意，而且会提供给国务活动家进行深入研究的资料。尽管我并不是美国历史专家，但我至少乐意为他人提供方便。所以，我觉得应该在这里列出一个简短的书目，并对我认为最适合引用的几部著作做一个简明扼要的分析。

在诸多可供引用的一般性文献中，我首推爱博尼泽·哈泽地主编的收录有各州文件以及其他可靠文献的《美利坚合众国历史资料汇编》。

这部汇编于1792年在费城出版，其第一卷收录有英国国王颁发给移民的所有特许状的全文，以及各殖民地政府从成立以来颁布的主要法规。另外，还有大量有关这一时期新英格兰与弗吉尼亚事务的官方文件。

第二卷几乎都是有关1643年联盟的文件，其中有新英格兰各殖民地之间为抵抗印第安人而结成联盟的公约。这一联盟是英裔美国人宣布联合的首个实例。直至1776年北美殖民地宣布独立，期间出现了多个与此性质相同的联盟。

王家图书馆珍藏有这部由费城出版的历史文献汇编。

另外，各殖民地还有属于自己的历史文献，其中一些是极其宝贵的。我首先要谈到弗吉尼亚的名字，它是移民开发最早的一个州。

在所有研究弗吉尼亚的历史家中，独占鳌头的当属它的创造者约翰·斯密斯船长。斯密斯船长给后代留下了一部十六开本的著作，书名是《弗吉尼亚与新英格兰通史》，1627年在伦敦出版（本书同样藏于王家图书馆）。斯密斯的这部著作附有数幅地图以及一些非常漂亮的版画，上面标注有制作的日期。这位历史学家一直从1584年写到1626年。斯密斯的巨著获得了极高的评价，而且也确实受之无愧。作者是一位伟大的冒险家，他生于冒险家辈出的时代，并最终取得了成功。全书充溢着冒险开拓的热情，也就是那个时代人们所特有的冒险进取精神。从这部著作中，我们还能感受到掺杂有经商致富味道的行侠仗义之气。

然而，在斯密斯船长身上表现得最为突出的特点，是他除了具有同时代人的美德外，还具有大多数同时代人所不具备的一些品质。他的文章精炼，描述逼真，毫无矫饰。

这位作者让我们了解了在欧洲人发现北美时，有关印第安人的一些情况。

可供参考的第二位历史学家是贝弗利。他的著作是四十八开本，于1707年在阿姆斯特丹出版，已被翻译为法文。作者从1585年开始记述，到1707年结束。该书第一章载有殖民初期的历史文献。第二章，有趣地描述了印第安人在这一扩张时期的生活情况。第三章，让人们全面地了解了弗吉尼亚当时的民情、社会情况、法律以及政治习惯。(《弗吉尼亚州的历史与现在》，伦敦，1705年)

贝弗利出生在弗吉尼亚，因此他一开头就说："因为我在印第安人的土地上出生，未专注于语言的纯洁性，所以请读者不要带着过于严苛的批判观点来审查我的著作。"虽然这位移民的后代表示自己做得不够，但是他的著作通篇都在证明，他是不由自主地在维护母国的最高主权。从贝弗利的著作中，我们还能发现那种曾鼓舞美洲英国殖民地前进的公民自由精神的痕迹。此外，书中还留有各殖民地之间长期存在并将一直延续到独立时的不和的痕迹。贝弗利对其邻居，一位来自马里兰的天主教徒所表现出来的憎恶，依旧比英国政府的这种情绪大。贝弗利的文章简要，他的讲述总是充满了同情心而且使人信服。可以在王家图书馆找到贝弗利著作的法文译本。

还有一本值得推荐的巨著，我曾在美国读过，但尚未在法国找到。它就是威廉·斯蒂的《弗吉尼亚最初发现和定居开发史》。该书叙述得详细且生动有趣，但我觉得稍有些冗长。

有关卡罗来纳的历史，可以推荐的最早、最好的著作，是约翰·劳森写的一部十六开本的《卡罗来纳史》，该书较薄，于1718年在伦敦出版。

劳森在著作中首先描述了卡罗来纳西部的发现经过。这部书是以旅行记的形式写出来的，作者叙述得有些杂乱，观察也仅停于表面。但他对当时流行于野蛮部落的天花与酗酒所造成的荒废情形描写得非常深刻，对这些部落流行的并因欧洲人的到来而加剧的道德败坏行为，也描述得生动有趣。

这部著作的第二部分，专门叙述了卡罗来纳的自然环境与物产。

著作第三部分，则饶有风趣地记述了当时印第安人的风尚、习俗以及管理组织。

在此书的这一部分，作者的才华与独到之处表现得淋漓尽致。

这部著作，劳森写到查理二世时期颁给卡罗来纳特许状为止。

全书的基调是轻快的，但难免沦为下品，和同时期在新英格兰出版的著作的深沉笔调完全不一样。

劳森这部著作，现在在美国已很难找到，在欧洲更是难上加难。但在王家图书馆还保存有一部孤本。

我一直从美国的最南部游历到它的最北部，其间的广大地区都是很晚以后才有移民涉足的。

我还要推荐一部很值得一读的汇编，名为《马萨诸塞历史学会论丛》，于1792年在波士顿出版，1806年再版。王家图书馆没有这部著作，而且我相信其他图书馆也没有。

这部论丛（还在继续编辑）收录了有关新英格兰各州历史的大量宝贵文献，其中包括尚未公开发表的通信以及地方档案馆收藏的原始文献。古金主编的这部论丛，还收录了有关印第安人的材料。（参阅第一卷第140页以下）

我在这一章，曾多次提到纳撒尼尔·莫尔顿的《新英格兰回忆录》。在此，我仅想补充一句：凡是想了解新英格兰历史的人，都应该读读这部著作。莫尔顿的著作是三十二开本，于1826年在波士顿出版。王家图书馆没有这本书。

叙述新英格兰历史最宝贵、最重要的著作，是大教士科顿·马瑟的《基督教美洲传教史，或1620—1698年新英格兰教会史》。这部书是三十二开本，共两卷，于1820年在哈特福德出版。我不觉得能在王家图书馆找到这本书。

作者将该书分成七册。

第一册叙述了新英格兰筹建与建设的历史。

第二册讲述了新英格兰几位初期总督与主要行政官员的生平。

第三册记述了当时指导人们思想的福音会牧师们的生平与事迹。

第四册描述了剑桥（在马萨诸塞）的大学成立与发展的过程。

第五册阐述了新英格兰教会的教义与教规。

第六册记述了据马瑟说是上帝赐福于新英格兰居民的某些事件。

第七册叙述了当时存在的异端邪说以及新英格兰教会加以压制的动乱。

马瑟是一位福音会牧师，在波士顿出生，并在那里度过了一生。

那种鼓舞人们建设新英格兰的宗教热情与激情，同样引导、激励作者写就了这部著作。他的文字不够典雅，但这是无法避免的，因为他只想凭借宗教狂热来打动读者。他过于偏执、过于轻信，但绝不要认为他图谋以此进行欺骗。在他的这部著作中，偶尔也会出现精彩的片段以及真实深刻的思想。例如，他在第一卷第一章第61页写道：

“在清教徒来之前，英国人就曾多次试图移居我们现在所居住的土地，但他们似乎对获得物质利益未抱太高的希望，因此一碰到困难，就心灰意冷，退了回去。而在崇高的宗教思想的推动、支持下来到美洲的人，绝不会这样。尽管和各殖民地建立者遇到的敌人相比，这些人遇到的敌人更为强大，但是他们却能坚持自己的信念，让自己创建的东西得以存续到今天。”

马瑟在其严肃的阐述中，偶尔也会插进一些温情的描述。例如，他讲到一名英国妇女，在宗教热情的激励下和丈夫一起来到美洲，但没过多久，就已忍受不了流亡生活的艰难困苦。马瑟接着写道："她那道德高尚的丈夫，试图一个人留在那里，但最终没能活下来。"（第一卷第71页）

马瑟在其著作中，对他所描写的时代与地区，进行了令人叹为观止的报道。

为了让我们清楚清教徒是出于何种动机到大洋彼岸需找避难所的，马瑟写道：

"上帝向我们当中居住在英国的人发出召唤。上帝在召唤无数不相识的人时，要求他们下决心放弃故乡的安逸生活，横渡汪洋大海，到那望而生畏的荒野中去安家立业；而这么做的唯一目的，就是无条件地遵从上帝的诫命。"

他接着写道："在进行长篇大论之前，应该说明一下他们是出于何种动机来做这种冒险的，以便让后代清楚他们的动机，而尤其重要的，是提醒我们令人怀念他们，千万不要忘记先辈追求的目的，要给予新英格兰更多的关心。所以，我要在此介绍一部手稿里讲到的某些人当时的动机。"

"第一个动机：给教会做出最大的贡献，也就是向世界这一部分（即北美）传播福音，筑起一座保卫基督徒的堡垒，以此抵抗企图统治世界其余部分的非基督徒。"

"第二个动机：欧洲其他教会都已被毁坏，担忧上帝也会如此来惩罚我们的教会，所以决定开辟这个地方（新英格兰），为大不部分人提供免遭大破坏的避难场所。"

"第三个动机：我们所在的国度似乎在折磨居民，最重视财物的人却最看轻他们所生活的土地。人们将有子女、邻居和朋友视为最沉重的累赘，他们极力避开穷人。倘若事物依照这种秩序发展，那最能缔造享乐的人也将被排挤出这个世界。"

“第四个动机：我们放纵的行为已达到了顶点，似乎有钱才能在同类中保有应有的地位，而没钱就将被同类轻视。所以，各行业的人都去寻找以不道德的手段发财致富的门路，这就让因有钱而能荒淫无度生活的富人占了便宜。”

“第五个动机：传授科学与宗教知识的学校创办得很差，这让大多数儿童，尤其是最优秀、最有才华的儿童以及人们觉得最有成才希望的儿童，在周围众多坏榜样与腐化现象的耳濡目染下变坏了。”

“第六个动机：大地属于上帝的花园，他将大地赐给其儿子亚当耕种，而我们为何要让自己因没有土地而饿死，为何要让这片本应供人使用的辽阔土地荒无人烟呢？”

“第七个动机：要建立一个革新的教会，并且建立之初就开始支持它；要将我们自身的力量和一个虔诚的民族的力量联合在一起，从而巩固、发展这个教会，让它摆脱那些若没有这种支持就可能带来大灾难的危险。对一个基督徒而言，没有什么工作能比这项工作更高尚、伟大的了，也没有什么事业能比这项事业更值得去做。”

“第八个动机：一个信仰笃定并且在英国享有荣华富贵的人，若可以放弃因创办这个革新的教会所能得到的好处，并情愿分担苦难，那他将给人们树立一个伟大且高尚的榜样，让人们学习他为殖民地向上帝祷告时所表现出来的虔诚信仰，并将大多数人联合在一起。”（参阅马瑟著作第17页及以后几页）

在后文中，马瑟阐述新英格兰教会在道德方面所遵循的原则时，强烈反对在宴会上为健康干杯的行为，他认为这是异教徒的、可憎的习俗。

他还强烈反对妇女装饰自己的头发，穿袒胸露臂的服装。

在某一章中，马瑟为我们列举了很多曾震惊整个新英格兰的恶魔作怪的事例。在他眼中，恶魔在世界上兴妖作怪是不容置疑的事实。

他花了很多笔墨来说明同时代人所特有的追求公民自由与政治独立的精神，并强调他们每迈进一步都遵从他们的自由原则。例如，马萨诸塞的居民就是这样：自1630年后，也就是在创建普利茅斯殖民地后的十年内，他们花费400英镑在剑桥创建一所大学。

倘若我们从新英格兰全史转而研究新英格兰各州的历史，那么首先应该提到马萨诸塞地方副总督哈钦森的《马萨诸塞殖民地史》。该书是三十二开本，共两卷。王家图书馆珍藏了一部，是于1765年在伦敦出版的第二版。

我在这一章多次引用这部著作，它从1628年开始叙述，到1750年结束。这部著作文笔精炼，朴实无华，非常真实，是一部翔实的历史著作。

有关康涅狄格的历史，可推荐的最好著作，是本杰明·特朗布尔的《康涅狄格全史：世俗史与宗教史，1630—1764》。该书是三十二开本，共两卷，于1818年在纽黑文出版。我觉得王家图书馆应该没有这部著作。

该著作深刻清晰地讲述了康涅狄格在1630—1764年间发生的所有重大事件。作者引用了宝贵的历史文献，而且描述准确。他极为有趣地叙述了康涅狄格初期所发生的事情。应仔细读读第一卷第5章（《一六三九年的康涅狄格》）第100页，以及第一卷第7章（《康涅狄格的刑法》）第123页。

我们有理由对杰里米·贝尔纳普的《新罕布什尔史》予以高度评价。该书是三十二开本，共两卷，于1792年在波士顿出版。应仔细读读第一卷第3章。这章中，作者非常详实地讲述了清教徒的政治原则与宗教教义，以及他们移居的原因与法律。以下是1663年的一段布道：“新英格兰永远不要忘记它创建的目的是宗教，而不是商业。人们在前进的过程中要一直遵守清教徒的教义与纪律。所以，商人与一点一点积累财富的人也要记住，建立这些殖民地的目的是宗教，而不是金钱。倘若在评价世界与宗教时，我们当中有人觉得世界值13，而宗教仅值12，那这个人就不具备新英格兰真汉子的情感。”从贝尔纳普的著作中可以发现，作者比至今研究美国历史的其他作者更多地谈及普遍观念，更强调思想的影响。

在我们考察的已存在许久的几个主要州中，纽约州与宾夕法尼亚州最为突出。有关纽约州的历史，可推荐的最好著作，是威廉·斯密斯的《纽约史》。该书是四十八开本，共一卷，于1757年在伦敦出版；1767年又在伦敦出版了法译本。斯密斯描述了法英两国在美洲进行战争的细节。在所有研究美国史的著作中，它对易洛魁联盟的报道是最详实的。

有关宾夕法尼亚的历史，我只推荐罗伯特·普劳特的《宾夕法尼亚自创建和定居：1861年威廉·佩恩出任首任领主和总督直到1742年以后的历史》。该书是三十二开本，共两卷，于1797年在费城出版。

这部著作值得读者细读，其中收录了有关佩恩的大量宝贵文献，介绍了教友会的教义以及宾夕法尼亚初期移民的性格、风尚、习惯。据我所知，王家图书馆没有这部著作。

显然，在诸多研究宾夕法尼亚的主要著作中，佩恩与富兰克林的著作也有一席之位。广大读者对他们的著作都不陌生。

上面介绍的这些著作，我在旅美期间就已经看过其中的大多数。现在在王家图书馆的友情提供下，我又读到了其中的几部；其他几部，是美国前驻巴黎总领事沃登先生帮我找到的，沃登先生也著有一部有关美国历史的杰出巨作。在此，我对沃登先生表示由衷的感谢。

（G）

杰斐逊在其自传中写道："在英国人建立弗吉尼亚殖民地初期，土地只能提供少量产品或者什么也无法提供的时候，一些有长远目光的人便得到了大量的租让地，为延续家族的荣华富贵，他们将财产传给了后代。财富逐代传给同姓人，因而形成了一些独特的家族集团。家族集团依法享有永久持有财富的特权，继而凭借自己州的强大、富饶形成一个显赫的贵族阶层。国王则照例从这一阶层选派州的议员。"参见《杰斐逊文集》。（第一卷第36页）

在美国，英国法律中一些有关遗产继承的主要规定，都被予以否定。

肯特先生说，我们在遗产继承方面制定的第一个规定是："人死未留下遗嘱时，其财产由其直接亲属继承；倘若只有一个男性或者一个女性继承人，那他或她独得所有遗产；倘若有若干名同顺序的继承人，则不论性别，由数人平分遗产。"可参阅肯特的《美国法释义》1840年版第四卷第374页）

最开始，纽约州以1786年2月23日法令通过这个规定，后来又做过修订（见《增订纽约州法令集》第三卷；附录，第48页）。如今，美国各州都实施了这项规定，仅佛蒙特州有点不同，那里的男性继承人可获得两份遗产（参见《美国法释义》第四卷第375页）。

在该书第四卷第1—22页，肯特先生阐述了美国限嗣继承立法史。他总结道，美国在独立之前，各殖民地都实行英国的限嗣继承法。后来，弗吉尼亚依照杰斐逊的提议（参见《杰斐逊自传》），于1776年废除了遗产限嗣继承制度。纽约州也在1786年废除了这种制度。随后，北卡罗来纳、肯塔基、田纳西、佐治亚与密苏里，也陆续废除了限嗣继承法。而在佛蒙特、印第安纳、伊利诺伊、南卡罗来纳以及路易斯安那，则从未采用过限嗣继承制度。主张应保存英国限嗣继承法的各州，也对限嗣继承制度做了相应的修改，删除了其中的贵族立法主旨。肯特先生写道："我们管理国家的一般原则，是努力促进财产的自由流通。"

令研究美国遗产继承立法的法国人大吃一惊的是，法国的继承法比美国的继承法更为民主。

美国法律规定子女平分父辈的遗产，但这建立在父亲未另立遗嘱的前提下，因为纽约州的法律规定（《增订纽约州法令集》，第三卷，附录，第51页，阿尔巴尼，1829年版）："每个人都拥有完全的自由、权力与资格来通过立遗嘱处理其财产，也就是给某一政治机关或者社会团体留下遗言，将其财产全部或者部分遗赠给指定的某个人。"

法国法律则规定立遗嘱人可将其财产平分或者以接近平分的程度给继承人和受遗赠人。

如今，美国大部分州仍实施限嗣继承制度，但它的效果却缩小了。

法国法律在任何情况下都不允许限嗣继承。

美国的社会情况比法国的社会情况民主，而法国的法律则比美国的法律民主。这最能说明一个让人深思的问题：在法国，民主安心于遭受毁坏；而在美国，民主可以在废墟上泰然自立。

（H）

美国选举资格概述[1]

美国各州都赋予年满21岁的人以选举权。各州都要求选举人应在其参加选举的县居住过一段时间。

有关财产资格：在马萨诸塞州，选举人必须有3英镑的收入或者60英

---

① 有关选举资格，可参见奥格与雷合著的《美国政府概论》第184页及以下几页。

镑的财产。

在罗德岛州，选举人必须拥有价值133美元（大概704法郎）的地产。

在康涅狄格州，选举人必须拥有能赖以收入17美元（大概90法郎）的财产。在民兵中服役满一年，也可以拥有选举权。

在新泽西州，选举人必须拥有50英镑资产。

在南卡罗来纳州与马里兰州，选举人应拥有50英亩土地。

在田纳西州，选举人必须拥有任意一种数量足够的财产。

在密西西比州、俄亥俄州、佐治亚州、弗吉尼亚州、宾夕法尼亚州、特拉华州与纽约州，只要依法纳税，就有资格成为选举人，其中大部分州，承认在民兵服役相当于纳税。

在缅因州与新罕布什尔州，只要没有被列入赤贫名单，就有资格成为选举人。

密苏里州、阿拉巴马州、伊利诺伊州、路易斯安那州、印第安纳州、肯塔基州、佛蒙特州，则未对选举人的财产做任何规定。

我还要强调一点，在北卡罗来纳州，对选举参议员的选举人所规定的资格和选举众议员的不同：前者必须拥有50英亩土地，而后者只要依法纳税就可以。

（I）

美国实施保护关税政策，因此少数海关人员与大多数海岸地区最易发生走私，但并不像其他国家一样毫无限制，因为每个人都有权缉私。

美国没有消防警察，因此火宅比欧洲多，但通常来说，能够及时扑灭，因为附近的居民不会袖手旁观，而会迅速赶赴火灾现场。

（K）

中央集权[1]产生于法国大革命的说法是不公正的。法国大革命仅仅只是完善了中央集权。在法国，对中央集权的热爱以及对典章制度的深信不疑，可追溯到法学家进入政府的时期，也就是腓力四世统治法国的时代。从那个时期开始，这两种倾向就一直未停止发展。以下，摘录了马尔泽尔布先生1775年代表最高税务法院向路易十六国王的进言[2]：

"……将自己管理自身事务的权利留给每个机关、每个公民社团或者村镇；我们不应说这项权利将写入王国的第一部宪法里，因为它是一项非常古老的权利：天赐的权利以及合情理的权利。然而，它已夺走您主要的东西。陛下与我们都不要害怕说：在这方面，我们的管理工作几乎已变成儿戏。"

"自从几名有权势的大臣提出不许召集国民议会的政治原则后，官员们便纷纷仿效，这使得村镇居民不经总督同意，就无法做任何决定。所以，倘若某个村镇想花钱办一项事业，就必须去恳求总督的下属官员，然后按照官员批准的计划来进行，雇佣他们所喜欢的工人，根据他们的指示支付工资；倘若村镇有人要打官司，也必须通过总督同意，也就是在向法院起诉前，要先将案件送到总督那里进行初审。倘若总督的意见和要打官司的居民相反，或者被告人是总督的亲信，村镇就丧失了保卫自身权力的能力。总督就是利用这些手段遏制法国地方自治精神的，而若是有机会，则必将彻底清除公民的这种精神。换言之，全国人

---

① "中央集权"。托克维尔在此提出了此后他在《旧制度和革命》中论述的主要题目之一。——法文版编者

② 可参见《根据税务资料论法国公法史》，布鲁塞尔，1779年，第654页。

民都被宣布为禁治产人，并为他们指派了监护人。”

不能说法国大革命在中央集权方面所做的一切是所谓的征服。

1789年，杰斐逊在巴黎给一位朋友写信道：“我们的国家绝不是一个统治狂热得像法国那么深刻以及造成许多灾难的国家。”这是1789年8月28日给麦迪逊的信。（参阅《杰斐逊通信集》，第十五卷，第364页，普林斯顿，1958年）

事实上，数个世纪以来，为了增强行政集权，法国的中央政权做了它所能做到的一切；在这一方面，它的权力从未受到过限制。

在这一点上，法国大革命产生的中央政权比它之前任何一位先行者都要走得远，因为它比它们更有力量和学识。例如，路易十四仅是让村镇生活的一切都顺从于一位总督的享乐；拿破仑仅是让村镇生活的一切都遵从于一位大臣。原则一直是一样的，只是后续发展有大有小。

（L）

法国宪法这种不可变性，是法国法制的必然结果。

先以所有法律中最重要的法律，也就是以规定王位继承的法律为例来进行说明。从原则上说，没有什么法律比这个以父传子继的自然顺序为基础的政治规定更不可改变的了。1814年，路易十八让人承认了其家族永久享有这个政治继承权。对1830年七月革命做善后处理的那些人，仿效路易十八的做法，只不过是将这个政治继承权转让给另一家族而已。在拥立新王朝时，他们也效仿了大法官莫普。在过去最高法院的废墟上创建新的最高法院时，莫普不忘在国王的诏令中注明新的大法官和他们的前任一样是不可罢黜的。

和1814年的法律一样，1830年的法律完全没有提及修改宪法的问题。而且显然，一般的立法手段也无法满足这个要求。

国王凭借什么行使他的权力呢？凭借宪法。贵族院议员凭借什么行使自己的权力呢？也是凭借宪法。那众议院议员呢？仍然是凭借宪法。在这种情形下，国王、贵族院议员以及众议院议员怎样会联合起来改革他们权力唯一依靠的法律呢？脱离宪法，他们将没有任何地位可言。那么，在何种条件下他们才会修改宪法呢？以下两种条件必居其一：当他们无力反对人民不按他们的意愿，却又以他们的名义继续实施宪法中某些条款的时候；或者当他们赖以掌权的法律不复存在，他们因失去原有地位而要求改变宪法的时候。因为他们自己破坏了宪法，最终便自取灭亡了。

1830年的宪法在这一点上，比1814年的宪法表现得更清楚。在1814年，王权几乎是在宪法之外或者之上的；而在1830年，王权已由宪法来规定，因此脱离宪法，王权便一无是处。

最终，法国宪法各个部分都未发生变动，因为人们将它和一个家族的命运紧密联系在一起了；法国宪法的整体也未予以改动，因为人们尚未找到修改宪法的合法手段。

以上论述都不适用于英国。英国不存在成文宪法，谁又能说它修改过成文宪法呢？

（M）

几名研究英国宪法的著名学者，都曾论述过议会这种无限权威。

德洛姆在他著作的第十章第77页（见《英国宪法》，休斯编，伦敦，1834年）写道：“英国法学家深信的基本原则，是除了无法将女人变成男人或者将男人变成女人外，议会什么都可以做到。”

布莱克斯通尽管说得没有这么坚定，但是却非常明确。以下，就是他所说的：

“爱德华·科克爵士觉得议会的权力与司法权（第四项第36条），不管是对人，还是对事，都太过广泛与绝对了，这使得任何约束都阻止不了它的活动。他补充道，这个最高法院简直是：Si antiquitatem spectes, est vetustissima; si dignitatem, est honoratissima; si jurisdictionem, est capacissima.（论资格，它是最古老的；论荣誉，它是最光荣的；论权力，它是最强大的。）在制定、通过、推广、停用、废止、恢复使用和阐释教会法令或者世俗法令、民法、军事法、海运法、刑法等名目庞杂的法律上，议会拥有至高无上以及不受监督的权力；而赋予议会这种能左右政府各部门的绝对权力的，恰恰是这个王国的宪法。只要是申冤与要求赔偿损失的案件，都可以跳过普通法院送交这个特殊的法院来处理。它有权修改或者新订王位继承法，例如亨利八世与威廉三世，就是通过它坐上王位的。它能让国家改信某一教派，例如在亨利八世及其三个子女统治时期，它就曾利用各种理由让国家反复改变信仰。它有权修改和改变王国的宪法以及议会本身，例如它就曾为了通过英格兰和苏格兰联合的法律，以及有关三年与七年举行一次选举的各项法令，而这么做过。简单地说，它可以做到本不能做到的一切，因此它在行使自身权力时毫无顾虑，换言之，是某些过于大胆的行为显示了议会万能。”（可参阅布莱克斯通，《英国法释义》第一卷第160页）

（N）

美国各州宪法之间，在政治审判制度方面的规定最为统一。

各州宪法都规定有这种制度，并赋予州众议院起诉的专权，只有北卡罗来纳州宪法将这项专权授予了大陪审团（第23条）。

差不多所有州的宪法，都将政治审判的专权赋予州参议员或者有州参议员参与的审判团。

政治法院能做出的处罚，仅仅只是撤职或者不许再任公职。唯有弗吉尼亚宪法允许政治法院做出各种不同的处罚。

可送交政治审判的罪行如下：联邦宪法第二条第4项、印第安纳州宪法第三条第23项与第24项（1816年宪法）、纽约州宪法第五条（1812年宪法）与特拉华州宪法第五条规定的叛国罪、贿赂罪以及其他重罪或者轻罪；

马萨诸塞州宪法第一章第2条、北卡罗来纳州宪法第23条（1776年宪法）与弗吉尼亚州宪法第252页规定的渎职罪与玩忽职守罪；

新罕布什尔州宪法第105页规定的贿赂罪、医疗事故罪以及玩忽职守罪（第38条）；

佛蒙特州宪法第二章第24（54）条规定的玩忽职守罪；

南卡罗来纳州宪法第五条（1790年宪法）、肯塔基州宪法第五条、田纳西州宪法第四条（1796年宪法）、俄亥俄州宪法第一条第23项与第24项、路易斯安那州宪法第五条、密西西比州宪法第五条（1817年宪法）、亚拉巴马州宪法第六条以及宾夕法尼亚州宪法第四条（参阅1790年宪法）规定的渎职罪。

伊利诺伊州、佐治亚州、缅因州与康涅狄格州的宪法未列举罪名。

（O）

的确，欧洲列强可对美国实施大规模的海战；但与对付陆战相比，美国对付海战更轻松，而且危险也更小。海战仅需一种武力。在商业国家，只要人民愿意为政府提供必要的资金，就能永久拥有强大的舰队。而且，和让人们在生命与人力上做出牺牲相比，让他们在金钱上做出牺牲更为容易。此外，海战的败绩也极少会破坏战败国的生存与独立。

在陆战方面，欧洲国家显然无法给美国造成威胁。

即便一个拥有近200万人口的国家，也极难往美国运输并在美国供养25000名士兵。倘若一个这样的欧洲大国和美国进行战争，就相当于一个拥有200万人口的国家和拥有1200万人口的国家交战。而且，美国人具备各种物资，欧洲人距离他们有1500里约，加之美国广阔的疆土也是欧洲人遇到的无法克服的障碍。

第二篇

（A）

美国第一份报纸，于1704年在波士顿出版。参阅《马萨诸塞历史学会集刊》第六卷第66页，波士顿，1880年。

倘若认为在美国出版期刊一向来是彻底自由的，那就大错特错了。美国也曾制定过预先检查和提交保证金之类的制度。

马萨诸塞州1772年1月14日法令就有类似的规定。

州下院（立法机构）委任的检查新闻工作的“新英格兰报刊委员会”鉴于：“被告的报纸有嘲讽宗教以及让人轻视宗教的嫌疑，允许一些知名作者在上面发表亵渎宗教以及对神不敬的文章，污蔑传播福音的教士的行为，诋毁国王陛下的政府，破坏本地的和平与安宁，特此建议：或禁止该报出版人兼发行人詹姆斯·富兰克林继续出版与发行该报纸，或让其将要发表的所有文章都送交本地行政长官预审；责成萨福克县治安法官让富兰克林先生提交保证金并保证自己在今后一年内安分守己。”

委员会的建议被批准并作为法律执行，但没有产生任何效果。报纸在边栏把发行人詹姆斯·富兰克林的名字改为本杰明·富兰克林，从而躲避了禁令，而舆论也支持这种做法。

（B）

在1832年通过改革法案之前，郡的选举人（地产的代表）必须拥有能得到40先令收入以维持生计的自由地产或者租用地产。原法案制定于1450年前后亨利四世时期。那个时期的40先令，等于现在的30英镑。然而，直至1832年，15世纪定下的这一金额一直没有更改过。这表明英国宪法是越来越趋于民主了，过了这么长的时间，为选举人规定的财产资格从未变动过。可参阅德洛姆著作第一卷第4章；布莱克斯通著作第一卷第4章。

英国的陪审员由郡长来推选（德洛姆著作第一卷第13章）。郡长通常都是本郡的著名人士，主要负责司法与行政工作；他在本郡代表国王，每年由国王亲自任命（布莱克斯通著作第一卷第9章）。郡长所处的地位，极易被人怀疑收取诉讼当事人的贿赂，而且他若被疑有不法行为，人民有权不让由他推选的陪审团审理案件，而改由另一位官员来推选新的陪审员。可参阅布莱克斯通著作第三卷第23章。

可以当选陪审员的人，必须拥有可得到不低于10先令收入的地产（布莱克斯通著作第三卷第23章）。应该强调，这一条款是在威廉与玛丽统治时期，也就是1700年前后制定的，而那时的币值比如今高得多。众所周知，英国的陪审制度，也和该国其他政治制度一样，不是依据人的能力而是依据人的地产建立的。

最后，佃户也能担任陪审员，但他必须是一个长期为善者，而且交纳地租以后，他的纯收入不得少于20先令（布莱克斯通著作第三卷第23章）。

（C）

依照联邦宪法规定，联邦系统的法院和各州系统的法院一样实施陪审制度。然而，联邦宪法没有具体规定怎样推选陪审员。联邦系统的法院从各州按自身规定选定的常任陪审员中抽调陪审员。所以，要按照各州的法律来说明美国陪审制度的原理。可参见斯托里的《美国宪法释义》第三卷第38章第654—659页；萨金特的《美国宪法》第165页；以及1789年、1800年以及1802年联邦有关这一问题所颁布的法令。

为了全面了解美国陪审制度的原则，我翻阅了相隔很远的几个州的法律。以下就是我从查阅中获得的总体印象。

在美国，只要具备选举权的公民都有权担任陪审员。然而在纽约这样的大州，推选人的法定资格和陪审员的法定资格稍微有些差别，而且这种差别和法国法律的规定相反，也就是纽约州对陪审员法定资格的规定比对推选人法定资格的规定要低。总体来说，在美国，推选陪审员的权利，和推选议员的权利一样，能扩及所有公民。然而，这项权利的执行，在所有人之间是有着明确规定的。

每年，乡镇或者选举区的行政机关请可以推选陪审员的人（在新英格兰请乡镇的行政委员，在纽约州请乡镇行政长官，在俄亥俄州请遗孤财产保管人，在路易斯安那州请县长），让他们为本地区推选一定数量的有权担任陪审员与预测有此能力的公民为陪审员。倘若这些官员本人当选为陪审员，人们也不会表示反对。他们的权力极为广泛，而且具有强制性，通常和州的行政官员相差无几，特别在新英格兰，他们常常可以废黜不称职或者没有能力的陪审员。

将这样选出来的陪审员名单送交县法院，然后利用抽签的方法从中挑选出可以审理各种案件的陪审团。

另外，美国人还想方设法让陪审团接近人民，并且尽可能地减轻陪审团的负担。陪审员的人数十分多，每人至多仅能连任三年。法院在各县的县城开庭审理案件。美国的县（county）差不多相当于法国的区（arrondissement）。所以，法院距离陪审团很近，而不用像法国那样在法院开庭时去召集陪审团。陪审员可获得报酬，根据案件不同，有些是由州来支付，有些则由诉讼当事人来支付。通常来说，刨去旅费外，每人每天的收入是1美元（相当于5法郎42生丁）。在美国，将做陪审员视为一项必须承担的义务，而这项义务并不是很难完成。

可参见布雷瓦德的《南卡罗来纳州法令汇编》第二卷第338页，第一卷第454、456页，第二卷第218页。（共五卷，查勒顿，1814年）

参见立法机关编辑与出版的《马萨诸塞普通法》第二卷第331页与第187页。

参见《增订纽约州法令集》第二卷（阿尔巴尼，1829年）第720页、第411页、第717页以及第643页。

参见《田纳西州法令集》第一卷（诺克斯维尔，1831年）第209页。

参见《俄亥俄州法令集》第95、210页。

参见《路易斯安那州立法会编》第二卷第55页。（共两卷，新奥尔良，1828年）

（D）

在深入研究英国的民事陪审制度时，不难发现陪审员不能摆脱法官的掌控。

当然，陪审团对民事案件以及刑事案件所做的判决，在其简要的陈述中也包含事实与权利。比如：有一栋住宅，彼得坚持认为是自己的，因为他耗资购置了它，这就属于事实问题；然而，他的反对者坚持认为，出售人不具备行为能力，这就属于权利问题。陪审团宣布这栋住宅归彼得所有，那就相当于认定事实与权利。只要陪审团对刑事案件的判决有利于被告，英国人就认可陪审团的判决；然而在民事案件上运用陪审制度时，英国人却未保留这种想法。

倘若法官觉得陪审团的判决在法律的运用上有误，他有权拒绝接受，并驳回让陪审员重新审理。

倘若法官将陪审团的判决搁置起来，不加以复审，那诉讼还未完全结束，因为他有方法抵制陪审团的判决。主要的办法是，要求法院撤销原判以及成立新的陪审团。事实上，这种要求极少得到满足，而且他之后也再无办法。我就目睹过这样的事情。可参阅布莱克斯通著作第三卷第24章以及第25章。